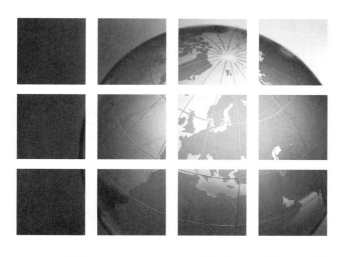

国際不正競業法
の研究

The Research of
Unfair Competition in
Private International Law

相澤吉晴

大学教育出版

はしがき

　本書のテーマは、筆者が、東北大学大学院法学研究科（私法学専攻）博士前期課程在学中に、恩師の多喜寛先生（現中央大学法学部教授）に御指導を頂いたものであり、1980 年 3 月に前期課程を修了する際に提出した修士論文のテーマである。そして、国際私法学会第 64 回大会（1981 年 5 月）において、「西ドイツ国際不正競業法の一考察」という論題のもとに、それを報告する機会を与えて頂いた。その後、当面のテーマについて、ドイツ、スイス、オーストリア、フランス、万国国際法学会、EC ないし EU と、その研究の範囲を広げ、一貫して諸国の判例・学説および立法を紹介・検討することに専念してきた。その甲斐あってか、公表論文も以下に示すとおり、一応の数となった。そこで、本書においては、その研究成果をまとめて公表することとした。

　本書はすでに公表していた論稿に手を加えたものによって構成されている。ほとんどそのままの形でまたは若干の加筆・修正を経た形で収められている既発表の論稿を掲げておく。

　論文として、拙稿「西ドイツ国際不正競業法の一考察」『富大経済論集』29 巻 2 号（1983 年）、「オーストリア国際不正競業法の一考察 —— 判例の展開を中心にして —— 」『富大経済論集』37 巻 1 号（1991 年）、「スイス国際私法における不正競業」『広島法学』19 巻 1 号（1995 年）、「続・ドイツ国際不正競業法の一考察（1）（2）（3）（4・完）」『広島法学』26 巻 2 号（2002 年）、26 巻 3 号（2003 年）、26 巻 4 号（2003 年）、27 巻 1 号（2003 年）、「EC 国際不正競業法（1）（2）（3・完）」『広島法学』28 巻 1 号（2004 年）、28 巻 2 号（2004 年）、28 巻 3 号（2005 年）、「インターネットにおける国際不正競業法」『広島法学』29 巻 1 号（2005 年）、「ハーグ国際私法会議における不正競業」『広島法学』30 巻 1 号（2006 年）、「ドイツ国際私法改正法（1999 年）における不正競業」『広島法学』31 巻 4 号（2008 年）、研究ノートとして、「フランスにおける国際不正競業の法規制 —— 国際私法委員会の報告を基に —— 」『富大経済論集』28 巻 3 号（1983 年）、資料紹介として、「不正競業に関する抵触法規定 —— 国際法学会第 22 回委員会決議案の紹介 —— 」『富大経済論集』31 巻 3 号（1986 年）、「不正競業に関する抵触規定 —— 国際法学会における第 22 回委員会決議案の審議過程の紹介 —— 」富山大学日本海経済研

究所研究年報 14 巻（1989 年）である。なお、「おわりに ── 我が国における国際不正競業法」は、本書を公刊するにあたって新たに書き下ろした。

　最後に、本書公刊にあたって、東北大学大学院在学中、そして、就職後も、終始暖かな御指導を賜った、恩師多喜寛先生に限りない感謝の念を捧げたい。

　なお、本書は、広島大学法学部後援会の助成を得て公刊された。記して感謝したい。

　2016 年 7 月

相澤吉晴

国際不正競業法の研究
The Research of Unfair Competition in Private International Law

目　次

はしがき ……………………………………………………………… i

はじめに ……………………………………………………………… ix

第1章　比較実質法的考察 ── 性格変化と行為類型 ── ………… 1

第2章　ドイツ国際不正競業法 ………………………………… 15

Ⅰ　判　例　15
　　1　初期の判例　15
　　2　近時の判例　18

Ⅱ　学　説　33
　　1　原　則　33
　　2　例　外　74
　　3　多国間不正競業　88
　　4　留保条項（公序）　96
　　5　特別留保条項　99

Ⅲ　立法提案　102
　　1　Karl Kreuzer の鑑定意見　102
　　2　国際私法会議草案第7条および参事官草案第40条第2項第2号　102

Ⅳ　「契約外債務関係および物権についての国際私法のための1999年5月
　　21日法律」　103
　　1　民法施行法第40条を適用する見解　105
　　2　民法施行法第40条を類推適用する見解　117
　　3　民法施行法第41条を適用する見解　119
　　4　市場地国法主義　125
　　5　効果主義を類推適用する見解　129

Ⅴ　結　語　132

第3章　オーストリア国際不正競業法 ………………………… 161

Ⅰ　オーストリア国際私法典施行以前の判例の展開　161
　　1　初期の判例　161
　　2　近時の判例　163

Ⅱ　オーストリア国際私法典施行以後の判例の展開　168

目　次　　v

　　1　原則 ― 「効果主義」（第 48 条第 2 項）　*169*

　　2　例　外　*173*

　　3　多国間不正競業　*179*

　Ⅲ　結　語　*182*

第 4 章　　スイス国際不正競業法 ··· *191*

　Ⅰ　スイス国際私法典施行以前の状況　　*191*

　　1　判例 ― 偏在主義　*191*

　　2　学　説　*193*

　Ⅱ　スイス国際私法草案における不正競業　　*194*

　　1　スイス国際私法第一草案（専門家委員会草案）（1978 年）における不正競業
　　　194

　　2　スイス国際私法第二草案（政府草案）（1982 年）における不正競業　　*197*

　Ⅲ　スイス国際私法典（1987 年）における不正競業　　*201*

　　1　原則 ― 「効果主義」（市場関連的不正競業）（第 136 条第 1 項）　*202*

　　2　例　外　*214*

　　3　多国間不正競業　*230*

　Ⅳ　結　語　*231*

第 5 章　　フランス国際私法委員会の報告 ·························· *242*

　Ⅰ　Jean-Marle Bischoff 教授の報告　　*242*

　Ⅱ　Jean-Marle Bischoff 教授の報告をめぐって交わされた質疑・応答
　　　245

第 6 章　　万国国際法学会の決議 ··· *250*

　Ⅰ　第 22 委員会決議案　　*250*

　　1　序説（Willis L.M.Reese）　　*250*

　　2　報告（Frank Vischer）　*253*

　　3　アンケート　*255*

　　4　第一決議案　*258*

　　5　序説およびアンケートに対する回答における第 22 委員会のメンバーの見解
　　　260

　　6　第一決議案に関する第 22 委員会のメンバーの見解　*266*

vi

    7　決議案（Willis L.M.Reese および Frank Vischer）　*268*

  Ⅱ　審　議　*272*

    1　第 3 会期　*272*

    2　第 4 会期　*277*

    3　第 7 会期　*278*

    4　第 9 会期　*283*

    付. 決議　*288*

第 7 章　ハーグ国際私法会議 ……………………………………… *296*

  Ⅰ　1987 年 11 月の準備的文書第 2 号　*296*

  Ⅱ　1988 年 8 月の準備的文書第 15 号　*300*

  Ⅲ　講　演　*302*

  Ⅳ　2000 年 4 月の準備的文書第 5 号　*307*

  Ⅴ　2000 年 6 月の準備的文書第 10 号　*313*

第 8 章　ヨーロッパ国際不正競業法 ……………………………… *316*

  Ⅰ　EC 裁判所の判例　*316*

  Ⅱ　学　説　*318*

    1　製造地国法主義　*318*

    2　有利性の原則　*321*

    3　市場地国法主義　*322*

    4　渉外実質法説　*332*

  Ⅲ　契約外債務の準拠法に関する規則　*334*

    1　契約外債務の準拠法に関するヨーロッパ委員会案　*334*

    2　契約外債務関係の準拠法に関する理事会規則提案準備草案　*337*

    3　契約外債務関係の準拠法に関する理事会規則提案準備草案のフォローアップ
      337

    付録　投稿者のリスト　*338*

    4　契約外債務の準拠法に関する欧州議会および理事会規則提案　*359*

    5　契約外債務準拠法に関する欧州議会および理事会規則提案（ローマⅡ）に関する
      欧州経済および社会委員会の意見　*372*

    6　契約外債務準拠法に関する欧州議会および理事会規則提案（ローマⅡ）に関する
      報告案（Diana Wallis）　*373*

7　契約外債務の準拠法に関する欧州議会および理事会規則（ローマⅡ）（2007 年 7
　　　月 11 日）　*377*

　Ⅳ　電子商取引指令　*378*

　　1　営業所所在地国法主義　*379*

　　2　市場地国法主義　*384*

　　3　メタ抵触法説　*389*

第 9 章　インターネットにおける国際不正競業法 ·················· *402*

　　1　発信地国法説　*402*

　　2　受信地国法説　*403*

　　付録　競業法に関する国際連盟 ─ 電子商取引における公正な競争に関する行動基準
　　　417

第 10 章　比較国際私法的考察 ── 総括 ── ························ *446*

おわりに ── わが国における国際不正競業法 ── ······················ *456*

　Ⅰ　「法例」下における判例　*456*

　　1　営業関連的不正競業　*456*

　　2　市場関連的不正競業　*459*

　Ⅱ　「法例」下における学説　*461*

　Ⅲ　立法提案　*465*

　　1　国際私法立法研究会　*465*

　　2　法例研究会　*467*

　Ⅳ　「法適用通則法」下における不正競業　*469*

　　1　法制審議会国際私法（現代化関係）部会　*470*

　　2　法適用通則法　*491*

文献目録 ·· *513*

はじめに

　企業間の国際的競争が激化している今日にあっては、不正競業はしばしば世界的規模において生じている。例えば、甲国にその本店を有する企業が乙国にその本店を有する企業の製品を模倣して丙国内の市場で販売し、丙国の公衆を欺罔する場合とか、甲国にその本店を有する2つの企業のうち、一方の企業が製品に関する比較広告を掲載したチラシを乙国内の市場で頒布し、競争相手である他方の企業の営業活動を妨害する場合のようにである。したがって、この種の国際的不正競業について、その成立および効果（特に、損害賠償請求、差止請求）をめぐる諸問題の法的規制は重要な課題となってくる[1]。しかしながら、わが国においては、不正競業に関する渉外的事案が乏しいせいか、上記のような問題に関しては、これまで本格的な検討はなされてこなかったように思われる[2]。

　ところで、不正競業に関する抵触法規定を形成する試みは、各国において様々な形で進められてきた。そこで、本書は、当面の問題についての比較法的考察を試みることになるが、その前に、第1章において、本論文において考察の対象として取り上げる各国の不正競業法の検討をしておくことにしたい。それは、各国の不正競業法の検討なくしては、各国の国際不正競業法を正確に把握することができないからである。そして、第2章においては、多数の判例があらわれ、明らかな変遷がうかがわれるドイツの判例および様々な学説の検討を試みることにしたい。第3章においては、不正競業に関する抵触法規定を最初に制定し、実際にもこれまで多数の判例が蓄積しているオーストリアの国際不正競業法を取り上げ、特に、その判例の展開を中心に跡づけてみることにしたい。第4章においては、国際私法に関する連邦法が1987年12月18日に制定され、1989年1月1日から施行されているスイスを取り上げることにしたい。第5章においては、フランスにおいて、1970年3月13日に開催されFrancescakis教授が議長を務めた国際私法委員会（Comité français de droit international privé）において Jean-Marle Bischoff 教授が『国際私法における不正競業（La concurrence déloyale en droit international privé)』という論題の下に行った報告を取り上げて、フランスにおける当面の問題の研究の動向の一端を探ることにしたい。第6章においては、不正競業の準拠法に関する万国国際法学会（Institut du Droit international）の決議を紹介するこ

とにしたい。第7章においては、ハーグ国際私法会議における当面の問題に関する取り組みの状況を関連文書および講演を基に紹介・検討することにしたい。第8章においては、ECないしEU域内における国際商品取引に関して行われる広告その他の国際不正競業に対するECないしEUの法規制の現状をうかがってみることにしたい。第9章においては、インターネットにおける国際不正競業に対する法規制の現状を取り上げ、第10章においては、第2章ないし第9章の比較国際私法的考察の総括を行うことにしたい。おわりに、上記の比較法的考察を基に、わが国における国際不正競業法について、判例・学説の検討を通じてその解釈論および立法論を検討することにしたい。そして、以上の分析に基づき私見を提示することにしたい。

（注）
（1）　このような国際不正競業の法的規制の重要性に鑑みて、すでに、1983年にパリで条約が締結されており、これは工業所有権保護同盟条約、通称、パリ同盟条約と呼ばれている。この条約は、その後数回改正された。しかしながら、この条約はごく限られた範囲の不正競業を規制の対象とするにとどまっている。パリ同盟条約の全般的解説としては、播磨良承『増補国際工業所有権法──パリ条約とその権利保護』1979年参照。また、不正競業に関するパリ同盟条約10条の2の規定についての解説としては、Baumbach-Hefermehl, Wettbewerbsrecht, 2001, S.1705ff. また、豊崎光衛『工業所有権法（新版・増補）』1980年54頁以下を参照。規定の翻訳については、同・495頁以下を参照。
（2）　当面の問題について論じた数少ない文献のひとつとして、土井輝生「工業所有権」国際私法講座3巻830頁、同「国際不正競争における法律の抵触」企業法研究105号22頁以下参照。また、山内惟介「翻訳：『国際無体財産法および国際カルテル法間における不正競争抵触法』オットー・ザンドロック・／山内惟介訳」法学新報90巻11・12号132頁以下、さらに、国友明彦「契約外債務に関するドイツ国際私法の改正準備（5）」法学雑誌39巻3・4号142頁以下を参照。最後に、最近のものとして、横溝大「抵触法における不正競争行為の取扱い──サンゴ砂事件判決を契機として」知的財産法政策学研究12号（2006年8月）185頁以下、嶋拓哉「国際的な不正競争行為を巡る法の適用関係について──抵触法上の通常連結と特別連結を巡って──」知的財産法政策学研究37号（2012年3月）253頁以下、飯塚卓也「営業秘密の国際的侵害行為に関する適用準拠法」高林龍・三村量一・竹中俊子編『現代知的財産法講座Ⅱ　知的財産法の実務的発展』（2012年9月）387頁以下、出口耕自「国際不正競争の準拠法」日本国際経済法学会年報第23号（日本国際経済法学会編）（2014年10月）106頁以下を参照。

第 1 章

比較実質法的考察
─── 性格変化と行為類型 ───

　不正競業の準拠法に関する各国の議論は、各国の不正競業法の性格変化およびその規制対象たる行為類型と密接な関連性を有している。したがって、上記の議論を正確に把握するためには、各国の不正競業法の検討が不可欠である。

　諸国における不正競業法は、競業者の利益の保護から、次第に公衆の利益、国民経済の利益などの保護にまで拡大されている。すなわち、広告や多角経営の発達によって影響を受ける人々の範囲が次第に拡大されるに伴い、諸国の不正競業法は、競業者間の利害調整という当初の目的だけでなく、次第に公衆ないし消費者の利益の保護をも目的とするようになり、さらに、業界全体の利益とか国民経済の利益まで保護するようになった。そこで、不正競業の範囲が次第に拡大されるだけでなく、それから生ずる訴権も、直接の被害者たる営業者から、業者団体や顧客にまで拡大される傾向がある。ことに、自己の競業上の地位ないし経済力を不正な手段で強化することを直接の目的とするような行為が目立ってきた。このような傾向は、不正競業法のうちに行政法的ないし経済法的な色彩を加えることになるとともに、他方、消費者の保護や競争的経済秩序維持の立場から、特別の行政的規制によって上のような諸行為の防止が図られるようになってきた。これらは規制の目的および手段の点から行政法ないし経済法に属するものである [1]。

　本書において取り上げる諸国のうち、例えば、ドイツ、スイス、オーストリアは不正競業に関して特別法を制定しており、他方、フランスは民事責任法（不法行為法）の枠内で不正競業を規律している。

　前者のグループに属するドイツにあっては、諸国の不正競業の法的規制におけるすでにのべたような性格変化がかなり明らかな形においてうかがわれる。

　ドイツにおいては、1869 年に至って漸く、経済的自由主義の精神に基づいて営業条例（Gewerbeordnung）が発布され、その 1 条ないし 3 条により営業自由の原則が確立された [2]。しかし、営業条例は不正競業についてほとんど規律しなかった [3]。そのため、不正競業は実際には野放し状態になっていた [4]。そこで、政

府はこのような状態に対処するために 1896 年に不正競業禁圧法（Gesetz zur Be-kämpfung des unlauteren Wettbewerbs）を制定した [5]。この法律は、列挙主義をとり、不正広告（Unrichtige Ankündigung）、営業誹謗（Anschwärzung）、他人の標識の不正使用、秘密の漏洩（Geheimnisverrat）などを不正競業行為とした [6]。そして、同年制定された、民法典 824 条および 826 条が一般法として補充的に適用された [7]。しかし、列挙主義を採用する本法は禁止の範囲が狭すぎて現実に適合しなかった [8]。そこで、ドイツにおいては、良俗違反を要件とする一般条項を設けた不正競業防止法（Gesetz gegen unlauteren Wettbewerb）が 1909 年に制定され、これが現行法として施行されている [9]。そして、いわゆる不正競業の法的規制はこの法律によって本格的になされるようになっている。このようなドイツの不正競業防止法は制定当初においては、競業者間の利害調整に関する規則としての性格を有していたように思われる [10]。

しかし、その後、1930 年代に入り、価格割引法（Rabattgesetz）、景品令（Zu-gabeverordnung）などの統制経済立法が相次いで制定されるに伴ない、この頃から一般公衆（消費者）保護の面が強調されるようになった [11]。そして、この点に関して、不正広告に刑罰規定を設ける等、数回の改正が行われた [12]。その結果、不正競業から生ずる訴権が競業者から同業者団体ないし消費者団体にまで拡張された [13]。そして、これが保護法益論にも反映した [14]。すなわち、不正競業から保護される法益が何であるかについては、人格権説、無体財産権説等が提唱された [15]。しかし、このような競業者の権利または利益を内容とする保護法益論は一般公衆の利益を保護の対象から外すことになり、不正競業防止法の社会法的性格を的確に捉えていない [16]。そこで、ドイツにおいては、不正競業防止法はこのような利益をも保護すべきものとする考えが次第に支配的となっている [17]。さらに、これは、不正競業防止法の法的性格の再検討を促した [18]。しかし、これも根本的変更ではなく、大体競業法内部の問題として解決され、今日にあっては、競業者の保護と公衆の保護は並存している [19]。

さらに、以上のような、不正競業防止法内部の性格変化に加えて外部から根本的な性格変化がもたらされることとなる [20]。すなわち、これまで、不正競業防止法第 1 条の問題として扱われてきた、ボイコット（Boykott）、不当廉売（Preisunter-bietung）のような競争制限的行為が新たに成立した競争制限禁止法（Recht gegen Wettbewerbsbeschränkungen）の規制を受けることとなった [21]。そのため、両者

の交錯関係および不正競業防止法の性格は如何なるものか、競争制限禁止法と同様に経済法的性格を有するのか否か、ということが問題とされることとなった[22]。以上にみるように、ドイツの不正競業防止法は、今日にあっては、多面的性格を有しているわけであるが、その原因はすでに述べたように、広告や多角経営の発達によって不正競業行為の範囲が拡大されたことにある。不正競業防止法制定当初においては、例えば、被用者の引き抜きや営業秘密の漏洩等のように同業者の営業活動を妨害する行為、すなわち、依然として、競業者間の関係にとどまっているような不正競業行為（営業関連的不正競業）が本来の規制対象であると理解されていたように思われる。したがって、この時期にあっては、その他の不正競業行為も競業者間の関係として捉えられていたものと思われる。

　しかし、その後、例えば、完全模倣（Sklavische Nachahmung）、不正広告のように販売または広告に関係する行為は、もはや、競業者間の関係にとどまらず、公衆の利益に直接関わるということが認識されるようになった。近年においては、上のような諸行為のように、経済的弱者である一般公衆（消費者）の誘引ないし獲得と直接結びつき、市場における競争関係に直接影響を及ぼすような不正競業行為、すなわち、競業者の市場での地位の向上に直接つながるような不正競業行為（市場関連的不正競業）が頻繁に生じている。今日にいたっては、これらが典型的な不正競業行為である。さらに、現在では、例えば、ボイコット、不当廉売のような行為は競業者間の関係としてよりもむしろ、経済（競争）秩序、特に市場秩序それ自体を破壊し国民経済を混乱させる行為、すなわち、国民経済の利益に直接関わる行為であると理解され[23]、競争制限禁止法によって規制されるにいたっている。

　また、オーストリアにおいては、1923年の不正競業防止法が、ドイツの不正競業防止法と同様に、例えば『真実に反する宣伝』もしくは『企業の誹謗』のような不正競業行為の規定を、『良俗』に反する競業行為を禁止する一般条項と組み合わせていた。この構造は今日まで変化はないが、法律の保護目的に変化があった。最初は、法律は明示的に市場の相手方、特に消費者ではなくてもっぱら競業者を対象としていた[24]。その後の展開としては、不正競業防止法の法文はそれが妥当していた最初の15年間は重要な修正を受けなかった。しかし、この期間中（1933年）に大売出しに関する命令が公布された。この命令は大売出しの開始に関する誤った展開に対処した。

　また、1929年法によって最初は景品付きの広告の弊害に対処したが、1934年の

景品法がこの規定を精緻化しこれにとって代わった。その後、1940年7月の命令によってオーストリア競業法全体が廃止されて、それに相当するドイツの規定が導入された。以前にはオーストリアには存在しなかった実施令を含む1935年のドイツの価格割引法が若干それより早く施行されていた。戦後、競業法経過法は、若干の修正の上、旧法状態を復活した。価格割引法だけがその例外であった。これらの関連規定は1945年の法経過法の結果としてオーストリア法として施行された。その後、実施された不正競業防止法および付属法の改正はほとんど重要でない細目に関するものであった。

　1971年、1980年および1988年に行われた不正競業防止法の改正および1982年の大売出しに関する命令の追加についてのみ事情が異なる。1971年の追加は不正競業防止法第2条所定の欺罔要件事実の重要な拡張と関連して標識権の強化（不正競業防止法32条）を行い、最後に不正競業防止法14条所定の団体訴権も拡張された。不正競業防止法2条違反の場合には、連邦労働会議所、オーストリア経済会議所、農業会議所議長もしくはオーストリア労働組合総同盟も差止請求を行うことができる。どちらかといえば技術的に思われるこの改正の背後には、実際、不正競業防止法について基準となる保護目的の特に重要な方向転換がある。なぜなら、注釈によれば、14条による訴権の拡張は競業者の利益と共に消費者の利益をも考慮することを保証するからである。それによって、すでに以前から公表されていたことではあるが、もはや単なる競業者保護に尽きるものではなくて消費者の利益、より一般的にはそれぞれの市場の相手方をも対象とする、純粋の『個人法』から『社会法』的目的への機能変化が明確にされている。1980年の不正競業防止法の追加はこの展開を意識的に継続した。

　その重点は、第1に、『見せかけ包装』の明示的禁止および商品令公布の授権の基礎の拡張によって市場の透明性を改善することであった。第2に、『消費者団体』の訴権が1条および6a条（見せかけ包装）に拡張された。さらに、判決公表権および差止処分の実施が改正された。最後に、不正競業防止法をその他の素材の最近の展開に適応させる機会が利用された。1984年に不正競業防止法は改正公布された。この法文は他の領域の立法の展開を考慮した。さらに、古くなった用語の表現および言語の不一致が除去された。1988年には、価格に関する比較広告が許可された。大売り出しの追加は、先取りした季節売り出し等々が存在するかどうかという問題から実務上発生する困難に対処した。最も重要な改正は、期限付きの季節売

り出しの開始以前の 4 週間の禁止期間の導入であり、同一部門の季節売り出し類似の特別売り出しの広告が不当とされたことであった。1985 年に大売出しに関する命令は改正公布された [25]。1992 年の競争規制緩和法は価格割引法、景品令および特別売り出しその他の重要ではない 2、3 の付属法を廃止した。もちろん、これは代替措置なく行われたわけではない。例えば、価格割引法の残余としては、その 13 条は不正競業防止法 9c 条に精緻に表現されている。消費者への景品に関する規制は、原則として宝くじを含めて強力に緩和されているが、企業間の取引においては非常に厳しい。大売出しに関する後続の規定は不正競業防止法 33a 条ないし 33f 条に規定されている。数量制限付きの不正広告に関する不正競業防止法 9b 条の規定は憲法違反として廃止された [26]。

　ところで、現行の 1984 年の不正競業防止法 [27]（以後の改正を含む）は 3 節に分けられている。民事法規定および刑法規定（1 条 − 26 条）、行政法規定（27 条 − 37 条）、共通規定および最終規定（38 条 − 43 条）である。そして、不正競業行為は不正競業防止法においては具体的に規定され（特別な要件事実）、その他は一般条項の対象とされている。まず、不当とされるのは自己の営業事情に関する欺罔表示であり、これは競争のために営業取引において行われたものに限られる。2 条は競業法全体の中心原則、すなわち、競業上の言明は真実でなければならないことを表現している。この原則の特別な形態は、6a 条（見せかけ包装）、9a 条（消費者への景品）、9c 条（購入証明書の提示と引き換えの販売）、30 条（商品販売の場合の破産への不当な言及）である。32 条も正確な情報を目的としており、商品の標識に関する詳細を命令的方法で決定することを許している。欺罔的な慣行の禁止と同様に、主としてそれぞれの市場の相手方、特に消費者のために効果を及ぼすその他の規定は不正競業防止法 27 条以下にみられる。そこでは、本質的には、いわゆる雪達磨式による契約および偶然、特にくじ引きによるという形での商品もしくは役務の譲渡が禁止される。この場合には、射幸心の利用の一定の形態を排除することが問題である。

　もうひとつの規定群は、まず、それぞれの市場の相手方を対象とするのではなくて競業者に対する不当な侵害を対象とする。これに属するのは、まずその他の企業に関する競争動機の虚偽の事実の主張の禁止である（7 条）。2 条においては自己の営業事情に関する表示のみが対象とされている限り、本規定は 2 条と対をなすものである。実際、特に重要なのは 9 条である。他人が正当に使用している標

識との混同を惹起するのに適しているような営業上の標識、例えば氏名、商号、商標、表装の使用が禁止される。そのような標識を象徴する暖簾（good-will）、反射的にはもちろん公衆の情報利益も保護される。企業のために景品を表示、提供もしくは与えることの禁止の維持（9a 条）は資料上は需要力の防衛の道具として提示される。10 条によれば、収賄者の不正行為によって優位を獲得するために企業の被用者または代理人に利益を約束したり与えることは禁止されている。企業の取引上の秘密もしくは営業上の秘密が 11 条において従業員による不当な開示から保護されるのは、その際に競争動機が役割を演じている場合に限られる。さらに、開示された文書もしくは技術的性質の命令書を不当に競争のために盗用もしくは第三者に開示することが禁止される（12 条）。

　最後に、大売出しに関する旧命令に置かれていた 33a 条以下は大売出しに関する表示を制限し、しかも主として競業者保護の理由から制限している。まったく特徴的なのは、なるほど企業の資産を単に保護するのではなくてそのひどい侵害の形態から保護する努力である [28]。差止請求権を行使する原告適格を有するのは、1条、2 条、3 条、6a 条、9a 条、9c 条、10 条においてすべての企業、侵害者（競業者）と同一もしくは類似の者のみならず、行為によって侵害される利益を代表できる限りにおいては企業団体である。1971 年、1980 年、1992 年の不正競業防止法改正以来、連邦労働会議所、オーストリア経済会議所、農業会議所議長もしくはオーストリア労働組合総同盟も 1 条、2 条、6a 条、9a 条および 9c 条違反に関して差止請求を行うことができる（14 条）。消費者に関する目的に基づくこの権限は 34 条 3 項の指定によってその他の要件事実にも拡張されていることに注意しなければならない。不正競業防止法は民事法上の効果と並んで、例えば、4 条および 10 条以下により刑法上の効果も規定している。行政罰は 29 条以下に規定されている。2、3 の場合には、法律は本来的に刑法上の効果をその他の法的効果と組み合わせている。最も重要なのは、欺罔の場合および買収の場合において有罪判決の公表を有罪者の費用で命令することができることである [29]。したがって、オーストリアにおいては、不正競業法は商人の業者法からすべての市場関係者、特に消費者に対する競業者の行為を規制する一般的な市場行為法へ変化している [30]。

　さらに、スイスにおいても同様の傾向がうかがわれる。1986 年 12 月 19 日のスイスの新不正競業防止法は、1 条に目的条項を、2 条に一般条項を置いている [31]。まず、1 条は、「この法律は、公正かつ偽りのない競争をすべての関係者の利益の

ために保障することを目的とする」[32]と定めている。「すべての関係者」という言葉は不正競業防止法の保護主体を消費者にまで拡大する趣旨で用いられたものである[33]。ついで、2条は、「欺罔的またはその他の方法により信義誠実の原則に反する行為または営業態度で、競争者の関係あるいは供給者と需要者の関係に影響を与えるものは、不正であり違法である」[34]と規定している。したがって、2条においては、不正競業防止法は競争の機能そのものを保護する法と捉えられており、不正競業法とカルテル法の機能が交錯することになり、両者はともに競争という制度を保障する法として位置づけられる[35]。そして、本法は不正競業行為を例示的に列挙している。その主要なものを挙げれば、①不正な広告および販売方法とその他の違法な行為（3条）[36]、②契約違反ないし契約解消の唆し（4条）[37]、③他人の成果の利用（5条）[38]、④製造上ないし営業上の秘密の侵害（6条）[39]などである。このうち、①、③の不正競業行為は経済的弱者である一般公衆（消費者）の誘引ないし獲得と直接結びつき、市場における競争関係に直接影響を及ぼすような不正競業行為、すなわち、競業者の市場での地位の向上に直接つながるような不正競業行為（市場関連的不正競業）であり、これに対して、②、④は同業者の営業活動を妨害する行為、すなわち、依然として、競業者間の関係にとどまっているような不正競業行為（営業関連的不正競業）であると言えよう[40]。

　また、行政的規制としては、消費者に価格を表示する義務に関する条項（16条－20条）および安売り並びに類似の催しに関する条項（21－22条）が挙げられる[41]。刑罰規定としては、23条が3条ないし6条の不正競業行為を行った者に対して、告訴に基づき懲役または罰金を課している[42]。なお、訴権については、10条1項により顧客も差止めおよび損害賠償の訴訟を提起することができ、同項の顧客には消費者のみではなく、購入者も含まれるとされている[43]。さらに、10条2項により、職業団体や経済団体、そして消費者団体にまで差止め請求が認められている[44]。

　他方、後者のグループに属するフランスにおいては、不正競業防止法という特別法が存在しないため、不法行為法上の一般条項たる民法典1382条および1383条に基づいて、判例・学説は特別な競業訴権、いわゆる不正競業訴権（action en concurrence déloyale）を展開した[45]。不正競業行為の具体的な態様としては、以下の4つに分けられる。①競業者の誹謗（dénigrement）、これは、競業者の製品または人格に対する信用を傷つけることであり[46]、②客の横取り（détournement de la clientèle）を目的とする他人と類似の商標等の標章の利用や商品の完全模倣（imitation servile）による「混同（confusion）」[47]、③競業者の企業秘密ないしノウハウの不正取得や利用、従業員引き抜き（débauchage de employée）等による競争企業の内部的破壊（désorganisation interne de l'entreprise rivale）[48]、④「市場一般の破壊（désorganisation géneralé du marche）」であり、顧客獲得のためにある商人があらゆる同業者あるいは消費者の利益に反する行為を行い、さらには市場を完全に破壊する場合で、広告の濫用等がこれに該当する[49]。このうち、②、④の不正競業行為は経済的弱者である一般公衆（消費者）の誘引ないし獲得と直接結びつき、市場における競争関係に直接影響を及ぼすような不正競業行為、すなわち、競業者の市場での地位の向上に直接つながるような不正競業行為（市場関連的不正競業）であり、①、③は、同業者の営業活動を妨害する行為、すなわち、依然として、競業者間の関係にとどまっているような不正競業行為（営業関連的不正競業）であると言えよう。他方、消費者保護規定は特別法において刑事法的ないし行政法的性格を含んでいる。不正広告は、1973年12月17日のいわゆるロワイエ法において規律されている[50]。また、製品および役務に関する比較広告については、1992年法によって立法的解決がなされ、この1992年法は消費者保護に関する既存の法律を強化する法律で、比較広告に関する規定をその10条に置いている[51]。関係競業者および営業団体ないし消費者団体は民事法上の付帯私訴の方法で刑法により制裁を課されている規定に対する違反を訴求することができる[52]。したがって、フランス法に特徴的なのは不正競業法と消費者法との区別である。消費者保護法は不正競業法に分類されるのではなくて、刑法および行政法の要件事実を含んでいる。したがって、不正競業法それ自体はまだ市場法に変化していない[53]。

最後に、わが国においては、1934年（昭和9年）になってようやく工業所有権保護同盟条約に関するハーグ改正条約に加入する準備として、「不正競争防止法」を制定した。この法律は、営業に関連して生ずる不正競業を対象とする点において、初期の段階における民法＝不法行為法に対して商法的色彩をもつものである。しかし、不正競業とされる場合を極力制限し、とくに一般消費者に対する配慮を欠き、ほとんどもっぱら企業間の利益調整の機能をはたすに過ぎない点で、まさに『商法』的立場を超えるものではなかった。ただ、その後の改正によって、本法は、商品出所地誤認惹起行為や商品質量誤認惹起行為のように一般消費者を害するような行為をも不正競業行為に加えて、公益的色彩を加味することになる[54]。不正競

業法も従来の市民的（民法・商法的）性格に社会法的・経済法的性格を加えてくるのである[55]。

　改正された「不正競争防止法」は、不正競業に該当する範囲を拡大して、企業相互間の利益の調整のみならず一般消費者の利益を顧慮する傾向を示しており、ここには、不正競業法の『経済法』的色彩を見ることができる。ただ、不正競争防止法の認める不正競業の効果すなわち、被害者の保護手段に関しては、第1に、差止請求権の主体は不正競業によって営業上の利益を害せられるおそれのある者や害せられた者である点（旧法1条1項、新法3条1項）、第2に、損害賠償を請求するには不正競業者の故意・過失が必要である点（旧法1条の2、新法4条）において、なお、市民法（民・商法）の域にとどまっている[56]。さらに、平成2年改正で営業秘密が保護対象となり（2条1項4号ないし9号）[57]、営業秘密の第三取得者に対する差止請求権が認められることとなった[58]。最後に、平成5年の改正は、1条において目的規定を新設するとともに、2条において「不正競業」を限定列挙し行為類型を拡充した（1項）。それによれば、不正競業行為として、①混同惹起行為（1号）[59]、②著名表示冒用行為（2号）[60]、③商品形態模倣行為（3号）[61]、④営業秘密に係る不正行為（4号ないし9号）[62]、⑤誤認惹起行為（10号）[63]、⑥営業誹謗行為（11号）[64]、⑦代理人等の商標冒用行為（12号）[65]が挙げられている。このうち、①、②、③、⑤、⑦の不正競業行為は経済的弱者である一般公衆（消費者）の誘引ないし獲得と直接結びつき、市場における競争関係に直接影響を及ぼすような不正競業行為、すなわち、競業者の市場での地位の向上に直接つながるような不正競業行為（市場関連的不正競業）であり、④、⑥は、同業者の営業活動を妨害する行為、すなわち、依然として、競業者間の関係にとどまっているような不正競業行為（営業関連的不正競業）であると言えよう。なお、平成11年には、2条1項に10号および11号を新設して、営業上用いられている技術的制限手段を無効化する機器等の譲渡等を不正競争として規定するとともに、同条に5項および6項を新設して、「技術的手段」および「プログラム」の定義規定を設けた[66]。

（注）
（1）　豊崎光衛『工業所有権法（新版・増補）』1980年107-108頁（以下では、豊崎「前掲書」と引用する）。
（2）　Baumbach-Hefermehl, Wettbewerbsrecht, 2001, S.198.Emmerrich, Das Recht des unlauteren Wettbewerbs, 1998, S.1.Köhler/Piper, UWG, 2001, S.37. 豊崎光衛「ドイツの不正

競業法」比較法研究 19 号（1959 年）22 頁。（以下では、豊崎「前掲論文」と引用する）

（3）　豊崎「前掲論文」22 頁。

（4）　Emmerlich, a.a.O., S.7.

（5）　Köhler/Piper, UWG, 2001, S.38. 豊崎「前掲論文」22 頁。

（6）　Emmerlich, a.a.O., S.7. 豊崎「前掲論文」22 頁。

（7）　豊崎「前掲論文」22 頁。

（8）　Emmerlich, a.a.O., S.8. 豊崎「前掲論文」23 頁。

（9）　Baumbach-Hefermehl, a.a.O., S.198.Emmerlich, a.a.O., S.8.Köhler/Piper, a.a.O., S.38. 豊崎「前掲論文」23 頁。

（10）　Emmerlich, a.a.O., S.12.

（11）　Baumbach-Hefermehl, a.a.O., S.199.Emmerlich, a.a.O., S.9.Köhler/Piper, a.a.O., S.48. 豊崎「前掲論文」29 頁。なお、価格割引、景品に関する不正競業防止法（UWG）の特別規定や特別法の内容については、山田晟『ドイツ法概論Ⅲ（第 3 版）』1989 年 291-293 頁参照。

（12）　Baumbach-Hefermehl, a.a.O., SS.199-200.Emmerlich, a.a.O., S.9-11. 豊崎「前掲論文」29 頁。

（13）　Baumbach-Hefermehl, a.a.O., S.199. また、ドイツにおける訴権の拡張について詳しくは、知的財産研究所『不正競争防止法に関する調査研究（平成 3 年度「知的財産政策に関する調査研究」委託調査結果報告書）』第 3 章「欧米諸国の不正競業法における比較法的考察と検討」第 3 節「請求権者」［高田昌宏］84-114 頁（1992 年 3 月）参照。

（14）　豊崎「前掲論文」29 頁。

（15）　豊崎「前掲論文」25 頁。なお、これらの諸学説について詳しくは、Baumbach-Hefermehl, a.a.O., SS.209-212.Emmerlich, a.a.O., S.12ff. 豊崎「前掲書」108 頁以下を参照。

（16）　このような趣旨を明らかにするものとしては、例えば、Hefermehl の見解が挙げられる。Hefermehl によれば、「競争は互いに競争する企業の利益のみならず競争に参加するその他の企業並びに消費者および公衆の利益にも関係する。この認識は不正競業防止法の保護機能の変化へ導いた。判例・学説も、今日では不正競業防止法が競業者のためにもその他の市場関係者および公衆のためにも公正な競争を保護することを前提としている。それによって、不正競業防止法は純粋な個人法から社会法へ発展した」と。Baumbach-Hefermehl, a.a.O., S.213. Emmerlich によれば、「競業者の伝統的な保護と並んで同等にその他の市場関係者および公衆の保護に不正競業防止法の保護を拡張することは、今日ではたいてい不正競業防止法の社会法的理解と呼ばれ、これは、そのうち、さらに判例および学説において貫徹された」と。Emmerlich, a.a.O., S.13. また、ほぼ同様の趣旨は Köhler によっても明らかにされている。すなわち、「最初は、不正競業からの保護は純粋に不法行為法的な競業者保護として構想された。しかし、すでに第一次世界大戦以前の時代において、ライヒ裁判所は、競業法は競業者の保護のみならず公益のために公衆および公益の保護に奉仕することを要請した。……したがって、不正競業の禁圧は私的な利益および公的な利益のためであり、競業者の保護は競業者の保護同様消費者および公衆の利益保護を含む不正競業防止法の社会法的理解によって補充されなければならないということは継続的判例および一般的見解に合致する」と。Köhler/Piper, a.a.O.,

第 1 章　比較実質法的考察 —— 性格変化と行為類型 ——　*11*

S.48. さらに、同様の趣旨は Gamm によっても明かにされている。すなわち、「競業者の不正競業からの保護はその本質からすればそれ自体（不法行為法上の）個人保護である。しかし、……競業者の保護は公衆の利益のためにも存在し、競争の耐え難い弊害の防止に対する公衆のこの保護は団体に訴権を認めたことに表現されている。その際、この公衆の利益の保護は区別して考えなければならない。一方では、消費者を含むすべての市場関係者の保護である。他方では、この集団の利益を超越する公衆の利益、すなわち公益である」と。von Gamm, Gesetz gegen den unlauteren Wettbewerb, 1993, S.28. なお、不正競業防止法における保護目的については、他に、Wilhelm Nordemann, Wettbewerbsrecht, 1993, SS.34-37. をも参照。

（17）　豊崎「前掲書」113 頁。豊崎「前掲論文」26 頁。

（18）　豊崎「前掲論文」29 頁。

（19）　豊崎「前掲論文」29-30 頁。

（20）　豊崎「前掲論文」30 頁。

（21）　Baumbach-Hefermehl, a.a.O., SS.104-105. 豊崎「前掲論文」30-31 頁。

（22）　豊崎「前掲論文」31 頁。豊崎「前掲書」127 頁。なお、両者の交錯関係について、Hefermehl はつぎのように論じている。「競争制限禁止法は不正競業防止法との関係においては不正競業防止法の適用を排除する特別法ではない。両法域は共通して経済秩序の保護に奉仕するが、法的出発点および保護目的において区別される。カルテル法に違反する行為すべてが不正競業となるわけでもなく、逆に、不正な行為が常にカルテル法に違反するわけでもない。個別的ケースにおいて、同一の行為が不正競業防止法にも競争制限禁止法にも違反する場合には、二つの法域が重複して適用されることがある」と。Baumbach-Hefermehl, a.a.O., S.104. Hefermehl においては、同一の行為がそれぞれの法律の構成要件を満たす場合には、両法律が重複して適用されるものと思われる。また、この点については、Köhler/Piper, a.a.O., SS.43-44. をも参照。

（23）　なお、ここにいう『国民経済の利益』は、ドイツにおける学説においては、『公共の利益』と表現されている。例えば、Hefermehl は、『公共の利益』につきつぎのように述べている。すなわち、「公共の利益は、一人もしくは複数の人的集団または国家の部分的利益ではなくて統一的に考えられる全体的住民の利益 —— 言い換えれば、単に全体の利益 —— と関係づけられたときに固有な意義を有する。そのときには、公共の利益の考慮は、活動している個別的利益の超個人的評価へ導く。この視点から、競争における弊害が生じないという公共の利益、例えば電話による広告のように当該取引集団にとって耐えられないとか特定の市場における競争の存続を危険にさらすのに役立つ広告手段の阻止という公共の利益が存在する」と。Baumbach-Hefermehl, Wettbewerbsrecht, a.a.O., S.226.Hefermehl においては、『公共の利益』とは競争における弊害の発生の阻止に対する国民全体の利益として捉えられているものとみてよい。

（24）　Hans-Georg Koppensteiner, Österreichisches und europäisches Wettbewerbsrecht, 1997, S.42.

（25）　Koppensteiner, a.a.O., SS.43-44.

（26）　Koppensteiner, a.a.O., S.45.

（27）　以後の改正を含む「1984 年不正競業に関する連邦法」については、Fritz Schönherr/Lothar

Wiltschek, Geset gegen den unlauteren Wettbewerb, 1994, S.1ff.1984 年時点での「不正競業に関するオーストリア連邦法」については、田倉整（訳）「不正競争に関する連邦法（1984 年）」AIPPI（1986 年）3 巻 11 号 772 頁以下参照。

(28) Koppensteiner, a.a.O., SS.474-475.

(29) Koppensteiner, a.a.O., S.476.

(30) Stephan Briem, Internationales und Europäisches Wettbewerbsrecht und Kennzeichenrecht, 1995, S.11.

(31) Lucas David, Schweizerisches Wettbewerbsrecht, 1997, S.15.Carl Baudenbacher, Schwerpunkt der schweizerischen UWG-Reform, in Das UWG auf neuer Grundlage, 1988, S.15. 田村善之「スイスの不正競争防止法の紹介」日本工業所有権法学会年報 16 号 28 頁。

(32) 原文については、Bundesgesetz gegen den unlauteren Wettbewerb (UWG), vom 19. Dezember 1986.訳文については、田村善之「スイスの不正競争防止法（訳文）」判例タイムズ 793 号 89 頁参照。

(33) David, a.a.O., S.3.田村・前掲注（31）29 頁。スイスの不正競業防止法における消費者保護について詳しくは、安田英且「スイスの不正競争防止法と消費者保護（上）・（下）」NBL507 号 52 頁以下、509 号 42 頁以下参照。

(34) 原文については、Bundesgesetz gegen den unlauteren Wettbewerb (UWG), vom 19. Dezember 1986.訳文については、田村善之「スイスの不正競争防止法（訳文）」判例タイムズ 793 号 89 頁。

(35) Rolf Sack, Problem des neuen schweizerischen UWG im Vergleich mit dem deutschen UWG, in Das UWG auf neuer Grundlage, 1988, S.118.田村・前掲注（31）28 頁。

(36) 当該行為について詳しくは、Baudenbacher, a.a.O., S.26.Sack, a.a.O., SS.123-129.田村・前掲注（31）30-32 頁。

(37) 当該行為について詳しくは、Baudenbacher, a.a.O., S.27.田村・前掲注（31）32-34 頁。

(38) 当該行為について詳しくは、Baudenbacher, a.a.O., SS.27-28.Sack, a.a.O., SS.130-138.田村・前掲注（31）28 頁。

(39) 当該行為について詳しくは、Sack, a.a.O., SS.129-130.

(40) Harry Duintjer Tebbens, Les conflits de lois en matière de publicité déloyale à l'épreuve du droit communautaire, Revue critique de droit international privé [Rev.crit.], 1994, p.454.

(41) 行政的規制については、Lucas David, Reformauswirkungen des neuen UWG aus der Sicht der Praxis, in Das UWG auf neuer Grundlage, 1988, S.112.田村善之「スイスの不正競争に対する連邦法」判例タイムズ 793 号 86 頁。

(42) 刑罰規定については、Lucas David, Reformauswirkungen des neuen UWG aus der Sicht der Praxis, in Das UWG auf neuer Grundlage, 1988, S.112.田村・前掲注（41）92 頁。

(43) Baudenbacher, a.a.O., S.32.田村・前掲注（31）39 頁。また、スイスにおける訴権の拡張について詳しくは、知的財産研究所『不正競争防止法に関する調査研究（平成 3 年度「知的財産政策に関する調査研究」委託調査結果報告書）』第 3 章「欧米諸国の不正競業法における比較法的考察と検討」第 3 節「請求権者」[高田昌宏] 115-121 頁（1992 年 3 月）参照。

第1章　比較実質法的考察 ―― 性格変化と行為類型 ――　　*13*

(44)　Sack, a.a.O., S.154.Baudenbacher, a.a.O., S.32. 田村・前掲注（31）39-40 頁。

(45)　Antoine Pirovano, La concurence déloyale en droit Français, Revue internationale de droit compare [Rev.int.dr.comp.], 1974, p.467. 染野義信「フランスの不正競業法」比較法研究 19 号 1959 年 19 頁。板倉集一「フランスにおける比較広告規制の展開 ―― 不正競業行為との関連において ――」関西大学法学論集 43 巻 3 号 191 頁。赤松美登里「今日におけるフランス不正競争訴訟の分析 ―― その法的性質を中心に ――」徳島文理大学研究紀要 36 号 17 頁参照。

(46)　Pirovano, op.cit., pp.483-484. 板倉・前掲注（45）192 頁。この類型について詳しくは、赤松・前掲注（45）18-20 頁参照。なお、この類型では、「競業者の営業上の信用を毀損することによって、結果的に、競業者の顧客を不当に自己に誘引したということが問題となっており、その救済方法も、競業者に生じ精神的損害、財産的損害（＝顧客の減少）の塡補という形で現れている。毀損手段、例えば宣伝が継続してなされている場合には、差止めが認められること、勿論である。したがって、ここでは不法行為的構成が最も妥当であろう。但し、最近の事例にみられるように、信用毀損の認定に、競業者のみならず、消費者の利益をも考慮するというのであれば、競業者間の利益調整という不法行為的構成は後退し、消費者保護的法律構成（かかる構成が現存しないのであれば、将来あるべきものとして）が参考とされるであろう」と。赤松・前掲注（45）30 頁参照。

(47)　Pirovano, op.cit., pp.484-485. 板倉・前掲注（45）193 頁。この類型について詳しくは、赤松・前掲注（45）20-22 頁参照。この類型では、工業所有権法を範とする権利保護的法律構成が前面に出るであろうとされる。赤松・前掲注（45）30 頁参照。

(48)　Pirovano, op.cit., pp.485-486. 板倉・前掲注（45）193 頁。この類型について詳しくは、赤松・前掲注（45）22-24 頁参照。この類型では、「ほとんどの場合、不当な行為によって競業者に何らかの損害を生ぜしめているのであるから、やはり不法行為的構成が妥当であろう。但し、引き抜き事例にみる如く、不法性の認定に、被用者の転職の自由という競争関係の外にある者の利益が考慮されているので、現在存しなければ将来あるべきものとしての、被用者保護的構成が問題となる」と。赤松・前掲注（45）30 頁参照。

(49)　Pirovano, op.cit., p.486. 板倉・前掲注（45）193 頁。この類型について詳しくは、赤松・前掲注（45）24 頁参照。この類型では、「形の上ではともかく、実質的には、明らかに対競業者ではなく、市場一般の混乱が問題となっているのだから、……刑事責任的な経済取締的構成が前面に出ることになろう。従って、そこでのサンクションは、当然刑罰的色彩を帯びることになる」と。赤松・前掲注（45）30-31 頁参照。

(50)　「ロワイエ法」について詳しくは、板倉・前掲注（45）196-198 頁参照。

(51)　板倉・前掲注（45）211-212 頁参照。

(52)　板倉・前掲注（45）199 頁、203 頁参照。

(53)　Peter Bernhard, Das Internationale Privatrecht des unlauteren Wettbewerbs in den Mitgliedstaaten der EG, 1994, S.191.

(54)　四宮和夫「不正競争と権利保護手段」法律時報 31 巻 2 号 17 頁。

(55)　四宮・前掲注（54）17 頁。

(56)　四宮・前掲注（54）17 頁。また、「不正競争防止法の見直しの方向」（平成 4 年 12 月 14 日

産業構造審議会 知的財産政策部会）によれば、不正競争防止法の目的は営業者の私的利益の保護を通じた公正な競争秩序の維持・実現にあるとされる。新法もこのような考え方に立って立法されている。通商産業省知的財産政策室『逐条解説 ― 不正競争防止法』1994 年 21 頁参照。なお、小野教授によれば、「現行不正競争防止法の色彩が、なお、私法的色彩を色濃く有していることを示しており、不正競争防止法は単に特定の業者保護にとどまらないものではあるが、業界全体、さらには、消費者保護など国民経済全体を考慮した、広い経済秩序維持への変革は、今後の検討事項となっている」（小野昌延編『新・注解不正競争防止法』2000 年 29 頁）と。

(57) 中山信弘「不正競争防止法の改正に向けて」ジュリスト 1005 号 9 頁。営業秘密の保護について詳しくは、通商産業省知的財産政策室『営業秘密 ― 逐条解説改正不正競争防止法』1990 年参照。

(58) 中山信弘「営業秘密の保護の必要性と問題点」ジュリスト 962 号 14 頁。なお、この点については、通商産業省知的財産政策室・前掲注（57）81 頁参照。

(59) この類型について詳しくは、通商産業省知的財産政策室・前掲注（56）27 頁以下、小野昌延『不正競争防止法概説』78 頁以下参照。

(60) この類型について詳しくは、通商産業省知的財産政策室・前掲注（56）32 頁以下、小野・前掲注（59）143 頁以下参照。

(61) この類型について詳しくは、通商産業省知的財産政策室・前掲注（56）37 頁以下、小野・前掲注（59）166 頁以下参照。

(62) この類型について詳しくは、通商産業省知的財産政策室・前掲注（56）45 頁以下、小野・前掲注（59）192 頁以下参照。

(63) この類型について詳しくは、通商産業省知的財産政策室・前掲注（56）56 頁以下、小野・前掲注（59）222 頁以下参照。昭和 25 年改正説明資料によれば、「3 号に規定する行為は、消費者保護の規定として取締法規の面から取り上ぐべき性質を持つものであるが。これを同業者間の不正競争の面から取り上げて規定したもの」とされている。また、本号は、消費者保護に関連するゆえに、不正競争防止法の性格理解において重要な意義をもつとされる。小野・前掲注（59）227 頁参照。

(64) この類型について詳しくは、通商産業省知的財産政策室・前掲注（56）61 頁以下、小野・前掲注（59）242 頁以下参照。

(65) この類型について詳しくは、通商産業省知的財産政策室・前掲注（56）64 頁以下、小野・前掲注（59）253 頁以下参照。

(66) 著作権法令研究会・通商産業省知的財産制作室編『著作権法不正競争防止法改正解説』1999 年 234 頁参照。

第2章

ドイツ国際不正競業法

　ドイツにおいては、当面の問題に関しては多数の判例があらわれ、そこには明らかな変遷がうかがわれる。また、学説においても枚挙に暇がないほど様々な見解が提唱されている。しかし、ドイツの判例および学説において、これまで提唱されてきた解決の態度は必ずしも一致するところがない。そして、そうした解決の態度の相違というのは、主として、不正競業の特殊性・多様性を認めるべきか否か、ということについての見解の対立に由来するものとみてよい。そこで、本章においては、以下では、まず、判例・学説の展開、つぎに、立法提案、最後に、「国際私法改正法（1999年）」について詳細にその内容をうかがってみることにしたい。

I　判　例

1　初期の判例

(1) 偏在主義

　ドイツにおいては、初期の判例は、つぎのような原則に立脚していたものと思われる。すなわち、行動と結果が不法行為を構成する要件であるからドイツ法を適用するには不法行為の一部が内国で行われたことで足りる[1]、と。そして、1930年代におけるライヒ裁判所のそれに、この趣旨を認めたものがあるとみられる。例えば、1931年3月31日、ライヒ裁判所は、製品を主として外国へ販売しているガス灯およびカタログの製造の差止めを請求した事案に関し、被告の一人が内国で加担行為を行ったことを指摘し、ついで、「内国での違反行為と認定するためには違法な行為の一部だけでも内国で行われたことで足りる」[2]と判示しドイツ法を適用した。この判決は、内国で加担行為が行われたものとして行動地法である内国法を適用したものとみてよい。

　また、同様の趣旨を明らかにするものとして、1936年2月14日のライヒ裁判所の判決があげられる。本件の事実関係はほぼつぎのようである。すなわち、2つのド

イツ商会が留め針や安全ピンを製造しており、アメリカ合衆国へ輸出している。被告たる商会は、ニューヨークでアメリカ法に準拠して商会を設立し、その商会は新聞や折り込みの誌上で針に関する宣伝を行った。その後、被告はこの宣伝によって、原告の製品のボイコット運動を利用して北アメリカ市場でドイツ人競業者を排斥した。そこで、原告は、設立された商会は経済的には被告の支店に外ならないから、その支店が行った不正な宣伝に対して被告は責任を負わねばならない、と主張した。そして、原告は被告に対して、良俗に反するこの宣伝から生じた損害の賠償を請求した。それに対して、ライヒ裁判所は、まず、内国人たる被告が、いわゆる間接正犯として外国に所在する支店を道具として利用したことを指摘し、ついで、「被告の不正競業行為の一部は内国で行なわれているから」[3] ドイツ法を適用すべきであると判示した。この判決は、内国でいわゆる間接正犯に該当する行為が行われたものとして行動地法である内国法を適用したものとみてよい。なお、これらのライヒ裁判所の判例とほぼ同様の趣旨は、連邦通常裁判所の判例によってもくり返して明らかにされている。このような趣旨を明らかにするものとして、1954 年 7 月 13 日の連邦通常裁判所の判決があげられる。本件の事実関係はほぼつぎのようである。すなわち、原告と被告は、オーデコロンその他の化粧品の製造者であり、数十年来、同じ商号でオーデコロン業を内外で行っている。原告と被告は同じ商号の付加物によって互いに区別される。2 つの商会は製品をベルギーへ輸出していた。原告はベルギーの商会である販売会社に、商品や商標を使用して製品を販売する権利を譲渡した。ベルギーの弁護士は、被告の委託を受けてブリュッセルでベルギーの販売会社にあてて紛らわしい商品・商標の使用を中止するよう警告した。そこで、原告は、この警告や、被告がフランスの商会と共にベルギーの販売会社に対して提起した訴えを営業活動に対する不当な妨害であると主張してその差止めを請求した。これに対して、連邦通常裁判所は、つぎのように述べている。すなわち、「被告が弁護士へ委託したことは準備行為以上のものである。なぜなら、その委託行為は —— ちなみに、決定的な謀議行為として —— 原告が違法とみなす行為の一部を含んでいるからである。内国に行為地があるから内国法、すなわち、ドイツ法によりその行為は判断されなければならない」[4] と。この判決は、内国で行為の一部、すなわち、謀議行為が行なわれたものとしてドイツ法を適用したものとみてよい。

　また、ほぼ同様の趣旨を明らかにするものとして、1956 年 7 月 13 日の連邦通常裁判所の判決があげられる。事案は、原告が自己の製品を模倣されたと主張して、

主として外国で製品を販売している被告に対して、製品の製造の差止めおよび損害の賠償を請求したものである。これに対して、連邦通常裁判所はつぎのように述べている。すなわち、「なるほど、係争の被告の競業行為は輸出に関するかぎりその一部は外国で行われており外国でまず結果が発生する。けれども、その競業行為の重要な部分は内国で行われている。というのは、輸出用の精密計器も内国で製造され、外国との通信、外国への発送も内国から行われていることは争われていないからである。そして、不法行為地法としてのドイツ法は、競業行為の一部が内国で行われているにすぎないときでも適用されるべきである、ということは一般的に認められている」[5] と。この判決は、行動、とくに製品の製造が内国で行われたことを理由に行動地の法として内国法を適用したものとみてよい。このように、行動地をもって不法行為地とするこの見解は、行動という不法行為の一部が内国で行われたものとして内国法を適用し、実質的には外国で不法行為が行われたとおもえるような場合でさえ外国法を適用していない。したがって、これらの判例にあっては、法律構成としては不法行為地法主義が採用されているが、実際には、偏在主義が採用され一方的抵触規定が提唱されていたものとみてよい。

(2) 属人主義

また、上のような偏在主義と並ぶ原則として、外国においてなされた内国人間の不正競業については内国法を適用するという属人主義がほぼ同じ時期に判例によってみとめられていたものとおもわれる。このような見解を明らかにするものとして、まず、1933 年 2 月 17 日のライヒ裁判所の判決があげられる。本件の事実関係は、ほぼつぎのようである。すなわち、13 という番号のついたホーナーのハーモニカがインドで好評を博しており、ホーナーの競争相手も 2113 という類似の番号をつけたハーモニカをインドへ輸出していた。ホーナーの競争相手が 2113 という番号をつけたことはドイツでは許されており、インドへの輸出についてだけ禁止されていた。しかし、ホーナーの競争相手は、この数字をインドの輸出用のハーモニカにすでにドイツでつけていた。そこで、ハーモニカの輸出商であるドイツ人、すなわち、ホーナーは、競争相手であるドイツ人に対し、インドで取引通用を獲得した商標の模倣によって受けた損害の賠償を訴求した。それに対して、ライヒ裁判所はつぎのように述べている。すなわち、「内国に本店を有するすべての競業者は、たとえ外国で競業を行う場合であっても互いに内国の不正競業防止法を遵守しなければならない」[6] と。そして、この判決以後、多数の判例がこのテーゼにし

たがい連邦通常裁判所の判例の中にも同様の見解を明らかにするとみられるものが存在する⁽⁷⁾。しかし、これらの判例によれば、外国においてなされた内国人間の不正競業については無制限に内国法が適用されることになるものとみられる。そこで、連邦通常裁判所は、それまで判例がみとめてきたテーゼの妥当性を制限しようとした。このような態度を明らかにするものとして、とくに、1957 年 7 月 24 日の連邦通常裁判所の判決を挙げておかなければならない。連邦通常裁判所は、ドイツ企業が、自己の商号と類似する商号を使用しているドイツ企業に対し、その商号の使用の差止めを請求した事案に関し、つぎのように述べている。すなわち、「内国の商人は、たとえ、外国で競業を行なう場合であっても内国の法規則を遵守しなければならない。なるほど、連邦通常裁判所の判例はこのようなテーゼをみとめてきた。しかし、この内国の法規則を適用する場合には —— とくに、本件において問題となる不正競業防止法の一般条項を適用する場合には —— 外国の観念を考慮すべきである。ある行動様式がドイツ法によると不正競業となるが、外国法によると正当な行為とみなされる場合には、このような事情、すなわち、外国の取引観念がその行動様式をみとめているという事情を考慮しなければならない。その上で、その行動様式が誠実なドイツ商人の観念により正当なものとみなされ不正競業防止法に違反しないのではないか、ということが問われねばならない」⁽⁸⁾と。この判決は、外国においてなされた内国人間の不正競業につき不正競業防止法の一般条項を適用する際に、行為地である外国の取引観念を考慮に入れ内国法の適用を制限したものとみてよい。しかしながら、一般条項に該当しない行為の場合には、このような見解をもってしても内国法の適用を制限することはできないものとおもわれる。したがって、内国法適用の制限のあり方は他のところにもとめられなければならないものと思われる。

2　近時の判例

(1) 原　則

1) 市場関連的不正競業

　まず、もはや競業者間の関係にとどまらず公衆の利益に直接関わる行為、特に販売行為については販売市場地法が適用されている傾向がみられる。このような傾向を明らかにするものとして、1961 年 6 月 30 日の連邦通常裁判所の判決が挙げられる。本件の事実関係はほぼつぎのようである。すなわち、アメリカ合衆国に定住

している原告（1）は捕乳びんを北アメリカ、中央アメリカ、南アメリカへ販売している。それ以外に原告（1）はオランダの許可を受けた原告（2）と協力して捕乳びんをヨーロッパ、アジア、アフリカへ供給している。しかし、連邦共和国内で売り上げ高はわずかである。他方、ハンブルクの輸出商である被告も原告の捕乳びんと外見の類似している捕乳びんをドイツで製造している。そして、被告は、捕乳びん等々をシンガポールや様々な西インド諸国、中南米諸国へ販売している。しかし、被告は、問題となる捕乳びんを連邦共和国内では販売していない。そこで、原告は被告に対して模造品の特定市場での販売を差止めるよう請求した。これに対して、連邦通常裁判所はつぎのように述べている。すなわち、「良俗に反する不正競業は不法行為とみなされる。判例・通説によると、ドイツ法上、不法行為の準拠法は不法行為が行われた場所の法、不法行為地法である。なるほど、このことは正当であるが連結点としての不法行為地は必ずしも行動地とみなすことはできない。むしろ、不法行為地は、―― 不法行為の一部によってではあるにせよ ―― 保護される法的集団が侵害された場所にしかみとめられない。不正競業の本質を正当に評価する一方、不法行為地という概念を介して、準拠法の問題にたいする解答を見つけ出すためには不正競業の特殊性に注目しなければならない。狭義の不法行為の本質は、生命、身体、自由、所有権等のように文明諸国の法秩序が保護している特定の法益の侵害である。他方、不正競業防止法は、特定の保護客体に独占権を与えるものではない。不正競業防止法は、競業者がこの闘争において不正な手段を用いることを禁止することによって競業闘争における濫用の防止に奉仕する。なるほど、不正競業防止法は侵害の結果を考慮しないで、ある経済活動を禁止するが、競業者の保護に値する利益が問題の行為により侵害されるということを前提とする。以上のことからすれば、不正競業は、競業者の競業利益が衝突する場所においてのみ行われるのが普通である。なぜなら、不正競業行為の防止という問題は競業利益の衝突地においてのみ関心事となるからである。……したがって、本件においては特別に保護されない原告の捕乳びんを模倣したことは、まだ、本来、不正競業ではない。このような場合、不正なのは、顧客をめぐる競争において模倣した製品を使用したことである。たとえば、この製品の利用が、誤った製造地観念、品質観念を顧客に対して惹起するのに役立つ場合はそうである。しかし、こういうことは、問題となる競業者の製品が互いに集まる市場においてのみ起こることである。……競業法の本質からつぎのことが結論として引き出される。すなわち、欺罔の恐れをまね

く完全模倣の製品の販売によって行われた不正競業の不法行為地は、模倣者が直接同業者の競業上の地位を侵害するか、もしくは、欺罔から保護されるという公衆の利益を侵害した場所だけである。したがって、模倣されたと主張される製品が、もっぱら、外国の販売市場で手本と競争し、もっぱら、外国の販売市場で公衆を詐称する恐れをまねく場合には、不正競業が行われたのは外国においてだけである。……係争の競業行為は当事者の商品が集まる販売市場を有し、もっぱら、顧客集団を詐称する恐れがあるとされる国のそれぞれの法秩序によって判断されるべきである」[9]と。この判決にあっては、不正競業は不法行為であるとされ、不正競業の不法行為地は不正競業の特殊性を考慮して、行動地ではなくて侵害地、言い換えれば、競業利益の衝突地ないし市場地にもとめられているものとみてよい。そして、完全模倣について、競業利益の衝突地ないし市場地は、結局、公衆が欺罔された場所、すなわち、販売市場であるとされている。本件で問題となった完全模倣のごとき販売に関係する行為は、もはや、競業者間の関係にとどまらず、経済的弱者である一般公衆（消費者）の誘引ないし獲得と直接結びつき公衆の利益に直接関わっている。かような公衆の利益を保護するためには販売市場地法を適用するのが最も合理的であろう。この判決は、かような観点に基づいて、もはや競業者間の関係にとどまらず公衆の利益に直接関わる行為、とくに販売行為たる完全模倣について販売市場地法を適用したものであると解される。また、初期の判例においては外国法が適用された例はみうけられなかったが、本判決においては外国法が適用されていることに注意すべきであろう。

　また、もはや競業者間の関係にとどまらず公衆の利益に直接関わる行為、とくに広告行為については、不法行為地は競業利益の衝突地ないし市場地とされ、広告市場地法が適用されている傾向がみられる。このような傾向を明らかにするものとして、1990年11月15日の連邦通常裁判所の判決が挙げられる。本件の事実関係はつぎのようである。スペイン（グランカナリア）において休暇を過ごしているドイツ人旅行者がスペインで無料のハイキング旅行を勧め、それが広告催事によって妨害された。スペイン法上の会社が主催者として登場していた。休暇者はドイツ人従業員による相談を受けた後に、提供されたカバー、クッションその他の消費物の購入を決定し、それをドイツ語で作成した契約書面において約定した。この契約書面はつぎのように規定していた。すなわち、商品の供給は、スペインの主催者によって売買価格の支払請求権を譲渡されたドイツ人製造者によってドイツで行われる、

第2章　ドイツ国際不正競業法　　21

と。そして、売買契約の準拠法はスペイン法であると規定されていた。スペイン法は訪問販売法の撤回に関するドイツ法に相当する消費者保護、特に、休暇者がドイツ本国に帰った後にドイツの製造者に対して援用する買主の撤回権を規定していない。連邦通常裁判所は、内国に常居所を有する人とスペインにおいて売買契約が締結され、訪問販売法上の撤回告知を含まない契約書面が使用された本件においてスペイン法が準拠法となることを判示するにあたって、つぎのように述べている。すなわち、「良俗違反の競業行為は不法行為に属する：不法行為の場合には準拠法は原則として不法行為地法から明らかになる。……不正競業の特殊性からして競業者の競業利益が衝突する場所のみが通例不法行為地とみなされる。本件においては、顧客獲得の場合の競業法上の判断が問題である。そのような場合には、この行為が他の企業との競争において顧客の決定に作用した市場地が原則として競業利益の衝突地とみなされなければならない。そこで競業法は不正競業行為を防止しなければならない：競業法によって同様に保護され ── 法的連結の際に共に考慮されるべき ── 顧客獲得の際の公正な競争に対する公衆の利益並びに広告および契約締結の際に不正行為から市場参加者として保護される潜在的な顧客の利益もまたこの場所に関係する。したがって、上述の潜在的顧客の国籍、住所もしくは常居所は、準備行為が行なわれた場所もしくは損害が発生した場所と同様に重要ではない。顧客獲得の手段の判断が問題となる場合には、この手段が顧客に作用した市場地が、以後の販売が別の市場において行われた場合であっても準拠法の決定について基準となる競業利益の衝突地である。そのような場合においては、なるほど、この市場における他の競業者の販売利益に関係するが、それは判断されるべき競業行為の効果に過ぎず販売市場地法の適用へ導くものではない。この原則によれば、本件においてはグランカナリアにおける売買契約の締結の際の非難されている競業行為に対してはドイツ競業法が適用されるべきではない。むしろ、 ── 特にスペインおよびドイツ連邦共和国のドイツ企業たる原告自身の陳述によれば ── Ｂが他の企業との競争において顧客たる旅行者を獲得しようと努めている場所の法としてスペイン法が基準となる：そこで売買契約も締結されている。したがって、グランカナリアにおいて原告が不正と非難する行為によって影響を受ける市場事象が生じている。内国人にのみ向けられている広告の催しが単に外国に移されたものと思われる場合（例えば、いわゆる外国でのコーヒー販売の場合）にもドイツの競業法が例外的に適用されるかどうかという問題は本件においては未解決のままにしておくこと

ができる。なぜなら、広告の催しが向けられる消費者はグランカナリアにおいては休暇中の人として存在するからである。スペイン競業法の適用を原告は援用していない；したがって、不正競業防止法13条2項3号の消費者団体としての原告がスペインの競業法違反を主張できるかどうかを決定する必要はない。以上のことからして、原告の主たる申立ては成功していない」[10]と。この判決は、もはや競業者間の関係にとどまらず公衆の利益に直接関わる行為、とくに広告行為について広告市場地法、すなわちスペイン法が準拠法となることを判示したものであると解される。

　最近の判例は、不正競業を不法行為と性質決定し1896年民法施行法12条（1986年改正民法施行法38条）の基礎にある原則に従い[11]不法行為地法主義を採用して不正競業に固有な不法行為地を探求している。そして、不正競業の不法行為地は、『市場に関連する不正競業』の場合には『市場地』にもとめられる。そして、とくに、当該不正競業が販売行為である場合には販売市場地法が、当該不正競業が広告行為である場合には広告市場地法が適用されるとする。

2）営業関連的不正競業

　1986年10月9日の連邦通常裁判所の判決は、税務において履行を補助する権限のない企業鑑定会社（バーゼルに本拠を有するスイス法上の株式会社）が、委託および支払いを受ける履行補助者たる税理士を介して税務相談に応じたことが税理士法違反であり不正競業防止法第1条に反するか否かが問題となった事案において、つぎのように判示している。すなわち、「原告が本件において異議を唱えている競業違反は不法行為であり、不法行為について妥当する抵触規範に従う。したがって、行為地法、すなわち行動地法ないし結果発生地法へ連結される。これは、——いずれにせよまた——ドイツ連邦共和国に存在する。……被告がその本拠をバーゼルに有することに関しては、なるほど——例えば、そこからの租税代理人の書面による委託の場合には——行動地はバーゼルでもあるという可能性が存在するからスイス法の適用もまた問題となる。そのような事例の場合には原告たる当事者は最も適当だと考える法秩序からその請求権を引き出すことができる。その限りにおいては、原告の申し立てから明らかなように、原告は本件においてはドイツ法の適用を決定した」[12]と。この判決は、違法な税務相談という営業関連的不正競業については、一般の不法行為と同様に一般の不法行為準拠法の規則により行

動地法と結果発生地法との択一的適用を認める偏在主義を適用したものであるとみてよい。

(2) 例　外

1) 共通本国法主義

　また、近時の判例においては、外国においてなされた内国人間の不正競業については内国法を適用するという見解が、依然として競業者間の関係にとどまっているような行為（営業関連的不正競業）に限りみとめられている。このような趣旨を明らかに示すものとして、1963 年 12 月 20 日の連邦通常裁判所の判決があげられる。本件の事実関係はほぼつぎのようである。すなわち、両当事者は内国に本店を有し、鉄鋼製品市場で競争していた。被告は内外の企業（その中には原告の顧客も含まれていた）に発送した回状によって宣伝を行った。その回状は、とくに、アメリカ合衆国を通過し、ドイツおよびスイスにいる様々な東側諸国の代理商に達した。回状において、被告は、現在、被告のところで指導的地位について働いている数人の人をあげて、これらの人は、以前には原告のところで指導的地位について働いていたと述べていた。そこで、ドイツの輸出商である原告は、顧客に重大な不安を惹き起こすような内容の広告によって営業活動を妨害された、と主張し、当該行為を行なった競争相手であるドイツの輸出商、すなわち、被告に対して、その損害の賠償を請求した。これに対し、連邦通常裁判所はつぎのように述べている。すなわち、「問題となる競業が外国市場でもっぱら、内国企業の間で行われているか、もしくは、競業行為が、とくに内国の同業者に向けられることによって競業が不当に妨害される場合にはドイツ法の適用がみとめられる。このような場合には、内国法を適用することは十分な保護を与えるという観点から必要であり加害者にとって不当ではない。というのも、競業行為が内国人に直接向けられることによって特別な内国との関連性が存在するからである」[13] と。本件で問題となった行為は、広告という手段によって競争相手である同業者の営業活動を妨害することを目的としている。いいかえれば、当該行為は、依然として、当事者たる競業者間の関係にとどまっており、第三者たる公衆の利益に直接関わることはない。したがって、その限りにおいては、当該行為は、当事者たる競業者の利益を保護するために当事者たる競業者間の内部関係として処理することができる。そして、このような場合には、当事者たる競業者の利益を保護するために当事者たる競業者の共通の本国法である内国法を適用するのが最も合理的であるとおもわれる。この判決は、このよう

な観点に基づいて、外国においてなされた内国人間の不正競業、とくに、営業活動を妨害する回状について内国法を適用するという見解を明らかにしたものであると解される。ただし、外国においてなされた内国人間の不正競業について内国法を適用するという見解は公衆の利益に直接関わる行為については妥当しない旨を明らかにするものとして、1968年3月27日の連邦通常裁判所の判決を挙げておかなければならない。事案は内国人である原告が内国の酒造業者である被告と外国の販売企業との間の独占的なビール販売契約の仲介をした報酬として約束された手数料を被告に対して請求し、その賄賂性が争われたものである。これに対して、連邦通常裁判所はドイツ法の適用を認めながらもつぎのように述べている。すなわち、「内国法の観点からすれば、賄賂を禁止する不正競業防止法12条の規定は、まず、不当な優位を獲得しようとする競業者から同業者を保護することを目指す。さらに、この規定は、間接的には、賄賂により悪質な商品が良質の商品よりも優遇されることを防止する。そして、商品の価格が上がらないことに対する公衆の利益にも奉仕する。公衆の利益にも奉仕する限りにおいては、商品が外国で販売された場合には外国の法秩序を考慮に入れるのが適切であるように思われる」[14]と。この判決においては、一般的に言えば、もはや、競業者間の関係に留まらず公衆の利益に直接関わるような行為、言いかえれば、当事者たる競業者間の内部関係として処理できず、それ以外の第三者たる公衆が関係してくるような行為については、当事者たる競業者の共通本国法である内国法ではなくて、実質的には販売市場地法である外国法が基準とされているものとみてよい。

　なお、上に挙げた原則を双方化することはせず、内国においてなされた外国人間の不正競業についてはそれが依然として競業者間の関係にとどまっているような行為であっても外国法を適用しないという見解を明らかにする判決として、1987年6月4日の連邦通常裁判所の判決が挙げられる。本件はフランスのシャンパン製造業者の団体がフランスの鉱水のドイツの輸入業者の広告（『鉱水で製造したシャンパン』）の禁止を請求した事案であった。連邦通常裁判所は本件に関しつぎのように判示した。すなわち、「本件においてはドイツ法が適用されなければならない。なぜなら、非難されている競業表示は内国において行われ、原告の主張によればこの概念に他の市場においても独占的地位を保証するという原告の努力に対してもドイツにおける製造表示の保護が場合によっては反射的効果を及ぼすとしても、この広告の禁止に対する原告の保護されるべき利益がまず内国市場における原告の競業

上の地位に関係するからである。上告が非難しているように、ドイツ市場における外国の企業の競業上の衝突に対しても鉄鋼輸出判決においてドイツ法の適用について定められた原則を同様に適用することはどのような法的観点からも考慮されないし実際にも基礎を有しない。なぜなら、被告はフランスの製造者の販売企業としての経済的地位にもかかわらずドイツ企業であるからである」[15]と。

　また、1992年4月16日のミュンヘン上級地方裁判所の判決は、両当事者がドイツに本拠を有し外国において同業者が存在しない事案において、『ライヒ領域外におけるドイツ国民の損害についての法適用に関する1942年12月7日の命令』（RGBl. I S.706）の第1条（「ライヒ領域外でドイツ人が行った作為ないし不作為に基づく契約外の損害賠償請求は、損害を受けた者がドイツ人である限り、ドイツ法による」）を類推して、外国での広告手段による中傷に対してドイツ競業法を適用するにあたって、つぎのように判示している。すなわち、「まず、準拠法を探求しなければならない。その際には、連結点として問題となるのは以下のことである。当事者すべてがドイツ法上の法人であるということ：『PC Professional』という雑誌はドイツで出版・販売され、異議を唱えられている主張はドイツの雑誌市場を対象としていること：ドイツの市場に向けられた広告をめぐって宣伝が行われていること：呼びかけられている顧客はアメリカの商会であること：広告回状はアメリカから送付され、アメリカ商会はその製品をドイツ市場に提供していることである。広告回状がドイツにも送付されていることを現在の段階においては考慮してはならない。なぜなら、その限りにおいては、すでに第一審において主要事実は処理されているからである。争われているのは、異議を唱えられているアメリカでの広告の効果だけである。この手続において個々の連結点を考慮して当審理部は本件訴訟に対してはドイツ法を適用しなければならないという確信に到達した。その際、ドイツ国民がライヒ領土外で加害行為を行った場合の法適用に関する命令はドイツ国民が他のドイツ国民に対して不法行為を行った場合すべてに適用されるわけではないことを前提としなければならない。他方では、この適用は競業事件においてもまったく排除されるわけではない。この命令の継続的妥当性は明示的に肯定されている。もちろん、この判決は競業法の問題に関して下されたわけではない。なるほど、この領域においてはその無制限の適用に対する疑問が前提とされるが、その適用の可能性は未解決のままである。1963年12月20日の判決においても、連邦通常裁判所はこの問題を明示的に未解決のままにしておいた。むしろ、この判決にお

いては準拠法の連結を問うことは常に個別事案の事情に基づいてなされ、その際、いずれの場合にも当該競業者の共通の内国の本拠が準拠法としてドイツ法を選択するにあたって基準とされた。同一の要件は本件においても存在する。すでに述べた事情と並んで、連結点の選択については口頭弁論終結までに存在した訴訟状況によれば、アメリカ市場においては当事者のみが競業者として対峙していたということを考慮しなければならない。雑誌部門のその他の企業、特に外国の企業が競業者として現れていなかった。したがって、アメリカで行われた競業行為はもっぱら仮処分原告の利益に向けられていた。この理由に基づいて、引用した連邦通常裁判所の判決と同様に、すでにこの一般的な観点から法選択の連結点として関係当事者の内国の本拠を前提とすることが正当化される。1990 年 11 月 15 日の連邦通常裁判所の判決はこの結論に反しない。なぜなら、ここではドイツ連邦共和国の企業と並んでスペインのドイツ企業も活動しておりその他の市場関係が問題となったからである」[16] と。

2）事後的法選択

　1993 年 8 月 13 日の高等裁判所の判決は、オーストリア人 Ast. が自己のギャラリーに展示している芸術作品に対して、ベルリン在住の AGg. が書簡において行った誹謗が問題となった事案において、事後的法選択の可否に関して、つぎのように判示した。すなわち、「決定についてはドイツ法が適用される。当事者は黙示的行為によってドイツ法の適用を相互に合意した。当事者は請求権を基礎づけるためにも弁護のためにもドイツ不法行為法の規定のみを指定した。そのような合意は許される。訴訟物は Ast. が主張している不法行為であった。Ast. が AGg. の行為を分類できると考えている競業違反もまた国際的意味で不法行為とみなされなければならない。それは不法行為について妥当する抵触規範に従う。不法行為は行為地法に従い判断される。行為地は行動地でもあり結果発生地でもある。本件のように文書によって行われた不法行為の場合には行動地は行為者が行動した場所、特に、文書を発信した場所に存在し、結果発生地は意思表示が受領者に到達した場所に存在する。この場所が異なる国に存在する場合には、被害者により有利な法が決定する。被害者自身が選択を行っていない場合には、裁判官は被害者に有利な法がいずれの法であるかを原則として職権により探知しなければならない。この選択は不法行為法のある部分を訴訟においてもっぱら援用することによっても行うことができる」[17] と。この判決は、文書による中傷という営業関連的不正競業について事後

的法選択を認めたものであるとみてよい。

(3) 特殊な不正競業

　最近の判例においては、国民経済の利益に直接関わる行為、とくに、価格割引を規制する価格割引法の地域的適用範囲は内国に限定されるということがみとめられている。事案はオランダの商人がドイツの新聞に掲載した価格割引の宣伝広告がドイツの価格割引法に違反する否かが主として争われたものである。1970 年 2 月 6 日、ジュッセルドルフ高等裁判所は、割引広告の不当性に関してはドイツの価格割引法を適用して宣伝広告を違法としたが、割引を与えることの不当性に関してはドイツに裁判管轄権がないとしてドイツの価格割引法を適用しなかった。ジュッセルドルフ高等裁判所はつぎのようにのべている。すなわち、「不法行為に基づく請求が問題である。国際私法上、不法行為の準拠法は不法行為地法である。不法行為地の概念には行動地も結果発生地も入る。係争の宣伝広告に関していえば行動地も結果発生地も連邦共和国にある。被申立人は、係争の宣伝広告を連邦共和国内で出版される新聞に掲載したから行動地は連邦共和国にある。宣伝広告は、連邦共和国に住む申立人の利益を侵害したから結果発生地も連邦共和国にある。係争の宣伝広告において被申立人は国境住民をねらっている。その国境住民とは、宣伝広告がドイツ語でドイツの新聞に掲載されたことからすれば、国境に住むドイツ国民のことである。この住民集団は連邦共和国に住む申立人の潜在的顧客でもある、したがって、被申立人の宣伝広告はドイツ市場にたいして直接その効果を及ぼしている。……したがって、連邦共和国で出版された被申立人の宣伝広告はドイツ法によって判断されるべきである。だから、ドイツの価格割引法も適用されるべきである。なるほど、ドイツの価格割引法は、その経済的特性、性格の点からすれば、競業の領域における濫用の除去、ドイツ経済内部の価格割引制度の規制にのみ奉仕する。したがって、空間的妥当範囲は内国に限定される。けれども、被申立人の宣伝広告は、ドイツ市場にたいして直接その効果を及ぼしている。その限りにおいて、被申立人は内国でも活動し内国でドイツの同業者と競争したことになる。したがって、被申立人は少なくとも連邦共和国内で行った行為に関してはドイツの価格割引法の適用を甘受しなければならない。……被申立人は、もっぱら、オランダで価格割引を与えている。その限りにおいて行為地は連邦共和国にはない。したがって、これに関してはドイツに裁判管轄権はないし、この事実にたいしてはドイツの価格割引法は適用されない」(18) と。この判決は、価格割引法の空間的妥当範囲はドイツ国

内に限定されるということをみとめている。そして、価格割引については、それが、もっぱらオランダで与えられているとしてドイツに裁判管轄権がないとし、したがってドイツの価格割引法を適用しなかった。他方、割引広告については、それがドイツの雑誌に掲載されドイツ市場に対して直接その効果を及ぼしたとしてドイツの価格割引法を適用している。この判決は、割引広告に関するかぎり不法行為地たる広告市場地がドイツにあることを理由にドイツの価格割引法を適用したものであると解される。

　同様の趣旨を明らかにした最近のものとして、1977年5月13日の連邦通常裁判所の判決が挙げられる。事案は、内国のタバコ製造者（Stuyvesant）が外国での休暇地における購買および提供のための『価格割引クラブ』の組織化によってタバコ市場における自分自身の競業を促進するために外国法によれば正当な価格割引を提供し、その内国の競争相手が内国において同一の方法で価格割引によって広告することをドイツ価格割引法に従い妨害される場合に、内国のタバコ製造者（Stuyvesant）が不正競業防止法1条に反して行動しているかどうかが問題となった。連邦通常裁判所は、国際的な法的相違の利用は不正競業防止法1条に反すると判示するにあたって、つぎのように述べている。すなわち、「連邦通常裁判所の判例によれば、競業違反は不法行為であるから、連結については不法行為地が基準となる。不法行為地とは通常競業者の競業利益が衝突する場所である。これは本件においては内国である。なぜなら、被告は内国で行う煙草市場での競争において広告手段としてパスポートを使用しているからである。被告がパスポートによって外見上他の部門の企業の購買の可能性のみを、しかも外国においてのみ証明することはこれに反しない。なぜなら、この広告手段の目的は Stuyvesant という商標の煙草の購入を内国の消費者に勧めることに向けられ、その際、この目的は商標についてのいわゆる共鳴広告の方法で達成されるからである。……外国で提供され、その外国における提供が外国において妥当している法規定により許されるような内国において普及している価格割引の広告は、内国の価格割引の禁止に違反するとみなされないという被告が主張している立場に立てば、内国の競争相手は、この疑いなく妥当する内国の価格割引禁止によって外国の競業者のこの競争手段に同一の方法で対抗することを妨げられる。外国の競業者の提供を行うその他の場合とのこの相違は、不正競業防止法1条の意味での良俗違反の非難を基礎づける。なぜなら、国際的な法的相違を利用して第三者がその履行を提供する際に法的な理由で同一機会

を有しない方法で第三者に不利に自己の競争を促進することは商人の礼譲の感覚に反するからである」[(19)]と。この判決は、ジュッセルドルフ高等裁判所の判決と同様に、割引広告に関して不法行為地（＝競業利益の衝突地）たる広告市場地がドイツにあることを理由にドイツの価格割引法を適用したものであると考えられる。そして、国際的な法的相違の利用を不正競業防止法第1条に反すると判示したものであると言えよう。

　さらに、割引広告に関して不法行為地（＝競業利益の衝突地）たる広告市場地がドイツにあることを理由にドイツの価格割引法を適用したものとして、1990年7月27日の高等裁判所の判決が挙げられる。高等裁判所は、ドイツから外国への飛行中にドイツ国旗を付けた飛行機上で免税による購入の場合であって、顧客がL-E.- 信用証券によって購入する場合に与えられる5％ないし10％の額の価格割引の内国での広告に関係する事案において、つぎのように述べている。すなわち、「不法行為地は原則として侵害要件事実の客観的な要件標識が実現された場所であり、場合によっては、したがって、もっぱら不法行為の部分的な行為によってでもかまわない。しかし、連邦通常裁判所の判例においては、競業利益の衝突地が通常不法行為地とみなされる。なぜなら、競業違反の要件標識は様々な国々の法秩序において異なって規律されるため、競業違反の場合には、侵害要件事実の客観的な標識が（すでに）いずれの場所において実現されているかが準拠法の問題については直ちに確認できないからである。この点において、不法行為の部分的行為への連結が準拠法についての十分確実な手掛かりを提供しない場合についての法的連結の緩和があるが、不法行為地においていずれにせよ客観的な要件標識が実現されなければならないという原則的な要件から離れることはない。本件においては、競業者の競業利益はいずれにせよ内国にある。なぜなら、被申立人の広告活動は信用証『L.-E.』の取得のための内国取引を喚起し、ユーロカード信用証を交付する（内国）企業の競業を促進することを目的とするからである。被申立人の飛行機の機上での同時の5％ないし10％の割引の下での免税によっても提供されるのと同じ商品、少なくともタバコ類、酒類および香水を扱う内国の商人の競業利益が同様に影響を受ける。……行動と結果が離陸を終え着陸を始める前の飛行機においてのみ行われる不法行為の場合には離陸地の法ではなくて飛行機が国旗を掲げている国の法が基準となるから、価格の割引は内国で行われたものとみなされなければならない。……最後に、差止請求もまた不正競業防止法1条によれば基礎づけられない。判例に

おいては、同様の事案において国際的な法的な相違の利用という観点から不正競業防止法1条の請求が肯定されたが、これには従うことはできない。……なるほど、外国において企図される価格割引の提供が問題ではない；しかし、商品の販売が正当にドイツ関税法外において行われることが許されるようなドイツ高権領域外を飛行する飛行機中の企ては外国における価格割引の提供と同一視されなければならない」[20]と。この判決は、価格割引広告に関しては、不法行為地たる競業利益の衝突地（＝広告市場地）がドイツであること、他方、価格割引の場合には、飛行機の国旗がドイツであることを理由にドイツの価格割引法を適用したものと解される。しかし、高等裁判所は、連邦通常裁判所の判決とは異なり、国際的な法的相違の利用という観点からの不正競業防止法1条に基づく請求を否定した。

　また、価格割引法と同様に、不正競業防止法16条の適用範囲は内国において行われた競業違反に限定されることを明らかにしたものとして、1995年7月4日のフランクフルト上級地方裁判所の決定が挙げられる。本件の事実関係はつぎのようである。Ast. は AGg. に対して競業違反の行為の差止めを請求した。当事者間において既判力を有する判決が下され、上記の判決は『Enrico Ferrari』という名称を有する品物を広告し、売り出して取引通用させることを AGg. に禁止する内容であった。Ast. は、AGg. が内国において輸出向けの品物に非難されている飾り文字を付けることによって AGg. はこの判決に違反している、と主張した。地方裁判所は申立てを棄却した。Ast. の抗告は功を奏しなかった。フランクフルト上級地方裁判所は、本件についてつぎのように述べている。すなわち、「なるほど、1992年6月19日の審理部判決における差止請求は、本質的には不正競業防止法第16条の観点から認容されるというのは正当である。しかし、不正競業防止法16条の適用もまた、非難されている AGg. の行為が本規定により保護される Ast. の標識権の空間的妥当領域に関係していることを前提とする。この領域は内国にのみ及び、それは属地主義の必然的帰結である。したがって、1992年6月19日の審理部判決の法的効力は内国に限定される。このことを、審理部は特に混同の危険……に関する論述を通じても表現した」[21]と。

(4) 多国間不正競業

　1970年10月23日の連邦通常裁判所の判決は、生理中の水泳に関する被告の広告がドイツ語で書かれたスイスの雑誌に掲載され、その雑誌がドイツ連邦共和国内で販売され、原告がこの広告の差止めを請求した事案において、つぎのように判示

した。すなわち、「不正競業行為である不正広告は、競業利益の衝突地においてのみ問題となるから、不正競業は通例、競業者の競利益が衝突する場所においてのみ行われる。……本件においては、この場所は連邦共和国である。なぜなら、ドイツ語で書かれたスイスの雑誌は連邦共和国内のかなりの範囲で販売されているからである」[22]と。この判決は、当該広告がドイツで行われていることを理由に、少なくともドイツでの広告行為についてはドイツ法を適用したものであるとみてよい。

　また、1990年10月25日のフランクフルト上級地方裁判所は、物理学の分野でアメリカの団体が発行し、ドイツに数百の予約購読者を有する英語の専門誌に関して、ドイツ法によると不当な価格の比較が問題となった事案において、つぎのように判示した。すなわち、「すでに国際管轄権の問題において考慮しなければならない要件以外には、競業者の利益が内国においても実際衝突していることだけである。これは、本件においてはすでに肯定されなければならない。なぜなら、アメリカ合衆国の科学者および図書館のみが雑誌その他の定期刊行物の発注手段がわずかであるという問題と直面しているのではなくて、むしろこの問題は一般的にドイツ連邦共和国においても存在することは争いなくかつ裁判所も周知のことであるからである。したがって、内国においても科学専門誌の予約購読者はその専門誌の需要を価格の観点から検討するという問題に直面している。その限りにおいては、特に自然科学における国際的関連性という点から、外国市場、特にアメリカ合衆国における価格事情は内国の予約購読者の需要行動にとってもかなり重要である。とくに、本件のように、内国の予約購読者がアメリカ合衆国の雑誌を注文している場合にはそうである。したがって、本件のような価格の比較は内国の予約購読申込者の需要行為に直接影響を及ぼし、価格の比較がアメリカ合衆国において要求される価格をもっぱら対象とするとしても、内国市場において競業者の利益が衝突している。雑誌がいずれの国において提供されているかに応じて係争の記事に対して異なる国の法を適用することは不可能である、と被告は主張するが、それにも従うことはできない。主張されている競業違反が不法行為であるという事情は、この行為が複数の不法行為地を有することをもたらす。したがって、ある競業者がその製品を複数の市場に販売している場合には、それぞれの国の抵触法の要件が存在する限り、販売国の競業秩序が並存して適用され、競業行為がそれぞれの販売国の法秩序に従い異なって判断されることがある」[23]と。この判決は、価格の比較がドイツで行われていることを理由に、ドイツでの価格の比較行為についてはドイツ法を適

用したものであるとみてよい。

　不正競業を不法行為として性質決定し、一般の不法行為と同様に行動地法と結果
発生地法との択一的適用を認める偏在主義を採用する初期の判例は別として、近時
の判例は、不正競業を不法行為と性質決定し1896年民法施行法12条（1986年改
正民法施行法38条）の基礎にある原則に従い不法行為地法主義を採用して不正競
業に固有な不法行為地を探求する。上記の見解によれば、不正競業は、権利または
法益侵害をその本質とする一般の不法行為とは異なり、不正な手段を用いてはなら
ないという客観的な行為規範に対する違反にその特色を有する。そのため、不正競
業の場合、一般の不法行為とは異なり、行動地または結果発生地により不法行為地
を決定することはできない。不正競業の不法行為地を決定するに当たっては、不正
競業のこの特殊性を考慮に入れなければならない。そして、不正競業は『市場に関
連する不正競業』と『営業に関連する不正競業』とに区別されている。不正競業の
不法行為地は、『市場に関連する不正競業』の場合には『市場地』にもとめられる。
そして、とくに、当該不正競業が販売行為である場合には販売市場地法が、当該不
正競業が広告行為である場合には広告市場地法が適用されるとする。これに対し
て、市場と関連しない不正競業、言い換えれば、一般の不法行為に近い『営業に関
連する不正競業』については、一般の不法行為の準拠法に関する規則により行動地
法と結果発生地法との択一的適用を認める偏在主義を適用している。なお、『営業
に関連する不正競業』の場合には、不正競業一般について、外国における内国人の
競業について共通属人法たる内国法の適用を肯定する初期の判例を別として、近時
の判例は、『営業に関連する不正競業』において外国における内国人の競業の場合
に限り共通属人法たる内国法の適用を肯定する。
　なお、近時の判例は、価格割引法の地域的適用範囲は内国に限定されるとしなが
ら、価格割引広告については、価格割引広告と価格割引行為とを区別して外国の価
格割引行為の内国での広告にも内国の価格割引法を適用する。また、近時の判例に
おいては、不正競業防止法16条の適用範囲は内国において行われた競業違反に限
定されることが明かにされている。
　また、不正競業の場合においても、一般の不法行為の場合と同様に当事者自治の
原則の適用（事後的な法選択の可否）が最近議論され、また、当該不正競業が複数
の市場と関連する、いわゆる『多国間不正競業』の問題がある。当事者自治の原則

の適用（事後的な法選択の可否）については、近時の判例においては、『営業に関連する不正競業』についてのみ事後的法選択が認められている。また、多国間不正競業については、近時の判例においては、少なくともドイツで行われた広告行為については広告市場地法たるドイツ法が適用されている。

Ⅱ　学　説

1　原　則

(1)　不正競業に固有な不法行為地を探求する見解

　ここでは、一般の不法行為に対する不正競業の特殊性をみとめ、不正競業に固有な不法行為地を探求する見解についてみることにしよう。このような見解の数が次第に増してくるのは比較的最近においてであるとみてよい。

1)　Andreas Froriep の見解

　Froriep は、当面の問題について、つぎのように述べている。すなわち、「不法行為準拠法の枠内においては、不正競業行為が行われた市場の法が適用されなければならない。言い換えれば、加害者と被害者との利益の衝突が外面的に現われた場所の法、もしくは結果発生地に帰れば、第一次的な結果が発生した場所の法である」[24] と。なお、「内国に居住する営業者はすべてその外国での競業に関しても内国法に従うという原則は……拒否されなければならない」[25] と。

2)　Erwin Deutsch の見解

　Deutsch は、不正競業は、『通常の』不法行為に対して固有性を示すため、特別な法原則に服する [26] とする。そして、特別な法原則として、まず、準拠法選択の調和、つぎに、空間的に最も良い法の優先、最後に、準拠法の選択は法適用利益の分類、方向、強度に基づき法政策上の目標を評価衡量して行われなければならない、という原則をあげている [27]。さらに、Deutsch は、競業行為を、顧客を侵害する行為、競業者全体を侵害する行為、個々の競業者を侵害する行為の3つの類型に分類してそれぞれにつき準拠法を探求している。そして、Deutsch によれば、顧客を侵害する行為（例えば、不正広告）については、顧客が所属している市場の法、通例、顧客の住所地法 [28]、つぎに、競業者全体を侵害する行為（例えば、景品、価格割引の許容性）については、被害者が所属している市場の法、通例、被害者の本国法ないし住所地法 [29]、最後に、個々の競業者を侵害する行為（例えば、

営業誹謗）については、共通の本拠地法、それがない場合には、個別的な競業上の
地位に対する影響が基準とされる[30]。

3）Helmut Wirner の見解

　Wirner によれば、「ドイツ法によれば、競業法についての明示的な抵触法規定
は存在しない。国際私法の法的基礎たる一般的な規定としては、民法施行法 12 条
を援用することができる。本来ドイツ国民のための留保条項のみを含むこの規定
から、争いなく本法は不法行為の場合に —— いずれにせよ慣習法上承認されてい
る —— 不法行為地法を前提としていることが取り出されなければならない。しか
し、民法施行法のこの規定の適用は競業法違反から生ずる請求権を少なくとも広義
の不法行為に基づく請求権と考えるため、不正競業について不法行為準拠法を適
用することを前提とする。しかし、この考察方法は自明ではない」[31]と。しかし、
Wirner は、不正競業は不法行為であるとし、不正競業行為の重心を探求する[32]。
そして、Wirner によれば、不正競業行為はその態様により、一般的な市場破壊行
為、顧客威圧行為（本来の不正競業行為）、上のいずれにも該当する行為、競争相
手の営業活動の妨害を目標とする行為の 4 つの類型に分類される[33]。そして、ま
ず、一般的な市場破壊行為については、この行為を規制する法律（例えば、価格割
引法、景品令、売唆に関する規定、数量詐欺に関する規定）は不正な行為という
よりむしろ競業秩序全体を破壊する行為を禁止する営業警察的規定であり、国内市場
についてのみ妥当するとされる。

　なお、ここでは、競業における不正の防止ではなくて競争それ自体の保護、およ
び公衆の保護が中心である[34]。つぎに、顧客作用行為（例えば、完全模倣、他人
の標識の不正使用）については個々の顧客に対する影響ではなくて市場全体の顧客
に対する影響が重要であるとされ顧客作用地の法が適用されている。なお、ここで
は、個々の競業者の利益および欺罔行為から保護されるという公衆の利益が関係す
る[35]。さらに、上のいずれにも該当する行為（例えば、ボイコット、不当廉売）
については、顧客に対する影響も重要な要因ではあるが、反良俗性の判断にあたっ
ては、経済体制も大きな役割を演じるから市場を規制する規定について論じた観点
が考慮に入れられ、経済秩序が当該競業行為により直接脅かされている国の法が適
用されている。なお、ここでは、顧客獲得に対する競業者の利益と経済秩序の維持
に対する公益が重なり合っている[36]。最後に、競争相手の営業活動の妨害を目標
とする行為（例えば、被用者の引き抜き、秘密の漏洩）については、侵害された利

益が集中しているのは営業活動地であるとされ、競争相手の営業活動地の法が適用
されている[37]。

4) Wolfgang Weber の見解

Weber は、Deutsch および Wirner の学説の基本的構想を継承しながらも[38]、
不正競業防止法の隣接領域との機能的親近性に基づいて不正競業の事例群を類型化
することを提唱している[39]。

　このような機能的親近性に基づいて、不正競業は、まず、氏名、商号、標識の保
護の領域における不正競業（不正競業防止法 16 条）、並びに、属地的に制限され
た特別法上の独占的地位と本質的に近い競業財産の原則的侵害、つぎに、営業者の
保護を実現し一般的な不法行為的要件事実に近い、ないし、競業関係を前提としな
い不正競業（14 条、17 条）、さらに、統制法の領域における不正競業（9 条、9 条
a、価格割引法、景品令）、最後に、カルテル法の制度的保護ととくに機能的に近
い、競争の存続を危険にさらす性格を有する不正競業にほぼ分類される[40]。

　そして、Weber はこのような分類を基にさらにくわしく類型化を行なっている。

　Weber によれば、不正競業の事例群は属地的に制限された目的を有する競業規
範、一般的な不法行為にとくに近い競業違反、典型的な不正競業の 3 つの類型に
大きく分類される。そして、最初の類型は、さらに、統制法規と競業上の商号およ
び標識の保護の 2 つに、つぎの類型は、企業および営業活動に対する権利を侵害
する行為と競業目的のための行動を要件として必ずしも前提としない行為の 2 つ
に、最後の類型は、公衆の決定に対する影響、同時に競業関係を有する公衆の決定
に対する影響、結果と性格づけられる競業上の不法行為の 3 つに細分化され、そ
れぞれについて論じられている。

　それによれば、統制法規に該当するのは、不正競業防止法 9 条、9 条 a、価格割
引法、景品令等等であり[41]、これらの法規は内国で法律上みとめられない結果が
発生しないかぎり適用されない[42]。競業上の商号および標識の保護の範囲は、そ
れぞれの市場ごとに別々に決定され[43]、不正競業に固有な不法行為地の決定[44]
にあたっては行動がいずれの市場において誘発され、いずれの販路を目指していた
か否かが基準とされる[45]。企業および営業活動にたいする権利を侵害する行為お
よび競業目的のための行動を必ずしも要件として前提としない行為を規制するの
は、14 条、15 条、17 条、18 条、20 条であり[46]、これらの行為については、行
動地か結果発生地をもって不法行為地とする一般の不法行為の抵触規則による[47]。

公衆の決定にたいする影響に該当するのは原則として、心理的売買強制、路上での顧客獲得行為へのよびかけを含むすべての広告形態であり[48]、これらの行為については、需要者へ影響を及ぼした場所である市場の法が適用される[49]。同時に、競業関係を有する公衆の決定に対する影響に該当するのは引き合いによる妨害行為[50]、瓢窃行為[51]であり、これらの行為についても需要者へ影響を及ぼした場所である市場の法が適用される[52]。結果と性格づけられる競業上の不法行為[53]については、内国市場に対する効果が基準とされる[54]。

5) Urlich Immenga の見解

Immenga は、不正競業を不法行為として性質決定し、不正競業に固有の不法行為地の決定を提唱する[55]。そして、不正競業に固有の不法行為地、すなわち競業利益の衝突地の決定によってカルテル法における効果主義へ接近することになるとする[56]。しかし、競業利益の衝突地という概念は比較的不明確であるから具体化しなければならない[57]。そして、Immenga は、保護目的に応じて不正競業行為を類型化した上でグループごとに不法行為地を決定する。まず、顧客（消費者）の侵害を目的とする競業行為については、顧客の市場所属性へ連結されなければならない。したがって、消費者へ作用した国の法のみが重要である。心理的な購買強制、暴利広告もしくは誤認広告、混同の危険もしくは顧客獲得の利用の事例がこのグループに分類される[58]。

つぎに、競業者の侵害を目的とする競業行為については、競争する企業の利益がいずれの市場において衝突するかが重要である。これは不正な措置に関係する商品の販売市場である。ここでは、商品の無料販売、信用の盗用もしくは従業員の買収が典型的な不正競業行為として挙げられなければならない。なぜなら、これによって競業者も侵害されるからである。市場参加者が法規違反もしくは契約破棄によって優位を獲得した場合にも、競業行為が効果を及ぼす販売市場が重要であって、法律違反もしくは契約違反地は重要ではない。不正競業防止法の規定が等しく消費者の保護および競業者の保護を目的とする場合にも販売市場が基準とされなければならないであろう。これは、例えば完全模倣もしくは商品の原産地に関する誤認について認められる[59]。

さらに、公衆の侵害を目的とする競業行為、言い換えれば、競業者および購買する公衆についてのみならず経済生活全体についての危険を防止しなければならない主として営業政策および経済政策を有する不正競業行為に関する規定（景品令およ

び価格割引法並びに不正競業防止法6条-10条による蔵払いおよび売出しに関する規定）の場合においては、空間的な妥当範囲は内国の不法行為地に限定されなければならない。基準となるのは、もっぱら景品もしくは価格割引を現実に与えた場所である[60]。最後に、営業に関係する不正競業行為は競業者の営業に向けられ市場に関係しない。これは、例えば従業員の買収（不正競業防止法12条）について当てはまる。この場合においては、営業活動地が競争目的のための器物損壊の場合同様、不法行為地であり不法行為法的に連結されなければならない。ここでは、上に挙げた被用者の買収と並んで、営業誹謗（不正競業防止法14条）、営業上の中傷（不正競業防止法15条）、営業秘密の漏洩（不正競業防止法17条）、および、手本の利用（不正競業防止法18条）が挙げられなければならない。不正競業防止法第1条の意味での不正な行為も、当該の行為が個別的に特定できる一人または複数の競業者の営業との関連性を示す場合には営業所毎に連結されなければならない。これに属するのは、いわゆる従業員の引抜きである[61]。

6）Klaus-Georg Mook の見解

　Mook によれば、「不法行為の準拠法は不法行為地法主義から明らかになる。なるほど、不法行為に関する抵触規則は明示的にはドイツ国際私法においては規範化されていないが、それは民法施行法12条において前提とされており、少なくとも原則的には一般的に承認されたものとみなされる。したがって、国際競業法についても不法行為地が抵触法上の連結点として考えられる」[62]と。そして、Mook によれば、競業違反は不法行為である。したがって、不正競業の準拠法は不法行為地法である。その際、不法行為地は競業者の競業利益が衝突する場所に従い決定される。渉外的関連性を有する競業事実においては、これは、つぎのことを意味する。内国市場に効果を及ぼすドイツの広告主（雑誌等）の広告はドイツ競業法に従う。外国の広告主の広告は、内国の競業に影響しうる場合、すなわち広告主が規則的な営業取引において内国の広告名宛人に達し、これが広告者にとって予測可能である場合にはドイツ法によって判断されなければならない。広告者が複数の市場において競争している場合には、この市場における広告者の利益は『競争者同一条件』の観点に基づく利益衡量の枠内で考慮されなければならない。

　最後に、外国市場での外国における広告がドイツの遠距離旅行者を介して内国市場に反射的効果を有する場合には、外国法に従い判断される。ここでは、ドイツ法は外国における広告が内国での競争のみを対象とする場合にのみ適用される。その

場合には、内国における効果はもはや広告の反射ではなくて広告の主たる目的である。この場合には、国際私法的利益状況は外国の広告地を抵触法上の連結としては無視することを正当化する。むしろ、決定的なのは広告の対象に基づいて存在し、基準となる連結点としての内国における利益の衝突を基礎づける強固な内国との関連性である。その限りにおいては、不正競業防止法1条は内国での競業目的での行動を要求する。そのようなものが存在するのは、問題となる広告が内国での競争にのみ向けられている場合だけである；これに反して、反射的な効果しか存在しない場合には、そのようなものが存在しない。したがって、国際不法行為法において原則として妥当する不法行為地への連結は国際的広告の事例群においては修正される。これは、多数の行為の可能性および競業違反の効果の多様性が関係利益を行動地もしくは結果発生地に位置づけることを必ずしも許さないという認識を考慮している。むしろ、これらの利益を正当に評価する抵触規則は、競業不法行為が出現する典型的な事例形態を基準としなければならない。そのような照準設定は、ここでは国際的広告との関係において典型的な事実形態について行われ、そこにおいては、なるほど不法行為地は原則として広告主の出版地および市場に影響を及ぼす広告の資格に従うというようにして行為地法主義は一方では個別化されるが、他方ではこの連結は関係者の競業機会の平等に向けられた利益によって相対化される。さらに、行為地主義の原則的妥当性は、外国での広告の特別な方向が内国の競争、内国法と密接な関係を有するような事例形態についても破られる。この行為地への連結の緩和によって、国際的な法的相違の広告的な利用に対抗することができる：行為地への連結の緩和は本物かつ機能的な競争がそれを要求する場合において内国の競業法の適用へ導き、厳格なドイツの規定の回避を広告者に禁止する、[63] と。

7) Harro Wilde の見解

　Wilde によれば、準拠法の問題については競業利益の衝突地、競争している双方の商品もしくは役務提供が衝突する市場地の法が基準となる。したがって、基本的にはこれに関してどの程度例外が設けられなければならないかという問題が重要である、[64] と。そして、国際的な判決の調和および武器の平等という観点からすれば、それぞれの市場地法が基準となる[65]。特定の競業行為の効果がひとつもしくは複数の国家の市場に限定されるのではなくてほとんど双方的に内国においても発生することが考えられる。ここでは、例えば、営業秘密のスパイもしくは特に価値ある被用者の良俗違反の引抜きが考えられる。いずれの場合においても被害者た

る企業の不利な結果が世界的に生じるであろうから、この理由だけからしても内国法をも適用することが考えられる。さらに、例えば、民法824条の意味での信用毀損の主張の場合においては、競業行為が同時に不法行為の要件を満たす場合が考えられる。そのような主張は本来外国において行われたとしても内国においても普及している場合には、ここで直接適用される結果発生地法が妥当するという不法行為法の原則によってドイツ法の適用を基礎づけることに反対するものは何もない、(66)と。

　Wildeによれば、事例群として、まず、広告の問題については、特定の広告の許容性はまず広告が出版された国の法に従う：広告はまさにその頒布地域における販売の促進に奉仕するから、ここに競業利益の衝突地が存在する(67)。まず、比較広告の例としては、アメリカの自動車製造業者が合衆国で出版されるべき自動車雑誌において自己の製品をドイツの乗用車と比較するパンフレットを公表した――仮定の――場合が役立つであろう。そのような広告はドイツ法によれば競業違反であるがアメリカ合衆国においては許されると仮定しよう：この場合においては、ここでは合衆国法が基準となるということに疑問はなく、その際に、この雑誌は重要な範囲においてはドイツにおいて普及していないと仮定しよう。逆に、なるほどドイツ企業がアメリカの競業者の製品と比較して対決する広告を合衆国において公表する場合には同一のことが妥当しなければならないであろう(68)。つぎに、不正広告の場合にも頒布地法が決定するという原則がまず妥当する。不正広告の禁止は消費者保護という強力な要素を含んでいるから、外国の不正広告の場合にはそれはまず外国の立法者の問題である。不正広告が特定の競業者と関連し営業侵害をもたらさない限りにおいては、外国における不正広告に対してはそれぞれの頒布地の法のみが適用されなければならないであろう、(69)と。

　そして、Wildeによれば、物質的な刺激のうち、まず、懸賞、賭けの催しについては広告手段の抵触法上の取り扱いに関して展開したのと同じ原則が妥当する：基準となるのはこの賭けが催されるか懸賞、懸賞クイズもしくは同様の賭けの名宛人がその住所を有する空間的地域の法である。なぜなら、そこで推定的顧客の購買決定に作用し、ここで競業者の競業利益が互いに衝突するからである(70)。つぎに、景品および価格割引、付加的提供、結合的提供といった手段には統一的な要素、すなわち顧客が『通常』取得しないであろう補充的な物質的な刺激によって顧客を購買へ誘引する戦略が基礎にある。ほとんど異常な価格の値引きもしくは無料

の付加的利益の付与による景品もしくは価格割引の場合、特に魅力的な商品もしくは役務提供を全体的な提供に対して付加的提供ないし結合的提供をする場合である。原則として、ここでも市場地法、すなわち関係者が競争し、この競争がそのような手段によって影響を受ける場所の法が基準となる。しかし、そのような利益が提供される場所とそれが最終的に与えられる場所が必ずしも同じでないということから特別な問題が生じる。例えば、オランダのスーパーマーケットが、オランダで買う場合に与えられる特別な価格割引を提供する広告をドイツの雑誌の国境で公表することがある。さらに、例えばスペインの別荘をドイツで販売しようとする企業が遊覧飛行を宣伝することが考えられる。その提供はいずれの場合においても内国において行われているが、実際には利益の少なくとも大部分は外国において与えられている。さらに、いずれの場合においても宣伝されている本来の主たる提供は外国において行われていることだけからしてもドイツ法は最初から適用されないことが主張される。特に安い生活手段の購買も別荘の購買も最終的には外国において行われている。しかし、最初に挙げた場合において、ドイツの雑誌におけるこれに関する広告の場合には、オランダの商人は特にドイツの顧客のために宣伝し、この手段によって意図的にドイツ国内の競業にも介入していることによってドイツ競業法の適用は正当化される。第2の場合――スペインの別荘の販売の際の遊覧飛行広告――においても、そのような広告は内国に本拠を有する顧客に意図的に向けられていることが決定的であり、その際、この提供が、例えばドイツの会社によって行われているか外国の会社によって行われているかは重要ではない。内国においてはスペインの別荘のこの提供者はその他の国の別荘およびアパートの提供者と競争しているという考えも、競業利益の衝突地がドイツであることを支持している。逆に、そのような意図的な顧客への呼び掛けが内国において行われていない限りはドイツ法は適用されない。確かに、ドイツの旅行者の団体が、例えばモロッコで値引き付きのバザーで宣伝されている場合には価格割引法は妥当しない[71]。最後に、特に内国の外国人を対象とする提供によってまったく特に内国の外国人に呼び掛けられる場合には独自な問題が生じる。例えば、そのような提供が他のNATO諸国の駐留軍兵力に所属する者に限定されている場合にはそうである。一方では、内国における外国人の完結した国民団体は外国競業法に従うとすることは法外な区別の問題へ実際には導くであろうし、他方では、これから生じる競業の優位が内国の競業者自体に効果を及ぼす可能性が存在する。したがって、ドイツ競業法の属地的妥

当性を堅持しなければならず、ほとんど広告の名宛人の国籍を基準とすることはできない、[72]と。

　また、Wildeによれば、妨害的競争、例えば、真正商品の大量配布による市場閉塞、排除目的での競争価格のダンピングその他の場合、その仕入先の遮断による競業者の活動の妨害、並びに不正競業防止法12条の意味での買収の場合がこれに属する。そのような事象が外国市場で生じる限り、ここで主張した見解によれば、そのような活動が内国の企業によって行われたか外国の企業によって行われたかに関わりなく、そしてそのような活動が意図的に内国の企業に向けられたかに関わりなく、常にそれぞれの外国競業法が適用される。いずれにせよ、内国企業が外国市場から意図的に競業者を排除しようとすると同時にこの競業者の内国における競争能力を侵害する場合には例外が承認される。例えば、この企業が以前程もはや安価に製造できず、このことが内国における競争能力にかなり効果を及ぼすという結果を外国の販売市場の喪失によって生じる販売の減少がもたらす場合にこれは生じる。ある企業がその下請け人の意図的な奪取によって競争を妨害された場合には、そのような行為の競業違反の判断にとってはそれぞれの競業者の本拠が基準となるのではなくてこの手段が効果を及ぼすような市場地の法が基準となる。両方の企業が内国においても競争し、一方の妨害行為が内国においても効果を及ぼしている場合にはドイツ法が適用される。不正競業防止法12条の意味での買収の抵触法上の取り扱いは特別な困難を提起する。ある企業が供給の際に優位を獲得する目的で供給者の被用者を買収する限り、下請け人の本拠への連結も買収者の本拠ないし供給される商品の販売市場への連結も選択的に考慮される。そのような場合には、買収は二重の方向で効果を及ぼす。一方では、買収者は需要者として他の需要者に対する競業上の優位を獲得するが、他方では、買収者は供給される商品の転売ないし加工製品の販売の際にも競業上の優位を獲得する。したがって、供給者の本拠で妥当している法をもその後の販売地をも選択的に援用することが正当であると思われる。これに対して、買収者から商品を仕入れる企業の被用者の買収の場合には事情が異なる。ここでは、買収者は単に自己の販売を促進するから、顧客の本拠で妥当している法が基準となる。競業者の妨害のもうひとつの例として考えられるのは他人の給付の模倣である。一方では、それは競業利益の衝突地が基準となるという原則から引き出されるが、他方では、厳密に考えれば、模倣された製品の製造はまだ当該競業者の利益の侵害ではなくてその通用が初めて当該競業者の利益を侵害するから製

造地それ自体は中立的である、[73] と。

さらに、Wilde によれば、一括して市場侵害としてこれまで扱った事例群と対比されるのは、特定の市場だけではなくて競争している企業自体に効果を及ぼす、より直接的に営業に関連する侵害である[74]。まず、企業スパイについては、秘密保持されている製造方法であれ、営業上の秘密であれ、営業秘密のスパイはほとんど世界的な危害である。この情報が管理されないまま拡散し秘密保持によって目的とされる競業上の優位が消滅する危険が存在する。まさに、拡散の管理不能のために特定の市場に対するそのようなスパイの効果を地域的に位置づけることはできず、逆に、世界経済の密接な錯綜およびドイツ経済の強力な輸出志向のため少なくとも内国企業の利益がそのような営業スパイによって世界的に危険にさらされることが前提にされる。この考えはそのような侵害の営業関連性と並んで当該企業の本拠地法を基準とすることを正当化する。その際、刑法典5条7号は内国企業の企業スパイもしくは営業スパイの侵害をドイツ刑法によらしめていることが補充的に考慮されなければならない。そのため、その民事法上の効果を外国の法秩序によらしめることはほとんど有意義ではないと思われ、当該企業の本拠地法が基準となる。企業の本拠地法が企業を企業スパイから保護していない限り、この企業の内国での競争が侵害されているとしてもドイツ法を適用する動機は存在しない。日本のテレビ製造業者が他の日本企業の企業秘密をスパイする限り、両企業が内国においてテレビを販売しているとしてもこれはもっぱら日本法の関心事である。逆に、内国において外国企業の内国営業所の企業秘密がスパイされた場合には、ここでは決定的な出来事は内国において生じているからドイツ法が適用される[75]。

つぎに、同様のことは被用者の引抜きについて当てはまる。被用者の引抜きもまた企業自体に向けられ、その効果は通常特定の国に位置づけられないから、この面からは企業の本拠地法ないし被用者が引き抜かれた営業所所在地法を適用することが妥当であると思われる。これに対して、行動地はそれほど重要ではない。法的な判断にとっては、企業の変更が合意された場所には重要性は与えられない。なぜなら、どこで決定的な出会いが生じるかはしばしば偶然によるからである[76]。

また、営業上の名誉毀損も上の意味での営業に関連する侵害として評価できるかどうかは疑問であると思われる。まず、これによって、そのような表示の名宛人において誹謗される企業の評判が誹謗されているため、損害の結果の位置づけが可能であると思われる。もちろん、多くの部門において内外企業間に比較的よい関連性

および人的関係が存在するから、そのような表示および評判はその部門内部においては迅速に世界的に広まる。例えば、ハノーバー市で特定の製造業者がまもなく破産するという噂が広められれば、このうわさは場合によってはすぐに世界中に広まる。そのような場合には、関係者の活動が特定の市場において侵害されるのみならず世界的に著しく侵害される。したがって、その表示が行われた場所の法、すなわち名宛人に到達した場所の法も企業の本拠地法も適用されなければならない。後者の連結は損害の位置づけが場合によっては不可能であり、逆に企業自体がこれに巻き込まれるということから引き出される。両者の法がより強力な法の原則に従い併存して適用されなければならず、すなわち関係者の利益をより強力に保護するような法が適用される。もちろん、具体的な事情に基づいて、営業上の名誉毀損の効果が特定の国の市場に限定されることを前提とする場合には、企業の本拠地法は適用されない[77]。

　さらに、販売拘束が法的に許されるかどうかは通常拘束される商人がその本拠を有する国の国内法ないしヨーロッパ共同体の超国家的な実質法（ヨーロッパ共同体条約85条）に従う。販売拘束がこの準拠法に従い許される限り、拘束される商品をそこで調達し内国へ輸入する者は、内国においてそのような拘束販売が許されているとしても競業違反行為をしたことにはならない。なるほど、外国法に従い拘束販売自体が契約上の義務として許されるが、これに関する製造業者の請求権が拘束される商人にのみ主張され、拘束されている商人の契約破棄の利用によってもしくは契約破棄の誘引によって拘束されている商品を調達する部外者に対して主張されていない場合には事情はもっとも難しい。それによって、関係している国家においては、この部外者はこの商品を自由に譲渡することができる。したがって、この部外者はこれを内国においても行うことが許されるかどうか、他人の契約破棄の利用もしくは拘束されている商人の契約破棄への誘引が一定の要件の下で競業違反とみなされるかどうかという問題が提起される。もちろん、ここでもまた競業利益の衝突地が基準とされなければならないから、内国への輸入の場合には内国競業法が基準となる。これは以下の帰結をもたらす。販売拘束自体が許されるかどうかを決定するのはこの状況においては外国法である。これに対して、外国における販売者が他人の契約破棄を利用して取得する商品の販売の競業違反性は内国競業法に従い判断される。もちろん、これとの関連において、当該外国がヨーロッパ共同体に所属し部外者が拘束される商品の販売をそこで妨害できない場合には、部外者が他人の

契約破棄を利用してもしくは拘束されている商人を欺罔して拘束されている商品を調達したとしても、この部外者は商品をドイツへ輸出しようとする場合にはヨーロッパ共同体条約 30 条を援用できないかどうかという問題が提起される。なぜなら、競業法上の保護が内国において事実上輸入制限として効果を及ぼすからである。これに対して、拘束する製造業者はヨーロッパ共同体条約 36 条を援用することはできない。なぜなら、その拘束販売制度は一応営業上もしくは商業上の財産とはみなされないからである。この面からは多くのことが、この特別な状況において拘束された商品の販売は内国においても防止できないことを支持する。製造業者は商品に製造番号を付け場合によっては試験購買の際に特に購買製品の道を逆に辿ることによって自らが導入した販売拘束制度を管理しようとする。ドイツ実質法によれば、そのような番号の欠如は競業違反とみなされる。しかし、一連の番号の欠如それ自体はまずそれが遠ざけられた国の法に従い判断される。そのような処置がこの準拠法に従い競業違反でない限り、そのような製品がつぎに内国に輸入されることにも異議を唱えることはできない (78)。内国に効果を及ぼす競業行為について他国の緩い競業法規定を意識的に利用することをは誇張しすぎてはならない、(79) と。

　最後に、Wilde によれば、不正競業防止法は、例えば、閉店売出し、特別売出しの規制、仮想購買品の発行の許容性のような一連の純然たる統制法規を含んでいる。この規範の妥当範囲はその純然たる統制的性格のために厳格に内国に制限されるから、例えば、オランダの日常品のスーパーマーケットがドイツの規制に合致していないとしても、国境においてドイツの雑誌においてその閉店売出しを宣伝することには異議を唱えられない。同じことは不正競業防止法第 6 条の仮想購買品の発行についても当てはまり、そこでも結局統制的性格が中心となるから内国に本拠を有する企業がそのような仮想購買品を発行する場合にドイツ法の適用は制限されなければならない。これに対して、仮想購買品の発行が提供の価値および価格に関して公衆を欺罔することになる場合には事情は異なる。この場合においては、内国における意図的な広告について妥当する原則が適用されるから不正競業防止法 3 条を介して救済策が講じられる (80)。

　なお、Wilde によれば、商号ないし不正競業防止法 16 条の意味での特別な営業上の標識の保護はその内国における通用を前提とする。これは外国の商号ないし営業上の標識についても当てはまり、その際この通用は例えば内国における営業所を前提とせず、むしろ内国における継続的な営業活動がそれに従う限り内国における

商号ないし営業上の標識の使用で足りる。この場合には、標識の使用がそれぞれ外国の企業主を指示する限り、通信、提供もしくは注文の送付もしくは代理人または契約仲立人による使用でも十分である。これに対して、不正競業防止法16条の保護は外国企業が内国においてこの商号ないし標識の下で取引通用を取得することを前提としていないし、内国におけるかなりの範囲の営業活動も要求されない。内国において外国の標識が継続的な営業活動を推定させる性質および方法で使用されるや否や、保護が始まる。しかし、そのような保護の要件は当該の商号ないし営業上の標識が外国企業の本拠地においても法秩序によって承認されていることである。したがって、外国企業の本拠地で初めから保護される標識は内国における使用によっても保護を取得することができない。しかし、不正競業防止法16条は内国における商標権の侵害のみを保護する。その際、行動地ではなくて結果発生地が重要である。決定的なのは誰に対して侵害する標識が使用されたかであって、例えば、侵害すると称される商号標識の付いた書簡もしくは価格表がどこから送られたかは重要ではない。したがって、ドイツ企業がフランスのその顧客に混同の恐れのある標識の下で広告書簡を送ったがその標識が内国において付与されていない場合には、不正競業防止法16条は関与しない。この行為の許容性の判断はこの場合にはフランス法にのみ従う、[81]と。

8) Werner Riegl の見解

　Riegl の見解によれば、すべての連結提案を考察すれば個々の連結提案の間の相違はそれほど大きくなく、それらは特に結論的にはすべて市場地法になることが分かる。一般的な見解によれば重要な競業利益の衝突はそれぞれの市場地で発生する。行為者の利益に対立するのは競業者、消費者並びに公衆の利益である。市場地、競業違反の不法行為地として問題となるのは、行為者が競業利益を有している場所である。これはいわば第一段階である。位置づけられるこの利益に上に述べた3つの人的集団の利益が対立する場合には、この衝突地が競業違反地として問題となる（第2段階）。したがって、市場地は競業手段が作用する場所である。もちろん効果地とも呼べる。なぜなら、同じ意味であり一般的な不法行為法上の用語では損害発生地は意味しないからである。一般的な見解によれば、損害発生地は競業違反の領域においても重要ではない。カルテル法においても『効果を及ぼすこと』が問題とされるという事実は、競業法の保護目的に従いここではその概念に『作用すること』という意味を与えることと矛盾しない。国際私法的に考察すれば、効果地

は競業行為地ほど確実ではない。すべての摩擦を最初から避けるためには、最も単純には、作用することを直ちに問題とすべきである。まとめると、以上のことからその限りにおいては市場地は不法行為法上の侵害地とそれほど異ならないことが分かる。法益は公正な競争もしくは主観的な競業上の地位であると言え、これらは競争が行われる場所に『所在』している。市場地（競業利益の衝突地）の確定は競業違反についての一般的な不法行為法上の侵害地の具体化に外ならない[82]。

　我々との関係においては、競業違反の連結も原則として侵害地へのその他の不法行為の連結の一貫した継承であるが、その侵害地は競業法の特殊性に従いさらに具体化されなければならない。したがって、国際競業違反の我々の抵触規範は以下のようである。競業違反（不正な競業および不法な競業）に基づく請求は、その市場（関係者の競業利益の衝突地）に対して競業手段が作用する国の法に従い判断されなければならない、[83]と。

　つぎに、特殊事例についての緩和については、知覚できるほどに市場に関連する損害ではなくて営業に関連する損害のみを惹起するような特に同業者に向けられる手段（例えば、契約破棄への誘引、引抜き、買収、営業秘密の漏洩、営業誹謗、営業上の中傷など）が問題となる場合には、これはその緩和の可能性を含めて一般的な不法行為法上の抵触規範に従う。なるほど、手段が市場に関連しているがもっぱらまたは主として同業者に向けられ、外国市場における競業上の地位の改善とは無関係である場合（いわゆる双方的競業違反）にも同様に処理されなければならない。いずれの場合においても、そのつど個別的利益が中心であることによって理由づけられなければならない。しかし、競業上の抵触規範の場合には明らかに市場地法を理解することが重要である。しかし、上に挙げた性質の競業法に特有でない不法行為の場合には、それは重要ではない。したがって、機能的性質決定は行為地主義およびその緩和の適用へ導く。まとめると、以上のことから、上で提案した競業法上の抵触規則は競業に典型的な市場関連性によって特徴づけられる不法行為についてのみ適切であることが引き出される。今取り扱った緩和の事例の抵触規範は解明的機能しか有せず、このため不必要であると思われる、[84]と。

9）Rolf Sack の見解

　Sack によれば、準拠法を競業に特有に決定したり不法行為地を競業に特有に決定したとしても、競業違反は民法施行法 38 条の意味での不法行為である、[85]と。Sack によれば、市場地主義は国際不法行為法上の行為地主義の適用例として理解

されるか競業に固有に正当化されるかはどうでもよいとする[86]。そして、まず、市場に関連する競業行為の場合には市場での相手方に作用した市場地の法が適用される[87]。すなわち、広告行為の場合には広告市場地の法が、販売行為の場合には販売市場地の法が適用される[88]。秘密の漏洩や権利侵害の不当な警告のように市場と直接関連しない競業行為には一般的な国際不法行為法が適用される[89]。つぎに、当事者の準拠法選択は、第三者の利益に関係する市場関連的な競業行為の場合には不可能である。さらに、市場関連的な競業行為の場合には、市場地主義とは異なる行動地法もしくは共通の企業本拠地法は適用されない[90]。最後に、複数の国々に関係するいわゆる多国間競業行為についても、原則として競業行為によって市場への相手方に作用するすべての国の法が適用される。すなわち、国際的な新聞および雑誌における広告の場合には、原則としてそれらが頒布されたすべての国の競業法が適用される。国境を越えるラジオおよびテレビによる広告の場合には、送信地国法ではなくてもっぱら市場地法、すなわち広告の送信が市場の相手方へ作用した国ないし国々の法が適用される[91]。しかし、原則として適用される市場地主義はいわゆる拡散の場合には制限されなければならない[92]。

　なお、今日の理解によれば、価格割引法は —— 例えば同一の法政策的観念に基づく 1932 年の景品令と同様に —— 内国の個人商人のみならず、呼びかけられる顧客をも欺罔および過度の誘惑から保護するから、価格の割引が外国で行われる場合であっても特定の価格割引の内国での広告の禁止を適用することが正当化されると思われる、[93] と。

10) Alexander Reuter の見解

　Reuter によれば、（文献において承認されている）判例によれば、外国企業の内国での競争は競業者の競業利益が衝突する国の法に従い判断されなければならない。まず、行動地ではなくて関係している競業者の製品もしくは役務提供が衝突する市場の法が決定的である。例えば、どこで完全模倣された製品が製造されたかは重要ではない。市場化した場所が決定的である。言い換えれば、それぞれの市場地法が適用されなければならない[94]。広告の場合の『競業利益の衝突地』は必ずしも明らかではない。広告地が広告される製品が供給される場所と一致しない場合には最初の問題が提起される[95]。判例はこの場合に広告地を基準にしている[96]。この特別な場合より重要なのは多国間広告の問題である。ここでは、複数の国々に効果を及ぼす広告手段が考えられている。その受信範囲が国境で止まらないラジオ

およびテレビ局、並びに国際的に頒布されている雑誌広告である。ここでは原則として同じことが妥当する。ドイツ国際私法によれば、広告はそれが頒布された国の法に従い判断されなければならない。これは国際的広告の場合には実際次のことを意味する。国際的広告を行う者はそのつど最も厳格な法に従わなければならない。なぜなら、彼はこの法的状況においては広告の各受信国において、すなわち最も厳格な法を有する国においても訴えられる危険を犯すからである(97)。営業に関連する侵害、すなわちその不正が特定の競業者の領域の侵害から生じるか競業上の不正と並んで一般的な不法行為の要件事実が存在する競業行為の別個の取り扱いが指摘される。例えば、引抜き、買収、工場スパイ、信用毀損および営業上の名誉侵害が考えられる。ここでは、不法行為法との教義学的親近性が競業利益の衝突を基準にするのではなくて不法行為地を基準にすることを支持する。さらに、そのような行為は企業自体を侵害し企業が活動する市場すべてにおけるその競争を侵害する。したがって、事実関係から行動が他の市場と特に関連している場合は別として被害者たる企業の所在地法の適用が妥当であると思われる(98)。普及している見解によれば、特別催事法（閉店および特別売出し等々）、仮装売買取引の規制（不正競業防止法6条）もしくは価格割引法（現金支払価格の3%以上の最終消費者への価格割引の禁止）のような『純粋の市場統制規定』はその統制的性格のために厳格に連邦の領域に限定される。それによれば、その活動が外国においてのみ実施されている限り、外国人は連邦共和国においてそのような活動を危険なしに広告することができる(99)。

11) Henning Oesterhaus の見解

　Oesterhaus によれば、支配的な見解によれば、不正競業行為は不法行為とみなされ、不法行為については行為地法が基準となる。行動地も結果発生地も行為地とみなされる。しかし、競業違反の場合には、行為地は競業に特有に競業者の競業利益が互いに衝突する場所に主として位置づけられる(100)。外国における商品および役務提供の販売に関する内国での広告の場合においても、内国で行われる広告は内国での競業として不正競業防止法の要件を遵守しなければならないという広範囲の一致が存在する。しかし、販売市場地法が基準となるという見解に従えば、不正競業防止法1条は外国での販売に関する内国での広告には適用されない。外国での販売に関する内国での広告の場合においては、販売市場が損害発生地である。この場所のみを基準とすることは行為規制法としての公正法としての性格を無視するこ

とを意味する。抵触法は市場における競業者の行為を規制するという競業法のこの目的を考慮しなければならない；したがって、（少なくともまた）広告市場地法が適用される、[(101)] と。

12) Peter Bernhard の見解

Bernhard によれば、まず、隣接する連結原則の継承ができるかどうかという問題、つぎに、規定案の展開が論じられている。

まず、隣接する連結原則の継承、一方では国際無体財産権法の保護国法主義の継承に関しては、結局、法則学派的方法も（事例群形成の意味での）個別的規則の形成がなければ役立たない。しかし、個別的規則の形成は、規則形成の際にまったく実質法上の価値、実質法の『意思』を考慮する国際私法上の個別的連結によってより良く実行される。以上からして、実質的には保護国主義はそうであるが、規範の適用意思の援用は、国際私法上の個別的な規則形成（侵害地の不法行為類型に特有な決定）に比べて空虚な定式でありすでに法的安定性の観点だけからしても後退する[(102)]。他方ではカルテル法上の効果主義は推奨に値しない。法則学派的な連結は法的安定性の思想に反する。そのような基本的状況においては抵触法の統一は理論的可能性に過ぎなくなる。効果の概念はまさにその広さによって柔軟性による長所を示すが、結局この原則と結びついた法的不安定性による短所を埋め合わせることはできない[(103)]。

つぎに、規定案の展開についてはつぎのようである。すなわち、第1に、出発点としては、不正競業に特有に修正された行為地主義としての市場地主義が前提とされる（不法行為地としての競業行為地）。その際『競業利益の衝突』という基準は市場地主義を具体化できないため空虚な定式として排除され、『競業手段が作用する市場』へ連結されなければならない。もちろん、『作用』という基準は概念的には国際カルテル法の『効果』という基準から区別されるかはほとんど不確実である。特に、文言解釈においても、原因となる広告行為地と一致しない市場における商品の販売の侵害はそのような不正広告の市場への『作用』として理解される。言い換えれば、市場への作用という概念自体は広告市場と販売市場との分裂について解決を援助するものではない[(104)]。

第2に、市場地主義を具体化することが必要である。すなわち、『争われている競業行為がその市場において市場の相手方に作用している国の法が基準となる』と[(105)]。まず、『…争われている競業行為…』という語句は訴訟物たる要件事実が

位置づけられなければならないことを明らかにしている。市場地主義は行為地主義の特殊形態として理解されなければならない。したがって、要件事実によって対象とされる部分的な行為ないし侵害結果のみが連結にとっては重要であり、要件ではない出来事（準備行為、結果たる損害）は連結にとって問題にならない。広告市場と販売市場との分裂の事態に関しては、これは不正広告自体の判断について広告行為が行われた場所が重要であり、この広告の対象となる商品の販売が行われた場所は重要ではない。ここで推奨する連結対象の具体化は広告市場と販売市場との区別を含んでいるから、そのような明確な規則形成は不要である[106]。

　つぎに、『市場の相手方への影響』という基準は広告市場と販売市場との分裂の事例形態について明らかにする作用概念をさらに具体化したものであり、明示的に同様の区別を行う必要はない。広告は広告市場における市場の相手方へ影響し、販売市場における市場の相手方へは影響しない。そのような具体化は決して作用概念の不当な制限ではない。競業違反が販売活動自体にある場合にも市場の相手方への影響を基準とする規則は機能する。競業違反として現われる販売活動においては、市場の相手方（供給者と並んで特に消費者）への不正な影響もまた常に存在する。呼び掛けられる取引圏に対する作用として捉えられない市場関係的な競業違反は考えられない。なぜなら、市場関係的な競業行為は呼び掛けられる名宛人への影響として表現される『マーケティング』の要素を常に含んでいるからである。例えば、完全模倣製品の販売は ―― 狭義の『広告』が付け加わらずに ―― それ自体として顧客に作用する。なぜなら、顧客は商品の形態もしくは包装によって商品の購入を動機づけられるからである。その際、公正法上禁止されている行為はここでは『偶然的に』商品の販売と一致する市場（財産および金銭の交換地）の相手方への影響である。競業者の販売の侵害ないし競業者を犠牲にしての自己の販売の促進は、影響と販売が地理的に分裂している場合にも一致している場合にも、連結にとっては重要ではない損害の発生として現われる。販売地を基準とすることは商品の販売と顧客への影響が地理的に一致することに基づいて初めて正当な結論へ導く。呼び掛けられる顧客圏への影響に作用概念を制限することは契約締結（販売活動としての契約締結）地自体ではなくて顧客が契約締結を決定した場所（レジではなくてショーウインドー）が重要であることを示している[107]。

　最後に、連結対象としてもはや不正競業ではなくて『広告』を出発点とする規則さえも視野に入ってくる。しかし、連結対象のそのような定式化は広告概念の語義

に反する。この語義は上述の販売による広告の場合を含んでいない。例えば、完全模倣商品の販売自体が拡張された意味において初めて広告として理解されることがある。消費者保護法への競業法の変化にもかかわらず広告概念のそのような包括的な意味はまだ貫徹していないから、連結対象としては不正競業の概念を堅持しなければならない[108]。

　第3に、市場地主義はまさにそのような市場内部で行なわれるような競業違反のみを対象とすることができる（以下では『市場に向けられた』、『市場関係的』ないし『市場媒介的』と呼ぶことにする）。しかし、不正競業の準拠法は個別的に特定された個々の市場参加者の利益のみを侵害する競業行為をも対象とする（例えば営業スパイ活動）。競業行為地への連結を擁護するドイツ文献における態度決定は、実際また市場に向けられていない違反についての特別規則が必要であると述べている。しかし、それらは2つの点で互いに異なる。一方ではその市場関係性の定義すなわち2つの要件事実群の画定において、他方では一般的な市場地主義から外れる要件事実についての連結規則の選択においてである[109]。

　まず、市場媒介的でない違反、すなわち『もっぱら若しくは主として特定の競業者の営業上の利益を侵害する』競業行為についての特別連結が考えられると思われる。そのような違反には第三者の利益すなわち市場の相手方としての競業者全体ないし消費者の利益が関係していないから、それらは一般的な不法行為法に分類される。しかし、そのような論証は不正競業の準拠法にとって重要な競争者同一条件の連結格律を無視している。この平等取り扱いの妥当性は第三者の利益の具体的な侵害とは無関係である。第三者の利益の潜在的な侵害で十分である。地域市場内部で行動するすべての者の平等取り扱いが連結のガイドラインとして決定されれば、市場関係者一般に向けられる違反のみならず個人に向けられる違反も『平等に取り扱わ』れなければならない。それは、潜在的な他の個人に向けられる違反と同様に判断されなければならない。競争者同一条件の命令はまったく一般的には不正競業の領域において、したがって『双方的な』個別的な侵害を含む要件事実に関しても平等取り扱いに対する加害者たる競業者の利益を保証する連結へ強制する。したがって、市場地主義の対象とされない要件事実を分離することを補助する基準は競業行為の侵害の方向ではない。むしろ、市場地主義に内在する限界のみが顧慮されなければならない。『市場に対して作用』しない競業行為は別個に連結されなければならない。市場の基準は、例えば営業スパイ活動の要件事実に関しては（それが別個

に、すなわち以後の使用行為から切り離して考察されれば）空虚になる。スパイ活動はいずれの市場に作用するのか。通常の意味での市場とは供給者と需要者とが出会うところを意味する。したがって、需要者（ないし供給者）への影響なしで済む製品の事前の市場調査に先行するような競業違反は市場地主義の対象とされない。製造過程は事前の市場調査に先行する段階であり営業妨害として競業違反に影響を及ぼすことがある。製造の妨害は —— 侵害方向による区別という意味では —— 常に双方的ないし個別的な競業者の侵害でもある。しかし、逆はあてはまらない。個別的な侵害が市場媒介的であることもある（例えば誹謗という要件事実）。したがって、市場関係的な競業違反と製造関係的な競業違反とが区別されなければならない (110)。

そして、市場媒介的でない違反の連結については、製造妨害に関する特別な要件事実群が前提とされれば、この事例群に合致した連結の問題が提起される。この違反には市場関係性がないことに基づいて、一般的な不法行為準拠法への分類すなわちドイツの実務の観点からは偏在主義ないし有利性の原則による連結が考慮される。したがって、市場に向けられない違反の連結は結論的には一般的な行為地法主義の形成による。したがって、以下では修正されない行為地主義とその特殊形態としての不正競業の連結との間の関係が共に考察に含められなければならない。言い換えれば、ドイツ法上妥当する偏在主義がヨーロッパの統一国際私法の枠内において不法行為的請求の連結の補充的な基本原則として推奨されるかどうかという問題が提起される (111)。

なお、一般的な不法行為の連結については、すべての国々において偏在主義が妥当しているわけではなく、法的安定性が被害者の選択権に反対する。国際私法の統一という観点からは、さらに決定的な観点が被害者の選択権に反対する。ここでは、抵触法の統一によって防止されるべき原告の選択権がいわば裏口から再び侵入してはならない。被害者への特権付与（『被害者保護』）は明確かつ特別な基礎づけの必要がある。したがって、行為地法主義の具体化が考慮ないし必要とされるのは不正競業の準拠法についてだけではないことが明らかになる。これに対して、要件事実に特有な行為地法主義の特殊形態が欠けている場合に補充的に適用される一般的な基本原則としては、偏在主義は不適当であり推奨に値しない。一般条項としての基本原則は言い換えれば裁判官法による具体化に充分裁量を与え、行動地への連結にも結果発生地への連結をも可能にするものでなければならない。この意味にお

いて初めて偏在主義がガイドラインとなることがある。補充的に適用される基本原則の課題は、実定法上の不法行為類型に特有な行為地主義の具体化が欠けている場合に、結果発生地法にも行動地法にも道を開いておくことでなければならない。これは行為の『重心』という基準によって行われることがある。この概念は —— 行為地法主義の明確な立法上の区別を有していない場合には —— 一般的な基本原則の脈絡において欠缺補充的な裁判官法による規則形成を許し恣意的な裁量を与えない。さらに、そのようにして形成される基本規範は、それを補充する特別な連結規則は行為地法主義の特別な具体化に過ぎず、結局不法行為の要件事実がその位置づけについて決定的とならなければならないことを法適用者に思い起こさせる。したがって、以下の規範原則が提案される。すなわち、『不法行為は行為が行われた場所の法に従い判断されなければならない。行動と結果が異なる国に存在する場合には、要件事実の重心が実現された国の法が適用される』と [112]。そして、補充的に適用される一般国際不法行為法の基本原則としての有利性の原則の妥当性は前提とされないが、市場媒介的でない競業違反は一般の不法行為に類似しているから一般的な基本原則に従い連結されなければならないという前提に留まるとすれば、以下の結論が明らかになる。すなわち、『市場媒介的でない競業違反はその重心が行なわれた場所の法に従い判断されなければならない』と [113]。この基本規則の明示的な定式化は必要ない。消費者（ないし市場の相手方）に対する作用を媒介としない製造妨害は量的にはわずかであるからそのような構成がまず考えられる。明示的な指示さえ放棄することが可能であると思われる。一方では、補充的に適用される連結としての基本原則の形成から、要件事実に特有な規則の対象とされないすべての要件は明示的な指示がなければこれに従うということが引き出される。しかし、市場媒介的でない違反は市場地主義の対象とされないということはすでにその内在的な限界から出てくるか（市場なければ市場地主義なし）、これは市場地主義を『市場媒介的な違反』に制限したことによって明示的に表現される。市場媒介的でない違反は一般的な行為地法主義に従うということはそのような構成の枠内においては規則の体系的な関連性からのみ引き出されるであろう（基本原則の補充性）。

　そして、市場媒介的でない違反についての明示的な連結規則が必要となる。なるほど、市場関係的でない違反を一般的な基本原則によらしめることは一般的な不法行為法とこの違反との類似性を表現しているが —— それらには市場媒介性がないが不正競業法は『市場法』として捉えられなければならない ——、裁判実務が行

為の重心を決定する場合に不正競業の連結にとって決定的な競争者同一条件を顧慮することを保証することができない。営業関連的な侵害の次元においても広義の市場が存在する。競争者が最も合理的かつ安価な製造構造をめぐって競争する製造段階での競争市場である。特定の構成国内で、すなわち統一的なものとして理解される国内市場内で製造する者すべてはこの競争において同じ法的条件に従わなければならない。営業侵害についても競争者同一条件の格律が特定の領域の競争制度内で行動する者すべての平等取り扱いの命令として妥当する。したがって、補充的な基本原則の意味での市場媒介的でない競業違反の重心は妨害された営業地に存在する。これに対して、基本原則の単なる指示は行動地への連結、例えば営業妨害が開始された場所への連結をも許す。したがって、特別な規則は以下のように定式化されなければならない。すなわち、『市場媒介的でない競業行為は侵害された製造地で妥当している法に従い判断されなければならない』と (114)。

最後に、E.「規定案」において、以上の考察から導かれる以下の結論が提示される (115)。

第1条［補充的な基本規則］

不法行為は行為が行なわれた場所の法に従い判断されなければならない。行動と結果が異なる国に存在する場合には、行為の重心が実現された国の法が適用される。

第2条［不正競業］

1項：不正競業行為は争われている競業行為がその市場において市場の相手方に作用する国の法秩序による。

2項：市場媒介的でない競業違反は侵害された製造地で妥当する法に従い判断されなければならない。

第2条の代案A：

不正競業行為は争われている競業行為がその市場において市場の相手方へ作用する国の法秩序による。市場媒介的でない違反は第1条の規則による。

第2条の代案B：

市場媒介的な不正競業行為は争われている競業行為がその市場において市場の相手方へ作用する国の法秩序による。

13）Ignace Van Meenen の見解

Meenen によれば、競業違反の第1のグループはその直接的性格によって特徴づけられる。直接的にかつ市場関係を介してではなくて競業者を侵害する競業行為

が問題である。それらは市場事象に対して作用することが少ないか全然作用しない。それらは双方的なものとしても特徴づけられる[116]。競業違反の第2のグループは競業者を間接的に、すなわち市場事象への作用によって侵害する。市場関係者、特に最終消費者、競業者の提供者の行為に対する影響によって初めて市場関係者の利益が侵害される。さらに、それによって、それは同時に市場の相手方（最終消費者・顧客）の利益および制度としての競争の侵害を意味する。この第2グループ内部においては、通説は競業行為によって侵害される競業利益によってさらに区別を行う。それによれば、それらは以下のように区別される。まず、消費者の利益を侵害する事実である。つぎに、特に競業者の客観的な保護に奉仕する客観的な行為規範に対する違反が問題となる事実、最後に、主として公衆の利益を侵害する事実である[117]。特に、公衆の利益の侵害は経済生活全体の保護のために制定され営業警察的もしくは経済政策的性格を有する行為規範（例えば、価格割引法、景品令）違反を含む。特に、市場妨害の現象形態すべてがここで挙げられなければならない。なぜなら、競争の存続自体を脅かす競争混乱的手段は公衆の利益を侵害するからである、[118]と。

　そして、Meenen によれば、直接的な競業違反は純粋の不法行為的連結に従う。それは行為が行われた国の法へ連結される（不法行為地法）。これに対して、間接的な競業違反については特殊な連結が展開される。それは効果地法、その『市場』がこの侵害によって影響を受ける国の法へ連結されなければならない、[119]と。

　さらに、Meenen によれば、不正競業からどのような請求権が生じるかを最終的にいずれの法が決定するかは、利益の衝突する不法行為地たる市場が事実上どのようにして決定されるかという問題と決定的に関連している。なぜなら、不正競業行為の抵触規範は不法行為の抵触規範に従い競業法上の不法行為地へ連結しているからである。その他の連結点（例えば住所）とは異なり、これは法的な要素を含んでいない。このため、それはその他の連結点よりも確定することが難しい[120]。市場とは経済的な視野に基づく概念であるから直ちに国家の領域と同一視されない。競業法上、市場は一方では供給者相互の、他方では（代替財産を含む）特定の財産に関する需要者と供給者との競業法上重要な経済的関係として理解されなければならず、それは法律上契約として表現される。したがって、市場結合性および市場概念は経済的に確定される。それによれば、市場とは商品および役務提供の需要および供給が売買され、個々の消費者および企業が商品の価格および量に関して決定する

ために互いに接触している場所である。需要は提供される商品について利害を有する財政全体から構成される。消費者の国籍は市場概念の実質的解明にとっては決定的なポイントではない。むしろ、契約は企業の販売政策に基づいて特定の領域に結び付けられる。その限りにおいては、むしろ供給戦略の目標方向が決定的である。企業戦略は多数の場合において地理的に画定される。購買戦略はドイツ市場、ベルギー市場、スペイン市場、ギリシア市場について異なって形成される。その限りにおいては、市場概念を国家により画定し当該市場におけるそれぞれの国家法を適用することが有意義であろう。ある企業が市場に関連する販売活動をスペインにおいて展開している場合には、スペイン法が優先されなければならない。企業戦略がドイツ市場に向けられる場合には、ドイツ法が適用されなければならない。その際、偶然的にベルギーの消費者もドイツ市場に存在するかどうかは重要ではない。しかし、目標方向のこの地理的決定はすべての場合に十分なわけではない。この場合においては、供給に集中するのではなくてむしろ財政全体としての需要に集中する、さらなる区別を行わなければならない。企業戦略は需要の相手方の構成によって決定的影響を受ける。したがって地理的な市場関連性は認識できない。もちろん、ここでは例外的場合が問題である。多くの場合はすでに地理的な市場方向性によって画定される。法律的に見れば、この市場決定は意思表示を行った場所と一致する。大多数の場合は消費者の常居所地とは関わりなく意思表示を行った場所の競業法に従い判断されなければならない、[121]と。

　そして、Meenen によれば、市場を介して競業者を侵害することのない競業違反については、市場地への連結は満足のゆく解決を与えない。まさにこの場合においては、依然として純粋の不法行為である。営業秘密の漏洩、手本の利用、秘密の漏洩並びに権利侵害の不当な警告はもちろんその効果を統制できないため地域的に位置づけることが難しい。また当該企業の利益も広範囲に脅かされる。この理由で結果発生地は連結点としては最も役立たない。行為地の決定としての行動地は同様の欠陥で苦しむ。どこで被用者の引抜きが行われ、どこで手本の利用が行われるかはたいてい純然たる偶然に左右されそれぞれの場合の状況において異なる。この理由で、この原則は連結の確実性の要件を満たさない。例えば、工場施設もしくは機械の毀損による労働の平穏および営業の平穏の妨害の場合のように行動地が企業の本拠地と一致する場合にのみ行動地は役割を演じる。（外国企業の内国支店の場合においては）企業の本拠地もしくは営業所所在地法への連結についてはより良き理由

が支持する。侵害された企業にとっては、その民事法上の請求権の基礎を確実にか
つ迅速に周知の法に求めることができることが重要である。これによって、この必
要性が満たされる。したがって、直接的な競業違反については損害発生地が基準と
なる⁽¹²²⁾。

　これに対して、市場関連的な競業違反のうち、まず、消費者保護の強い要素を有
する事実（顧客の侵害）の場合には、顧客の市場所属性へ連結される。それによれ
ば、消費者へ作用した国の法だけが重要である⁽¹²³⁾。消費者侵害の４つの対象カ
テゴリーの場合には、結論的には市場所属性への連結は以下のように具体化され
る。（aa）購買強制：消費者が購買締結を強制された場所の意味での市場地。これ
に反して、いわゆるコーヒー旅行の実務については、目的市場の法への連結が妥当
する。これはしばしば常居所地と同一視されなければならない。（bb）欺罔広告：
販路。そこに居住する者の消費者の期待を保護するのは第１にそれぞれの広告市
場の立法者である。しかし、国境を越える広告はコーヒー旅行の場合にも見られた
ように特殊性を形成する。広告の目標は広告市場という（地理的な）行動地ではな
くて内国市場である。目的となる人はそこに居住しているのであって、広告市場に
居住しているのではない。したがって、この目的市場を支配する法、すなわちドイ
ツ法が適用されなければならない。（cc）顧客獲得行為：基準となるのはここでも
（地理的）市場の法、名宛人が商品、価格もしくは営業に関して欺罔されるか、唆
し、射倖心の利用その他の手段によって捕らえられる空間領域の法である。ここで
は、顧客の購買決定へ作用する。（dd）混同の危険の利用：上に展開した同一原則、
市場の法、混同の危険が利用された場所の法である⁽¹²⁴⁾。

　つぎに、競業者の保護の場合には、競業行為地の決定については競業手段がいず
れの市場に向けられているか、競業利益の衝突地がどこに位置づけられるかが重要
である。競業行為地は不正行為と関係する商品の販売市場に位置づけられなければ
ならない。商品販売市場とは競業者が（市場の相手方に対する直接的作用によっ
て）その市場分配を求めて競争する市場である。（aa）市場参加者が法規違反もし
くは契約破棄によって優位を獲得した場合には、商品販売市場が決定的な連結点で
ある。これに対して、侵害地法は重要ではない。競業違反性は法規違反もしくは契
約違反に存在するのではなくてむしろそこから生じる結果、競業上の優位に存在す
る。（bb）その他の競業侵害（信用の盗用、妨害行為、連鎖取引並びに価格広告）
もまたすべて例外なく販売市場の法に従う⁽¹²⁵⁾。

58

　最後に、公衆の侵害については、まさに公衆は摩擦なき市場秩序に関心を有する。したがって、そのような競業違反も競業手段が向けられる市場の法へ連結される。したがって、その市場に対して競業手段が作用するか競争の機能に対する利益が侵害された国の法が適用される。外国において正当に与えられた価格割引の広告は内国においてドイツの価格割引法により禁止されない。なぜなら、ドイツ市場は価格割引の付与とは無関係であるからである。これに対して、なるほど、外国において決済されるべき取引についての内国における価格割引広告は内国の景品令および価格割引法に従い判断されなければならないが、内国の禁止には該当しない。なぜなら、それは価格割引法 1 条の意味での広告ではないからである[126]。しかし、消費者保護および競業者の保護ないし公衆の利益が同様に侵害された場合には、連結決定の際に問題が生じる。競業規制の保護の重心がどこに存在するかが容易に認識できないことがしばしばである。例えば、真実に反して新聞として印刷された広告紙の無料配布が、その他の新聞紙の利益も競争の機能に対する公衆の利益も同時に侵害することがある。例えば、価格広告に関する命令違反は欺罔広告として顧客の侵害も競業者の侵害も含むことがある。そのような場合には、侵害の重心を探求することを試みなければならない。これが最終結論に導かない場合にはじめて、原則として市場法を基準としなければならない、[127]と。

14）Wolfgang Hefermehl の見解

　Hefermehl によれば、行動の一部のみがドイツで行われていたというだけでドイツ競業法が通例適用されてはならない。不正競業行為に特徴的なのは、競業者の権利もしくは法益の侵害ではなくて競業者の利益のみならずその他の市場関係者および公衆を競争の際に保護する客観的な行為規範違反である。これによって、行動の部分的行為がまだ確実な準拠法の手掛かりを与えない場合には、競業利益の衝突地が基準となる連結点になる。個別的には、a）競業者がその本拠、営業所もしくは住所をどこに有しいずれの国籍を有するかに関わりなく、各国はその領域において競業秩序について妥当する行為規範が遵守されることに利益を有している。共通の属人法への連結は不正競業の場合の個々の国家の保護に値する利益に反する。但し、そのような連結を正当化する特別な理由がある場合は別である。b）競業行為が単に準備され、競業の際に取るべき手段のみが特に準備された場所は連結については問題にならない。そのような準備行為は通例競業行為自体の一部でもない。競業行為の不法行為地は競業利益の衝突が効果的となる場所にある。これは通例競

争製品が出会い、特に販売され広告される市場であろう。行動の部分的行為はそれだけで内国の不法行為地を基礎づけるのはそれによってすでに決定的な行動が始まるためそれ自体無価値的性格を有する場合だけである。c）損害発生地もまた不正競業の場合の連結については問題にならない。競業者が侵害されるのは通常競業違反の行為の効果であり競業違反の行為の要件事実ではない。競業違反の行為は行動および結果が一体を形成する客観的な行為規範の違反である。ただし、損害の発生は競業行為の要件事実である。d）内国のタバコ製造者（Stuyvesant）が外国での休暇地における購買および提供のための『価格割引クラブ』の組織化によってタバコ市場における自分自身の競業を促進するために外国法によれば正当な価格割引を提供し、その内国の競争相手が内国において同一の方法で価格割引によって広告することをドイツ価格割引法に従い妨害される場合には、内国のタバコ製造者（Stuyvesant）は不正競業防止法1条に反して行動している。国際的な法的相違が競業に反して利用されている。なぜなら、広告活動は法的な理由から給付の提供の際の同一機会を有しない第三者の負担となるからである。しかし、それは外国での行動の単なる効果に過ぎず、不正競業防止法1条の差止請求を基礎づけない。価格割引法はいずれにせよ内国の営業取引に制限されるから、正当な外国での価格割引の内国での広告は価格割引法に反しない、[128]と。

　さらに、Hefermehl は、個々の問題についてつぎのように論じている。

　a）競業者が顧客に不当な影響を及ぼすことによってその競業者に対して不当な優位を獲得しようとする顧客獲得行為の場合（不正競業防止法1条）の場合においては、公衆を商品、価格もしくは営業に関して欺罔するか誇大広告、賭博熱の利用もしくは射倖心その他の手段によって獲得した場所が不法行為地とみなされる。単なる準備行為はまだ不法行為地を創設しない[129]。b）妨害行為の場合においては、競業者が競業の際に妨害し競争の存続を危険にさらす場所が不法行為地である。これは通常競業者がその給付を通用させることを妨害された領域であろう。しかし、不法行為地と並んで共通の内国の本拠が内国法の適用を正当化することがある[130]。c）特別法上保護されない他人の商品の盗用の場合には、競業法上の連結については他人の製品を模倣して自己の製品が製造された場所ではなくて製品が販売された場所が基準となる。顧客に商品の製造地もしくは品質に関して誤認を惹起した場所において初めて競業利益の衝突が現われる。販路の基準性は外国における外国の会社とのドイツの会社の競業について妥当するだけではなくてドイツの競業

者との競業についても妥当する[131]。d）契約破棄への誘引によって他人の従業員を引き抜く場合には、引き抜かれた従業員が活動している競業者の工場の所在地が不法行為地である。それ自体競業違反ではなくて特別な事情が加わった場合に初めて競業違反となる他人の契約破棄の単なる利用の場合には事情は異なる。引抜者が競業者と販売市場において出会う場合に初めて時折この事情が発生する[132]。e）競業者が法規違反によってその競業者に対する優位を獲得した場合には、たいてい法律違反の場所が重要である。不法行為地が内国にあるが渉外的関連性が発生する場合には、これは不正競業防止法1条による行為の判断の場合にも重要となることがある[133]。

15）Jost Kotthoff の見解

　Kotthoff によれば、ドイツ競業法が市場地主義に従い適用されるのは、内国に競業利益の衝突地が存在する場合である。基準となるのは、市場に向けられた競業違反の場合には市場の相手方へ作用した場所である。市場作用地は競業手段の客観的な目的に基づいて探求されなければならない。これは、国際的広告の場合においては広告主の方向に基づいて行われなければならない。広告主が主として国内市場を対象とする場合には、広告主、特に出版物がドイツにおいても定期的な営業取引において販売されている場合でさえ適用されない。これに対して、広告主が多数の国々において頒布されることになっている場合には、広告主において掲載される広告がそれらの国々すべての広告規定に合致しなければならない。これに対して、主として国家的傾向の媒体における広告がドイツ法に従い判断されなければならないのは、広告から広告が意図的にそこに —— したがって本国以外に —— いる取引集団を対象としていることが明らかになる場合だけである。この解決案はいずれにせよ国際的広告については本質的な抵触法上の公理に応える連結を可能にする。関係者および裁判所にとって広告主が主として国家的傾向であるか国際的傾向であるかはたいした困難なく探求できるから連結は実行可能かつ予測可能である。なるほど、定期的ではあるが意識的にドイツ市場に到達しない広告主における広告の抜き取りはドイツ競業法の適用の有意義な制限を提供する。それはドイツの法観念の過度の輸出をも防止して自国における競争を自己責任において規制する他国の利益を考慮している。結局、それによって競争における機会の平等も確保される。なぜなら、外国の競業者にはその本国の寛大な広告法を引きちぎるのに十分回避の可能性が残されているからである[134]。

第2章　ドイツ国際不正競業法　*61*

16) Markus Rolf Köhler の見解

　Köhler によれば、競業違反は不法行為である。したがって、競業違反に対しては、原則として不法行為地法、すなわち侵害要件事実の要件標識が実現された場所の法が適用されなければならない。したがって、ドイツ不正競業防止法は、その不法行為地が内国に存在するような競業違反に対してのみ適用される。競業法の特殊性を考慮して、通常競業者の競業利益が衝突する場所のみが不法行為地とみなされなければならない。なぜなら、この場所においてのみ競業者、顧客および公衆のために不正競業を防止するという関心事が関係するからである。したがって、以下の場所は重要ではない。準備行為地（例えば、広告文書の送付・商品の標識付与・商品の通貨運送）、競業違反の単なる効果としての損害発生地、呼びかけられている顧客の国籍、住所もしくは常居所および通常当該企業の本拠地である。他人の競争の促進が問題となる場合並びに競業違反のための教唆および幇助が問題となり、この行為がその実行地法によればすでに独立した不法行為ではない場合にも、競業利益の衝突地が基準となる。競業行為がその不法行為地を内国ではなくて外国に有する場合には、場合によっては、それは複数の競業秩序に従い判断されなければならない。それがドイツ法に従い競業違反である場合には、（共同体法の優位は別として）それが外国法により許されていることは重要ではない。逆もまた然りである。原告が自分に最も適切であると思われる法秩序にその請求権の基礎を求めるのは権利濫用ではない[135]。

　そして、Köhler は不正競業の各類型について不法行為地を具体化している。まず、a）顧客に対する広告の場合の不法行為地は、原則として他の企業との競争における広告手段によって顧客の決定に作用する市場地である。すなわち、基準となるのは市場の相手方へ作用した場所である。不正に惹起された契約が別の場所で決済されることは重要ではない。なぜなら、それは単なる効果が問題であるからである。同じ原則は供給者に対する実質的違反について当てはまる。印刷物での広告手段の場合には、通常の業務経営での印刷物が（個別にではなくて）読者に配布され事情によっては競業者に対する侵害が問題となる場所の至る所に存在する。印刷物の国際的頒布の場合には、広告手段がまず特定の国の顧客に向けられることは重要ではない。同様のことは、ラジオおよびテレビでの広告について当てはまる。その区域に送付された各裁判所が管轄権を有する[136]。つぎに、b）他人の給付の盗用の場合の不法行為地が取り上げられている。不正がすでに製造ないし標識付与にあ

るのではなくて、販売にある場合（例えば、製造地および品質に関して顧客を欺罔した場合）には、競争製品が集合する場所のみが基準となる。これに対して、保護法違反の場合のように不正がすでに独立した部分行為としての製造ないし標識付与にある場合には、当該場所が基準となる[137]。さらに、c）競業者に対する妨害行為の場合の不法行為地は、競業者が自己の給付を通用させることを妨害された場所である。不正な顧客の引き抜きの場合には、これは顧客の本拠地である[138]。また、d）法規違反の場合の不法行為地は法律違反の場所である[139]。最後に、e）営業に関する侵害の場合の不法行為地、すなわち、市場に関係しない侵害は通例当該企業の所在地である。これに属するのは、営業スパイ、従業員の引き抜きおよび不当な権利侵害警告である。営業上の名誉毀損の場合には、それと並んで行動地も考慮される[140]。なお、f）予防的な差止請求の場合の不法行為地が取り上げられている。行動が行われる恐れのある場所および保護される法域が所在する場所が選択的に考慮される[141]。

　つぎに、Köhler は、例外として、a）共通の企業本拠地法の適用、b）外国に移された意図的な内国人に対する広告、c）ドイツ競業法の空間的な保護の限界を挙げている。まず、a）の外国人間の内国での競業に対しては、ドイツの競業法が適用されなければならない。内国人間の外国での競業に関しては、原則として外国の不法行為地が基準となる。例外的にドイツ競業法が適用されるのは、問題となる競争が外国市場でもっぱら内国企業間で行われているか競業行為が特に内国の競業者に向けられその競争が不当に妨害されている場合である。しかし、問題となる競業行為が外国において競業違反とみなされない場合には、これは —— より軽い違反の場合には —— 不正競争防止法による評価の場合にもこれを考慮しなければならない。内国の規範がその目的からして内国における競業についてのみ妥当性を要求するのかどうかも問わなければならない。ライヒ領域外でのドイツ国民の加害行為に関する 1942 年の 12 月 7 日の命令は適用されない。なぜなら、それは競業法の特殊性に反するからである[142]。つぎに、b）のドイツ競業法が例外的に適用されるのは意図的に内国人に向けられる広告手段が例えば外国におけるコーヒー運転のように単に外国に移されたと思われる場合である[143]。最後に、c）のドイツ競業法が適用される場合には、さらに当該規範が内国の営業取引のみを保護しようとしているかどうかを問わなければならない。これは、価格割引法の場合にその経済政策的および営業政策的目的を考慮して肯定されなければならない。したがって、内

国における不当な割引広告が競業違反ではないのは、その価格割引が外国ないし外国飛行中に行われた場合である。そこには、国際的な法的格差の良俗違反の利用は存在しない[144]。

17）Christian v. Bar の見解

von Bar の見解によれば、「競業法上の公正の命令に対する違反は中心的には国際不法行為法の意味での不法行為である。しかし、『市場法』としての公正法は行為者および被害者としての競業者間の二者関係だけではなくて、さらに競争の制度自体およびその他の特定の市場関係者、特に消費者の保護をも視野に入れている。実質法のこの特殊性により、国際不法行為法からますます解放された競業抵触法の形成が記されなければならない。すなわち、この問題は、権利もしくは法益侵害について損害賠償が与えられるか否かをいずれの法秩序が決定すべきかということではなくて、特定の競業手段がすべての市場関係者および公衆の利益を衡量してなお許されるべきか禁止されるべきかをいずれの法秩序が決定する適格性を有するかという内容である。したがって、『行為規制』としての競業法の性格から、公正法上の事実はその性質上その領土において競業利益が衝突している国の法と最も密接な関係を有する。言い換えれば、国際競業法の意味での不法行為地もしくは行為地とみなされるのは競業利益の衝突地である。1960 年代の『哺乳瓶判決』および『鉄鋼輸出判決』』以来のドイツの判例について妥当することが、オーストリアおよびスイスにおいてはすでに法律となっている。これに対して、ドイツの立法者は判例および文献が形成した市場地への連結の法典化に関する最初の意思を再び放棄した。1993 年 12 月の民法施行法改正に関する報告者草案は施行法 40 条について古典的な不法行為抵触法上の偏在主義を規定し、競業法について明示的な例外を含んでいない。その理由としては、不正競業行為はそれに相当する特別規範がなくとも原則として市場地で妥当する法によらしめられる、と論じられている。これは、契約外の債務関係の連結に関する特別な規定により基準となる法より本質的に密接な関係を有する法を優先的に適用すると規定する新草案の 41 条（回避条項）に関しても当てはまる」[145]と。そして、von Bar によれば、「市場地への原則的連結自体が今日問題なのではなくて、そのつどの個別事案において法的に重要な市場地の探求が問題である」[146]と。さらに、von Bar によれば、「今日、実質的には次の点において一致が存在する。すなわち、公正法上の抵触規範は存在せず、そのつど侵害される競業利益、そしてまた異なる競業行為を評価できるためにはむしろ対象カ

テゴリー毎に異なる連結が必要である。例えば、営業関連的な不正要件事実と市場関連的な不正要件事実が区別される。市場関連的な不正要件事実の場合にはさらに顧客侵害、競業者侵害および公衆の侵害が区別される」(147)と。最後に、von Bar によれば、「……ここで提案した連結は、高度の法的安定性を約束する。なぜなら、個別事案に関する連結点（契約言語等）が衡量されるのではなくて、当該広告活動がもっぱら全く特定された販売市場を対象としているかどうかだけが問題とされるからである」(148)と。なお、von Bar によれば、市場地連結の例外に関して、「市場関連的な競業行為においても競業者の共通本国法を適用しようとすれば、内国の競争参加者は外国市場において外国の競争相手とは異なる競業規則に従うことになるから、要求できない競争の歪みをもたらすであろう」(149)と述べている。最後に、von Bar は、多国間不正競業については、広告者は最も厳格な準拠法に従わなければならないとしている(150)。

18）Walter F. Lindacher の見解

　Lindacher によれば、「公正法を不法行為法として理解することは、国際私法上行為地への連結の堅持を推奨する。公正法が市場不法行為法の特別不法行為法であるという認識は ―― 当該継続的展開をする裁判官法として開かれている ―― 競業法上の特別事実への行為地主義の適応を必要とする」(151)と。そして、「行為地主義の純粋に競業法的な決定、市場地連結への実質的強制はすべての種類の競業法上の請求権について存在する：損害賠償請求権、排除請求権および差止請求権についてである」(152)と。「市場地と保護される利益の所在地たる結果発生地はひとつである。なぜなら、すべての保護される利益はそのつど関連する市場に位置づけられるからである：制度としての妨害されない競争に対する公益、競業者の平等競争の利益および ―― 顧客に関する不正の場合には ―― 呼びかけられている市場相手方たる所属者の保護利益である。結果発生地への ―― 唯一の ―― 連結に留まる」(153)と。

19）Bernd von Hoffmann の見解

　Hoffmann によれば、不正競業は不法行為として性質決定され不正競業に固有な不法行為地の決定がなされる(154)。そして、競業違反に基づく請求権は競業行為がその市場に対して作用する国の法に従い判断されなければならない(155)。したがって、結論的には競業利益の衝突地を基準とする支配的な見解に従わなければならない(156)。そして、Hoffmann は、不正競業行為をいわゆる営業に関連する（双方的

な）競業違反と市場に向けられた競業違反とに区別する[157]。

　まず、営業に関連する競業違反に分類されるのは、営業秘密の漏洩（不正競業防止法17条）、秘密の漏洩（不正競業防止法20条）、不正競業防止法第1条に該当する他人の従業員の引抜き、並びに、最後に、権利侵害の不当な警告である。これらの場合に共通しているのは、市場参加者が市場を介してではなくて直接個々の競業者に向けて行う競業行為である。市場との関連性のため、被用者の買収（不正競業防止法12条）、営業誹謗（不正競業防止法14条）および会社に対する中傷（不正競業防止法15条）はこの場合に該当しない[158]。営業に関連する競業違反の場合には、一般的な不法行為法的連結の場合と同様に個人保護が中心であり、国際不法行為法の一般的な連結原則で済む[159]。したがって、偏在主義および1942年の法適用に関する命令が適用される。事後的な法選択の許容性も前提としなければならない。したがって、隔地的不法行為の場合には行為者の行動の中心地（行動地）または侵害された企業の本拠地（結果発生地）へ選択的に連結されなければならないであろう[160]。

　これに対して、市場に関連する競業違反は、競業者の侵害、顧客の侵害、公衆の侵害に分けられる[161]。まず、競業者の侵害（競業者の保護）については、例えば、商品の無料販売による広告の場合、法規違反または契約破棄、例えば被用者の買収によって競業上の優位を獲得することがこれに分類される。競業者の保護の特に重要な例は、例えば、原産地に関する欺罔（模倣）、公然の模倣および隠れた模倣並びに最後に結合行為による信用の盗用である。この場合においては、一般的な連結規則によれば、原則として市場地法としての商品販売市場地法が基準とされなければならない。商品販売市場とはその市場参加をめぐって競業者が（市場への相手方に対する直接的作用によって）競争する市場地法である。契約破棄による他人の被用者の引抜きの場合もしくは法規違反による不正競業のその他の場合においては、法規違反を利用する競業行為が行われた場所の法が基準とされなければならない。それとは異なる権利侵害地は決定的ではない。この場所において、競業者の競業利益が衝突し、市場の相手方へ作用し競業闘争が行われる[162]。つぎに、顧客の侵害（消費者保護）に属するのは、誤認広告ないし誇大広告（厄介な場合）、混同の危険の利用（信用の盗用）、心理的および道徳的な購入強制、並びに、最後に、例えば、給付の比較を偽造ないし排除する競業行為による顧客獲得である。準拠法の問題については、顧客の市場所属性、すなわち、広告が決定的に消費者に向けられるか消

費者に作用した場所が基準とされなければならない [163]。

　最後に、公衆の利益の侵害に該当するのは、経済政策もしくは営業政策的性格を有する法規範が関係する場合である。したがって、この事例群に属するのは、価格割引法、景品令、並びに不正競業防止法6条−10条の特別催事法違反である。これらの規範は経済生活全体の保護に決定的に奉仕する。したがって、上の法規定がドイツ経済における濫用のみを対象としようとしているということは法適用問題にとっては決定的ではない。ここでも、市場地法、すなわち市場の相手方へ作用した市場地法が基準とされなければならない。例えば、直接内国に入ってくる商品および役務提供について外国で宣伝（広告）を行い価格割引を与える場合（輸入取引）には市場地は外国である。なぜなら、競業行為はこの場合には、外国市場での広告もしくは価格割引であるからである。外国において市場の相手方へ作用している。市場の相手方がその常居所を内国に有し、内国において購入された製品が提供されていることかどうかは重要ではない。輸出取引の逆の場合について、判例が文献における有力な見解に反してドイツの価格割引法を適用しているのは正当である。なぜなら、この場合においては、価格割引の提供もしくはその広告は決定的に内国における市場の相手方へ作用しているからである。外国企業が内国市場で製品の顧客を獲得するために内国市場で現れる場合には、内国の競技規則で判断されなければならない [164]。同様のことは景品令についても妥当する。例えば、輸出取引について内国で景品を約束し与えることに対してはドイツの景品令が適用されなければならない [165]。特別催事（蔵払いおよび在庫一掃催事）は市場の相手方へ作用するそれぞれの市場地法に従う、[166] と。

20）Andreas Granpierre の見解

　Granpierre によれば、「不法行為法的理解は、国際私法上も不法行為法的連結を行うことへ導く。不法行為地への連結が出発点であったし、出発点である。不法行為地の決定にあたっては、判例は……最後に、競争に特有な不法行為地の決定へ到達した：それによれば、準拠法は競業利益の衝突地、すなわち関係者の競業利益が対立する場所に従い決定される。これが市場地である。文献における通説もまたこの連結原則に従っており、その際には様々に行為地の決定を行うことが試みられている：競業利益の侵害地、競業違反の重心、市場の相手方への作用地である。この具体化は結論的には概念的な性質のものに過ぎず内容的性質のものではない。決定的なのは、結局どの見解によっても……市場地である」[167] と。そして、「……通

説とともに、連結原則としては利益の衝突地を前提としなければならない。競業者、顧客および公衆の利益は通常競業行為が行われる場所において衝突する（市場地主義)」[168]と。これに対して、

　Granpierre によれば、「競争手段がもっぱら競業者に向けられ市場との関連性が存在しない場合には（いわゆる営業関連的競業違反）、市場関連的競業違反についての競争に特有に決定される行為地への連結から離れる。例えば、これは、不正競業防止法第 17 条の『営業秘密の漏洩』、不正競業防止法 18 条の『手本の剽窃』、不正競業防止法 20 条の『秘密の漏洩』、不正競業防止法 1 条、民法 823 条の『他人の被用者の引き抜きおよび権利侵害に対する不当警告』の場合に存在する。そのような競業違反の場合には、競業者のみが関係するから競争に特有な不法行為地の決定を必要とする前提が存在しない。そのことから、一方では営業関連的競業違反については国際不法行為法の一般原則、すなわち偏在主義が適用される。他方では、この場合においては、侵害の重心が企業の所在地にあるから企業の所在地法の適用が主張される」[169]と。そして、Granpierre によれば、「営業関連的競業行為の場合には、最も密接な関係は侵害された競業者の利益が所在する場所に見出される」[170]と。さらに、Granpierre によれば、「例えば、価格割引法、不正競業防止法 7 条、8 条のように、その目的のために属地的に限定された適用範囲のみを有する公正法の規定においては市場地主義は制限される。これらの統制政策的動機を有する規定は内国での行為にしか適用されず、それらは属人的適用範囲を有しない。これは、例えば、外国で適法に行われる価格割引の内国での広告はドイツ法により禁止されない」[171]と。

　ここに挙げた諸学説は、不正競業を不法行為として性質決定し、旧民法施行法 12 条（新民法施行法 38 条）の基礎にある原則に従い不法行為地法主義を採用して不正競業に固有な不法行為地を探求する見解（Froriep, Deutsch, Wirner, Weber, Immenga, Mook, Wilde, Riegl, Sack, Reuter, Hoffmann, Oesterhaus, Bernhard, Meenen, Hefermehl, Kotthoff, Köhler, von Bar, Lindacher, Granpierre が挙げられる。なお、Deutsch は、不正競業は一般の不法行為に対して固有性を示すため一般の不法行為とは別の特別な法原則に服するとする）であり、双方的抵触規定を採用するものであるが、ドイツにおいては多数を占めている。上記の見解によれば、不正競業は、権利または法益侵害をその本質とする一般の不法行為とは異なり、不正

な手段を用いてはならないという客観的な行為規範に対する違反にその特色を有する。そのため、不正競業の場合、一般の不法行為とは異なり、行動地または結果発生地により不法行為地を決定することはできない。不正競業の不法行為地を決定するに当たっては、不正競業のこの特殊性を考慮に入れなければならない。そして、不正競業は『市場に関連する不正競業』と『営業に関連する不正競業』とに区別されている（Bernhard のように、『市場関連的不正競業』と『製造関連的不正競業』とに区別する見解は別として、上記の区別に賛成するものとして、Wirner, Weber, Immenga, Wilde, Sack, Reuter, Schricker, Hoffmann, Meenen, Köhler, von Bar, Granpierre が挙げられる）。不正競業の不法行為地は、『市場に関連する不正競業』の場合には『市場地』にもとめられる（『市場に関連する不正競業』の場合の連結点を『市場地』にもとめたものとして、Wirner, Weber, Immenga, Sack, Reuter, Hoffmann, Bernhard, Meenen, Köhler, von Bar, Granpierre が挙げられる）。そして、とくに、当該不正競業が販売行為である場合には販売市場地法が、当該不正競業が広告行為である場合には広告市場地法が適用されるとする見解（Sack, Hoffmann）が有力である。これに対して、市場と関連しない不正競業、言い換えれば、一般の不法行為に近い『営業に関連する不正競業』については、被害を受けた営業所所在地法によるとされている（Bernhard のように、侵害された製造地で妥当している法を適用する見解は別として、上記のような趣旨を明らかにするものとして、Wirner, Immenga, Wilde, Reuter, Schricker, Meenen, Köhler, Granpierre が挙げられ、これに対して、Weber, Sack, Hoffmann は、一般の不法行為の準拠法によるとしている）。

　なお、価格割引法の地域的適用範囲は内国に限定され、価格割引広告については、価格割引広告と価格割引行為を区別せずに価格割引法の適用を内国での価格割引行為の内国での広告に限定する見解（Weber, Immenga, Wilde, Reuter, Hefermehl, Granpierre）と、価格割引広告と価格割引行為とを区別して外国の価格割引行為の内国での広告にも価格割引法を適用する見解（Sack, Meenen, Hoffmann, Oesterhaus）とが対立している。不正競業防止法 16 条の適用範囲は内国において行われた競業違反に限定されることが明らかにされている（Wirner, Weber, Wilde, Tilmann）。

(2) 統治利益の分析

　Joerges は、不正競業防止法の機能が変化した現在では、この領域においては、国家と社会の二元論に立脚するサビイニーの国際私法理論はもはや適用できないことをみとめる[172]。そして、それに代えて、法規の抵触、すなわち、公共利益の抵触を問題とし、カリーメソッド（真の抵触・偽の抵触）によりその解決を図るべきものとする[173]。したがって、Joerges によれば、不正競業防止法の地域的適用範囲は関係国の法適用利益によって決定されることになるものとみてよい。このような Joerges の提案に対しては、不正競業防止法は競業者間の利害調整に関する規則から市場規制法へ完全に機能変化を遂げたわけではなく、依然として競業者間の利害調整に関する規則としての側面を残しており、不正競業防止法の機能変化という前提に問題があろう。

(3) 効果主義

1) 特別連結理論

　Wengler によれば、不正競業防止法は競業の規制によって、競業者の利益だけでなく顧客の利益も保護する。原産地名、不正広告に関する規定は、確かに、競業者の利益にも奉仕するが、不正広告に関するそのような規定は市場規制の性格を有し、もはや同業者間の規則ではない。したがって、不正競業に関するこれらの規定は、カルテル法、独禁法と同様に市場規制法として理解される。そして、内国の不正競業防止法は、まず、内国の販売市場にその効果を及ぼすような行為につき常に適用される。これに対して、外国の不正競業法は『特別連結理論』によりその適用意思を尊重した上で適用される。したがって、競業行為がいずれの販売市場にその効果を及ぼすかということが重要である、[174] と。そして、Wengler は、この基準を実際に適用する際には困難が生ずることがあることをみとめながらも、伝統的な不法行為地法主義より有意義であるとする[175]。

2) 一方的抵触規定

　Schricker によれば、国際私法は不法行為法から市場法への不正競業防止法のこの発展を無視することは難しい。不法行為地の問題は解決できず、法律により追及される利益の保護および制度の保護が侵害されているか否かが問われなければならない。この保護の目標はここで展開されている供給者および需要者の利益に関係するドイツ市場における競争である。カルテル法上の抵触規則によるのと同様に、ドイツ市場に対する効果が重要である。ドイツ市場における競争を感知できる程侵害

するような仕方で利益が関係している場合には、ドイツ不正競業防止法が機能する。複数の市場に関係する『多国間』広告の場合には、ドイツ市場にとって重要な部分のみが当然不正競業防止法に従う、[176] と。したがって、Schricker によれば、不正競業防止法についてもカルテル法とまったく同様に効果主義が採用され一方的抵触規定が提唱されているものとみてよい。

また、ほぼ同様の趣旨は Regelmann によっても明らかにされている。Regelmann は、まず、不正競業防止法が競争制限禁止法と密接に関連していること[177]、つぎに、不正競業防止法の中に一方的に連結されるべき規定がすでに存在すること[178]、最後に、不正競業防止法の中に刑罰規定が存在すること[179]、といった3つの根拠をもって不正競業防止法の『法則学派的連結』を選択し一方的抵触規定によるべきであるとする[180]。そして、不正競業防止法の抵触法的連結については、「本法の妥当区域外において行われたものであっても妥当区域内において直接効果を及ぼす不正競業すべてに対して本法は適用される」[181] とし、修正された属地主義の意味での効果主義が適用されることを明らかにしている[182]。さらに、「本法の妥当区域内において効果を及ぼしたか否かは、それに基づいて請求者が保護を要求するそれぞれの規範の実質的目的に従い決定される」[183] とし、規範の実質法上の立法趣旨が決定的に重要であることを明らかにしている。したがって、直接的効果が要件とされなければならない[184]。

3) 双方的抵触規定

最近では、マックス・プランク無体財産法研究所の意見表明が、①団体訴訟を認めるなどの不正競業防止法の原告適格の拡張、②個々の競業者から市場における相手方、特に消費者、さらには公衆の利益の保護へといった不正競業防止法の保護対象の拡大、③不正競業防止法と競争制限禁止法との境界の流動性などを理由に[185]、一定の広告その他の競業手段が、その効果を及ぼす市場において、すべての市場参加者および公衆の競業秩序の保護についての利益を衡量したうえで許容されるかどうかが問題であるとする[186]。したがって、上記の意見表明においても効果主義が採用されているものの、先の見解とは異なり双方的抵触規定が提唱されていることに注意しなければならない。

また、Tilmann によれば、法政策的には、用語の選択が批判されている。競業法は今日では実際もはや競業利益の保護にのみ奉仕するのではない。市場に関係する通信の偽造から市場の相手方、したがって消費者および公衆を保護することが問題

である。法的に批判されなければならないのは、利益の単純な把握である。ここでは、カルテル法が不正競業防止法に先行している。カルテル法の初期においては、連邦通常裁判所は『石油管』決定において競争制限禁止法98条2項の国際私法規則の意味での効果を同様に要件事実とは無関係に解釈した。決定的なのは、効果が規範の保護目的に関係しているかどうかである。しかし、今日ではカルテル法においては『石油管』決定は正当に批判されている。規範の要件事実に合致する連結が要求される。規範の保護目的にとって本質的に重要である規範の要件事実のメルクマールが実現された場所にのみ連結が行われる。カルテル契約が締結された場所はどうでもよい。保護目的にとっては、競争制限によって市場関係に影響を与えるという契約の適格性という要件事実のみが決定的である。この要件事実のメルクマールが実現された場所に国内カルテル法の適用の連結点が与えられる。国際不正競業法においても同様に処理されなければならない。したがって、保護要件事実の正確な分析が必要である。いずれの要件事実のメルクマールが利益の保護にとって指導的であり、それはどこで実現されるか[187]。我々の3つの領域のうちの最初の領域、不正広告については、この問題は容易に答えられる。不正競業防止法は不正な広告表示の作用から購買決断を解放しようとする。したがって、基準となるのは市場の相手方へ不正広告が作用した場所である。広告の送付のような準備行為は重要ではない。作用以後の出来事、例えば契約の締結もしくは履行の決済もまた重要ではない[188]。

　第2の領域、標識広告の場合の連結はどうか。標識法は不正広告法と類似している。基準となるのは、ここでも市場の相手方の決断へ作用した場所である。しかし、要件事実に方向づけられる最近の効果理論については、立法者が作用以前に存在する危険的な要件事実を規律しているという特殊性がみられる。広告表示を有する広告については、どこで広告パンフレットが印刷されたかは重要ではない。これに対して、商標法においては、立法者は広告並びに契約文書に対する標識の付与および商品に対する違反標識の付与をすでに対象としている。したがって、要件事実に方向づけられる効果理論にとっては、標識所持者に対する加害地としてのこの準備行為地をもそこの場所の法の適用にとって十分とするのに疑問は存在しない。もちろん、標識所持者の本拠地を基準とすることはできない。属地主義が商標登録国もしくは取引通用国（付与国）毎に保護利益の所在を確定する[189]。

　第3の領域における要件事実に関連した効果理論の適用は一層困難である。比

較広告の場合である。競業者の保護が禁止の中心である。比較広告は不正競業防止法第14条、15条の上部構造として考えられる。なるほど、禁止は情報内容および消費者の利益と比較衡量される。しかし、わずかな情報内容に至るまで、比較に巻き込まれる競業者の防衛利益が中心である。保護法益は競業者の評判のよさ、呼び掛けられた顧客圏の頭の中の企業像である不可侵の経済的財産である。したがって、評判のよさはイメージが構築されているか構築されるべき場所に所在する。したがって、ここでも連結点はいずれにせよ市場の相手方への作用地である。しかし、補充的に評判を侵害された競業者の所在地へも連結できるかどうかは問題である。これは、明確な関連性がある場合には弁護できると思われる。なぜなら、営業活動権に関する古い判例の意味において企業に対する直接的な侵害が存在からである[190]。我々は、今までドイツ法が一般に適用されるかどうかという最初の国際私法問題のみを取り扱ってきた。ドイツ法が適用される場合には、ドイツ法を適用する場合に事態の国際性を考慮しなければならないか否かおよびその範囲という第2の国際私法問題が検討されなければならない。この礼譲の命令は国際法的性質のものであり、また抵触法自体の構成要素でもある。したがって、できるだけ他国と衝突しないように法律の目的を達成する解釈を選択しなければならないという国際私法の原則が存在する、[191]と。そして、Tilmannによれば、まず、この礼譲はまず実質的な効果を要件とすることを命じる。カルテル法においては、これは今日効果主義の『本来の』問題と呼ばれている。そこでは、直接的効果、間接的効果もしくは潜在的に過ぎない効果が区別されている。潜在的に過ぎない効果もしくは間接的に過ぎない効果への連結は国際法違反であり抵触法違反とみなされる。典型的に予測できる直接的効果が要求される。意図への連結は拒否される。さらに一部では重要な効果への制限が要求される。しかし、この後者の効果は広すぎる。国際法上の濫用禁止はカルテル法においてはささいな限界のみを正当化する[192]。

　つぎに、国際不正競業法においては、文献においてすでに個別的にカルテル国際私法と同様の礼譲要件がみられる。あるいは、印刷メディアの際の国際性の予測可能性へ連結され、あるいは、市場侵害の重要性へ連結されている。抵触法上の問題提起の枠内において、利益衡量を要求する者もいる。連邦通常裁判所のタンパックス判決およびスイスの連邦裁判所の判決に手がかりが存在する。国際不正競業法の枠内での結果に方向づけられた利益衡量はもちろん国際私法と実質法との間の伝統的な境界を解消する[193]。さらに、国際不正競業法におけるコルセットから解

放された利益衡量は、さらに法的安定性を侵害する。段階的な処置がベターである[194]。まず、カルテル法と同様に国際不正競業法においても、事態の国際性を考慮して内国における実質的な効果が存在するかどうかを問題としなければならない。国際法上の濫用禁止は、広告によって惑わされる者の側面のみならず競業行為を行う者の側面をも考慮することへ強制する。デュッセルドルフのパン屋が100人の顧客から構成される顧客全体を欺罔するかインターナショナル・ヘラルド・トリビューンが内国の100人の読者を欺罔する広告を出版するかでは異なる。事態の国際性を考慮して、内国における効果が単なるささいな物でないかどうかが決定されなければならない。比較的わずかで、むしろ偶然かつ予測不可能な効果は無視されなければならない[195]、と。

　同じく効果主義を採用するといっても3つの態様がある。不正競業防止法をカルテル法と同様に市場統制法（強行法規）と捉え『効果主義』を採用し、『特別連結理論』により外国法の適用意思を尊重した上で外国法を適用する見解（Wengler）が主張されている。また、同様に効果主義を採用するものの、一方的抵触規定を提唱する見解（Schricker、Regelmann）と、双方的抵触規定を提唱する見解（マックス・プランク無体財産法研究所の意見表明、Tilmann）の両極端の見解も提唱されている。いずれの見解も競争制限禁止法と不正競業防止法との交錯関係を前提とし、カルテル法における効果主義を適用ないし類推適用するものであるが、両者が交錯するのはボイコットなど狭い領域に限られ、両者を市場規制法として捉えることには無理がある。

(4) 属地主義（保護国法主義）

　Sandrock は、不正競業防止法については一方的抵触規則によるとし[196]、不正競業防止法の隣接領域、すなわち、無体財産権法、商標法およびカルテル法の法分野と同様に不正競業防止法についても、「不正競業に対する保護は、原則として、その領域について被害者が上記の不正競業に対する保護を主張している国の法に従う」とする保護国法主義（属地主義）によるべきことを主張する[197]。そして、「この保護が当該保護国の領域を越えてどの程度まで主張されることができるかは、それに基づいて請求者が上記の領域外に及ぶ保護を求めている規定の実質的目的に従い定められる」とし、各競業規定の実質法的目的に従い域外適用を認めている[198]。このような Sandrock の提案は、無体財産権法の属地主義（保護国法主義）を不正

競業に類推適用しようとするものであるが、不正競業法においては、無体財産権法におけるように、その効力が保護国の領域内に限定されている排他的権利は問題となっていない。

2 例 外

(1) 共通本国法主義

1) 一方的抵触規定説

まず、Immengaによれば、共通の本拠地法（属人法）の適用については、2つの事例群においてのみ決定的な抵触規定として承認されるに過ぎない。一方では、問題となる外国の競争がもっぱら内国企業の間で行われている場合に特別な内国との関連性が存在する。これは、外国において、ドイツの企業の供給に限定された市場が存在することを前提とする。これは経済的現実においてはほとんど考えられない。さらに、競業行為が、もっぱらまたは主として、内国人に向けられることによって外国における競業上の地位が外国において改善されることとは無関係である場合に、内国における共通の本拠が基準となる。この連結は営業に関連する不正行為についてと同様に、ここでは個別的利益が中心であることによって理由づけられなければならない。しかし、被用者の買収の場合のように、個別的利益を越える利益が関係する場合には別に決定されなければならない。その場合には、競業利益の衝突地に留まる[199]。この2つの事例群以外の適用は外国の競業者に比べて不当に不利に扱うことになり、公益が関係するために自国法の適用に対する市場地国の利益を顧慮しないことになるであろう。属人法に基づくドイツ法の適用は、競業法が商人の業者法であるという理由によっても主張できない。なぜなら、主として、市場規制法が問題であるからである、[200]と。

つぎに、Köhlerによれば、内国人間の外国での競業に関しては、原則として外国の不法行為地が基準となる。例外的にドイツ競業法が適用されるのは、問題となる競争が外国市場でもっぱら内国企業間で行われているか競業行為が特に内国の競業者に向けられその競争が不当に妨害されている場合である。しかし、問題となる競業行為が外国において競業違反とみなされない場合には、これは──より軽い違反の場合には──不正競業防止法による評価の場合にもこれを考慮しなければならない。内国の規範がその目的からして内国における競業についてのみ妥当性を要求するのかどうかも問わなければならない。ライヒ領域外でのドイツ国民の加害

行為に関する 1942 年の 12 月 7 日の命令は適用されない。なぜなら、それは競業法の特殊性に反するからである、[201] と。

　さらに、Hoffmann によれば、決定的な競業が内国企業間で行なわれたため第三者の利益が関係しない場合には 1942 年の法適用命令の類推適用の下で共通の本拠地法を適用することによって同様の区別を行なっている。したがって、例えば競業行為が事実上もっぱらもしくは主として内国の企業に向けられている場合には、この判例によれば内国における共通の本拠地へ連結されるのは、公衆の利益がそれと共に後退している場合である。競業行為によって外国における競業上の地位が改善されたということはその限りにおいては顧慮されない。しかし、さらに支配的見解によれば、競業法においては 1942 年の法適用命令の余地は存在しない。その限りにおいては、第三者（消費者、公衆）の利益の侵害は国際競業法における 1942 年の法適用命令の適用を妨げる。この判例に対しては、Sack と共に、市場に関係する競業行為の場合の共通本国法の適用は『抵触法上制約される競業の混乱』へ導くことがあると異義を唱えなければならない。内国人間の外国での競業に厳格なドイツ競業法を適用することは内国企業にとってかなりの競業上の不利へ導くことがある。もっぱら内国競業者間で行われる外国での競業もまた今日の国際競業状況においてはもはやほとんど考えられない。そのような例外的場合が生じるとしても、市場に関連する競業行為の場合には共通の本国法への連結は適切ではないであろう。市場との関連性は競業法に典型的な関係競業者、消費者および公衆の利益の相互作用を引き起こし、これはもっぱら競業行為が作用する市場地の法への連結を許すことになる、[202] と。そして、Hoffmann によれば、営業に関連する競業違反の場合には一般的な行為地主義から離れることを必要とする理由が存在しない。一般的な不法行為法的連結の場合と同様に、ここでは個人保護が中心である。したがって、国際不法行為法の一般的な連結原則で済む。したがって、競業違反は営業活動に対する侵害と同じ法による。したがって、偏在主義および 1942 年の法適用命令が適用される、[203] と。

　最後に、Granpierre によれば、市場地主義は判例によって 2 つの場合に制限されている：第 1 に、外国において競業行為が特に内国の競業者に向けられている場合であり、第 2 に、外国での競争がもっぱら内国企業間で行われている場合である。この場合においては、市場地法たる外国法が適用されるのではなくて、内国法、すなわちドイツ法が適用される。しかし、この制限はドイツ市場において外国

の競業者が競業行為を行った場合には認められない、[204]と。

2）双方的抵触規定説

まず、Schrickerによれば、『純粋に』企業関連的な競業行為の場合には、内国から侵害が指導されているか外国から指導されているかに関わりなく、企業が製品その他の営業活動によっていずれの市場に到達しているかに関わりなく関係者の本国法が適用される、[205]と。

同様に、Schoofsによれば、競業法において典型的に関係する第三者および公衆の利益が後退しこれらの利益の侵害が実際に排除される程、営業に関連する競業行為が重大な個人的利益の侵害をもたらす場合にのみ、例外的に共通本国法の連結が考慮される。したがって、参事官草案40条2項2号が、『もっぱら若しくは主として特定の営業所の利益に関係している』場合において市場地法への連結の例外を許容しているのは正当である、[206]と。

また、Kreuzerによれば、法適用命令は文言からしても規範目的からしても競業法には適合しない。類推適用は同一の理由から共通の営業所所在地法に依拠するのと同様に失敗する。同一の法域の営業所への連結は自国の領土における競業行為について自国の競争秩序が妥当することに対する市場地国の利益およびその他の市場関係者の法適用利益に反する。そして、特に競争者同一条件が無視される。さらに、連結の安定性が問題とされるであろう。なぜなら、同一国籍の競業者が加わることが予測できないことは（この者に対しては）競業準拠法の変更へと導くからである。したがって、市場関連的な競業違反については同一法域の営業所への連結は拒否されなければならない。これに対して、一般的な国際不法行為法に従う競業行為が問題となる限り、この特別規則が妥当することは自明である、[207]と。

3）否定説

まず、Wenglerは当面の問題についてつぎのように述べている。すなわち、「判決は —— 市場地法の原則的適用にもかかわらず —— 『外国市場においてドイツの競業者のみが対立するような場合にドイツ競業法を適用することを文献は認めている』と主張する。このために本評釈の著者自身が引用されているのは適切ではない：私は……この場合においても共通の営業所所在地法の適用が正当化されるのは不正競業法が依然として商人の『業者法』として理解される場合だけであると論じた；さらに、不正競業に関する法規は今日では競争制限に関する規範と同様に商人の業者法ではなくて市場統制法である。……連邦通常裁判所の判決理由は私のこの

見解を強化するだけである。連邦通常裁判所の見解とは異なり、競業行為が同時に外国の競業者にも向けられる場合には行為地法適用のためのドイツ競業法の適用は行なわれないのかどうかという問題を解決しないで済ますことはできない。ドイツの商人が外国市場において外国の商人の特定の競業行為を耐え忍ばなければならないとすれば、ドイツの商人がドイツ法上不当な仕方で関係しているとしてもドイツの商人は自己の行為を外国の良俗に適応させることができなければならない。ドイツの商人のみが外国市場において競争することがあることは、再び外国人がその市場において現われるまでは行為地法に代えてドイツ競業法を適用する理由にはならない。ドイツ人のみが偶然まったく同一の製品をその市場において販売しているということは、それだけでは共通の本国法の適用を正当化する社会学的な雰囲気の完結した団体をドイツ人間に創設することにはならない。同様に、偶然アメリカの商人のみがドイツもしくは第三国において特定の製品を販売する意思を有する限りアメリカの商人間の関係においてアメリカの競業法を適用することをドイツの裁判所に期待することはできない」[208]と。

つぎに、Burmann によれば、内国の企業に向けられる侵害もしくは外国市場における内国の競業者に対する競争は特別な補充的な内国の連結点の必要性を正当化することはできない。なぜなら、ここでも民法823条1項により保護される企業圏に対する直接的侵害が評価されなければならないからである、[209]と。

さらに、Beitzke はつぎのように述べている。すなわち、「競業者の保護が問題となる場合には、競業者の利益が営業所に位置づけられ市場地で保護される利益より優勢である場合には競業者の営業所所在地法も援用される。しかし、同一本拠地国の競業者が一般的に問題である場合にはこれは認められない。なぜなら、彼らが外国での競争全体を内国法に従い行わなければならないことを彼らに要求することは行き過ぎであり、本拠地は損害地としては問題にならず侵害された利益の所在地としてのみ問題となる。……むしろ、本件においては原告の利益がその本国の営業所において侵害されたのではないかが考慮されなければならないであろう。……本件においては、顧客の欺罔が問題ではない；競業違反は原告の営業上の信用の利用にのみ存在する。この信用が統一的なものとみなされなければならないと考えれば、この信用は原告の営業所に位置づけられるであろう。しかし、様々な国々における営業活動の場合には信用は個々の国々においてまったく異なる重要性を有するであろう。信用は私には『分割可能』であると思われる。特に営業活動が特別な支

店もしくは代理店によって行われている場合にはそうである。その場合には、良き信用の侵害もしくは利用がこれらの国々のそれぞれにおいてそこで妥当している法律により異なる法的効果を有することがあることも疑問はない。営業上の信用の利用の場合にも競業違反の重心を顧客に対する作用と考える者は、なおさら市場地法の適用に至らなければならない。……私見によれば、依然として決定的なのは侵害された法益の位置づけである。『他人の良き信用の中傷』が決定的にこの市場における顧客および顧客における良き信用に向けられているため市場地に位置づけられるとすれば、事象の適法性および賠償義務については市場地法のみが基準となり、まず本国の営業所所在地が基準となるのではない」[210]と。

　また、Hoth は当面の問題についてつぎのように述べている。すなわち、「内国において営業所を有する営業者の外国での競業の場合において、内国の競業者に競業行為が直接向けられていることが内国法の適用を正当化する内国との関連性であるとすれば、外国での広告行為が内国における内国の競業者を不利にして広告する外国人の内国営業所を優遇する目的に奉仕する場合にも、同様の帰結が引き出されなければならない。したがって、競業利益の錯綜が有効となり問題となる性質の不正競業行為を禁止する関心事が存在する場所を行動地と共に要件事実の実現に含め、すなわちここで問題となる性質の事実の場合に、法典化されている法から取り出されない要件事実のメルクマールを擬制するという私見によれば思考上誤った試みを企てることも必要ない。しかし、私はここでも誤解を招く要件標識に反対するに過ぎない。内国に営業所を有する者は内国の競業者であり、その行為がなければさらされる競争に内国でさらされないよういわば顧客をドアから遮るよう努める」[211]と。

　加えて、Spätgens は当面の問題についてつぎのように述べている。すなわち、「外国市場における内国人の競業違反は、内国に結果発生地が存在しない場合には通常外国法に従い判断されなければならない。……直接的もしくは間接的に競業者に ―― も ―― 向けられた行為の場合には、競業違反は内国においても行われたものとみなされるからこの内国の不法行為地へ連結してこの場合にはドイツ ――実質 ―― 競業法が適用される」[212]と。

　Weber によれば、本来の行動が外国市場で行なわれ外国で誘発された競業行為が問題となる場合であっても、自国法の厳格な貫徹が必要と思われる実質規範領域を不正競業防止法内部において明らかにし探求することが必要と思われる。その際

に、競争制限禁止法第98条2項の規定との類似性が考えられ、制度的に保護される利益の侵害を同様に引き起こすような外国での行為の効果が基準とされなければならないであろう。まさに、競業法の『社会的な保護目的』が現われるような ― 経済政策的 ― 領域においては、異なる外国法の観念によって内国の立法者の目的および意思を排除することを直ちに受け入れることはできない。不正競業防止法においても、競業者の個別的侵害も国際私法の原則を後回しにして自国法を適用することを正当化するのでないかが考慮されなければならず、真に基本的な内国の利益、特に公衆の重要な保護すべき地位が問題となる場合に初めて考慮されなければならない。例えば、競業者の実力排除を目指したり、ここで『ドームガルテン ― ブランド』事件との一定の類似性が現われるが、すでに市場参加、外国市場における『足場作り』を防止する競争の存続を侵害するいわゆる『結果と性格づけられる』行動様式が考えられるであろう。決して徹底的ではないこの考えは、この判断においては行動事情の非常に正確な評価であり競業行為に由来する効果が重要であることを示している。個人の法益侵害もしくは公衆の法益侵害という基準または共通の内国の営業所の存在という基準のみに従い、ドイツ競業法の適用範囲は必ずしも説得的には決定できない[213]、と。

　同様に、Wilde によれば、例えば、ダイムラーベンツが合衆国において例えば BMW との当該比較広告を行う場合には疑問が生じる。この場合においては、連邦通常裁判所の鉄鋼輸出判決によればドイツ法が適用されるであろう。なぜなら、あちこちでドイツの理解によれば不正な競業者との比較が存在し手段が意図的に内国の競業者に向けられているからである。しかし、まさにこの場合は連邦通常裁判所の判例の問題点を明らかにしている。すなわち、外国市場においてドイツ企業はその外国の競業者に対して比較広告を行ってよいし逆の場合も許される場合に、そのような広告は内国人相互間においては外国市場においては許されないのはなぜかがまさしく明らかではない。『攻撃された者』にとっては、否定的な比較が内国の競業者によって実行されたか外国の競業者によって実行されたかは重要ではなく、逆に外国市場におけるドイツ企業は2つの国の法、すなわち外国の競業者に対する競業が問題になる限りにおいては市場地法、そしてそのドイツの競業者に関してはドイツ法の同時的な妥当性に合わせる必要はないことが望ましい。この比較において内国の競業者の製品のみならず同時に外国の製造者の製品も含められている場合には状況はもっと困難になる。同一の広告手段が同時に市場地法にもドイツ競業

法にも従う場合には法的安定性に奉仕しないであろう。ここでは、統一的に市場地法を適用する可能性のみが残されており、そのことは市場地の裁判所に判決の調和の利点を補充的に提供する。それによって、競業上の対決がすでに法廷地の当該選択（『法廷地漁り』）によって決定されるという危険が防止される、[214]と。

同様の趣旨を明かにする Möllerling によれば、連邦通常裁判所はこの市場地への連結に関して2つの例外を従来設けている。第1に、当該外国市場においてドイツの企業のみが活動している場合、第2に、ドイツの企業が外国市場においてドイツの競業者に対して意図的に競業上の侵害を行なう場合である[215]。批判は市場地主義に関する後者の例外に向けられる。それは、競業法における利益状況に合致せず、抵触法上条件づけられる競争の歪みへ導く。保護される利益に注目しても、ドイツ競業法の属人的適用の正当性に対する重要な疑問が存在する。不正競業防止法は公正な競争を保護する —— しかも公衆、競業者並びに消費者のためにである。競争は常に市場関係的である。したがって、供給者が互いに顧客をどのような手段によって奪ってよいかという問題は市場地法のみに従わなければならない。市場地国がその消費者に与えようとする保護の範囲を定めることも市場地国のみに委ねられている。外国において互いに競争する際に自国の企業に対してより高い行為基準を課す国はこの企業を不利にしている。なぜなら、その場所の競業法と調和する外国の競業者の侵害から、その国は自国の企業をいずれにせよ保護することができないからである。そのような場合にはドイツの商人の習俗および礼儀は外国においてもその国民と対峙する場合にはドイツの基準に従わなければならないという論拠によってのみ、ドイツ競業法の適用の堅持は支持される。 —— 疑わしい論拠である[216]。市場地主義の第2の例外、外国市場における2つのドイツ企業間の排他的競争は今日では実際重要ではないから、従来判例によって維持された抵触規則の複雑化の根拠は本来存在しない。したがって、将来市場地主義が排他的な連結点に発展することが期待される。 —— いずれにせよ、通説によれば —— 市場地法への厳格な連結の場合にも外国における作用からドイツ企業はまったく保護されないというわけではない。行為の行動の競業的関連性の際にも原則として行為地主義が妥当する一般的な不法行為法の要件事実がこれを保証する。したがって、民法824条の意味での信用を毀損する主張は、それが内国においてのみ準備されたが外国の名宛人に向けられている場合にもドイツ法により訴えることができる。なぜなら、ここでは、独立した不法行為がすでに内国において実行されているからで

ある。この見方においては、中傷的な主張全体が外国において準備され受信されたが、連邦共和国に本拠を有する企業を対象としている場合にはドイツ法が妥当するであろう――なぜなら、ここで結局結果が発生しているからである、[217]と。

やはり同様の趣旨を明らかにする Beckmann によれば、なるほど競業が外国市場で行われているがドイツ競業者の間でのみ行われているか広告がその性質および方向からしてドイツ競業者にのみ向けられている場合にはドイツ法が妥当する。最初の選択肢は実際的には重要ではない。第2の選択肢に対しては疑問が存在する。なぜなら、それは例えばドイツ企業が外国市場においてそこでは許されるがドイツ法上不当なドイツ競業者との広告比較を禁止されることになるからである。したがって、ドイツの広告者はドイツ競業者に対しては同一市場において自分には禁止されている方法で外国市場において外国人競業者に対して広告することが許される。この原則はドイツ企業がある国における広告に関しては2つの法に従うことを必要にする。さらに、それは同時に外国の競業者の製品を広告の比較に含めるとしても画定の困難を生み出す。しかし、この例外的規則の特別な問題点は、それが裁判籍の選択を介して実質法的決定に影響を及ぼす可能性を原告に開くことにある。事例において、ドイツにおいて訴えられれば、広告の比較は不当であろう。外国の市場地で訴えられれば、それは許されるであろう。したがって、ドイツ人間の外国での競争についても競業利益の衝突地にのみ連結されなければならない、[218]と。

最後に、Bernhard によれば、不正競業の連結の緩和については、共通属人法の適用を介しての不法行為準拠法の緩和はすべての法秩序において受け入れられているわけではない。国際不正競業法の領域においては、行為地法主義に対するそのような例外は、考察した外国法秩序のいずれにおいても明示的な規則としては知られていない。外国の文献もほとんど一致して不正競業の準拠法の緩和を否定している[219]。したがって、考察の出発点は唯一の確定規則として定式化したドイツの判例の原則である。まさに、外国においては異なる態度決定がなされ、特に外国の文献の批判的な態度が連邦通常裁判所の判例を再検討する動機を与える。競業者の共通本国法の適用に不利な論拠としてはその地域の市場法の適用を命ずる消費者保護の観点が中心である。なるほど、この論拠はドイツの判例が定式化した例外規則を強制するが不正競業の準拠法の緩和の課題自体を強制するものではない。連邦通常裁判所の判例によれば、共通属人法の援用は内国の競業者が外国市場で出会う場合

というだけで考慮されるわけではない。『鉄鋼輸出』判決によって、連邦通常裁判所はドイツの企業に対して無制限に外国においてもドイツ競業法を適用することを要求するいわゆるヌスバウムの原則から離れた。ドイツ企業が —— 厳格な —— ドイツ法の適用によって外国の競業者に比べて不利にされてはならないという根拠によって裁判所はこれを基礎づけた。この論拠の背後には、不正競業の連結について中心的なその地域の市場での無差別の格律、競争者同一条件が隠れている。内国の競業者もその相互関係においては外国のその地域の市場参加者と共に同一に取り扱われなければならない。この原則は連邦通常裁判所がこの判決において定式化した共通属人法適用の狭い要件においても表現されている。それによれば、共通本国法たるドイツ法が基準となるのは競争が外国においてもっぱら内国企業間で行われているか、（選択的に）外国で行われている競業行為がもっぱら若しくは主として内国の競業者の保護に値する利益に向けられている場合である。最初の選択肢のうちに競争機会の平等の格律が明白に表現されている[220]。これに対して、第2の選択肢は競争者同一条件の格律を不十分にしか実現していない。加害者が（同一国籍の）個別化しうる特定の競業者を侵害するということは、それに匹敵する同様の —— まさに同一に取り扱われるべき —— 侵害がその地域の競業者にも由来することと矛盾しない。その場合には、その地域の市場関係者に由来する個人に向けられたそのような違反については共通本国法ではなくてその地域の市場法が基準となり、内国の競業者と外国の競業者が異なった取り扱いを受けるであろう。しかし、この第2の選択肢においては、それが『ドームガルテン』判決において受けた制限においても明らかになる別の種類の平等取り扱いの命令が隠れている。共通属人法が援用されるのは、外国における公衆（特に消費者）の利益が関係していない場合だけである —— それは個人に向けられた違反の場合には推定されなければならない。競業違反がその地域の消費者の侵害を共に含む場合には市場地主義に留まらなければならない。なぜなら、—— 『鉄鋼輸出』判決の第2の選択肢の隠れた根拠がそこに見られるが —— 消費者もまた平等取り扱いの恩恵を受けるからである。その地域の外国の消費者は、もちろんその利益が内国の企業によって侵害されこの違反が特に（同一国籍の）内国の別の企業の利益を侵害する場合にもその地域の市場法の適用を期待してよい。しかし、逆に市場参加者としての消費者にも関係する平等取り扱いの命令に違反せずに市場地主義から離れることができるのは、その地域の外国の消費者が存在しない場合、供給者の行動が内国の消費者（例えば内国の外国旅行

者）にのみ向けられている場合である。しかし、第2の選択肢は『ドームガルテン』判決におけるその補充（その地域市場における消費者の利益は侵害されてはならない）においてもその地域の市場参加者の平等取り扱いの命令を不十分にしか与えていないし、この点においては広すぎる。競業者と消費者との関係においても ── 『市場法』への競業法の保護目的の変化によって ── 内国人のみの外国での『競争』が可能であり、それは競業者と消費者との共通本国法の適用を指示することがありうる[221]。以上のことからして、ドイツの判例が展開した規則の法典化は適当なものではないと思われる。なるほど、その規則のうちには、── もちろん累積的に ── 一方ではその地域の競業者の平等取り扱いの命令、他方ではその地域の消費者の平等取り扱いといった考慮すべき命令が表現されているが、その規則はこの原則を不完全にしか実現していないし共通属人法を制限する点においてその目標を越えている。それは、また不正競業法を競業者間の関係を規律する法と捉え消費者保護法への変化を正当に評価していない視点から定式化されている。実質競業法のこの展開は競争者同一条件の原則を消費者同一条件の命令に拡張することを強制する。両格律は累積的に顧慮されなければならない。市場地主義からの離反、共通本国法の適用が許されるのは ── 潜在的であるとしても ── その地域の競業者とその地域の消費者が市場参加者として問題とならない場合である。その場合には、競業違反はその地域の市場事象への参加ではない。国際不正競業法の内部においても一般的に行為地主義の緩和と結びついた問題の再現が見られる。不法行為の関係者が共通本国を有し、共通属人法（特に同一国籍もしくは同一常居所地）が存在するという事実のみが行為地法から離れその地域の秩序利益および取引利益に違反することを許すのではない。共通国籍が緩和の唯一の条件となれば、その地域の潜在的な取引の参加者ないし市場参加者の平等取り扱いの命令の顧慮は保証されない。ドイツの判例はヌスバウムの原則を放棄することによってこれを適切に考慮した。不法行為が地域的取引への参加ではないこと、内国の取引状況ないし市場状況が外国に移されたに過ぎないと思われることが加わらなければならない。この基準がここで提案すべき緩和の規則に浸透していなければならない。すなわち、『不法行為が地域的取引への参加でない場合には、関係者の共通出身地法が適用されなければならない』と[222]。地域的取引への参加の概念はこの例外規則がさらに行為地法主義の具体化であることを表現している。決定的なのは常に行為が社会学的に埋め込まれた領土であり、それは例外的事例においてはその地理的位置づけとは一致

しない。例えば、一般的な不法行為準拠法の枠内におけると同様に、行為地法主義の緩和は共通国籍に拘束されるのではなくて（『共通出身地』としての）共通常居所もまた行為地法主義からの離反を示すことがあるとすれば、不正競業の準拠法の内部においても共通の企業本拠は重要ではない。例えば、『グランカナリア』判決におけると同様に、外国に本拠を有する企業が行動しているということはドイツ競業法の適用に反対するものではない。決定的なのは、ある企業が例えばドイツ企業のために行動し外国の地域の消費者を対象としていないことによってドイツの企業として『ふるまっている』かどうかである。常居所と同様に、行為地と一致しない市場での『平常の市場活動』が行為地法主義の緩和へ導くことがある。地域的な市場事象への（欠けている）参加の基準を介して『拡散』の場合もカバーされ、『抵触法上の知覚可能性の限界』の援用が多くの場合において不要になる。消費者への作用地とは別に、例えば外国から内国へ放射される外国語による広告は内国の市場事象への参加ではない。同一条件という一般的な命令に還元される抽象的な表現に基づいて、ここで提案した規則は不法行為法全体について妥当する。不正競業の準拠法についてのその立法上の具体化──したがって市場媒介的違反と市場媒介的でない違反による区別──は必要ない。競業法は競業者間の関係に限定された『業者法』から市場法へ展開した。この機能的変化は競業法を一般的な取引法とし、競業法を──いずれにせよ市場地主義の緩和の可能性に関しては──一般的な不法行為法から遠ざけたのではなくて一般的な不法行為法に近づけた[223]。そして、以上の考察から導かれる以下の結論が提示される。第…条［例外条項］「不法行為が地域的取引への参加でない場合には関係者の共通出身地法が基準となる」[224]と。

　なお、Lindacher によれば、内国人間の外国での競争の場合に共通属人法によって純粋に競業法的な行為地主義を代えることは、いずれにせよ公正法の中心的領域については法律上の根拠はないし、不文の法規としても認められない、[225]と。1942 年の法適用命令はその沿革からして競業法の事態には合わないことは確かである[226]。その競争が外国市場でもっぱらドイツ企業間で行われている場合には、常にないしいずれにせよドイツ企業間の外国での競争はドイツ実質法に従うという内容の不文の一方的抵触規範についてもその余地は存在しない：ドイツ企業が外国市場で同時に外国企業と競争している限り、共通本国法によって市場地法を代えることはすでに競争者同一条件の観点から禁止される、[227]と。

不正競業一般について外国における内国人の競業の場合に限り肯定する Granpierre を別として、『営業に関連する不正競業』において外国における内国人の競業の場合に限り肯定するものとして、Deutsch, Immenga, Hefermehl, Köhler, Hoffmann がある。なお、『営業に関連する不正競業』において内国における外国人の競業の場合にも拡張して認めるものとして、Schricker, Scoofs, Kreuzer がある。これに対して、当事者の共通属人法の適用を否定するものとして、Wengler, Burmann, Beitzke, Hoth, Spätgens, Weber, Wilde, Möllering, Beckmann, Lindacher が挙げられる。また、Bernhard は、当事者の共通本国法の適用を否定した上で、当該行為が地域的取引への参加でないことを要件に関係者の共通出身地法の適用を肯定する。

(2) 当事者自治の原則

まず、Immenga によれば、法選択の合意（当事者自治）は不正競業防止法の行為規範が当事者の処分に委ねられないことを見落としている。市場規制法、国家の法適用利益、並びにしばしば確定不可能な範囲の市場関係者が問題である。その限りにおいては、当事者自治の優先の余地は存在しない、[228] と。

つぎに、Sack によれば、法選択の合意はドイツ国際競業法上拒否されなければならない。その許容性に対しては、それは市場関連的な競業行為に関係する第三者の利益を侵害することがある、[229] と。

同様に、Scricker によれば、当事者は外国法秩序の適用を —— 事前にまたは事後に —— 合意することはできない。これは、通常競業法において関係している第三者の利益、特に消費者および公衆の利益の保護から明らかになる、[230] と。

また、Schoofs によれば、当事者が法選択の合意によって適用されるべき競業法を合意する自由を有する場合にも、法的安定性は害されるであろう。したがって、事後的な法選択の合意もしくは事前の法選択の合意は国際競業法においては存在しない、[231] と。

さらに、Köhler によれば、ドイツ国際競業法における法選択の合意は、競業違反が第三者の利益にも関係する限りにおいて排除される、[232] と。

最後に、Hoffmann によれば、文献においては、そのような法選択は、主として国際競業法においてはそれぞれの訴訟当事者の利益のみが問題ではないという論拠によって拒否されている。市場地国の法適用利益およびその他の市場関係者並びにすべての競業者の法的平等の原則が法選択を認めることに反対する。これに対し

て、スイス国際私法典132条およびオーストリア国際私法典35条2項は不正競業の領域についても事後的な法選択を規定している。特に拡散的不法行為の場合の競業法における多数の潜在的な原告からして、（本来の）競業行為に対して複数の法秩序が適用されることが反対の見解によって見落とされている。ある競業者が市場作用地法とは異なる法の適用を加害者と合意した場合には、これは別の加害者および原告、例えば、団体その他の関係競業者が嫌な競業行為から自己防衛し法選択の合意に応じない可能性を排除する。不正競業防止法、価格割引法および景品令においても既判力は当事者間においてのみ妥当することは承認されている。関係する法的利益が主として警察的性格もしくは経済的性格を有する競業規範が中心となる場合においては法選択に反対する。特に、競業秩序全体についての危険が防止される場合には、原告には準拠法に関する処分権は存在せず客観的な法適用基準に従い初めて決定される。その限りにおいては、ドイツ競業法においては、在庫一掃法および蔵払い法における不正競業防止法第7条以下は別として、不当な催事の禁止の権限を基礎づける行政当局の直接管轄権は存在しない。警察法上の一般条項および公的な営業法に含まれる裁量に基づいて、介入が制限的にのみ許される。その限りにおいては、競業違反の追及を行政当局ではなくて市場参加者に委ねる立法者の基本的決定が考慮されなければならない。立法者が行政にそのような管理権を委ねる場合（生活手段法）か直接公法上の利益が関係する場合（私人による私法上の営業取引における従属的な標識の公法上の制度の利用）にのみ、当局の管轄権が認められる。不正競業防止法13条に従い訴える団体もしくは自己の営業活動を侵害されない競業者にさえも、公衆を侵害しない市場に関係する不法要件事実の場合には法選択の可能性が認められなければならない。なぜなら、これらの人は固有の権利に基づいて訴えるからである。それらは、他人の権利を処分できる訴訟当事者ではない。訴訟係属の抗弁も既判力の抗弁もその他の訴訟権利者に対しては存在しない。市場関係的でなく営業に関係した不法要件事実の場合には、加害者による事後的な法選択の許容性はすでに一般的な行為地主義の適用から生ずる、[233] と。

　なお、Kreuzerによれば、法選択の許容性は解釈論上も立法論上も拒否されなければならない。特に、市場地国およびその他の市場関係者の法適用利益並びにすべての競業者の法的平等の原則がこれに反対する。不特定の範囲の訴権者が、同一の競業行為は同一の裁判所によって異なる競業法により判断される危険を補充的に宣誓する。その限りにおいては当事者自治の優先の余地は存在しない。特に、裁判官

は必要な場合に修正条項によって原則的連結から離れることができるからである。これに反して、（事後的な）法選択は一般的な国際不法行為法に従う競業行為が問題である限り許されることは自明である、(234)と。

不正競業について当事者自治の原則を否定するものとして、Immenga, Sack, Schricker, Schoofs, Köhler, Hoffmann, Kreuzer が挙げられ、これに対して、『営業に関連する不正競業』についてのみ事後的法選択を認めるものとして、Hoffmann, Kreuzer が挙げられる。

（3）附従的連結

まず、Immenga によれば、附従的連結については、市場に関連する競業行為の場合には、実際上の理由から附従的連結の必要性は存在しない。なぜなら、関係者の範囲は少なくとも不確定であり、個別的に特別な結合関係が存在する場合にも、国際的連結の調和が維持されるようにすべての関係者に対して同一の法の適用（法的安定性）の必要があるからである、(235)と。

つぎに、Schoofs によれば、附従的連結の許容性は国際競業法においては拒否されなければならない。そうでなければ、法領域へ大きな不確実性が持ち込まれ、連結の安定性が脅かされるからである、(236)と。

さらに、Hoffmann によれば、附従的連結は、まず、営業に関連する競業違反の場合には、特別な結合関係の準拠法への連結が一般的な行為地主義の適用から生ずる。つぎに、市場に関連する不正競業行為の場合には、一般的には附従的連結は法的安定性および国際的連結の調和を考慮して拒否されている。この領域においては、純粋に事実上の理由からすでに附従的連結はまさに稀であるということは別として、特に個々の消費者ないし競業者に奉仕する不正競業行為の場合には個別的保護が中心である。加害者と特別な結び付きを有しないその他の関連競業者にとっても、市場作用法に基づいて加害者に対して措置を取ることは自由である。最後に、主として警察的性格ないし経済政策的性格を有する競業規範の場合には、当事者自治の場合と同様に、その法的性質が附従的連結に反対する、(237)と。

最後に、Kreuzer によれば、附従的連結は市場関連的な競業違反の場合には事実上の理由から問題にならない。なお、市場関連的な競業違反を共通本拠地法によらしめることに対して挙げられる論拠もこの行動様式の附従的連結に反対する。これに対して、競業行為が不法行為についての一般的な連結規則による限り、附従的連

結は原則として許されるものとみなされなければならない、[238]と。

　『市場に関連する不正競業』について附従的連結を否定するものとして、Immenga, Hoffmann, Kreuzer が挙げられ、また、『営業関連的不正競業』について附従的連結を肯定するものとして、Hoffmann, Kreuzer が挙げられる。これに対して、いずれについても附従的連結を否定するものとして、Schoofs が挙げられる。

3　多国間不正競業
（1）配分的適用説
　配分的適用を主張する見解としては、まず、Wilde の見解が挙げられる。Wilde によれば、外国市場を対象とする広告手段が内国へも送信されている場合、例えばラジオ広告もしくはテレビ広告がそうであり、すなわち外国のラジオ放送が内国においても受信される場合もしくは広告を掲載する外国の雑誌が内国においても頒布される場合である。この場合においては、広告はさまざまな国々の競業に効果を及ぼしているため、複数の国家の法の適用は複数の国家の市場に関係することから正当化される。もちろん、そのような場合においてドイツ法の適用が正当化されるのは、外国の雑誌の広告が内国で頒布されているために内国における競業に影響を及ぼすのに適切である傾向を有する場合だけである。外国語の雑誌の場合には、他方では内国で行われる外国の雑誌の発行がそれに匹敵する内国の広告主の発行と比較して無視できる量である場合には、これは内国での規則的な販売にもかかわらず問題である。例えば、連邦の領域においてはそのうちわずか百部しか頒布されていないスイスの雑誌の広告は内国の競業者に最低限の効果を及ぼしているから、これに対するドイツ競業法の適用はもはやほとんど主張できないと思われる。同様のことは外国のラジオ広告およびテレビ広告について当てはまる。例えば、スイスもしくはオーストリアのラジオないしテレビにおいて、連邦共和国においても販売されているメーカー品が宣伝されている限り、ドイツ競業法をも適用することに対する疑問は存在しない。なぜなら、そのような送信は南ドイツの広い領域において受信されるため内国市場に対する傾向的な効果は否定できないからである。これに対して、最初から内国の比較的わずかな範囲にのみ呼び掛ける外国語のラジオ放送ないしテレビ放送については、おそらく別のことが妥当するであろう、[239]と。

つぎに、Regelmann によれば、多国間不法行為の場合に問題となる保護の対象は、供給者および需要者が関係するドイツ市場における競争である。ドイツ市場における競争を感知できる程侵害された利益が関係する場合にはドイツの不正競業防止法が適用される。上記の場合には、多国間広告においては当然ドイツ市場にとって重要な部分のみが不正競業防止法に服する。抵触法においては、一方的抵触規範が上記の問題に対する解答を与えてくれる。抵触法的感知の限界、すなわち、どの程度の侵害の強度からドイツの不正競業防止法が適用されるかという量的基準が競争効果の要件事実上のメルクマールとなる。上記の場合においては、これは侵害された法益に注目することによって解釈しなければならない。すなわち、もっぱら競業者に関係する競業違反の場合よりも公衆の利益を侵害した場合に内国に効果を及ぼすことが多い。このため、国家の法適用利益に焦点を 合わせることが必要となる、[240] と。

最後に、Sasse によれば、国際的な雑誌および国境を越えて放送されるラジオおよびテレビ送信者による広告は、広告言明がしばしば同時に複数の国々において知覚されることを引き起こす。その場合においては、これらの国々の各々において競業行為が行なわれたことになる[241]。内国市場において公正さを保護することのみが国家の競業法の課題であるから、ある市場において確認された効果を当該国家の法に従ってのみ判断することがこの法律の本質および空間的妥当領域に合致する。したがって、多国間不法行為の異なる国の部分は独立した不法行為として異なる法秩序に従い判断されなければならない。この手続は国際私法について要求される判決の調和に反しない。最も適切な法の決定は、多国間不法行為の場合にはすでに不法行為地法主義に従い行われている。国の領土毎に明確に互いに区別される複数の不法行為地が確認される場合には、その領土における事象を規制する各国の利益が優先し、正義および判決の調和が害されることはない。A 国から送信された広告が B 国において禁止されているが、C 国において許されている場合には、C 国の競業者は言明をここでは B 国法に従い禁止される。したがって、多国間不法行為の場合の様々な国々の法秩序の競合は存在しない。連邦共和国へ広告手段が作用するここで論じるべき場合については、これは、連邦共和国で確認できる広告手段の部分のみがドイツ法に従い判断される、[242] と。

(2) 累積的適用説

累積的適用を主張する見解としては、まず、Wenglerの見解が挙げられる。Wenglerによれば、例えば、複数の国々で顧客が購読する雑誌における広告のように複数の市場に対して同時に作用する競業行為が存在するであろう。不正競業に基づく請求に不法行為地法主義を適用し、同一の行為の個々の部分が複数の国々に及ぶ場合に現れる問題と類似の問題の前に我々は立つことになる。そのような場合に、商人は最も厳格な法に従わなければならず、原告は自分に最も有利な法を援用できるという立場に立たなければならないのか。異なる国々の複数の禁止法の累積がまったく考えられる。ある国において禁止されている競業行為が関係しているその他の国においてまさに行為者の権利として考えられない限り、様々な国々に効果を及ぼす競業行為に対して複数の国々の不正競業に関する規定が累積的に適用されることが肯定されるであろう、[243]と。

つぎに、Froriepによれば、統一的な行為によって異なる市場に作用する（不正）競業者に対しては、問題となる法のうち最も厳格な法に従うことがいずれにせよ推奨されなければならない、[244]と。

さらに、Beitzkeによれば、ラジオもしくは複数の国々において頒布される雑誌により不法行為が行われることがある（公正な競争に反する広告）。これに関しては、同一の法益（人の名誉）または複数の法益が（個々の国々における競業規定の保護目的に応じてそれぞれ）侵害されたがどうかを慎重に検討しなければならない。唯一の法益の侵害が問題である限り、保護が国毎に異なることがないのかどうかも問題である。頒布の開始を行う侵害がすでに送信地もしくは雑誌の発行地で行われるため統一的な法が適用される、[245]と。

また、Immengaによれば、マスメディア（出版物、ラジオ、テレビ）によって、不正競業行為が例えば広告の領域で複数の国々に効果を及ぼすような多国間不法行為の場合においては、ひとつの行動地に複数の結果発生地が対立する。責任ある編集地または送付地への連結は恣意的な結論へ導くであろう。したがって、競業利益の衝突地を考慮してそのつど関係する国の法が適用されなければならない。この連結は競業法の累積的適用へ導く。すなわち、競争の際に行動する者は、差止請求に晒されたくなければ、結論的には最も厳格な法に従わなければならない。損害賠償請求の場合には、この重複連結は不法行為が作用する国の法に従い損害賠償を請求することができるということを意味する。この意味において、複数の法が併存して

適用される、[246] と。

　また、Sandrock によれば、放送局がある宣伝放送を多数の国の領域に流し、か
つこの放送がこれら多数の国の法に従えば不正であるという場合、問題となるの
は、被害者が発信地法に従ってのみ侵害者に対し処置をとることができるのか、ま
たはそのようなその受信地国のひとつまたは多数の法に従いそうすることができる
のかという点である。すでに実際上の権利訴求の理由からして、ここでは被害者に
よって流された放送を不適法とみなしているすべての国の規定の一方的連結のみが
考慮されるのであり、その結果、被害者は場合によって損害賠償請求権を主張する
ときは、みずからが実際上どの法秩序に従い処置をとろうとすかを選択することが
できるのである、[247] と。

　加えて、Beckmann によれば、単一の広告が同時に複数の国々において発行され
た場合には、それぞれそこで妥当している広告法が適用されなければならない。
したがって、複数の国々における単一の形態の広告は最も厳格な広告法に従わなけ
ればならない。競業利益の衝突地への連結の基本原則は意図的に外国の顧客に呼び
掛けられる限りは多国間広告についても妥当する、[248] と。

　同様の趣旨を明かにする Kort によれば、国境を越えるテレビ広告は伝統的な不
法行為準拠法ではなくて広告市場への作用地たる固有な市場準拠法に従い判断され
る。多国間事実においては、複数の法秩序が援用される。各法秩序の援用がそれぞ
れの広告市場への感知可能な効果を前提とすることは当然である。この感知可能性
は量的基準であり特定の市場への潜在的な影響の程度に従い判断される。これとの
関係において、競争制限禁止法第 98 条 2 項のカルテル法上の市場効果の場合の感
知可能性の不文のメルクマールとの平行が存在する。援用される法秩序は累積的
に、属地的に分割されて適用されなければならない、[249] と。

　やはり同様に、Meenen によれば、多国間不法行為の場合には、関連する市場は
一国に集中するのではなくて多数の国々に拡散する。したがって、市場地への連結
は複数の実質法秩序の累積的適用へ導く。関連する各国の法が適用されなければな
らない。このため、国家の領域と結びついた法秩序は当該市場における請求権のみ
を無条件に提起させることはできない、[250] と。

　なお、Schricker によれば、広告が複数の市場に到達する場合には、その判断に
ついては各市場についてそこで妥当している法が援用されなければならない。これ
が結論的には、――すべての市場について同じ広告形態の場合には――最も厳

格な法に従わなければならないとしてもである、[251] と。

　最後に、Kreuzer によれば、広告の領域においては、マスメディアを介する不正競業行為は複数の国々に効果を及ぼすことがある。競業行為地を前提とすれば、競業行為が市場の相手方へ作用する各関係国の法が適用されなければならない。なぜなら、送信地もしくは責任を有する編集地への連結は恣意的な結論へ導くであろうからである。例えば、外国の雑誌がかなりの範囲においてドイツ連邦共和国において頒布された場合にはドイツ法が適用されなければならない。この連結は競業法の累積的適用へ導く。したがって、結論的には、広告者は自己に向けられた差止請求もしくは損害賠償請求を排除しようとする場合には最も厳格な法に従わなければならない。損害賠償請求の場合において、関係諸国において競業者の利益が互いに衝突している場合には、複数の法が併存して適用される。しかし、競業準拠法に基づいて要求される損害賠償は適用される準拠法の妥当範囲において発生した損害に限定されなければならない。ひとつの競業準拠法による損害の全体的清算は不当である。なぜなら、それによって請求の要件および効果が一部異なる法から取り出され、さらには法廷地漁りの刺激が存在するからである、[252] と。

　なお、Granpierre によれば、市場地主義のこの理解は、競業行為が多数の国家の市場において行われる場合（多国間の事例）においては競業行為がそれぞれの国においてそれぞれの国の法に従い判断されることによって、それらがどこでも許されている場合には関係している法秩序のうち最も厳格な法秩序が適用されることへ導く、[253] と。

(3) 可分の競業行為と不可分の競業行為を区別して、前者については配分的適用、後者については累積的適用を主張する見解

　可分の競業行為と不可分の競業行為を区別して、前者については配分的適用、後者については累積的適用を主張する見解として、まず、Wirner の見解が挙げられる。Wirner によれば、2、3 の特定の場合には複数の競業法を配分的に適用することが必要かつ可能であると思われる。はじめに最初の例として挙げた様々な国々の雑誌による広告の場合については、損害賠償請求および差止め請求について各国の競業法が適用されなければならない。第 2 のラジオの例においては、そのような処置は差止め請求については以下のことを意味する。すなわち、広告する企業は最も厳格な法に従わなければならない。損害賠償請求権は配分的にドイツ法、オーストリア法およびスイス法に従い審査されなければならない、[254] と。

つぎに、Riegl によれば、つぎのような原則が提示される。すなわち、（1）拡散的不法行為の場合には、メディアの頒布地域によって先取りされる空間内において通常複数の不法行為準拠法が考慮される。（2）被害者は選択の意思表示によってこれらのうちから準拠法秩序を決定することができる。（3）被害者が選択権を行使しない場合には、請求は客観的基準に基づいて明らかになるメディアの頒布地域内の私的もしくは公的効力範囲の重心の法に従い判断される、[255]と。

さらに、Sack のそれが挙げられる。Sack によれば、多国間ラジオおよびテレビ広告の場合には、送信地国法ではなくてもっぱら市場地法、すなわち、広告放送が市場の相手方へ作用する国ないし諸国の法が適用される。国家の競業法によって、法的には、適用される競業法が所属する当該国の市場に作用する競業行為の部分のみがそのつど禁止される。しかし、事実上、不可分の競業行為の場合には通例競業者もしくは訴権を有する団体は多国間競業行為の場合にはそのつど最も厳格な法を求めるが、結局競業行為全体が禁止される、[256]と。

加えて、Oesterhaus によれば、通常複数の国家に到達する広告（例：複数の国々で受信されるテレビ番組およびラジオ番組；国際的な販路を有する出版メディア）が問題である。この広告は国際的広告もしくは多国間広告と呼ばれている。多国間広告行為の場合には、利益の衝突地を探求することは誤りであろう。この広告行為が多数の国家市場に到達しこれらの国々に作用することが考慮されていない。したがって、これらの広告行為の場合には、複数の国家が正当な規制利益を主張することができる。したがって、原則としてそのような国際的広告行為の場合には、広告が市場に相手方に向けられるすべての国の競業法が適用される。関係する個々の国々の要件が異なる場合には、例えばテレビ放送のような不可分の広告行為は実際には最も厳格な法に従わなければならないという事実は関係各国が規則を定めることができるということを変更するものではない。これは、内国については、多国間広告行為の場合には内国においても利益の衝突が存在するかどうかを審査しなければならないことを意味する。内国における十分な利益の衝突の要件を精緻化する『抵触法上の知覚可能性の限界』が要求されるとするのが正当である。したがって、その内国における効果が客観的に無視される広告行為は排除される。多国間広告行為が知覚可能であるかどうかは拡散の量のみならず、例えば内国における当該言語での広告が十分に多数の聴衆、読者もしくは視聴者によっても理解されているかどうかにも依存する。したがって、通例、多国間広告行為も ── ドイツの部分に関

しては――ドイツ競業法で判断されなければならない、(257)と。

　同様に、Hefermehl の見解が挙げられる。Hefermehl によれば、競業利益の衝突という観点の下でも、競業行為が複数の不法行為地を有することがある。これは、例えば競業者が様々な国々においてその商品を販売し様々な国々で商品の宣伝を行なうことがある。その場合には、内国に裁判籍が存在することを前提として複数の競業秩序が併存して適用されなければならないから同一の競業行為が場合によっては個々の国において法的には異なって判断されなければならない。競業秩序の抵触自体はこの場合にはまだ存在していない。しかし、競業行為がその不法行為地を内国にも外国にも有する場合、特に国際的な広告および販売手段の際に真の抵触が発生することがある。ドイツ法上非難されるべき広告表示を含む雑誌が時々しか個別的に内国へ達していない場合、内国ではわずかな数しか販売されていない外国語の雑誌が問題である場合もしくは外国で購買する場合であっても内国の商品の販売をそれほど侵害していない商品について広告される場合には別の判断が考慮されることがある。したがって、国際的な販売手段および広告手段がどのように判断されるべきかという決定はもっぱら不法行為地毎に行われるべきではなくて関係している利益、特に競合している競業秩序の保護目的の衡量に基づいて行われなければならない、(258)と。

　さらに、Köhler によれば、複数の国々において同時に受信されるラジオ広告はいわゆる多国間競業行為である。それは、特に番組が衛星によって放送されるか様々な国々のケーブルネットで供給される場合に現われる。同様のことはプロダクト・プレースメントを含む国際的なスポーツ放送についても当てはまる。市場地主義の適用は、競業行為を含む送信はそれが受信可能なすべての国々の法に従い判断されなければならないことへ導く。各法秩序がその効力範囲において受信される送信の部分を判断する。国際的なケーブル供給については、これは例となる番組のドイツのケーブル施設の部分はドイツ法に従い、そのような番組のフランスのネットはフランス法に従い判断されなければならないことを意味する。様々な法秩序が根本的に矛盾しない限り、様々な法秩序を累積的に適用する文献における提案は納得がいかない。いずれの規範がどの範囲において適用されるかという重大な法的不安定性が存在する。さらに、不正競業防止法の保護目的は外国において行なわれる競争に対してその規範を適用することを禁止している。市場地主義によれば、広告が市場の相手方を侵害する国においても行なわれている競業行為の部分のみが国家の

競業法によって禁止される。不可分の競業行為については、さらに問題が生じる。それは、そのつど別の法秩序に従う様々な部分に分割されない。行為の一部がある法に従い禁止されるということは、行為全体が禁止されなければならないことを意味する。例えば、中央ヨーロッパに関する衛星放送がドイツの部分について競業法上禁止されるということは、事実上行為が不可分である場合は他の国においても禁止されなければならないということを意味する。したがって、競業者はその適用が問題となる最も厳格な競業法を常に遵守しなければならない。ある法秩序についてのみ差止請求権を原告が有するのに、多国間行為を禁止させるようにして国家間の既存の法的格差を利用する原告は権利濫用的行為を行ったことにはならない。国際的な法的格差は請求権の貫徹のために利用されてはならないと論じることはできない。権利濫用が認められるのは、法規範の適用が信義誠実に反する場合だけである。しかし、行為全体の禁止が原告の意思ではなくてむしろその効果が事実上かつ不可避のものであるから、権利濫用は問題とはならない。原告に対して差止請求権を拒否するという選択肢は、競業者が最も請求権を認めない競業法のみを遵守すればよく内国競業法が被告の外国での利益のために犠牲にされることにはならないであろう。そうでなければ、原告が様々な請求理由のうちから自分にとって最も広い権利を保証する請求の基礎を選択する場合には、民法上信義誠実違反とはならないであろう。このような事情においては、ドイツ法の適用は権利濫用とは特徴づけられないであろう、(259) と。

　最後に、Lindacher によれば、多国間競業行為、すなわち複数の市場に対する拡散的効果を有する競業行為は定義上結果発生地に相当する複数の市場地を示す。当該国家の法適用利益並びに競業者および市場所属者の市場関係的な保護利益は事象全体の属地的分割を必要とする。判断されるべき競業行為の正当性（不当性）は── 知覚可能な程に侵害された ── 各市場についてその法に従い判断されなければならない。ひとつの市場の法の適用へ導く重心的考察は行われない。それぞれの市場地法に従い根拠づけられる損害賠償請求はこの市場で受けた損害のみを対象とする。ひとつの競業準拠法による全体的損害の清算の余地は存在しない。可分の行為が法的な判断の異なる場合に禁止されるのは、それがより厳格な市場を対象としている場合だけである。もちろんひとつの市場に注目してこの市場に関して警告者および訴権者が不可分の競業行為の不当性を主張して不可分の競業行為を禁止できるのは、不可分の競業行為が（顕著な主要な市場を含む）別の市場の法に従い異

議を唱えられない場合であってもかまわない、[260] と。

　なお、Hoffmann によれば、不正競業の枠内における拡散的不法行為の抵触法上の取り扱いは広範囲に未解決である。出版物の国際頒布、ラジオおよび（特に衛星による）テレビの国境を越える送信からして、被害者は加害者に対して編集ないし送信地の法に従い措置を取れるか、ひとつもしくは複数の受信地の法に従い措置を取れるかという問題が提起される。同様のことは画像やインターネットについても妥当する。これらの事例に典型的なのは、ひとつの行動地に複数の結果発生地が対立することである。送信施設地もしくは編集地法への唯一の連結は弁護できない結論へ導くであろうという点では今日ほとんど一致している。なぜなら、このようにして濫用に対してドアが開かれることになるであろう。その場合には、加害者は送信地もしくは編集地に従い予測さえすれば良い。そこでは、競業行為はそこの競業法に反せず、結果発生地によれば競業違反の行為を行うことができる。しかし、これは行動地法の適用は不可能であるということではない [261]。したがって、国際的な雑誌またはインターネットにおける広告に対しては、原則としてそれが決定的に頒布されたすべての国の競業法が適用される。2、3の雑誌の見本が雑誌の頒布されていない国に到達した場合には、その法は考慮されない、[262] と。

　当該不正競業が複数の市場と関連する、いわゆる『多国間不正競業』の問題については、配分的適用説（Wilde, Regelmann, Sasse）、累積的適用説（Wengler, Froriep, Beitzke, Immenga、Sandrock, Beckmann, Kort, Meenen, Schricker, Kreuzer, Granpierre）、可分の競業行為と不可分の競業行為 [263] を区別して、前者については配分的適用、後者については累積的適用を主張する見解（Wirner, Riegl, Sack, Oesterhaus, Hefermehl, Köhler, Lindacher, Hoffmann）に分かれる。

4　留保条項（公序）

　まず、Wirner によれば、ドイツにおける留保条項のこの従来の狭い解釈は競業法についても賛成しなければならない。民法施行法 30 条でさえ外国におけるドイツ企業のドイツ企業に対する競業違反をドイツ法によらしめたり拡散した不法行為地の場合に行動の重要でない一部がドイツで行われているときにドイツ法を優先する様々な努力を正当化するものではない。ドイツにおける行動が良俗に反しているが外国においては許されている場合でさえそうである。そのようなドイツほど厳し

くない外国の競業法を適用することは原則として公正かつ正当に思考する者すべての礼儀感覚に反しないであろう。これらの場合にも外国法の適用を正当化する様々な理由はすでに述べた。理論的には、例えば開発途上国においてドイツの観念によれば競業違反である行為に対してまったく不十分な保護しか存在しないため留保条項に基づいてドイツ法が適用されなければならないことが考えられる。ますます諸国家間の経済および法が融合し、発展途上国において次第に法が発展するに伴い、そのような状況はますます稀となるであろう。外国法の適用がドイツの国家もしくは経済生活の基礎を侵害する場合も、例えばドイツの輸出に向けられる外国の経済政策的法律の場合に常に存在するであろう。これもまた競業法の領域においてはほとんどまだ現れていないであろう、[264] と。

つぎに、Immenga によれば、外国法が指定される場合には、民法施行法 30 条の留保条項から競業準拠法の制限が生ずる。それによれば、外国法がドイツ法の良俗もしくは目的に反する場合には、外国法を適用することはできない（公序）。外国法がドイツ法ほど厳しくない競業規定を含んでいる場合には、これは該当しない。外国法が先進的な文化国家と比較して競業違反に対してまったく不十分な保護しか与えていない例外的な場合にのみ別のことが妥当する。その際には、どの程度内国の利益が関係するかを考慮しなければならない、[265] と。

さらに、Mook によれば、民法施行法 30 条の留保条項は外国実質規範が法律問題の決定のために指定されることを前提とする：公序は実質私法上の正義を図るための具体的な道具である。具体的な事例においては、これは原則として外国競業法が問題となる競業行為の判断について基準となった場合にはじめて公序を援用することができることを意味する、[266] と。

また、Wilde によれば、判例におけるドイツ法の広範囲な適用を考慮すれば、外国法の適用がドイツの公序に反する場合（民法施行法 30 条）は如何なる場合かという問題は、比較的わずかな役割を果たすに過ぎない。市場法をますます強調することは、外国で活動するドイツ企業を外国市場における競争相手の不正な慣行から保護するためにドイツの公序を援用することができるかどうかという問題提起へ自動的に導く。しかし、一方では法的安定性、他方では国際的な判決調和を促進することが重要であるということによって市場法の広範囲な妥当性が基礎づけられる以上、ドイツの公序をますます強調することはこの出発点にまさに反することになる。なぜなら、公序は結局再び外国にドイツ競業法を持ち込む隠れ蓑として役立つ

からである。したがって、ここで主張した見解によれば、民法施行法30条の適用は極端な場合ににのみ機能し、外国市場の機会を利用しようとする営業者はそれに関するリスクを甘受しなければならない、[267]と。

加えて、Sackによれば、外国の競業法の適用が民法施行法6条により排除されるのは、これがドイツ法の基本原則に明白に違反している場合である。外国法がドイツ法上禁止されている競業行為を許しているだけでは、これは直ちに該当しない。不正競業防止法1条の意味での競業上の良俗違反も直ちに競業法の領域でのドイツの国際公序を示すものではない。なぜなら、不正競業防止法1条は包括的な欠缺補充機能を有し、ドイツ法の重要な原則に明白に違反した場合にのみ関与するものではない、[268]と。

同様に、Hefermehlによれば、外国競業法により許されるが不正競業防止法1条により良俗違反である行為は、それだけで外国法の排除を正当化するものではない。例えば、発展途上国における外国法が良俗観に重大に違反する行為に対して十分な保護を与えていない例外的な場合に初めて民法施行法6条が関与する。この場合には、どの程度競業違反が内国の利益に関係しているかが重要である。競業違反が内国の利益に関係すればするほど、内国公序が妥当性を獲得するであろう。例えば、外国法によれば許され内国法によれば不正なドイツの競業者に向けられる競業行為の場合にはそうである。ドイツ法の目的に対する違反は、外国法の適用によってドイツの経済生活が重大に脅かされ、特に国家もしくは経済生活の基礎が侵害される場合にのみ認められる、[269]と。

やはり同様に、Köhlerによれば、公序条項（民法施行法6条）によれば、外国の競業法がドイツ法の本質的な原則に明白に反する結論へ導く場合には、外国の競業法は適用されない。しかし、これは、外国法により許される手段が不正競業防止法に反する場合には当てはまらない。むしろ、公序が関与するのは、外国法がひどい良俗違反の行為様式に対して法的保護を与えていない例外的場合だけである[270]。

最後に、Lindacherによれば、民法施行法6条による必要もないし、そうすることもできない。ドイツ法と市場地法との相違が十分な内国との関連性が存在する場合に直ちに公序に反するものとみなすことによって、市場地主義の決定を掘り崩してはならない。外国法によれば許されドイツ法によれば禁止される競業行為が特にドイツの競業者に向けられるとしても、相違それ自体はまだ公序を示すものではな

い。国際私法原則によって指定される外国法が具体的な事案においてドイツの基本
的な正義の観念に耐え難いほど反する場合にのみ、民法施行法第6条による余地
がある、[271] と。

　なお、Kreuzer によれば、民法施行法6条の適用問題にとって決定的なのは、内
国の競業違反が外国で利益の衝突が現れているにもかかわらず、どの程度内国の利
益に関係しているかである。例えば、外国競業法の適用がドイツの経済生活を重大
に脅かすか外国においては許されているがドイツ法によれば不正競業となる行為が
特に内国の競業者に向けられている場合には、公序条項が関与することがある。し
かし、後者の場合には、ドイツ法はすでに通常の指定によって基準となる。しかし
ながら、同一の良俗観によって結合される文化国家の共通の見解により承認された
競業秩序に重大に反する行為に対して外国法が十分な保護を与えていない稀な例外
的場合のみ、6条は関与する、[272] と。

　留保条項（公序）の発動については、一般的には認められている（Wirner,
Immenga, Mook、Wilde, Sack, Hefermehl, Köhler, Lindacher, Kreuzer）。外国
法によれば許され内国法によれば不正なドイツの競業者に向けられる競業行為の
場合に、公序の発動を認める見解（Hefermehl）もあるが、この場合には公序の
発動を認めない見解（Wirner, Immenga, Mook, Wilde, Sack、Köhler, Lindacher,
Kreuzer）が多数である。

5　特別留保条項

　まず、Deutsch によれば、競業要件事実を国際不法行為法から抜け出させること
は、ここで提唱した法選択に従い外国法がドイツの裁判所によってドイツ人の競業
行為に適用される場合には民法施行法12条の保護規範を適用しないという結論へ
誘引する。ドイツ競業法が厳格であるにもかかわらず、外国法がより広い請求権を
与えている。謝罪的性格を有する損害賠償もしくはより長い時効期間を考えればよ
い。それ自体、国際的にほとんど孤立し一般的に拒否されている規定の制限は残念
なことではない。しかし、この結論は立法者の価値観に反するであろう。ドイツ
の裁判所が不法行為責任の事例において外国法を適用する場合に、民法施行法第
12条は公序の具体化でありドイツ人を保護しようとしている。この評価はまだ不
法行為および不正競業について妥当性を有する。民法施行法12条によって、以前

に示した連結が従来の実務より広く必要とする外国法の適用は一部の場合について
その頂を折られることになるであろう。しかし、債務者が外国に居住するか外国法
がドイツ法よりも後退している場合には、異質な法がもっぱら適用されることにな
る、[273] と。

つぎに、Wirner によれば、競業規定は絶対的な権利を基礎としていない限り、
ドイツ競業法が厳格なために外国競業法がドイツ法よりも広い請求権を与えている
ことが稀に起こる。しかし、外国競業法がドイツ法よりも広い請求権を与えている
場合には、民法施行法 12 条が外国法によりドイツ人に対して行う請求の制限とな
る、[274] と。

さらに、Immenga によれば、競業違反を不法行為として性質決定する帰結とし
て、民法施行法 12 条の特別留保条項の妥当性が明らかになる。それによれば、外
国においてなされたドイツ人に対する不法行為に基づいて、ドイツ法により許され
る以上の請求権を主張することはできない、[275] と。

さらに、Wilde によれば、民法施行法 12 条によれば、外国において行った不法
行為に基づいてドイツ人に対してドイツにおいてはドイツ法により認められる以上
の請求を行うことはできない。この保護は、自然人のみならずドイツに主たる本拠
を有する法人および商事会社にも役立つ。この留保はドイツ人に対して外国競業法
に基づく請求が主張される場合にも原則として妥当するから、それぞれの事実は平
行してドイツ法の規範に基づいて審査されなければならない。しかし、その際に
は、競業法上および不法行為法上の規範と並んで、例えば、不当利得、事務管理の
ようなその他の法的基礎も援用されなければならない [276]。民法施行法 12 条は外
国法による損害賠償をその根拠の点からも金額の点からも制限する [277]。民法施行
法 12 条はその他の請求要件並びに抗弁および異議についても適用される。すなわ
ち、過失の要件もドイツ法により存在しなければならない。主張される請求権もド
イツ法により時効にかかっていてはならない。これは、特に不正競業防止法 21 条
の短期時効期間に関して重要である、[278] と。

加えて、Sack によれば、留保条項と並んで民法施行法 38 条の内国人保護条項
も外国法の適用を制限している。それによれば、外国においてドイツ人に対して
行った不法行為に基づいてドイツ法により認められる以上の請求を行うことはでき
ない、[279] と。

また、Hefermehl によれば、民法施行法第 38 条の除外規範はドイツ人のための

特別留保条項を含んでいる。これによれば、外国においてドイツ人に対して行った不法行為に基づいてドイツ法により認められる以上の請求を行うことはできない。民法施行法 38 条の適用は外国法適用の場合に生ずる法的効果を探求することを前提とする、[280]と。

　同様に、Köhler によれば、内国人保護条項（民法施行法 38 条）によれば、外国法が適用されるべき外国で行われた競業違反に基づいてドイツ法により基礎づけられる以上の請求権は主張できない[281]。

　最後に、Schricker によれば、民法施行法 38 条の規定は不正競業法の領域においても援用しなければならない。それは、自然人のみならずドイツに主たる本拠を有する法人および商事会社にも役立つ。もちろん、ドイツ不正競業法、特に広告法が外国法よりも一般的に厳格であるだけで民法施行法 38 条が関与するのは稀である、[282]と。

　なお、Lindacher によれば、実質的には、民法施行法 38 条が一般不法行為法のような人的適用範囲において文言上内国法の包括的な遮断効果を規定しているのか規制対象の特別事情が遮断効果の制限の意味での保護条項の純粋に競業法的理解を正当化し必要とするかどうかが問題である。もちろんむしろ無反省な従来の一般的な見解に反して、すべてが後者を正当化する。公正法が偽りのない競争を保護し、そのような偽りのない競争の基本条件が法的な枠組み条件の平等であるとすれば、（抵触法を含む）法に課される基本的要請には同一市場の参加者にとっての異なる行動基準の創造の回避が挙げられる。競争者同一条件の思想は双方的な抵触規範の意味での市場地への連結を支持するのみならず、民法施行法 38 条による内国法の遮断効果の制限をも含んでいる：（まだ）許される競業行為と（すでに）禁止されている外国市場における競業行為の分岐線はもっぱらそのつどの —— 外国の —— 市場地法による。遮断効果が関与するのは、内国法による具体的な請求が行為の適（違）法性とは何の関係もない理由で成功を収めない場合である、[283]と。

　特別留保条項については、同条項の全面的適用を主張する見解（Deutsch は競業法の特殊性から民法施行法 12 条の適用を外したいとしながらも、結論的には不正競業についても同条の適用を認める。Wirner, Immenga, Sack, Hefermehl, Köhler, Schricker、なお、Wilde は、損害賠償の根拠および金額のみならず、過失の要件および時効期間についても民法施行法 12 条は適用されるとする）に対して、競業

法の特殊性を理由に、違法性の要件についてのみ累積的適用を行い、それ以外の事項についてはドイツ法を累積的には適用しないという同条項（＝民法施行法 38 条）の制限解釈を主張する見解（Lindacher）が提唱されている。

Ⅲ 立法提案

1 Karl Kreuzer の鑑定意見

　Kreuzer は、不正競業を不法行為として性質決定し、不法行為地としての競業行為地への連結を原則とすべきであるとし [284]、「競業行為地」を「競業手段が市場における相手方（購買者、供給者）または市場に作用する地」[285] と定義する。そして、Kreuzer は、秘密の漏洩、契約破棄への誘引による被用者の引抜きのように市場における相手方や市場への直接の影響がなく特定の競業者のみに向けられた一連の不正競業については例外的に一般不法行為の連結規則によらしめる [286]。さらに、この場合には一般不法行為に近いものであるから、共通属人法によらしめることに十分な理由があるとする [287]。なお、Kreuzer は、附従的連結は競争条件の平等を考慮していないし、国際的連結の調和にも反することを理由に不適当であるとし [288]、（事後的な）法選択の合意についても同じ理由から反対している [289]。最後に、Kreuzer は上記の鑑定意見に基づき次のような立法提案を行っている。すなわち、「1 不正競業……にもとづく請求権は、その領域において競業行為のなされる国の法による。2 不正競業がもっぱら……ある競業者の（営業上の）利益のみを侵害する場合には、（一般の）不法行為の準拠法による。」[290] と。Kreuzer の鑑定意見は次に紹介する国際私法会議草案 7 条に採用された [291]。

2 国際私法会議草案第 7 条および参事官草案第 40 条第 2 項第 2 号

　国際私法会議草案 7 条は、1 項において、「競業違反に基づく請求権は、競業行為がその市場に対して作用する国の法が適用される」[292] と規定し、2 項において「競業違反が、もっぱら、または、主として特定の競業者の営業上の利益を侵害する場合は、一般の不法行為の準拠法が基準とされる」[293] と。したがって、草案 7 条は、1 項において、競業の場合に特有な不法行為地の決定、すなわち、「市場への作用地への連結」を行うべきであるとし [294]、1 項は、「市場に関係する競業手段」についての規定である [295]。すなわち、秘密の漏洩や引抜きのような個々の

競業者に対する不正利用、権利侵害警告を行うことのような個々の競業者に対する妨害[296]は「もっぱらまたは少なくとも主としてある特定の競業者に向けられた不正競業」としてその適用範囲から排除され、2項により、一般不法行為の抵触規則によらしめられる[297]。また、参事官草案40条2項2号は、「不正競業に基づく請求権においては、競業行為がその市場に対して効果を及ぼす国の法が適用される。但し、もっぱら、または、主として特定の競業者の営業上の利益が関係する場合はこの限りではない」[298]と規定し、内容的には会議草案7条から実質的な変更はない[299]。

IV 「契約外債務関係および物権についての国際私法のための1999年5月21日法律」

ドイツにおいては、「契約外債務関係および物についての国際私法のための1999年5月21日法律[300]」（連邦官報第一部1026頁）が同年6月1日から施行されている[301]。

第40条 不法行為

（1）不法行為に基づく請求権は賠償責任を負うべき者が行動した国の法による。被害者は、その法に代えて、結果が発生した国の法が適用されることを求めることができる。この選択権は、第一審最初の訴訟期日の終了までか、書面による予審手続の終了まで行使することができる。

（2）損害賠償責任を負うべき事故の発生当時、賠償責任を負うべき者と被害者が同一の国に常居所を有したときはその国の法による。会社、組合または法人に関しては、主たる営業所の所在地、もしくは営業所が関与しているときはそのような営業所の所在地を常居所とみなす。

（3）外国法に基づく請求権は、以下に定める場合には行使できない。

　1　本質的に損害の賠償に必要な限度以上に行使されるとき

　2　明らかに被害者の適切な補償以外の目的に用いられるとき、または

　3　ドイツ連邦共和国の加盟している条約の責任法上の規定に反するとき

（4）不法行為の準拠法または保険契約の準拠法が直接請求権を認める場合に、被害者は賠償責任を負うべき保険業者に対してその請求権を行使することができる。

第41条 本質的により密接な関連性

（1）第38条ないし第40条第2項に定める準拠法よりも本質的により一層密接な関

係を有する法が存在する場合には、その法が適用される。

(2) 本質的により密接な関連性は、とくに以下の事由によって発生する。

1 債務関係と関連する当事者間の個々の法律関係または事実関係もしくは

2 第38条第2項および第3項ならびに第39条の場合においては、訴訟事件当時の同一国における両当事者の常居所。但し、第40条第2項第2文は準用される。

第42条 法選択

契約外債務関係の成立事情の発生後、当事者は準拠法を選択することができる。第三者の権利は害されない。

40条は不法行為の準拠法について定め、原則として不法行為地法主義を採用し加害者の行動地をもって不法行為地とする(1項1文)[302]。しかし、行動地と結果発生地が異なる場合には、被害者は結果発生地国法の適用を求めることができる(1項2文)[303]。これは行動地と結果発生地のいずれをも不法行為地と認めるいわゆる偏在理論である[304]。以上の原則に対する例外は以下の3つの場合に認められている。まず、加害者と被害者が行為が行われた当時、同一国に常居所を有する場合であり、この場合には同一常居所地国法が適用されなければならない(2項1文)[305]。つぎに、以上のようにして選択された法よりも、本質的により密接な関係を有する法が存在する場合には同法が適用されなければならない(41条1項)[306]。さらに、当事者の事後的な準拠法の選択が第三者の権利を侵害しない範囲において認められている(42条)[307]。なお、外国法が準拠法となった場合の特別公序条項として以下の3つの場合には当該外国法上の請求権は認められない(40条3項)[308]。まず、準拠外国法が過度な賠償範囲を定めている場合であり(1号)[309]、つぎに、外国法が不適切な賠償目的を有する場合であり(2号)[310]、さらに、外国法がドイツの批准した条約に反する場合である(3号)[311]。

1999年の国際私法典は、ドイツの参事官が提案した解決はいずれにせよ民法施行法41条の回避条項によって特別な抵触規範がなくとも得られ、その表現および特に40条1項の基本原則に戻らなければならない限界確定がさらに論争を含むという理由で特別連結の規則を断念した[312]。

1 民法施行法第 40 条を適用する見解

(1) 市場地は行動地および結果発生地でもあると理解する見解

　このような見解を明らかにした判例としては、2003 年 3 月 27 日のミュンヘン上級地方裁判所の判決が挙げられる。ミュンヘン上級地方裁判所は、弁護士事務所の構成員がイギリスの出版企業によるドイツの弁護士事務所のランク表の公表に反対した訴訟について、次のように判示した。すなわち、「請求に対してはドイツ法が適用される。なぜなら、異議を唱えられている出版は、内国において問題となる市場における関係 —— 工業所有権の保護の領域における弁護士および特許弁理士による役務提供の給付 —— に影響を与えるのに適しているし、そうするのに供されている。そのような市場関連的な競業行為の場合には、民法施行法改正以後においても競業者の競業利益が衝突する場所が行動地（民法施行法 40 条 1 項 1 文）とも結果発生地（民法施行法 40 条 1 項 2 文）ともみなされなければならない」[313] と。

　また、同様の趣旨を明らかにした判例として、2003 年 10 月 13 日のミュンヘン上級地方裁判所の判決が挙げられる。ミュンヘン上級地方裁判所の判決は、特に補充的な競業法上の寄与保護が問題となった事件において、次のように判示した。すなわち、「本件においては、不正競業防止法が民法施行法 40 条、41 条に従い適用されることを地方裁判所が認めたのは正当である。ここでは関係しない事件状況を別とすれば、不正競業、特に補充的な競業法上の寄与保護の場合には、競業者の競業利益が衝突する場所が連結にとって重要である；この利益の衝突は本件においてはドイツにおいて行われている」[314] と。最後に、やはり同様の趣旨を明らかにするものとして、2003 年 12 月 19 日のケルン上級地方裁判所の判決が挙げられる。ケルン上級地方裁判所は、ドイツにおいて活動している弁護士が、オランダで債務者相談を行っているオランダ居住のドイツ国民を、不正な法的相談を理由に訴えた事案において、次のように判示した。すなわち、「—— 当事者間においては争われていないが —— ドイツの実質規範が決定の基礎にされなければならない。これは、一方では、民法施行法 40 条 1 項から引き出される。それによれば、まず第 1 に、債務者が行動した場所が基準とされる。市場地、すなわち競業者の競業利益が衝突する場所が —— すでに、法典化されていない以前の法と同様に —— 行動地とみなされる。この市場地はドイツである。なぜなら、—— 少なくともその一部は —— 被告たる（潜在的な）委託者も原告もドイツにおいて生活している。さらに、原告はドイツの法律相談法も不正競業防止法も基礎とすることによって民法施

行法 40 条 1 項 2 文の意味で結果発生地法を選択したが、その方式要件は存在しない。最後に、被告は、原審が不当にドイツ法を適用したということを控訴理由にしていないから、民法施行法 42 条に従い法選択も前提しなければならない」(315) と。

なお、2004 年 5 月 13 日の連邦通常裁判所の判決は、外国（本件においてはルクセンブルク）において行われた特別催事に関してドイツ国内の新聞において公表された広告に対してドイツ競業法を適用するかどうかが問題となった事案において、次のように判示した。すなわち、「控訴審が以下のことを前提としたのは妥当である。すなわち、競業行為の準拠法の問題については不法行為地法が基準となり、競業利益の衝突地のみが不法行為地とみなされる。そこで、競業法は不正な競業行為を防止しなければならない；広告および契約締結の際の不正な行為から保護されるという競業法によって保護される —— したがって法的連結の際に考慮されるべき —— 市場関係者としての潜在的な顧客の利益およびそれから発生する公正な競争に対する公衆の利益もまた、この場所において関係する。これは、民法施行法 40 条の妥当性のもとでも堅持されなければならない。控訴審が法的な出発点においてさらに以下のことを承認したのは妥当である。すなわち、商人がその商品または給付を国境を越えて提供する場合においては、市場地はその後の販売が別の市場において行われているとしても、広告手段が顧客に対して作用する場所である」(316) と。

他方、同様の見解を明らかにする学説としては、まず、Sack によれば、国際競業法においては原則として不法行為地法主義が適用される。不法行為地法主義を具体化する場合には、市場関連的競業行為と営業関連的競業行為とを区別しなければならないとされる。そして、市場関連的な競業行為の場合には —— 民法施行法 40 条 1 項によっても —— 不法行為地は原則として競業者の競業利益が互いに衝突する場所である。それが競業利益の衝突地である。行動地は市場関連的な競業行為の場合には市場の相手方へ作用する場所である (317)。この市場地は結果発生地でもある (318)。広告行為の場合には、広告市場地法とともに販売市場地法をも適用すべきかが問題となる。通説が原則としてこれを否定し広告市場地法のみを適用したのは正当である。以後の販売が別の市場で行われたとしても、広告が市場の相手方へ作用した場所、すなわち広告市場が基準となる場所である。改正民法施行法によれば、広告行為の対象となる販売市場が 40 条 1 項 2 文の意味での結果発生地であるか否かという問題が提起される。広告行為を判断しなければならない場合に

は、これを否定しなければならない。広告市場地は民法施行法40条1項1文の意味での行動地であるだけではなくて、民法施行法40条1項2文の意味での結果発生地でもある。なぜなら、広告行為の結果は呼び掛けを受ける顧客に対する作用である。広告行為の場合には、行動地と結果発生地は一致する。これに対して、別の国での販売市場に対する効果は広告行為の結果発生地の決定にとっては重要ではない[319]。しかし、広告行為が特別な事情に基づいて広告市場地法よりも販売市場地法と本質的により密接な関係を有する例外が存在する。その場合には、販売市場地法と本質的により密接な関係を有するから、民法施行法41条により販売市場地法が適用されなければならない[320]。直接にかつ顧客または当該企業の供給者を介さずに、直接にこれらに向けられる営業関連的な競業行為、例えば、不正競業防止法17条、18条違反または保護権の侵害に対する不当警告の場合には、結果発生地はこの企業の所在地である。行動地は営業関連的な競業行為の開始地である。顧客または供給者を害して企業に向けられる営業関連的な競業行為、例えばボイコットの要求または営業誹謗の場合には、行動地は行為が開始し顧客または供給者に作用した場所である。結果発生地は被害を受けた企業の所在地である。多国間競業行為の場合には、従来市場地主義が適用された。私見によれば、民法施行法40条以下はそれを何ら変更していない。それによれば、そのような多国間競業行為に対しては市場の相手方へ作用するすべての国の法が適用される。単一の国際的な競業行為の場合にも競業法上の効果は関連する各国の法により各国で妥当する法に基づいてそれぞれ別個に判断されなければならない。非難されている競業行為がA国の市場に関するものであれば、A国法が適用されなければならない。A国法により禁止されていれば、別の国では以後の広告市場地法および販売市場地法に違反していないとしても請求を認容しなければならない。逆に、非難されている競業行為がA国法により許されていれば、別の国での別の広告市場地法および販売市場地法に反するとしても、A国の領域についてはA国の競業法によっては禁止されない。この前提の下では、A国の市場における国際的な広告活動がA国の競業法に反する場合には、A国の市場へ作用するような広告活動の部分のみが法的には禁止される。したがって、例えば、ドイツの競業法によって禁止されるのは、ドイツ市場において市場の相手方へ作用する競業行為だけである。しかし、実際には、これは競業法において一般に行われる差止請求および侵害除去請求の場合には、不可分の多国間競業行為に関しては全体としてはじめて禁止できることになる。したがって、

訴権を有する商人および団体は多国間競業行為と関係する国々の競業法のうち最も厳格な国の競業法によって事実上不可分の全体の競業行為を禁止する権限を有する。通説はそれを濫用とは考えていない。したがって、損害賠償請求の分割をも行わなければならない[321]。

また、Sack によれば、民法施行法 40 条 2 項の規定は不法行為地法主義より優先して共通常居所地法を適用すると規定している。しかし、この連結は純粋な営業関連的な競業行為の場合にのみ適合する。これに対して、市場関連的な競業行為の場合にはこれは拒否しなければならない。なぜなら、市場関連的な競業行為の場合には、それは抵触法上制限される不必要な競争の不平等を導くからである。共通常居所地法を適用する場合には、当事者が当該市場において現実に他の企業と競争している場合にのみ競争の不平等が憂慮されるのではない。むしろ、第三者による潜在的な競争の可能性が存在する場合にも競争の不平等の恐れがある。なぜなら、競業法において一般に行われる差止処分は将来について妥当し、競業者にとって原則として排除されないからである[322]。

さらに、Sack によれば、国際競業法においても市場関連的な競業行為が問題となる限り、法選択の合意は拒否しなければならない。なぜなら、民法施行法 40 条、41 条によって指定される市場地法とは異なる法の選択によって、保護される第三者の利益および公衆の利益が侵害されるからである[323]。

最後に、Sack によれば、40 条 3 項は、旧民法施行法 38 条の原則を維持し、特別公序規範として倍額賠償（1 号）または懲罰賠償（2 号）を規定する外国法の適用を禁止している。さらに、民法施行法 40 条 3 項 3 号に規定された国際協定の責任法上の規定の優先は国際競業法の領域においては現在のところ意義を有しない[324]。

つぎに、Dethloff によれば、民法施行法 40 条 1 項によれば、不法行為に基づく請求権は賠償責任を負うべき者が行動した国の法による。しかし、被害者は、その法に代えて、結果が発生した国の法が適用されることを求めることができる。法案理由書によれば、従来の原則に合致する連結は不正競業に関する特別な抵触規範がなくとも得られる。もちろん、これが教義学上納得いくようにどのようにして達成されるかは依然として未解決のままである。この連結がすでに民法施行法 40 条の基本原則の適用により明らかになるのか、それとも契約外債務関係の領域全体について本質的により密接な関係を有する国の法を適用することを可能にする民法施行法 41 条の回避条項を介して初めて明らかになるのかはすでに不明確である。競業

抵触法については一般的には回避条項を介して解決を求めるのは疑問にぶつかる。これは、基本原則とは異なる特別連結を可能にするのに役立つのではなくて、個別事案における連結の修正に役立つ。しかし、行動地への連結の優位のために基本原則の枠内での解決もまた問題であると思われる。従来の原則に最もよく合致するのは、競業利益の衝突地もしくは市場地が同時に行動地および結果発生地であることを承認することであると思われる [325]。

また、Dethloff によれば、共通の企業本拠地法は複数の市場に作用する国際的な競業行為の場合には市場地への連結の重要な限界ではない。なぜなら、そのような競業行為は典型的に市場の相手方へ向けられるからである。従来の判例は市場地連結を例外的にのみ破っている。従来の判例が内国人間の外国での競業の場合に共通本国法たるドイツ法を適用するのは、競業行為が特に内国の競業者に向けられ第一に外国の消費者および公衆の利益に関係しない場合である。これは顧客に関係するすべての競業行為において拒否しなければならない。共通の企業本拠地への連結は、外国市場においてもっぱら内国人が競争するという —— 実際重要ではない —— 場合においても問題とされるべきではない。むしろ、顧客に向けられて競業行為は原則として市場地法により判断されなければならない [326]。

最後に、Dethloff によれば、複数の国に作用する国際的な競業行為の場合の位置づけは一方ではかなりの不安定性を伴う。ある競業行為が他の国とのみ関連性を示す場合には、市場の相手方への作用地として理解される市場地はたいてい容易に探求される。これは、一方では当該企業の広告活動もしくは販売活動が特定の外国市場を目指しているということである。この目標に基づいて、競業行為は実際にも当該市場の参加者へ作用する。広告活動および販売活動は大衆事象であるから、作用は通常些細なだけではない。したがって、原則として広告活動および販売活動が作用すべき市場の相手方へ知覚可能な程度にある国において作用する。他方では、競業行為は作用地が直ちにある国の領域と事実の関連性を設定するというように具体化される、[327] と。

さらに、Köhler によれば、ドイツ競業法の空間的適用範囲は原則として内国に限定される。国際私法の抵触規範（民法施行法 40 条—42 条）はドイツ競業法を適用するためにどのような内国との関連性が必要であるか渉外的関連性があるにもかかわらずドイツ競業法が適用されるのはどのような場合であるかを定めている [328]。競業違反は不法行為である。不法行為に対しては 1999 年 6 月 1 日以降、民法施行法

40条、41条が適用される。民法施行法40条1項1文によれば、不法行為に基づく請求権は原則として賠償義務者が行動した国の法による（行動地）。しかし、民法施行法40条1項2文によれば、行動地国法に代えて結果発生地国法が適用されることを要求することができる（結果発生地）。その限りにおいて選択権が存在する。40条2項―4項は特別規定を含み、そして、民法施行法41条1項（本質的により密接な関係）も特別な規定を含む。市場関連的競業行為の場合には、したがって市場の相手方へ作用する場合には、行動地と結果発生地は通常一致する。したがって、この区別は重要ではない。したがって、基準となるのは、―― 従来の不法行為地主義と同様に ―― 市場地、すなわち、競業者の競業利益が衝突する場所である[329]。おそらく正当な見解によれば、市場地連結は民法施行法40条1項の目的論的解釈の方法で根拠づけられなければならない。これは競業法の特殊性から正当化される。なぜなら、一般的な国際不法行為法は個人法的保護を義務づけられるのに対して、競業法はその他の市場参加者の利益および公正な競争に対する公衆の利益を保護するからである。民法施行法41条の回避条項は、法領域全体の特別連結を機能させるものではなくて、むしろ個別事案における連結の結論の修正を可能にするものであるから、民法施行法41条の回避条項による必要はない[330]。民法施行法41条1項によれば、市場地主義の例外が考慮されるのは、正当に『本質的により密接な関係』が別の国と存在する場合である[331]。市場との関連性が存在しない場合には、相手方へ作用せず、競業行為に対して国際不法行為法の『古典的な規則』が適用されなければならない。したがって、競業違反の行動地ないし結果発生地（民法施行法40条）が重要である[332]。企業の共通本拠地法の適用は、競業違反については妥当しない。その限りにおいては、民法施行法40条2項2文は制限的に解釈されなければならない[333]。民法施行法40条3項の規定によれば、外国法に基づく請求権が行使できないのは、それが（1）本質的に損害の賠償に必要な限度以上に行使されるとき、もしくは（2）明らかに被害者の適切な補償以外の目的に用いられるときである。したがって、外国法に基づいて発生する法的効果（例えば、懲罰賠償）は制限される[334]。民法施行法42条1文によれば、ドイツ国際不法行為法においては侵害事実発生後の法選択の合意は原則として可能である。しかし、これは競業法については妥当しない。なぜなら、違反によってその他の市場関係者および公衆の利益も侵害されるからである。しかし、競業違反についてもますます営業所所在地国主義が妥当することからして、もはやこの根拠は納得がゆかない。なお、民法施行法

42 条 2 文によれば、第三者の権利は害されない⁽³³⁵⁾。法選択の合意は、通例有意義ではないとしても、競業違反についても原則として可能である⁽³³⁶⁾。多国間競業行為の場合には、複数の法が並存して適用される。しかし、区別しなければならない。損害賠償請求の場合には、常にそれぞれの法に従い個別的市場毎に別個の考察を行わなければならない（損害の分割）。ひとつの市場法による全体的損害の清算は問題とはならない。その限りにおいては、証明の問題を除けば、原則として問題は発生しない。差止請求の場合には事情は異なる。この場合には、メディアの性質に応じて区別しなければならない。マーケットが属地的に区別して形成されている場合、例えば、ドイツおよび外国における雑誌の異なる発行の場合には、異なる法が並存して適用され、行為の各部分はその市場の法に従い判断される。これに対して、特にラジオやインターネットのような不可分の行為の場合には、営業所所在地主義（TDG 4 条が関与しない限り）、原則として準拠法が累積的に適用される、⁽³³⁷⁾と。

　また、Junker によれば、結論的には、市場地連結は 41 条、42 条が妥当したとしても存続するという一致が存在する。立法資料は 41 条 1 項の回避条項の連結によって市場地連結を導こうとしているのに対して、文献の一部は 40 条 1 項の修正解釈によって市場地連結の根拠を基本的連結に求めようとしている。すでに従来の法によるのと同様に、40 条 2 項 2 文によっても、競業がもっぱら内国に本拠を有する企業間で行われるか競業行為が内国の競業者に意図的に向けられる場合には、企業の共通本拠地法が適用される、⁽³³⁸⁾と。

　最後に、Drexl によれば、連邦通常裁判所の見解によれば、すでに 1999 年以前に展開された市場地連結は民法施行法 40 条 1 項の枠内においても双方的抵触規範として維持される。行動地および結果発生地は解釈を必要とする概念である。民法施行法 40 条 1 項の目的論的解釈は、非難されている不法行為的違反の性質および自国市場における競争関係の統一的な規制に対する国家の特殊な利益を、そこで現れる第三者の利益を顧慮して考慮に入れなければならない。したがって、無体財産権におけると同様に、競業法においても行動地と結果発生地とは区別されないことを前提としなければならない。むしろ、民法施行法 40 条 1 項 1 文および 2 文の適用の枠内において常にもっぱら競業利益の衝突地としての市場に位置づけられなければならない。行動地と結果発生地とは一致するため、民法施行法 40 条 1 項 2 文により被害者に対して選択権は与えられない。したがって、市場地主義は民法施行法 40 条 1 項から展開される。本質的により密接な関係を有する場所への連結を可

能にする民法施行法 41 条の回避条項に準拠する必要はない、[339] と。市場関連的な競業行為の概念は拒否しなければならない。不正競業防止法 3 条における新ドイツ競業法の一般条項に表現される現代の理解によれば、すべての競業行為は競争に対する効果を概念的にすでに前提とする。競争はつねに市場において行われるから市場所属性がすでに競業行為とみなされる、[340] と。市場地主義から離れた共通本国法の適用は、いずれにせよ現代競業法に照らして意図的に特定の競業者に向けられる競業行為（いわゆる双方的な競業行為）についても基礎づけられない。この特別連結は訴訟当事者の利益のみが侵害されるという誤った前提から出発している。実際、市場地主義とは異なる競業上の判断は市場地における競争を制限し、同一の競争条件を奪うことによって市場地における他の企業および顧客の競業上の利益を侵害する、[341] と。最後に、民法施行法 42 条 1 文は、不法行為法上の訴訟当事者に事後的法選択を許しているとしても、その適用は競業法上の訴訟においては拒否されなければならない。なるほど、民法施行法 42 条 2 文は第三者の権利は侵されないことを保障している。なるほど、この規定は法選択権の排除をもたらすものではなくて、そのような選択の効力の制限に過ぎない。第三者に対する法選択の効果は法的な領域ではなくて、もっぱら経済的な領域にある。訴訟に関与しない第三者は、訴訟当事者が市場地主義と異なる法の適用を合意しても、訴権を有する限り市場地法による保護を失わない。しかし、二重の危険が残る。より厳格な法が選択された場合には、市場地における競争の自由が制限される恐れがある。合意はカルテル法上重要な合意に近くなる。より緩やかな法が合意された場合には、市場地法とは異なる競業法上の請求は場合によっては否定される。競争参加者の平等の思想に基づき、顧客の利益をも保護する競争保護尾制度においては、そのような法選択は耐え難い。請求を放棄するという、つねに原告に与えられる権利はそれとは別である。民法施行法 42 条 1 文の不適用は規定の適用範囲の目的論的解釈によって基礎づけられる、[342] と。同時に複数の国々の市場に作用する競業行為（いわゆる多国間不法行為）の取り扱いが問題となる。ここでは、市場地主義が複数の法秩序の累積的適用へ導く。したがって、ある行為が不正であるかどうかは各市場地法に従い別個に探求されなければならない（モザイク的考察）、[343] と。

(2) 行動地を市場地と理解する見解

　まず、Heldrich によれば、競業違反の場合の損害賠償請求についても、原則として、1 項の行為地主義が妥当する。判例は、従来、競業者の競業利益が衝突する

市場地を行動地とみなした。1999 年 5 月 21 日の法律による改正後も、これを堅持しなければならない [(344)]。また、外国市場における内国企業間の競争については、競争が内国から操作されているとしても、原則として市場地法たる外国法が妥当する。内国企業が外国における競争を内外競業者との関係においてドイツ競業法に従い行う義務は一般的には存在しない。外国市場における競争がもっぱら内国に本拠を有する企業間で行われるか競業行為が意図的に内国競業者に向けられている場合には、2 項 2 文により共通本拠地法たるドイツ法が妥当する。2 つのドイツ企業が外国市場地に本拠を有している場合には、2 項 2 文によっても市場地法が妥当する、[(345)] と。

　つぎに、Spickhoff によれば、（ほとんど重要ではない）優先的な条約以外においては、40 条―42 条が妥当する。不正競業に関する国際私法は原則として不法行為法的に性質決定される。したがって、今後は原則として法選択は可能である（42 条）。42 条 2 文によれば、第三者の権利は害されない。法選択は当事者間においてのみ有効であるということを別とすれば、不正競業法は市場地国およびその他の市場関係者の法適用利益をも念頭に置いていることを顧慮しなければならない。したがって、法選択の可能性は 42 条に従い純然たる営業関連的要件事実に限定されなければならない。契約に附従する連結も（41 条 2 項 1 号）関係当事者の利益の保護のみが問題となる場合にのみ考慮される。その他の点においては、40 条 1 項の行為地主義が妥当する。原則として、競業不法行為の行為地（行動地）は、競業者の競業利益が衝突する場所に存在する。広告市場と販売市場とが異なる場合においては（特定の手段によって顧客が獲得される場合においては）、作用地が決定する。単なる準備行為は、一般的な原則に従い排除されなければならない。その他の行動地も重要ではない。したがって、外国における顧客に作用する競業行為が内国から操作されている場合には、内国は重要な行動地ではない。なぜなら、そうでなければ、その競業を外国市場において内国競業法の規則に従い行う内国競業者の拒否すべき一般的な義務へ導くであろうから。法的に争っている 2 人の競業者がその主たる管理機関ないし関係している営業所を競業作用地とは異なる国に有している場合には、もっぱら競業法の追及する目的を考慮して 2 項の共通属人法の連結が適当である。共通本国法たるドイツ法が妥当するのは、外国市場における競争がもっぱら内国企業間で行われるか競業行為が意図的に内国競業者に向けられている場合だけである。競業法が追及する市場地国およびその他の市場関係者の法適用

利益ならびに競業者の平等取り扱いの原則が、その他の場合においては、（競業作用行動地の意味での）行為地主義に有利に2項から離れることを命ずる。なぜなら、その場合には、競業作用地は本質的により密接な関連性（41条1項）を示すからである、[346]と。

　さらに、Glöckner によれば、民法施行法41条の規則は一般的な連結規則が個々の事案の特殊性のため不適当であると思われる場合に限定されなければならない。これに対して、市場地主義は個々の事案の特殊性に基づくものではない。したがって、市場地主義は依然として民法施行法40条の枠内において（規範の構造のために、今後はもちろん『行動地』が問題とされなければならないが）不法行為地の具体化として解釈されるか——優先的に——これに関する特別連結として解釈されなければならない。民法施行法40条の枠内においてすでに行われる行動地を市場地とする具体化のために、別の国とより密接な関係が存在するということは一般的には考えられない。例として挙げられた関係者間の関係は、通常の場合において国際公正法における一般的な市場地主義から離れることを支持しない。それは、いずれにせよ『契約に附従的な』競業違反について考慮される。これに対して、単なる競業関係からは、競業者の共通本国法とのより密接な関係は発生しない、[347]と。

　また、加害者と被害者とが同一国に共通常居所を有する場合に、民法施行法40条2項に基づいて市場地主義が制限されるかどうかは問題である。そのような処理に断固反対するのは、民法施行法40条2項に準拠して掘り崩される民法施行法40条1項との関係において市場地主義は完結した特別規定であるということである。これは価値的ではなくて形式論理的に基礎づけられる。共通住所地法の優位は、通常、当事者間に存在する法的関係を考慮した不法行為地の偶然性もしくは同一の外国に住所を有する人的集団内の不法行為のような不法行為の社会学的埋め込みによって基礎づけられる。市場法はその性質上国家的かつ属地的である。公正法もそれに分類される。外国において活動する者は、外国市場を目指し外国市場地法に従い処理されることを期待する。その本国法の適用へ導く外国競業者の『完結した社会』という前提は誤っている、[348]と。

　また、Hohloch は新法について次のように述べている。すなわち、立法者意思によれば、40条—42条による改正は、従来の法状況を変更するものではない。新法は、従来の判例を継承して、従来と同様に、すでに（市場地としての）行動地を競業に固有に形成することによってこの関心事を考慮している。従来制限的にの

み許されていた『共通の本国法または本拠地法』の適用は、共通の本拠地法ではなくて市場地法が適用されなければならない場合において、41条2項1号が適用され、40条2項の適用範囲が事例群に固有に制限されることによって新法によっても達成される、[349]と。

　最後に、Ehrich によれば、ドイツの判例は競業利益の衝突地法を競業行為に適用する。この連結は不法行為地主義の不法行為地の競業に特有な決定の意味で理解され、民法施行法40条1項1文（行動地）に位置づけられなければならない。広告の事例においては、この場所は顧客の決定に作用した場所に存在する。その限りにおいては、販売市場は顧慮されない。この抵触規則は適切である。競業者および消費者の利益が市場地への連結を要求する。消費者は外国市場においてはここで妥当している基準に従わなければならない。不法行為に関する抵触法から解釈によって演繹することもまた説得力がある。文献の一部によって主張されているカルテル法への競業法の接近はいずれにせよそのように指定された市場法秩序の統一的な連結へ導かない。共通本国法の適用は稀にしか可能ではない。欺罔的広告の場合においては共通本国法の適用は排除される。なぜなら、常に消費者への作用が存在するからである。広告による拡散的不法行為の場合に適用されるべき法秩序の制限がドイツの判例によって示されている。印刷物の場合においては、通常の営業の範囲内にある販売が基準となる。一般的には、客観的に認識可能な広告の方向が決定する。この際には、徴表とみなされるのは、言語、販売またはディスクレーマーの空間的な制限である、[350]と。

(3) 行動地ないし結果発生地ではなくて市場地を不法行為地と理解する見解

　まず、Klippel によれば、1999年の国際私法改正以来、準拠法の決定に関しては民法施行法40条、41条が関係する。なぜなら、不公正法違反は、国際私法上、不法行為であり、ドイツ法においては国際競業私法は国際不法行為法の一部であるから。したがって、原則として行動地法もしくは選択的に結果発生地法が適用される。しかし、市場関連的な競業違反については（民法施行法40条1項から導かれるが）、市場地法、不法行為の不法行為地法すなわち不公正法上の利益の衝突地法が適用される。競業者ではなくて消費者または公衆の利益が関係する場合には、いわゆる市場作用地がそれの下に理解されなければならない、[351]と。原則として、国際的な競業行為（いわゆる多国間競業）の場合には、市場地主義が基準となるから、複数の法が並存して適用される、[352]と。

同様に、Vianello によれば、原則として、不正競業行為も民法施行法 40 条の意味での不法行為に分類される[353]。一般不法行為の連結規則は競業の特殊性を十分に評価していない。市場における行為を規制するという競争の機能も考慮されていない。不法行為法について今後も妥当する民法施行法 40 条 1 項による行動地への連結も、被害者による結果発生地の選択権を認めることによって競業法の領域において法的安定性（判決の予測可能性）の要件を十分に充たしていないし、競争者同一条件も保証していないし市場地国の法適用利益も十分には考慮していない。さらに、競業法における連結点としての不法行為地の競業的決定は避けられない。競業法の実質法上の保護対象の複雑性は公正法の国際的問題について国際私法上の一般的な不法行為準拠法によることを禁止する[354]。1999 年 5 月 21 日の国際私法改正によっても、競業違反の市場地への連結が堅持されなければならない。しかも、それが民法施行法 41 条に由来するか判例および文献における通説の援用によって根拠づけられるかに関わりない。したがって、競業法上の抵触規範として、民法施行法 40 条 1 項は出発点としてのみ妥当する。競業法上の抵触規範が行為秩序としての競業法の機能を要求する限り、不法行為法上の抵触規範から離れなければならない。不正競業の事例に適応するための不法行為法の抵触規範の『精緻化』が『不法行為地法主義の競業に特有な形成』という標語のもとに扱われる[355]。そして、市場地主義は原則として適切な連結規則である。なぜなら、それは公正法の行為規制的機能を最も良く通用させることができるからである。公正法は関係している利益が衝突し自由な競争活動が展開される市場において規制的に作用する。そこにおいて、それぞれの市場地国がその正当な法適用利益を有し、すべての競業者のための同一条件を創造する課題を有する[356]。

つぎに、競業法上の連結規則の緩和としては、法選択、回避条項（修正条項）、附従的連結（特殊な関係の準拠法）が挙げられる。そして、Vianello によれば、とくに法選択については、競業抵触法に法選択を導入することに不利な根拠があり、市場経済が機能するために競業法によって保護される公益が抵触法により指定される法の適用を断念しようとするかどうかを問題にすることを困難にしている。なお、事後的法選択を明示的に許容する民法施行法 42 条も競業違反の場合に事後的法選択を拒否することに反しない。競業違反は、契約外債務関係および物についての国際私法のための 1999 年の法律によって規律されていないからである[357]。また、回避条項（修正条項）については、ドイツの競業抵触法は一方的に外国におい

てもドイツの消費者を保護することになるのではなくて、（ドイツ）市場において集合する利益全体を考慮しなければならない。したがって、同業者、消費者および公衆を等しく考慮することが公正法の実質的な保護目的を最も良く評価する[358]。

さらに、営業関連的な競業侵害と市場関連的な営業侵害との区別に関しては、実質的な競業規範の明白な保護目的がまず営業に向けられ市場に向けられていない場合にも、法的安定性を考慮して市場関連的な連結原則を堅持することは無理であると思われる。なるほど、その連結の場合の一定の国際私法上の首尾一貫のなさは、この実質法上の評価のために甘受しなければならないが、もっぱら営業に関連する競業違反を除外することは、一般不法行為法と特に近いことを考慮して弁護されなければならない[359]。

また、営業関連的な競業違反の場合には、特別な関係の準拠法への連結は、すでに一般的な行為地主義の適用可能性から正当化される。なぜなら、直接個々の競業者に向けられる双方的な競業違反の場合には、不法行為地はそのつど被害を受けた競業者の営業所所在地に存在するからである[360]。

最後に、多国間競業行為については、特に、インターネットにおける不正広告もしくは衛星電波によるラジオ放送のような実際に不可分な競業行為が問題である場合にのみ、伝統的な市場地連結から離れることが正当化される。ここでは、国際的に頒布される雑誌における不正広告とは異なり、不正広告が印刷された形式で実質的に存在するから技術的にも特定の国に限定される頒布地へ連結することはできない[361]、と。

2　民法施行法第 40 条を類推適用する見解

Mankowski によれば、市場地連結は、方法的には最も具体的には民法施行法40 条 1 項の類推的な（修正）解釈によって原則的な連結規則自体に基礎づけられる[362]。そして、結論的には、これを達成するためには、市場地を行動地ともみなす技巧的手段をとることができる[363]。新法において市場地連結を救うために、民法施行法 41 条の回避条項を頼りにすることは重大な方法上の疑問を喚起する。なぜなら、民法施行法 41 条のような回避条項は、原則的連結の具体的な機能的失敗を修正するが、一般的な機能的失敗を修正するものであってはならないからである[364]。『疑わしい場合のための』連結規則、すなわち、特別な不法行為類型のための連結規則を定める権限を判例に与えることは法的な枠組みに適合しない、[365]

と。

　また、Mankowski によれば、市場地連結を特殊な行動地連結として理解することは、公正法の特殊な規制機能に目を向けて現代不法行為法の原理のひとつを強く強調することによって正当化される。公正法ににとっては競業行為および行為の防止が中心である。公正法は、行為すなわち市場における地位の獲得のための闘争、競争の際の行動を規制する。公正法は目指された結果ではなくてむしろ行為を規制する。カルテル法は結果に関係する。公正法は行為者の側面を対象とし、被害者の側面を対象とする（侵害された市場関係者の観点）。行為者の側面に対応するのは行動地への連結である。民法施行法 40 条 1 項のもとで行動地連結として理解することが最も問題がなく、かつ理論的にも実際的にもきれいである。広告を行うものが活動し、活動を展開する、[366] と。また、内国人間の外国での競業の特別な取り扱いに対しては、重要な実質的理由が反対する[367]。第 1 に、そのような特別な取り扱いは市場事象を粉砕する。それは個々の市場参加者の特別な競技規則へ導く。これは基本的には市場の基本的理解に反する、[368] と。第 2 に、そのような特別な取り扱いは競争者同一条件を確立するという競業法の基本的関心に反する。すべての競業者は法の前に平等であり、平等に取り扱われなければならない、[369] と。第 3 に、そのような外国での競争は有機的には外国市場における事象の一部として展開される、[370] と。第四に、国際的な判決の調和が外国市場における内外の競業者の平等取り扱いを支持する、[371] と。さらに、民法施行法 41 条の回避条項は、国際競業法においては市場地連結に対してほとんど貫徹できない[372]。市場地国以外の国の法との密接な関係は本来確認できない。回避条項の適用は逆に市場における抵触法上の競争者同一条件を破壊し、原理的に望ましくない結果を示す、[373] と。

　最後に、法選択の可能性については、競業法が（特別な）不法行為法であるから事後的な法選択を認めることは競業法の特別な目的論および保護の三角形と調和しない。なるほど、競業法は特別な不法行為法である。しかし、正当に強調すれば、不法行為法の特別法である。特殊な不法行為的性格が逆にその他の不法行為類型について展開された一般的な規則が妥当するか修正されるかという根本的な疑問を提起する、[374] と。

3　民法施行法第 41 条を適用する見解

(1) 市場地主義

　まず、Schaub によれば、まったく支配的な見解によれば、国際不正競業法の事実は不法行為準拠法に依らしめられる。競業規則違反を理由とする競業者に対する不法行為責任を超える競業法上の請求権もまたそうである。行為地はここでは一般的に国際競業法におけるのと同様に競業に特有に決定されなければならない。通常、競業利益の衝突地（これは原則として市場地となろう）の法が適用されなければならない。これは、民法施行法 41 条を介して初めて可能となる。なぜなら、競業行為は（利益の衝突の意味で）競業行為が効果を及ぼす場所とは別の場所（行動地）でしばしば行われるからである、(375)と。また、同一常居所地国法の適用については、改正後は、民法施行法 40 条 2 項を介して適用されるこの一方的な抵触規則は、（競業者の利益のみならず顧客および市場地国の利益にも奉仕する）競業法の保護目的のためにだけではなくてヨーロッパ法的視点に基づいて輸出の自由という観点からも疑問である、(376)と。

　つぎに、Hoffmann によれば、営業関連的な競業行為の場合においては、一般的な行為地主義から離れることを必要とする理由は存在しない。一般的な不法行為法的連結の場合と同様に、個人保護が中心である。したがって、国際不法行為法の一般的な連結原則に留まる。すなわち、競争侵害は営業活動の侵害と同様の法に服する。民法施行法 40 条以下が無制限に適用されなければならない。事後的な法選択（民法施行法 42 条）が存在せず、かつ行為地主義の緩和を支持する観点（民法施行法 40 条 2 項、41 条）が認定できない場合には、偏在主義（民法施行法 40 条 1 項）の形での行為地主義に留まる(377)。改正国際私法によっても、市場関連的な競業違反は市場地へ連結される。しかし、これが行為地主義（民法施行法 40 条）の適用を介して得られるのか、それとも回避条項（民法施行法 41 条）を介して得られるのかは問題である。立法者は、いずれにせよ 41 条の助けによって解決が達成されると確信して競業法の特別規制を断念した(378)。民法施行法 41 条の法適用者もまた民法施行法 40 条と 41 条の順位関係を常にケース毎に解決することに制限されていない。むしろ、民法施行法 41 条は、特別な不法行為類型についての特別な規則の形成を可能にして法的安定性に奉仕する。したがって、市場関連的な競業違反においては回避条項が援用されなければならない。不正競業法は競業者の保護だけではなくて同様に消費者の保護および競争の機能の保護にも奉仕する。客観的

な行為規範違反が警告される。すなわち、公共性および第三者の利益が関係する。したがって、市場地への連結が正当である。すなわち、行動地および結果発生地への連結は二当事者関係においてのみ適合する。民法施行法 40 条が指定する法よりも、この国の法と『本質的により密接な関係』が存在する。したがって、営業関連的な競業違反と市場関連的な競業違反との区別が適用されるべき抵触規則をも決定する。営業関連的な侵害の場合には、個人保護が中心であるから、一般的な行為地主義から離れることが必要ないのに対して、民法施行法 41 条 1 項によれば、市場関連的な競業違反は市場地法に服する[379]。そして、まず、競業者の侵害 ── 同業者保護の場合においては、民法施行法 41 条により、原則として市場地法としての商品販売市場地法を基準としなければならない[380]。つぎに、顧客の侵害 ── 消費者保護の場合においては、外国での広告催事および販売催事の競業違反は、民法施行法 41 条により、市場地法よりもそこでの法に従う[381]。さらに、拡散的不法行為の場合においては、競業違反が問題となる限り、民法施行法 41 条により、もっぱら市場地へ連結されなければならない[382]。また、当事者自治に関しては、市場関連的な要件事実ではなくて営業関連的な要件事実の場合においては、第三者の利益が関係しないから、民法施行法 42 条が適用される[383]。最後に、附従的連結に関しては、営業関連的な競業違反の場合には、一般的な行為地主義の適用に基づいて民法施行法 41 条 2 項 1 号により特別な関係の準拠法への連結が正当化される[384]。

　さらに、Thünken によれば、今後は、1999 年 6 月 1 日以降は、競業に関する事実は民法施行法 40 条の適用範囲に入る。一方では、競業違反の連結の場合には民法施行法 40 条が基準とされ、それが修正的に解釈されなければならず、他方では、民法施行法 41 条の回避条項が援用される。この場合には、後者の解決を選択すべきである。なぜなら、それが最もよく立法者の検討理由に合致するからである。回避条項は、特に、立法者の積極的な『包装された』意思表示によって計画的な欠缺を隠す目的を有する。したがって、まったく ── 場合によっては法政策的にも ── 望ましくない連結を修正するのが回避条項の性質である。（契約外債務関係および物権に関する）国際私法補充法の最初の草案においては、不正競業の場合の民法施行法 40 条 2 項 2 号に、1999 年には民法施行法においては継承されなかった市場地の連結が含まれていたという事実も計画的な欠缺を支持する。立法者の動機は、できるだけ柔軟な国際不法行為法を創造することであった。それは、ま

さに競業法の領域においても貫徹されなければならない、[385] と。

また、Nett によれば、国際私法の非法典化が残した計画的な欠缺を民法施行法 41 条 1 項の回避条項によって補充する方法が最もきれいな解決である。さらに、それが、柔軟な国際不法行為法を創造することを関心事とする立法者の動機にも最もよく合致すると思われる、[386] と。

Bahr によれば、国際競業法の従来の規則は国際私法改正後においても妥当するから、市場地への原則的な連結については何も変更はない、[387] と。むしろ、公式な立法理由に基づいて民法施行法 41 条の例外的規定が教義学上の基礎として援用されなければならない。民法施行法 41 条に従い、本質的により密接な関連性を有する国の法が適用されなければならない。この規範が競業法のような不法行為の特別な領域部分の場合の個別的な連結を可能にする、[388] と。営業に関連する競業行為の場合においては、営業に関連する競業行為が由来するか、侵害された企業がその本拠を有する場所へ連結される。これを規定しているのが、今後は民法施行法 40 条 2 項 2 文である。それによれば、会社、組合または法人に関しては、主たる営業所の所在地、もしくは営業所が関与しているときはそのような営業所の所在地へ連結される。それは、これまで、すでに判例において承認された原則の法典化である、[389] と。2 人の内国人の外国における競業の場合にも、民法施行法 40 条 2 項 2 文に従い連結されなければならない、[390] と。消費者保護関係する競業行為の場合には、民法施行法 40 条 2 項 2 文は適用されない。なぜなら、消費者の常居所地と企業の常居所地は一致しないからである。この場合においては、むしろ、民法施行法 41 条 2 項 1 文が援用されなければならない。なぜなら、消費者に関係する競業行為（Gran-Canaria 事件、Kaffee-Fahrten）の場合には、具体的な個別事案の事情からより密接な関連性が明らかになるからである。民法施行法 41 条が今後本質的により密接な関連性のこの原則を規定している、[391] と。国際私法改正後においても、国際競業法における法選択は不可能である、[392] と。民法施行法 40 条 3 項は公序の特別な場合を規定している、言い換えれば、民法施行法 30 条に代わるものである。この規定の適用については、民法施行法 6 条の場合と同様に、まず内国との関連性が必要となる。さらに、その規定は激しい逸脱の場合にのみ働く。法的効果は金額に従い請求を制限することである、[393] と。

加えて、Looschelders によれば、まず、競業法違反に基づく請求権はドイツにおいては伝統的に不法行為法として性質決定された。したがって、民法施行法 40

条―42 条が適用される。しかし、国際不法行為法の一般規則はそのまま競業法違反に対して適用することはできないことは承認されている。しかし、立法者は特別連結を断念した。基準となったのは、競業法の特殊性を 41 条に基づいて考慮することができるという考えであった、(394) と。つぎに、民法施行法 40 条―42 条を適用する場合には、市場関連的な競業違反と営業関連的な競業違反とを区別しなければならない。市場関連的な競業違反は通常多数の競業者の権利を侵害する。そのため、ここでは二当事者関係に合致した 40 条―42 条の規則は限定的にしか適合しない。したがって、通説は行動地と結果発生地との区別を断念し、競業者の競業利益が衝突する場所としての市場地法に統一的に市場関連的な競業違反を依らしめる。判例および学説は、これを主として行為地主義の具体化として理解している。新法に基づいて、一部では 41 条 1 項も基準とされている、(395) と。そして、市場関連的な競業違反の場合には、広告市場と販売市場が異なることがある。この場合には、もっぱら広告市場へ連結される、(396) と。当事者の共通常居所地（民法施行法 40 条 2 項）もしくは当事者間に存在する特殊な関係（民法施行法 41 条 2 項 2 号）を考慮して市場地連結を破ることは、市場関連的な競業違反の場合には問題とならない。（事後的）法選択（42 条）も問題とならない、(397) と。最後に、営業関連的な競業違反は直接個々の競業者に向けられる。したがって、侵害は市場を介して初めて行われるのではない。この領域においては、国際不法行為法の一般規則が無制限に適用される。競業違反が行われた場所が行動地とみなされる。侵害された企業の所在地が結果発生地である。行為地主義は関係者の共通常居所地（40 条 2 項）もしくは関係者間に存在する特殊な関係（41 条 2 項 1 号）によって排除される。42 条 1 文により、当事者は事後的法選択によって準拠法を決定することができる、(398) と。

　最後に、Kropholler によれば、1999 年の新民法施行法は、1984 年の草案において規定された解決が民法施行法 41 条の回避条項によって特別な抵触規範がなくとも得られるという理由で、不正競業の特別な規範化を放棄した。しかし、民法施行法 40 条 1 項において規定された偏在主義および、もっぱら当事者の共通常居所地による緩和（民法施行法 40 条 2 項は、ここでは適合しない。不正競業の枠内においては、通例第三者および公衆の利益も働くから、当事者自治は排除されたものとみなされる。したがって、まったく不正競業に関する国際私法の固有な規範化の動機が存在した、(399) と。

なお、Wagner によれば、競業法は契約外の行為規範に対して防御請求権および損害賠償請求権によって制裁を加え、その限りにおいては不法行為の特別法であり、それについては 40 条以下が基準となる。立法者は、計画されているローマⅡ指令の 5 条とは異なり、製造物責任の場合と同様に、特別な抵触規範を意識的に断念した。代わりに、立法者は、不法行為についての抵触法を機械的に、かつ単純に適用してはならないのであって、競業法の価値自体と一致する限りにおいてのみ適用してよいという見解を表明した。競業法は機能的な市場および効率的な経済構造のための公正な寄与競争の保護を目的とする。その市場のために法的に創造された経済空間すべてがその際に遵守されるべき規則を決定する。したがって、旧法におけるのと同様の状態が妥当する。競業抵触法においては、関係企業がどこにその本拠地を有するか、商品がどこで製造され、どこへ供給されるかが重要なのではなくて、この行為がいずれの市場に効果を及ぼすかが重要である。おそらく、41 条1 項を適用して、競業違反はもっぱら市場地、すなわち、競業利益が衝突する場所に位置づけられるであろう。顧客が競業違反の方法でグランカナリアにおいて売買契約の締結へ誘引された場合には、商品がドイツにおいて販売されていたとしても、スペインに市場地が存在する。2 つのドイツ企業がベルギー市場をめぐって競争している場合には、そこでの競業行為は 40 条 2 項にもかかわらずベルギー法によって判断されなければならない。これは、通説に反して、競業行為が、この唯一の競争相手にのみ向けられている場合にも妥当する。なぜなら、そうでなければ、ドイツ競業法は市場地法たるベルギー法によれば合法的なものを場合によっては禁止することになるからである[(400)]。また、Wagner によれば、複数の国民経済に影響を及ぼす競業行為は、市場地連結に基づいて、この市場における競争を規制する法秩序全体で評価されなければならない。この累積的効果はヨーロッパ域内市場においても受忍しなければならない。なぜなら、構成国の法秩序が調和されない限り、異なる市場において活動する提供者は、その市場において妥当する異なる規則を遵守しなければならないからである、[(401)]と。

(2) 効果主義

Veelken によれば、契約外債務関係および物についての国際私法政府草案理由において表現され通説に合致する国際競業法の国際不法行為法的性質決定は、法解釈学の承認された原則によれば拘束力はない。ここでも論議されない競業法的サンクションの個人保護機能からして（も）民法施行法 40 条の意味での不法行為法的性

質決定が肯定されるとしても、特に競業法の実質規範の目的に基づいて具体化される効果主義は、なるほど修正された不法行為地への連結としては正当化されないが、民法施行法41条1項の回避条項により正当化される、[402] と。

41条1項を介して[403] 効果主義の適用を提唱するものとして、Fezerの見解も挙げられる。Fezerによれば、国際競業法においては、競争にとって重要な特定の行為が、それが効果を及ぼす特定の市場において競争秩序の保護に対するすべての市場関係者および公衆の利益を衡量して禁止されるべきかどうかという問題が関係する[404]。また、Fezerによれば、連邦通常裁判所が行っている競業利益の衝突地への連結は競争制限禁止法130条2項に規定されている効果主義とほとんど類似している[405]。そして、Fezerによれば、競争市場効果の概念については、公正法においては市場に対する具体的な効果の存在ではなくて、単に潜在的な効果が確定できるか具体的な市場に対して効果を及ぼす客観的な適格性が確認されなければならない[406]。上で主張した市場効果概念の具体化の構想は、それぞれの内外国の保護の必要性を問題とし、一方的にドイツ市場における競争の保護の必要性を基準にしないから、効果主義を双方的抵触規範として理解することと調和する。後者の理由から、直接性の基準または国内市場に関する効果の重心の援用による概念の具体化が出てくる。具体化の要素としての感知可能性の限界は、もっぱら国内市場における感知可能性を問題とするのではなくて、問題となる外国市場における感知可能性をも審査するという基準によって双方的抵触規範としての効果主義の構想と原則として調和する[407]。感知可能性は、市場効果概念を具体化する修正を引き出すためにそれぞれの保護の必要性を基準とするという上で主張した構想の枠内においては、市場に特有な保護の必要性を測定するために考慮される複数の基準のうちのひとつである。もうひとつの可能な基準は、もっぱら国内市場のみを理解するのでなければ、市場侵害の明白な重心の確認である[408]、と。Fezerによれば、鉄鋼輸出判決の原則の移植に対しては、外国市場における複数の競業者間の関係におけるのと同様の理由が反対する。競業抵触法の連結の場合には、個々の事例に則して行う競業法上の保護目的の衡量のみが重要である。市場関係者の出身地の形式的な考察に基づく本国への固定的な連結は妥当ではない。さらに、同一の実用性の疑問が存在する。結局、外国市場において内国の消費者の利益に意図的に向けられる競業行為の事例群の場合には、この外国市場において存在する競業者の利益が無視される。当該市場において存在する外国の供給者が内国の消費者の需要に対する影響と

どの程度関係するかが問題とされていないからである。したがって、この場合にも公正法の対象となる保護利益の純粋市場関係的な考察にとどまらなければならず、当該市場関係者の共通の出身に基づく例外を設けるべきではない。利益の抵触の解決に基づくそのような市場関係的な審査は、競業利益の衝突が本国市場において認められる場合、特に事実関係がもっぱら内国と関連するため外国市場における競業利益が問題とならない場合には、消費者と供給者の共通の本国法が適用されるという結論になる、[409] と。

　Fezer によれば、民法施行法 42 条は契約外債務関係の領域における事後的法選択を規定している。公正法上の事実についての法選択の可能性の明示的な制限は法律に含まれていない。しかし、公正法を含む国際競業法全体においては法選択の合意の可能性の余地は存在しない。その限りにおいて、民法施行法 42 条は目的論的に制限されなければならない。なるほど、公正法についても事後的法選択の可能性が妥当することは、監督法的構成のカルテル法と異なり、公正法の市場統制法的目的は私法的公正の規範によって実現されることによって根拠づけられる。立法者は、いわば民事法上公正違反に対して措置を行う競業者に公正法上の市場統制保護を委任した。それによって、立法者は当事者自治から独立した競業保護を免除されたのであろう。しかし、公正法の領域における法選択の可能性に関する立法者意思は明示的には確認できない。特に、立法者は国際不法行為法を法典化する場合に不正競業法と一般的な不法行為法との間の構造的な原則的相違を承認したにもかかわらず、私的自治的な法選択と公正法の市場統制的性格との間に原理的に存在する矛盾を見落とし、意識的に法選択の可能性をこの領域においても導入しようとしなかった、[410] と。なお、Fezer によれば、附従的連結はドイツ抵触法上利益抵触の解決によっても効果主義を基礎とする場合にも市場関係的な競業行為については少なくとも拒否される。民法施行法 41 条 2 項 1 号は一般的な不法行為法の領域において附従的連結を許容している、[411] と。

4　市場地国法主義

　まず、Hefermehlによれば、民法施行法 38 条ないし 46 条の改正によっては市場地を基準とする市場関連的競業行為についての国際競業法の特殊性は薄弱とはならなかった。一般不法行為法へのそのような分類は 40 年前の法状態への逆戻りであるから、法律上の指示もしくは同様の基礎づけがなければ承認できないであろう[412]。

つぎに、Schricker および Bodewig によれば、ドイツ国際私法によれば、原則として競業利益の抵触の重心が存在するそれぞれの市場の法が適用されなければならない。複数の市場が平行的に関係する場合には（『多国間不正競業』）国家法は並存して、各国市場について各国法が援用されなければならない。付随的にしか関係しない市場は考慮されない（『抵触法上の知覚可能性の限界』。学説および実務において展開された規則は、本質的には民法施行法 40 条、41 条改正後も適用される、(413) と。

さらに、Samson によれば、市場地国の目的誘引者としての責任、市場地国の統治領域における競業違反に対する市場地国の共同責任は市場地主義の教義上の基礎である。ここで主張している理論的出発点は国際不法行為法の思想から独立して市場地主義を基礎づける。それは、競業事件において市場地主義を国際不法行為法から独立した固有な抵触法規則と考えている。目的誘引者思想が市場地主義の教義上の基礎として、国際競業法は国際不法行為法の下位事例として分類されないという法律観を支持している、(414) と。

また、Hausmann/Obergfell によれば、1999 年の契約外債務関係の抵触法の改正は、無体財産権法および競業法に関する詳細な議論なしに行われた。明示的な抵触規範は無体財産権法についても競業法についても制定されなかった。立法者は、公正法に関しては判例が展開した市場地連結の存続を前提としていた —— 必要な場合には、民法施行法 41 条の回避条項に準拠してであるが。有力な文献および不法行為準拠法に固執する今日まで不変の判例の基礎づけによっても、国際公正法は伝統的に国際不法行為法に位置づけられる。国際公正法を不法行為準拠法として評価することは、もちろん重大な疑問にぶつかる。今後、民法施行法 40 条 1 項に基礎づけられる行為地主義は、一般不法行為法的な渉外事件の連結に適合的である。競業法的事実の連結には直ちには移せない。すでに、競業法を不法行為法として実質法上性質決定することが疑問にぶつかる。しかし、まさに、競業法の保護方向の変化からして、国際的な競業違反に対して不法行為法上の行為地主義を適用することが適切ではないと思われる。特に、市場におけるすべての競業者の競業法上の機会（競争条件）平等の原則は、不法行為法上の行為地主義の不変の継承を禁止する。なぜなら、行為地主義ないし偏在主義を適用する場合には、内国から外国市場において行動する企業は、2 つの法秩序に従うため、外国市場においてその競争相手に比べて競争上不利益を被る。したがって、少なくとも、競業行為の抵触法上の連結

の場合には、競業法上の特殊性が浸透しなければならず、国際公正法における行動地と結果発生地との区別は実行可能でもないし適切でもない、[415]と。新国際不法行為法後に妥当する民法施行法 40 条 1 項 2 文に従い結果発生地に関する被害者の選択権と結合した民法施行法 40 条 1 項 1 文の行動地連結の優位は、公正法においては重大な困難にぶつかる。それは、利益の衝突地を行動地と明示的に同視するか 40 条 1 項 2 文による選択権を排除することによって初めて解消される。

　さらに、民法施行法 42 条により不法行為法において許されるような国際公正法上の事実における（事後的）法選択は、競争条件平等の原則からも要求される法的安定性の理由から存在しない。民法施行法 40 条 2 項による共通常居所地法への連結も、競業抵触法においては貫徹できない。他方においては、国際公正法上の事実に対して不法行為地法主義を原則として適用しようとする者も、国際不法行為法と国際公正法との重要な区別を見落としている。しかし、その者は、多数の例外を（少なくとも立法者によっても考慮される民法施行法 41 条 1 項に従い『本質的により密接な関連性』という教義学的な出発点を介して）定めることで満足しているから、ここで主張している見解から生ずるのと同じ結論が結局得られる。なるほど、連邦通常裁判所も原則として不法行為地法主義を国際的な競業違反の抵触法上の取り扱いの出発点として援用するが、不法行為の決定をますます競業法上の特殊性に合わせている。したがって、本来、国際不法行為法に合致した行為地主義の適用、したがって民法施行法 40 条以下に依ることを放棄することが得策であると思われる、[416]と。ドイツ国際競業私法は —— 国際無体財産権法と同様に —— 従来法典化されていないことによって特徴づけられる。むしろ、国際公正法は不文の抵触規則に基づいて判断される、[417]と。—— すでに民法施行法 40 条における行動地と結果発生地との区別の例および民法施行法 42 条による法選択権の例において示されるように —— 原則として、国際競業法上の事実に不適合な民法施行法 40 条以下の規定からして、結論的には、民法施行法 40 条以下による不法行為準拠法への教義学的な準拠は、完全に放棄すべきである。通説の一部によって実践されている、民法施行法 41 条 1 項の回避条項における競業準拠法への教義学的な位置づけも体系的な基本的疑問にぶつかる。民法施行法 41 条 1 項の回避条項は、民法施行法 38 条 - 40 条において典型化された連結規則から離れることを許し、判断されるべき事実が本質的により密接な関係を示す別の法の適用を許している。この例外規定の前提は、常に、民法施行法 38 条 - 40 条における連結規則は、それ

とは偶然的な関係しか存在せず、それから身近な法のために離れることが許される具体的な法を適用する資格を有する。しかし、民法施行法40条1項および2項は、競業法上の事実について保護目的利益を考慮して具体的な準拠法を指定するのに適していない。しかし、民法施行法40条に包摂されない特別な『不法行為類型』についての連結規則のより一般的な修正のために、民法施行法41条は援用できない。国際契約法について並行的に妥当する民法施行法28条5項の回避条項に基づく評価の移植も、それ以上役立たない。なぜなら、民法施行法28条2項ないし4項の原則 — 例外の関係に関する議論とは別に、いずれにせよ契約抵触法的連結は必要ではあるが、競業抵触法的連結の場合には、不法行為抵触法的分類は疑問である。したがって、回避条項の適用は、すでに最初から問題とはならない。

　したがって、契約外債務関係に関するドイツ抵触法の改正において、個々の定式の提案にもかかわらず考慮されていない競業法は、不正競業の特殊性に合った独自の連結規則を要求する、[418]と。競業に特有な連結が、競業抵触法上の事実の解決には最もよく適合すると思われる、[419]と。決定的なのは、競業手段が利益の衝突地としての市場の相手方へ作用する市場地の決定である、[420]と。不正競業行為において、民法施行法40条2項の意味での共通本国への連結は拒否される、[421]と。完全に不法行為法的連結から開放されて競業に特有に連結する、ここで主張される見解によっても、回避条項の適用は考慮されない。なぜなら、それぞれの事実の最も密接な関係としての市場地法を探求することは、競業法の保護目的に方向づけられた競業に特殊な連結の性格を形成し、『より密接な関係』は思考論理的に排除されるからである、[422]と。関係者間に存在する契約関係への競業法上の事実の附従的連結は、考慮されない、[423]と。法選択の合意による異なる法秩序による並行訴訟の望ましくない取り扱いを回避するためには、結論的には公正法の領域における法選択の可能性は排除されなければならない、[424]と。広告市場と販売市場が異なる場合には、広告市場を基準とする文献および判決実務における通説に賛成しなければならない、[425]と。

　最後に、Klingerによれば、通説に従えば、国際競業法は依然として国際不法行為法の一部であり、不法行為法と競業法との間の機能の相違に負う行為地主義の競業に特有な形成に過ぎない。新民法施行法は、それ自体を何も変更するものではない。しかし、競業法上の特別連結が民法施行法40条1項の基本原則の適用範囲に入るのか、民法施行法41条の回避条項に基礎づけられるのかに関しては争いが存

第2章　ドイツ国際不正競業法　*129*

在する。競業法の大部分を個別的修正のために考えられた回避条項に一般的に服させることに対して有力な論拠が反対するとしても、行動地への連結を優先して民法施行法40条1項に包摂するのも困難をもたらす。市場地が行動地として捉えられるのか、もしくは結果発生地として捉えられるのかまたは同時に行動地かつ結果発生地として捉えられるのかが不明確である。この根拠のために、そして不法行為法とはかなり異なる競業法の保護目的から、競業抵触法を国際不法行為法から解放することがますます擁護されているが、そのことは、もちろん市場地主義自体が侵されていることにはならない。そのことが国際競業法において重要な利益に最もよく合致する、[426]と。

5　効果主義を類推適用する見解

　Beater によれば、競業法は、特定の状況においては、競業上の個別的利益の保護、すなわち、競業者の個別的利益の保護に奉仕する。その限りにおいては、競業法は不法行為法であり、この領域については、抵触法上、民法施行法40条以下に依らなければならない、[427]と。また、競業上の集団的利益の侵害は、抵触法上、競争制限禁止法130条2項に挙げた基準により判断されなければならない。それが競業法に適合する限り、カルテル法の基準が類推適用されなければならない。したがって、行動が外国において誘発されていたとしても、行動がドイツにおける競争に効果を及ぼす場合には、ドイツ法が適用される。したがって、決定的なのは、問題となる行為が競業者間の競争または部門外の企業の行為もしくは顧客または供給者の決定の基礎もしくは決定の過程に影響を与えるか与えるのに適している場所が重要である、[428]と。

　さらに、Beater によれば、多国間競業行為については、各国の抵触法が自らいずれの国の競業法が適用されるかを決定する場合には、競業行為は場合によっては異なる複数の厳格な競業法上の基準で判断される。行動する企業は、複数の国で一体となる広告キャンペーンを開始することを長所と考える場合には、法的な許容性を問題となるすべての法秩序に従い審査しなければならない。さらに、企業は、疑わしい場合には、その広告活動の広い部分が競業法上緩やかな要件の妥当する国に関係しても、最も厳格な法の基準に従わなければならない、[429]と。

　同様に、カルテル法上の効果主義を類推適用する見解として、Koos の見解が挙げられる。Koos によれば、国際的にも適合できる競業法の今後の展開にとっては、

今後も不法行為法的考察方法を「基準とするかすでに競業法の市場統制的性格を承認し、実質的な結論のみならず解釈学的にも競業法の様々な分野において抵触連結を適合的に形成するかがまったく本質的に重要である。それに対しては、効果主義（Auswirkungstheorie）と（客観化された）利益抵触的解決（Interessenkollisions-lösung）（引用者注：競業利益の衝突の理論）とが実質的に近いため、利益抵触解決と作用理論（Einwirkungstheorie）を保持するのが法体系的に必要であり、『言語的に精緻』であると反論される。さらに、効果主義のために支配的な利益抵触的解決から離れることは、『不正競業の文脈にカルテル法上の原則を無用に適応させるという代価を払ってのみ行われるというのであれば必要ない』と言われる。他方では、公正法において効果主義を援用することは公正法を不法行為法から解放するのに必要な一歩を可能にすることが了解されている。まさに言語的な精緻さの理由から古い概念を堅持しないで、反対に競業抵触法の元来の個人法的な基礎づけが古くなっていることを概念的にも承認するという主張が正当であるかが問われなければならない。まさに作用理論の使用している概念がいかに不正確であるかを、文献における作用概念の異なる解釈の広い幅が示している。最後に、主観的な基準を客観化するという作用理論の多数の試みからして、カルテル法上の効果主義を公正法に適応させることが作用理論を公正法における機能変化に適応させることよりも浪費となるとは承認できないであろう、[430]と。

　改正民法施行法後においても、学説状況はほぼ継承されている。
　まず、不正競業についても改正民法施行法 40 条を適用（市場地は行動地および結果発生地でもあるとする見解として、2003 年 3 月 27 日のミュンヘン上級地方裁判所の判決、2003 年 10 月 13 日のミュンヘン上級地方裁判所の判決、2003 年 12 月 19 日のケルン上級地方裁判所の判決、Sack, Dethloff, Köhler, Junker, Drex, 行動地を市場地と理解する見解として、Heldrich, Spickhoff, Glöckner, Hohloch, Ehrich, 行動地ないし結果発生地ではなくて市場地を不法行為地と理解する見解として、Klippel, Vianello）ないし類推適用し（Mankowski）、市場地法主義によるとする見解と、不正競業については 41 条（例外条項）を介して市場地法主義が適用されるとする見解（立法資料、Schaub, von Hoffmann, Thünken, Nett, Bahr, Looschelders, Kropholler, Wagner）とが対立している。そして、不正競業行為は『市場関連的競業行為』と『営業関連的競業行為』に区別される（Sack, Vianello,

von Hoffmann, Spickhoff, Looschelders, Köhler, Klippel、なお、Beater は、『競業上の個別的利益の侵害』と『競業上の集団的利益の侵害』とに区別する。但し、Drexl, Hausmann/Obergfell は、『市場関連的な競業行為』と『営業関連的な競業行為』との区別に反対し、市場と関連しない競業行為についても市場地主義を維持する）。一方では『市場関連的な競業行為』の場合には不法行為地は市場地（Sack, von Hoffmann, Spickhoff, Hausmann/Obergfell によれば、販売行為の場合には販売市場地、広告行為の場合には広告市場地）であり（Sack, Köhler, Vianello, Schricker および Bodewig, von Hoffmann, Thünken, Spickhoff, Looschelders）、他方では『営業関連的な競業行為』の場合には不法行為地は「被害を受けた企業の所在地」であるとする見解（Vianello, Bahr）と、一般の国際不法行為法の規則、すなわち偏在主義によるとする見解（Sack, von Hoffmann, Spickhoff, Looschelders, Köhler, Klippel）が対立している。

つぎに、同一常居所地国法の適用については、40条2項2文により不正競業一般について肯定されるとする見解（Heldrich, Bahr, Junker）、『営業関連的な競業行為』についてのみ肯定されるとする見解（Sack, von Hoffmann, Spickhoff, Looschelders は40条2項により、Hohloch は、41条2項1号による）、不正競業については否定されるとする見解（Dethloff, Fezer, Glöckner, Kropholler, Wagner, Köhler, Drexl, Hausmann/Obergfell, Mankowski）がある。また、附従的連結については、営業関連的な競業違反の場合に、41条2項1号の適用を認める見解（von Hoffmann, , Spickhoff, Looschelders, Vianello, Fezer）と、不正競業については否定されるとする見解（Hausmann/Obergfell, Mankowski）がある。

さらに、42条（事後的法選択）については、事後的法選択の合意を『営業関連的な競業行為』についてのみ許容する見解（Sack, von Hoffmann, Spickhoff, Looschelders）、事後的法選択を一般に許容する見解[431]（Vianello, Köhler）、事後的法選択を拒否する見解（Fezer, Bahr, Kropholler, Drexl, Hausmann/Obergfell, Mankowski）がある。最後に、同条3項（公序）は不正競業についても適用され、倍額賠償（1号）（Sack）または懲罰賠償（2号）（Sack, Köhler）を規定する外国法の適用が禁止される。なお、多国間競業行為においては、特に不可分の競業行為についても市場地国法主義を維持して各々の市場地国法を累積的に適用する見解（Sack, Dethloff, von Hoffmann, Wagner, Beater, Köhler, Klippel, Drexl）と、不可分の競業行為については市場地国法主義を放棄する見解（Vianello）と

が対立している。これに対して、41条1項を介して効果主義の導入を提唱する見解（Veelken, Fezer）、国際不法行為法の規則とは別個に市場地国法主義を提唱する見解（Hefermehl, Schricker および Bodewig, Samson, Hausmann/Obergfell, Klinger）、効果主義を類推適用する見解（Beater, Koos）もある。

V　結　語

　ドイツの国際不正競業の法的規制に関しては、2つのアプローチがみられる。一方では、不正競業を不法行為として性質決定し、準拠法たる不法行為地法の決定にあたって不正競業に固有な不法行為地を探究する見解（不正競業を不法行為として性質決定し、一般の不法行為と同様に行動地法と結果発生地法との択一的適用を認める偏在主義を採用する初期の判例は別として、近時の判例は、不正競業を不法行為と性質決定し旧民法施行法12条［新民法施行法38条］の基礎にある原則に従い不法行為地法主義を採用して不正競業に固有な不法行為地を探求する。学説としては、Froriep, Deutsch, Wirner, Weber, Kreuzer の鑑定意見、Immenga, Mook, Wilde, Riegl, Sack, Reuter, Oesterhaus, Bernhard, Meenen, Hefermehl, Kotthoff, Köhler, von Bar, Lindacher, Hoffmann, Granpierre が挙げられる。なお、Deutsch は、不正競業は一般の不法行為に対して固有性を示すため一般の不法行為とは別の特別な法原則に服するとする）であり、他方では、一般の不法行為に関するものとは別個に不正競業防止法のための特別な抵触規定を考える見解（Wengler, Schricker, Regelmann、マックス・プランク無体財産法研究所の意見表明、Tilmann, Joerges, Sandrock）である。

　さて、前者の方向は、不正競業に固有な不法行為地を探究し双方的抵触規定を採用するものであるが、ドイツにおいては多数を占めている。上記の見解によれば、不正競業は、権利または法益侵害をその本質とする一般の不法行為とは異なり、不正な手段を用いてはならないという客観的な行為規範に対する違反にその特色を有する。そのため、不正競業の場合、一般の不法行為とは異なり、行動地または結果発生地により不法行為地を決定することはできない。不正競業の不法行為地を決定するに当たっては、不正競業のこの特殊性を考慮に入れなければならない。そして、不正競業は『市場に関連する不正競業』と『営業に関連する不正競業』とに区別されている（Bernhard のように、『市場関連的不正競業』と『製造関連的不正

競業』とに区別する見解は別として、上記の区別に賛成するものとして、Wirner, Weber, Kreuzer の鑑定意見、Immenga, Wilde, Sack, Reuter, Schricker, Meenen, Köhler, von Bar, Hoffmann, Granpierre が挙げられる。上記の区別を前提とするものとして、近時の判例、1982 年の国際私法会議草案 7 条、1984 年の連邦法務省の参事官草案 40 条 2 項 2 号がある。なお、上記の区別に反対するものとして、マックス・プランク無体財産法研究所の意見表明が挙げられる[432]。不正競業の不法行為地は、『市場に関連する不正競業』の場合には『市場地』にもとめられる（『市場に関連する不正競業』の場合の連結点を『市場地』にもとめたものとして、Wirner, Weber, Kreuzer の鑑定意見、Immenga, Sack, Reuter, Bernhard, Meenen, Köhler, von Bar, Hoffmann, Granpierre, 近時の判例が挙げられる。また、立法として、1982 年の国際私法会議草案 7 条 1 項、さらに、1984 年の連邦法務省の参事官草案 40 条 2 項 2 号がある）。そして、とくに、当該不正競業が販売行為である場合には販売市場地法が、当該不正競業が広告行為である場合には広告市場地法が適用されるとする見解（Sack, Hoffmann、近時の判例）が有力である[433]。

これに対して、市場と関連しない不正競業、言い換えれば、一般の不法行為に近い『営業に関連する不正競業』については、被害を受けた営業所所在地法によるとされている（Bernhard のように、侵害された製造地で妥当している法を適用する見解は別として、上記のような趣旨を明らかにするものとして、Wirner, Immenga, Wilde, Reuter, Schricker, Meenen, Köhler, Granpierre が挙げられ、これに対して、近時の判例、Weber, Kreuzer の鑑定意見、Sack, Hoffmann、立法として、1982 年の国際私法会議草案 7 条 2 項、1984 年の連邦法務省の参事官草案 40 条 2 項 2 号但書きは、一般の不法行為の準拠法により偏在主義によるとしている）。なお、『営業に関連する不正競業』の場合には、一般の不法行為の場合と同様に、当事者双方が属人法を共通にする場合に限り、当事者の共通属人法の適用が問題とされている（不正競業一般について、外国における内国人の競業について共通属人法たる内国法の適用を肯定する初期の判例および Granpierre を別とすれば、『営業に関連する不正競業』において外国における内国人の競業の場合に限り肯定するものとして、近時の判例、Deutsch, Immenga, Hefermehl, Köhler, Hoffmann がある。なお、『営業に関連する不正競業』において内国における外国人の競業の場合にも拡張して認めるものとして、Kreuzer の鑑定意見、Schricker, Schoofs, Kreuzer, 1982 年の国際私法会議草案 7 条 2 項、1984 年の連邦法務省の参事官草

案40条2項2号但書きがある。これに対して、当事者の共通属人法の適用を否定するものとして、Wengler, Burmann, Beitzke, Hoth, Spätgens, Weber, Wilde、Möllering, Beckmann, Lindacher が挙げられる。また、Bernhard は、当事者の共通本国法の適用を否定した上で、当該行為が地域的取引への参加でないことを要件に関係者の共通出身地法の適用を認める）。

　他方、後者の方向としては、まず、不正競業防止法の機能変化を理由にサビニィーの国際私法理論はもはや適用できないとし、カリーの政府利益の理論を適用し不正競業の適用範囲を関係国の法適用利益によって決定する見解（Joerges）がある。このような提案に対しては、不正競業防止法は競業者間の利害調整に関する規則から市場規制法へ完全に機能変化を遂げたわけではなく、依然として競業者間の利害調整に関する規則としての側面を残しており、不正競業防止法の機能変化という前提に問題があろう。さらに、効果主義を採用する見解があるが、同じく効果主義を採用するといっても3つの態様がある。不正競業防止法をカルテル法と同様に市場統制法（強行法規）と捉え『効果主義』を採用し、『特別連結理論』により外国法の適用意思を尊重した上で外国法を適用する見解（Wengler）が主張されている。また、同様に効果主義を採用するものの、一方的抵触規定を提唱する見解（Schricker, Regelmann）と、双方的抵触規定を提唱する見解（マックス・プランク無体財産法研究所の意見表明、Tilmann）の両極端の見解も提唱されている。いずれの見解も競争制限禁止法と不正競業防止法との交錯関係を前提とし、カルテル法における効果主義を適用ないし類推適用するものであるが、両者が交錯するのはボイコットなど狭い領域に限られ、両者を市場規制法として捉えることには無理がある。

　最後に、不正競業についての特別法たる不正競業防止法の地域的適用範囲を問題とし、カルテル法、無体財産権法の場合と同様に、原則として属地主義が適用されるとし一方的抵触規定を提唱する見解（Sandrock）もある。このような提案は、無体財産権法の属地主義（保護国法主義）を不正競業に類推適用しょうとするものであるが、不正競業法においては、無体財産権法におけるように、その効力が保護国の領域内に限定されている排他的権利は問題となっていない。

　なお、価格割引法の地域的適用範囲は内国に限定され、価格割引広告については、価格割引広告と価格割引行為を区別せずに価格割引法の適用を内国での価格割引行為の内国での広告に限定する見解（Gloede, Schricker, Weber, Immenga、

Wilde, Reuter, Gamm, Hefermehl, Granpierre）と、価格割引広告と価格割引行為とを区別して外国の価格割引行為の内国での広告にも価格割引法を適用する見解（近時の判例、Sandrock, Sack, Meenen, Oesterhaus, Hoffmann, Kreuzer）とが対立している。不正競業防止法16条の適用範囲は内国において行われた競業違反に限定されることが明らかにされている（近時の判例、Wirner, Weber, Kreuzer の鑑定意見、Wilde, Tilmann）。

　また、不正競業の場合においても、一般の不法行為の場合と同様に当事者自治の原則の適用（事後的な法選択の可否）および附従的連結の可否が最近議論され、また、当該不正競業が複数の市場と関連する、いわゆる『多国間不正競業』の問題がある。当事者自治の原則の適用（事後的な法選択の可否）および附従的連結の可否については、当事者以外の第三者（とくに公衆）の利益の保護との関係でいずれも問題があるとされる（不正競業について当事者自治の原則を否定するものとして、Kreuzer の鑑定意見、Immenga, Sack, Schricker, Schoffs, Köhler が挙げられ、これに対して、『営業に関連する不正競業』についてのみ事後的法選択を認めるものとして、近時の判例、Hoffmann, Kreuzer が挙げられる。他方、『市場に関連する不正競業』について附従的連結を否定するものとして、Kreuzer の鑑定意見、Immenga, Hoffmann, Kreuzer が挙げられ、また、『営業関連的不正競業』について附従的連結を肯定するものとして Hoffmann, Kreuzer が挙げられる。これに対して、いずれについても附従的連結を否定するものとして、Schoofs が挙げられる）。当該不正競業が複数の市場と関連する、いわゆる『多国間不正競業』の問題については、配分的適用説（近時の判例、Wilde, Regelmann, Sasse）、累積的適用説（Wengler, Froriep, Beitzke, Immenga, Sandrock, Beckmann, Kort, Meenen, Schricker, Kreuzer, Granpierre）、可分の競業行為と不可分の競業行為を区別して、前者については配分的適用、後者については累積的適用を主張する見解（Wirner, Riegl, Sack, Oesterhaus, Hefermehl, Köhler, Lindacher, Hoffmann）に分かれる。留保条項（公序）の発動については、一般的には認められている（Wirner, Immenga, Mook, Wilde, Sack, Hefermehl, Köhler, Lindacher, Kreuzer）。外国法によれば許され内国法によれば不正なドイツの競業者に向けられる競業行為の場合に、公序の発動を認める見解（Hefermehl）もあるが、この場合には公序の発動を認めない見解（Wirner, Immenga, Mook, Wilde, Sack, Köhler, Lindacher, Kreuzer）が多数である。特別留保条項については、同条項の全面的適用を主張

する見解（Deutsch は競業法の特殊性から 1896 年民法施行法 12 条の適用を外したいとしながらも、結論的には不正競業についても同条の適用を認める。Wirner, Immenga, Sack, Hefermehl, Köhler, Schricker, なお、Wilde は、損害賠償の根拠および金額のみならず、過失の要件および時効期間についても 1896 年民法施行法 12 条は適用されるとする）に対して、競業法の特殊性を理由に同条項（＝ 1986 年改正民法施行法 38 条）の制限解釈を主張する見解（Lindacher）が提唱されている。

　ドイツにおいては、「契約外債務関係および物についての国際私法のための 1999 年 5 月 21 日法律」が同年 6 月 1 日から施行されている。この改正民法施行法 40 条は不法行為について規定している。改正民法施行法後においても、学説状況はほぼ継承されている。

　まず、不正競業についても改正民法施行法 40 条を適用（市場地は行動地および結果発生地でもあるとする見解として、2003 年 3 月 27 日のミュンヘン上級地方裁判所の判決、2003 年 10 月 13 日のミュンヘン上級地方裁判所の判決、2003 年 12 月 19 日のケルン上級地方裁判所の判決、Sack, Dethloff, Köhler, Junker, Drex, 行動地を市場地と理解する見解として、Heldrich, Spickhoff, Glöckner, Hohloch, Ehrich, 行動地ないし結果発生地ではなくて市場地を不法行為地と理解する見解として、Klippel, Vianello）ないし類推適用し（Mankowski）、市場地法主義によるとする見解と、不正競業については 41 条（例外条項）を介して市場地法主義が適用されるとする見解（立法資料、Schaub, von Hoffmann, Thünken, Nett, Bahr, Looschelders, Kropholler, Wagner）とが対立している。そして、不正競業行為は『市場関連的競業行為』と『営業関連的競業行為』に区別される（Sack, Vianello, von Hoffmann, Spickhoff, Looschelders, Köhler, Klippel, なお、Beater は、『競業上の個別的利益の侵害』と『競業上の集団的利益の侵害』とに区別し、Bahr は、『営業に関係する競業行為』と『消費者保護に関係する競業行為』とに区別する。ただし、Drexl, Hausmann/Obergfell は、『市場関連的な競業行為』と『営業関連的な競業行為』との区別に反対し、市場と関連しない競業行為についても市場地主義を維持する）。

　一方では『市場関連的な競業行為』の場合には不法行為地は市場地（Sack, von Hoffmann, Spickhoff, Hausmann/Obergfell によれば、販売行為の場合には販売市場地、広告行為の場合には広告市場地）であり（Sack, Köhler, Vianello, Schricker

および Bodewig, von Hoffmann, Thünken, Spickhoff, Looschelders）、他方で
は『営業関連的な競業行為』の場合には不法行為地は「被害を受けた企業の所在
地」であるとする見解（Vianello, Bahr）と、一般の国際不法行為法の規則、すな
わち偏在主義によるとする見解（Sack, von Hoffmann, Spickhoff, Looschelders,
Köhler, Klippel）が対立している。つぎに、同一常居所地国法の適用については、
不正競業一般について、外国における内国人の競業について 40 条 2 項 2 文により
同一常居所地法たる内国法の適用を肯定する見解（Bahr）、40 条 2 項 2 文により
不正競業一般について肯定されるとする見解（Heldrich, Junker）、『営業関連的な
競業行為』についてのみ肯定されるとする見解（Sack, von Hoffmann, Spickhoff,
Looschelders, は 40 条 2 項により、Hohloch は、41 条 2 項 1 号による）、不正
競業については否定されるとする見解（Dethloff, Fezer, Glöckner, Kropholler,
Wagner, Köhler, Drexl, Hausmann/Obergfell, Mankowski）がある。

　また、附従的連結については、営業関連的な競業違反の場合に、41 条 2 項
1 号の適用を認める見解（von Hoffmann, , Spickhoff, Looschelders, Vianello,
Fezer）と、不正競業については否定されるとする見解（Hausmann/Obergfell,
Mankowski）がある。さらに、42 条（事後的法選択）については、事後的
法選択の合意を『営業関連的な競業行為』についてのみ許容する見解（Sack,
von Hoffmann, Spickhoff, Looschelders）、事後的法選択を一般に許容する見
解（Vianello, Köhler）、事後的法選択を拒否する見解（Fezer, Bahr, Kropholler,
Drexl, Hausmann/Obergfell, Mankowski）がある。

　最後に、同条 3 項（公序）は不正競業についても適用され、倍額賠償（1 号）
（Sack）または懲罰賠償（2 号）（Sack, Köhler）を規定する外国法の適用が禁止さ
れる。なお、多国間競業行為においては、特に不可分の競業行為についても市場
地国法主義を維持して各々の市場地国法を累積的に適用する見解（Sack, Dethloff,
von Hoffmann, Wagner, Beater, Köhler, Klippel, Drexl）と、不可分の競業行為
については市場地国法主義を放棄する見解（Vianello）とが対立している。これ
に対して、41 条 1 項を介して効果主義の導入を提唱する見解（Veelken, Fezer）、
国際不法行為法の規則とは別個に市場地国法主義を提唱する見解（Hefermehl,
Schricker および Bodewig, Samson, Hausmann/Obergfell, Klinger）、効果主義を
類推適用する見解（Beater, Koos）もある。

（注）

（1） この原則は偏在主義と呼ばれるものであるが、その内容は以下のようである。すなわ
ち、渉外的な不法行為に基づく損害賠償請求をめぐる諸問題は、原則として不法行為が行われ
た地の法によって判断される。不法行為地は、加害者が実行行為を全体的ないし部分的に遂行
した地（行動地）、行為の結果たる法益侵害が生じた地（結果発生地）の双方を含み、それらが
複数の国に分散する場合には、いずれの法が被害者にとって有利かに従い行為地が決定される。
いずれの法が被害者にとってより有利かの判断は、被害者自身の選択がない限り、裁判所が職
権で行う、と。この点については、中野俊一郎「渉外的道路交通事故と共通属人法の適用 ──
ドイツ判例理論の展開 ──」神戸法学雑誌 41 巻 1 号 132-133 頁参照。ここで、初期の判例
として取り上げられるのは、現行の不正競業防止法が成立した 1909 年以後のものであるが、
それ以前の判例について一言ふれておくことにしよう。1896 年 5 月 27 日に最初の不正競業
禁圧法が制定された直後の 1901 年 10 月 22 日、ライヒ裁判所は、普遍主義とでもいわれるべ
き考えを明らかにしている。事案は、ドイツの雑誌に広告を掲載することがドイツの裁判所に
よって禁止されており、その雑誌がオーストリアで販売される場合にもこの禁止は遵守されな
ければならないか、ということが問題となったものである。これに関し、ライヒ裁判所はつぎ
のように述べている。すなわち、「内国人が内国人に対して主として内国で行った違法行為の場
合には、裁判所が下した禁止の空間的制限を立法者が意欲したということは当該規定の文言か
らも、成立史からも目的からも、そして、一般的な法原則からも明らかにはならない。むしろ、
法律の目的と同様に、一般的な法原則も上告の主張する制限に対して断固反対している。この
点において、本質的には、競業法に関しても、民事第一部が 1886 年 10 月 2 日の判決でその
当時の 1874 年 11 月 30 日の商標保護に関する現行ライヒ法のドイツライヒ領土外の効力につ
いて基準となるものとして述べたのと同じ一般的考慮が許される」（Juristische Wochenschrift
[JW], 1901, S.852.）と。この判決は、競業法（ここでは、不正競業禁圧法を指しているもの
とみられる）の保護法益を競業者の営業活動に対する権利として捉え、さらに、それを人格権
として構成している。そして、人格権の普遍性から競業者の営業活動に対する権利ひいては競
業法の普遍性を導こうとするものであるとみてよい。まさに、ここでは、不正競業は人格権侵
害であり、内国人の人格権が外国で侵害された場合でも人格権の普遍的性格により、それは内
国法によって判断されることになり、不正競業防止法がいわば空間的に無限に適用されること
になる。なお、このような人格権説を理論的基礎としているとおもわれる判例として、1903
年 6 月 16 日のライヒ裁判所の判決が挙げられる。事案は、不正競業禁圧法 6 条に違反する表
示がルクセンブルクで行われたことを理由としてドイツの商会がドイツ人を訴えたものである。
これに対して、ライヒ裁判所は次のように述べている。すなわち、「悪質な中傷が不正競業禁
圧法 6 条に規定された要件の下で行われた場合にはそれが内国で行われようと外国で行われよ
うとそれはこの法規によって保護される権利に対する妨害的侵害である。というのは競争のた
めに、営業活動を妨害するか、もしくは信用を毀損する行為が外国で行われた場合であっても、
それはあたかも内国自体で行われたかのように、内国に本拠地を有する営業者の営業関係に波
及的効果を及ぼすからである」（JW, 1903, S.297.）と。この判決は、人格権説を基調としなが
らも、被害者の営業本拠地である内国で損害が生じたことを理由に損害発生地法たる内国法を

適用したものとみてよい。

（2）　JW, 1931, S.1905.

（3）　JW, 1931, S.1371. なお、内国人競業者は、たとえ外国で競業を行う場合であっても内国の不正競業防止法を遵守しなければならない、という原則に内国で違反したことになると補充的に付け加えられている。JW, 1936, S.1372.

（4）　JW, 1954, S.1932.

（5）　JW, 1956, S.1677.

（6）　JW, 1933, S.2646. なお、この原則はNussbaumによって提唱されたものである。Arthur Nussbaum, Deutsches Internationales Privatrecht, 1932, S.339f.

（7）　Gewerblicher Rechtsschutz und Urheberrecht [GRUR], 1933, S.653; GRUR, 1940, S.564; GRUR, 1955, S.411.

（8）　NJW, 1958, S.243. なお、以上にみてきた偏在主義、属人主義およびその制限は、いずれも刑法の規定（刑法典3条1項、2項）を類推したものとみてよい。この点については、Helmut Wirner, Wettbewerbsrecht und internationales Privatrecht, 1960, S.86.

（9）　Entscheidungen des Bundesgerichthofs in Zivilsachen [BGHZ], 35, SS.333-334, SS.336-337. なお、判例は、公序条項（30条）および特別留保条項（民法施行法12条）の発動について論じ、「外国法を適用した場合に生ずる法状態に基づいてはじめて、民法施行法12条および30条に表現される法的思想からドイツ法によることが必要になるかという問題がさらに提起される」と述べている。BGHZ, 35, S.338. また、ワインのラベル貼りの正当性が問題となった事案について競業利益の衝突地（＝販売市場地）がイギリスであることを理由にイギリス法を準拠法とした判例として、1982年3月11日の連邦通常裁判所の判決（Gewerblicher Rechtsschutz und Urheberrecht-Internationaler Teil [GRUR Int.], 1982, S.563）が挙げられる。さらに、フランスの営業マンがドイツに居住する者に対してフランスにおいて植物保護装置を販売する行為の正当性が問題となった事案において、競業利益の衝突地（＝販売市場地）がフランスであることを理由にフランス法を適用した判例として、1998年4月2日のカールスルーエ上級地方裁判所の判決（Die Deutsche Rechtsprechung auf dem Gebiete des Internationalen Privatrechts [IPRspr.], 1998, Nr.121.）が挙げられる。最後に、外国所在の二つの企業の間で被告が係争のカレンダーをドイツで販売し、原告の損害がドイツで発生した事案に関して、ドイツ法を適用したものとして、1999年3月26日のケルン上級地方裁判所の判決（GRUR, 2000, 1, S.66）が挙げられる。

（10）　BGHZ, 113, SS.14-16. なお、本文に挙げた判決とほぼ同様の趣旨は1993年3月25日のフランクフルト上級地方裁判所の判決によってもくり返し明らかにされている。IPRspr.1993, Nr.123. さらに、1993年10月19日のジュッセルドルフ上級地方裁判所の判決（NJW, 1994, S.869.）、1997年4月23日のハンブルグ地方裁判所の判決（IPRspr.1997, Nr.123.）、1997年11月26日の連邦通常裁判所の判決（GRUR Int.1998, S.617.IPRspr.1997, Nr.123.）、1998年5月14日の連邦通常裁判所の判決（NJW, 1998, S.2531.IPRspr.1998, Nr.122.）を参照。なお、2004年5月13日の連邦通常裁判所の判決は、外国において行われる特別催事に関して内国の新聞誌上において公表された広告に対してドイツ競業法を適用できるか否かが問題となった事

案において、広告の不正性の非難が、外国で行われ、かつ広告されている販売取引が不正であることにのみ依存する場合には、市場地は例外的に広告手段が顧客に作用した場所ではないことを明らかにした。すなわち、「法的な出発点において、商人がその商品または給付を国際的に提供する場合においては、その後の販売がその他の市場において行われているとしても広告手段が顧客に作用した場所が市場地であるということをさらに承認したのは適切である。この原則が無制限に妥当するのは、広告手段の競業法上の判断は —— 不正広告の場合と同様に —— 広告される販売取引が競業法上非難されるべきか否かに依らない場合だけである。広告の不正性の非難が、外国で行われ、かつ広告されている販売取引が不正であることにのみ依存する場合には事情は異なる。したがって、取引の締結が —— 内国で行われていれば —— 不正競業防止法1条による法規違反として禁止されるという理由で、外国で締結される取引のための広告を内国において禁止することはできない」（Recht der internationalen Wirtschaft [RIW], 2004, S.940.）と。

(11)　1896年民法施行法12条は、「外国においてなされた不法行為に基づき、ドイツ人に対し、ドイツの法律が認める以上の請求をなすことができない」と規定する。この規定は、1986年改正民法施行法第38条として継承された。1896年民法施行法の施行直後から、学説・判例は、この規定が同じく不法行為地法主義を前提としつつ、その例外としての特別留保条項だけを定めたものであることを一致して認めてきた。この点については、中野俊一郎「ドイツにおける不法行為地法主義の形成過程」神戸法学雑誌40巻2号416頁参照。1896年民法施行法第12条による代表的なものとして、1961年6月30日の連邦通常裁判所の判決（BGHZ, 35, S.329.）、1986年改正民法施行法第38条によることを明示するものとして、1994年2月24日の連邦通常裁判所の判決（IPRspr.1994, Nr.126.）、1995年2月23日の連邦通常裁判所の判決（IPRspr.1995, Nr.122.）、1997年11月26日の連邦通常裁判所の判決（GRUR Int.1998, S.617.IPRspr.1997, Nr.123.）が挙げられる。

(12)　NJW, 1987, S.1325.

(13)　NJW, 1964, S.371. なお、同様の趣旨を明らかにするものとして、1977年12月15日のフランクフルト上級地方裁判所の判決（ドイツ法の適用を肯定）（Der Betrieb [DB], 1978, S.1535.）、1982年10月6日のヴァイデン地方裁判所の判決（但し、ドイツ法の適用を否定）（IPRax., 1983, S.192）、1983年12月13日のニュールンベルグ上級地方裁判所の判決（但し、ドイツ法の適用を否定）（IPRspr., 1983, Nr.123）、1992年1月23日のジュッセルドルフ上級地方裁判所の判決（IPRspr., 1992, Nr.164）（ドイツ法の適用を肯定）が挙げられる。

(14)　GRUR, 1968, S.589.

(15)　NJW, 1988, S.645.

(16)　IPRspr.1992, Nr.167. なお、1942年命令については、中野・前掲注（1）142頁参照。

(17)　IPRspr. 1993, Nr.124. なお、ドイツの判例において、不法行為事件について事後的法選択が認められてきたことについては、中野俊一郎「不法行為に関する準拠法選択の合意」民商法雑誌102巻6号81頁、89頁参照。

(18)　WRP, 1970, S.150. これに対して、価格割引法の妥当領域は内国に限定されるから、外国において許される価格割引の内国での広告は、価格割引法に違反しないと判示するものとして、

第 2 章　ドイツ国際不正競業法　*141*

1995 年 6 月 1 日のミュンヘン上級地方裁判所の判決（IPRspr., 1995, Nr.124）が挙げられる。

- （19）　GRUR, 1977, SS.673-674. これに対して、国際的な法的相違の利用には該当しないとして不正競業防止法第 1 条違反を否定したものとして、1995 年 6 月 1 日のミュンヘン上級地方裁判所の判決（IPRspr., 1995, Nr.124）が挙げられる。
- （20）　IPRax, 1991, S.413.
- （21）　IPRspr.1995, Nr.125.
- （22）　GRUR, 1971, S.154. なお、同様の趣旨を明らかにするものとして、1986 年 5 月 15 日のハンブルグ上級地方裁判所の判決（IPRspr., 1986, Nr.115）が挙げられる。
- （23）　IPRspr.1990, Nr.155. なお、ドイツにおいて競争の参加を妨害する行為について、「それぞれの市場地法に従い基礎づけられる損害賠償請求は（法益侵害の場合には）この市場で受けた損害のみを対象とする。ひとつの競業準拠法による全体的損害の清算の余地は存在しない」と判示し、ドイツでの法益侵害行為に由来する損害についてのみドイツ法を適用したものとして、1998 年 6 月 16 日のデュッセルドルフ上級地方裁判所の判決（IPRspr.1998, Nr.123）が挙げられる。
- （24）　Andreas Froriep, Die unlautere Wettbewerb im internationalen Privatrecht, 1958, S.59.
- （25）　Froriep, a.a.O., S.61.
- （26）　Erwin Deutsch, Wettbewerbstatbestände mit Auslandsbeziehung, 1962, S.68.
- （27）　Deutsch, a.a.O., SS.42-43.
- （28）　Deutsch, a.a.O., S.47, S.60.
- （29）　Deutsch, a.a.O., S.48, S.63.
- （30）　Deutsch, a.a.O., S.49, S.64.
- （31）　Wirner, a.a.O., S.35.
- （32）　Wirner, a.a.O., S.108.
- （33）　Wirner, a.a.O., S.110.
- （34）　Wirner, a.a.O., SS.110-111. なお、Gloede もほぼ同様の趣旨を明かにしている。Gloede によれば、「景品令および価格割引法の規定並びに在庫一掃、閉店大売出しおよび特別歳事に関する不正競業防止法 13 条と共に（9a 条に関して発布された 1935 年 7 月 4 日の命令を含む）7 条 - 10 条の規定の場合には、実際経済的には望ましくないがそれ自体良俗違反ではない一定の行為を禁止する経済政策的目的が全く中心であることは明白である。ここでは法律はドイツ国内市場における関係のみを念頭に置いているが外国市場に影響を及ぼす意思はない」（Wilhelm Gloede, Der deutsche Außenhandel und seine wettbewerbsrechtliche Beurteilung nach deutschem internationalem Privatrecht, GRUR, 1960, S.473. ）と。
- （35）　Wirner, a.a.O., S.111-114. なお、Wirner は、標識保護についてつぎのように述べている。すなわち、「このような商号の場合には、許容性および保護能力の問題は競業法的機能が効果を及ぼす国によらなければならない。ここでは、競業法が氏名権および商号権に浸透している。競業法的に見れば、重心は保護国にある；保護国に保護されるべき実質的利益が存在する。氏名権が競業法および商標法と密接に関連していることが、この場合においては、保護国法が基準となる商標法および競業法についてと異なる法秩序を商号について全く競業法的機能が優勢

142

な場合に適用することを許さない。保護の範囲については、いずれにせよ不法行為準拠法が保護国を指定し、許容性および保護の能力はこの場合においては保護国により決定されなければならない」(Wirner, a.a.O., S.128.)と。

(36) Wirner, a.a.O., S.114-115.

(37) Wirner, a.a.O., S.115-116.同様の趣旨は、Schricker によっても明らかにされている。すなわち、「営業関連的な侵害の場合には、被害者の個別的利益が位置づけられる場所、すなわち、当該企業が営業所を有し、侵害の構成要件的結果が発生した場所に重心を設定するのが妥当であると思われる」(Rainer Jacobs, Walter F.Lindacher, Otto Teplitzky (Hrsg), UWG: Großkommentar (Schricker), 1991, S.399.)と。

(38) Wolfgang Weber, Die Kollisionsrechtliche Behandlung von Wettbewerbsverletzungen mit Auslandsbezug, 1982, SS.130-131.

(39) Weber, a.a.O., S.142.

(40) Weber, a.a.O., SS.142-143.

(41) Weber, a.a.O., S.161.

(42) Weber, a.a.O., S.162, S.163, S.213, S.222.同様に、Schricker によれば、「価格割引法に関しては、重心は購買締結およびその際に与えられる価格割引にある；したがって、広告という独立した要件部分が内国に及んでいるとしても、外国での契約の場合には外国の価格割引法が適用される」(Schricker, Deutsches Rabattrecht-weltweit?, GRUR, 1997, S.647.)と。

(43) Weber, a.a.O., S.168.

(44) Weber, a.a.O., S.213.

(45) Weber, a.a.O., S.168, S.217.

(46) Weber, a.a.O., S.173.

(47) Weber, a.a.O., S.173, S.213.

(48) Weber, a.a.O., S.179, S.211.

(49) Weber, a.a.O., S.179, S.221.なお、Weber は、市場の法と異なる法が適用される場合として、内国の顧客たる公衆の偶然的な包含と意識的に生み出された接触を挙げている。前者は、内国では許されていない特定の宣伝方法の使用が個々のケースにおいて内国の顧客にも向けられるような場合であり、このような場合には、公衆の滞在地である内国の法が適用されるとする。Weber, a.a.O., SS.179-180.後者は、規制の緩やかな外国の規定を利用するために特定の行動が外国で行われる場合であり、いわゆる法律回避に該当する。このような場合には、内国への効果が基準とされる。Weber, a.a.O., S.181.

(50) Weber, a.a.O., S.182.

(51) Weber, a.a.O., S.184.

(52) 引き合いによる妨害行為については、Weber, a.a.O., S.184.剽窃行為については、Weber, a.a.O., S.185.参照。なお、Weber, a.a.O., S.212, S.221.をも参照。

(53) Weber によれば、結果と性格づけられる競業上の不法行為は、さらに、市場の渋滞、競争制限禁止法と不正競業防止法の要件の交錯、市場支配力による市場参加の排除および阻止の三つに細分されている。そのうち、特に問題となるのは、ボイコット、不当廉売のような競争制限

第 2 章　ドイツ国際不正競業法　*143*

禁止法と不正競業防止法の要件の交錯が生ずる場合である。しかも、Weber によれば、抵触法上、特に問題となるのはカルテル法上の要件は満たさないが、不正競業防止法の要件を満たす場合であるとされる。そして、このような場合には、行為がいずれの市場に対してその効果を及ぼしているかが重要であるとされる。Weber, a.a.O., S.193.

（54）　Weber, a.a.O., S.217. なお、Weber においては、『内国市場に対する効果』とは内国の自由競争の存続を危険にさらす恐れとして捉えられているものとみてよい。Weber, a.a.O., S.220.

（55）　Münchener zum Bürgerlichen Gesetzbuch, Bd.7, Internationales Privatrecht, 1.Aufl..1983. S.886.（以下では、これを単に MünchKomm-Immenga として引用する）

（56）　MünchKomm-Immenga, a.a.O., S.886.

（57）　MünchKomm-Immenga, a.a.O., S.887.

（58）　MünchKomm-Immenga, a.a.O., S.887.

（59）　MünchKomm-Immenga, a.a.O., S.888.

（60）　MünchKomm-Immenga, a.a.O., S.888.

（61）　MünchKomm-Immenga, a.a.O., SS.888-889.

（62）　Mook, a.a.O., S.40.

（63）　Kraus Georg Mook, Internationale Rechtsunterschide und nationaler Wettbewerb, 1986, SS.68-69.

（64）　Harro Wilde，§6 Internationales Wettbewerbsrecht, in Gloy, Handbuch des Wettbewerbsrechts, 1986, S.48.（以下では、単に Wilde として引用する）

（65）　Wilde, a.a.O., S.49.

（66）　Wilde, a.a.O., S.49.

（67）　Wilde, a.a.O., S.50.

（68）　Wilde, a.a.O., S.50.

（69）　Wilde, a.a.O., S.51.

（70）　Wilde, a.a.O., S.52.

（71）　Wilde, a.a.O., SS.52-53.

（72）　Wilde, a.a.O., S.53.

（73）　Wilde, a.a.O., SS.53-54..

（74）　Wilde, a.a.O., S.54.

（75）　Wilde, a.a.O., S.55.

（76）　Wilde, a.a.O., S.55.

（77）　Wilde, a.a.O., SS.55-56.

（78）　Wilde, a.a.O., SS.56-57.

（79）　Wilde, a.a.O., S.57.

（80）　Wilde, a.a.O., S.57.

（81）　Wilde, a.a.O., S.61.

（82）　Werner Riegl, Streudelikte im internationalen Privatrecht, 1986, SS.80-82.

（83）　Riegl, a.a.O., S.83.

144

(84) Riegl, a.a.O., SS.88-90.

(85) Rolf Sack, Die Kollisions-und wettbewerbsrechtliche Beurteilung grenzüberschreitender Werbe-und Absatztätigkeit nach deutschem Recht, GRUR Int., 1988, S.331.

(86) Sack, a.a.O., S.323.

(87) Sack, a.a.O., S.330.

(88) Sack, a.a.O., S.330.

(89) Sack, a.a.O., S.330.

(90) Sack, a.a.O., S.330.

(91) Sack, a.a.O., S.328.

(92) Sack, a.a.O., S.328.

(93) Sack, a.a.O., S.340.

(94) Alexander Reuter, Der Ausländer im deutschen Wettbewerbs-und Kennzeichnungsrecht, Der Betriebs-Berater [BB], 1989, S.2266.

(95) Reuter, a.a.O., S.2266.

(96) Reuter, a.a.O., S.2267.

(97) Reuter, a.a.O., S.2267.

(98) Reuter, a.a.O., S.2267.

(99) Reuter, a.a.O., S.2267.同様の趣旨は、Gamm によっても明かにされている。Gamm によれば、「景品の禁止および価格割引の禁止は、形式的要件として内国の営業取引における当該弊害の防止に原則として制限される。客観的な要件事実のメルクマールがすべて内国において実現されていない場合には、内国において実現された要件事実のメルクマールがこれらの規範によって認められない方法で内国の営業取引に対して効果を及ぼしているかどうかが重要である。――内国法によれば許されないが外国法によれば許される――景品および価格割引の広告が外国企業によって外国での営業活動における販売のために内国において行われた場合には、これは当てはまらない。広告および割引がそのつど独立した要件事実を構成するが、そのような広告は内国の景品の禁止および価格割引の禁止に服しない；なぜなら、両要件事実はその意味および目的からして内国の営業取引における景品および価格割引に制限されるからである」（von Gamm, Gesetz gegen den unlauteren Wettbewerb, 1993, S.28）と。

(100) Henning Oesterhaus, Die Ausnuzung des internationalen Rechtsgefälles und §1 UWG, 1991, SS.55-56.

(101) Oesterhaus, a.a.O., S.58.なお、価格割引法および景品令の適用について、Oesterhaus は次のように述べている。すなわち、「価格割引法、景品令および不正競業防止法７条、８条の『広告要件事実』は独立した要件事実であり、その抵触法上の連結を別個に審査しなければならない。それらは、抵触法上不法行為地法が援用されなければならない競業行為である。不法行為地は競業に特有に決定されなければならない。これは、判例において主張されている見解に合致する。特に、広告要件事実の特別連結は拒否しなければならない。いずれにせよ、実質規範の次元で――限定された範囲で――修正が考えられる。ここで取り扱った『広告要件事実』については、これはつぎのことを意味する：価格割引法、景品令および不正競業防止法７条お

第2章　ドイツ国際不正競業法　*145*

よび8条における『実行要件事実』のみが市場の相手方を保護する目的を有するのではない；この保護目的は、特に公衆に作用する広告実務を規制する『広告要件事実』にも与えられなければならない。価格割引法、景品令および不正競業防止法7条、8条に関して、これらの規定は競業者および購買する公衆のみならず経済生活全体にとっての危険を防止すると言われる場合には、これは特に価格割引、景品および特別催事について当てはまる。しかし、『広告要件事実』に関しては、購買する公衆にとっての危険が中心であろう。したがって、広告市場地法へ連結して実質規範の次元において修正は通例拒否しなければならない」(Oesterhaus, a.a.O., SS.70-72.) と。そして、「競業法上の特別規定の広告要件事実は抵触法上別個に連結されなければならない。それらは、(価格割引、景品に基づいて、特別催事の枠内で) 外国での販売の内国での広告に通例適用される」(Oesterhaus, a.a.O., SS.72-73.) と。

(102) Bernhard, a.a.O., S.261.
(103) Bernhard, a.a.O., S.269.
(104) Bernhard, a.a.O., S.270.
(105) Bernhard, a.a.O., S.271.
(106) Bernhard, a.a.O., S.271.
(107) Bernhard, a.a.O., S.272.
(108) Bernhard, a.a.O., S.273. なお、『広告』を出発点とする規則を提唱する見解として、Paefgen の見解が挙げられる。Paefgen によれば、「休暇催事および広告催事は法規違反による優位という観点からも顧客獲得という観点からも統一的に市場刺激準拠法 (引用者注：広告市場地法) に従い判断されなければならない。それは顧客が知覚した場所に従い決定される。(仮定的もしくは現実的) 需要充足準拠法 (引用者注：販売市場地法) はこれとは区別されなければならない。それは渉外的関連性を有する競業違反の連結の場合には何ら役割を演じない。これは需要へ作用する市場行為に対する公正法の予防的な監督要求から出てくる。措置行為のこの段階において初めて市場での当事者と市場での相手方との間の競業に典型的な緊張状況が存在する。遅くとも商品もしくは役務提供の販売によって、この状態は終了する。その場合には個別的な債務関係のみが存在する。将来の妨害の除去はもはや公正法の規制任務ではない。市場刺激準拠法を柔軟化するために『競業利益の衝突地』の不可欠で明確かつ実質的な精緻化を越える試みは断固拒否されなければならない。任意的、附従的もしくは補充的な連結、これらすべての連結は公正法の『超個人的な』性格を無視している。競業者、消費者および公衆の相違した個人的および集団的利益を実際的な調和の関係にもたらすことはすでに十分複雑な考慮行為および決定行為である。それは、中立的な抵触規則の承認によって不可能とされないとしても補充的に困難とされてはならない」(Thomas Christian Paefgen, Unlauterer Wettbewerb durch Rechtsbruch in internationalprivatrechtlicher Sicht, Wettbewerb in Recht und Praxis [WRP], 1991, SS.457-458.) と。また、Paefgen によれば、「外国において広告される商品の販売が行われているか外国において広告される役務提供が行われているかは抵触法上無関係であるという点において、連邦通常裁判所に無制限に賛成しなければならない。いずれにせよ市場刺激準拠法が適用される。これは、商人の特別不法行為法から市場行為法への展開から出てくる。それは市場への作用の正当な方法の行動範囲を画定する。不当な慣行はもっぱらこの手段によっ

て禁圧されなければならない。特に、需要充足準拠法は（選択的もしくは補充的に）適用される資格を有しない。なぜなら、連結点（販売）と法的効果（刺激の禁止）は一致しないからである。国際的な判決調和および連結の予測可能性の獲得は実質的正義の負担となってはならない。むしろ、その貫徹は契約準拠法の領分に属する」（Thomas Christian Paefgen, Unlauterer Wettbewerb im Ausland, GRUR Int., 1994.S.107.）と。

（109）Bernhard, a.a.O., S.274.

（110）Bernhard, a.a.O., SS.274-276.

（111）Bernhard, a.a.O., S.276.

（112）Bernhard, a.a.O., SS.277-279.

（113）Bernhard, a.a.O., S.280.

（114）Bernhard, a.a.O., S.281.

（115）Bernhard, a.a.O., SS.288-289.

（116）Ignace Van Meenen, Lauterkeitsrecht und Verbraucherschutz im IPR, 1995, SS.121-122.

（117）Meenen, a.a.O., S.123.

（118）Meenen, a.a.O., S.129.

（119）Meenen, a.a.O., S.119.

（120）Meenen, a.a.O., S.144.

（121）Meenen, a.a.O., SS.145-147.

（122）Meenen, a.a.O., SS.147-148.

（123）Meenen, a.a.O., S.148.

（124）Meenen, a.a.O., SS.148-149.

（125）Meenen, a.a.O., SS.149-150.

（126）Meenen, a.a.O., S.150.

（127）Meenen, a.a.O., S.151.

（128）Baumbach-Hefermehl, Wettbewerbsrecht, 1995, SS.187-188. なお、景品令について、Hefermehl は、つぎのように述べている。すなわち、景品令の妥当領域はドイツ連邦共和国の領域に限定される、と。Baumbach-Hefermehl, Wettbewerbsrecht, 1995, S.1376.

（129）Baumbach-Hefermehl, a.a.O., S.189.

（130）Baumbach-Hefermehl, a.a.O., S.189.

（131）Baumbach-Hefermehl, a.a.O., S.189.

（132）Baumbach-Hefermehl, a.a.O., S.189.

（133）Baumbach-Hefermehl, a.a.O., S.189.

（134）Jost Kotthoff, Werbung ausländischer Unternehmen im Inland, 1995, S.40.

（135）Köhler/Piper, UWG, 1995, S.74.

（136）Köler/Piper, a.a.O., S.75.

（137）Köler/Piper, a.a.O., S.75.

（138）Köler/Piper, a.a.O., SS.75-76.

（139）Köler/Piper, a.a.O., S.76.

第 2 章　ドイツ国際不正競業法　*147*

（140）Köler/Piper, a.a.O., S.76.

（141）Köler/Piper, a.a.O., S.76.

（142）Köler/Piper, a.a.O., SS.76-77.

（143）Köler/Piper, a.a.O., S.77.

（144）Köler/Piper, a.a.O., S.77.

（145）Christian v.Bar, Wettbewerbsrechtlicher Verbraucherschutz und internationales Lauterkeitsrecht, in: Internationales Verbraucherschutzrecht1995, SS.76-78.

（146）Bar, a.a.O., S.78.

（147）Bar, a.a.O., S.80.

（148）Bar, a.a.O., S.81.

（149）Bar, a.a.O., S.79.

（150）Bar, a.a.O., S.81.

（151）Walter F. Lindacher, Zum Internationalen Privatrecht des unlautern Wettbewerbs, WRP, 1996, S.647.

（152）Lindacher, a.a.O., S.647.

（153）Lindacher, a.a.O., S.647.

（154）Bernd von Hoffmann, Artikel38nf.Unerlaubte Handlungen, in Staudingers Kommentar zum Bürgerlichen Gesetzbuch: Einfürungsgesetz zum Bürgerlichen Gesetzbuch, 13 Aufllage, Stand Februar 1998.S.510.（以下では、Staudinger-Hoffmann と引用する）

（155）Staudinger-Hoffmann, a.a.O., S.512.

（156）Staudinger-Hoffmann, a.a.O., S.512.

（157）Staudinger-Hoffmann, a.a.O., S.512.

（158）Staudinger-Hoffmann, a.a.O., S.514.

（159）Staudinger-Hoffmann, a.a.O., S.515.

（160）Staudinger-Hoffmann, a.a.O., SS.515-516.

（161）Staudinger-Hoffmann, a.a.O., SS.516.

（162）Staudinger-Hoffmann, a.a.O., SS.517-518.

（163）Staudinger-Hoffmann, a.a.O., S.518.

（164）Staudinger-Hoffmann, a.a.O., SS.519-520. なお、Kreuzer もほぼ同様の趣旨を明かにしている。Kreuzer によれば、「経済生活全体の保護のために制定された特に営業政策的もしくは経済政策的性格を有する行為規範（例えば、価格割引法、景品令）に反する（不法な競業行為の意味での）競業違反の場合にも、競業行為地（不法行為地）は競業手段が向けられる市場により決定される。したがって、競業手段（例えば、価格割引行為、景品行為）が作用する市場の法が適用される。これとの関連において、主として公益のために制定された規範の妥当領域を内国に空間的に制限することが前提とされるのは稀ではない。したがって、価格割引法の妥当領域は内国に制限される。しかし、それは、実際は抵触法上の問題ではなくて、（実質法上の禁止規範（例えば、価格割引の禁止）の事項的な射程の問題である。この問題は確定した（競業準拠法）に基づいて初めて答えることができるから、適用されるべき保護規定の決定を

すでに前提としている。したがって、下級裁判所の判例が（内国もしくは外国の競業者の）外国での価格割引の内国での広告に対してドイツ競業法を適用したのは正当であるが、外国で決済されるべき契約については価格割引広告の内国の禁止は適用されないため価格割引の禁止を誤って解釈している。しかし、例えば、価格割引が不正競争防止法3条違反のために不正となることがある。逆の場合（内国の取引についての外国での価格割引）はもっぱら外国の競業準拠法による）（Münchener Kommentar zum Bürgerlichen Gesetzbuch, Bd.7, Internationales Privatrecht, 3.Aufl.1998.S.2117. 以下では、これを単に MünchKomm-Kreuzer として引用する）と。

(165) Staudinger-Hoffmann, a.a.O., S.520. なお、Kreuzer もほぼ同様の趣旨を明らかにしている。Kreuzer によれば、「価格割引法と同様のことは景品令についても当てはまる：基準となるのは競業手段（景品行為）がその市場に対して作用する国の法である。これに対して、ここでも一部では、景品法の規定の妥当領域の厳格な属地的制限が前提とされるため、問題となる行為が内国の営業取引に効果を及ぼす場合にのみ景品令は適用される；逆に、輸出取引について内国で景品を約束ないし提供することは景品令の禁止に該当しない。いずれも結論的には正当である；抵触法上の排斥ではなくて、ドイツ実質法たる景品法の正当な適用がもっぱら問題であるからである」（MünchKomm-Kreuzer, a.a.O., S.2117）と。

(166) Staudinger-Hoffmann, a.a.O., S.520. なお、Kreuzer もほぼ同様の趣旨を明かにしている。Kreuzer によれば、蔵払いおよび在庫一掃催事その他の特別催事に関する市場統制規定はそれぞれの市場地法による、と。MünchKomm-Kreuzer, a.a.O., S.2117.

(167) Andreas Granpierre, Herkunftsprinzip kontra Marktortanknüpung, 1999, SS.5-6.

(168) Granpierre, a.a.O., S.8.

(169) Granpierre, a.a.O., SS.11-12.

(170) Granpierre, a.a.O., S.224.

(171) Granpierre, a.a.O., S.11.

(172) Joerges, Klassiches IPR und UWG, Rabels Zeitscrift für ausländisches und internationales Privatrecht [RabelsZ], Bd.36, 1972, SS.467-468.

(173) Joerges, a.a.O., SS.468-472. なお、カリーメソッドについては、わが国においては、丸岡教授の詳細な研究が発表されている。丸岡松雄「カリーの政府利益の理論」「法学会雑誌」23 巻 1 頁以下、99 頁以下、291 頁以下、24 巻 33 頁以下、125 頁以下参照。

(174) Wilhelm Wengler, Die Gesetz über unlauteren Wettbewerb und das internationale Privatrecht, RabelsZ, Bd.36, 1954, SS.415-417. なお、ヴェングラーは、不正競業防止法を強行法規として捉え、特別連結理論を提唱しているものとみてよい。強行法規の特別連結理論については、桑田教授がすでに詳細な紹介の労をとっておられる。桑田三郎「強行法規の連結問題」『国際私法研究』1966 年 235 頁以下参照。

(175) Wengler, a.a.O., S.417.

(176) Gerhard Schricker, Die Durchsezbarkeit deutscher Werberegelungen bei grenzüberschreitender Rundfunkwerbung, GRUR, 1982, SS.723-724. Schricker は、別の論文においては当面の問題について次のように述べている。すなわち、「抵触法的評価は、利益の衝突の重心を探求

第 2 章　ドイツ国際不正競業法　*149*

する場合には、競業者、顧客および公衆の利益を考慮しなければならない。その場合には、利益の錯綜だけが問題ではなくて、特に平行に走る利益網が問題である。通例、『利益の連結点』は競争手段が作用する市場に位置づけられなければならない。その限りにおいては、競争制限禁止法 98 条 2 項の思考が有用に援用できる。関係している企業が複数の市場において活動している場合には、競業行為が具体的にいずれの市場に関係しているかが重要である」（Rainer Jacobs, Walter F.Lindacher, Otto Teplitzky (Hrsg), UWG: Großkommentar (Schricker), 1991, S.389.）と。

(177) Regelmann, Die internationalprivatrechtlliche Anknüpfung des Gesetzes gegen unlauteren Wettbewerb, 1987, S.119.

(178) Regelmann, a.a.O., SS.120-122.

(179) Regelmann, a.a.O., SS.122-123.

(180) Regelmann, a.a.O., SS.123-124.

(181) Regelmann, a.a.O., S.129.

(182) Regelmann, a.a.O., S.130.

(183) Regelmann, a.a.O., SS.129-130.

(184) Regelmann, a.a.O., S.130.

(185) Friedlich-Kahr Beier, Gerhard Scricker, Eugen Ulmer, Stellungnahme des Max-Planck-Instituts für ausländisches und internationales Patent-, Urheber- und Wettbewerbsrecht zum Entwurf eines Gesetzes zur Ergänzung des internationalen Privatrechts（außervertragliche Schludverhältnisse und Sachen), GRUR Int., 1985, S.107. 国友明彦「契約外債務に関するドイツ国際私法の改正準備（5）」法学雑誌 39 巻 3・4 号 162 頁。

(186) Friedlich-Kahr Beier, Gerhard Scricker, Eugen Ulmer, a.a.O., S.107. 国友・前掲注（185）162 頁。

(187) Winfried Tilmann, Irreführende Werbung in Europa- Möglichkeiten und Grenzen der Rechtsentwicklung, GRUR, 1990, S.88.

(188) Tilmann, a.a.O., S.88.

(189) Tilmann, a.a.O., S.88.

(190) Tilmann, a.a.O., S.88.

(191) Tilmann, a.a.O., S.89.

(192) Tilmann, a.a.O., S.89.

(193) Tilmann, a.a.O., S.89.

(194) Tilmann, a.a.O., S.89.

(195) Tilmann, a.a.O., S.89.

(196) Otto Sandrock, Das Kollisionsrecht des unlauteren Wettbewerbs zwischen dem internationalen Immaterialgüterrecht und dem internationalen Kartellrecht, GRUR Int., 1985, S.522. 山内惟介「翻訳：『国際無体財産法および国際カルテル法間における不正競争抵触法』オットー・ザンドロック・／山内惟介訳」法学新報 90 巻 11・12 号 171 頁。

(197) Sandrock, a.a.O., S.522. 山内・前掲注（196）171 頁。なお、属地主義（保護国法主義）に

ついて詳しくは、山田鏡一『国際私法』1995 年 338 頁、木棚照一『国際工業所有権法の研究』1989 年 69 頁以下、133 頁以下参照。また、桑田三郎『工業所有権法における比較法』1984 年 299 頁以下、實川和子「国際私法における著作権の準拠法について ―― フォン・バール教授の見解を中心として ――」法学新報 103 巻 1 号 181 頁以下、駒田泰土「著作権と国際私法」著作権研究 22 号 109 頁以下参照。

(198) Sandrock, a.a.O., S.522. 山内・前掲注（196）171 頁。

(199) MünchKom-Immenga, a, a.O., S.890.

(200) MünchKom-Immenga, a, a.O., S.890.

(201) Köler/Piper, a.a.O., SS.76-77.

(202) Staudinger-Hoffmann, a.a.O., S.513.

(203) Staudinger-Hoffmann, a.a.O., S.515.

(204) Granpierre, a.a.O., SS.11-12.

(205) Rainer Jacobs, Walter F.Lindacher, Otto Teplitzky (Hrsg), UWG: Großkommentar (Schricker), 1991, S.399.

(206) Randolf Schoofs, Auflockerung der Marktortanknüpfung bei verbraucherschutzrelevanten Wettbewerbsdelikten, 1994, S.87.

(207) MünchKomm-Kreuzer, a.a.O., S.2120.

(208) Juristen Zeitung [JZ], 1964, S.372.

(209) Hans Fr. Burmann, Werbung und Wettbewerb deutscher Unternehmen im Ausland, DB, 1964, S.1805.

(210) Juristische Schulung [JuS], 1966, SS.143-147.

(211) Jürgen Hoth, Ausländische Werbung mit Inlandswirkung, Gewerblicher Rechtsschutz und Urheberrecht, 1972, SS.451-452.

(212) Klaus Spätgens, Zur Frage der Anwendbarkeit deutschen Wettbewerbsrechts oder des Ortsrechts bei Wettbewerb zwischen Inländern auf Auslandsmaärkten, GRUR, 1980, S.476.

(213) Wolfgang Weber, Zum Anwendungsbereich des deutschen UWG beim Auslandswettbewerb zwischen Inländern, GRUR, 1983, S.30.

(214) Wilde, a.a.O., SS.50-51.

(215) Jürgen Möllering, Das Recht des unlauteren Wettbewerbs in Europa: Eine neue Dimension, WRP, 1990, S.3.

(216) Möllering, a.a.O., S.3.

(217) Möllering, a.a.O., S.4.

(218) Christoph Beckmann, Werbung mit Auslandsberürungn, WRP, 1990, S.655.

(219) Bernhard, a.a.O., SS.281-282.

(220) Bernhard, a.a.O., SS.282-283.

(221) Bernhard, a.a.O., SS.283-284.

(222) Bernhard, a.a.O., SS.284-285.

(223) Bernhard, a.a.O., SS.286-287.

第 2 章　ドイツ国際不正競業法　*151*

(224) Bernhard, a.a.O., SS.288-289.

(225) Lindacher, a.a.O., S.648.

(226) Lindacher, a.a.O., S.648.

(227) Lindacher, a.a.O., SS.648-649.

(228) MünchKom-Immenga, a.a.O., S.889.

(229) Sack, a.a.O., S.329.

(230) Rainer Jacobs, Walter F.Lindacher, Otto Teplitzky (Hrsg), UWG: Großkommentar (Schricker), 1991, S.390.

(231) Schoofs, a.a.O., S.88.

(232) Köler/Piper, a.a.O., S.73.

(233) Staudinger-Hoffmann, a.a.O., SS.522-524.

(234) MünchKom-Kreuzer, a.a.O., S.2119.

(235) MünchKom-Immenga, a.a.O., SS.889-890.

(236) Schoofs, a.a.O., S.88.

(237) Staudinger-Hoffmann, a.a.O., S.524.

(238) MünchKom-Kreuzer, a.a.O., S.2120.

(239) Wilde, a.a.O., SS.51-52.

(240) Regelmann, a.a.O., S.160.

(241) Hans-Albrecht Sasse, Grezüberschreitende Werbung, 1994, S.80.

(242) Sasse, a.a.O., SS.80-81.

(243) Wengler, a.a.O., SS.421-422.

(244) Froriep, a.a.O., S.60.

(245) Beitzke, a.a.O., S.144.

(246) MümchKom-Immenga, a.a.O., S.889.

(247) Sandrock, a.a.O., S.522. 山内・前掲注（196）169-170 頁。

(248) Beckmann, a.a.O., S.654.

(249) Michael Kort, Zur „multistate"-Problematik grenzüberschreitender Fernsehwerbung, GRUR, 1994, S.602.

(250) Meenen, a.a.O., S.145.

(251) Gerhard Schricker, Recht der Werbung in Europa, 1995, S.55. Schricker は、すでに別の論文において同様の趣旨を明らかにしている。すなわち、「多国間競業の場合には、各市場毎に、そこでの市場法が適用される。したがって、平行に捉えられる複数の国々の間の関係においては、すべての国に代えて広告の重心が存在する一国の法のみが関係するとする重心的考察は妥当せず、管轄を有する複数の市場法が累積的に適用されなければならない。その場合には、制裁はそれぞれ各国家の法の妥当領域に制限されなければならないことは当然である。したがって、競業行為はそれぞれの場所の法に従い判断されるべき部門に分割され、ある国においては許容性が確認され、ある国においては不当性が確認される」（（Rainer Jacobs, Walter F.Lindacher, Otto Teplitzky (Hrsg), UWG: Großkommentar (Schricker), 1991, S.386.) と。

（252）MünchKom-Kreuzer, a.a.O., S.2118-2119.

（253）Granpierre, a.a.O., S.10.

（254）Wirner, a.a.O., S.121.

（255）Riegl, a.a.O., S.262.

（256）Sack.a.a.O., S.328.

（257）Oesterhaus, a.a.O., SS.59-61. ほぼ同様の趣旨は、Wellan によっても明らかにされている。Wellan によれば「……いわゆる多国間広告の送信の場合には、利益の衝突地を基準として『抵触法上の知覚可能性の限界』を要求することが原則として正当である。したがって、内国の効果が客観的に無視できる場合には、広告手段は不正競業防止法に服しない。この判断の場合には、広告の送信の言語および商品記事の販売地のような基準もまた含められなければならない」（Maria Wellan, Die Auswirkungen der Harmonisierung durch die ˋFernsehrichtlinie ˋauf die Anwendbarkeit des UWG auf grenzüberschreitende, ausländische Fernsehsendungen, 1996, SS.47-48.）と。

（258）Baumbach-Hefermehr, a.a.O., SS.188-189.

（259）Markus Rolf Köler, Rechtfragen des inländischen und grenzüberschreitenden Rundfunkwerberechts, 1992, SS.246-248.

（260）Lindacher, a.a.O., S.648.

（261）Staudinger-Hoffmann, a.a.O., SS.520-521.

（262）Staudinger-Hoffmann, a.a.O., S.522.

（263）とくに、不可分の競業行為について、『累積的適用』ではなくて『知覚可能性基準（Spürbarkeitskriterium）』を主張するものとして、Höder の見解が挙げられる。Höder によれば、「市場地主義の枠内における知覚可能性基準（Spürbarkeitskriterium）の継承は二つの調査結果のすぐれた結合である：一方では、市場規制の側面はまず不法行為の性質決定の放棄を、次に知覚可能性の限界（Spürbarkeitsgrenze）による制限的メカニズムの客観的形成を導く。その限りにおいてカルテル法との平行が支配する。他方では、今述べた平行は影響の仕方が異なるため妥当ではない場合には、最初の段階においては異なる連結、一方では効果（Auswirkung）、他方では、作用（Einwirkung）に留まる」（Andreas Höder, Die kollisionsrechtliche Behandlung unteilbarer Multistate-Verstöße, 2002, S.117, 235.）と。

（264）Wirner, a.a.O., SS.139-140.

（265）Immenga, a.a.O., S.891.

（266）Mook, a.a.O., S.63.

（267）Wilde.a.a.O., S.58.

（268）Sack, a.a.O., S.330.

（269）Baumbach-Hefermehl.a.a.O., S.190.

（270）Köler/Piper, a.a.O., SS.77-78.

（271）Lindacher, a.a.O., S.651.

（272）MünchKom-Kreuzer, a.a.O., SS.2121-2122.

（273）Deutscha.a.O., SS.57-58

第 2 章　ドイツ国際不正競業法　*153*

（274）Wirner.a.a.O., S.137.

（275）Immenga, a.O., S.891.

（276）Wilde, a.a.O., S.59.

（277）Wilde, a.a.O., S.60.

（278）Wilde, a.a.O., S.60.

（279）Sack, a.a.O., S.331.

（280）Baumbach-Hefermehl, a.a.O., S.190.

（281）Köler/Piper, a.a.O., S.78.

（282）Schricker, a.a.O., S.47.

（283）Lindacher, a.a.O., S.651. なお、Lindacher, Wettbewerbsrecht und privilegium germanicum Zur Sperrwirkung des deutschen Rechts nach Art.38 EGBGB, Festschrift für Henning Piper, 1996, S.357, 360. をも参照。

（284）Kahr Kreuzer, Wettbewerbsverstöße und Beeinträchtigung geschäftlicher Interessen （einschl. der Verlezung kartellrechtlicher Schutzvorschriften）, in Vorschläge und Gutachten zur Reform des deutschen internationalen Privatrechts der außervertraglichen Schuldvererhältnisse, 1983, S.276.（以下では、これを単に Kreuzer として引用する）MünchKomm-Kreuzer, a.a.O., S.2111. 国友・前掲注（185）151 頁。

（285）Kreuzer, a.a.O., S.277.MünchKomm-Kreuzer, a.a.O., S.2114. 国友・前掲注（185）152 頁。なお、Martiny もほぼ同様の趣旨を明らかにしている。すなわち、「不正競業行為の場合には、競業者相互の関係と並んで、市場の相手方および競争一般の保護が問題である。したがって、特定の場所で行動したかどうかが問題となるのではなくて、市場に対する作用が重要である」（Dieter Martiny, Die Anknüpfung an den Markt, Festschrift für Drobnig, 1998, S.408.）と。

（286）Kreuzer, a.a.O., SS.281-283. MünchKomm-Kreuzer, a.a.O., SS.2117-2118. 国友・前掲注（185）154 頁。

（287）Kreuzer, a.a.O., S.290.MünchKomm-Kreuzer, a.a.O., S.2120. 国友・前掲注（185）154 頁。

（288）Kreuzer, a.a.O., S.279.MünchKomm-Kreuzer, a.a.O., S.2120. 国友・前掲注（185）153 頁。

（289）Kreuzer, a.a.O., SS.279-280.MünchKomm-Kreuzer, a.a.O., S.2119. 国友・前掲注（185）153 頁。

（290）Kreuzer, a.a.O., S.287. 国友・前掲注（185）143 頁。なお、標識保護のうち、まず、商標については、商標法上の保護の要件すべてが存在しない場合には、競業法による保護が問題となり、当該内国競業行為についてはドイツ法が基準となる。つぎに、営業上の標識については、標識法上の商号保護の要件（識別力のある外国商号の内国での通用）が存在しない場合には、不正競業防止法 1 条による補充的な競業行保護が問題となり、侵害行為についてはドイツ競業法が適用される。最後に、地理的な原産地標識については、ドイツ法はすべての種類の原産地標識を通例無体財産権法的にではなくて競業法的に（特に不正広告および盗用の禁止によって）保護する。地理的な原産地標識の不正な競業的使用に基づく請求権は国際不正競業法の規則に従う。したがって、原産地表示および製造標識からの保護は全ての点において侵害行為が行われた国の法、すなわち、濫用からの保護を請求している国の法により決定される、と。

Kreuzer, a.a.O., SS.251-252.

(291) 国友・前掲注（185）157 頁。

(292) Der deutsche Rat für internationales Privatrecht, „Begründung "in Vorschläge und Gutachten, S.3.（以下では、これを単に „Rat Begründung " として引用する。）

(293) Rat Begründung, S.3.

(294) Rat Begründung, S.20. 国友・前掲注（185）157 頁。

(295) Rat Begründung, S.21. 国友・前掲注（185）158 頁。

(296) Rat Begründung, S.20. 国友・前掲注（185）158 頁。

(297) Rat Begründung, S.21. 国友・前掲注（185）160-161 頁。

(298) Friedlich-Kahr Beier, Gerhard Scricker, Eugen Ulmer, a.a.O., S.105.

(299) 国友・前掲注（185）161 頁。

(300) 独語正文については、Praxis des internationalen Privat-und Verfahrensrechts [IPRax], 1999, S.285f., RabelsZ, Bd.65（2001）S.548. 参照。また、本文における条文の試訳について は、笠原俊宏「ドイツ国際私法における契約外債務および物権の準拠法 —— 1999 年 5 月 21 日法の概要 —— 」東洋法学 43 巻 2 号 200 頁参照。

(301) Rolf Wagner, Zum Inkrafttreten des Gesetzes zum Internationalen Privatrecht für außervertraglichen Schuldverhältnisse und für Sachen, IPRax, 1999, 4, S.210.

(302) Ansgar Staudinger, Das Gesetz zum Internationalen Privatrecht für außervertraglichen Schuldverhältnisse und für Sachen vom 21.5.1999, DB, 1999, 31, S.1591. また、Karl Kreuzer, Die Vollendung der Kodifikation des deutschen Internationalen Privatrechts durch das Gesetz zum Internationalen Privatrecht der außervertraglichen Schuldverhältnisse und Sachen vom 21.5.1999., RabelsZ, 2001, S.423. さらに、Andreas Spickhoff, Die Restkodifikation des InternationalenPrivatrechts: Außervertragliches Schuld-und Sachenrecht, NJW, 1999, 31, S.2213. 参照。

(303) Staudinger, a.a.O., S.1591.; Kreuzer, a.a.O., S.423.

(304) 笠原・前掲注（300）191 頁。

(305) Staudinger, a.a.O., S.1591.; Kreuzer, a.a.O., S.420.

(306) Staudinger, a.a.O., S.1593.; Kreuzer, a.a.O., S.430.

(307) Kreuzer, a.a.O., SS.400-401.

(308) 笠原・前掲注（300）193 頁。

(309) Staudinger, a.a.O., S.1592.; Kreuzer, a.a.O., S.429.

(310) Staudinger, a.a.O., S.1592.; Kreuzer, a.a.O., S.429.

(311) Staudinger, a.a.O., S.1592.; Kreuzer, a.a.O., S.430.

(312) 立法資料によれば、「不正競業行為は、たいてい多数の人格の利益に関係する：競業違反 は、通常大多数の競業者の権利を侵害する。それは、例えば、オーストリア国際私法典48 条 2 項およびスイス国際私法典 136 条 1 項によるのと同様に、緊急手続における原則的な主 張からしても、市場地において妥当している法に従う。但し、特定の競業者の営業上の利益 に関係する場合だけは別である。そのような原則的解決は、いずれにせよ民法施行法草案41

第 2 章　ドイツ国際不正競業法　*155*

条によって特別な抵触規範がなくとも得られる。したがって、特別な規則を断念すべきである。そのような規定の起草、特に、民法施行法草案40条1項の基本的原則に戻らなければならない例外との限界画定は、さらに論争を孕んでいる」（BT-Drucks 14/343, S.10）と。なお、Kreuzerによれば、「少なくとも市場地への連結の強行的性質、したがって市場関連的な競業違反の場合のその他の主観的連結（民法施行法40条1項2文、42条）もしくは客観的連結（民法施行法40条2項、41条2項）の排除を明確にしなければならなかった。この解決の内在的な根拠は、この場合には第一次的には双方的な紛争状況ではなくて主として第三者の利益、特に競争者同一条件および公衆の利益が関係するということにある。すでに旧法により承認されていた当事者の選択の排除の根拠はいずれにせよ民法施行法42条2文（第三者の権利の留保）の法的思想に求められる」（Karl Kreuzer, Die Vollendung der Kodifikation des deutschen Internationalen Privatrechts durch das Gesetz zum Internationalen Privatrecht der außervertraglichen Schuldverhältnisse und Sachen vom 21.5.1999., RabelsZ, 2001, S.418.）と。

(313) IPRspr.2003 Nr.102.

(314) IPRspr.2003 Nr.109.

(315) IPRspr.2003 Nr.110.

(316) IPRspr.2004 Nr.86. 最近、同様に民法施行法40条に基づくものとして、2010年2月11日の連邦通常裁判所の判決（ブルガリア広告判決）が挙げられる。連邦通常裁判所は、ドイツに本拠を有する会社間のブルガリアにおける信用毀損行為に関して、次のように述べている。すなわち、「市場関連的な競業行為は競業利益が衝突する場所の法、すなわち、市場地法に従い判断される。なるほど、連邦通常裁判所は、外国市場において問題となる競争がもっぱら内国企業間で行われるか競業行為が特に内国企業に向けられている場合にはドイツ法が適用されるということを以前に認めた。しかし、いずれにせよ、市場の相手方に対する影響と関連しているような競業行為の場合には、市場地法に代えて共通の本国法を適用することはもはや問題とはならない。なぜなら、競争法はもはや第一に競業者だけではなくて同様に消費者その他の市場参加者および歪められていない競争に対する公衆の利益をも保護するからである。……ファックスによる原告の妨害行為は、そこに含まれている情報をブルガリアの潜在的な顧客に伝達することによって行われているから、……直接の市場媒介的な妨害行為の場合である。妨害された内国の脅業者の利益が、外国の顧客の営業上の決定に対する不正な直接的影響によって侵害されることによって外国での競争の公正さに対する外国の公衆の利益も関係している。この事例群については、すでに従来妥当している ― 本件訴訟において基準となる ― 法に従えば、実体法の連結を、例えば欺罔的広告と異なって行う理由は存在しない。したがって、この場合にも市場地主義が妥当する。」（GRUR Int., 2010, SS.883-884..）と。この判決は、信用毀損行為ではあるが、実体は顧客に影響する広告行為と何ら変わらない市場関連的な競業行為の場合には、40条2項の共通常居所地法の適用は妥当しないことを明らかにしているものとみてよい。

(317) Rolf Sack, Das internationale Wettbewerbs-und Immaterialgüterrecht nach der EGBGB-Novelle, WRP, 3/2000, S.272.Sackは、別の論文においても次のように述べている。すなわち、「市場地法を民法施行法40条1項の行為地主義の形成と考えれば、結局、民法施行法41

条の回避条項は、この場合においては逆に民法施行法 40 条 1 項を指定することになる」(Sack, Zur Zweistufenthorie im internationalen Wettbewerbs-und Immaterialgüterrecht, Kontinuität und Wandel des Versicherungsrechts: Festschrift für Egon Lorenz zum 70.Geburtstag/ Herausgeber, Manfred Wandt, 2004, S.662.) と。

(318) Sack, a.a.O., S.272.

(319) Sack, a.a.O., S.272.

(320) Sack, a.a.O., S.273.

(321) Sack, a.a.O., SS.273-274.

(322) Sack, a.a.O., S.280.

(323) Sack, a.a.O., S.285.

(324) Sack, a.a.O., SS.287-288.

(325) Nina Dethloff, Europäisierung des Wettbewerbsrechts, 2001, SS.63-64.

(326) Dethloff, a.a.O., S.79.

(327) Dethloff, a.a.O., S.79.

(328) Köhler/Piper, UWG, 2002, Rn.90.

(329) Köhler/Piper, a.a.O., Rn.92.

(330) Köhler, Baumbach/Hefermehr, Wettbewerbsrecht (Einleitung), 23.Auflage, 2004, Rn 5.6.

(331) Köhler, a.a.O., Rn 5.20.

(332) Köhler, a.a.O., Rn 5.15.

(333) Köhler, a.a.O., Rn 5.14.

(334) Köhler/Piper, a.a.O., Rn.104.

(335) Köhler/Piper, a.a.O., Rn.91.

(336) Köhler, a.a.O., Rn 5.19.

(337) Köhler, a.a.O., Rn 5.8.

(338) Abbo Junker, Münchener Kommentar zum Bürgerlichen Gesetzbuch, Ergänzungsband, Internationales Privatrecht, 4.Aufl.2004.S.58.

(339) Josef Drexl, Münchener Kommentar zum Bürgerlichen Gesetzbuch, Bd.11, Internationales Wirtschaftstrecht, 4.Aufl.2006.Rdn.84.

(340) Drexl, a.a.O., Rdn.89.

(341) Drexl, a.a.O., Rdn.95.

(342) Drexl, a.a.O., Rdn.99.

(343) Drexl, a.a.O., Rdn.118.

(344) Andreas Heldrich, EGBGB 40 (IPR), Bürgerliches Gesetzbuch (Palandt), 2000, S, 2369.

(345) Heldrich, a.a.O., S.2369.

(346) Andreas Spickhoff, Art.40 EGBGB, Heinz Georg Banberger/Herbert Roth, Kommentar zum Bürgerlichen Gesetzbuch, Bd.3.2003.S.2545.

(347) Jochen Glöckner, Gesetz gegen den unlauteren Wettbewerb (UWG) (Hans-Jürgen Ahrens), 2004, Einleitung C.Anwndbares Recht, Rnd.68.

第2章　ドイツ国際不正競業法　*157*

（348）Glöckner, a.a.O., Rnd.100.

（349）Gerhard Holoch, Erman Bürgerliches Gesetzbuch, 2004, Art 40 EGBGB, S.5728.

（350）Mirko Ehrich, Der internationale Anwendungsbereich des deutschen und französischen Rechts gegen irreführende Werbung, 2005, S.198.

（351）Diethelm Klippel, Heidelberger Kommentar zum Wettbewerbsrecht（Friedlich L.Ekey/ Diethelm Klippel/Jost Kotthoff/Astrid Meckel/Gunda Plaß）, 2., neu bearbeutete Auflage, 2005, Rdn.24.

（352）Klippel, a.a.O., Rdn.25.

（353）Mirko Vianello, Das internationale Privatrecht des unlauteren Wettbewerbs in Deutschland und Italien, 2001, S.118.

（354）Vianello, a.a.O., S.126.

（355）Vianello, a.a.O., S.129.

（356）Vianello, a.a.O., S.307.

（357）Vianello, a.a.O., S.137.

（358）Vianello, a.a.O., S.141.

（359）Vianello, a.a.O., S.252.

（360）Vianello, a.a.O., S.142.

（361）Vianello, a.a.O., SS.291-292.

（362）Peter Mankowski, Internet und Internationales Wettbewerbsrecht, GRUR Int., 1999, S.910.

（363）Mankowski, a.a.O., S.910.

（364）Mankowski, a.a.O., S.910

（365）Mankowski, a.a.O., S.910

（366）Peter Mankowski, Internationales Wettbewerbs-und Wettbewerbsverfahrensrecht, Internationales Lauterkeitsrecht, 2006, S.237.

（367）Mankowski, a.a.O., S.240.

（368）Mankowski, a.a.O., S.240.

（369）Mankowski, a.a.O., S.240.

（370）Mankowski, a.a.O., S.240.

（371）Mankowski, a.a.O., S.241.

（372）Mankowski, a.a.O., S.242.

（373）Mankowski, a.a.O., S.242.

（374）Mankowski, a.a.O., S.242.

（375）Renate Schaub, Die Neuregelumg des Internationalen Deliktsrechts in Deutschland und das europäische Gemeinschaftsrecht, RabelsZ, 2002, SS.52-53.

（376）Schaub, a.a.O., S.46. 同様に、Spindler によれば、「国際競業法においてインターネット関係についても支配的な市場地主義は、新民法施行法によっても今後行動地への連結ではなくて民法施行法 41 条の回避条項を介して妥当し、契約外債務関係の準拠法に関するヨーロッパの指

令草案（ローマⅡ）においてもその影響を見いだす」(Gerald Spindler, Herkunfslandprinzip und Kollisionsrecht-Binnenmarktintegration ohne Harmonisierung?, RabelsZ, 2002, SS.693-694.) と。

(377) Bernd von Hoffmann, Artikel 40 EGBGB, Staudinger BGB Kommentar-Neubearbetung, 2001, Rn 325.

(378) von Hoffmann, a.a.O., Rn 326.

(379) von Hoffmann, a.a.O., Rn 326.

(380) von Hoffmann, a.a.O., Rn 332.

(381) von Hoffmann, a.a.O., Rn 334.

(382) von Hoffmann, a.a.O., Rn 339.

(383) von Hoffmann, a.a.O., Rn 347.

(384) von Hoffmann, a.a.O., Rn 348.

(385) Alexander Thünken, Die EG-Richtlinie über den elektronischen Geschäftsverkehr und das internationale Privatrecht des unlauteren Wettbewerbs, IPRax, 2001, Heft1, S.14.

(386) Cornelia Nett, Wettbewerb im e-commerce, 2002, S.12.

(387) Martin Bahr, Missbrauch der wettbewerbsrechtlichen Abmahnung im Bereich des Internet, 2003, S.132.

(388) Bahr, a.a.O., S.133.

(389) Bahr, a.a.O., S.134.

(390) Bahr, a.a.O., S.134.

(391) Bahr, a.a.O., SS.135-136.

(392) Bahr, a.a.O., S.139.

(393) Bahr, a.a.O., S.143.

(394) Dirk Looschelders, Internationales Privatrecht-Art.3-46 EGBGB, 2004, Rnd.93.

(395) Looschelders, a.a.O., Rnd.94.

(396) Looschelders, a.a.O., Rnd.95.

(397) Looschelders, a.a.O., Rnd.96.

(398) Looschelders, a.a.O., Rnd.97.

(399) Jan Kropholler, Internationales Privatrecht einschließlich der Grundbegriffe des Internationalen Zivilverfahrensrechts, 5., neubearbeitete Auflage, 2004, S.533.

(400) Rolf Wagner, Art.40 EGBGB, Heidel, T./Hüßtege, R./Mansel, H.-P./Noack, U. (Hrsg.), Anwaltkommentar BGB, Bd.1, 2005, SS.2284-2285. 以下では、単に、Anwaltkommentar-Wagner として引用することとする。

(401) Anwaltkommentar-Wagner, a.a.O., SS.2285-2286.

(402) Vinfried Veelken, Sachnormzwecke im Internationalen Wettbewerbsrecht, Aufbruch nach Europa, 2001, S.315. なお、Veelken は、民法施行法41条について次のように述べている。すなわち、「民法施行法41条は個別事例における異常な事実関係に限定されて適用されるものではなくて、原則的連結から離れることが必要な特別な不法行為類型にも適用される」(Veelken,

第2章　ドイツ国際不正競業法　*159*

a.a.O., s.315, Fn.160.）と。

（403）Karl-Heinz Fezer, C.Internationales Wettbewerbsprivatrecht, in Staudingers Kommentar zum Bürgerlichen Gesetzbuch: Internationales Wirtschaftsrecht, 2000, S.167, S.274.（以下では、Staudinger-Fezer と引用する）

（404）Staudinger-Fezer, a.a.O., S.156.

（405）Staudinger-Fezer, a.a.O., S.158.

（406）Staudinger-Fezer, a.a.O., SS.159-200.

（407）Staudinger-Fezer, a.a.O., SS.202-203.

（408）Staudinger-Fezer, a.a.O., S.204.

（409）Staudinger-Fezer, a.a.O., S.226.

（410）Staudinger-Fezer, a.a.O., SS.221-222.

（411）Staudinger-Fezer, a.a.O., S.224.

（412）Baumbach-Hefermehl, Wettbewerbsrecht, 2001, S.269.

（413）Gerhard Schricker und Frauke Hennig-Bodewig, Elemente einer Harmonisierung des Rechts des unlauteren Wettbewerbs in der Europäische Union, WRP, 2001, 12, SS.1369-1370.

（414）Claus-Peter Samson, Die Marktortregel als allgemeines Prinzip für die kollisionsrechtliche Anknüpfung und die internationale Zuständigkeit in Wettbewerbssachen, 2001, S.45.

（415）Rainer Hausmann/Eva Inés Obergfell, Lauterkeitsrecht Kommentar zum Gesetz gegen den unlauteren Wettbewerb (UWG) (Karl-Heinz Fezer), Band 1, 2005, Ⅰ Einleitung Rnd.57.

（416）Hausmann/Obergfell, a.a.O., Rnd.58.

（417）Hausmann/Obergfell, a.a.O., Rnd.59.

（418）Hausmann/Obergfell, a.a.O., Rnd.195.

（419）Hausmann/Obergfell, a.a.O., Rnd.198.

（420）Hausmann/Obergfell, a.a.O., Rnd.199.

（421）Hausmann/Obergfell, a.a.O., Rnd.224.

（422）Hausmann/Obergfell, a.a.O., Rnd.226.

（423）Hausmann/Obergfell, a.a.O., Rnd.229.

（424）Hausmann/Obergfell, a.a.O., Rnd.230.

（425）Hausmann/Obergfell, a.a.O., Rnd.253.

（426）Markus Klinger, Werbung im Internet und Internationales Wettbewerbsrecht: Rechtsfragen und Rechtstatsachen, 2006, SS.46-48.

（427）Axel Beater, Unlauterer Wettbewerb, 2002, S.819.

（428）Beater, a.a.O., SS.823-824.

（429）Beater, a.a.O., SS.825-826.

（430）Stefan Koos, Grundsätze des Lauterkeitskollisionsrechts im Lichte der Schutzzwecke des UWG, WRP, 2006, 5, SS.508-509.

（431）なお、Laufkötter は、法選択の許容性について次のように述べている。すなわち、「競業法

においても法選択の余地がある。原則として、具体的な訴訟物について不正競業防止法13条2項ないし5項の拡張された訴権が存在するかという問題が基準とされる。存在しない場合には、法選択の自由の原則的な推定が存在する；これは、法選択の自由は基本法2条1項の一般的な行動の自由と不可分であるという事実から引き出される。不正競業防止法13条2項ないし5項が訴訟物に適用される場合には、介入法が問題であるから法選択の自由は原則として排除される」(Regina Laufkötter, Parteiautonomie im Internationalen Wettbewerbs-und Kartellrecht, 2001, SS.138-139.) と。

(432)『市場に関連する不正競業』と『営業に関連する不正競業』との区別に反対する見解として、Schoofs のそれが挙げられる。Schoofs によれば、「市場に関連する競業行為と営業に関連する競業行為との区別はほとんど正当化できない次のような前提に基づいている。すなわち、個々の行為において様々な保護権は別々に実現される、と。むしろ、競業行為は同時に複数の方向に作用することによってしばしばひとつの行為事象によって不正競業法の保護する利益のすべて若しくは複数の利益を侵害する」(Schoofs, a.a.O., S.127.) と。なお、Schoofs は、原則として市場地主義によるが、『消費者に関連する不正競業』について市場地主義の例外としての抵触規定を提案している。それによれば、「不正競業に基づく請求において、もっぱら若しくは主として消費者の利益が関係し契約締結時点において提供者と消費者がある国にその常居所を有する場合には、この請求権はこの国の法による」と。Schoofs, a.a.O., S.166.

(433)同様の趣旨を明らかにするものとして、Willms の見解が挙げられる。Willms によれば、「市場の相手方に対して作用した場所の法たる準拠法は、広告行為については広告市場地法であり、販売行為については販売市場地法であろう」(William Harmens Willms, Das Spannungsverhältnis von internationalem Wettbewerbs-und Vertragsrecht bei Ausnutzung eines Verbraucherschutzgefälles, 1997, S.101.) と。

第3章

オーストリア国際不正競業法

　不正競業に関する抵触法規定を制定したのは、おそらくオーストリアが最初であろう。オーストリアにおいては、「国際私法に関する連邦法（国際私法典）」がすでに 1978 年 6 月 15 日に公布され、翌 1979 年 1 月 1 日から施行されている [1]。そして、その 48 条 2 項は、不正競業の準拠法に関して、「不正競業に基づく損害賠償その他の請求権は、競業がその市場に対して効果を及ぼしている国の法に従って判断される [2]」と規定している。上記の規定が施行される以前においては、オーストリアにおいては、当面の問題は裁判所の判断に委ねられていたとみられるのであるが、上記の規定の施行以後においては本条が適用されている。そして、実際にも、当面の問題につきこれまで多数の判例が蓄積しているようである。そこで、本章においては、オーストリアの国際不正競業法を取り上げ [3]、特に、その判例の展開を中心に跡づけてみることにしたい。したがって、以下においては、オーストリア国際不正競業法における判例の展開を、国際私法典の施行以前と施行以後とに時期を区分してみていくことにしよう [4]。

I　オーストリア国際私法典施行以前の判例の展開

1　初期の判例

（1）偏在主義

　まず、当面の問題についてはじめてその見解を明らかにしたものとして、1930 年 6 月 11 日の最高裁の判決が挙げられる。最高裁は、ユーゴスラビアにおいて原告の企業に関する複数の誹謗が行われたため、原告が不正業防止法 1 条および 7 条に基づいて、被告に対して、その差止めおよび損害賠償を請求した事案に関し、つぎのように判示した。すなわち、「通説によれば、不法行為に基づく債務関係については不法行為が行われた場所の法が適用される、特に、過失が存在するか否か、過失が存在するとすればいかなる過失が存在するか。また、そのことから被害

者にいかなる請求権が生ずるか。これらの問題は不法行為地法に従い判断されなければならない。不法行為地は、……有害な結果を引き起こす物理的行動が行われた場所であって、何ら構成要件要素とはされていない結果が発生した場所ではない。したがって、係争の不正競業行為は……ユーゴスラビアにおいて行われたから、これはユーゴスラビア法に従い判断されなければならない」[5]と。

　上記の判決は、不正競業を不法行為として性質決定し、不正競業についても不法行為地法主義を採用した。そして、特に、隔地的不法行為ではないので、単に行動地をもって不法行為地とし行動地法たるユーゴスラビア法を適用したのである。さらに、1960 年 8 月 26 日のウイーン上級地方裁判所は、イタリアにおいてのみ販売された雑誌がオーストリアで印刷され、オーストリアからイタリアへ送付された隔地的不法行為の事案に関し、つぎのように判示した。すなわち、「本件においては、被告を先日付の雑誌をオーストリアで製造しオーストリアから外国へ送付した。上記の行為は、イタリアでの雑誌の頒布を構成する行為の一部である。しかし、不正競業行為（要件事実）の一部のみが内国で行なわれた場合であっても、競業違反はすでに内国で行われている。そして、いずれにせよ、内国で行われた行為については内国法が適用されなければならない。したがって、上記の考えだけからしても……オーストリア法規定が適用される」[6]と。この判決は、偏在主義により、不正競業行為の一部がオーストリアで行われたことを理由としてオーストリア法を適用したものであるとみてよい。

(2) 属人主義

　これに対して、1933 年 3 月 7 日の最高裁の判決は、オーストリア人が外国で不正競業を行なった場合にもオーストリア法が適用されることを明らかにした。原告がある会社の商品を元の価格より高い価格で販売しているという内容の誹謗を被告が外国出張に際して行った、という異義を申し立てた。そして、原告は、いかなる理由にせよそのような誹謗および行動の差止義務を被告が負わなければならない、という内容の判決を求めた。最高裁は、本件に関し、「……オーストリア法は属人主義および世界刑法的保護主義に立脚する（刑法典 36 条以下、235 条）。……不正競業防止法に関する刑法違反を処罰する場合に、不正競業防止法に関する民事上の不法行為を処罰する場合と異なる原則を前提としようとすれば、法秩序の統一性に反する [7]」から、「オーストリア連邦市民が外国で不正競業行為を行った場合には、外国法がそのような保護規定を含んでいるとしてもオーストリア法が適用され

る」[8] と判示した。上記の判決は、属人主義および世界法的保護主義を前提とするオーストリアの国際刑法との統一性を維持するために当面の問題についても上記の主義に従い、外国で不正競業が行われた場合についても内国人間の行為については内国法たるオーストリア法を適用したものであるとみてよい。

2　近時の判例

(1) 原　則

1) 販売行為 ― 販売市場地

　その後、最高裁は 1971 年 6 月 8 日の判決においてその見解を変更した。最高裁は、オーストリアにおいても頒布されているミュンヘンの『National-Zeitung』の発行者が、オーストリアの新聞小売店向けの広告において、自社の製品をオーストリアの競争紙である『Wiener Montag』と比較した事案において、「競業利益の衝突地が不法行為地であり、これは本件においてはオーストリアである。したがって、オーストリア法が適用されなければならない」[9] と判示した。上記の判決においては、『競業利益の衝突地』の内容が具体的に明らかにされず、この点についてはその後の判決を待たなければならなかった。さらに、最高裁は、外国における内国人の不正競業に対しては常にオーストリア法が適用されなければならないとする見解を修正する旨を、1972 年 1 月 18 日の判決において一層明らかにした。最高裁は被告たるオーストリアの敷物の製造者が、原告たる同業者の外国の大口顧客に対して上記の敷物の販売を申し込み、上記の敷物の中に自社の製造価格より低い価格の原告の製品が含まれていた事案において、つぎのように判示した。

　すなわち、「外国における内国人の競業違反に対していずれの法が適用されるべきかという問題と最高裁が取り組んだのは、確認できる限りにおいては、すでに上告が援用している 3 つの判決に限られる。最高裁は、そこでは統一的な見解を主張していない。外国における内国人の競業違反は常にオーストリア法に従い判断されなければならないとする見解は、1933 年 3 月 7 日の判決において主張され、控訴審の従うところであるが、これはもはや現在の見解に合致していない。上記の判決においては、つぎのように論じられている。すなわち、オーストリア刑法によれば、属人主義および世界刑法の原則が妥当する（刑法典 36 条以下、235 条）。不正競業防止法には競業違反の刑法上の訴追は存在しないから、不正競業防止法の刑法上の規定を適用する場合に民事的不法行為の懲罰と異なる原則を前提とすること

は法秩序の統一性に反する。しかし、上記の見解は、例えば、刑法上の効果と並んで損害賠償請求権をも発生させる外国における交通事故の場合にも法秩序の統一性のために常にオーストリア法が適用されなければならないことをその帰結とする、と。しかしながら、これは、不法行為については原則として不法行為地法が適用される、とする通説に反する。競業違反は不法行為であるから、原則として不法行為地法が適用される。証明された事実は、上記の原則について例外を設け訴訟当事者の共通の本国法に連結する動機を与えない。証明された事実は、いずれにせよ直ちにオーストリア法を適用することを許すものではない。しかし、いずれの法が適用されるべきかは不明であるから、仮処分を命ずることはできない」[10]と。

　上記の判決は、外国における内国人の不正競業に対しては常にオーストリア法が適用されなければならないとする見解を修正し、不正競業を不法行為として性質決定し、不正競業についても不法行為地法が適用されることを明らかにした。しかし、本件においては、連結点がどこであるかについての当事者の主張・立証がないため、不法行為地は不明であるとされたのである。不正競業の不法行為地、すなわち、『競業利益の衝突地』の内容をはじめて具体的に明らかにした注目すべきものとして、1972年9月12日の最高裁の判決を挙げておかなければならない。最高裁は、被告たるオーストリアの製造業者が、アメリカ合衆国、イギリス、およびスイスにおいて、原告たるドイツの同業者の顧客に対する手紙において、原告はミシンを製造する際に被告の特許権を侵害しているから、被告は原告に対する特許権侵害訴訟の提起を考慮中である、と主張した事案において、つぎのように判示した。すなわち、「最高裁は —— 最近の学説と一致して —— 競業違反の民法上の効果は原則として不法行為地法に従う、という見解を堅持する。上記のような不法行為の不法行為地と考えられるのは、不法行為の全部または一部が実行された場所である。

　しかし、最近の見解によれば、不法行為地は競業利益の衝突する場所、例えば、商品の集合する販売市場である。したがって、いずれの法が適用されるべきかという問題を判断するに当たっては、競業違反の行為が単に準備された場所も問題にならない。よって、例えば、競業違反の欺罔の場合には、商品、価格、または営業に関して公衆が欺罔された場所が基準とされる。特別法上保護されない他人の製品の模倣の場合には、競業法上の連結にとって決定的なのは自己の製品が製造された場所ではなくて、これが販売された場所である。妨害行為の場合には、同業者が自己

第 3 章　オーストリア国際不正競業法　*165*

の給付を通用させることを妨害された場所である。したがって、手紙の中に含まれている主張が競業違反として非難される場合には、これに関係する同業者の利益が衝突する場所が不法行為地と考えられる。これはつぎのようなことを意味する。すなわち、被告が手紙の中で行った主張の不法行為地として考えられるのは、被告が手紙を書き送付した住所地（企業の本店所在地）ではなくて、手紙に言及されている商品が原告の商品と競争している場所、したがって、顧客の住所地または顧客たる企業の本店所在地である。しかし、この場所はオーストリアには存在しないから、非難されている行為の一部すらもオーストリアにおいて行われたとは考えられない。そして、上記の行為は被告の本国法ではなくて不法行為地法に従い判断されなければならないから、オーストリア法ではなくてスイス法またはイギリス法に従い判断されなければならない」[11]と。上記の判決においては、手紙における主張による妨害行為は、不法行為地、すなわち競業利益の衝突地、ここでは主張の対象たる商品の販売市場地（顧客の住所地または顧客たる企業の本店所在地）の法に従い判断されるという原則が打ち出されたのである。

2)　広告行為 ― 広告市場地

　不正競業の不法行為地は競業利益の衝突地であることを明らかにした、その他の判決としては、1980 年 7 月 8 日の最高裁の判決が挙げられる。最高裁は、オーストリアのある地域の観光連盟がオランダの雑誌にオランダの観光客のために広告を掲載した事案に関し、つぎのように判示した。すなわち、「非難されている競業行為がオランダ法に従い判断されなければならないことを被告が疑っているのは不当である。むしろ、控訴審がつぎのように論じたのは妥当である。すなわち、競業違反の民事法上の効果は、原則として不法行為地法に従い、確定した判例において主張されている見解によれば ―― ここではまだ適用されるべきでない国際私法典 48 条 2 項は上記の見解と一致するが ―― 関係者の競業利益が衝突する場所が不法行為地と考えられなければならない、と。これは、例えば、競業者の商品または給付が集合する販売市場である。準備行為は上記の場所を探求する場合には問題にならず、これは準拠法の決定に当たっては重要ではない。競業違反の欺罔の場合には公衆が欺罔された場所が基準とされる。競業違反として非難される書面による主張の場合には、手紙の内容と関係する同業者の利益が衝突する場所が不法行為地と考えられなければならない。原告は、被告がオランダの新聞への新聞広告を通じて本質的には真実に反する広告を行い、また、パンフレットをオランダに頒布したと

主張した。したがって、関係者の競業利益は、本質的には、オランダの旅行者をめぐる広告においてはオランダで衝突している。したがって、原告がオーストリアにおいても —— その外部から —— オランダにおける旅行局の営業と関係する行動を開始したということは重要ではない。オーストリアの競業法への連結は、オーストリアにおける旅行者、例えば、休暇地で初めて特定の供給を決定するオランダの旅行者をめぐる競争広告において初めて問題となる。しかし、今までにオーストリア競業法との接点はない」(12) と。上記の判決においては、新聞広告またはパンフレットが違法であるか否かを判断するに当たっては、不正競業の不法行為地たる競業利益の衝突地、すなわち、これらが頒布された広告市場地の法に従わなければならないとされたのである。

(2) 例外 —— 共通本国法主義

　これに対して、最高裁は、1972 年 2 月 1 日の判決において、不正競業についても不法行為地法を適用するという原則に対する例外を認めた。最高裁は、外国において行なわれた内国人間の誹謗行為について、「なるほど、外国における内国人の競業違反は外国法に従い判断されなければならないということを前提としなければならない。しかし、本件のように、競争が専ら内国人の間で行われているか、もしくは外国の供給者と比較して競争相手を誹謗することに向けられている場合には例外を設けなければならない」(13) と判示した。上記の判決においては、外国における内国人間の不正競業行為について内国法を適用するという例外は、依然として競業者間の関係にとどまっている不正競業行為に限り妥当することが明らかにされているものとみてよい。なお、この点については、Schwind がつぎのように述べている。すなわち、「外国におけるオーストリア人間の不正競業の場合には、刑法 64 条 1 項 7 号の原則に基づいて損害賠償についてもオーストリア法が適用されなければならないであろう」(14) と。また、同様の趣旨は Hoyer によっても明らかにされている。すなわち、「外国市場における内国人間の競業違反は、刑法によって図られるべき平行故に内国法に従い判断されなければならない」(15) と。したがって、上記に挙げたいずれの学説によっても国際刑法との平行のため例外が認められているものとみてよい。

　そして、このような原則は、1974 年 10 月 22 日の最高裁の決定によって制限された。第一審は、その企業および製品に関する欺罔の恐れを招く様々な事実の主張を中止する義務を被告が負わなければならない、と判示した。第一審は、モスクワ

で発行される『Prawda』という新聞に被告の費用で判決文を掲載する権限を同時に原告に与えた。控訴審は差止命令を確認したが公表請求を棄却した。原告の上告に基づいて、判決の公表に関する下級審の判決の言渡しを最高裁が破棄したのが本件である。最高裁は、不正競業の準拠法について、つぎのように論じている。

すなわち、「まず、準拠法の問題が明らかにされなければならない。競業違反の民事法上の効果は原則として不法行為地法にしたがう。競業違反の行為の全部または一部（準備行為も含む）が実行された場所が、以前には不法行為地と考えられた。現在確定している判例において主張されている見解によれば、不法行為地は、関係者の競業利益が衝突する場所、例えば、商品が集合する販売市場である。準備行為は上記の場所を探求する場合には問題にならないから、不法行為地の決定にとっては重要ではない。競業違反の欺罔の場合には、価格、商品、または営業に関して公衆が欺罔された場所が基準とされる。競業違反として非難される書面による主張の場合には、手紙の内容と関係する同業者の利益が衝突する場所が不法行為地と考えられなければならない。本件においては、モスクワにおいて配布されたパンフレットの内容と関係する同業者の利益が、外国に存在する上記の場所で衝突しているから、上記の場所が不法行為地である。控訴審が自らの見解のために引用した、1972年2月1日の最高裁の判決は、いずれにせよ上記の原則に基づいているが、控訴判決においては不完全にしか援用されていない。最高裁は、外国でなされた内国人の競業違反は外国法に従い判断されるべきである、とする原則は、競業行為が専ら内国人の間で行なわれており、外国の供給者と比較して競争相手を誹謗することに専ら向けられている場合には妥当しないということを、若干事実関係を異にする上記の判決において明かにした。しかし、本件においては外国の公衆が欺罔されており、パンフレットの内容は専ら競争相手に向けられているという性格をもたない。上記の説示から、下級審の認定した事実によれば、上告手続の対象をなす公表請求に対しては、オーストリア法ではなくて不法行為地たるモスクワにおいて妥当している法が適用されなければならない。しかしながら、これはいまだ探求されていない」[16]と。上記の判決においては、広告の内容が外国の公衆の利益に関係する場合には、外国における内国人間の不正競業については内国法を適用するという原則は妥当しないことが指摘されていることに注意しなければならない。

オーストリア国際私法典施行以前の判例の展開を年代順に跡づけてきたわけであるが、ほぼつぎのような傾向がみられた。すなわち、初期の判例においては、不法

行為の一部が内国で行われている場合には内国法を適用する、という偏在主義が採用された。また、不法行為が外国で行われた場合であっても、それが内国人間の行為であれば内国法を適用するという属人主義が採用された。これに対して、近時の判例は、不正競業の成立および効果は不法行為地、すなわち、競業利益の衝突地（例えば、販売行為については販売市場地、広告行為については広告市場地）の法に従い判断されるという原則を立てた。そして、上記の原則の例外として、外国で行われた内国人間の不正競業については、上記の不正競業が依然として競業者間の関係にとどまっている限り内国法を適用する旨を明らかにした。

Ⅱ　オーストリア国際私法典施行以後の判例の展開

　オーストリア国際私法典施行以後の判例の展開を跡づける前に、法典の成立に至るまでの経緯を振り返っておくことにしよう。近時の判例の見解は、1976年の法務省案においても継承された。法務省案51条2項はつぎのように規定している。すなわち、「不正競業に基づく損害賠償その他の請求権は、法選択（37条1項）を留保して、競業者の競業利益が衝突している国の法にしたがって判断される。ただし、同一の属人法を有し、かつこの属人法によって指定された国にその常居所または本拠を有している者同士の間にのみ競業が存するときは、この国の法が基準とされる」[17]と。しかしながら、上記の草案は、一方では、競業者の利益のみならず公衆の利益をも保護するという不正競業防止法の機能的変化を考慮に入れていないし[18]、他方では、但書きにおいて、外国における内国人間の不正競業について例外を設けた点において[19]、学者の厳しい批判を招いた。

　そこで、現行の1978年のオーストリア国際私法典48条2項が成立する運びとなった。48条2項はつぎのように規定している。すなわち、「不正競業に基づく損害賠償その他の請求権は、競業がその市場に対して効果を及ぼしている国の法にしたがって判断される」[20]と。この点については、『市場に対する効果』という概念の解釈をめぐる相異なる2つの理解がみられる。一方では、上記の規定は双方的抵触規定の形式を採用しているとはいえ、国際カルテル法におけるいわゆる『効果主義』に従ったとする理解であり[21]、他方では、『市場に対する効果（Auswirkung）』を『市場の相手方に対する作用（Einwirkung）』として捉える理解である[22]。また、法務省案とは異なり、その例外を定めていないことに注意し

なければならない。したがって、市場に関連しない不正競業行為、すなわち、営業に関連する不正競業行為（引き抜き、買収、産業スパイ、契約破棄への誘引など）についても『効果主義』の例外は認められない [23]。もっと正確に言えば、これらの行為は、『効果主義』ではなくて 48 条 1 項の一般的不法行為の準拠法にしたがって判断されることになるものと思われる [24]。また、公式説明によれば、国際私法典 35 条 1 項の文言上、当事者の行う法選択は国際私法典 48 条所定の連結を排除するものとされる [25]。最後に、複数の国々に効果を及ぼす、いわゆる多国間不正競業の場合については、多数の法秩序が顧慮されなければならず、競業が市場に応じて調整できない場合には最も厳格な法が適用されることになるものと思われる [26]。

1 原則 ― 「効果主義」（第 48 条第 2 項）

(1) 販売行為 ― 販売市場に対する効果

販売行為に関するものとしては、1983 年 2 月 8 日の最高裁の判決が挙げられる。ドイツの会社が酒券を製造しオーストリアへ販売した。この券の絵柄は、原告たるオーストリアの会社ピイアトニックが丸 120 年来製造している酒券の絵柄とほぼ完全に一致していた。異なる点は、裏側と包装だけであった。上級審は、被告に対して、この酒券の製造および今後の販売を仮処分によって禁止した。最高裁は、本件について、つぎのように判示した。すなわち、「不正競業に基づく損害賠償その他の請求権は（差止請求も）、その市場に対して競業が効果を及ぼしている国の法に従い判断されなければならない（国際私法典 48 条 2 項）。原告はオーストリアにおけるカードの頒布を主張かつ証明しているから、オーストリア法が適用されなければならない。非難されている競業行為は外国（特に、ドイツ連邦共和国）の市場にも効果を及ぼしているから複数の法秩序が考慮されなければならない、ということは仮手続においては現れていない」[27] と。この判決は、酒券の販売行為について販売市場たるオーストリア市場への効果を理由にオーストリア法を適用したものとみてよい。

(2) 広告行為 ― 広告市場に対する効果

広告行為に関するものとしては、まず、1982 年 1 月 19 日の最高裁の判決を挙げておかなければならない。パッサウの家具屋が上部オーストリアの日刊新聞において国境にいるオーストリアの顧客のために広告を行った。この新聞広告における

価格表示がオーストリアの価格表示規定に違反しているか否かが問題となった。最高裁は、抵触法上の問題には触れずに直ちにオーストリア法を適用し、価格表示規定の要件が満たされているため同業者の請求を棄却した [28]。上記の判決の直後、はじめて国際私法典 48 条 2 項を適用した判決が現れた。広告行為について判断した、1982 年 6 月 29 日の最高裁判決がそれである。本件の事実関係はつぎのようである。原告は熱ポンプを製造し、各国の独占販売店を通じて中央ヨーロッパへこれらを販売している。オーストリアにおいては、すべての州において商人は独占販売権を有している。被告 —— スイスの会社 —— は、1981 年末までスイスおよびリヒテンシュタインについては独占商人であった。原告が解約を告知した『代理契約』は、ポンプの販売については何らの制限も設けておらず、ポンプは契約を解除した時点においてはまだ被告の所に保管されていた。原告は、まだ被告の所にあるポンプの在庫を引き取る用意ができていないため、被告は、オーストリアの雑誌において非常に安い価格での『在庫一掃による』販売広告を出した。そのため、原告が被告に対してスイス、リヒテンシュタイン以外においてこの広告を差止めるよう求めた。最高裁は、原告の請求を棄却するに当たって、つぎのように判示した。すなわち、「原告は上部オーストリアの日刊新聞の折込み広告を非難し、契約違反かつ法律違反とみなされる被告の競業行為は専らオーストリア市場に効果を及ぼしているから、……原告の差止請求はオーストリア法に従い判断されなければならない」[29] と。この判決は、新聞広告について広告市場たるオーストリア市場への効果を理由にオーストリア法を適用したものとみてよい。

　これに対して、輸出競争、特に広告の輸出に関する事件を扱ったのが 1983 年 6 月 28 日の最高裁の判決である。本件の事実関係はつぎのようである。原告たる Attco 木材有限商社は 1976 年以来、被告たる Atco 商社は 1979 年以来、ウイーンで商号を登録している。原告にとっては、1978 年以来 Attco という名称は木材商品のオーストリアの商標としても保護されている。被告はウイーンからサウジアラビアへ書簡を送り、同国においては、被告は『Attco 有限会社』と呼ばれ木材会社とみなされた。古い方の会社は、その商号および商標と混同される恐れのある類似の名称を差止める訴訟を提起した。最高裁は、原告の請求を棄却するに当たって、つぎのように論じている。

　すなわち、「不正競業防止法 9 条 1 項の競業法上の商号保護が国際私法典 48 条 2 項の抵触法的特別規定に従うことになれば、そこから引き出される『損害賠償そ

第3章　オーストリア国際不正競業法　*171*

の他の請求権』は ── 特に、差止請求も ── 『その市場に対して競業が効果を及ぼした』国の法に従い判断されなければならない。しかし、ここで非難されている被告の侵害行為 ── すなわち、原告が 1980 年 6 月 26 日の手紙において商号誹謗文句を濫用したこと ── はオーストリアではなくてもっぱらサウジアラビア市場に効果を及ぼし、同国においては、原告は商号の保護を援用できないということについては、これ以上理由を述べる必要はない。したがって、ウイーンの商業登記簿に登録した商号に関する原告の権利を将来侵害するということも、ここで主張されている差止請求の妥当な根拠ではない」[30]と。上記の判決においては、商号誹謗文句を掲載した書簡がその広告市場たる外国（ここでは、サウジアラビア）市場に効果を及ぼしている場合には外国法が適用されうることが示唆されていることに注意しなければならない。また、1984 年 11 月 13 日の最高裁の判決は、ドイツの商人がオーストリアのバス企業と共同して、オーストリアから国境近くの外国へ、すなわちバイエルンへ行く『広告運転』を広告しバイエルンで販売広告の催しが行われ日常品が販売された事案に関し、「営業令 57 条、59 条に反する販売広告の催しについてもオーストリア法が適用されなければならない」[31]と判示した。

　さらに、広告の輸入が問題となった、1986 年 11 月 18 日の最高裁判決を挙げておこう。本件の事実関係はつぎのようである。ローゼンハイムの電気屋がザルツブルグの新聞で電気器具の広告を行い、その際に、ドイツマルクでの価格を目立つようにオーストリアシリングで ── 為替相場に換算して 709 と ── 表示した。実際には、買主は、ローゼンハイムにおいては、広告された器具については表示されたシリング価格さえ支払えばよい。関税およびオーストリアの輸出売上税（これは、買主に払い戻されるドイツの付加価値税より高い）のために、器具はオーストリアの顧客にとっては相当高い。最高裁は、当面の問題について、つぎのように判示した。

　すなわち、「原告がザルツブルグの日刊新聞への折込み広告を非難し、したがって、原告によって法律違反かつ良俗違反とみなされている競業行為は専らオーストリア市場に効果を及ぼしているから、……差止請求はオーストリア法に従い判断されなければならない」[32]と。この判決は、新聞広告について広告市場たるオーストリア市場への効果を理由にオーストリア法を適用したものとみてよい。なお、景品の広告が問題となった事案として、1990 年 4 月 24 日の最高裁の決定が挙げられる。内国（オーストリア）の商人が外国（ハンガリー）において引換証付きでジー

172

ンズの購入者に対してデジタル時計を景品として広告した。オーストリア法上は不当な景品であった。そこで、オーストリアの同業者が、特に広告行為の差止を請求した。

それに対して、第一審は、非難されている景品の内国での提供をオーストリアの景品法に従い被告に対して禁止した。他方、第一審は外国での景品の広告については何も論じなかった。被告の控訴に対して、控訴審は、原告の上訴の申立てなしに当該景品の外国での広告にその禁止を拡張した。控訴審は外国での景品広告に関しても内国の景品法を適用できると判断した。上告において、最高裁は、当該景品の内国での提供の禁止を確認したのに対して、第二審においては当該控訴の申立てが提起されていなかったため、第二審のこの景品の広告の禁止を破棄した。最高裁は、本件に関してつぎのように述べている。すなわち、「引換証の所持人に対して、デジタル時計はオーストリアで引き渡された。それによって、非難されている広告はいずれにせよオーストリア市場に効果を及ぼしているから、それから引き出される請求権は国際私法典48条2項に従いオーストリア法により判断されなければならない」[33]と。この決定は、オーストリアにおける景品の引渡しというオーストリア市場に対する効果を理由に、(景品の内国での提供も)外国での広告も内国の景品法により判断したものとみられる。最後に、商品の法的性質に関する欺罔が問題となった事案として、2001年1月30日の最高裁の判決が挙げられる。最高裁は本件に関して次のように述べている。

すなわち、「国際競業法においては、最高裁は(48条2項と一致して)競業違反の民事法上の効果は原則として不法行為地――したがって、関係者の競業利益の衝突地――法に従い判断されなければならない。被告の非難されている行為がもっぱらオーストリアの顧客に対する特定の製品の表示を対象としているということを考慮すれば、――上告請求回答の被告の見解に反して――『ヨーロッパ共同体において許されている』植物保護装置を販売することは全く一般的には被告に対しては禁止されていない。むしろ、オーストリア市場に効果を及ぼす(48条2項)ような行為様式のみが差止命令の対象となる。オーストリア人に対する外国での表示においては、――ここでは当該商品の性質から推論されなければなららないが――内国人による取得が公告されている製品をその本国において使用する意図で行われている場合には、これは(反証があるまでは)いずれにせよ当てはまる。したがって、事案はオーストリア法に従い判断されなければならない」[34]と。

この判決は、被告の行為がオーストリアの顧客に対する特定の製品の表示を対象としていることから、オーストリア市場に効果を及ぼすのでオーストリア法により判断したものとみてよい。

　上記に挙げた一連の判決は、『効果主義』に従い市場地法の適用を明らかにし、景品の広告に関する決定を除けば、販売行為については販売市場地法を、広告行為については広告市場地法を適用している。この点を一層明確に示しているのがSackの見解である。Sackは、この点について、つぎのように論じている。すなわち、「市場に関連する競業行為の場合にはそこで競業行為が市場で相手側に効果を及ぼした市場地の法が適用される。すなわち、広告行為の場合には広告市場の法が、販売行為の場合には販売市場の法が適用される。市場地とは、その市場が影響を受けた場所ないしその市場に対して効果を及ぼした場所ではなくて、判断されるべき市場関連的な競業行為がそれに対して影響を及ぼす市場での相手側が存在する場所である」[35] と。したがって、Sackの見解によれば、市場に関連する競業行為は広告行為と販売行為との２つの場合に大別され、広告行為の場合には広告市場の法が、販売行為の場合には販売市場の法が適用されるのである。

2　例　外

(1)　共通本国法主義

　オーストリア人同士が外国で競争した場合の『当事者の共通の本国法』適用の可否の問題をはじめて論じたものとして、1986年１月14日の判決を挙げておかなければならない。本件の事実関係はつぎのようである。原告たる会社『Hotel Sacher, Eduard Sacher』はウイーンでザッハーホテルを経営している。被告たるヘルムート・ザッハーは自分で煎り販売するコーヒーのためにドイツ市場を開拓する意図で、1985年初めドイツの新聞に広告を掲載させた。彼は、この広告において『Wiener Sachers Kaffee』をドイツ市場で販売するための適当なパートナーを求めた。なるほど、ヘルムート・ザッハーは自分のコーヒーを『Sacher Kaffee, Wien』と呼ぶよう同意を以前に求めたが、同意は得られなかった。最高裁は、被告がドイツ連邦共和国でコーヒーを販売する場合に『Wiener Sachers Kaffee』という商品名その他の類似表示を使用することを禁止するに当たって、つぎのように判示した。すなわち、「なるほど、判例・学説においては、競業が外国市場で専ら内国人の間で行われる場合について、上記の競業準拠法が基準となることの例外が

174

弁護されることがあるが、国際私法典はこのような解決方法を採用していない」[36]
と。

　上記の判決においては、外国市場における内国人間の競業について『当事者の共
通本国法』たるオーストリア法の適用が否定された。最近の学説においても同様の
趣旨が明かにされている。例えば、Schwimann は、当面の問題についてつぎのよ
うに述べている。すなわち、「加害者たる競業者と被害者たる競業者との同一属人
法は重要ではない：したがって、オーストリア企業間の外国市場での競争も市場地
たる外国法による」[37] と。また、同様の趣旨は、Wiltschek によっても明らかに
されている。Wiltschek はつぎのように述べている。すなわち、「もっぱら内国人
間で外国市場で競争が行われている場合について競業準拠法を内国法とするという
古い学説および判例が弁護している例外を国際私法典は採用していない。……共通
本国法の適用のこの拒否は、そうでなければ外国市場で出現する内国人は外国の競
業規定に従ってよいかどうか不確実であろうという理由で基礎づけられる。なぜな
ら、彼にとっては、外国市場においてもっぱら内国の競業者と競争しているのかそ
れとも他に外国の競業者も存在しているのかを認識できるのは稀な場合だけであ
ることは疑いないからである。わら人形の利用という危険も排除できないであろ
う」[38] と。

　さらに、Briem によれば、「政府草案の公式説明においては、『共通本国法』のこ
の拒否は、準拠法秩序の予測可能性を困難にするという理由で基礎づけられる。な
ぜなら、外国市場で活動する内国人にとっては、自分がもっぱら他の内国の競業者
と競争しているか、それとも外国の競業者も存在するかどうかを疑いなく認識でき
るのは稀な場合だけであるからである」[39] と。最後に、Koppensteiner は、当面
の問題についてつぎのように述べている。すなわち、「オーストリア商社間の外国
市場に関する競争に対してオーストリア法を適用することは、思考上、競業法を訴
訟当事者間の利害調整に奉仕する業者法として捉えることを前提とする。競争の進
行に集中した利益多元的な観点を介して、この考察方法から離れることによって、
必然的に競争が行われる市場地法を基準としなければならないであろう」[40] と。

(2) 当事者自治の原則

　オーストリア人同士が外国で競争した場合の法選択の可能性の問題を論じたもの
としても、上記の 1986 年 1 月 14 日の最高裁の判決を挙げておかなければならな
い。本件の事実関係は上記のようである。最高裁は、当面の問題についてつぎのよ

うに判示した。すなわち、「明示的または黙示的法選択の可能性は、国際私法典48
条1項の意味での契約外の損害賠償請求権に及ぶとしても、国際私法典48条2項
——それによれば、不正競業に基づく損害賠償その他の請求権は、競業がその市
場に対して効果を及ぼしている国の法に従い判断されなければならない——に関
する学説は、上記の法律の特別連結的性格が競業抵触法の領域での法選択を禁止す
る、という立場を主張している。この見解が、すでに生じたまったく特定された競
業違反に基づく係争の請求権の判定について当事者が第三者に対する効力を意図し
ないで行う法選択についても認められるべきかどうかについては、本件においては
判断を留保しておくことができる。なぜなら、当面の書面の交換からは、そのよう
な法選択はいずれにせよ明らかにはなっていないからである」(41)と。上記の判決
においては、法選択の可能性の判断が留保されているものとみてよいが、すでに、
1985年1月15日の最高裁の判決により当事者の黙示的法選択が有効と判断され
ている。最高裁は、内国での商標登録が、外国での商標の使用者が内国市場におい
て商標を利用することを妨害することに役立つ場合に、不正競業防止法第1条違
反が存在するかどうかが争われた事案において、つぎのように判示した。すなわ
ち、「法的非難を取り扱う前に、不正競業に基づく（契約外の）損害賠償その他の
請求権は、競業がその市場に対して効果を及ぼす国の法に従い判断されなければな
らない（国際私法典第48条2項）ということを前もって言っておかなければなら
ない。したがって、控訴審がオーストリア法を適用したのは妥当である。当事者も
またその法的論述においてそれを前提としていた。そして、原告もまたその差止請
求の基礎を締結された販売契約の合意に求めていた。この契約は、アメリカ合衆国
のカリフォルニア州法に従い、同法に従い解釈されるものとされていた。しかし、
両当事者はすでにこの手続の係属以前に通信においてもっぱらオーストリア法を援
用していた。当事者はもっぱらオーストリア法をこの訴訟提起の基礎としていた。
したがって、当事者は、当初の法選択から離れてオーストリア法秩序を基準として
承認していた（国際私法典第35条1項）。係属中の手続において単に黙示的に行
われた法選択は顧慮されないとする国際私法典第11条2項の規定も、これに反し
ない。なぜなら、そのような法選択それ自体は、本件においては、さらに訴訟以前
の通信から明らかになることではあるが、当事者がすでに手続の開始以前にオース
トリア法が基準となることを前提としていたということの徴憑となることがあるに
過ぎないからである」(42)と。この判決においては、当事者による黙示的法選択が

176

認められているものとみてよい。

　他方、当面の問題につきくわしく検討した代表的な学者の見解として、まず、Reichert-Facilides のそれが挙げられる。Reichert-Facilides はつぎのように論じている。すなわち、「国際不法行為地法一般において抵触法的当事者自治を許容するか否かについての争いには重要な理由があるが、不正競業に関する国際私法のそれについては重大な疑問がある。a）まず、不法行為法においては個別的な利益の対立の解決、すなわち、違反者と被害者との間の正当な損害の配分が問題となるのに対して、不正競業防止法は、不正競業行為という面倒および危険から、特に消費者を補充的に保護することを目的とする。当該競業者の（不法行為的）法律関係 ── その法制度はまさに指定契約によって決定されなければならない ── に関与していないため『部外者たる被害者』とみなされる者の利益が関係する。このことからしても、当事者自治は《当事者以外の者も関係する法律関係には利用できない》という認識が貫徹しなければならない。第三者に不利な契約は不当であるという思想が思い浮かぶ。b）しかし、これとは別に第２の点が本質的には重要である。不正競業法においては、私人の利益のみならず公益もまた非常に関係する。《良俗》に該当する公正な行為を維持するという意味での市場事象の統制は、公衆一般に奉仕する。当該法分野は《私法にも公法にも属》さないと言われる。いずれにせよ、当該法分野は、国家の経済秩序の基盤になる限りにおいては ── 競争の濫用ではなくて ── 競争の望ましくない制限を規制することによって補充的な任務を果たすカルテル法と機能的に密接に関連している。この国益の保護は ── 実質法上も国際私法上も ── 私人の契約自由に委ねられることによって効力を侵害されてはならない。現行の《伝統的な国際私法》にとりついている考えからして、すでに、ここでは（固有の）統制利益、《権力利益》がそれとは異なる私的な規範形成の必要性に対して明白に貫徹しなければならず、抵触法的当事者自治は ── その他の分野で発揮される価値にもかかわらず ──（国家的に規定された）客観的連結の基準に譲歩しなければならない。なお、これは国際カルテル法を支配している確立された法状態に合致している。ここでもまた、── 明確な理由から ── 当事者の準拠法の合意は許されない」[(43)]と。

　上記に紹介した見解においては、不正競業法においては当事者以外の第三者が関係するし、私的な利益のみならず公益が問題となることを理由に、当事者自治の原則は不正競業については適用されないことが指摘されているものとみてよい。つ

ぎに、同様の趣旨を明らかにするものとして、Schwimann の見解が挙げられる。Schwimann は当面の問題についてつぎのように述べている。すなわち、「35 条 1 項は当事者による法選択を国際債務法全体について許しているが、それは、競業抵触法の領域においては 48 条 2 項の特別連結的性格およびすべての競業者の平等取り扱いという立法者意思のためその余地は絶対存在しない。競業法は公衆に対する国家の経済政策的課題を果たすのに対して、法選択は当事者間の利害調整の領域においてのみ正当化される；したがって、競業抵触法における法選択は 1 条 1 項の『最も強固な関係』によって正当化されないから、この領域については不当である。すでに発生した請求権もしくは当事者による請求権の主張は法選択によって妨害されない」[44] と。さらに、同様の趣旨を明らかにするものとして、Herzig の見解が挙げられる。Herzig によれば、「なるほど、国際私法典 35 条 1 項による法選択は原則として債務法全体について許されるが、競業法は『純粋な私法』（国際私法典 1 条 1 項）ではなくて、公法上の性質の規定を含んでいる。さらに、事後的法選択によって —— 事後的法選択のみが問題であるが —— 第三者の法的地位が侵害されてはならない（国際私法典第 11 条 3 項）。競業法は第三者（その他の競業者および消費者）をも保護する。このことから、競業法の領域においては法選択の余地がないことが明らかになる」[45] と。なお、ほぼ同様の趣旨を明らかにするものとして、Sack の見解が挙げられる。Sack は、「競業法上の訴訟の場合には法選択は当事者の利益のみならず —— 国際私法典 11 条 3 項とは反対に —— 法的に保護される第三者の利益にも関係する。公正法は訴訟当事者間の利害の対立を規制するだけではなくて公衆の利益、特に消費者の利益およびその他の営業者の利益を含む包括的な利益の保護を目的とする」[46] と論じ、法選択の可能性を否定する。

　最後に、同様の趣旨を明らかにするものとして、Koppensteiner の見解が挙げられる。Koppensteiner は、当事者の行う法選択の可能性についてつぎのように述べている。すなわち、「不正競業行為に関する抵触法においては、法選択の可能性がないことは確かである。それは、競業法の機能的変化、特に、当事者の利益のみが問題ではない場合には当事者自治は機能しないことを見落としている。国際私法典 11 条 3 項はこの思想に基づいていると思われる。この規定は国際私法典 35 条に引用されている。その助けを借りて妥当な解決方法が得られるのではないかが問題とされる。国際私法典 11 条 3 項は事後的な準拠法選択による第三者の法的地位の侵害を排除している。競業事件における当事者間の法的に重要な接触は競業行為

自体によって初めて設定されるから、ここでは事後的な法選択のみが問題となる。いずれにせよ、そのことから、国際私法典 48 条 2 項によって指定された法秩序から生ずる第三者の訴権は、11 条 3 項の故に法選択の合意によって影響を受けない。……これが妥当であるとすれば、国際私法典 35 条は 48 条 2 項の領域においては何ら役割を演じないであろう」[47] と。Koppensteiner の見解においても、不正競業法においては、当事者の利益のみが問題となるのではないことを理由に、当事者自治の原則が妥当しないことが明らかにされているものとみてよい。

　これに対して、Wilthschek の見解が挙げられる。Wilthschek は、当面の問題について、つぎのように論じている。すなわち、「法選択の合意は無方式であり、黙示的にも行うことができる。しかし、黙示的な法選択は、妥当意思を有し問題となる 2 つ以上の法の中から特定の法秩序を選択する当事者の現実的意思の存在を疑う合理的な根拠が事情からして存在しない場合に初めて問題とされる。係属中の手続において単に黙示的に行われる法選択は国際私法典 11 条 2 項に従い顧慮されない。したがって、当事者が書面においてオーストリア法を援用したことからは、法選択を引き出すことはできない。当事者がオーストリア法の主張を基礎としているという事情が、当事者が手続を開始する以前にすでにオーストリア法の適用を前提としたことの徴憑となることがあるのはもちろんである」[48] と。したがって、Wiltschek の見解によれば、黙示的法選択の可能性が肯定されているものとみてよい。

　最後に、『市場関連的不正競業』については法選択の可能性を否定するが、『営業関連的不正競業』については法選択の可能性を肯定する見解として、Briem の見解が挙げられる。Briem は当面の問題について次のように述べている。すなわち、「国際競業法における法選択の許容性の問題は実質規範の評価に依拠して初めて解決することができる。市場の相手方、特に消費者の保護および公正な寄与的競争の維持に対する公益が中心となるような競業違反すなわち市場関連的競業違反の場合には、法選択の可能性は拒否されなければならない。なぜなら、法選択の可能性によって、法的に保護される第三者の利益が侵害されるからである。例えば、当事者は、別の法秩序を合意することによって自分にとって都合の悪いと思われる消費者保護規定もしくは公益規定を『回避』することができる。この危険は、判断されるべき競業行為の部分問題についてさえも法選択を合意できるだけになおさら大きい。さらに、法選択によって国際競業法の原則を再び変更することを個々の競業者に委ねることは、国際競業法の根本原則すなわちすべての市場参加者にとっての同

一の競争条件（競争者同一条件）の保証という根本原則に反するからである。同様に、不正競業法においてまったく可能な、同一被告に対する異なる原告（同業者、団体）の平行訴訟において互いに異なる決定に到達することは、法的安定性および法的統一性を少なからず害するであろう。なぜなら、競業行為がその時々において別の法秩序に従い判断されなければならないからである。最後に、市場関連的競業行為の場合の法選択の可能性は判決の国際的調和をも害するであろう。なぜなら、もはや、国際的に合意しうる連結点に基づいて空間的に最良の法ではなくてむしろ、当事者にとってその時々において都合の良い法が適用されるからである。……営業関連的競業違反の場合には事情は異なる。営業関連的競業違反は特に加害者と被害者との間の『内部関係』において効果を及ぼし、顧客の利益および公益には間接的にしか関係しない。したがって、営業関連的競業違反の場合には、当事者による法選択に対しては異議を唱えられない。特に、互いに異なる平行判決の危険はこの領域においては同業者および団体の制限された訴権のためそれ程大きくないからである」[49] と。したがって、Briem によれば、『市場関連的不正競業』については、第1に、第三者の利益の侵害、第2に、競争者同一条件の保証の原則に対する違反、第3に、法的安定性を害すること、第四に、判決の国際的調和を害することを理由に、法選択の可能性が否定されるが、『営業関連的不正競業』については、そのような恐れがないため法選択の可能性が肯定されているものとみてよい。

3　多国間不正競業

　なお、競業行為が複数の国々に効果を及ぼす、いわゆる『多国間不正競業』の場合について一言付け加えておくことにしよう。当面の問題についてはじめて触れた判決としては、上記の 1986 年 1 月 14 日の最高裁の判決を挙げておかなければならない。本件の事実関係は上記のようである。最高裁は、当面の問題についてつぎのように判示した。すなわち、「被告の見解に反して、主張されている原告の権利の侵害が『すべての西洋市場に対して効果』を及ぼしたというからもオーストリア競業法の適用は明らかにはならない。原告がドイツ連邦共和国における違反のみを主張・証明し、『この種の更なる侵害が（別の国において？）直接存在する』という原告の心配については理解できる根拠が一切存在しないということは別として、競業行為が複数の市場に対して効果を及ぼす場合には、それぞれの法秩序が考慮されなければならない」[50] と。この判決においては、複数の国々に効果を及ぼす、

いわゆる多国間不正競業の場合については、配分的適用が主張されているものとみてよい。

　他方、学説においては、この点について詳しく論じられている。

　例えば、Herzig は、上記の判決とは異なり、累積的適用を主張するにあたってつぎのように述べている。すなわち、「広告手段が複数の国々に効果を及ぼすことがある（多国間競業行為）。これは、特に国際的な出版媒体、衛星放送およびケーブル放送並びに国際的なスポーツの際の暴力的広告について当てはまる。この広告によってどこで市場に作用したかという問題が提起される。これは、通常広告される商品が販売される場所である。したがって、原則として送信地国法ではなくて受信地国法が適用されなければならない。そこにおいてのみ市場への作用が禁止される。これは、当然関係している競業者が『最も厳格な』法を探求することへ導く。その前提はその商品がこの法的領域においても広告者の製品と出会うことだけである。この選択の可能性の修正はいわゆる『知覚の可能性の限界』から引き出される。当然競業者が『最も厳格な』法を探求する場合においても、判決はそれが下された国においてのみ執行可能であることは明かである。他の国での執行可能性は通常司法共助条約および執行条約に基づいてのみ可能である」[51]と。したがって、Herzig によれば、当面の問題については累積的適用により最も厳格な市場地国法の適用が主張されているものとみてよい。

　これに対して、Schwimann はつぎのように述べている。すなわち、「複数の国々の市場に関係する場合には、その効果は、それら国々のそれぞれの法に従い別々に判断されなければならない；結論においては、競業者がその行為を個々の国毎に分割できない場合には、競業者はしばしば最も厳格な法に従わなければならないであろう」[52]と。

　また、Sack も当面の問題についてはほぼ同様の趣旨を明らかにしている。すなわち、「市場に関連する競業行為の場合には市場地主義が原則として妥当する。これによれば、競業行為により市場での相手側が影響を受けた国すべての法が原則として適用される。これはつぎのようなことを意味する。国際的に頒布されている新聞および雑誌における広告の場合には、これが頒布されている国すべての競業法が適用される。国境をえ越えて行われるラジオおよびテレビによる広告の場合にも競業法上の判定については発信国法ではなくて、もっぱら市場地法、すなわち、その広告発信により市場での相手側が影響を受ける国ないし国々の法が適用される。こ

れは受信国すべての法である。国境を越えて行われる広告を判断する場合には、関係している各国毎に、上記の国で妥当している競業法に基づいてそのつど別々に審査しなければならない。その競業法が適用される関係国の市場に影響を及ぼすような競業行為の部分のみを法的に禁止することが許される。実際には不可分の競業行為の場合には、通常、競業者または訴権を有する団体は、多国間競業行為においてはそのつど最も厳格な法を選択することができ、最終的には競業行為全体を禁止する結果になる。支配的な見解によれば、この点においてはいかなる濫用もみられない」[53] と。したがって、Sack の見解においても、多国間不法行為の場合には、競業行為が各国毎に分割可能であればそれぞれの国の競業法が、分割不可能であれば最も厳格な国の競業法が適用されることになる。

　同様に、Koppensteiner もつぎのように述べている。すなわち、「競業行為が複数の国々の領域に効果を及ぼす場合には、48 条 2 項は常に訴訟状況に応じてそれぞれ場合によっては複数の法を考慮しなければならないことになる。請求が異なる法秩序に基づく場合にはいずれにせよ困難が生ずる。これは比較的稀であると言うのが妥当であろう。結論的には、上記のような場合には、被告が競業行為を当該市場に応じて区別できない場合に限り、最も厳格な法秩序が貫徹する[54]」と。したがって、Koppensteiner の見解によっても、多国間不正競業の場合には、競業行為が市場毎に区別できる場合にはそれぞれの市場地国法が、区別できない場合には最も厳格な市場地国の法が最終的には適用されることになる。

　最後に、Stagl も同様の趣旨を明らかにしている。すなわち、「多国間競業行為は可分であることもあるし、不可分であることもある。行為を特定の国において中止することができる場合には可分である。不可分の逆の場合とは、例えば、以下の場合である。すなわち、国際的に、特に Z 国において一体として販売されている雑誌において、Z 国法においてのみ不正な広告を掲載する者は、広告全体を中止する可能性しか有しない。したがって、Z 国における広告の禁止は、A 国ないし Y 国における広告も中止しなければならないことになる。そのような不可分の不法行為の場合には、行為者はその行為を特定の国に制限することができるわけではないから、彼は法を遵守しようとすれば最も厳格な法に従わなければならない」[55] と。

　オーストリア国際私法典施行以後の判例の展開を中心に年代順に跡づけてきたわけであるが、判例は、国際私法典 48 条 2 項にしたがい『効果主義』に立脚してい

ることがうかがえる。しかしながら、国際カルテル法における『効果主義』とは異なり、外国市場に不正競業の効果が及ぶ場合には外国の不正競業防止法を適用する場合がありうることを前提としており、いわゆる『双方的抵触規定』を採用していることに注意しなければならない。そして、判例は、『効果主義』に従うことを明らかにした上で、販売行為については販売市場の法を、広告行為については広告市場の法を適用している。また、外国における内国人間の不正競業については何ら例外を設けていない。さらに、当事者による法選択の可能性については、その判断を留保したものがある一方、特に黙示的法選択を有効としたものもある。最後に、複数の国々に効果を及ぼす、いわゆる多国間不正競業の場合については、配分的適用を主張する判例がみうけられる。

Ⅲ　結　語

さて、以上において、オーストリア国際不正競業法における判例の展開を、国際私法典の施行以前と施行以後とに時期を区分して、学説の動向をも交えながらうかがったわけであるが、以下には、主として判例の展開を通じて我々の知り得たことをまとめることにしたい。

オーストリア国際私法典施行以前の判例の展開については、つぎのような傾向がみられた。すなわち、初期の判例においては、不法行為の一部が内国で行われている場合には内国法を適用するという偏在主義が採用された[56]。また、不法行為が外国で行なわれた場合であってもそれが内国人間の行為であれば内国法を適用する[57]、という属人主義が採用された。これに対して、近時の判例は、不正競業の成立および効果は不法行為地、すなわち、競業利益の衝突地（例えば、販売行為の場合には販売市場地[58]、広告行為の場合には広告市場地[59]）の法に従い判断されるという原則を立てた。そして、上記の原則の例外として、外国で行われた内国人間の不正競業については、上記の不正競業が依然として競業者間の関係にとどまっている限り内国法を適用するという見解[60]を明らかにした。なお、この点については、国際刑法との平行故に例外を認める学説[61]がある。

近時の判例の見解は、1976年の法務省案においても継承された。法務省案51条2項はつぎのように規定している。すなわち、「不正競業に基づく損害賠償その他の請求権は、法選択（37条1項）を留保して、競業者の競業利益が衝突してい

る国の法にしたがって判断される。ただし、同一の属人法を有し、かつこの属人法によって指定された国にその常居所または本拠を有している者同士の間にのみ競業が存するときは、この国の法が基準とされる」[62]と。しかしながら、上記の草案は、一方では、競業者の利益のみならず公衆の利益をも保護するという不正競業防止法の機能的変化を考慮に入れていないし[63]、他方では、但書きにおいて、外国における内国人間の不正競業について例外を設けた点において[64]、学者の厳しい批判を招いた。そこで、現行のオーストリア国際私法典48条2項が成立する運びとなった。48条2項はつぎのように規定している。すなわち、「不正競業に基づく損害賠償その他の請求権は、競業がその市場に対して効果を及ぼしている国の法にしたがって判断される」[65]と。この点については、『市場に対する効果』という概念の解釈をめぐる相異なる2つの理解がみられる。一方では、上記の規定は双方的抵触規定の形式を採用しているとはいえ、国際カルテル法におけるいわゆる『効果主義』に従ったとする理解であり[66]、他方では、『市場に対する効果（Auswirkung）』を『市場の相手方に対する作用（Einwirkung）』として捉える理解である[67]。また、法務省案とは異なり、その例外を定めていないことに注意しなければならない。したがって、市場に関連しない不正競業行為、すなわち、営業に関連する不正競業行為（引き抜き、買収、産業スパイ、契約破棄への誘引など）についても『効果主義』の例外は認められない[68]。もっと正確に言えば、これらの行為は、『効果主義』ではなくて48条1項の一般的不法行為の準拠法にしたがって判断されることになると思われる[69]。また、公式説明によれば、国際私法典35条1項の文言上、当事者の行う法選択は国際私法典第48条所定の連結を排除するものとされる[70]。最後に、複数の国々に効果を及ぼす、いわゆる多国間不正競業の場合については、多数の法秩序が顧慮されなければならず、競業が市場に応じて調整できない場合には最も厳格な法が適用されることになるものと思われる[71]。

　これに対して、オーストリア国際私法典施行以後の判例は、国際私法典48条2項にしたがい『効果主義』に立脚していることがうかがえる。しかしながら、国際カルテル法における『効果主義』とは異なり、外国市場に不正競業の効果が及ぶ場合には外国の不正競業法を適用する場合がありうることを前提としており、いわゆる『双方的抵触規定』を採用していることに注意しなければならない。そして、判例は、『効果主義』に従うことを明かにした上で、販売行為については販売市場地

法[72] を、広告行為については広告市場地法[73] を適用している。この点について
は、競業行為を『市場に関連する競業行為』と『市場に関連しない競業行為』に大
別し、前者をさらに販売行為と広告行為との2つに細分し、販売行為の場合には
販売市場地法が、広告行為の場合には広告市場地法が適用される、とする有力な学
説[74] がある。また、判例は、外国における内国人間の不正競業については何ら例
外を設けていない[75]。最近の学説も同様の趣旨を明らかにしている[76]。さらに、
判例においては、当事者による法選択の可能性についての判断を留保したものもあ
る一方[77]、特に黙示的法選択を有効としたものもある[78]。これに対し、学説に
おいては、不正競業法においては当事者以外の第三者が関係するし、また、私的な
利益のみならず公益が問題となることを理由に準拠法選択の可能性は認められない
とする見解[79] と、黙示的な法選択が認められるとする見解[80]、『市場関連的不
正競業』については法選択の可能性を否定するが、『営業関連的不正競業』につい
ては法選択の可能性を肯定する見解[81] が対立している。最後に、複数の国々に効
果を及ぼす、いわゆる多国間不正競業の場合については、配分的適用を主張する判
例[82] がみうけられる。他方、学説は、この点について詳しく論じ、当面の問題に
ついては、累積的適用により最も厳格な市場地国法の適用を主張する見解[83] もあ
るが、競業行為が各国毎に分割可能であればそれぞれの国の競業法が、分割不可能
であれば最も厳格な国の競業法が適用されることになるとする見解[84] が有力であ
る。

（注）

（1）　オーストリアの国際私法典については、山内惟介「資料：オーストリアの国際私法典に
　　　ついて」法学新報88巻5・6号昭和56年171-203頁参照。

（2）　山内・前掲注（1）199頁参照。なお、山内訳においては「競争」という訳語が当てられ
　　　ていることに注意されたい。原文については、Alfred Duchek/Fritz Schwind, Internationales
　　　Privatrecht, 1979, SS.110-111. 参照。

（3）　オーストリアにおける国際不正競業法の展開を簡潔にまとめたものとして、Fritz
　　　Schwind, La concurrence déloyale en droit international privé, Festschrift für Zajtay, 1983,
　　　S.473ff. 参照。

（4）　時期の区分については、Lothar Wiltschek, Die Beurteilung grenzüberschreitender
　　　Werbe-und Absatztätigkeit nach österreichischem Wettbewerbsrecht, GRUR Int., 1988,
　　　S.299ff. 参照。また、それぞれの時期における判決の要約を掲載したものとして、Schönherr/
　　　Wiltschek, Wettbewerbsrecht, 1987, SS.800-804.

第3章　オーストリア国際不正競業法　*185*

（5）　Sammlung der Entscheidungen des österreichischen Gerichtshofes in Zivilzachen [Slg.], 12, Nr.142.S.438.

（6）　GRUR Int., 1961, S.487.

（7）　Slg., 12, Nr.107.S.308.

（8）　Slg., 12, Nr.107.S.307.

（9）　Österreichische Blätter für Gewerblichen Rechtsschütz und Urheberrecht [ÖBl], 1971, S.149. なお、Schwind もほぼ同様の趣旨を明らかにしている。すなわち、「不正競業という不法行為を利益の衝突地に位置づけることは、この原則が実際的にも一貫することを前提とすれば、確かに経済的現実に合致しているから法的な観点からも歓迎される。すべての事情を衡量すれば、不法な行動の不法行為法上の効果が最も明白に現れた場所、すなわち合法的と主張される利益と、違法と主張される利益とが衝突している場所の法秩序と、不法行為との最も密接な関係を不正競業防止法の構造のうちに見つけることになる」（Friz Schwind, Zum Problem des unlauteren Wettbewerbs und der einstweiligen Verfügung im österreichischen IPR, Festschrift für Demelius, 1973, S.486.）と。

（10）　ÖBl, 1973, SS.12-13. なお、特別法上保護されない他人の製品の完全模倣が問題となった事案において不法行為地法主義が適用されることを明らかにしたものとしては、1980年4月29日の最高裁の判決が挙げられる。最高裁はオーストリア国際私法典が施行された1979年1月1日以前の事件に対しては同法典第48条2項の規定は適用されないことを指摘した後、つぎのように判示した。すなわち、「――ここでは、不正競業に基づいて提起される――損害賠償請求もまたオーストリア法を指示する。契約外の損害賠償請求は、……損害を引き起こした行為が行なわれた国の法に従い判断されなければならない。不正競業行為は不法行為に含まれ、これに対しては、通説によれば不法行為がなされた場所の法秩序が適用されなければならない。したがって、本件は専らオーストリア法に従い判断されなければならない」（ÖBl, 1981, S.10.）と。

（11）　ÖBl, 1973, S.20.

（12）　GRUR Int., 1981, S.402. なお、1999年6月1日の最高裁の判決は、オースリアおよびドイツにおける顧客に向けられた特許権侵害に基づく警告が問題となった事案においてつぎのように述べている。すなわち、「国際私法典48条2項によれば、不正競業に基づく損害賠償その他の請求権は、競争がその市場に対して効果を及ぼす国の法により判断されなければならない。不正競業防止法7条の意味での誹謗的な主張が書簡においてなされた場合には、不法行為地は被告の住所地または本拠地（被告が書簡を作成した場所または被告が書簡を送信した場所）ではなくて、主張に関わる製品が原告の製品と競争している場所である。前審が、オースリアおよびドイツにおける顧客に書簡が向けられていることから、オーストリア競業法およびドイツ競業法により本件を判断したのは正当である」（GRUR Int., 2000, S.559.）と。

（13）　ÖBl, 1973, SS.18-19.

（14）　Fritz Schwind, Handbuch des Österreichischen Internationalen Privatrechts, 1975, S.334.

（15）　Hans Hoyer, Unlauterer Wettbewerb österreichischer Unternehmen auf Ausländsmärkten, Zeitschrift für Rechtvergleichung, 1975, S.118.

（16） GRUR Int., 1975, SS.318-319.

（17） Franz Mänhardt, Die Kodifikation des österreichischen Internationalen Privatrechts, 1978, S.117. 山内・前掲注（1）199 頁参照。

（18） Wiltschek, a.a.O., S.300; Hans-Georg Koppensteiner, Österreichisches und europäisches Wettbewerbsrecht, 1997, S.479.

（19） Koppensteiner, a.a.O., S.479; Mänhardt, a.a.O., SS.122-124.

（20） 山内・前掲注（1）199 頁参照。Alfred Duchek/Fritz Schwind, a.a.O., SS.110-111. 参照。

（21） Koppensteiner によれば、「国際私法典 48 条 2 項の『双方性』は別として、競争制限がオーストリア市場に関係する場合には、競争制限が誰の間でどこで成立するかに関わりなく、常にカルテル法 6 条に従いオーストリアのカルテル法が適用されなければならないとするのと同一の評価がまさに決定的である」（Koppensteiner, a.a.O., SS.479-480.）と。

（22） Briem によれば、『市場に対する効果』という概念は包括的で解釈の必要があるとし、この点についてつぎのように述べている。すなわち、「競業行為の直接的効果であるような『市場に対する効果』のみが重要である。その際、『市場に対する効果』という概念は決して『損害』という概念とは同視できない。公衆を欺罔する場合には、この欺罔に基づいて『損害』がまだ発生していなくても、すでに『市場に対する効果』は存在する。すなわち、市場の相手方に作用している場合には、市場の相手方がそれから派生する処分行為を行っていなくても、『市場に対する効果』はすでに存在するものとみなされなければならない。なぜなら、まさにこの『市場の相手方に対する作用』が競業行為の目的であるからである。いわば競業行為のかなめである市場の相手方の選択的決定が競業行為によって影響を受ける。この競業要件事実群は『市場関連的な競業違反』と呼ばれる。なぜなら、それらは市場の相手方の選択的決定に影響を及ぼすことを目的とするからである」（Briem, a.a.O., SS.49-50.）と。したがって、Briem によれば、『市場に対する効果』は『市場の相手方に対する作用』として捉えられているものとみてよい。また、同様の趣旨を明らかにするものとして、Stagl の見解が挙げられる。Stagl によれば、「『その市場に対して競争がその効果を及ぼす』国の法が基準とされ（国際私法典 48 条 2 項――市場地主義）、競争は公正法によって保護される利益が侵害された場所、『市場の相手方に作用した』場所において効果を及ぼす」（Jakob Fortunat Stagl, Multistate-Werbung im Internet, ÖBl, 2004, S.245.）と。

（23） Günther Beitzke, Neues österreichisches Kollisionsrecht, RabelsZ, Bd.43, 1979, S.273; Koppensteiner, a.a.O., S.479.

（24） Michael Schwimann, Grundriß des internationalen Privatrechts, 1982, S.176; Koppensteiner, a.a.O., S.481.Schwind は、営業関連的な競業行為に関して次のように述べている。すなわち、「市場関連的な損害ではなくて他の競業者に加えられる営業関連的な損害は 48 条 1 項の一般原則に従い判断されなければならない（産業スパイ、引き抜き、賄賂等々）」（Fritz Schwind, Internationales Privatrecht, 1990, S.235.）と。Stagl も同様の趣旨を明らかにしている。Stagl によれば、「現行のオーストリア抵触法においては、繰り返し主張されている見解によれば、営業関連的な競業行為は市場地主義ではなくて一般的な不法行為法上の行為地主義、すなわち、48 条 1 項に従い連結される」（Stagl, a, a, O., S.251.）と。これに対し

て、営業に関連する不正競業行為については、48条1項の国際不法行為法の一般規則による
ことに反対し、1条1項に従い営業活動の妨害地法による見解として、Briemのそれが挙げら
れる。Briemによれば、「この要件事実群を国際私法典48条1項に包摂することは一方では
教義上の疑問にぶつかり、他方では目的に合致していないから、国際私法典1条1項に戻っ
て『最も強固な関係』が存在する法秩序を探求しなければならない。これは、ここでは『営業
活動の妨害地』である。いずれの法秩序と国際私法典1条1項の『最も強固な関係』が存在す
るかという認定の際には、関係利益を評価して抵触法的考察に含めなければならない。当面の
事例群の場合には、営業活動に対する不正な侵害からの保護に関する個々の企業の利益が優勢
であり、ここでは不正競業法の個人法的保護が中心である」（Stephan Briem, Internationales
und Europäisches Wettbewerbsrecht und Kennzeichenrecht, 1995, S.51.）と。したがって、
Briemによれば、営業に関連する不正競業については、国際不法行為法の一般規則である国際
私法典48条1項ではなくて1条1項に従い、『最も強固な関係』が存在する法秩序としての『営
業活動の妨害地』法が準拠法とされるものとみてよい。なお、Briemによれば、営業に関連す
る不正競業行為の例として挙げられているのは、企業の誹謗、営業もしくは企業秘密の侵害、
手本の濫用、被用者の不正な引き抜き、ボイコットである。Briem, a.a.O., S.64.

(25) Fritz Feil, Bundesgesetz über das internationalen Privatrecht（IPR-Gesetz）1978, S.257.

(26) Feil, a.a.O., S.255f. 参照。

(27) ÖBl, 1983, S.72.

(28) ÖBl, 1982, S.82.

(29) ÖBl, 1982, S.122. この判決と軌を一にするものとして、1973年1月30日の最高裁の判
決（ÖBl, 1973, S.52.）を参照。他に、1985年2月27日の最高裁の判決（GRUR Int., 1986,
S.210.）、1986年10月14日の最高裁の判決（GRUR Int., 1986, S.264.）を参照。

(30) GRUR Int., 1984, S.455. 商品の輸出が問題となったものとして、1986年9月29日の最高
裁の判決（GRUR Int., 1987, S.712.）を参照。上記に挙げた判決については、桑田三郎「輸出
取引における商標権について ―― オーストリア最高裁判決の場合 ――」染野義信博士古希記
念「工業所有権 ―― 中心課題の解明」1989年92-94頁を参照。不正競業防止法9条が問題と
なったその他のものとして、1981年7月7日の最高裁の判決（ÖBl, 1982, S.98.）を参照。な
お、商品を輸入する場合の商標法上の諸問題を論じたものとして、1986年1月14日の最高裁
判決（GRUR Int., 1987, S.50.）を参照。

(31) GRUR Int., 1986, S.271. なお、仮処分は原則としてドイツ連邦共和国に住所ないし本拠を
有する者に対しても発令することができる旨を判示したものとして、1979年6月26日の最高
裁の判決（GRUR Int., 1981, S.249.）を参照。

(32) ÖBl, 1987, S.44.

(33) IPRax, 1991, S.412. すでに同様の趣旨を明らかにするものとして、1986年3月24日のイ
ンスブルック上級地方裁判所の判決（HWR, 1986, H.4, 34）が挙げられる。裁判所は、ドイツ
の航空会社がオーストリアでの景品の提供のために行ったアメリカ合衆国での景品の広告に関
して、オーストリア市場に対する効果を理由にオーストリアの景品法を適用した。Wiltsheck
は、この判決に賛成してつぎのように述べている。すなわち、「オーストリアへのアメリカ

の旅行者をめぐるドイツの航空会社の広告における宣伝は、直接オーストリア市場に効果を及ぼしているから、その広告に対してはオーストリアの景品法が適用されなければならない」(Wiltschek, a.a.O., S.307) と。これに対して、Sack は、本文に挙げた最高裁決定の評釈において、「最高裁の抵触法的態度決定は景品の提供という形での内国での広告にのみ関係するものであった。その限りにおいては争いなく内国法が適用された」と述べて、内国での販売のための外国での広告については広告市場地法たる外国法を適用すべきであるとする。Rolf Sack, Grenzüberschreitende Zugabe-und Rabattwerbung, IPRax, 1991, S.388.

(34) ÖBl, 2003, SS.135-136.

(35) Rolf Sack Problem des Inlandswettbewerbs min Auslandsbezug nach deutschem und österreichischem Kollisions-und Wettbewerbsrecht, ÖBl, 1988, S.116. ほぼ同様の趣旨を明らかにするものとして、Briem の見解が挙げられる。Briem によれば、「それぞれそれ自体独立した競業違反となる二つの競業行為(引用者注：景品の広告と景品の提供)が実際には問題である。しかし、行動地においてそれ自体独立した競業違反となる一部の行為は、法的には互いに別々に判断されなければならない。すなわち、互いに独立した競業行為が問題であるかのように抵触法上処理されなければならない。したがって、景品の広告は広告市場地法に従い判断されるのに対して、……景品の提供は販売市場地法に従い判断されなければならない」(Briem, a.a.o., S.57.) と。なお、Herzig は、広告行為の準拠法について、つぎのように述べている。すなわち、「準拠法の問題に解答するためには、まず、競争が効果を及ぼす市場として何を理解するかという問題に答えなければならない。広告を行う市場(広告市場)も広告する商品を販売する市場(販売市場)をも市場として捉えることができる。なるほど、広告市場と販売市場は同一であることが多いが、無条件にそうなるものでもない。外国でオーストリアの給付について広告を行う場合もしくは逆に外国での販売についてオーストリアにおいて広告を行う場合には、広告市場と販売市場が分散することがある。そのような場合には、競業者の利益が直接衝突するのは広告市場であるから広告市場地法が適用される」(Rainer Herzig, Rechtliche Probleme grenzüberschreitender Werbung, Wirtschaftsrechtliche Blätter, 1988, S.253.) と。

(36) GRUR Int., 1986, SS.736-737. オーストリア法を適用して同様の結論に到達したものとして、1975 年 12 月 2 日の最高裁の判決(GRUR Int., 1976, S.500.)、1984 年 5 月 8 日の最高裁の判決(GRUR Int., 1985, S.132.) を参照。

(37) Schwimann, a.a.O., S.176.

(38) Wiltschek, a.a.O., S.306.

(39) Briem, a.a.O., S.46.

(40) Koppensteiner, a.a.O., S.479. これに対して、最近において、営業関連的な競業行為についてのみ共通居所地法の適用を示唆する見解が主張されている。Stagl によれば、「……営業関連的な競業行為は市場地法ではなくて共通常居所地法へ送致されなければならない(いわゆるヌスバウムの原則)。なぜなら、一般的な不法行為法においては、共通常居所地法への連結は国際私法典 48 条 1 項 2 文における最も強力な関係を有する法として許されるが、48 条 2 項における市場地主義は意識的に例外を規定していないからである」(Stagl, a.a.O., S.246.) と。

(41) GRUR Int., 1986, SS.736-737.

第3章　オーストリア国際不正競業法　*189*

（42）　IPRax, 1986, S.246.

（43）　Fritz Reichert-Facilides, Parteiautonomie im Internationalen Privatrecht des unlauteren Wettbewerbs ？, Festschrift für G.Hartmann, 1976, SS.211-212.

（44）　Schwimann, a.a.O., S.177.

（45）　Herzig, a.a.O., S.252.

（46）　Sack.a.a.O., S.119.

（47）　Koppensteiner, a.a.O., SS.480-481.

（48）　Wiltschek, a.a.O., S.308.

（49）　Briem, a.a.O., SS.74-76.

（50）　GRUR Int., 1986, S.737. 同様の趣旨を明らかにするものとして、1988年10月11日の最高裁の判決が挙げられる。最高裁は、多国間広告の事案においてつぎのように述べている。すなわち、「不正競業に基づく損害賠償その他の請求権は（差止請求権も）競争がその市場に対して効果を及ぼす国の法により判断されなければならない（国際私法典48条2項）。複数の国々の市場が関係している場合には（それはヨーロッパ全体に関係するテレタイプ参加者の名簿についての広告にみられるが）、その効果は各国の法により別々に判断されなければならない。外国からオーストリアへ広告された場合には、オーストリア市場に効果を及ぼす広告表示の競業違反はオーストリア法により判断されなければならない」（GRUR Int., 1989, S.853.）と。さらに、1997年9月23日の最高裁の判決は、模造品の国際的販売が問題となった事案においてつぎのように述べている。すなわち、「国際私法典48条2項によれば、不正競業に基づく損害賠償その他の請求権は、競争がその市場に対して効果を及ぼす国の法により判断されなければならない。同一の競業行為が複数の国家の市場に関係する場合には、その効果は各国の法により別々に判断されなければならない。したがって、国際的な広告を判断する場合には、各関係国についてこれらの国において妥当する競業法によってそれぞれ別個に審査されなければならない：法的には、その競業法が適用される当該国の市場に作用するような競業行為の部分のみが禁止される。競業行為がオーストリア市場に（も）効果を及ぼす限り、オーストリア法が適用されなければならない。係争の競業行為がオーストリア法により禁止されている場合には、その行為がその後の販売市場地法もしくは広告市場地法に反しないとしても原告の請求は認容されなければならない。『最も寛大な』法の適用の根拠は存在しない。これに対して、係争の競業行為がオーストリア法により許されている場合には、オーストリア共和国の領域については他の販売市場地法もしくは広告市場地法に反するかどうかに関わりなく、その行為は禁止できない」（ÖBl, 1998, S.227）と。同様の趣旨を明らかにするものとして、2002年3月13日の最高裁判所の判決（ÖBl, 2002, S.313）を参照。

（51）　Herzig, a.a.O., S.253.

（52）　Schwimann, a.a.O., S.176.

（53）　Sack, a.a.O., SS.117-118.

（54）　Koppensteiner, a.a.O., S.480.

（55）　Stagl, a.a.O., S.246.

（56）　Slg., 12, Nr.142.S.438.GRUR Int., 1961, S.487.

（57） Slg., 12, Nr.107.SS.307-308.

（58） ÖBl, 1971, S.149; ÖBl, 1973, SS.12-13; ÖBl, 1973, S.20; ÖBl, 1981, S.10.

（59） GRUR Int., 1981, S.402.

（60） ÖBl, 1973, SS.18-19.

（61） Fritz Schwind, Handbuch des Österreichischen Internationalen Privatrechts, 1975, S.S.334; Hoyer, a.a.O., 1975, S.118.

（62） Mänhardt, a.a.O., S.117.山内・前掲注（1）199頁参照。

（63） Wiltschek, a.a.O., S.300; Koppensteiner, a.a.O., S.479.

（64） Koppensteiner, a.a.O., S.479; Mänhardt, a.a.O., SS.122-124.

（65） 原文については、Alfred Duchek/Fritz Schwind, a.a.O., SS.110-111.翻訳については、山内・前掲前掲注（1）199頁参照。

（66） Koppensteiner, a.a.O., SS.479-480.

（67） Briem, a.a.O., SS.49-50; Stagl, a.a.O., S.245.

（68） Günther Beitzke, a.a.O., S.273; Koppensteiner, a.a.O., S.479.

（69） Schwimann, a.a.O., S.176; Koppensteiner, a.a.O., S.481; Stagl, a, a, O., S.251.これに対して、営業に関連する不正競業行為については、48条1項の国際不法行為法の一般規則によることに反対し、1条1項に従い営業活動の妨害地法による見解として、Briem, a.a.O., S.51.参照。

（70） Feil, a.a.O., S.257.

（71） Feil, a.a.O., S.225f.参照。

（72） ÖBl, 1983, S.72.

（73） ÖBl, 1982, S.82; ÖBl, 1982, S.122; GRUR Int., 1984, S.455; GRUR Int., 1986, S.271; ÖBl, 1987, S.44.

（74） Sack, a.a.O., S.116; Herzig, a.a.O., S.253; Briem, a.a.O., S.57.

（75） GRUR Int., 1986, SS.736-737.

（76） Schwimann, a.a.O., S.176; Wiltschek, a.a.O., S.306; Briem, a.a.O., S.46; Koppensteiner, a.a.O., S.479.

（77） GRUR Int., 1986, SS.736-737.

（78） IPRax, 1986, S.244.

（79） Reichert-Facilides, a.a.O., SS.211-212; Schwimann, a.a.O., S.177; Herzig, a.a.O., S.252; Sack.a.a.O., S.119; Koppensteiner, a.a.O., SS.480-481.

（80） Wiltschek, a.a.O., S.308.

（81） Briem, a.a.O., SS.74-76.

（82） GRUR Int., 1986, S.737.

（83） Herzig, a.a.O., S.253.

（84） Schwimann, a.a.O., S.176; Sack, a.a.O., SS.117-118; Koppensteiner, a.a.O., S.480; Stagl, a.a.O., S.246.

第4章

スイス国際不正競業法

　スイスにおいては、国際私法に関する連邦法が 1987 年 12 月 18 日に制定され、1989 年 1 月 1 日から施行されている⁽¹⁾。そして、同法は不正競業の準拠法に関する規定を含んでいる。そこで、本章においては不正競業の準拠法決定に関する比較法的考察の一環としてスイスを取り上げ、まず、同国における国際私法典施行以前の状況、ついで、国際私法草案の内容、さらに、国際私法典における不正競業の法規定の内容、最後に、それを適用した判例・学説の議論を紹介することにしたい。

I　スイス国際私法典施行以前の状況

　国際私法典が制定される以前のスイスにおいては、不正競業に関する明文の抵触規定は存在していなかった。そのため、その解決は判例・学説に委ねられていた。

1　判例 ── 偏在主義

　当面の問題について初めて論じた判例としては、1961 年 5 月 9 日の連邦裁判所の判決が挙げられる。連邦裁判所は、不正な広告を掲載した外国の雑誌をスイスにおいて頒布した事案において、「不正競業は不法行為である。その要件および効果は行動が実行された場所の法にもその結果が発生した場所の法にも従う。そして、しかも被害者は上記のいずれかの法秩序に基づいて加害者に請求する選択権を有する。したがって、原告は……チューリッヒにおいて出版された広告に関してのみならず外国の雑誌……において公表された……記事に関しても、スイスの不正競業防止法が与える保護を要求することができる。なぜなら、商事裁判所はこの雑誌がスイスにおいても販売され当地の専門家仲間において知られていたことを拘束力をもって確認したからである。その記事が競争の際に原告の地位に及ぼす結果は、スイスにおいても発生したものとみなされなければならない」⁽²⁾ と判示しスイス法を適用した。

つぎに、注目すべき判決としては、1965 年 3 月 30 日の連邦裁判所の判決が挙げられる。連邦裁判所はスイスの顧客に対する不当な商号の使用が問題となった事案に関してつぎのように判示した。すなわち、「両当事者は外国に本拠を有する企業である。それらはスイスに支店その他の営業所を有しない。それらの営業活動はスイスにおいては広告および独立した代理人による製品の販売に限定されている。したがって、訴えによって非難されている被告の行為が不正競業であるか否かはいずれの法に従い判断されるべきかということが問題とされる。不正競業は不法行為である。確定した判例によれば、不正競業の要件および効果は行動が実行された場所の法にもその結果が発生した場所の法にも従う。その際、被害者は上記のいずれかの法秩序に基づいて加害者に請求する選択権を有する。被告はスイスの専門誌に自己の製品を賞賛する広告を《VEB Carl Zeiss Jena》という名称の下で公表したことにより不正競業を行ったとされた：さらに、被告が家屋誌《Jenaer Rundschau》をスイスの専門店において販売し、そこにおいて被告がそのつど《Zeisswerk》と呼ばれていたことにより被告は不正競業を行ったとされた：最後に、被告およびその代理人がスイスにおいて取引上の通信において自己および自己の製品のために《Zeiss》という名称を使用したことにより被告は不正競業を行ったとされた。したがって、原告が非難している被告の行動の結果が発生した場所はスイスに存在する。よって、被告の行為が不正競業の要件を満たすかどうかという問題はスイス法に従い決定されなければならない。渉外的不正競業の場合における準拠法決定に関して、不正競業の不法行為としての性格に注目されるのではなくてむしろ競業利益の衝突の発生地の法が基準となると考えられても、この結論は同じである。当事者はその製品を販売する際にスイスにおいて互いに競争しているから、この場所は本件においてはスイスである」[3] と。

最後に、1966 年 11 月 15 日の連邦裁判所の判決が挙げられる。連邦裁判所は最初に挙げた事案とほぼ同様の事案において、「不正競業は不法行為である。したがって、被告が専ら外国において行動を行ったとしても、結果がスイスで発生しているときには不正競業はスイス法に従い判断される」[4] と判示した。

これらの判決は、不正競業を不法行為と性質決定し、一般の不法行為と同様に、行動地法と結果発生地法との択一的適用を認める、いわゆる偏在理論（Übiquitätstheorie）を採用したものである [5]。

2 学 説

(1) 不正競業に固有な不法行為地を探求する見解

　K.Troller によれば、不正競業は不法行為である。しかし、不正競業は法益侵害をその本質とする一般の不法行為と異なり、客観的な行為規範（不正な手段を用いてはならない）に違反した点にその本質を有する。また、不正競業の場合、一般の不法行為と異なり、行動地、結果発生地は存在せず、利益の衝突の発生があるだけである[6]。したがって、不正競業の不法行為地を決定するにあたっては、不正競業の特殊性を考慮に入れなければならない。不正競業の不法行為地は競業利益の衝突地、すなわち、2人またはそれ以上の競業参加者の利益が衝突する場所、競業者が互いに相争う場所である。この場所は不正競業の重心である[7]。しかし、競業利益の衝突地という概念は内容が補充されなければならず、不正競業の主要類型毎に別々に規定しなければならない、[8]と。そして、彼は不正競業を競争企業の販路で起こる不正競業（例えば、混同の危険を惹起する場合、完全模倣等々）と競争企業の生産地で起こる不正競業（例えば、秘密の漏洩等々）に大別し、前者については販路（販売市場地）、後者については製造地を競業利益の衝突地とする[9]。

　したがって、K.Troller の見解は、不正競業を不法行為として性質決定し、準拠法たる不法行為地法を決定するに当たって不正競業の特殊性を考慮した上で不正競業に固有な不法行為地、すなわち競業利益の衝突地を探究し双方的抵触規定を採用するものである。

(2) 効果主義

　まず、Trutmann によれば、不正競業に関する規範は特定の行為をその道徳的不価値の故に特定の行為を禁止するのではなくて、特に顧客を考慮して特定の競業秩序の故に特定の行為に及ぶのである。したがって、その領域においてこの秩序が妨害されている国が自国法の適用に対して利害を有する。不正競業においては、共通本拠地法もしくは住所地法ないし本国法の適用の余地はない。なぜなら、競争が行われている国は競争者が本拠地をどこに有するかに関わりなく競業者の行為の規制に対して利害を有するからである。競業者自身はその住所地法の適用を期待してはならない。競業者がその競争を行う場所の法の適用は予測可能である、[10]と。

　つぎに、Imhoff-Scheier によれば、国際的不正広告の場合には消費者の行動に影響を与え、市場における需要・供給に効力を有する広告の特徴からして市場地法の適用が完全に正当化される。したがって、影響を受けた市場地の法が内外の競業

者の行動を規律しなければならない、[11] と。

最後に、Bär によれば、行動地と結果発生地との間の法政策的論争においてどのような態度が採用されようとも、競業行為については、特に効果地法のみが基準とならなければならない、[12] と

したがって、いずれの見解も、カルテル法上の効果主義を修正した上で、不正競業については、不正競業行為の効果が及んだ市場地法を探究し双方的抵触規定を採用するものである。

(3) 属地主義

A.Troller によれば、属地主義は、法制度を適用するために別個の国に限定されるいくつかの状況に国際的に単一の状況を分割することを可能にする。ある行為の合法性および違法性が決定されて損害賠償請求の有無が判断され、また違法な状況が排除されれば問題は発生しない。これらの請求に対する解答は、行為が行われた各国の法にそれぞれ依拠することによって与えられる、[13] と。

したがって、A.Troller の見解は、不正競業について一般の不法行為に関するものとは別個の特別な抵触規定を創造するものであり、不正競業防止法の地域的適用範囲については原則として属地主義が適用されるとし一方的抵触規定を提唱するものである。

II　スイス国際私法草案における不正競業

1　スイス国際私法第一草案（専門家委員会草案）（1978 年）における不正競業

第 134 条

1　不正競業に基づく請求は、その市場において競業者の競業上の地位が侵害される国の法による。

2　権利侵害が被害者の営業上の利益に対して向けられているときには、当該営業所の所在地国の法が適用される[14]。

委員会草案の最終報告書によれば、不正競業に関する立法は二重の保護を与える。それは、まず公正な競業者をその同業者から保護する（水平的保護）と同時に特定の市場行為を確保しようとする（垂直的保護）。この保護機能はそれぞれ全く特定の市場に向けられる；それは同時にすべての競業者に同一の機会を与える

ことを保証する。競業法の特別な性格から、市場全体、すなわち潜在的な多数の同業者に向けられる競業違反（いわゆる市場に関係する違反もしくは公衆に効果を及ぼす違反）は当該市場の法によらなければならないという帰結が引き出される（134条1項）。この規定は学説、そしてまた、ますます判例の最近の認識に合致している。例外的に、回避条項（14条）を介して両当事者がその本拠を有する国の法が適用される。もっぱら、特定の競業者もしくはその営業に向けられる競業違反（いわゆる営業に関係した違反もしくは公衆に効果を及ぼさない違反：引き抜き（Abwerbung）、賄賂（Bestechung）、工場スパイ（Werkspionage）、契約破棄への誘引（Verleitung zum Vertragsbruch）など）が存在する。それらは、当該営業所の所在地の法による（134条2項）[15]。なお、附従的連結の原則（Akzessorietätsprinzip）は不法行為地法主義および特別な不法行為に関する規定に対しても優先する（131条2文）[16]。

　まず、Beitzkeによれば、競業違反の場合には被害者は選択権（筆者注：行動地または結果発生地からの選択権）を有しない（134条、135条）。ここでは、草案はすでに行った議論の結論に基づいている。主要な場合は特定の市場での競争である。競争は競業者ばかりではなく顧客にも関係する。したがって、個々の競業者との関係のみを基準とすることはできない。134条において、その市場において競業者の競業上の地位が侵害された国の法が基準とされるのは正当である。内国人間の外国での競争もまた内国法ではなくて市場地法による。顧客に対する効果のためのみならず第三国の競業者に対する機会の平等の維持のためにもそうである。外国の市場で内国の会社のみが互いに競争する場合が確認されるのは事実上稀である。必要な場合には、草案の14条の回避条項を介してその場合を考慮することができる。不正競業が他の国で行われても、原則として、不正競業が効果を及ぼす場所は市場である。市場がここでは類型化された不法行為地である。ある種の競争においては、すなわち、引き抜き、賄賂、工場スパイのように、特に営業に関連する侵害の場合においては、結果が被害者の営業所により多く影響することは当然である。ここでは、私見によれば、結果発生地が被害者の営業所所在地に類型化されることには十分な理由がある、[17]と。

　つぎに、Baudenbacherによれば、草案起草の準備作業は、すでに紹介したK.Trollerの見解に重要な影響を受けたものと見られる。専門家委員会草案は、134条1項において、その市場において競業者の競業上の地位が侵害された国の

法が適用されると規定している。そして、専門家委員会は、不正競業の場合の行動の違法性は特定の結果を惹起しようとすることにあるわけではなくて、この結果を惹起する手段および方法にあるという考えに立脚していた。しかし、不正行為が別の市場において行われるが本拠地国の同業者に向けられ、市場地国およびその公衆と何らの関係も有しない場合には、両当事者の本拠地国の法が14条の例外条項を介して適用される。さらに、専門家草案は、引抜き、賄賂、工場スパイもしくは契約破棄への誘引のようないわゆる営業に関連した違反または公衆に影響を及ぼさない違反を134条2項において当該営業所の所在地国の法によらしめている、[18]と。

　最後に、A.Troller によれば、実質的には、1項はこれに相当するオーストリアの規定に対応している。2項は明確ではない。なぜなら、不正競業は常に営業上の利益に向けられるからである。その意味するところのものは、企業内部の利益を侵害するが直接公衆との関係に影響を与えない行為、例えば、引抜きの誘引、賄賂、営業秘密の取得、契約破棄の誘引その他同様の行為である、[19]と。

　専門家委員会草案134条は、K.Troller の学説の影響を受けて、原則として、「その市場において競業者の競業上の地位が侵害された国の法」の適用（1項）を規定し、例外的に『営業に関連する不正競業』については被害者の営業所所在地法の適用（2項）を規定している。この点については、不正競業は常に営業上の利益に向けられるから2項の意味は不明確であるとする見解（A.Troller）があるものの、学説においては専門家委員会草案の最終報告書と同様に、『営業に関連する不正競業』として、引抜き、賄賂、工場スパイもしくは契約破棄への誘引が挙げられている。また、特別な不法行為類型、したがって、不正競業についても附従的連結がなされることが明文で規定されている（131条2文）。なお、委員会草案の最終報告書は不正競業一般について14条により双方的に当事者の共通本拠地法の適用を認めるが、草案の解釈としては、『営業に関連する不正競業』に限り、14条により双方的に当事者の共通本拠地法の適用を認める見解（Baudenbacher）と、不正競業一般について14条により一方的に当事者の内国の共通本拠地法の適用を認める見解（Beitzke）がある。

2　スイス国際私法第二草案（政府草案）（1982年）における不正競業

第132条

1　不正競業に基づく請求は、その不正行為がその効果を及ぼす市場の所属国の法による。

2　権利侵害がもっぱら被害者の営業上の利益に対して向けられているときには、当該営業所の所在地国の法による。

3　第129条第3項の適用は留保される[20]。

政府草案理由書によれば、不正競業においては、行動の不法性は特定の結果を惹起する試みにあるのではなくてこの結果を獲得する方法および手段にある。不正競業法は二重の保護を目指す。それは、一方では公正な競業者をその同業者から保護し、彼が不正な活動の犠牲者となる場合には私法上の損害賠償請求権を彼に与える（水平的保護）。同時に、それは、公衆のために特定の市場行動を保障することを試みる（垂直的保護）。純粋の私法的考察方法が抵触法の基礎とされれば、市場法とは異なる相違が基礎づけられるであろう。例えば、内国人間の外国での競争の場合は内国法に割り当てられるであろう。しかし、市場行動の規制は第1には市場地国の問題であることに注意しなければならない。市場地国の定めた行為規範がこの市場で活動するすべての競業者によって遵守されなければならない。したがって、市場地国たる外国の立法が2人の内国人間の関係においても遵守されなければならない。そうでなければ、競業法の主たる目標である機会の平等と矛盾するであろう。なるほど、地域の行為規範および競業違反を異なる法秩序に服させることは理論的には考えられる。しかし、不正競業法は通例同質的な経済政策的構想に基づいている。競業妨害的行為についてのローカル・データと制裁とを別々に連結することは関係者間の法規を人為的に分断するから拒否されなければならない。競業法の特別な性質から、市場全体すなわち潜在的な多数の競業者に向けられる競業違反（いわゆる市場関連的違反もしくは公衆に効果を及ぼす違反）は、その統治領域において不正行為がその効果を及ぼす国の法に従わなければならない（132条1項）。

この規定は学説および判例の最近の認識に合致している。例外的に両当事者がその本拠を有する国の法が適用されることがある。これは、例えば、不正行為が別の市場で行われているが本拠地国の同業者に向けられ市場地国およびその公衆と何らの関係ももたない場合に当てはまる。もっぱら特定の競業参加者、その個々の経済

的人格またはその営業に向けられ、その他の競業参加者が巻き込まれることのない競業違反（いわゆる営業関連的違反もしくは公衆に効果を及ぼさない違反、すなわち例えば、引き抜き、賄賂、工場スパイまたは契約破棄への誘引）も存在する。そのような場合には、132条2項により当該営業所が所在する国の法が適用されなければならない。第三国の公法的統制規定（閉店、蔵払いもしくは価格広告規制）は草案の18条を介して効力を獲得することができる[21]。

　Imhoff-Scheierによれば、上記の政府草案は、不正競業行為に関しては、スイス国際私法制定以前の判例が採用していた偏在理論を放棄することを規定している。政府草案によれば、不正競業行為に関しては、不法行為地はその市場に効果が及んだ国である（132条1項）。ただし、行為が《もっぱら特定の競業者の営業上の利益に向けられているときには》、準拠法は被害を受けた営業所の所在地法である（132条2項）。さらに、附従的連結が留保される（132条3項）。不正競業行為が加害者と被害者との間の既存の法律関係に違反して行われた場合には、準拠法は既存の関係を規律する法である。最後に、草案は不法行為全体について限定的な当事者自治を認め、加害者と被害者は損害発生後に法廷地法の適用を合意することができる（議会が採択した128a条）、[22]と。そして、彼女によっても、国際的な不正広告はその市場に効果を及ぼした国の法によって規律される（132条1項）。しかし、別の準拠法が3つの場合に維持される、a）広告がもっぱら特定の競業者の企業利益に関係する場合には、準拠法は被害を受けた営業所の所在地法である（第132条第2項）、b）広告が既存の契約に反して拡散した場合には、契約準拠法が維持されなければならない（129条3項を適用する132条3項）、c）損害発生後に、加害者と被害者が合意すれば法廷地法が適用される（129条4項）、[23]と。

　ところで、彼女によれば、国際私法連邦草案は、異なるカテゴリーの競業行為の間の基本的区別を行っている。潜在的な多数の競業者もしくは公衆に対する競業行為（市場に関係する違反もしくは公衆に影響を及ぼす違反）はその行為がその市場に効果を及ぼした国の法による（132条1項）。これに対して、もっぱら特定の競業者の企業利益に関係する不正競業（営業に関係する違反もしくは公衆に影響を及ぼさない違反）は被害を受けた営業所の所在地法によって規律される。その対象となる行為は経済スパイ、被用者の引抜き、契約破棄への誘引のような企業の生産システムおよび企業組織に関係するすべての行為である、[24]と。しかし、彼女によれば、結局、国際的不正広告の大多数の場合はそれがその市場に効果を及ぼした国

の法によって規律される。実際、広告は特に公衆に影響を及ぼす行為である。欺罔的広告の様々な形態は市場における消費者および競業者全体に関係する。もっぱら特定の競業者の企業利益に関係する不正広告の場合は存在するのか。経済スパイに基づくか競争企業の被用者の側の営業秘密の漏洩によって取得した妨害広告の場合が考えられる。この場合においても、不正広告は妨害広告の行為者の能力に関する誤認表示を消費者に対して引き起こす場合にはもっぱら特定の競業者の企業利益に関係するわけではない。この場合には、不正競業行為は不正競業法によって保護される様々な利益を同時に侵害するから、草案の区別（132条2項）は適用があいまいである。さらに、準拠法の決定に関してはこの区別は不要であると思われる。実際、その市場に効果が及んだ国という基準は行為がもっぱら競業者の企業利益に関係する場合には被害者たる競業者の営業所の所在地法へ導く。したがって、不正競業行為（したがって、不正広告）全体に関して効果が及んだ市場地国法を維持する連結原則で草案の基本的な2つの場合をカバーするのに十分である、[25]と。

　さらに、彼女によれば、草案においては市場地法の例外が考えられている。この草案は不正競業の分野において意思自治に一定の余地を認めている。一方では、損害発生後に法廷地法を選択することができる。他方では、附従的連結は加害者および被害者によって選択された法の適用へ導く。広告の分野においては、例えば、欺罔的広告または妨害広告が工業所有権の譲渡もしくはライセンス契約違反または加害者と被害者との間の委任契約違反を構成する場合には附従的連結が問題となる。この場合には契約準拠法、特に当事者によって選択された法がこの広告に対して適用される。不正競業行為に関しては、制限的であれ無制限であれ意思自治を承認することは問題である。競業法の規定は競業者を保護するだけではなくて消費者、すなわち不正行為に直接関与しない者を保護しようとし、さらには公正な競争の維持に対する公益が関係するから、この目的と無関係な考慮に基づく連結原則を認めることは満足のゆくものではない。市場地法の適用資格に基づくこれらの考慮は別の法、例えば、両当事者の本拠地国法を適用することを可能にする回避的な一般条項（14条）の使用へ導く。国際広告の分野においては、市場地国と関係しないこの場合は稀である、[26]と。

　これに対して、Bärによれば、競業違反の場合の結果発生地は市場に効果を及ぼした場所、例えば、広告の場合には広告が潜在的顧客に影響を与える場所である、[27]と。そして、133条において現れている効果の《直接性》の要件は、132

条についても妥当しなければならず、以後の市場への第2次的なそれ以後の効果、競業者の財産における損害の発生は連結法上重要ではなく、競業者も計画の際にそれらを計算に入れる必要はない。行為の倫理的な不法性の場合に適合する訴訟当事者の共通本拠地法は適用されてはならない。なぜなら、この市場における競争の機会の平等に関しては、被告は共通の本拠地法を補充的な制限として計算に入れる必要はないからである。外国市場における不正行為がもっぱら他の内国の当事者に向けられている場合にもそうであるが、その場合に報告書は当然効果主義から離れようとしている。代替製品のその他の供給者が国際的にも存在しないため不正行為が一般的に内国の競業者にのみ向けられている場合においても効果主義は適用される [28]。さらに、彼によれば、第2項は不正行為が《もっぱら被害者の営業上の利益に向けられている》場合の当該《営業所》所在地法の指定を例外としている。これは人格権的にも説明できるが、この連結は実際的にも理由がある、[29] と。

彼によれば、この場合には輸出市場の市場体制が違法性を決定する必要はなく、秘密、誘引された被用者もしくは引抜かれた被用者の不正、不当な優遇等々とは何かを関係者の営業所所在地法に問うのが行為者にとっても自然であり法的に確実でもある、[30] と。さらに、彼によれば、第2項と並んで、効果主義の2つの例外が問題となる。すなわち、既存の法律関係の準拠法(第132条3項によって留保される129条3項)およびスイス法の事後的法選択(草案の第129条4項、国会草案の128a条)である、[31] と。最後に、彼によれば、市場効果への連結は、例えば、潜在的顧客を有する複数の国において行うメディアによる広告の場合には定評通り各国毎に別個に違法性を判断することになる、[32] と。

政府草案第132条は、『市場に関連する不正競業』と『営業に関連する不正競業』との区別を前提にし、『市場に関連する不正競業』については市場地法の適用(1項)、『営業に関連する不正競業』については被害者の営業所所在地法の適用(2項)を規定している。この点については、区別の適用があいまいであるとする Imhoff-Scheier の批判もあるが、これに対して、Bär は政府草案理由書と同様に区別に賛成し区別には十分な根拠があるとする。また、政府草案を分析した両者によれば、政府草案は不正競業を不法行為として性質決定し、不正競業の不法行為地を市場効果地に求めているものと評価される。したがって、政府草案は136条1項において市場に対する「効果(Wirkung)」という用語を使用していても、不正競業につ

いて一般の不法行為に関するものとは別個の抵触規定、すなわち市場に対する「効果（Auswirkung）」を基準とするカルテル法上の「効果主義」によるのではなくて、実質的には、不正競業行為がいずれの市場に対して作用（Einwirkung）を及ぼしたかを基準とし不正競業に固有な不法行為地を探究していることになろう。さらに、政府草案は附従的連結（132 条 3 項）を規定している。最後に、草案の解釈として、一般の不法行為についての事後的法選択（129 条 4 項）については、不正競業の場合にも許されるとする Imhoff-Scheier の見解と、競業者のみならず消費者、さらには公正な競争の維持に対する公益を保護する不正競業法の目的からして反対する Bär の見解とが対立している。なお、政府草案理由書は、『営業に関連する不正競業』に限り、双方的に当事者の共通の本拠地法の適用を認めるが、草案の解釈として、不正競業一般について 14 条により双方的に当事者の内国の共通の本拠地法の適用を認める Imhoff-Scheier の見解と、競争の機会の平等の観点からこれに反対する Bär の見解とが対立している。

Ⅲ　スイス国際私法典（1987 年）における不正競業

第 136 条

1　不正競業に基づく請求は、その不正行為がその効果を及ぼす市場の所在する国の法による。
2　権利侵害がもっぱら被害者の営業上の利益に対して向けられているときには、当該営業所の所在地国の法が適用される。
3　第 133 条第 3 項の規定は留保される [33]。

136 条 1 項によれば、不正競業に基づく請求はもはや競業者の競業上の地位が侵害された市場（専門家委員会草案）ではなくて、政府草案と同様に、原則としてその市場に対して不正行為がその効果を及ぼす国の法による。営業に関連する侵害については例外的に特別な連結が問題となるが、これは、侵害がもっぱら被害者の営業上の利益に向けられている場合である（第 136 条第 2 項）。さらに、例外として 136 条 3 項は明文で附従的連結のための留保を規定している。最後に、当事者による法選択については、一般の不法行為に関する 132 条が不正競業にも適用されるか否かが問題とされている。また、15 条により当事者の共通の本拠地法を適用する余地があるか否かが問題とされている。なお、公序条項の適用の可否の問

題、複数の国々の市場に効果を及ぼす『多国間不正競業』の場合の問題などがある。

1　原則 ―「効果主義」（市場関連的不正競業）（第136条第1項）

　国際私法典136条1項を適用した最初の判例として注目されるのが、1990年4月19日のツークのカントン裁判所の判決である。ツークに住所を有する被申立人がフランスにおいて申立人の顧客にフランス地域の自己の販売会社の設立に関して手紙により伝達した。申立人の主張によれば、被申立人は信頼できる顧客リストを利用した。その本拠をフランスに有する申立人はこの行為を競業違反と主張した。当裁判所は、本件に関して「国際私法典136条1項によれば、不正競業に基づく請求は不正行為がその効果をその市場に及ぼした国の法による。被申立人は競業法上禁止されている書簡をもっぱらフランスの自然人および法人に送付した。したがって、行動はその効果をフランスに及ぼし、その結果、本件においてはフランスの実質競業法が適用される」[34]と判示した。

　他方、学説においては、「効果主義」に関して様々な議論が行われているが、その概要をうかがうことにしよう。

　一方では、Imhoff-Scheier/Patocchiによれば、136条1項により、不正競業行為の準拠法は原則として効果が生じた市場地国の法である。市場に対する効果というこの基準を認めたことによって、法律は比較法において観察される一般的傾向に沿っている。スイスにおいては、この連結はすでに連邦裁判所の複数の判決によって述べられていたが、そこでは偏在主義に訴えながら最終的にはスイスにおける競業行為の結果発生地が維持されたに過ぎない。市場の基準を維持することによって、立法者は現代競業法に固有な考慮に従ったが、それは与えられた市場における行動規則全体として理解されていた。それは、私法と公法との間の中間にある市場法であり、その目的はもはや競業者の相互関係の保護に限定されるのではなくて消費者の保護および与えられた市場における自由かつ公正な競争の維持に対する公益の保護を要求する。したがって、行為者が行動した場所もしくは居住する場所がどうであれ、それは関係国の市場に効果を及ぼす行動すべてを規律しようとする。それが137条1項の競争妨害において行っているのとは異なり、不正競業行為に関しては、法律は効果が直接的であることを要求していない。しかし、この要件は136条1項にも含まれていると評価しなければならない。なぜなら、それは行為とその経済的効果との間の必然的な因果関係を表現しているからである。連結基準

として有効であるためには、効果は効果を惹き起こす行為と十分な因果関係を有しなければならない。第2次的な効果をも維持することは競争に関する立法に準普遍的な適用範囲を与えることになる。その場合には、準拠法は行為者にとって予測不可能になる。したがって、効果の直接性の要件は予測可能性の要件を吸収する長所を有する、[35]と。Imhoff-Scheier/Patocchi によれば、「効果主義」は、特別な不法行為としての不正競業に固有な不法行為地を探究する際の基準として理解されているものとみてよい。

　これに対して、多数の学説は、「効果主義」を一般の不法行為に関するものとは別個の抵触規定として理解しているものとみてよい。

　まず、Bucher によれば、136条は2つの例外に従う原則的解決を含んでいる。1項によれば、《不正競業行為に基づく請求権はその市場で効果が発生した国の法によって規律される》と。この規定は不正競業における偏在理論の適用および行為地への連結の適用を終わらせた。商人の行動の規制は本質的には市場機能を規定することに向けられる。したがって、この観念によって不正競業法の適用範囲を画定しなければならない。市場地法は競業者間の機会の均等を保証することによって均質的に適用されなければならない。したがって、不正競業行為が外国で行われ外国に営業所を有する2つの企業に関係するとしても、関係国の市場で発生した（不法行為法に属する）効果のみを規律する。市場地国法の連結の排他的性格からして、その行為の効果が市場地国で発生することを予測することができることを法律は要求していない。予測可能性に関するこのような要件が堅持されれば、行為地法もしくは関係している企業の本拠地法に補充的に準拠しなければならないが、これらはこのような行為の経済的効果と関連性を有しない法律である、[36]と。

　つぎに、Baudenbacher によれば、効果主義一般に関しては、具体的には、原則として市場に属する者の常居所を基準としなければならない。実用性の理由から、直接的効果のみが考慮されその後の経済段階における放射は排除されなければならない。効果主義は行動地がア・プリオリに連結から排除されることによって不法行為法的出発点とは異なる。これに対して、競業利益の衝突地への連結とは結論においては相違は存在しない。販売市場地法への連結が一般的傾向である。したがって、連結基準を精緻化しようとする試みは結局概念の単なる交換になるのではないかという疑問が提起される。しかし、そのような議論は外見的には同じ概念が法律適用において異なる効果を有することがあることを見落としている。法の継続形成

による限界事例の今後の解決を見れば、実質公正法の新方向を具体的に国際私法において反映せしめている概念が選択されたことは決定的に重要である、[37]と。

さらに、Müllhaupt によれば、補充的原則としてのみ適用される厳格な不法行為地法主義を克服する際に、国際私法典は不正競業について特別な連結を規定している。そして、国際私法典 136 条 1 項に従い、不正競業に基づく請求は不法行為がその市場に効果を及ぼす国の法による。市場地法の適用によって偏在理論が克服された、[38]と。

加えて、Schwander によれば、効果主義はまさに結果発生地への連結の弱点（すなわち、潜在的に関係する法秩序の無限の拡大）を除去するから、直接関係する市場への制限は確かに有意義で必要であろう。しかし、ここでは《直接性》は必然的に不法行為の第一次的効果を対象とするのか、むしろ質的に評価されるべき《重心形成》が考えられるべきか、[39]と。そして、彼によれば、事実を事例群に分類するのではなくて、むしろ 136 条 1 項の正しい解釈が目標へ導く。なぜなら、各個別事例群において再び潜在的顧客ないし需要者の所在地が決定されなければならず、すでに 136 条 1 項に含まれている基準が決定的であるからである、[40]と。

また、Vischer によれば、国際私法典は不正競業に基づく請求権を不法行為がその市場に効果を及ぼす国の法によらしめている（136 条 1 項）。不正競業に関する諸規定は市場行動に関する規則を含んでいるから市場地法の適用が正当化される。問題となる市場に参加する者は誰でもこの規則に従わなければならない。その場合に初めて、すべての市場参加者の機会の平等の原則が保証される。市場概念は国家により制限されなければならない。競業者がその供給によって現れ他の競業者と競争し潜在的な顧客に向かう場所が市場地とみなされる（疑わしい場合には、当該顧客の本拠地あるいは住所地が基準とされなければならない）、[41]と。なお、彼によれば、136 条 1 項は 137 条第 1 項とは異なり被害者が直接関係している市場への制限を含んでいない、[42]と。

加えて、Bär は、まず『効果主義』についてつぎのように論じている。すなわち、不正競業の空間的連結は国際私法典までのスイスの判例においては、事例の特殊性によりわずかである。不正競業は不法行為的素材として（原告による選択によって）行動地法もしくは結果発生地法によらしめられるが、1957 年の BRUNO VON BÜREN のコンメンタールによれば、いずれにせよ結果発生地は競業者のところにではなくて『市場』に求められなければならないことは明白であると思われ

る。依然として、行動地の重要性の問題が残るが、もちろん、（内国競業者間の誠実義務の意味で）外国での競争についても（不法行為地と並んで）共通の住所地法たるドイツ法への連結はスイスにおいては従われていない。これに対して、最初に、『競業法の本質を正当に評価する』不法行為地への連結の解決を意識的に探求し、それをもっぱら『競業利益の錯綜地』すなわち不正に求められた市場地にのみ見いだされる。また、行動地ではなくて不正に歪められた市場状況の意味での結果発生地が重要である。しかし、連結にとって重要な結果の財産減少的ないわゆる事後的効果のみが企業財産において沈殿する損失を受けた競業者の所在地は結果発生地ではない。この考えはいわゆる効果主義として国際私法典 136 条において法律となっている（『その市場において不正行為がその効果を生じる国の法』）。すでに専門家委員会の最終報告は競業者の機会の平等を規制するすべての不正競業防止法の『経済政策的計画』によってこの規定を根拠づけた；したがって、すべての競業者にとって当該国家の市場においては一様、すなわち競業者がどこに居住しどこで行動したかに関わりない、(43) と。

　つぎに、Bär は、『市場の空間的決定』についてつぎのように論じている。すなわち、需要と供給の出会いとしての『市場』という抽象的な観念は、その所在が確認できる人的集団に還元されなければならず、国際的な事態においてはいずれかの側：供給者か需要者に制限されなければならない。需要者に集中することは不正競業に関してはもはや争いない（――潜在的な顧客が所在する場所である）、(44) と。そして、潜在的な需要者が『所在する』場所が重要である。誰が厳密には潜在的な顧客であり、潜在的な顧客が厳格に法律的にその本店もしくは支店をどこに有するかが証明によって認定されなければならないということを意味しているのではない。潜在的な需要者は多かれ少なかれ多数であり、それについては、それらの若干は（この決定地点の法的形式に関わりなく）ここから例えば旅行者としても供給者を探すと経験上言える、(45) と。また、直接的な市場効果のみが重要であり、例えば、事後的効果および反射的効果は重要ではない、(46) と。さらに、133 条によれば、結果発生地が予測不可能である場合には行動地へ連結される。第 136 条の場合には、そのような選択肢が規定されていないのには十分な根拠がある。それは、結果発生地（市場効果地）が唯一妥当なものとみなされるからである。――そうでなければ、例えば、市場効果地法が行為に同意するけれども行動地法に基づいて有責とすることになる、(47) と。

同様の趣旨を明らかにするものとして、Dasser/Drolshammer の見解が挙げられる。Dasser/Drolshammer によれば、1 項は 137 条 1 項と同様に市場効果主義（Marktauswirkungsprinzip）を含んでいる。もちろん、――これは異なる定式において表現されているが――両者の規定はこれらの原則の 2 つの側面を明らかにしている：公正法の場合には、競業行為の観点、すなわち結局行為者の観点から、競業妨害法の場合には、当該市場参加者、すなわち犠牲者の観点からである。それ自体単一の原則のこの異なる説明のみならず異なる事例状況も 136 条ないし 137 条を市場効果主義の固有な取り扱いを強制する。公衆に効果を及ぼす市場関連的違反については、市場地国が類型化された不法行為地である。そのような違反が複数の市場参加者に向けられるが、これはそうである必要はない。競業者が提供して現われ、（目立った）競業者と競争し潜在的な顧客に向かう場所が市場とみなされる。したがって、市場の相手方の場所、すなわち潜在的な顧客の所在地が決定的である。したがって、不法行為法的行動地は《事項に特有に個別化される》。競業者が違反を決断し誘導された場所は基準とはならない。特に、競業者の管理機関の所在地自体への連結は問題にならない。[48] と。

同様に、Dutois によれば、136 条 1 項は、『不正競業に基づく請求は、効果が生じた市場地国法によって規律される』と規定する。今後は維持される連結は行為の市場に対する効果への連結である（市場効果主義）。効果が生じた市場地国法が問題となる不正競業行為を排他的かつ一様に規律し、それが外国で行われたか 2 つの外国企業に関わるかは重要ではない。『市場』によって理解されるのは、経済的代理人がその製品を提供しその同業者と競争している場所であり、疑わしい場合には関係している顧客の住所地（もしくは所在地）であることが認められる。行為の効果が複数の市場において感知される場合には、その違法性は準拠法に照らして各国において別々に評価される。この連結は与えられた市場における行動規則全体を構成する不正競業法の特殊性によって説明される。不正競業法は、競業者間の保護のみならず消費者および公益の保護にも関係する市場法である。136 条を適用する際には、1988 年 3 月 1 日以後施行されている 1986 年 12 月 19 日のスイスの新不正競業法が認めているような不正競業法の機能的かつ三次元的な概念に依拠しなければならない。したがって、競業者間の関係であれ、供給者と顧客との間の関係であれ、これらの関係に影響を及ぼす行動が行われ、この行動が与えられた市場における競争の円滑な機能を混乱させる性質のものである場合には、この規定が適用さ

れなければならない。不正競業法の広いこの概念により、136条の適用範囲が決定されなければならない。このようにして、係争の行為の準拠法が決定される。つぎに、係争の行為が本件において不正なものと判断されるかどうかを、このようにして発見された準拠法が明らかにする。したがって、136条1項が理解させることに反して、この規定の適用は、問題となる市場が不正競業行為によって実際に混乱したことを意味するものではない。実際、現代の不正競業法においては、法の適用を正当化するには損害の危険および競争の混乱の危険だけで足りる、[49] と。また、市場地法への連結が正当であるためには、不正競業行為が直接被害者にその効果を及ぼさなければならない。136条1項は —— 137条1項とは反対に —— この点を明確にしていないが、直接的効果が必要なことは明かである。そうでなければ当該不正競業法はほとんど無制限の適用範囲を有するからである。さらに、この直接的効果は被害者の利益に対する実質的な侵害をもたらすものでなければならない。単なる第2次的な効果もしくは重要でない効果は市場地法への連結を基礎づけるのに維持できない、[50] と。

　同様に、Weber によれば、不正競業法は被害者の保護と並んでまったく一般的に同業者の保護（水平的保護）および顧客（垂直的保護）並びに公正な競争に対する公共性の保護を目的とする。異なる請求集団に対して同一の保護を保証するためには、特定の市場の参加者すべてが同一の法に従わなければならない。この要請が基準となる・重要な市場によって決定される競業上の利益の衝突地への特別な連結を要求する。国際私法典136条1項に含まれている市場効果主義は、当該市場参加者が不正競業に基づく請求権、すなわち違法な競業行為を禁止する保護規範の違反に基づく民事法上の請求権（防御請求権および保護措置請求権を含む）を市場地国法に従い主張することができることを述べている。その際、競業者がその給付を提供し競業者と競争し顧客に向かう場所が市場とみなされる[51]。国家法の間に実質法上の重要な相違が存在する限り実際的な意味を有する国際私法典136条1項の市場効果主義は、公衆に作用する違法な競業行為のみに関係する[52]。

　最後に、Danthe は、まず『その市場において結果が発生した連結』についてつぎのように論じている。すなわち、1987年12月18日の国際私法連邦法の136条1項は、つぎのように規定している。すなわち、『不正競業行為に基づく請求権はその市場において結果が発生した国の法によって規律される』と。法律のフランス語版に関して採用されている用語の選択は重要である。それは、結果発生地の本来

の法的基準との明白な関連性を表現すると同時に、結果発生地を放棄して経済分野により良く適合する別の基準、すなわち市場に対する効果という基準の採用を示している。したがって、今後は、非難されている競業行為を、最近の学説の表現を借りれば、『排他的かつ同質的に』規律するのは、その市場が影響を受ける国で妥当する規定である。競業法の同一性による理由により正当化される市場の効果に対する連結（効果主義）は、この同じ競争に対する侵害に関する準拠法をも決定する（137条1項）。構文の相違を超えて、これらの2つの規定に対して同様の効果を承認するのが適当である、⁽⁵³⁾と。つぎに、Dantheは、『連結方法』についてつぎのように述べている。すなわち、競業法において常に提起される法律の抵触を解決するために、立法者は、当面のいずれかの法秩序に国際的性格の事案を位置づける連結規則を介して準拠法の決定を行うという意味において双方的方法を明白に選択した：状況、すなわち侵害された市場に応じて、指定される法は法廷地法であったり外国法であったりする。その決定は —— 少なくとも最初の時点では —— 適用される実質法の内容を裁判官が問う必要なく行われる、⁽⁵⁴⁾と。

また、Dantheは、『効果への連結の基礎』についてつぎのように述べている。すなわち、1987年12月18日の国際私法連邦法の136条1項を採用することによって、立法者は不正競業に関して連邦裁判所が採用していた判例の解決に対して二重の観点から制限しようとしていた。一方では、この新規定は不法行為地への連結基準の放棄を認めた。今後は侵害地法、すなわち経済的結果が発生した場所の法だけが適用される。他方では、同項は被害者に準拠法の選択権を許すことを拒否し、純粋に客観的な位置付けを行う連結規則を選択した。『市場もしくは公衆に対して』行われる不正競業行為に関するこの展開は、実質法において確認される展開に抵触法を適応させる限りにおいてのみ承認される。今後は、実際、不正競業法は私的な利益も公益も保護しようとする商人の行動規則を構成する、⁽⁵⁵⁾と。

そして、Dantheは、『連結の具体化』にあたって、一方において、効果の概念を取り上げ、効果の直接性、予測可能性および実質性について論じている。まず、直接性についてであるが、Dantheによれば、効果の直接性のこの基準は、特に単純な『結果』の発生地への古い連結によって遭遇する暗礁を回避できる限り、市場に対する効果への連結規則の良き適用に必要であると思われる、⁽⁵⁶⁾と。つぎに、予測可能性であるが、Dantheによれば、1987年12月18日の国際私法連邦法の136条に予測可能性の基準を導入することは —— 今後、特殊経済的不法行為に関

して最も適当であると考えられる —— 市場に対する効果への連結の排他的性格を否定することになり、新たに不法行為全体に共通な解決から我々を遠ざけることになる恐れがある。特に、この導入は、1987 年 12 月 18 日の国際私法連邦法の文言、体系に反することになり、当面の規定の沿革を探る文書のいかなるものにも基づいていない。したがって、準拠法決定段階においてこの基準を採用するのではなくて、本案に対する法適用段階において予測可能性の欠如を確認する仕事を裁判官に委ねることが適当である、[57] と。そして、予測可能性の概念は定式化された要件に新たな要件を付け加えることは確かではない、[58] と。

　最後に、実質性についてであるが、Danthe によれば、欺罔的広告の頒布のような競業行為が様々な国々の市場に対して効果を発生させる場合には、関係している各国の実質法を考慮に入れなければならない。各々の市場が重大に侵害されている場合には、異なる内容の競業法を等しく適用することを定めるこの法的アプローチはまったく正当化される。属地主義によれば、送信者はこれらのプログラムが様々な受信地の国の法に従う配慮しなければならない。しかし、実際には —— 電波による頒布を考えれば —— これはメディアの内容を最も厳格な法に依らしめることになる。この法が散発的にのみ関係する市場であれば、単純な良識は技術的に不可避なこのような侵害の効果を認定しないように命ずる。このような無視は、係争の市場における競争によって受ける影響の量的評価、すなわち当面の利益および訴訟事件の状況全体を確認すべき評価に従って初めて行われる、[59] と。

　そして、連結点としての役割を果たすためには、直接的効果および実質的効果は具体的に実現される必要はない。主として、競争の歪みの発生を回避しようとする不正競業法の実質規定に照らして、損害が実際に発生したことを要件とするのは非生産的である。それどころか、不正な行為の中には効果の発生を構成要素としない行為がある以上、このような競業行為が客観的に発生させる恐れだけで 136 条の意味では充分である、[60] と。なお、1987 年 12 月 18 日の国際私法連邦法の 136 条 1 項の連結とは別に、それぞれの国の手続法および実体法によって予防的措置を採ることができる、[61] と。他方において、Danthe は、市場の概念を取り上げてつぎのように論じている。すなわち、1987 年 12 月 18 日の国際私法連邦法の 136 条 1 項において指定されているもうひとつの法的概念、すなわち『市場』の概念は、ここではその経済的意味よりも制限的に理解されなければならない。したがって、この概念は被害者（競業者および・もしくは消費者）が直接に競争活動

の歪みによって侵害もしくは威嚇される国の概念に相当する。このような定義は、
——分離しながらも——販売地および広告地を考慮に入れることを可能にする。
実際には、これらの市場は様々な国々に位置付けられるから、異なる公正規則に従
うことになる、(62)と。そして、この分野における実質法が統一されていないため、
国際取引は国家市場の並存に分割されているものとして考えられる、(63)と。なお、
理論的には、インターネットにおける取引行為は買主もしくは競業者が位置付けら
れる各国の法秩序の束に従う。このことは、例えば、攻撃的広告の頒布に関しては
その網を不適当なものにする。多数のインターネット人の目からは破壊者として考
えられる危険を冒しても、法秩序の累積を主張しよう。それだけが不正競業の実質
法の不統一を認めることを可能にする。これは、裁判官に対してもインターネット
のユーザーに対しても課される政治的意思である、(64)と。

　他方、Dubs によれば、公正法上の連結は国際私法の当該抵触規範に基づいて原
則として競業作用主義に基づいて行われ、国際私法典 136 条 1 項および 2 項の対
象となる国際公正私法の事例群においては判断されるべき行動様式が競争に作用す
る場所の法の適用へ導く。競業行為法としての不正競業法の本質によって、係争物
たる（不正）競業行為が行われ、この意味において競業へ作用する場所へ連結され
なければならない。したがって、競業に作用する行為は公正法において準拠法を決
定する意義を有する。なぜなら、公正法全体が競争に現実にまたは潜在的に参加す
る者の行為を規制することを目的とするからである (65)。

　とくに、公正法の事項的規制範囲においては不法行為的意味での保護される法益
侵害は存在しないから、公正法においては——不法行為抵触法に相当する——
結果発生地は存在しない (66)。不正競業法は、その構想によれば（国際私法におい
ても）不法行為法には分類できないから、（不正）競業行為地を決定する場合には、
不法行為法上の不法行為地（行為地）の公正法に特有な決定は問題とならない (67)。
公正法違反の場合の競業作用主義とカルテル違反の場合の市場効果主義を連結に関
して区別するのは正当である。なぜなら、このように概念上区別することによっ
て、公正法においては第 136 条第 1 項によれば行動の意味での競業行為が連結上
重要であり、カルテル法においては第 137 条第 1 項によれば——行動とは別に
——結果発生の意味での効果として理解される競争妨害が抵触法上の連結に関し
ては重要であることが表現されているからである (68)。国際公正私法における効果
主義の妥当性は誤りである。カルテル法と公正法の異なる傾向および両法域の異な

る規制対象が（カルテル法上の）効果主義を国際公正私法に一般的に移植すること
に反対する (69)。そして、Dubs は、多数説が 136 条 1 項の連結概念と 137 条 1 項
の連結概念を区別していないのは、不当であるとする。

　これに対して、Schibli は、まず、『公正法とカルテル法との統一的連結』につい
て次のように述べている。すなわち、公正法およびカルテル法の同一の実質法上の
目的、すなわち、競争の保護に従い、抵触法においても統一的に市場地への連結が
行われる。しかし、両者の法律の異なる傾向は、136 条および 137 条の異なる定
式の指定規範を帰結とする、(70) と。つぎに、彼によれば、公正法における出発点
は広告（ここでは、抽象的に行動と呼ばれる）である。抵触法上基準となるのは、
広告がいずれの市場に効果を及ぼすかである。この市場は地域的に決定されなけれ
ばならない (71)。さらに、彼によれば、同一市場への連結が行われるから、公正法
およびカルテル法の異なる傾向のため別の概念を使用することを正当化しない。し
かし、ここで主張している見解によれば、異なる概念の使用は連結の場合の異なる
結論を導かない、(72) と。Schibli は、次に、『市場』の決定について以下のように
論じている。すなわち、空間的構成要素に関する市場概念の解釈は実質的な市場決
定に基づく。したがって、実質的な広告市場が位置づけられなければならない。こ
れは、提供者が潜在的な需要者の獲得のために努力する場所ないし潜在的な需要者
の所在地に存在する。この場所は、抵触法上、広告メディアの頒布地に基づいてま
ず頒布地を確認するというようにして決定しなければならない。つぎに、この場所
から出発して 4 つの『市場を示す』メルクマールのうちのひとつによって潜在的
な需要者の所在地（『市場地』）を指定する頒布地が市場地として定義されなければ
ならない。抽象的な審査が行われなければならない。実際、空間的な市場が存在す
るかどうかは準拠法によって決定されなければならない、(73) と。

　さらに、Schibli は、『効果を及ぼすこと』について以下のように論じている。す
なわち、『効果を及ぼすこと』という連結概念をどのようにして解釈すべきかとい
う問題が提起される。この問題は、特に多国間広告および拡散の場合の無数の市場
地の制限に関して提起される。したがって、連結概念の解釈にとって、基準となる
市場地の数を抵触法上制限するのにいかなる基準が適当であるか。重要な基準は直
接性の基準である。市場に対する効果は広告の直接的効果でなければならない。す
なわち、広告は効果の必然的かつ重要な原因でなければならない。これに対して、
予測可能性や広告者の意思のような主観的基準は拒否されなければならない。それ

は、一方的に広告者の利益を考慮して市場における機会平等の原則を無視している。また、知覚可能性の基準も重要ではない。この基準の顧慮は請求権の過度の抵触法的制限を帰結とする。広告が客観的に国家の市場に対して効果を及ぼすことができることで足りる。したがって、『効果を及ぼすこと』という連結概念の解釈は、以下のように行われなければならない：具体的に存在する広告は、（第1に）それが効果を及ぼすのに適切であるかどうか、（第2に）それは直接的効果であるかどうかというようにして審査されなければならない。広告が一般的に市場に対して効果を及ぼすことができる場合に、抵触法上の効果の可能性が存在する。直接性の判断の基準となるのは、問題となる広告が効果の必然的かつ重要な原因であるかどうかである。これに対して、知覚可能性および予測可能性は実質法の次元において考慮されなければならない。この基準がすでに抵触法的問題の場合に取り扱われれば、抵触法的問題と実質法的問題とが混同される。それによって決定の透明性が失われる、(74) と。

　最後に、Schibli は、『効果主義』についてまとめている。彼によれば、国際不正広告の連結については、以下の図式に従わなければならない。

1. 抵触法上重要な市場が存在するかどうか。
    a. どのような製品が問題か、どのような役務提供が問題か。
    b. 問題となる広告の頒布地はどこか。
    c. 頒布地は市場地でもあるか。特に、広告された製品または広告された役務提供の販売市場が存在するか。
2. 広告がこの市場に対して効果を及ぼしているか。
    a. 広告が効果を及ぼすのに適しているか。
    b. 市場に対する直接的効果が生じているか。

この図式に従えば、国際広告の準拠法は単純に決定される。拡散の問題も通常この図式によって解決できる。広告の頒布地から出発して、いずれにせよ重要ではない効果（拡散）は市場地の決定の枠内で（市場を示す基準によって）考慮される、(75) と。

　なお、不正競業法においてもその他の経済抵触法におけると同様に『合理性の原則』を提唱する見解を紹介しておこう。

　Schnyder によれば、カルテル法および公正法が統一的な競業秩序の部分領域として捉えられれば、関係する市場秩序利益を考慮する統一的な連結を探究すること

第 4 章　スイス国際不正競業法　213

が理解できる。したがって、競争制限禁止法において妥当する連結が公正法についても異なる形で推奨されることはほとんど驚くに足らない。競業利益の衝突に基づく競業に固有な不法行為地の解釈もカルテル法上の効果主義に接近することを意味する。これは立法的影響をオーストリア国際私法典の 48 条 2 項に見いだした、[76] と。そして、彼によれば、国際私法典 136 条 1 項はドイツ国際私法委員会提案とは異なり《作用》ではなくて《効果を及ぼすこと》を基準にしている。しかし、これは実質的にはカルテル法上の効果主義の厳格な継承が規定されたのではなくて、—— 連邦議会の報告書が指摘しているように —— 不正行為がいずれの市場に向けられているかという連結が規定されたのである、[77] と。

　さらに、彼によれば、例えば、スイス国際私法立法とは異なり、法則学派的抵触規範は抽象的に外国の作用地もしくは外国の属人法ではなくて事実との属地的もしくは属人的関連性並びにその実質法上の目的に基づいて適用意思を有するような法へ連結する。結論的には、もちろん、ここで遵守する合理性の原則その他の最近の連結の提案は少なくとも一致する。なぜなら、特定の行為（行為の《不法》）もしくは例外的に結果（結果の《不法》）を非難する当該実質規範が発見された場合に初めて、いずれの市場に対して《不正行為がその効果を及ぼした》かを述べることができるからである。何かを禁止する規定が存在しない場合には、行為は（実質法的意味におけると同様に）抵触法的意味においても《不正行為》として効果を《及ぼす》ことはできない。逆に、実質規範がその適用のために（すなわち当該国家の領土における）部分的行為で満足している場合には、法秩序の規制管轄権を創設する市場への作用がすでに存在する、[78] と。

　「効果主義」については、136 条 1 項を適用した判決が存在するが、学説においてはその意味については相異なる理解が見られる。一方においては、「効果主義」は、特別な不法行為としての不正競業に固有な不法行為地を探究する際の基準として理解されるとする見解（Imhoff-Scheier/Patocchi）であり、他方においては、「効果主義」は一般の不法行為に関するものとは別個の抵触規定として理解されるとする見解（Bucher, Baudenbacher, Schwander, Bär, Vischer, Dutois, Weber, Danthe, Dubs, Dasser/Drolshammer, Schibli）である。そして、この見解も、136 条 1 項の連結概念（Einwirkungsprinzip）と 137 条 1 項の連結概念（Auswirkungsprinzip）を区別しない多数説（Bucher, Baudenbacher, Schwander,

Bär, Vischer, Dutois, Weber, Danthe, Schibli）と、136条1項の連結概念と137条1項の連結概念を区別する少数説（Dubs, Dasser/Drolshammer）に分かれる。しかし、Schnyder も指摘しているように、国際私法典第136条1項は《作用（Einwirkung)》ではなくて《効果を及ぼすこと（Auswirkung)》を基準にしているが、これは実質的にはカルテル法上の効果主義の厳格な継承ではなくて、不正行為がいずれの市場に向けられているかという連結を規定したものである。したがって、136条1項はカルテル法上の「効果主義」を類推したものであると言えよう。そして、学説には、不正競業法においてもその他の経済抵触法におけると同様に『合理性の原則』を提唱する Schnyder の見解もあるが、多数説は、すでに述べたようにカルテル法上の「効果主義」を類推した上で（なお、「効果」については『直接的効果』を要件とする見解（Imhoff-Scheier/Patocchi, Baudenbacher, Bär, Dutois, Danthe, Schibli）と、137条1項とは異なり136条1項は効果の直接性を明文で規定していないとする Vischer の見解とが対立している）、『市場地』の概念の具体化に努め、市場に属する者の常居所地（Baudenbacher）、潜在的顧客ないし需要者の所在地（Schwander, Bär, Schibli）、競業者が他の競業者と競争し潜在的な顧客に向かう場所（疑わしい場合には当該顧客の本拠地または住所地）（Vischer, Dutois, Weber, Dasser/Drolshammer）、被害者（競業者および・もしくは消費者）が直接に競争活動の歪みによって侵害もしくは威嚇される場所（Danthe）と定義している。

2 例 外

(1) 被害を受けた営業所所在地法の適用（営業関連的不正競業）（第136条第2項）

　一方では、Imhoff-Scheier/Patocchi によれば、136条の2項は最初の例外を規定している。不正競業行為がもっぱら特定の競業者の利益に関係する場合には、準拠法は被害を受けた営業所の所在地法である。その対象となる行為は、経済スパイ、被用者の引き抜きもしくは契約破棄への誘引のように、特に生産システムおよび企業組織に関係する行為である。したがって、136条は区別を行うことを前提とする。すなわち、一方では、市場地法による潜在的な多数の競業者もしくは公衆に対する不正競業と、他方では、もっぱら特定の競業者の企業利益に関係し被害を受けた営業所の所在地法の管轄に属する不正競業である。この区別はある困難を提起する。まず、不正競業行為はしばしば不正競業法によって保護される様々な利益を

同時に侵害するから、その適用は不確実である。

　次に、行為がもっぱらこの競業者の企業利益に関係する場合には市場に対する効果という基準はまったく被害を受けた競業者の営業所所在地法へ導くから、その区別は無用な困難の原因となる、[79] と。Imhoff-Scheier/Patocchi によれば、不正競業行為は不正競業法の様々な保護利益を同時に侵害するし、『営業に関連する不正競業』の場合には効果が及んだ市場地国法の適用は被害を受けた営業所所在地国法の適用になるから、『市場に関連する不正競業』と『営業に関連する不正競業』との区別は無意味であるとされているものとみてよい。

　しかし、他方では、多数の学説は区別の意義を認めている。

　まず、Bucher によれば、136 条 2 項は、競業行為がもっぱら特定の競業者の企業利益に関係する場合には例外を規定している。その場合には、準拠法は被害を受けた営業所の所在地の法である。この規定の対象となる行為は市場すなわち公衆に対して直接的効果を及ぼさないという事実によって特徴づけられ、このことが第一項の連結を不適当なものにする。特に、引き抜き、買収、工場スパイもしくは契約破棄への誘引が考えられる。このような行為は被害を受けた企業の経済的利益を直接侵害し、このことが被害を受けた企業の法の適用を正当化する。これらの行為は行為者がその固有の手段によって獲得できない地位を利用することを可能にすることによって市場に対する効果は間接的に過ぎない。この状況が不正競業行為に留保される 136 条 2 項の適用範囲を 132 条および 133 条の一般規定の適用範囲から区別することを可能にする、[80] と。

　つぎに、Baudenbacher によれば、なるほど、国際私法典は侵害された市場地法への連結を規定しているが、これは原則であって例外がないわけではない。136 条 2 項の（狭い）要件の下で、被害者の営業所所在地法への連結が留保されている、[81] と。

　さらに、Müllhaupt によれば、不正競業の場合の権利侵害が専ら被害者の営業上の利益に対して向けられているときには、当該営業所の所在地国の法が適用されなければならない。国際私法典 136 条 2 項のこの規定は侵害が市場一般ではなくて個別的に競業者に向けられている場合に限り特別な連結を含んでいる。特に、引抜き、賄賂、工場スパイもしくは契約破棄への誘引が考えられている、[82] と。

　また、Schwander によれば、権利侵害がもっぱら営業上の利益に向けられている場合に当該営業所所在地の法による 136 条 2 項の規定については、工場スパイ、

契約破棄への誘引は当該営業所のみならず企業全体に関係し、このことは、引抜き、賄賂の例についてもあてはまる。したがって、136条2項は制限的に、すなわち効果が実際当該営業所に限定されている場合にのみ適用されなければならない、[83] と。

同様に、Schnyderによれば、136条2項は若干制限的に表現され、（ドイツの提案とは異なり）1項の主要な連結から離れて一般的な不法行為準拠法を基準として規定するのではなくて《当該営業所》所在地法が基準として規定されている。これによって、属人的連結は競業者が同一国に営業所を有する場合においてのみ妥当するのではない。2項は被害者の《営業上の》利益が《もっぱら》関係する場合にのみ（いずれにせよ）機能する、[84] と。なお、連結の実質法上の従属性は、ここで主張した見解によれば営業に関連する競業違反についても妥当し、これは少なくとも被害者の営業所所在地法の適用へ導く、[85] と。

やはり同様に、Bärによれば、国際私法典136条2項は権利侵害がもっぱら被害者の営業上の利益に向けられている場合に、不正競業について例外を規定している。それは、『当該営業所』の法により判断される。キーワードは『もっぱら』である。すべての不正競業はすでにそれだけで加害としてさらに『被害者の営業上の利益』に影響する。そのような事後的効果は重要ではない。むしろ、競争に直接的効果を及ぼすのではなくて加害者の営業に肯定的効果を及ぼし、被害者の営業、そして間接的に（営業上の弱体化ないし強化に基づいて）初めて競業上の地位に否定的効果を及ぼす侵害要件事実を意味している。例外によって対象とされる競業違反に関する合意はまだ達成されていない。最終報告はドイツの判決を引用して『引抜き、賄賂、工場スパイ、契約破棄への誘引』を挙げている。Vischerはスイスの不正競業防止法のカタログから4条b号およびc号ならびに6条（引抜きおよび営業秘密の違反）を挙げている。さらに何がそれに該当するかは、論争の動機を与え、それは行動が『特定の』競業参加者に向けられていなければならないという資料の強調によっても解決されない。一見して、これはスイスのカタログにおいては不正競業防止法4条a号およびd号（契約破棄への誘引）ならびに5条（他人の成果の利用）にも当てはまる。しかし、許されるか許されないかが適切に本来の競業違反として判断される場合にはつねに市場効果への連結が優先されなければならないであろう。これは、私見によれば今述べた事実にも当てはまる。キーワードは『もっぱら』である、[86] と。

加えて、Vischer によれば、競業違反がもっぱら特定の競業参加者の営業分野に向けられている場合には市場効果主義は妥当しない。特に、買収、引き抜き、工場スパイ、契約破棄への誘引が考えられなければならない。136条1項と2項の要件画定の本質的な基準は競業違反が他の市場参加者をも巻き込み公衆に影響を及ぼすかどうかという問題である。なるほど、もっぱら営業上の利益に向けられる行為は間接的に競業にも関係するとしても、顧客たる公衆は誘惑もされないし欺罔もされない；競業者は原告の営業分野の不正行為によってその市場分配を目指す。スイス法については、不正競業防止法の4条b号およびc号ならびに6条の要件事実が問題となる。営業分野に向けられ第一次的な市場効果をもたない競業違反は136条2項に従い当該営業所の所在地国法による、[87] と。

同様に、Dasser/Drolshammer によれば、公衆に効果を及ぼさない営業関連的違反は当該営業所が所在する国の法による。そのような違反はもっぱら特定の競業者に向けられ他の市場参加者は関係していない（引き抜き、買収、産業スパイ、契約破棄への誘引）。それは、違反がなければ獲得しなかったであろう市場的地位を獲得することを加害者に間接的に獲得することを可能にする。しかし、その市場体制が適用される具体的な市場が関係していない。第2項は特定の市場への具体的な効果予測可能な場合にも適用される。そうでなければ、法的安定性が使用可能な画定基準がないため重大な侵害を受け、被害者の所在地法の適用がこの場合においても当事者の期待を最も良くかなえるであろう、[88] と。

さらに、Dutois によれば、136条1項は経済政策に関する不正競業行為（例えば、ボイコット、差別）および定義上直接市場全体に関係する不正競業行為もしくは公衆に影響を及ぼす不正競業行為（例えば欺罔的広告もしくは比較広告）を含むのに対して、136条2項は定義上もっぱら競業者にのみ関係する不正競業行為（例えば、引き抜き、賄賂、産業スパイ、契約破棄への誘引；不正競業防止法4条b号およびc号ならびに6条参照）を扱う。このような場合には、準拠法は被害を受けた営業所所在地法である。例えば、競争企業の代表者の不正な引き抜きは136条2項の管轄ではなくて1項の管轄である。なぜなら、このような引き抜きは被害者たる企業の顧客を減少させると同時に直接市場に関係するからでる。これに対して、競争企業の被用者の引き抜きはもっぱら企業に関係し市場に直接影響を及ぼさないので、このような引き抜きは136条2項の管轄に属する。さらに、不正競業行為それ自体（例えば賄賂、秘密の侵害）と、行為者が事後的に行う商業上の利

用行為とを区別しなければならない。例えば、不当に取得した秘密の利用（不正競業防止法6条）は136条2項の管轄に属するが、このような違反によって製造した商品の売買は直接市場に関係し136条1項の適用範囲に属する、[89]と。

最後に、Dantheは、『被害を受けた営業所所在地への連結』についてつぎのように論じている。すなわち、1987年12月18日の国際私法連邦法の136条2項は、非難されている不正競業行為が『もっぱら特定の競業者の企業の利益を侵害する』場合において原則的連結の例外を規定している：その場合には、準拠法は『被害を受けた営業所所在地法』である。したがって、この点において、国際私法連邦法は、一部の学説に従い不正競業行為の2つのカテゴリーの区別を行っている：136条1項は（直接的に市場に関係するかもしくは公衆に影響を及ぼすという意味において）経済政策に関係する行為を取り扱うのに対して、2項は製造および競業者の組織に関するシステムを対象とする『非公共的な競業』行為に関係する。定義上、この第2のカテゴリーの行為は経済的な競争相手だけの利益にしか直接関係しない。しかし、このような行為を区別することを可能にする基準はそこにあるのではない。特定の企業（もしくはその製品）の誹謗は実際公共的である以上、その行為が特定の競業者にのみ向けられているものであっても1項の適用範囲に入る、[90]と。そして、市場に対する効果への連結は広告のように需要行為に直接影響しようとする行為に関してのみ意味を持つ。被用者の買収、産業スパイもしくは契約破棄への誘引のような一定の不正行為は市場に対する間接的な影響を有するに過ぎないから、この連結点は不適当であると思われる：このような行為が行われた —— 以前の —— 段階では、市場の決定の基準は具体的にいかなる実質法の指定をも可能にするものではない、[91]と。つぎに、Dantheは、『適用範囲』に関してつぎのように論じている。不正行為はしばしば様々な多数の利益を同時に侵害する：誹謗的な比較広告は実際対象となる競業者も影響を受ける消費者をも侵害し、個別的なボイコットは市場の機能自体を歪める。また、136条2項の制限的な文言を尊重しなければならない。したがって、当面の私益と公益の衡量を行う必要はない：不正な行為がもっぱら双方的なものではなくて第三者（競業者、顧客・消費者）の利益もしくは市場一般もまた直接関係する以上、競争に関する実質法の展開およびそれから生ずる保護の制度は影響を受ける市場の法を適用することを命ずる、[92]と。

なお、Dubsによれば、国際私法典136条2項は、特に個々の競業者が他の競業者に対して有する公正法が前提とする水平的保護に基づくもので、引抜き、賄賂、

工場スパイもしくは契約破棄への誘引という営業に関連する不正な行動様式を対象とする[93]。当該行動様式が競争に作用する場所へ連結する1項に規定された競業作用主義および2項に規定された営業所所在地への連結はは競業行為が基準となることに基づく。連結の分断は、競業行為がそれぞれ特に異なる場所において競争に作用することによって基礎づけられる。そのことから、国際私法典第136条第2項による連結は国際私法典136条1項による国際公正私法における基本的連結の具体化である。この意味において、136条2項の対象となる公正違反においても競業作用主義が準拠法を決定し、136条2項に規定された連結は国際公正私法において固有な意味を有しない[94]。1項が『市場作用』に基づく連結を行い、2項が『営業所所在地』を基準とする国際私法典136条の用語上区別した連結は実質公正法の規範が市場関連的な不正要件事実と営業関連的な不正要件事実に区別していることを承認していることに基づいている、[95]と。

　Schibli によれば、国際私法典136条2項はもっぱら被害者の営業上の利益に向けられる競業違反に留保されている。効果主義の例外として、この規定は狭く解釈されなければならない。この文言からも、その他の市場関係者の利益（需要者、公衆の利益）にも向けられるすべての違反は国際私法典136条2項ではなくて効果主義（国際私法典136条1項）の適用範囲に入ることが引き出されなければならない。広告は公衆関連的かつ販売に向けられる。したがって、不正広告の場合には、競争者の『もっぱら営業上の利益』が侵害されるのではなくて、その他の市場関係者の利益も芯がされる。したがって、広告事実に対しては国際私法典136条2項ではなくて国際私法典136条1項が適用される。同様のことは、例えばオーストリアにおいても当てはまる：営業関連的な競業行為は一般的な不法行為準拠法の適用範囲に入る（国際私法典48条1項）。競業行為が特定の競争参加者の個人的な経済的人格またはその営業に向けられる場合には、営業上の利益が侵害される。公衆作用的違反ないし直接的な市場関係的な違反とは反対に営業関連的な違反が存在する。営業上の利益は、比較広告、摸倣広告または中傷広告によってつねに侵害される。しかし、この侵害は間接的にのみその他の利益の侵害と並んで行われる、[96]と。

　学説の中には、不正競業行為は不正競業法の様々な保護利益を同時に侵害するし、『営業に関連する不正競業』の場合には効果が及んだ市場地国法の適用は被害

を受けた営業所所在地国法の適用になるから、『市場に関連する不正競業』と『営業に関連する不正競業』との区別は無意味であるとする Imhoff-Scheier/Patocchi の見解があるものの、多数の学説は区別の意義を認め、『営業に関連する不正競業』として、引抜き、賄賂、産業スパイもしくは契約破棄への誘引を共通して挙げている（Bucher, Müllhaupt, Bär, Vischer, Dasser/Drolshammer, Dutois, Danthe, Dubs）。

(2) 附従的連結（第136条第3項）

附従的連結については136条3項が不正競業への適用を明文で認めている。

例えば、Müllhaupt によれば、不法行為によって加害者と被害者との間に既存の法律関係が侵害される場合には、附従的連結によって契約準拠法に従い連結される。附従的連結は不正競業に関しては、国際私法典136条3項において明示的に規定されている、(97) と。さらに、Imhoff-Scheier/Patocchi によれば、市場地法の適用の第2の例外は附従的連結を留保する136条3項から生ずる。不正競業行為が行為者と被害者との間に存在する法律関係（例えば、労働契約、委任契約もしくはライセンス契約）に違反して行われた場合には、準拠法は（当事者により選択された契約準拠法または客観的に決定された法であれ）既存の関係を規律する法である。この市場地法の第2の例外もある困難を提起することがある。一方では、それは不正競業の分野において意思自治に一定の余地を与えることになるが、それには不正競業法の性質のために異論がある。なお、2つの分野の間の親近性にもかかわらず、附従的連結のための留保は137条にはみられないことに注意しよう。他方では、それは既存の関係を規律する法、特に契約準拠法が常に不正競業行為を規律する適格性を有する、(98) と。

また、Dasser/Drolshammer によれば、当事者間の既存の法律関係を侵害する不正競業行為は附従的に連結される（133条3項）。これは、疑わしいことがあるとしても、明確な法律体系に基づいて1項の意味での第三者の利益が侵害される場合にも妥当する。しかし、不正競業と既存の法律関係との間に内在的な関連性が存在しなければならない。内在的な関連性は、例えば、加害者が被害者との間でライセンス契約、労働契約もしくは組合契約の枠内において体験した営業秘密、ノウハウの使用の場合に存在する。第三者が関係する場合には、第三者については準拠法は独立して決定されなければならない。当事者が基準となる市場（または当事者）と何の関係もない法を選択し、当事者が公正問題に対するその法の適用を計算して

いない場合には、附従的連結は不適当であることがある。その場合には、当事者の観点からは十分な内在的な関連性が存在しない。少なくとも例外的な連結が考えられるであろう。契約当事者は法選択によって原則として双方的な関係を特別な規制によらしめ、競業法は主としてすべての競業者ないし顧客に対する市場参加者の多面的地位を規制することも無視してはならない。したがって、不意打ちの効果に市場攪乱的な可能性が付け加わる。したがって、附従的連結が特別な内在的関連性に基づいて適切であると思われない場合には、附従的連結は機能しない、[(99)] と。

さらに、Schibli によれば、加害行為以前にすでに加害者と被害者との間に法律関係が存在する場合には、不正広告はその法によらなければならない。この連結によって、抵触法上の信頼原則が実現される。侵害行為と既存の法律関係との間に内在的な関係が存在しなければならないことに注意しなければならない。この連結は、国際私法典 136 条 3 項の留保に基づいて効果主義に優先する。まさに多国間広告の場合に、この連結は加害者に対して唯一の特定の法へ連結する（法的）権限を与える。これは両当事者にとって利点を有する、[(100)] と。

ただし、有力な学説は、その適用を 136 条 2 項の場合に制限していることに注意しなければならない。

まず、Bucher によれば、1 項の対象となる行為の場合よりも 2 項の場合において、136 条 3 項に留保される 133 条 3 項の意味での附従的連結が介入することがある。1 項の原則に反して、既存の関係（例えば、この場合に関係する市場地法とは別な法に従うライセンス契約もしくは代理店契約）を規律する法の適用が、例えば市場地法とは異なるこれらの法律から生ずる解決が不正競業行為がその効果を発生させる市場の状況に適合しない限りにおいては商業の次元に歪みを生む。実際、当事者が競業者として行動するのは市場地法の適用範囲においてであって、契約準拠法所属国においてではない。契約準拠法の目的は通常この国の市場において公正な競争を確保することであるから、契約準拠法所属国の法は適用される利益を有しない。スイスの抵触規定により指定される法がその目的に従い指定され適用されることを確保するために、この側面が 15 条 1 項の例外条項の適用の意義を非常に強調する。2 項の対象となる場合においては、附従的連結は被害を受けた企業から自国法上の保護を奪う恐れがある、[(101)] と。

つぎに、Bär によれば、国際私法典 136 条 3 項は、不正競業について 133 条 3 項、すなわち『加害者と被害者との間に存在する法律関係が不法行為によって侵害

される』場合に、契約準拠法を留保している。——いわゆる附従的連結の適用例は非常に稀であろう。スイスの不正競業防止法のカタログからは、まさに不正競業防止法5条a号（信託された労働の成果の不当利用）だけが注目される、[102] と。

さらに、Vischer によれば、136条3項は国際私法典133条3項の指定によって既存の法律関係の附従的連結を留保している。留保が正当化されるのは第三者の利益が侵害されていない場合だけである。したがって、既存の法律関係への連結は、特に136条2項に該当する要件事実の場合、例えばライセンス契約、独占販売契約もしくは労働契約の領域における不正行為の場合に適用される。これに対して、契約関係の外にある第三者が法の対象とされる場合には、統一的な侵害要件事実が問題となる限り、既存の法律関係への連結はすべての被告にとって消滅する。請求が従業員を引き抜いたり従業員その他の補助者をその使用人もしくは委託者の工場秘密もしくは営業秘密の漏洩もしくはスパイを誘引した者に向けられる場合には（不正競業防止法4条c項）、通例当事者間に予め存在する法律関係は存在しない。複数の被告が同一の裁判官の前に呼び出されたひとりの被告とのみ既存の法律関係が存在する場合には（国際私法典129条3項）、国際私法典140条が顧慮されなければならない。被害者が多数の場合には準拠法はその各々について別個に決定されなければならない、[103] と。

また、Dutois によれば、136条3項によれば、133条3項所定の附従的連結が不正競業においては留保される。このような連結は第三者の利益が関係しないことを前提とする。実際、附従的連結は原則として136条2項所定の不正競業行為にのみ関係する。しかし、例えば、ライセンス契約、労働契約もしくは排他的コンセッション契約の枠内において行われた不正競業行為が問題となる場合であっても、不正競業行為に契約準拠法を適用することは議論の余地がある。なぜなら、契約準拠法は、市場地法の目的に反し被害者たる企業が問題となる市場において通常権利を有する保護をその企業から奪うことがあるからである。このような場合における契約準拠法の不適格な性格は、可能である限り市場地法の適用を要求するために15条によることになる。さらに、複数の被告が同一の不正競業行為に関して同一裁判官の前に召喚されなければならないが（129条3項）、複数の被告のうちのひとりとしか既存の法律関係が存在しない場合には、準拠法は各々について別個に決定され、附従的連結は被告のうちのひとりについてのみ妥当する、[104] と。

最後に、Danthe によれば、非公共的な性質の不正行為という制限的な枠組みに

おいては、附従的連結の原則は妥当であると思われる。例えば、自分に委託された労働の成果を不当に盗用すると同時に労働関係から生ずる義務に違反する者の行動は、唯一かつ同一の国の法に依らしめられる。不法行為的側面および契約的側面が調整される、(105)と。したがって、指定された法は不正行為の『外部的展開とは全く無関係』であることになる。そこに、被害を受けた企業が各国の法的保護を奪われる恐れがあり、『製造市場』を異なる法制度に依らしめることが正当であるかを自問することができよう、(106)と。

　なお、Dubs によれば、国際公正私法における附従的連結の 2 つの基本的な適用要件が明らかになる。（1）（地域的に確定できる）競業秩序との直接的関連性の禁止から、最初の基本的要件として、連結の基礎となる法的問題は現実のまたは潜在的な競争参加者もしくは広い意味での顧客の利益が問題となる第三者の競業上の利益を侵害しないことが帰結する。（2）附従的連結の正当化事由として、準拠法を基礎づける既存の法律関係と競業上の行動様式との間に機能的関連性が存在しなければならないという第 2 の基本的な適用要件が帰結する。国際公正私法における附従的連結の適用のこれらの 2 つの基本的な要件の妥当性は、すでに附従的連結に関する基本的考慮に基づいて公正法における連結技術の適用範囲を非常に狭く制限しなければならないことになる。スイスの観点からは、例えば、不正競業防止法5 条 a 号または 6 条の要件事実もしくはライセンス契約、労働契約または組合契約の範囲内で取得した営業秘密との関係で不正競業防止法 2 条の意味での不正な行動様式が問題となる、(107)と。

　他方、附従的連結の余地は存在しないとする見解も主張されている。Schnyderによれば、客観的基準もしくは当事者の意思に従い連結される債務契約に関しては、外国公正法の顧慮は違法性の問題の特別連結へ導く。この理由から、スイス国際私法典の 136 条 3 項が規定するような附従的連結の余地はここでは存在しない。これによって、規制と無関係な理由から重要な場合について市場への連結が放棄され、これは競争機会の平等原則を無視し、予測できない競業者の出現を考慮すると法的不安定性へ導く、(108)と。

　附従的連結については、Schnyder のように附従的連結の余地は存在しないとする見解もあるが、附従的連結については 136 条 3 項が不正競業への適用を明文で認めている。ただし、有力な学説（Bucher, Vischer, Dutois, Danthe, Dubs）は、

その適用を 136 条 2 項の場合に制限していることに注意しなければならない。

(3) 共通本国法の適用

　一方では、Schwander によれば、この例外条項は国際私法典各論のそれぞれの双方的抵触規則に対して一般的に留保されている。136 条 1 項に関しては、15 条の介入は考え難い。なぜなら、いずれの市場が主として影響を受けたかという判断の際の異常な側面は共に考慮されている程弾力的であり 136 条 1 項から離れる必要はない。136 条 1 項にはすでにいわば最も密接な関係の原則が基礎にあるから、私見によれば —— 117 条 1 項の場合と同様に —— もはやさらに密接な関係を問題とする必要はない：なぜなら、当該法秩序との密接な関係は効果主義の内に探究されるべきであり、関係している市場のうちからのみ選択されなければならないからである。連邦議会の報告書は、両当事者が本拠を有する国の法が例外的に適用されると述べた：これは、例えば、不正行為が別の市場で行われているが本拠地国の競業者に向けられ市場地国およびその公衆と関係ない場合である。報告書のこの指摘はなぜ効果主義へ移行したかという説明と調和し難い。市場地の競争秩序が基準となり市場地が原則として顧客の本拠地によって決定され、これが競業行為が競業者以外の者にも効果を及ぼすということを考慮しているとすれば、例外的連結の正当化としてすでに同一国の競業者の本拠地を承認するのは矛盾であろう、[109] と。

　また、Bär によれば、『両当事者がその本拠を有する国の法が回避条項を介して『例外的に』適用されることがある。これは、例えば、不正行為が別の市場で行われているが本拠地国の競業者に向けられ市場地国および市場地国との公衆とは何の関係もない場合に当てはまる』。引用した後者の条件が完全に実現された事態は考えられず、それに関しては議論しなければならない。（不正行為が『別の市場で行われる』ことがあるが、『市場地国とは何の関係もない』のはどうしてか）—— いずれにせよ、ドイツの国際私法実務において知られている共通の本拠地国への連結は引用した両資料においては一面においてのみ以前に適切に拒否された：内国人間においても、『同質の』外国市場体制が妥当する。そうでなければ、機会の平等に反するであろう。—— ここで議論した思考様式に決定的に反するであろう。確実性のために、本拠地法と市場地法との間には累積も選択も存在しないということを強調しなければならない。国際私法典 133 条 1 項は補助的に国際私法典 136 条を対象としてはならない。スイスでもっぱらドイツ市場に参加する者競業者がどこに本拠を有しようともドイツの不正競業防止法を遵守しさえすればよい。市場地は

連結として『適格の重要性』を有し、連結の多様性を排除する、[110] と。

　同様に、Dasser/Drolshammer によれば、効果主義の実質的な根拠および柔軟性は原則として共通の本拠地法のために、もしくは多数の当該市場を有する予測不可能な関係の場合の単純化のために 15 条の例外条項の余地を認めていない。競業法は市場をめぐる競争を規律する。この闘争へのすべての参加者はその都度の競争している市場について妥当する規制を遵守しなければならない。2 人の訴訟当事者の双方的関係における 15 条による《単純化》は必然的に特定の市場での異なる競業者の多面的関係における不平等な権利義務へ導くことによって潜在的には競争の混乱へ導く、[111] と。

　最後に、Danthe によれば、国際私法連邦法第 1 章に含まれている例外条項は不正競業という特殊な分野において非常に制限された効果しか持たない。附従的な連結（136 条 3 項を介して 133 条 3 項）に訴えることを正当化する要素が実現されていない場合に、この条項は本質的に修正に役立つことがある；例えば、選択された契約準拠法が関係する市場もしくは当事者と客観的な連結点を持たず、同一国の競業規定の適用が考えられない場合が提起される：その場合において適用される資格を有しないため、同一国の競業規定は市場の歪みをもたらすか非公共的な競争の場合において被害者の所在地の法秩序が被害者に与える保護を被害者から奪うことがある、[112] と。さらに、市場地法よりも共通の本拠地法を『例外的に』適用する可能性を連邦議会教書が仄めかしていることは、真に考えられる例外というよりはむしろドイツが従っているアプローチの不幸な追憶であると思われる、[113] と。

　なお、Dubs によれば、不正競業行為地への連結の妥当根拠は非常に強力なので、共通本国法ないし住所地法を基準とすることによっては、国際私法典 15 条の意味での例外的連結は基礎づけることはできず、しかも不正な市場関連的行動様式の場合にも不正な営業関連的行動様式の場合にもそうである[114]。共通本国法ないし住所地法への連結は競争参加者を対象としているという意味で人的に関連する。この属人的連結が国際公正私法における連結原則 ── 競業作用主義 ── を基礎づける競業に関する取引利益の基準に反する[115]。競業秩序の規制に対する国家の固有の利益およびそれの保護は属地的連結を条件とし、属人的連結と調和しない[116]。競争に参加する法的主体の実質法上の利益も国際私法上の連結の決定根拠の意味で強行的に属地的連結を要求する。現実の競争者または潜在的な競争者にとって、特定の市場地におけるすべての競争者のために統一的な法の妥当性による機会の平等の保護

の要求が存在する、[117]と。

　これに対して、Vischerによれば、市場効果主義の基準性は別の法の適用、特に競業者の本拠地法を原則として排除する。ドイツの実務は国際私法典によって継承されていない。ドイツの実務によれば、競業者の共通の本国法たるドイツ法は外国市場において行われた行為にも適用される。問題となる競業がもっぱら内国企業間で行われていることが前提である。136条1項はそのような特別連結の原則を排除している。行為がもっぱら内国の競業者に向けられ、外国市場においてそれ以上の提供者が代替品と共に現れない場合には、当然共通の本拠地法が国際私法典15条の例外条項を介して適用される。内国の競業者の加害が外国の競争相手の可能性に向けられ、外国の競争相手のみが関係し市場およびその公衆とは密接な関係が存在しない場合にのみ当然市場地主義からの離反が必要である、[118]と。

　同様に、Dutoisによれば、報告書によれば、外国において行われる競業行為が市場地国および公衆の所在地国と関係しないで本拠地国の競業者のみに向けられる場合には、両当事者の本拠地国法によることが維持される。実を言うと、このような例外的場合には、15条によることが正当化される、[119]と。

　なお、Schibliによれば、最終報告書および法案において、例外的事実について本拠地法が準拠法として規定されている。そのような例外的連結については、国際私法典15条が利用される、[120]と。

　不正競業一般について15条による共通本国法ないし住所地法への連結を否定する見解（Schwander, Bär, Dasser/Drolshammer, Danthe, Dubs）もあるが、『営業に関連する不正競業』に限り、15条を介して一方的に内国法たる共通本拠地法を適用する肯定説（Vischer, Dutois, Schibli）がある。

(4) 事後的法選択

　一方では、Baudenbacherによれば、132条は不法行為法全体について妥当する限定的な法選択の可能性を認めている。すなわち、当事者は損害発生後に法廷地法の適用を合意することができる、[121]と。同様に、Müllhauptによれば、不正競業については国際私法典132条に従い当事者の限定的な法選択の可能性が顧慮されなければならない。当事者は損害発生後に法廷地法が適用されるべきことを合意することができる、[122]と。また、Vischerによれば、法廷地法たるスイス法が適用されなければならないと損害発生後に合意することは競業事件においても当事者の

自由である（132 条）。市場に関係する競業違反の場合の法廷地法の選択は根拠が
ないと思われることは認めなければならない。しかし、この違反もまた一般原則の
適用が正当化される不法行為である。当事者の特別な保護は迫ってこず、当事者は
自分が何を放棄するかを知らなければならない。市場地法たる外国法の競業秩序に
よっていずれにせよ保護される無関係な第三者の利益はスイス法に従い下された判
決によって直接影響を受けない、⁽¹²³⁾と。ここに挙げた見解は、一般の不法行為に
関する 132 条が不正競業にも適用されるとするものである。さらに、Bär によれ
ば、不正競業に関してはスイス法の事後的法選択によって準拠法の相違が隠される
ことに公益が反対することはないし、外国における執行も脅かされない。訴訟当事
者は自分が行うことを知っていなければならない、⁽¹²⁴⁾と。

　最後に、Dasser/Drolshammer によれば、原則として、（132 条の意味での）事
後的な法廷地法の選択は 135 条以下の特別要件事実の場合にも許されるものとみ
なされる。なるほど、市場効果主義から離れることは疑問である。しかし、立法者
は第 3 項（附従的連結）において《間接的な》当事者意思の基準のために明確な
徴表を定めた。したがって、さらに、（稀でかつ 132 条によって強力に制限される）
意識的な法選択が許される、⁽¹²⁵⁾と。なお、Schibli は『法選択』について次のよ
うに述べている。すなわち、国際私法典 132 条によれば、制限的な法選択権が存
在する。これは、国際私法典 116 条、117 条の改正のよる法選択権によって補充
される。より一層の不法行為抵触法の見通しのよさのため、立法論として事後的な
一般的な法選択の法律による明文化が要求される。しかし、少なくとも消費者訴訟
に関しては、従来の規則を堅持しなければならない。消費者はそれにとって不利な
法選択から保護されなければならない。法選択は多国間広告の場合の良き解決でも
ある。それによって、真に国際的な抵触（複数の国々における被害者の侵害）の場
合に両当事者にふさわしい法が決定される。これは、より短い手続期間および迅速
な実質的な結論を帰結とし、それは両当事者の利益でもある。既判力が当事者間に
ついてのみ妥当することによって第三者は保護される。したがって、第三者はいつ
でも固有の訴訟を提起することができる。事後的法選択の意義はそれほど大きくな
い。私見によれば、裁判外の和解が可能ではない場合には、損害発生後に準拠法を
認識して特定の法（更新による法選択）の合意ないし国際私法典 132 条に従った
スイス法の合意は困難である。したがって、法選択はせいぜい両当事者によって知
られていない変更が困難な国の法の場合に生ずる、⁽¹²⁶⁾と。

しかし、当事者による事後的法選択の実用性を疑う見解もある。例えば、Schwander によれば、この可能性（引用者注：法廷地法の選択）が使用されるかどうかは疑問である。なぜなら、そのような法選択の時点においては、各当事者は自己にとって法廷地法が有利であるか不利であるかをあらかじめ知っているから、少なくとも当事者の一方は法選択に対する利益を有しないであろう、[127] と。

さらに、規定の解釈としては、不正競業に対しては一般の不法行為に関する 132 条の適用を否定する見解も主張されている。

まず、Bucher によれば、法体系によれば、132 条は 134 条ないし 139 条所定の特別な解決の枠内においては適用されない、[128] と。同様に、Dutois によれば、不正競業に関する法選択に関しては認めるべきではない、[129] と。最後に、Dubs によれば、国際公正私法における抵触法上の法原則としての当事者自治の妥当性の問題は以下の理由を基にして判断されなければならない [130]。（1）一般的な実質不法行為法の優先的な機能は、原則として被害者の当事者意思に基づいて被害者の損害を加害者に転嫁することであり、それは国際関係の存在によって原則として変更されるものではなく、連結の際にも当事者の意思を基準とする理由はそれに基づいている [131]。（2）公正私法における当事者自治は競業作用主義を抵触法上排除することになる [132]。（3）不正競業の事項領域における国際私法上の当事者の選択による準拠法決定は公正法上の抵触規範の内在的体系に反する [133]。（4）競業作用主義の基準による連結の属地性が法選択を許容することと調和しない [134]。（5）132 条に規定された法選択は特別な規定の枠内（国際私法典 134 条 − 139 条）においては準拠法の決定については適用できない [135]。（6）実質法上の理由を基礎にしても、公正法上の抵触規範を不法行為抵触法に位置づけることは実質的に適当ではない [136]。国際公正私法における法選択の妥当性に関する以上の 6 つの判断基準に照らして、公正準拠法は関係者の法選択によって指定することはできず、国際私法典 132 条は公正抵触法においては適用できない、[137] と。

なお、136 条 2 項の対象となる不正競業行為に限定して法選択を認める見解として、Danthe の見解が挙げられる。Danthe によれば、意思自治は直接参加していないその他の者が関係する法律関係に関しては適合しないと思われる。特に、（行政的な行為規範を除いて）民事規定がもはや競業者間の関係を規律しようとするのではなくて消費者をも保護しようとする現代の不正競業法の場合がそうである、[138] と。このことは、不正競業に関する紛争は発生した損害賠償ではなくて行動義務を

しばしば対象とするだけになおさら正当化される、[139] と。そして、経済法において特に採用されている連結基準はその性質が多義的な実質規定の制度的射程を考慮に入れることを可能にするという長所を有する。この選択は 1987 年 12 月 18 日の国際私法連邦法の 136 条 1 項および 137 条 1 項のような双方的規則に対してこの規定の実効性に必要な適用範囲を編入する長所を有する。その違反が刑事的制裁をもたらすことがある民事的規定を介して競業法が経済的政策という目的を追求する限り、個人の便宜で法的侵害を創造して個人に対してそれに違反する可能性を残さないように公益は命じている、[140] と。非公共的な競業行為に関しては、法選択が我々の意味で考えられる。例えば、被用者の引き抜きの場合には、136 条 2 項によって適用される被害者の所在地の（外国）法は当事者によって契約により選択されたスイス法に優先権を譲る、[141] と。

　当事者による事後的法選択については、その実用性を疑う Schwander の見解は別とすれば、規定の解釈としては、不正競業に対しては一般の不法行為に関する 132 条の適用を否定する見解（Bucher, Dutois, Dubis）と、一般の不法行為に関する 132 条が不正競業にも適用されるとする見解（Baudenbacher, Müllhaupt, Bär, Vischer, Dasser/Drolshammer, Schibli）、136 条 2 項の対象となる不正競業行為に限定して法選択を認める見解（Danthe）が対立している。

(5) 公　序
　まず、Bucher によれば、136 条の条文は 135 条 2 項および 137 条 2 項のような規定を含んでいない。しかし、これらの規定に公序的性格が承認される限り、これらの規定は第 17 条の一般条項を介して不正競業行為から生ずる損害賠償に関しても適用されなければならない、[142] と。

　つぎに、Imhoff-Scheier/Patocchi によれば、附従的連結による契約準拠法の適用が市場地法の目的と矛盾することがある。したがって、不正競業行為が市場地国と密接な関係を有する場合には、15 条、さらには 17 条および 19 条の一般条項に依拠することが市場地法の適用を課すために正当化されることがある、[143] と。

　また、Dasser/Drolshammer によれば、その目的が非難すべき行為についての処罰および威嚇である懲罰賠償が公序違反となることがある（17 条）[144]。17 条は外国法が極めて良俗違反の行為を許す場合にも例外的に介入する、[145] と。

　さらに、Dutois によれば、136 条は、135 条および 137 条と異なり、スイス法

の規定する損害賠償に対して裁判官が認める損害賠償の制限規定を含んでいない
が、公序的性格を有すると判断されるこのような規定は、万一の場合には 17 条を
介して不正競業に関して適用される、[146] と。

最後に、Danthe は、『公序の留保』に関してつぎのように述べている。すなわち、
競争侵害の分野はこの公序の留保の特殊な場合を示し、それは、1987 年 12 月 18
日の国際私法連邦法の 136 条 2 項に含まれている。アメリカ法の三倍額賠償を本
質的には対象とするこの規定によれば、請求権が外国法によって規律される場合
に、スイスの裁判官はスイス法によって認められる損害賠償額を超える損害賠償額
を与えることはできない。同趣旨の学説は、不正競業の分野においてもこの措置が
適用されると考えている、[147] と。

なお、Schibli によれば、国際私法典 136 条は 137 条 2 項または 135 条 2 項の
ような損害賠償の制限を含んでいない。しかし、倍額賠償の承認は公序に反するこ
とがある、[148] と。

いずれの見解によっても公序条項（17 条）の適用の余地が考えられている。

3　多国間不正競業

一方では、Schwander によれば、複数の市場秩序に関係する場合にはこの関係
国のそれぞれの法をその市場における効果に関してのみ適用することは効果主義
にも合致する、[149] と。同様に、Vischer によれば、競業違反が様々な国々に効果
を及ぼすことがある。この場合には、違法性の判断は各国毎に審査されなければな
らない、[150] と。また、Dasser/Drolshammer によれば、複数の国々における市場
が関係する場合には、各法秩序による違法性の問題は各市場毎に別々に審査され
なければならない。これは複数の法の配分的適用へ導く [151]。違法性の法的評価
の問題も原則として基準となる各個別国の法に従い判断される、[152] と。さらに、
Dutois によれば、行為の効果が複数の市場において感知される場合には、その違
法性は準拠法に照らして各国において別々に評価される、[153] と。ここに挙げた見
解は、いずれも、複数の国の市場に効果を及ぼす『多国間不正競業』の場合には、
複数の市場地法が配分的に適用されるとするものである。

これに対して、Danthe によれば、欺罔的広告の頒布のような競業行為が様々な
国々の市場に対して効果を発生させる場合には、関係している各国の実質法を考慮

に入れなければならない。各々の市場が重大に侵害されている場合には、異なる内容の競業法を等しく適用することを定めるこの法的アプローチはまったく正当化される。属地主義によれば、送信者はこれらのプログラムが様々な受信地の国の法に従う配慮しなければならない。しかし、実際には —— 電波による頒布を考えれば —— これはメディアの内容を最も厳格な法に依らしめることになる。この法が散発的にのみ関係する市場であれば、単純な良識は技術的に不可避なこのような侵害の効果を認定しないように命ずる。このような無視は、係争の市場における競争によって受ける影響の量的評価、すなわち当面の利益および訴訟事件の状況全体を確認すべき評価に従って初めて行われる、[154] と。したがって、Danthe によれば、複数の市場地法が累積的に適用され、最も厳格な市場地法が適用されるものとみてよい。

さらに、Baudenbacher によれば、周知のように同一の競業行為が複数の国の市場に効果を及ぼすことがある。この場合においては、侵害された市場地法への連結を貫けば、複数の法が併存して累積的に適用される、[155] と。そして、彼によれば、関係者がその競業行為を国毎に分割できない場合には、関係者は最も厳格な法に従わなければならない、[156] と。したがって、Baudenbacher によれば、競業行為が国毎に分割可能であるときには配分的に適用され、国毎に分割不可能であるときには最も厳格な法が適用されるものとみてよい。

複数の国の市場に効果を及ぼす『多国間不正競業』の場合には複数の市場地法が配分的に適用されるとする見解（Schwander, Vischer, Dasser/Drolshammer, Dutois）と、複数の市場地法が累積的に適用され、最も厳格な市場地法が適用されるとする見解（Danthe）、競業行為が国毎に分割可能であるときには配分的に適用され、国毎に分割不可能であるときには最も厳格な法が適用されるとする見解（Baudenbacher）がある。

IV　結　語

まず、国際私法典が制定される以前のスイスにおいては、不正競業に関する明文の抵触規定は存在していなかった。そのため、その解決は判例・学説に委ねられていた。国際私法制定以前の判例は、不正競業を不法行為と性質決定し、一般の不法

行為と同様に、行動地法と結果発生地法との択一的適用を認める、いわゆる偏在理論を採用していた⁽¹⁵⁷⁾。他方、学説としては、不正競業を不法行為として性質決定し、その不法行為地は不正競業の特殊性を考慮して競業利益の衝突地であるとする見解⁽¹⁵⁸⁾、「効果主義」を類推し市場効果地法を基準とする見解⁽¹⁵⁹⁾、さらには属地主義を適用する見解⁽¹⁶⁰⁾などが主張されていた。

つぎに、スイス国際私法草案について見ることにしよう。まず、専門家委員会草案第 134 条は、上に挙げた最初の学説の影響を受けて⁽¹⁶¹⁾、原則として、「その市場において競業者の競業上の地位が侵害された国の法」の適用（1 項）を規定し、例外的に『営業に関連する不正競業』については被害者の営業所所在地法の適用（2 項）を規定していた⁽¹⁶²⁾。また、特別な不法行為類型、したがって、不正競業についても附従的連結がなされることが明文で規定されていた（131 条 2 文）⁽¹⁶³⁾。なお、委員会草案の最終報告書は不正競業一般について 14 条により双方的に当事者の共通本拠地法の適用を認めるが⁽¹⁶⁴⁾、草案の解釈としては、『営業に関連する不正競業』に限り、14 条により双方的に当事者の共通の本拠地法の適用を認める見解⁽¹⁶⁵⁾と、不正競業一般について 14 条により一方的に当事者の内国の共通本拠地法の適用のみを認める見解⁽¹⁶⁶⁾とがある。

また、政府草案 132 条は、『市場に関連する不正競業』と『営業に関連する不正競業』との区別を前提にし、『市場に関連する不正競業』については市場地法の適用（1 項）、『営業に関連する不正競業』については被害者の営業所所在地法の適用（2 項）を規定していた。さらに、政府草案は附従的連結（132 条 3 項）を規定していた⁽¹⁶⁷⁾。最後に、草案の解釈として、一般の不法行為についての事後的法選択（129 条 4 項）は不正競業の場合にも許されるとする見解⁽¹⁶⁸⁾があるが、競業者のみならず消費者、さらには公正な競争の維持に対する公益を保護する不正競業法の目的からして反対する見解⁽¹⁶⁹⁾も主張されていた。なお、政府草案理由書は、『営業に関連する不正競業』に限り双方的に当事者の共通の本拠地法の適用を認めるが⁽¹⁷⁰⁾、草案の解釈として、不正競業一般について 14 条により双方的に当事者の内国の共通の本拠地法の適用を認める見解⁽¹⁷¹⁾と、競争の機会の平等の観点からこれに反対する見解⁽¹⁷²⁾とが対立している。

さらに、スイス国際私法典 136 条は不正競業に関する限り政府草案をほぼそのまま継承している。すなわち、原則として『市場に関連する不正競業』については市場地法の適用（1 項）、例外的に『営業に関連する不正競業』については被害者

第 4 章　スイス国際不正競業法　*233*

の営業所所在地法の適用（2 項）を規定し、さらには附従的連結（136 条 3 項）を
規定していた[173]。

　スイス国際私法制定以後の状況においては、136 条 1 項を適用した判決[174]
が存在し、学説には、『合理性の原則』に基づく処理を提唱する見解[175] もあ
るが、136 条 1 項の連結概念（Einwirkungsprinzip）と 137 条 1 項の連結概念
（Auswirkungsprinzip）を区別する少数説[176] を除けば、多数説は、「効果主義」
を類推し市場地の概念の具体化に努め、市場に属する者の常居所地[177]、潜在的顧
客ないし需要者の所在地[178]、競業者が他の競業者と競争し潜在的な顧客に向かう
場所（疑わしい場合には当該顧客の本拠地または住所地）[179]、被害者（競業者お
よび・もしくは消費者）が直接に競争活動の歪みによって侵害もしくは威嚇される
場所[180] とし、また、『営業に関連する不正競業』としては、引抜き、賄賂、工場
スパイもしくは契約破棄への誘引が共通して挙げられている[181]。

　さらに、附従的連結については 136 条 3 項が不正競業への適用を明文で認めて
いるが、有力な学説[182] は、その適用を 136 条 2 項の場合に制限していることに
注意しなければならない。また、当事者による法選択についてはそのような規定
が存在しない。この点については、法選択の実用性を疑う見解[183] は別とすれば、
規定の解釈としては、一般の不法行為に関する 132 条が不正競業全般に適用され
るとする見解[184]、不正競業に対しては一般の不法行為に関する 132 条の適用を
否定する見解[185]、136 条 2 項の対象となる不正競業行為に限定して法選択を認
める見解[186] とが対立している。

　また、不正競業一般について 15 条による共通本国法ないし住所地法への連結を
否定する見解[187] もあるが、『営業に関連する不正競業』に限り、15 条を介して
一方的に内国法たる共通本拠地法を適用する肯定説[188] がある。最後に、公序条
項（17 条）の適用の余地が考えられるとする見解[189] が主張されている。なお、
複数の国の市場に効果を及ぼす『多国間不正競業』の場合には複数の市場地法が配
分的に適用されるとする見解[190]、複数の市場地法が累積的に適用され、最も厳格
な市場地法が適用されるとする見解[191]、競業行為が国毎に分割可能であるときに
は配分的に適用され、国ごとに分割不可能であるときには最も厳格な法が適用され
るとする見解[192] がある。

（注）

（1） 奥田安弘「1987年のスイス連邦国際私法（1）」戸籍時報第374号2頁、井之上宜信「ス
イスの国際私法典（1989年）について（1）」法学新報96巻1・2号389頁、三浦正人「1987
年スイス連邦国際私法仮訳」名城法学39巻1号65頁。

（2） BGE 87 II 115.

（3） BGE 91 II 123-124.

（4） BGE 92 II 264.

（5） スイス連邦裁判所の判例が一般の不法行為において偏在理論を適用してきた点について
詳しくは、佐野寛「スイス国際私法における不法行為の準拠法（1）―― 製造物責任の準拠法
を中心に――」岡山大学法学会雑誌42巻1号66頁参照。

（6） Kamen Troller, Das internationale Privatrecht des unlauteren Wettbewerbs, 1962,
S.127.

（7） K.Troller, a.a.O., S.128.

（8） K.Troller, a.a.O., S.130.

（9） K.Troller, a.a.O., S.131.

（10） V.Trutmann, Das internationale Privatrecht der Deliktsobligationen, 1973, SS.182-183.

（11） A.-C.Imhoff-Scheier, La Lois applicable à la publicité internationale en droit international
privé suisse, Schweizerische Jahrbuch für internationales Recht [SJIR], 1985, S.72.

（12） Rolf Bär, Internationales Kartellrecht und unlauterer Wettbewerb, Festschrift für Rudolf
Moser, Beiträge zum neuen IPR des Sachen-, Schuld-und Gesellschaftsrechts, 1987, S.146.
なお、Bär は、市場効果への競業法の連結はすでに提唱されていたとし、K.Troller の見解と以
前の彼自身の著書の見解を挙げている。Bär, a.a.O. (Anm.3), S.146. 彼は以前の著書において
は、「現実的競業者および潜在的競業者の不正な努力並びに不正に挫折した努力が集中する市
場の相手方へ作用（Einwirkung）した場所へ連結されなければならない」と述べていた。Rolf
Bär, Kartellrecht und Internationales Privatrecht, 1965, S.371.

（13） Alois Troller, Unfair Competition, International Encyclopedia of Comparative Law, Vol
III, 1980, Chap.34.p.16.

（14） Bundesgesetz über das internationale Privatrecht (IPR-Gesetz), Schlussbericht der
Expertkommission zum Gesetzesentwurf (1979). S.33.（以下では、Schlussbericht として引
用する）。

（15） Schlussbericht, S.151.

（16） Schlussbericht, S.32, S.149. なお、附従的連結について詳しくは、佐野・前掲注（5）82頁
以下参照。

（17） Günther Beitzke, Das Deliktsrecht im schweizerischen IPR-Entwurf, Schweizerisches
Jahrbuch für internationales Recht, Bd.35, 1979, SS.101-102.

（18） Carl Baudenbacher, Die wettbewerbsrechtliche Beurteilung grenzüberschreitender Werbe-
und Absatztätigkeit nach schweizerischem Recht, GRUR Int., 1988, S.317.

（19） A.Troller, op.cit., p.10.

第4章 スイス国際不正競業法　*235*

(20) Botschaft zum Bundesgessetz über das internationale Privatrecht（IPR-Gesetz）vom 10.November 1982 (1983), S.504.（以下では、Botschaft として引用する）また、石黒一憲「スイス国際私法第二草案（1982 年）について（1）」法学協会雑誌 100 巻 10 号 188 頁参照。

(21) Botschaft, a.a.O., S.166.

(22) Imhoff-Scheier, a.a.O., SS.67-68.

(23) Imhoff-Scheier, S.68.

(24) Imhoff-Scheier, S.72.

(25) Imhoff-Scheier, SS.72-73.

(26) Imhoff-Scheier, SS.73-74.

(27) Bär, a.a.O., S.146.

(28) Bär, a.a.O., S.152.

(29) Bär, a.a.O., S.157.

(30) Bär, a.a.O., S.157. なお、Bär は Imhoff-Scheier の見解に反対して次のように述べている。すなわち、「市場地への連結はもっぱら関係している同業者の本拠地法へ自ずと導くものではない。なぜなら、市場への効果は問題ではないからである。スパイした知識をもって宣伝し公衆を欺罔するという Imhoff-Scheier が挙げた事例の連結は、実際にもまた不確実性と結びつくものではない：スパイした知識を使用するという事実にのみ欺罔が存在する場合には、行動は間接的にのみ競業に関係している。これに対して、別の事実に関して欺罔し同時にスパイした知識を使用した場合には、2 つの異なる事実が存在し、これらは別々に連結されなければならない」と。Bär, a.a.O. (Anm.39), S.157.

(31) Bär, a.a.O., S.158.

(32) Bär, a.a.O., S.159.

(33) 条文の訳出に当たっては、Andreas Bucher, Internationales Privatrecht, Bundesgezetz und Staatsverträge, Text-Ausgabe, 1988, SS.34-35. を参照した。また、翻訳については、奥田安弘「1987 年のスイス連邦国際私法（4）」戸籍時報 377 号 52 頁、井之上宜信「スイスの国際私法典（1989 年）について（2・完）」法学新報 96 巻 5 号 270 頁、三浦正人「1987 年スイス連邦国際私法仮訳」名城法学 39 巻 1 号 99 頁、笠原俊宏編『国際私法立法総覧』（1989 年）149 頁参照。

(34) SJZ, 88, S.206.

(35) A.-C.Imhoff-Scheier/P.M.Patocchi, L'acte illicite et l'enrichissement illégitime dans le nouveau droit international privé suisse, 1990, pp.66-67.

(36) Andreas Bucher, Les actes illicites dans le nouveau droit international privé suisse, Le nouveau droit interntionl privé suisse, 1989, pp.131-132.

(37) Baudenbacher, a.a.O., 1988, S.317.

(38) W.Müllhaupt, Die Erfassung grenz überschreitender Werbung nach schweizerischem Recht, WBl, 1988, SS.260-261.

(39) Ivo Schwander, Das UWG im grenzüberschreitenden Verkehr, Das UWG auf neuer Grundlage, 1989, S.177.

（40） Schwander, a.a.O., S.178.

（41） Kommentar zum Bundesgesetz über das Internationale Privatrecht（IPRG）vom 1.Januar 1989 (Art 136 Frank Vischer), 1993, S.1185.（以下では、Vischer, IPRG Kommentar として引用する）

（42） Vischer, IPRG Kommentar, S.1185.

（43） Rolf Bär, Das Internationale Privatrecht (Kollisionsrecht) des Immaterialgüterrechts und des Wettbewerbsrechts, in: Schweizerisches Immaterialgüter- und Wettbewerbsrecht [SIWR], 1995, S.123.

（44） Bär, a.a.O., S.126.

（45） Bär, a.a.O., S.127.

（46） Bär, a.a.O., S.127.

（47） Bär, a.a.O., S.132.

（48） Felix Dasser/Jens Drolshammer, in: Honsell/Vogt/Schnyder, Kommentar zum Schweizerischen Privatrecht, Internationales Privatrecht, 1996, S.1006.

（49） Bernard Dutois, Droit international privé suisse, 1997, pp.391-392.Dutois は、別の論文において次のように述べている。すなわち、「実際、不正競業に関しては、競業者の利益が衝突する場所、すなわち、市場における状況が歪められた場所が不正行為の真の結果発生地として考えられなければならない。この視角の下では、行動地と同様に競業者の本拠地も堅持できない。このような解決は、すべての競業者のために機会の平等を保障するというすべての不正競業法の根拠自体によって命じられる；このことは、すべての経済的俳優はその営業所所在地、行動地に関わりなく、同一市場における同一の法に従わなければならないことを意味する。したがって、結果が発生した市場地国の法（市場効果主義）が堅持されなければならない」（Bernard Dutois, Une convention multilatérale de droit international privé en matière de concurrence déloyale: Mythe ou nécessite ?, E pluribus unum: Liber amicorum Georges A.L.Droz, 1996, p.59.）と。

（50） Dutois, op.cit., p.392.

（51） Rolf H.Weber, Internationale Harmonisierungsansätze im Lauterkeitsrecht, sic!, 1998, 2, SS.171-172.

（52） Weber, a.a.O., S.172.

（53） François-Jérôme Danthe, Le droit international privé suisse de la concurrence déloyale, 1998, pp.72-73.

（54） Danthe, op.cit., p.73.

（55） Danthe, op.cit., pp.81-82.

（56） Danthe, op.cit., p.87.

（57） Danthe, op.cit., p.91.

（58） Danthe, op.cit., p.91.

（59） Danthe, op.cit., p.93.

（60） Danthe, op.cit., p.94.

第 4 章　スイス国際不正競業法　*237*

（61）　Danthe, op.cit., p.95.

（62）　Danthe, op.cit., pp.95-96.

（63）　Danthe, op.cit., p.96.

（64）　Danthe, op.cit., p.100.

（65）　Dieter Dubs, Das Lauterkeitsstatut nach schweizerischem Kollisionsrecht, 2000.S.58.

（66）　Dubs, a.a.O., S.58.

（67）　Dubs, a.a.O., S.61.

（68）　Dubs, a.a.O., S.62.

（69）　Dubs, a.a.O., S.63.

（70）　Hans R.Schibli, Multistate-Werbung im internationalen Lauterkeitsrecht, 2004, S.140. この著書は、www.dissertation.unizh.ch/2004/schibli/Schibli-Multistate.pdf にて入手可能。

（71）　Schibli, a.a.O., S.141.

（72）　Schibli, a.a.O., S.142.

（73）　Schibli, a.a.O., S.185.

（74）　Schibli, a.a.O., SS.224-225.

（75）　Schibli, a.a.O., S.228.

（76）　Anton K.Schnyder, Wirtschaftskollisionsrecht, 1990, S.404.

（77）　Schnyder, a.a.O., S.414. また、Schnyder は別の著書において次のように述べている。すなわち、「137 条と同様に、国際私法 136 条は不正競業に基づく請求権について市場効果へ連結している。しかし、公正法においては結果のみが――それほど――中心になるわけではなくて、禁止によって規定される目的志向的な行動の効果の防止が中心になるから、立法者の見解によれば第 136 条 1 項においては特に不正行為がいずれの市場に向けられているかが基準とされている」（Anton K.Schnyder, Das neue IPR-Gesetz, 1990, SS.124-125.）と。

（78）　Schnyder, a.a.O., S.428.

（79）　Imhoff-Scheier/Patocchi, op.cit., pp.67-68.

（80）　Bucher, op.cit., p.133.

（81）　Baudenbacher, a.a.O., S.318.

（82）　Müllhaupt, a.a.O., S.261.

（83）　Schwander, a.a.O., S.179.

（84）　Schnyder, a.a.O., S.414. また、Schnyder は別の著書において次のように述べている。すなわち、「136 条 2 項は加害者の行動が（例えば契約破棄への誘引の場合のように）もっぱら被害者の営業上の利益に向けられている場合について被害者の営業所所在地法への属人的連結を規定している」（Anton K.Schnyder, Das neue IPR-Gesetz, 1990, S.125.）と。

（85）　Schnyder, a.a.O., S.428.

（86）　Bär, a.a.O., SS.129-130.

（87）　Vischer, IPRG Kommentar, S.1187.

（88）　Dasser/Drolshammer, a.a.O., S.1011.

（89）　Dutois, op.cit., pp.392-393.Dutois は、別の論文においても次のように述べている。すなわ

ち、「結果が発生した市場地国法への連結は、その根拠自体によって、定義上市場および競争
全体に直接影響を与える不正競業行為（例えば、ボイコットまたは差別）もしくは公衆に影響
を及ぼす不正競業行為（欺罔的広告または比較広告）を対象とする。これに対して、その性質
自体によって、もっぱら競争相手の営業上の利益に関する不正競業行為（例えば、引き抜き、
賄賂、産業スパイ、契約破棄への誘引）が問題となる場合には、結果が発生した市場地国の法
のために援用される理由は、その価値を失い、被害を受けた企業の営業所所在地法への連結が
優先されなければならない。スイス国際私法典 136 条 1 項および 2 項における二重の連結を
認めている」（Bernard Dutois, Une convention multilatérale de droit international privé en
matière de concurrence déloyale: Mythe ou nécessite ?, E pluribus unum: Liber amicorum
Georges A.L.Droz, 1996, p.63.）と。

（90） Danthe, op.cit., pp.122-123.

（91） Danthe, op.cit., p.123.

（92） Danthe, op.cit., p.124.

（93） Dubs, a.a.O., S.67.

（94） Dubs, a.a.O., S.67.

（95） Dubs, a.a.O., S.67.

（96） Schibli, a.a.O., SS.242-243.

（97） Müllhaupt, a.a.O., S.261.

（98） Imhoff-Scheier/Patocchi, op.cit., pp.68-69.

（99） Dasser/Drolshammer, a.a.O., SS.1011-1012.

（100）Schibli, a.a.O., S.242.

（101）Bucher, op.cit., p.133.

（102）Bär, a.a.O., S.134.

（103）Vischer, IPRG Kommentar, SS.1187-1188.

（104）Dutois, op.cit., p.393.

（105）Danthe, op.cit., p.144.

（106）Danthe, op, cit., pp.144-145.

（107）Dubs, a.a.O., SS.70-71.

（108）Schnyder, a.a.O., SS.428-429. また、Schnyder は別の著書において次のように述べている。
すなわち、「第 133 条 3 項により、附従的連結は留保される」（A.K.Schnyder, Das neue IPR-
Gesetz, 1990, S.125.）と。

（109）Schwander, a.a.O., SS.179-180.

（110）Bär, a.a.O., SS.130-131.

（111）Dasser/Drolshammer, a.a.O., SS.1010-1011.

（112）Danthe, op.cit., p.170.

（113）Danthe, op.cit., p.170.

（114）Dubs, a.a.O., S.138.

（115）Dubs, a.a.O., S.138.

第4章　スイス国際不正競業法　*239*

（116）Dubs, a.a.O., S.138.

（117）Dubs, a.a.O., S.138.

（118）Vischer, IPRG Kommentar, S.1188.

（119）Dutois, op.cit., p.392.

（120）Schibli, a.a.O., S.244.

（121）Baudenbacher, a.a.O., S.318.

（122）Müllhaupt, a.a.O., S.260.

（123）Vischer, IPRG Kommentar, S.1186.

（124）Bär, a.a.O., S.133.

（125）Dasser/Drolshammer

（126）Schibli, a.a.O., SS.235-236.

（127）Schwander, a.a.O., S.173.

（128）Bucher, op.cit., p.116.

（129）Dutois, op.cit., p.393.

（130）Dubs, a., a, O., S.133.

（131）Dubs, a., a, O., S.133.

（132）Dubs, a., a, O., S.134.

（133）Dubs, a., a, O., S.135.

（134）Dubs, a., a, O., S.135.

（135）Dubs, a., a, O., SS.135-136.

（136）Dubs, a., a, O., S.136.

（137）Dubs, a., a, O., S.136.

（138）Danthe, op.cit., p.158.

（139）Danthe, op.cit., p.159.

（140）Danthe, op.cit., p.159.

（141）Danthe, op.cit., pp.159-160.

（142）Bucher, op.cit., p.133.

（143）Imhoff-Scheier/Patocchi, op.cit., p.69.

（144）Dasser/Drolshammer, a.a.O., S.1012.

（145）Dasser/Drolshammer, a.a.O., S.1013.

（146）Dutois, op.cit., p.393.

（147）Danthe, op.cit., p.79.

（148）Schibli, a.a.O., S.249.

（149）Schwander, a.a.O., S.177.

（150）Vischer, IPRG Kommentar, S.1185.

（151）Dasser/Drolshammer, a.a.O., S.1009.

（152）Dasser/Drolshammer, a.a.O., S.1009.

（153）Dutois, op.cit., p.391.

（154）Danthe, op.cit., p.93.

（155）Baudenbacher, a.a.O., S.318.

（156）Baudenbacher, a.a.O., S.318.

（157）BGE 87 Ⅱ 113; BGE 91 Ⅱ 117; BGE 92 Ⅱ 257.

（158）K.Troller, a.aO., S.128.

（159）Trutmann, a.a.O., SS.182-183; Imhoff-Scheier, a.a.O., S.72; R.Bär, a.a.O., S.146.

（160）A.Troller, op.cit., p.16.

（161）Baudenbacher, a.a.O., S.317.

（162）Schlussbericht, S.33.

（163）Schlussbericht, S.32, S.149.

（164）Schlussbericht, S.151.

（165）Baudenbacher, a.a.O., S.317.

（166）Günther Beitzke, Das Deliktsrecht im schweizerischen IPR-Entwurf, Schweizerisches Jahrbuch für internationales Recht, Bd.35, 1979, SS.101-102. 参照。

（167）Botschaft, S.504. また、石黒・前掲注（20）188 頁参照。

（168）Bär, a.a.O., S.158.

（169）Imhoff-Scheier, a.a.O., S.74.

（170）Botschaft, a.a.O., S.166.

（171）Imhoff-Scheier, a.a.O., S.74.

（172）Bär, a.a.O., S.152.

（173）Andreas Bucher, Internationales Privatrecht, Bundesgezetz und Staatsverträge, Text-Ausgabe, 1988, SS.34-35. また、奥田・前掲注（33）52 頁、井之上・前掲注（33）270 頁、三浦・前掲注（1）99 頁、笠原・前掲注（33）149 頁参照。

（174）Schweizerische Juristen-Zeitung [SJZ], 88, S.206.

（175）Schnyder, a.a.O., S.435.

（176）Dubis, a.a.O., S.63.Dasser/Drolshammer, a.a.O., S.1008.

（177）Baudenbacher, a.a.O., S.318.

（178）Schwander, a.a.O., S.178.Bär, a.a.O., S.126. Schibli, a.a.O., S.185.

（179）Kommentar zum Bundesgesetz über das Internationale Privatrecht （IPRG） vom 1.Januar 1989 (Art 136. Frank Vischer), 1993, S.1185. （以下では、Vischer, IPRG Kommentar として引用する）Dasser/Drolshammera.a.O., S.1008.Dutois, op.cit., p.391.Weber, a.a.O., S.172.

（180）Danthe, op.cit., p.95.

（181）Andreas Bucher, Les actes illicites dans le nouveau droit international privé suisse, Le nouveau droit interntionl privé suisse, 1989, p.133; Müllhaupt, a.a.O., S.261; Schwander, a.a.O., S.179; Bär, a.a.O., SS.129-130; Vischer, IPRG Kommentar, S.1187; Dasser/Drolshammer, a.a.O., S.1011.Dutois, op.cit., pp.392-393; Danthe, op.cit., p.123; Dubis, a.a.O., S.67.

（182）Bucher, op.cit., p.133; Vischer, IPRG Kommentar, SS.1187-1188; Dutois, op.cit., p.393;

第4章　スイス国際不正競業法　*241*

Danthe, op.cit., p.144; Dubs, a.a.O., SS.70-71.

(183) Schwander, a.a.O., S.173.

(184) Baudenbacher, a.a.O., S.318; Müllhaupt, a.a.O., SS.260-261; Schwander, a.a.O., S.173; Bär, a.a.O., S.133; Vischer, IPRG Kommentar, S.1188; Dasser/Drolshammer, a.a.O., S.1012. Schibli, a.a.O., SS.235-236.

(185) Bucher, op.cit., p.116; Dutois, op.cit., p.393; Dubis, a.a.O., S.136.

(186) Danthe, op.cit., p.159.

(187) Baudenbacher, a.a.O., S.318; Schwander, a.a.O., SS.179-180; Bär, a.a.O., SS.130-131; Dasser/Drolshammer, a.a.O., SS.1010-1011.Danthe, op.cit., p.170.Dubis, a.a.O., S.138.

(188) Vischer, IPRG Kommentar, S.1186; Dutois, op.cit., p.392. Schibli, a.a.O., S.244.

(189) Bucher, op.cit., p.133; Imhoff-Scheier/Patocchi, op.cit., p.69; Dasser/Drolshammer, a.a.O., S.1012, 1013; Dutois, op.cit., p.391; Danthe, op.cit., p.79. Schibli, a.a.O., S.249.

(190) Schwander, a.a.O., S.177; Vischer, IPRG Kommentar, S.1185; Dasser/Drolshammer, a.a.O., S.1009.

(191) Danthe, op.cit., p.93.

(192) Baudenbacher, a.a.O., S.318.

第5章

フランス国際私法委員会の報告

　フランスにおいて、1970年3月13日に開催されFrancescakis教授が議長を務めた委員会においてJean-Marle Bischoff教授が『国際私法における不正競業（La concurrence déloyale en droit international privé)』という論題の下に報告を行った。そして、その際、彼の報告をめぐって、フランス国際私法学界を代表すると目される出席者の間で活発な質疑・応答が交わされた。このように、フランスの主要な国際私法の研究者が多数出席するなかでなされた報告、および、それをめぐって交わされた質疑・応答の内容を紹介することは当面の問題に関するフランスの最近の動向をうかがう上で注目に値する。そこで、以下では、まず、Jean-Marc Bischoff教授の報告の概要、および、彼の報告をめぐって交わされた質疑・応答の内容を紹介し、当面の問題に関するフランスの動向をうかがってみることにしたい。

I　Jean-Marle Bischoff 教授の報告

　ここでは、当面の問題に関するBischoff教授の見解を若干詳しくみておくことにしたい。その前に、フランスの判例および学説の支配的傾向をBischoff教授の説明に従って以下に簡単にまとめておくことにしよう。

　フランスの判例および学説の支配的傾向はほぼつぎのようである。すなわち、不正競業は不法行為であるから、不正競業の準拠法は不法行為地法、いいかえれば、不正競業が生じた場所の法にもとめられる。しかし、不正競業が行われた場所（行動地）と不正競業の結果が生じた場所（結果発生地）とが異なる場合、すなわち、隔地的不法行為の場合には、不法行為地の決定という問題が生ずる。このような場合には、行動地ではなくて結果発生地、特に、損害発生地をもって不法行為地としなければならない、[1]と。

　このような見解は、不法行為のなかでの不正競業の特殊性をみとめず、不法行為

一般に関する不法行為地法主義を不正競業に適用しているものとみてよい。

　しかし、Bischoff 教授は、このような見解に反対して、不正競業の特殊性（損害賠償請求よりもむしろ差止請求が本質的に問題となること）を理由に、「準拠法に関しては、損害という従属的要因が生じた場所に不正競業を位置づけることは妥当でない[2]」とする。したがって、Bischoff 教授は、不法行為という一般的な枠においてではなくて、不正競業という特殊な枠において考えることを提唱する[3]。

　それでは、「不正競業という特殊な枠において考える」とは、いったい、具体的にはいかなることを意味するのであろうか。その点についてもう少し詳しくみていくことにしよう。

　Bischoff 教授は、不正競業の構成要素は何か、という問題を提起し、それに対して 2 つの要素を挙げている[4]。そのひとつは、同一部門もしくは隣接部門で活動する、2 つもしくはそれ以上の企業の利益が衝突する市場の存在である。もうひとつは、この市場における競争の自由の濫用の存在である[5]。そして、彼は、いずれにせよ、市場が不正競業の中心的な要素であるとし、「競争が行われる市場が存在するところに不正競業を位置づけ」る[6]。したがって、彼によれば、不正競業は、被告たる企業が参加している競争が行われている市場の法、当事者の利益が衝突する市場の法によって規律される[7]。この場合の「市場」とは顕在的であれ、潜在的であれ、顧客がいるところである[8]。なお、彼は、顧客が複数の国に分散していて複数の市場が存在する場合にはこれらの市場の法の配分的適用を認めている[9]。したがって、Bischoff 教授にあっては、国際不正競業につき原則として市場の法が適用されるものとみてよい。

　つぎに、Bischoff 教授は、紛争が同一国に本店を有する 2 つの企業の間で生じている場合には上に述べた原則が修正されるか否かを検討する。そして、彼によれば、市場の法の原則的管轄の例外を認める余地はア・プリオリには存在しない[10]。その理由は 2 つあり、そのひとつは、訴訟の予測可能性という観点からのものであり、もうひとつは、第三者に対する競争の平等という観点からのものである。まず、彼は、訴訟の予測可能性という観点からの理由につき、つぎのように述べている。すなわち、企業はいずれの市場に進出することになるかを予測することはできるが、その市場でどのような競業者を見つけることになるか、ましてや、これらの競業者のうちに自己と同一国に本店を有する企業を見いだせるのかどうかを確実に予測することはできない、[11] と。つぎに、第三者に対する競争の平等という観点

からの理由につきつぎのように述べている。すなわち、同一の本店所在地、同一国籍を有する企業を相手にしていることを知っていても第三の競業者、外国人競業者に対する妨害の原因であってはならない、[12] と。しかし、上のような2つの理由が主張できない場合がある [13]。それは、同一国籍の2つの企業だけが争っている場合、いいかえれば、競争している第三の企業が実際に存在せず、さらに、不正競業行為が、特に、もっぱらある企業から他の企業に対して向けられている場合である [14]。そして、そのような場合に市場の法の原則的管轄の例外を認めたものとして、ドイツの連邦通常裁判所が下した1962年12月20日の判決が挙げられている [15]。しかしながら、彼は、連邦通常裁判所が審理した事件はドイツ国内の事件であり国内訴訟に外ならなかったと分析する [16]。また、彼は、当事者である2つの企業が2つもしくは3つの特定される市場においてではなくて、世界的市場で行動している場合にはこれらの市場の法の配分的適用は実行できないから判決のような解決のみが有効である、[17] とする。

　したがって、Bischoff 教授は、連邦通常裁判所の判決の分析を通して、市場の法の原則的管轄と調和する2つの説明をみつける。そのひとつは、「世界的市場」による説明であり、もうひとつは、「国内輸出市場」による説明である。まず、「世界的市場」による説明を紹介することにしよう。それによれば、競業者が衝突する市場が実際には世界的市場であるときには「法律のない市場」が結局問題であり、抵触規則によって指定された外国法が不明の場合と同じ困難におちいる。したがって、通常の準拠法が存在しないから適用できない場合に直面する [18]。そして、このような場合には、2つの解決の可能性が考えられる。そのひとつは、法廷地法への補充的連結を法廷地法の一般的補充的使命によって認めることであり、もうひとつは、問題となる法律関係の位置づけのその他の要素、すなわち、問題となる企業の共通の本拠地を見つけることである、[19] と。つぎに、「国内輸出市場」による説明を紹介することにしよう。それによれば、競争は製品の供給が行われる外国市場においてではなくて、国内市場と呼ばれる製造地において行われている。実際、内国企業は外国市場で外国の企業と衝突する前に内国ですでに競争している。実際、各々がスタートラインにつくときには、競争の際に何が許され、何が禁止されているかを知るために問題となる国の国内法を参照するのはまったく自然ではないか、[20] と。

　以上にみるように、Bischoff 教授は、「市場」概念の拡張によって市場の法の原

則的管轄を辛うじて維持しえたのである。

　最後に、Bischoff 教授の結論を紹介することにしよう。紹介するにあたっては、以下に、その全文をほぼそのままの形で訳出しておくことにしたい。

　すなわち、外国人の地位のレベルでは不正競業はもはや問題を提起しないが、法律の抵触が問題となるときには事情は異なる。法律の抵触の問題を解決するためには民事責任訴訟内部での不正競業訴訟の非常に特殊な性格を考慮して独自な連結規則が必要であると思われる。そして、この特殊な連結は、競業者が衝突する市場の法の管轄に見いだされると思われる。この原則的管轄には、2つの例外もしくは2つの緩和がある。一方では、競争がひとつもしくはそれ以上の特定の市場においてではなくて世界的市場において行われるときには通常の準拠法の欠缺があり、解決、すなわち補充的連結規則を提示しなければならない。結局は公海での衝突に非常に近い場合に関して国際海商法が与えた解決の移植、すなわち共通の旗国法に対応するものと考えられる共通の本拠地法の適用にその解決を見いだすことができる。それから、その他、何も見つけられない場合には、その一般的補充的使命によって法廷地法の適用にその解決を見いだすことができる。第2の緩和。競業がその本拠地を同一国に有し輸出することによってではなくて輸出するために競争している2つの企業の間で製造地において競争が行われているときには、国内輸出市場という観念を導入し問題となる国の国内法によって競争を規律しなければならない、[21] と。

　なお、Bischoff 教授は、報告を締めくくる際に、フランスの国際私法委員会に対して、つぎのような問題を提起している。すなわち、すべてを統一性に向けて還元する原則の純粋さを保つために例外を排除しなければならないのか。それとも、現実を全部抽象的な規範に閉じ込めるのが困難な各々の場合に還元できないものを考慮に入れなければならないということを認めるのがよいか、[22] と。そして、彼は、後者の道を歩むべきではなかろうか、[23] と彼自身の提案を行っている。

II　Jean-Marle Bischoff 教授の報告をめぐって交わされた質疑・応答

　Jean-Marle Bischoff 教授の報告をめぐって交わされた質疑・応答は、国際不正競業に関する判例が少ない理由、普通法と条約との関係、不正競業の準拠法の問題など多岐にわたるが、ここでは、特に、当面の問題をめぐる質疑・応答をかいつま

んで紹介しておくことにしたい。

まず、議長である Francescakis 教授が質問の口火を切った。すなわち、Bischoff 教授は、不法行為地法主義に関しては不法行為を位置づける際に困難が発生すると述べておられる。近く公表される万国国際法学会の決議は原則として不法行為地法主義を採用しているが不正競業の場合を明示的に留保している。Bischoff 教授の考えはこの決議にしたがっているのか、[24] と。これに対して、Bischoff 教授は、議長が行っている推論はすべての民事責任に関して当てはまる、[25] と返答した。

ついで、Batiffol 教授が、損害が現れた場所の法の適用に賛成する旨を明らかにした後 [26]、つぎのような質問を行った。すなわち、国内市場で競争する企業という命題は納得できない。まず、企業が特定の市場で競争している場合、なぜ、最初の解決（市場の法の適用）に帰らないのか。つぎに、企業が不特定の市場で競争している場合には、企業は誰と直面するかを知ることができないのではないか、[27] と。これに対して、Bischoff 教授は、連邦通常裁判所が審理した事件は企業が不特定の市場で競争している場合ではないから（そのようなことはない）、[28] と返答した。

また、Weill 教授は、損害とは顧客の喪失を意味するから損害地を明確にすればよいのではないか、[29] と質問を行った。これに対して、Bischoff 教授はつぎのように返答した。すなわち、不正競業においては、損害は一部であってすべてではない。喪失した顧客に関して損害賠償を請求することよりも行動を差し止めることが問題となる。顧客を喪失したことを証明するア・プリオリな義務もない、[30] と。

さらに、Bellet 教授は、競争が最も多量に行われた場所の法の適用を提唱し [31]、Mezger 教授は、不正競業の直接的効果が実現された場所の法の適用を主張し、不特定の市場に関しては、位置づけようとおもっても位置づけられない競争が現実に存在するとは思われない、[32] と述べた。

最後に、Houin 教授は、不正競業の多様性を認識していない Bischoff 教授の見解に反対して、不正競業行為を、①市場の一般的な破壊行為、②混同および誹謗のような直接顧客に向けられる行為、③被用者の引き抜きや営業秘密の侵害のように直接顧客と関係しない企業の内部撹乱行為の3つの類型に分類して、①および②については市場地法の適用、③については別個の取り扱いを提唱している [33]。

なお、Lepaulle 教授は、ドイツの裁判所における問題の解決の仕方がアメリカの反トラスト法に対するアメリカの裁判所の取り扱い方に類似することを指摘して

第 5 章　フランス国際私法委員会の報告　*247*

いる⁽³⁴⁾。

（注）

（1）　Jean-Marle Bischoff, La concurrence déloyale en droit international privé, Travaux du comité français de droit international privé, 1972, p.53. フランスの初期の判例において は、大部分の不正競業の事件において法廷地法、すなわち、フランス法を適用するという現象 があった。Bischoff, op.cit., p.60. フランスにおいて当面の問題を最初に取り上げたと思われ る Goré によれば、不法行為地法への連結が提案されている。すなわち、「不正競業行為がフラ ンスの領土において行われた場合には、当事者のそれぞれの国籍および法律がどうであれ、フ ランス法が適用される。これに対して、不正競業行為が外国において行われた場合には、不法 行為地法が管轄を有する。倫理原則の名において被害者は賠償を請求するから、社会的利益が 侵害された法によって保護が保証されるのが実際自然である。また、加害者の行動を公平に評 価するためには、不法行為が発生した社会的環境も考慮しなければならない」（François Goré, La concurrence déloyale en droit international privé français, Études de droit contemporain, 1959, p.322.）と。また、判例および学説の支配的な傾向は、ほぼつぎのような Jean Deruppe 教授の見解にもよくあらわれている。すなわち、不正競業行為はそれが行われた場所の法に よって判断される。したがって、残る唯一の困難は不法行為地を決定することである。そのた めには、不正競業行為が行われた場所と不正競業行為がその結果を生じた場所とのうちから まず選択するのが適当である。少なくとも、過失と損害が異なる場所に位置づけられるとき には、この選択は不法行為責任という、より一般的な枠組みで提案される選択——損害が現 れた場所の法の選択——と異なるべきではないように思われる。したがって、不正競業行為 が行われた場所の法よりも損害が現れた場所の法を選択することになる、と。Jean Derrupe, Repertoire de droit international, 1968, Tome Ⅰ pp.460-461. なお、1997 年 1 月 14 日の破 毀院の判決は、印刷物による不正競業について不法行為地法を適用し、行動地（印刷物の配布 地）も損害発生地もフランスにあるとしてフランス法を適用した。Rev.crit., 1997, p.504.1999 年 10 月 21 日のグルノーブル控訴院の判決も同様の趣旨を明らかにしている。同控訴院は、行 為者にその競争相手の顧客を取り戻すような混同を顧客に惹起するような行為について、「不正 競業の準拠法に関しては民事的不法行為の準拠法は不法行為地法であるというのが伝統である。 本件においては、非難されている不正競業行為はある国で意欲され、別の国で結果を発生して いるから、判例は、不法行為地は損害を発生させる行動を行った場所とも損害の実現地とも理 解される。控訴院は SGI 会社によって告発されている損害はフランス市場において存在する ことを確認してフランス法を適用する」（http://witz.jura.uni-sb.de/CISG/decisions/211099v. htm）と判示した。なお、最近において、Leclerc もほぼ同様の趣旨を明らかにしている。す なわち、「明白に、いわゆる影響を受ける市場効果主義が奨励することに倣えば、不正競業に基 づく請求権の準拠法は結果が発生した市場地の法である。この連結の選択によって、不法行為 の分割または分散に関する不確実性が除去される。単純な不法行為であれ、複雑な不法行為で あれ、複数の国々の領域に拡散する不法行為であれ、市場地法の管轄はすべての場合をカバー

248

する適格性を有する」（Frédéric Leclerc, Concurrence déloyale et droit international privé, La concurrence déloyale: permanence et devenir, 2001, p.88.）と。

（2）　Bischoff, op.cit., p.61.

（3）　Bischoff, op.cit., p.61.

（4）　Bischoff, op.cit., p.61.

（5）　Bischoff, op.cit., p.61.

（6）　Bischoff, op.cit., p.61.

（7）　なお、Bischoff 教授によれば、不正競業を差止めるために講ずべき措置を決定するのに適格性を備えているのも市場の法である、とされる。Bischoff, op.cit., p.62.

（8）　Bischoff, op.cit., p.62.

（9）　Bischoff, op.cit., p.62.Bischoff 教授によれば、複数の市場が関係する場合には、不正競業という制度の統一性を確保するために当該行為にひとつの法のみを適用するのは危険に満ちている。その理由は、当該企業が最も規制の緩やかな市場にいるときに、その企業の行動を判断するために適用されるのがこの市場の法でなければ当該企業にひどい不利益を与える恐れがあるからであるとされる。Bischoff, op.cit., p.62.

（10）　Bischoff, op.cit., p.63.

（11）　Bischoff, op.cit., p.63.

（12）　Bischoff, op.cit., p.63.

（13）　Bischoff, op.cit., p.63.

（14）　Bischoff, op.cit., p.64.

（15）　Bischoff, op.cit., p.64. また、Bourel 教授はすでに当面の問題についてつぎのように述べている。すなわち、「競争が異なる国籍を有する商人の間で、外国市場において行われるときには、この市場が競業者の対立する場所である。したがって、市場が不法行為の連結の本質的な要因と考えられる。これに対して、競争が、もっぱら同一国籍の二人もしくは複数の商人の間で行われるときには、つねにこれらの商人の共通の本国法が選択されるべきである。不法行為は実際、外国で行われるにもかかわらず、共通の出身によって商人が構成する社会集団に関係する。この集団の法律、すなわち競争関係の本拠の法がこの場合、真の不法行為地法である」と。Pierre Bourel, Les conflits de lois en matière d'obligation extracontractuelle, 1961, p.163.

（16）　Bischoff, op.cit., p.64.

（17）　Bischoff, op.cit., p.64.

（18）　Bischoff, op.cit., p.64.

（19）　Bischoff, op.cit., p.65.

（20）　Bischoff, op.cit., p.65.

（21）　Bischoff, op.cit., p.66.

（22）　Bischoff, op.cit., p.67.

（23）　Bischoff, op.cit., p.67.

（24）　Travaux du comité français de droit international privé, 1972, p.71. 以下では、Travaux.と省略して引用することにする。

第 5 章　フランス国際私法委員会の報告　*249*

(25)　Travaux.op.cit., p.73.
(26)　Travaux.op.cit., p.71.
(27)　Travaux.op.cit., p.72.
(28)　Travaux.op.cit., p.72.
(29)　Travaux.op.cit., p.72.
(30)　Travaux.op.cit., p.73.
(31)　Travaux.op.cit., p.73.
(32)　Travaux.op.cit., p.73.
(33)　Travaux.op.cit., p.74.
(34)　Travaux.op.cit., p.74.

第6章

万国国際法学会の決議

　第22委員会のメンバーは、Reese（報告者）, Frank Vischer（共同報告者）, De Nova, Gannage, Goldman, P.Lalive, Loussuarn, Mann, von Overbeck, Philip, Schwind, Waelbroeck の計12人であり、その任務は、不正競業に関する抵触法規定についての決議案を国際法学会に提出することであった。第22委員会は、まず、2人の報告、すなわち、序説と題された Willis L.M.Reese の報告、および、Frank Vischer の報告に関して議論を行った。つぎに、委員会は、アンケートを作成し、さらに、アテネ会期中に第一決議案を起草した。最後に、報告者（Willis L.M.Reese および Frank Vischer）が、2人の報告およびアンケートに関する委員会のメンバーの見解、それから、第一決議案に関するメンバーの見解を基にして、詳細な注釈を付した決議案を作成した。そして、この決議案が、国際法学会に付託され、ケンブリッジ会期（1983年8月～9月）において論議が交わされ修正を受けた後決議として採択されるに至った。以下には、2人の報告、アンケート、第一決議案のそれぞれの内容、それから、それぞれに関する委員会のメンバーの見解、それを基に作成された決議案の内容、それぞれの会期における論議・修正の内容を各会期別に紹介した上で各会期における争点を筆者なりに明らかにし、最後に決議それ自体の内容を紹介したい。

I　第22委員会決議案

1　序説（Willis L.M.Reese）

　Reese によれば、第22委員会の使命は、最終的には不正競業の抵触法に関する決議案を国際法学会に提出することであり、2つの問題、すなわち、対象とすべき領域および抵触法的考察が中心である、[1] とされる。

　そして、まず、対象とすべき領域の画定に関しては、その試みとして、工業所有権の保護に関するパリ同盟条約、それから、アメリカ合衆国における、McClellan

法案が挙げられ、氏は、これらを参考にして、考えられる領域のリストを作成している。それによれば、（1）ある人の商品を他人の商品として通用させること、（2）ある競業者の成果の不正盗用、（3）営業上の秘密の盗用および開示、（4）不正広告、（5）ある競業者の信用毀損および製品の中傷、（6）独占およびそれに類似するものの創設によって競争を制限すること、（7）ボイコットおよび独占販売協定、拘束販売等のような市場制限、（8）例えば、原価以下で販売すること、（9）例えば、契約を破棄して、または、契約を破棄しないで被用者に使用者の下を去るよう誘引すること、競業者の供給関係および顧客関係を妨害すること、競業者の契約破棄を誘引すること等のような競業者の権利の侵害、（10）取引上の贈（収）賄、（11）妨害および物理的妨害、（12）損害賠償、差止め、standing to sue（私人が公務員の違法行為を理由として訴訟を提起した場合、上記の違法行為によって自らの利益を侵害されたことを私人が証明しない限り裁判できないという法理）のような救済に関する問題等が対象とすべき領域として挙げられる。（1）は、不正競業の基本形態であり、研究領域の中に含められる。そして、商標侵害については、登録商標と未登録商標の場合が区別して論じられ、登録商標の場合は研究範囲から除かれ、未登録商標の場合だけが研究範囲に入れられる。（2）は、他人の商品を自分自身の商品として販売するのであるから、（1）とは異なる。（3）は窃盗とかスパイによるような信頼違反および不法行為的妨害を通常含む。（4）は、例えば、自分自身の製品に虚偽の品質を与える広告を指し、比較広告は、それに関する法的制限が刑罰的性格を有するため、研究範囲には入れられない。（6）は少なくとも、アメリカ合衆国では、特別法によって規制されている。（7）は少なくとも、その大部分は、反トラスト法によって規制されている。（10）は、贈賄者の競業者に対してよりもむしろ贈賄者に対して被用者がその使用者の仕事を与えるであろうと期待して他人に贈答品を送るという形態をとる。（11）は、競業ピケを含む。（12）は、手続と密接に関連していて、上記に述べた諸問題とは異なるから研究範囲から除かれる。そして、倍額賠償に関する問題もここでは扱われない。倍額賠償を認めるか否かという問題は、公序の観念と結びついているからである[2]。

つぎに、抵触法的考察に入り、アメリカ合衆国における抵触法の現状、それから、若干の基本的な問題、さらに、具体的な適用の問題が論じられ、氏の試案が示される。

まず、アメリカ合衆国における抵触法の現状分析からみていこう。氏によれば、

判例の大部分がパッシング・オフ（詐称通用）に関係しており、したがって、異なる種類の不正競業に対しては異なる抵触法規定が適用される旨を判示した判例もない。ただ、被告の行動が唯だ一つの国の原告の営業に直接的影響を与えた場合、または、この影響がほとんど全部一つの国に集中しており他の場所ではわずかな影響しかない場合には、アメリカ合衆国の裁判所は、通常、当事者の権利および義務を決定するために上記の国の法を適用した。それから、被告の行動が多数の国の原告の営業に重要な影響を与えた場合には、アメリカ合衆国の多数の裁判所は、当事者の権利および義務を規律するために単一の国の法を適用した。そして、最終的に選択された法はほとんど法廷地の国の法であった。しかし、そのような事件すべてにおいて、上記の国は当事者および営業と重要な関連性を有しており、この関連性が通常判決の基礎をなしていた。この関連性としては、例えば、法廷地の国が原告および被告双方の主たる営業所所在地であること、原告と被告との間の競争の大部分が法廷地の国で行われたこと、法廷地の国が原告または被告の主たる営業所所在地であること、被告が法廷地の国で不正競業行為を始めたこと、被告の行為が影響を与えた多数の国の規定に法廷地の国の規定が類似していること、が挙げられる。しかし、法廷地法としての適用が特に強調される場合もあり、また、傍論においてではあるが、被告の行動が影響を与えた各々の国の法がそれぞれの影響から生ずる権利および義務を決定するために適用されるとされたこともある [3]。

　それから、若干の基本的な問題が論じられる。第1に、不正競業に関する規定が保護すべき利益は何か、ということ、第2に、関係する当事者すべてが同一の国の国民または住民である場合、または、当面の争点に関して同一の規定を有する異なる国の国民または住民である場合どう処理すべきか、ということ、第3に、不正競業の様々な側面を規律すべき異なる抵触法規定を作成する必要があるかどうか、ということである。第1の問題に関しては、氏は、欺罔されないという公衆の利益か、それとも競業者の利益か、という問題を提起し、この問題に対する解答は、いかなる種類の不正競業であるかによって決定されるとする。例えば、（1）、（4）を禁止する規定は競業者の利益のみならず公衆の利益をも保護する。（6）、（7）、（8）を禁止する規定についても同様である。これに対して、（2）、（3）、（5）、（9）、（10）、（11）を禁止する規定は主として競業者の利益を保護する [4]。第2の問題に関しては、まず、被告の行為が当事者に共通の本国法または住所地法の下では合法であるが、行動地国または結果発生地国の法の基礎をなしている政策を損なうこ

とはないとしても、被告は、行動地国または結果発生地国において同一の立場にいる人と対等に競争することはできなくなってしまう[5]、と論じている。第3の問題に関しては、これは最も重要なものであり、原則として、単一の抵触法規定で足りるとし、例外的に複合的アプローチを採用すればよいとする[6]。

そして、氏は、上記のような基本的な問題を解決した後に、具体的な適用の問題に向かい、氏の試案が示される。まず、被告がY国における原告の営業に直接的影響しか与えていない行動をX国で行う場合には、Y国において被告の行動の結果が発生し原告の利益が侵害されているから、Y国の法が規律すべきである。つぎに、X国の被告の行動が多数の国の原告の営業に直接的かつ重要な影響を与えた場合には、問題は、単一の準拠法しか存在しないか、それとも、異なる準拠法が存在するか否かである。そして、氏は、前者の見解を採用し、試案として、以下のような解決を提案する。すなわち、(a) 準拠法の所属国は、明らかに被告の行動が最大の影響力を有する国が存在し明白に確認できるということを前提として、上記の国であるものとする。(b) そのような国がない場合には、準拠法の所属国は、被告の行動が原告の主たる営業所所在地国で重要な影響力を有することを前提として、上記の国であるものとする。(c) 原告の主たる営業所所在地がそのような影響力を持たない場合には、被告の行動の影響が被告の主たる営業所所在地国で重要であることを前提として、上記の国が選択されるものとする。(d)その他の場合には、被告の行動が少なくとも法廷地で何らかの影響力を有するということを前提として法廷地の国の法が適用されるものとする。(e) 先に挙げた、4つの国のうちひとつとして資格をもたないという極めて稀な場合には、準拠法は、被告の行動が原告の主たる営業所所在地で何らかの影響力を有することを前提とし、原告の主たる営業所所在地国の法であり、何らの影響力ももたない場合には、被告の主たる営業所所在地国の法であるものとする[7]。

2　報告（Frank Vischer）

Vischer は、第1章では、不正競業に関する実質法を、第2章では、不正競業に関する抵触法規定を論じている。

まず、第1章からみていこう。氏によれば、問題は、《市場から競争相手を追放する際にいかなる種類の手段が許されていると考えるべきか》ということである、[8] とされる。そして、不正競業法は、一般的な不法行為の一要素、競業者に

対して一定の行動基準を定める規定（《商人の特別法》としての不正競業法）、一定の市場制度を確立し保証すべく予定された市場の全体的法秩序の一部（《市場の交通信号》）、不正競業行為によって禁止されずに市場支配力を発揮するという競業者の人格権を保証する一群の規定、といった様々な側面を有している。したがって、これらの側面のうちいずれが抵触法において維持されるべきか、一概には言えない[9]。また、競業において関係する利益としては、まず、申込および承諾が互いに出会う《市場》の利益、その中には、一定の市場制度を保証することに対する国家の利益、競争を利用することに対する公衆の利益、市場支配力を発揮することに対する競業者の利益、競業条件に関する限りでの労働力の利益（例えば、終業時間、賃金協定）が含まれ、つぎに、企業の私的営業活動に対する競業者の利益、最後に、外部から市場関係に影響を与える特別な政策（対外的な通商政策、財政政策、通貨政策）を追求することに対する国家の利益が挙げられる[10]。そして、不正競業法は、反トラスト法によっても行われている市場統制のいくつかの領域にも関係する[11]。したがって、不正競業法は、主として私法の一部であるが、その重要な部分（例えば、割引、蔵払い売出し、景品付販売に関する規制）は公法に属する[12]。上記の一般的な説明を終えた後に、氏は、パリ条約について簡単に触れている[13]。

　つぎに、第2章をみることにしよう。氏によれば、競業法の分野における準拠法の予測可能性はつねに重要であり、競業者は、与えられた市場においていずれの法が自分の行動を規律するのかを予め知るべきである、[14]とされる。そして、つぎに、伝統的な不法行為的アプローチ[15]および利益衡量的アプローチ[16]について触れ、関係している利益の一般化、不正競業行為のグルーピングを主張している[17]。それに基づいて、様々なカテゴリーの不正競業行為について最も関連の深い法域が探求される。不正競業法は、（1）厳密な意味での特殊な市場統制、（2）競業者相互の関係および購入する公衆に関する規制、（3）不正競業法と反トラスト法との間の境界線に関する規制、（4）企業の私的営業活動を保護する規制の4つに分類される。まず、（1）についていえば、例えば、割引、割戻蔵払い売出し、その他の特別な商品、景品付売出しに関する規制、薬品または健康食品を広告する際に化学的に証明された事実の一定の基準を課す健康規制、終業時間を決定する規制のように、市場における《政策的規制》に関する一切の規制がこれに該当する。上記の規制は、特別法として規定されることがあり、また、警察的性格を有す

るため、通常、《直接的適用の法律》と呼ばれる。その適用範囲は厳格に属地的であるから、領土内で実行され領土内の公衆に影響を及ぼす一切の行為が先の規制の対象となる。そして、しばしば刑罰を伴うこれらの規制は民事訴訟の権利を与えていることが注目される[18]。つぎに、（2）は、市場から競争相手を追放し顧客の支持を得る目的を持った不正競業行為を対象とし、例えば、会社または商品に関する詐欺的表示、商品および営業の誇大広告、特許、商標、意匠を侵害または模倣すること、比較広告、自己の営業または商品の虚偽表示、混同を惹起する競業者の表示の模倣が上記の行為に該当する。当該規制は、虚偽の市場情報から公衆を保護することを目的としており、市場における秩序ある行動に対する国家の利益が明白である。そして、この種の規制は、大多数の不正競業行為および最も典型的な不正競業行為を対象とするから、市場という連結点が重要である。実際、関係している様々な利益は通常市場において侵害し合う[19]。さらに、（3）についていえば、例えば、ブラックリスト、差別、価格の引き下げ、支配的な市場地位の誤用がその対象とされる。上記のような行為は国家の基本的な経済秩序に関係する。したがって、いずれの経済秩序が不正競業行為によって影響を受けるのか、という問題が重要である[20]。最後に、（4）の規制についていえば、上記の規制の対象となる類型の行為は、市場とか基本的な経済秩序それ自体に直接影響を及ぼすわけではない。例えば、職業上または営業上の秘密に対する企業の権利、競争相手がその被用者に及ぼす違法な影響および圧力から保護される企業の権利、プラントが物理的侵害から保護される企業の権利が上記の規制によって保護される。ここで扱われる不正競業行為は、すべて保護される営業活動に向けられるから、最も関連の深い法域は通常登記された事務所の所在地である[21]。

　先のような分類を前提にして、さらに、氏は、第1に、競業者の共通の本国法の適用の問題[22]、第2に、マス・メディアによって実行される不正競業行為の問題[23]、第3に、手続に関する問題[24]について、それぞれ一節を割いて論じている。とくに、氏は、競業者の共通の本国法の適用については否定的であることを付け加えておこう[25]。

3　アンケート

　以下には、委員会のアンケートの内容を訳出しておくことにしたい[26]。

(1) 我々は、不正競業の定義を試みるべきか。もし、試みるべきであるとすれば、この定義は概括的であるべきか、それとも詳細であるべきか。また、この定義がいかにしてなされるべきかについてあなたの考えを我々にどうか聞かせてください。

(2) いかなる分野が含められるべきか。

(a) 我々は、商標、商号、その他の工業所有権を含めるべきか。

［上記の事項はパッシング・オフ（詐称通用）に関する限りにおいてのみ扱われるべきであるというのが我々の最初の考えである。］

(b) 我々は、手続の問題を含めるべきか。

(c) 我々は、損害賠償、特に、倍額賠償の問題を扱うべきか。

(3) 我々は、抵触法的解決を示す前に、まず、不正競業の規定が保護しようとしている基本的な利益または価値を確認すべきか。あなたの見解では、これらの基本的な利益または価値とは何か。それらは、関係する不正競業の特定の種類に応じて変化するのか。

［先に指摘したように、不正競業のいくつかの規定は公衆の利益および競業者の利益を保護しようとしている。贈（収）賄を禁止する規定および販売の実行方法を規制する規定がその例である。］

(4) 関係する規定の法的性質は重要であるか。

［制定国またはその他の国の領土内で行なわれる活動、あるいは、恐らく殆ど確実であるが、制定国において結果を引き起こそうとする活動に対してのみ恐らく刑法は適用されるべきであろう。同じことは公法のその他の規定についてもあてはまる。］

(5) 抵触法の問題：

(a) 不正競業のすべての側面または種類は、単一の抵触法規定によって十分に扱われるか。

もし、扱われるとすればこの規定はどうあるべきか。あるいは、異なる規定または原則に不正競業の様々な側面を規律させなければならないであろうか。

(b) 異なる規定または原則が必要であるとすれば、それらは、どうあるべきであり、かつ各々の規定または原則は不正競業のいかなる側面に対して適用されるのか。

(c) ある国家は、警察的性格を有する規定または特別な公益を保護しようとするような規定をその領土内で行なわれる活動に対して適用する権限を有すると我々は定めるべきか。

(d) Y国の原告の営業に直接的影響しか及ぼさない行動を被告がX国で行なう場合、不正競業における当事者の権利および義務をいずれの法が規律するのか。これは、X国法であるか、Y国法であるか、それとも、恐らく、原告の主たる営業

所所在地国の法であろうか。

［我々は一般的に Y 国法の適用を支持する。］

(e) 準拠法所属国の選択の際に、連結点としての《市場》に対していかなる意義が与えられるか。《市場》はいかに定義されるべきであり、この連結点はいかなる活動について重要であるか。

［市場とは被告の製品が販売される場所であるというのが我々の最初の考えである。通常、上記の場所が被告の行動した場所でもあるだろう。］

(f) 取引上の贈（収）賄、競業者の被用者を退職するよう誘引すること、競業者の契約破棄を誘引すること、競業者の供給関係および顧客関係を妨害すること、妨害、物理的妨害等のような活動について被告が責任を負うかどうかを決定するためにいかなる法が適用されるか。

［被告の行動した国が、被告の行動が原告の営業に直接的影響を及ぼした国でもあるということを前提として、準拠法は被告の行動した国の法であるものとするというのが我々の考えである。］

(g) 独占の創設とかボイコットその他の市場制限、原価以下で販売すること、価格差別、再販売価格維持等のような活動によって競争を制限することに対する被告の責任を決定するためにいかなる法が適用されるか。我々が、これらの事項を扱うべきでないとすれば、この問題は重要ではないであろう。

(h) 当事者のすべてが同一国の国民（住民）である場合、共通の本国（住所地）法が不正競業における当事者の権利および義務を決定するために適用されるか。もし、あなたが上記の問題を肯定するとすれば、当事者が異なる国の国民または住民がこれらの国の各々が問題となっている争点に関して同一の規定を有している場合、あなたはいかに扱うか。当事者の権利および義務を決定するためにこの規定が適用されるべきか。

(i) 被告の行動が多数の国の原告の営業に対して重要な営業を及ぼした場合、単一の国の法が当事者の権利および義務を規律するのか。それとも、重要な影響を受けた各々の国について異なる準拠法が存在するのか。もし、単一の国の法が規律するとすれば、この国がいずれであるべきか。

［一般的には、これらの場合には単一の法が適用されるべきであると我々は考える。……被告の行動が主として原告の会社の支店の活動に向けられている場合が、上記の行為が単一の国において最大の影響を及ぼす場合の一例である。この場合には、適用されるべき法は支店の所在地国法であるということを我々は示唆する。恐らく、自己の行動が当該国家で結果を引き起こすであろうということを被告が予測する根拠がなければ、上記の国の法は適用されるべきではないであろ

う。]

（j）マス・メディアによって行なわれる行為について特別な規定を必要とするか。もし、必要であるとすれば、この規定はどうあるべきか。

（k）我々が採用する抵触法規定によって選択される規定の適用範囲を決定する際に、その規定が達成しようとしている目的を考慮に入れるべきか。つねに、上記の規定の目的を考慮に入れるべきか。それとも、特別な警察的性格を有する規定の場合にのみ上記の規定の目的を考慮に入れるべきか。

（l）我々が採用する抵触法規定によって選択される規定を適用する時に、裁判官は《信義誠実》、《善良な商人》等のような一般的用語を解釈する際、事件の国際的側面を考慮に入れるべきか。

4　第一決議案

以下には、第一決議案の内容を訳出しておくことにしたい[27]。

　　国際法学会は、

　　　　不正競業がますます重要な法分野となっているがゆえに；

　　　　この分野に関する抵触法の問題はそれに値する関心を払われていないがゆえに；

　　　　現在がこれらの問題を解決する好機であると思われるがゆえに；

　　　　本決議を採択する：

　　　　　　　　　　　　　　Ⅰ条

　本決議によって対象とされる領域は、工業所有権の保護に関するパリ同盟条約の10条におけると同様に、《工業または商業における公正な慣行に反する一切の競業行為》として広く定義される。

　もっと具体的に言えば、本決議は、以下の行為を対象とする。

1）商標侵害の問題は別として、ある人の商品を他人の商品として通用させること

2）ある競業者の商品が自分自身の製品であるという表示の下でこれらの商品を販売することを含む、ある競業者の成果の不正盗用、並びに、営業上の秘密の不正盗用および開示

3）不正広告

4）ある競業者の信用毀損

5）制限的取引慣行

6）ボイコットおよび独占販売協定、拘束販売のような市場制限

7）原価以下で販売すること、価格差別、再販売価格維持のような不正価格競争

8）例えば、被用者を退職するよう誘引すること、ある競業者の契約を破棄するよう誘引すること、ある競業者の供給者および顧客関係の妨害によるような競業者の権利の妨害

9）取引上の贈（収）賄

10）妨害、および、ある競業者のプラントのピケを含む物理的妨害

Ⅱ条

不正競業に関する権利および義務は、特定の争点に関して当事者および事件と最も重要な関係を有する国の法によって決定されるものとする。

Ⅲ条

原則として、

a）被告の行動、および、その結果として生ずる原告の営業に対する損害が同一の国で生じている場合には、上記の国の法が当事者の権利および義務を決定するために適用されるものとする。

b）被告がある国で原告の営業に損害をもたらすという目的で、または、その行動がこの結果を引き起こすであろうと予測する当然の理由を抱いて行動するときには、この後者の国の法が当事者の権利および義務を規律するために適用されるものとする。

c）被告がある国の自己の行動によってひとつまたはそれ以上の国の原告の営業に損害をもたらし、他の国または国々におけるこの結果が意図したものでもなく予測できないものであった場合には、被告の行動が行なわれた国の法が当事者の権利および義務を規律するために適用されるものとする。

d）被告の行動が複数の国で行なわれ原告の営業に損害がもたらされた場合、もしくは被告がひとつまたはそれ以上の国における行動によって故意または過失により複数のその他の国の原告の営業に損害をもたらした場合には、準拠法は以下のように選択されるものとする：

1. 損害を受けた各々の国の法がそれぞれの侵害を回復する原告の権利を決定するために適用されるものとする。但し、そのような訴訟手続が損害を受けた国が多数であるため実行不可能とされる異常な場合はこの限りではない。

2. 後者の場合には、単一の国の法が当事者の権利および義務を決定するために適用されるものとする。この国は、原告の営業に最大の直接的な影響を及ぼした被告の行動が行なわれた国を確認することができるということを前提として、上記の国であるものとする。そのような国を確認することができない場合には、準拠法は、被告の行動が原告の主たる営業所所在地国で原告によって行なわれている営業に損害をもたらすことになったということを前提として、上記の国の法であ

るものとする。最後に、もし、上記の国で原告の営業に損害がもたらされていない場合には、準拠法の所属国は被告の行動が主として行なわれた国であるものとする。

　e）損害地が確認できない場合には、被告の行動が主として行なわれた国の法が当事者の権利および義務を決定するために適用されるものとする。

Ⅳ条

　上に述べた規定によって決定される問題は以下のものを含む：

1. 責任の基礎および範囲
2. 責任免除事由：責任の制限または分割
3. 損害が填補される侵害の種類
4. 損害の算定、但し、倍額賠償の問題を一切除く
5. 損害賠償の権利が譲渡または相続されるかどうかという問題
6. 代理人の行為に対する本人の責任または被用者の行為に対する使用者の責任
7. 証明に関する準拠法上の規定が責任法に属する限りでの証明の負担
8. 出訴期限および時効についての期間の開始、並びに、この期間の中断および停止に関する規定を含む時効および出訴期限の規定

Ⅴ条

　Ⅱ条およびⅢ条に掲げられた規定は、上記の規定を適用することが法廷地国の公序に明白に反する場合には適用される必要はないものとする。

　1978年12月14日

5　序説およびアンケートに対する回答における第22委員会のメンバーの見解

（1）Berthold Goldman 氏の見解

　まず、対象とすべき領域に関する Goldman の見解からみていこう。氏によれば、不正競業の定義は概括的であるべきであり、パリ同盟条約10条3項より包括的に規制対象を列挙すべきであるとされる。氏は、序説で挙げられた、（1）、（2）、（3）、（4）、（5）、（9）、（10）、（11）が規制対象とされること、および、商標または商号侵害を決議の適用範囲から除くこと、については賛成している。しかし、氏は、（6）、（7）、（8）を決議の適用範囲に入れることに対しては反対している。（6）および（7）は反トラスト法と密接に関連しており、これらの慣行は反トラスト法違反となる。したがって、これらの慣行に適用される法は反トラスト法に関する抵触法規定によって決定される。（8）、特に、原価以下で販売することは、国によっては不正競業行為とされる場合もあり、決議の適用範囲から除かれるとは一概には

言えない。結局、折衷的立場に立ち、制限的慣行がその結果を生ぜしめた国の市場で特別法の規制の対象となっていない場合にのみ、それを決議の適用範囲の中に入れることができる(28)。

つぎに、提案された抵触規定に関する氏の見解をみよう。氏は、決議案における抵触規定のそれぞれについて論じている。まず、a)については、被告がその商品を販売する市場地の法の適用について無条件に賛成している。つぎに、b)については、損害が発生した国と加害行為が行われた国が異なる場合には、刑事責任に関する管轄と民事責任に関する管轄を区別し、刑事管轄は行動地国に、民事管轄は損害発生地国に与えることに全面的に賛成している。これに対して、c)については、氏の見解によれば、行動が行われた国の法よりもむしろ原告が損害を被った国の法が適用されるべきである、とされ、反対している。また、d)については、c)の(1)の規定をできる限り広く適用することを支持している。そして、c)の(1)の規定が適用できない場合にはじめて、c)の(2)の規定により、原告の主たる営業所所在地法または本店所在地法の適用が主張される(29)。

(2) Rodolo De Nova 教授の見解

以下には、アンケートの順にそって教授の見解をみていくことにしよう。

(1)については、定義ではなくとも研究テーマの一種の描写を試みるべきであり、契約その他に基づく権利の侵害にはならないが、公正な競争の原則に反するものであり、それは、主としてある人の商品を競業者の商品として、または、自分自身の商品として通用させること、競業者の広告の模倣、製品の中傷、営業上の秘密、人格、供給、債務者、顧客に対する介入である、とされる。(2)(a)については、商標、商号その他の工業上の権利は、パッシング・オフ(詐称通用)に関係する限りにおいてのみ含められるとされ、(b)、(c)については否定的回答である。(3)については、肯定的回答であり、以下の(5)を参照せよ、とされる。(5)については、ある企業の行動が《不正競業》となるか否か(およびその法的効果)は、それが競業者の取引上の機会に影響を及ぼす国の法によって決定される、とされる。(d)については、直接的影響を及ぼした場所の法が支持されるとされ、(e)については、被告の製品が販売される場所であるとされ、(f)については、直接的影響を及ぼした場所であるとされる。ついで、(h)については、共通の本国法または住所地法を適用する理由はないとされる。最後に、(i)については、肯定的回答であり、一人または数人の競業者の営業がひとつ以上の国で影響を受けた場合に

は、各々の国の法が、その領土内でその行為から生じた不都合に関する問題を規律すべきである、とされる[30]。

(3) Alfred E.von Overbeck 氏の見解

質問 1 については、厳密に定義することは非常に困難であるとされる。質問 2 の（a）については、最初の結論に賛成するとされ、（b）については、否定的回答であり、（c）については、決議によって対象とされる損害賠償と《三倍額賠償》のような刑罰的性格を有するサンクションとの間の境界を示さなければならない、とされる。質問 3 については、他人の不正競業行為によって侵害されないという商人の権利、それから、不正競業行為によって欺罔されないという市場一般、特に、買主の利益の 2 つの利益があるとされる。質問 4 については、質問 2（c）を参照せよ、とされる。質問 5 の（a）については、すべての種類の不正競業を同一の法に服させることは可能であると思われ、それは市場地の法であるとされ、（c）については、このことは当然であり、それを強調することは恐らく適切ではないであろうとされ、（d）については、Y 国の法、という回答であり、（e）については、市場地が連結点であり、その定義は報告によって示される線にそって行われるとされ、（h）については、否定的回答であり、（i）については、各々の市場地の法の適用が主張され、複数の国で行動する者はこれらの国の各々の法の効力を受けると予期すべきであるとされ、（j）については、否定的回答であり、（k）については、つねに準拠法の目的を考慮に入れなければならないが、ここではそうする必要はないとされ、（l）については、このような観念自体は指定された法によって定められる意味の中に含められるべきであるが、このことは、国際的事件の特殊な側面を考慮に入れることを禁止するものではないとされる[31]。

(4) Fritz Schwind 氏の見解

氏は、序説およびアンケートに対して回答を行わずにオーストリア法について論じている。それによれば、隣接する法に必然的に言及してオーストリア法における不正競業に関する国際私法の現在の状態を説明するためには、若干歴史を振り返らなければならない。ほとんど半世紀前にオーストリアの判例はこの分野における国際私法に関心を示し始めた。当時オーストリアはまだこの点に関する立法を有しておらず、適用される規則はもっぱら判例によって創造されていた。1933 年 3 月 7 日の判決において、最高裁はオーストリア人が外国人に対して不正競業法規定に違反した場合には、問題となる外国法がこのような規定を有するか否かという問題

に関わりなく常にオーストリア法を適用しなければならないと判示した。この判決は、一般法上属人主義が適用され刑事的性格の不法行為と民事的性格の不法行為との間に境界線を引くのが困難であるという論拠に基づいている。オーストリア人は外国人と対立する場合には有利でない地位にあるが、法の統一性の理念も同一原則の一般的適用を要求する。── ほとんど30年後になっても1960年8月6日の判決において、ウイーン控訴院は同じ考えを表明している。Hefermehl が評釈した1954年7月24日連邦通常裁判所によって明かに影響を受けて、最高裁は、1972年1月18日の判決において見解を変更した。裁判所は、この新たな見解の基礎を『支配的な見解』に求めて、すべての私的な不法行為は国際私法上不法行為地法主義によって規律されると述べている。ここでは不正競業行為をも含めなければならない。同年9月12日の裁判所の別の判決は、不法行為地法に基づいて裁判所の考えに従い、外国人と比較してオーストリア人の地位を改善することができた。不正競業の分野においては、このような不法行為の性質がその位置づけを非常に困難にしているから、実際不法行為が行われた場所はどこに存在するかという問題が提起される。その場所は必ずしも明確ではない。Baumbach-Hefermehl, Wettbewerbsrecht 第10版第I巻176頁およびその他の学者を引用して、裁判所は以下のようにしてその場所を定義している。不法行為地は競業者の利益が衝突する場所、これは市場である。不正競業行為が準備された場所は重要ではない。このように精緻化された判決は、、不正競業行為と単なる準備行為とを区別するのは不確実な仕事であるという意味で批判を招くこととなった。また、この判決は準拠法に関する不確実性をも引き起こした。上に挙げた解決は法規定が欠けている場合の判例の解決にすぎない。今世紀はじめには、国際私法草案の作成が開始された。この意味での最初の試案は『ウォーカー草案』と呼ばれるものであり、これは長い準備期間後に1914年に中断されたが第一次世界対戦のために施行されなかった。この草案はその第17条においてすべての不法行為に関して不法行為地法の適用を規定していた。この規定は不正競業行為をも含んでいる。オーストリア国際私法の現行法の第一草案も、すべての利害関係者が同一属人法を有する場合は別として不法行為の有害な結果が実現された場所の法を規定して一般的な不法行為に言及するに留まっている。不正競業に関する特別規定は1976年の法務省案において規定された。この草案は、第1に、当事者により選択された法、このような法が欠けている場合には、両当事者が同一属人法を有する場合は別として競業者の利益が衝突す

る場所の法を規定している。現行法（国際私法典48条2項）によれば、競業が効果を及ぼす市場地国法が適用される。オーストリアに常居所を有する2人のオーストリア人が問題であり、そのうちの一方が外国において他方に対して不正競業行為を行った場合には、この規定は若干の困難を引き起こす。新法以前は、オーストリア人が外国においてオーストリア人に対して不法行為を行い、2人がいずれもオーストリアに常居所を有する場合には、オーストリア法の適用を規定するオーストリア刑法典の規定を類推してオーストリア法を適用することが提案された。刑事の分野と民事の分野は必ずしも明確には区別されず、2つの体系における解決が異なる結論に到達する場合には、これは不都合を提起すると論じられた。今後は、法的安定性のために、法律は反対の解決を採用し、この場合にも不正競業の効果が生じる市場地国法を適用する。オーストリアの不正競業防止法の規定は一般的には外国の不正競業法よりもずっと厳格である。このため、オーストリア法の適用は、オーストリア人にとっては、その国の法によればオーストリア法によって許されないことを行うことができるその競争相手に比べて著しく不利である。競業が異なる立法を有する複数の国々に効果を及ぼす場合には、最も重要な問題が提起される。公式報告書において表明されているオーストリア法の起草者の考えによれば、最も厳格な法が適用されなければならない。これは明らかに取引の障害であるが、この解決が消費者により満足のいく保護を与える。公式報告書は ―― 誰の為に、および、どのような面において ―― 最も厳格な法を決定する基準を明らかにしていないから、報告書によって表明されている考えは、若干曖昧である。恐らく専門家に依頼して裁判所によって解決されるべき非常に微妙な問題である。これはこのような法的論争が法廷において生じるや否や、一層の困難とかなりの費用を要する解決である。この観点からは、法律の施行以前に推奨されていた解決が放棄され、各々の場合に不正競業が効果を及ぼす市場地法を選択したことは残念であると思われる。この脈絡において、法律施行以前に発生したがすでに規則が適用された場合を対象とする裁判所の最近の判決を挙げておかなければならない。競業者の利益が衝突している市場地で妥当していた法規定に従い不正競業に関する請求を判断しなければならない。不正競業が準備された場所は重要ではない。不正競業が書簡の内容にあるとすれば、不法行為地も競業者の利益が衝突している市場である。まとめると、オーストリアにおいては、数十年前から一方では判例および学説との間、他方では、草案と法律との間の一定の調和の状態にあることが確認される。この展開

は、そのままドイツの展開を指導した考えと一致している。これは、一定の柔軟性を必要とし、もっぱら何らかの不正競業行為が実行された場所の法に基づく余りにも硬直的な規則を許さない国際取引の展開である。実際、不正な活動がそれが実行された場所においてその効果を生ずることは稀である。外国市場において競争している2人のオーストリア人であっても、オーストリア法の適用は納得いかない。誰と競争しているかは分からないからである。したがって、そのような解決は準拠法を非常に不確実なものにし、重大な不都合を引き起こす。不正競業を規律する準拠法は競争している参加者の国籍とは別に決定されなければならない。さらに、当事者の国籍を証明しなければならない場合には、担当裁判官にとっての困難が増加する。最後に、国際私法に関する法律は、締結済みの国際条約および将来締結されるべき国際条約に反していないことを指摘しておかなければならない。オーストリアにおいては、1883年3月20日付けのパリ条約が適用される。それは1909年1月1日に施行され、すべての締約国の国民は、締約国の領土にその本拠を有しなくとも締約国においては締約国の国民と同一の待遇および保護を有する保証を規定している。その他の国々に関しては、相互主義が適用される [32]、と。

(5) Frederick-A.Mann 氏の見解

氏は、不正競業に関する抵触法規定について4つの点を指摘している。

すなわち、第1に、《直接的適用の法律》という表現は混乱を導くだけであるから、公序という表現を使用した方がよいということ、第2に、一般的には、市場地の法が適用されるべきであり、そのような単純な用語の定義は実際には重要な問題を引き起こさないということ、第3に、同一国籍を有する競業者間には、その本国の競業に関する基準を適用するという考えに賛成するということ、第4に、マス・メディアによる不正競業について、競業者は影響を受けると予測されるすべての市場地の法を遵守すべきであるというような基準は、実際には大きな困難をもたらすものではないかということ、[33] 以上の4点である。

(6) Michel Waelbroeck の見解

氏は、Vischer の報告に対して4つの点を指摘している。

すなわち、第1に、合理的な基準は不正競業行為が生じた市場という基準であり、行為が準備された場所という基準でも当事者の国籍という基準でもなく、そして、行為地を決定することが困難である場合には、被害者の所在地を優先させなければならないということ、第2に、公正さは、行為が行われた市場地の法に基

づいて評価されるべきであり、行為者の本国法を考慮に入れる必要はないということ、第3に、反トラスト法に反する行為はそれによって最も直接的影響を受けた経済秩序によって判断されるべきであるが、ある場合にはこの基準は実際に適用される際に困難をもたらすことがあるということ、第4に、不正競業に対する保護が存在しない国においては、外国で行われた行為に対して公序を介して本国法の適用を拡張することができるか否か疑わしいということ、⁽³⁴⁾以上の4点である。

6　第一決議案に関する第22委員会のメンバーの見解

(1)　Belthold Goldman 氏の見解

　氏は、第一決議案に関して4つの点を指摘している。

　第1に、Ⅰ条の5)、6)、7)の項目に挙げられたものが不正競業の観念に該当するか否か、疑問であり、それらは、固有の意味での不正競業の問題とは異なる問題であるということ、第2に、第一決議案に挙げられている行為は、意図的なものでもないし、予測できるものでもない、したがって、Ⅲ条のc)に掲げた規定が適用されなければならないかどうか疑問であるということ、第3に、Ⅲ条のd)の1.について、不正競業行為が損害をもたらした各々の国の法を適用するという原則の適用は、これらの国が多数であるため《実行できない》ということが理解できない、ある場合には損害は分割でき、その場合には最も適切な法は原告の主たる営業所所在地であるということ、第4に、不正競業行為がもたらした損害の賠償がある国家の公序に反するということが理解できないということ、⁽³⁵⁾以上の4点である。

(2)　Matthys van Hoogstraten 氏の見解

　氏は、不正競業に関する第一決議案についての見解を5つの部分（序論、決議案、いくつかの示唆すべき点、いくつかの関連する諸問題、結論）に分けて論じている。

　まず、序論からみていくことにしよう。氏によれば、問題の本質は、潜在的顧客の支持を求める競争であり、少なくとも3人の俳優がいる、すなわち、不正競業者、被害者、影響されて決定を下す将来の契約当事者である。このことは、その性質がどうであれ、あらゆる分野の経済活動（例えば、商品の販売、エネルギーの販売、役務の販売、複合契約、ジョイント・ヴェンチャー）についていえる。そして、準拠法の決定に関する限り、原則として、将来の契約当事者が、不正な手段の結果として、模倣者と取引することを決定する場所が重要であり、例外的に、不正な行

為が最終的に影響を及ぼす場所である、将来の顧客の営業中心地が重要である[36]。

つぎに、第一決議案自体に関する氏の見解をみることにしよう。Ⅱ条については、氏によれば、不正な方法が他の競業者に対して損害をもたらした国の法が不正競業の準拠法であるとされ、また、Ⅱ条は準拠法によって規律されないすべての事項について「最も重要な関係」の原則を導入することになり、これは、属人法主義を採用する人の支持を得られないから、決議の準拠法によって規律されない事項を列挙する条文を付け加える必要があるとされる。Ⅲ条のa）に関しては、被告の行動は位置づけるが極めて困難であるとされ、b）とe）については、故意または過失の意義を評価することが困難であり、損害が予測できない場合について特別な抵触規定を設ける理由はないとされ、c）については、被告の行動が行われた場所を定義することは困難であるから連結点としてそれを使用することはできないとされ、d）については、抵触規定に例外を設けることによって実際的困難の解決をみつけようとすべきではなく、原告は、潜在的顧客が所在している国の法に従ってその利益を保護される権利を有しているとされ、e）については、何ら特別な困難は生じない、[37]とされる。

さらに、いくつかの示唆すべき点については、原則として、連結点は、将来の顧客が様々な供給者のうちから選択をと考えられる場所であり、この点で、各々の国家は多数の将来の契約当事者から構成される《市場》となる。しかし、ひとつの例外があり、それは、ある必需品がひとつのまたは集中した市場において売買される場所である、[38]とされる。

なお、いくつかの関連する諸問題については、子会社、代理店、テレビ局、無線局、新聞が本人に対して行う請求に関連して抵触規定を設けるべきである、[39]とされる。

結論については、市場地の法を適用するという原則がうまく働く、[40]とされる。

(3) Fritz Schwind 氏の見解

氏は第一決議案に関して 3 つの点を指摘している。

すなわち、第 1 に、第一決議案は不正競業とは何を意味するのかを《広く》定義し、10 項目でこの意味を特定しているが、不正競業行為がそれぞれの条件の下で責任を伴うか否かを厳密に特定する必要はないのではないかということ、第 2 に、準拠法に関して、ある競業者の取引上の利益が他人の不正行為によって侵害された場所の法によって規律されるという一般原則を冒頭に置き、それから、そ

れの例外を設けるべきであるということ、第3に、《被告の行動が行われた場所の法》がつねに確定的であるかどうかを考えなければならない、すなわち、行動というのは、必ずしも、ひとつの行為ではなくて異なる国で生ずる一連の行為であることもあり、このような場合にはいずれの国におけるいかなる行為が競業者の権利に対する影響にとって最も重要であるかを決定する問題に再び直面することになること、[41] 以上の3点である。

7 決議案（Willis L.M.Reese および Frank Vischer）

以下には、決議案の内容を訳出しておくことにする[42]。

国際法学会は、

不正競業がますます重要な法分野となっているがゆえに；

この分野に関する抵触法の問題はそれに値する関心を払われていないがゆえに；

現在がこれらの問題を解決する好機であると思われるがゆえに；

本決議を採択する：

I 条

本決議によって対象とされる領域は、工業所有権の保護に関するパリ条約の10条におけると同様に、《工業または商業における公正な慣行に反する一切の競業行為》として広く定義される。

具体的に言えば、本決議は、以下の行為を対象とする。

(1) ある人の商品を他人の商品として通用させること

(2) ある競業者の商品が自分自身の製品であるという表示の下でこれらの商品を販売することを含む、ある競業者の成果の不正盗用、並びに、営業上の秘密の不正盗用および開示

(3) 不正広告

(4) ある競業者の信用毀損、および、その製品の中傷

(5) 原価以下で販売すること、価格差別、再販売価格維持のような不正価格競争

(6) 例えば、被用者を退職するよう誘引すること、ある競業者の契約を破棄するよう誘引すること、ある競業者の供給者および顧客関係の妨害によるような競業者の権利の妨害

これに対して、本決議は商標、特許、著作権の侵害、制限的取引慣行、ボイコット、独占販売協定および拘束販売のような市場制限を対象としないものとする。

注釈：対象とされる事項および排除される事項のこのリストはそのままで十分に明

白であると思われる。条約によって別段の定めがある場合を除いては、商標、特許、著作権の侵害は、それらの保護を規定する法律が域外的効力を与えられていないため除かれる。これに対して、その意図は、この名称がひとつまたはそれ以上の国で商標として保護される権利を有するか否かに関わりなく、混同の恐れを招く商号によるパッシング・オフ（詐称通用）を含めることである。決議は、例えば、X国で登録されているがY国では登録されていない商号がY法の下では商号として扱われる結果、Y国で自己の商品にその名称を付与した人はY法の下でパッシング・オフ（詐称通用）について責任を負うことになる場合を対象としようとしている。制限的取引慣行その他の市場制限は特別な問題を提起するため除かれる。

II条

原則として、

注釈：本定式は、原則が適用されない例外的場合があるということを明確にするために《原則として》という言葉からはじまる。

a) 被告の行動、および、その結果として生ずる原告の営業に対する損害が同一の国で生じている場合には、上記の国の法が当事者の権利および義務を決定するために適用されるものとする。

注釈：上記の規定は原告、被告双方とも、行動および損害が生じた国と異なる法を有する別の国の国民または住民である場合にも適用される。《損害》とは原告の営業に対する被告の行動の直接的影響という意味である。例えば、被告がY国で設立されY国に主たる営業所を有するある競業者の商品として自己の商品をX国において通用させる場合には、Y国よりもむしろX国が損害地である。先の規定は被告がその商品を販売する市場地の国内法の適用を要求する。

b) ある国における被告の行動が別の国における原告の営業に損害をもたらした場合には、その別の国の国内法が当事者の権利および義務を規律するために適用されるものとする。

注釈：X国の被告がY国へ商品を送るとか、原告の信用を毀損したり原告の製品を中傷する陳述をY国で公表する準備をする場合が本規定によって対象とされる場合の例である。上記の規定も商品が販売される市場地の法の適用を要求する。被告の行動が行動地国法によっては禁止されているが原告の営業に損害が生じた国の法によって禁止されていない場合があるであろう。Y国で開かれ、X国法によって禁止されているがY国法によって禁止されていない一種の広告を含む、X国からのラジオ放送がその一例である。もちろん、この

場合には、X国がその刑法に基づいて被告を処罰するのが適当であろう。しかし、Y国における原告の営業に対する損害について被告が原告に対して責任を負うか否かを決定するためにはY国法が適用されるべきであると考えられる。そして、これは、原告がX国の国民または平常の住民である場合にもあてはまる。特に、Y国で損害を受けた人はすべて平等に扱われるべきであるから、これらの場合にはY国法が適用されるべきである。

c）被告がひとつまたはそれ以上の国における行動によって複数のその他の原告の営業に損害をもたらした場合には、準拠法は以下のように選択されるものとする：

（1）損害を受けた各々の国の法がそれぞれの侵害を回復する原告の権利を決定するために適用されるものとする。但し、そのような訴訟手続が損害を受けた国が多数であるため実行不可能とされる異常な場合はこの限りではない。

（2）後者の場合には、単一の国の法が当事者の権利および義務を決定するために適用されるものとする。この国は、原告の営業に最大の直接的な影響を及ぼした被告の行動が行なわれた国を確認することができるということを前提として、上記の国であるものとする。そのような国を確認することができない場合には、準拠法は、被告の行動が原告の主たる営業所所在地国で原告によって行なわれている営業に損害をもたらすことになったということを前提として、上記の国の法であるものとする。

注釈：上記の定式は、例えば、ある国からの被告の放送が多数の国で聞かれるとか、ある国の被告が商品を包装して原告の商品に似せて多数の国へ船積みし、そこの小売市場で販売する場合に適用されるであろう。（1）項は、それが大多数の場合に適用されるということを明確にするように表現されている。

d）被告がある国の行動によって別の国の営業に損害をもたらし、その別の国の法に基づいてこの損害について原告に対して責任を負う場合には、被告が別の国の原告の営業に損害をもたらすことを十分に予測できなかったということを証明すれば、被告の行動が行なわれた国の法が当事者の権利および義務を決定するために適用されるものとする。

注釈：上記の場合には、損害地国法の適用は被告にとって不公正であると考えられる。被告の責任を行動地国法に基づいて決定するのは不公正ではないであろう。

e）損害地が確認できない場合には、被告の行動が主として行なわれた国の法が当事者の権利および義務を決定するために適用されるものとする。

注釈：損害地が確認できない場合があると考えられる。Addressograph-Multigraph Corp.v.American Expansion Bolt and Mfg.Co., 124 F, 2d 706（7th

Cir.1941）は一例を提供してくれる。上記の事件においては、被告は原告が製造した機械を使用するためのプレートを製造している、と原告が申し立てた。被告はこれらのプレートをイリノイ州で製造し、注文を受けると直ちにそれらを国中の購入者に船積みした。このような事件においては、損害地または直接的影響地が本当に存在するか否か疑わしい。いずれにせよ、準拠法は被告の不法行為の《重要な要素》が行なわれた国であり、この要素はプレートの製造および販売であると裁判所は判示した。イリノイ州が準拠法所属地であると判示された。

Ⅲ条

Ⅱ条に述べた規定によって対象とされない場合、もしくはこれらの規定がまたは全く不適切な結果をもたらす場合の不正競業に関する権利および義務は、特定の争点に関して、当事者および事件と最も重要な関係を有する国の法によって決定されるものとする。

注釈：　Ⅱ条に述べられている規定は、考えられるすべての場合を対象とするものではない。この条項は、Ⅱ条に述べられている規定が適用されない場合があるということを示すために《原則として》という言葉からはじまる。例えば、損害地も被告の行動が主として行なわれた場所も確認することができない場合もある。もし、被告の防御プレートの製造が多かれ少なかれ多数の国に広がったとすれば、Addressograph-Multigraph Corp.case（Ⅱ条のeの注釈）参照）においては、このことが言えたであろう。この定式は事件において問題となる特定の争点を指していることが指摘されるであろう。このことは、要求されていると考えられる。まず第一に、すべての抵触法的事件は、問題となる特定の争点の観点から、アプローチされることはむしろ明白である。特定の争点に言及するかなり明らかな先例も存在する。例えば、交通事故の準拠法に関するハーグ条約の第6条は、《…責任を決定する際には、事故地で事故の当時通用していた交通の管理および安全に関する規定が考慮されるものとする》と規定している。さらに、契約および遺言の事件においては、方式と実体の問題がしばしば区別される。すべての事件において実体の問題と手続の問題が区別されなければならないことは疑いない。なお、国際私法上の不法行為債務に関する学会の決議（1969年エデインバラ）の3条が信頼され、それは、《決定すべき問題と不法行為が行なわれた場所との間に何ら重要な関係がない場合には…》とはじめている。しかしながら、この決議の前文の条項のひとつが《不法行為責任から生ずる異なる問題に異なる法を適用する便宜を支持したり、それに反対したりする見解を表明する時機はまだ到来して

いない。》と述べていることは理解できない。

Ⅳ条

上に述べた規定によって決定される問題は以下のものを含む：

(1) 責任の基礎および範囲

(2) 責任免除事由：責任の制限または分割

(3) 損害が填補される侵害の種類

(4) 損害の算定、但し、倍額賠償の問題を一切除く

［(5) 損害賠償の権利が譲渡または相続されるかどうかという問題］

(6) 代理人の行為に対する本人の責任、または、被用者の行為に対する使用者の責任

(7) 証明に関する準拠法上の規定が責任法に属する限りでの証明の負担

(8) 出訴期限および時効についての期間の開始、並びに、この期間の中断および停止に関する規定を含む時効および出訴期限の規定

注釈：上記の定式は、多数のハーグ条約にみられる規定、例えば、製造物責任の準拠法に関する条約の8条に基づいている。5号はそれを含めるべきかどうか疑わしいためにかぎ括弧の中に入れた。ここで言われていることの大部分はそのままで明白であると考えられる。3号は法的保護を受ける資格のある利益を指している。例えば、夫は妻の愛情の離反を回復できるか。上に引用したハーグ条約の8条は、条約によって選択される法が《自分自身の権利において損害賠償を請求することができる人》を決定する。この規定はここには含められていない。準拠法が法廷地によって訴訟能力を有する法的実在として認められていないある種の団体に対して訴権を与えている場合があるというのがその理由である。このような問題は規定の省略を正当化するか。

Ⅴ条

Ⅱ条およびⅢ条に掲げられた規定は、上記の規定を適用することが法廷地国の公序に明白に反する場合には適用される必要はないものとする。

Ⅱ　審　議

1　第3会期

以下には、まず決議案の改正版を訳出することにしたい[43]。

　　　国際法学会は、
　　　　　1969年のエジンバラ会期中に学会は国際私法における不法行為債務に関する決

議を採択し不法行為法の一般的分野を扱ったがゆえに；

学会が不法行為法の分野の特殊な部門を扱う時期が到来したがゆえに；

不正競業がますます重要な法分野となっているがゆえに；

この分野に関する抵触法の問題はそれに値する関心を払われていないがゆえに；

現在がこれらの問題を解決する好機であると思われるがゆえに；

（詳細な注釈を付した）本決議を採択する：

Ｉ条

本決議によって対象とされる領域は、工業所有権の保護に関するパリ条約の10条におけると同様に、《工業または商業における公正な慣行に反する一切の競業行為》として広く定義される。

具体的に言えば、本決議は、以下の行為を対象とする。

(1) ある人の商品を他人の商品として通用させること

(2) ある競業者の商品が自分自身の製品であるという表示の下でこれらの商品を販売することを含む、ある競業者の成果の不正盗用、並びに、営業上の秘密の不正盗用および開示

(3) 不正広告

(4) ある競業者の信用毀損およびその製品の中傷

(5) 原価以下で販売すること、価格差別のような不正価格競争

(6) 例えば、被用者を退職するよう誘引すること、ある競業者の契約を破棄するよう誘引すること、ある競業者の供給者および顧客関係の妨害によるような競業者の権利の妨害

これに対して、本決議は商標、特許、著作権の侵害、制限的取引慣行を対象としないものとする。

注釈：対象とされる事項および排除される事項のリストは十分にそのままで明白であると思われる。条約によって別段の定めがある場合を除いては、商標、特許、著作権の侵害は、それらの保護を規定する法律が域外的効力を与えられていないため除かれる。これに対して、その意図は、この名称がひとつまたはそれ以上の国で商標として保護される権利を有するか否かに関わりなく、混同の恐れを招く商号によるパッシング・オフを含めることである。決議は、例えば、Ｘ国で登録されているがＹ国では登録されていない商号がＹ国法の下では商号として扱われる結果、Ｙ国で自己の商品にその名称を付与した人はＹ国法の下でパッシング・オフについて責任を負うことになる場合を対象としようとしている。カルテルおよび独占のような制限的取引慣行は特別な問題を提起するため除かれる。

Ⅱ条

原則として、

a）被告の行動、および、その結果として生ずる原告の営業に対する損害が同一の国で生じている場合には、上記の国の法が当事者の権利および義務を決定するために適用されるものとする。

注釈1：本定式は、原則が適用されない例外的場合があるということを明確にするために《原則として》という言葉からはじまる。

注釈2：上記の規定および以下の規定は原告、被告双方とも、行動および損害が生じた国と異なる法を有する別の国の国民または住民である場合にも適用される。《損害》とは原告の営業に対する被告の行動の直接的影響という意味である。例えば、被告がY国で設立されY国に主たる営業所を有するある競業者の商品として自己の商品をX国において通用させる場合には、Y国よりもむしろX国が損害地である。

b）ある国における被告の行動が別の国における原告の営業に損害をもたらした場合には、その別の国の国内法が当事者の権利および義務を規律するために適用されるものとする。

注釈：X国の被告がY国へ商品を送るとか、原告の信用を毀損したり原告の製品を中傷する陳述をY国で公表する準備をする場合が本規定によって対象とされる場合の例である。上記の規定も商品が販売される市場地の法の適用を要求する。被告の行動が行動地国法によっては禁止されているが原告の営業に損害が生じた国の法によって禁止されていない場合があるであろう。Y国で聞かれ、X国法によって禁止されているがY国法によって禁止されていない一種の広告を含む、X国からのラジオ放送がその一例である。もちろん、この場合には、X国がその刑法に基づいて被告を処罰するのが適当であろう。しかし、Y国における原告の営業に対する損害について被告が原告に対して責任を負うか否かを決定するためにはY国法が適用されるべきであると考えられる。そして、これは、原告がX国の国民または平常の住民である場合にもあてはまる。特に、Y国で損害を受けた人はすべて平等に扱われるべきであるから、これらの場合にはY国法が適用されるべきである。

c）被告がひとつまたはそれ以上の国における行動によって複数のその他の原告の営業に損害をもたらした場合には、損害を受けた各々の国の法が適用されるものとする。

注釈：上記の定式は、例えば、ある国からの被告の放送が多数の国で聞かれるとか、ある国の被告が商品を包装して原告の商品に似せて多数の国へ船積みし、そ

第 6 章　万国国際法学会の決議　275

この小売市場で販売する場合に適用されるであろう。稀な場合には、損害が発生した各々の国内法を適用することが、損害が発生した国の数が多いため実現できないことがある。このような場合には、Ⅲ条（2）項以下に基づいて、最も重要な関係を有する国の国内法に依ることが正当化される。

Ⅲ条

1. Ⅱ条に述べた規定によって対象とされない場合の不正競業に関する権利および義務は、当事者および事件と最も重要な関係を有する国の法によって決定されるものとする。

注釈：Ⅱ条に述べられている規定は、考えられるすべての場合を対象とするものではない。例えば、損害地が確認することができない稀な場合があることが考えられる。

2. Ⅱ条に掲げられている規定によって適用される国内法の所属国とは異なる国が、当事者および事件と最も重要な関係を有する国である場合には、上記の国の法が不正競業に関する権利および義務を決定するために適用されるものとする。

注釈：この規定が適用される場合は、上に挙げた場合、すなわち、損害があまりにも多数の国で生じたためすべての損害地の国内法を配分的に適用することができない場合である。この国は、被告の行動が原告の営業に最も強い直接的影響を及ぼした国を確認することができるということを前提として、上記の国であるものとする。そのような国を確認することができない場合には、準拠法は、原告の主たる営業所所在地国の国内法であるものとする。被告が、自己の行動によって特定の国における原告の営業に損害を及ぼすことを合理的に予測できなかったことを証明した場合にも、損害地国の国内法を適用することは、原告に対する不正であると考えられる。上記のような場合には、裁判所は、被告の行動が行なわれた国の国内法が当事者および事件と最も重要な関係を有するから、上記の国の国内法が適用されなければならないことを発見するであろう。

Ⅳ条

上に述べた規定によって決定される問題は以下のものを含む：

（1）責任の基礎および範囲

（2）責任免除事由：責任の制限または分割

（3）損害が填補される侵害の種類

（4）損害の算定、但し、倍額賠償の問題を一切除く

（5）損害賠償の権利が譲渡または相続されるかどうかという問題

（6）自分自身の権利において損害を主張できる者

(7) 代理人の行為に対する本人の責任または被用者の行為に対する使用者の責任

(8) 証明に関する準拠法上の規定が責任法に属する限りでの証明の負担

(9) 出訴期限および時効期間の開始、並びに、この期間の中断および停止に関する規定を含む時効および出訴期限の規定

注釈：上記の定式は、多数のハーグ条約にみられる規定、例えば、製造物責任の準拠法に関する条約の8条に基づいている。ここで言われていることの大部分はそのままで明白であると考えられる。3号は法的保護を受ける資格のある利益を指している。例えば、金銭的評価ができない損害に関して損害賠償を取得できるか否か。

Ⅴ条

　Ⅱ条およびⅢ条に掲げられた規定は、上記の規定を適用することが法廷地国の公序に明白に反する場合には適用される必要はないものとする。

第三会期において議論された主要な総論的問題を挙げておこう。

①決議案の対象、特に、競争制限的行為を決議案の対象から除外するか否か、については、競争制限的行為が反トラスト法違反を構成し、かつ、不正競業行為を構成する場合には、反トラスト法違反に基づく責任を一切問題にせず、当該行為が不正競業行為として問題とされる限りにおいて決議案が適用される（Waelbroeck）、[44] ということで多数の委員の意見が一致した。

②消費者団体により提起される訴訟の問題については、消費者団体の当事者能力の準拠法の問題と当事者適格の準拠法の問題が区別され、消費者団体の当事者能力の準拠法については、手続問題であるから法廷地法に依るとする見解（Philip[45], van Hecke[46]）が大勢を占め、当事者適格の準拠法については、不正競業の実体準拠法に依るとする見解[47]（Philip）と法廷地法および実体準拠法の累積的適用を主張する見解[48]（van Hecke）とが対立した。なお、上記のいずれの問題についても法廷地法および実体準拠法を累積的に適用するべきであるという意見[49]（Vischer）もあったが、これに対しては、累積的適用の制度は最も厳格な法を適用することになるとする批判[50]（Goldman）がなされた。

③差止命令の可否については、実体問題であると性質決定し実体準拠法に依ると見解[51]（Vischer）と手続問題であると性質決定し法廷地法に依るとする見解（van Hecke[52], Goldman[53]）とが対立した。

④連結点については、損害発生地[54]（Loussouarn）、市場地（van Hecke[55]，Vischer[56]）、当事者の共通の国籍または住所などが候補として挙げられたが、市場地が基本的な連結点として認められた。

⑤注釈の位置づけについては、その討議は決議案全体の表現が合意されるまで延期された[57]。

2　第4会期

第4会期について、各条文の順に見ていくと、

まず、Ⅰ条については、その2項本文において、《本決議の意味でかかる行為と考えられるのは、特に…》と表現することによって列挙の例示性を強調すべきであるとの意見[58]（Evrigenis）があった。(2) 号および (3) 号については、『improper』という語句を『dishonest』という表現に置き換えた方がよいという指摘[59]（Graveson）があった。また、(3) 号については、「ある競業者の商品または営業との関係において」という文言を付け加えるべきであるとの意見[60]（Graveson）があり、さらに、フランス語の原文（publicité abusive）と英語の原文（improper advertising）との相違の調整の必要性が指摘された[61]（Goldman）。(4) 号については、「ある競業者の製品の中傷」という表現は広すぎるから、『例えば』とか『当該競業者との製品との関係において』といった表現に限定すべきであるとの意見[62]（Mann）があった。(6) 号については《ある競業者の権利に対して干渉すること》という表現の修正の提案[63]（Goldman）があり、また、『不正に』とか『不当に』というような副詞を付け加えるべきであるという提案[64]（Mann）もなされた。3項については、反トラスト法違反は決議の対象範囲から除かれるのか、という点が問題とされ、列挙されている違反は対象とされないが、上記の違反から生ずる民事訴訟は対象とされることを明らかにしなければならないとする見解[65]（Goldman）と反トラスト法違反の分野はすべて除外しなければならず[66]（Waelbroeck）、制限的取引慣行の分野を除外する旨を一層明確にしなければならない[67]（Mann）、とする見解とが対立した。つぎに、Ⅱ条については、その本文の《国内法》という表現の当否が決定され、反致を排斥すると同時に渉外事件に関する国家の特別法を含めることを明確にするために、《抵触法規定を除く当該国家の国内法》または《国際関係に固有な規則および慣行を含む当該国家の国内法》という表現にすべきであるという提案[68]（Goldman）がなされた。また、『原則として』という表現は、

Ⅱ条の適用範囲を狭めるという理由で『Ⅲ条2項の例外を除き』という表現に置き換えた方がよいとする意見[69]（Evrigenis）があり、さらに、予測可能性という概念はⅡ条において現れなければならないとする意見[70]（Waelbroeck）があった。さらに、a）項については、注釈2は国籍および住所という基準を無視したのに、Ⅲ条2項において上記の基準が再び使用されているとし、Ⅱ条a）項注釈2とⅢ条2項との間の矛盾が指摘された[71]（Loussouarn）。b）項については、『ある国の被告の行動がその国を越えて効力を及ぼし、損害を引き起こした場合には…』と修正すべきであるという提案[72]（Graveson）がなされた。c）項については、『一つまたはそれ以上の国で』という表現がb）項の『一つの国で』という表現と異なることが指摘され、統一すべきではないかという意見[73]（Graveson）があった。

上記の第4会期の討議に基づいて決議案は修正された。

3　第7会期

以下には、第4会期における討議に基づいて修正された決議案を訳出しておこう[74]。

国際法学会は、

1969年のエジンバラ会期中に学会は国際私法における不法行為債務に関する決議を採択し不法行為法の一般的分野を扱ったがゆえに；

学会が不法行為法の分野の特殊な部門を扱う時期が到来したがゆえに；

不正競業がますます重要な法分野となっているがゆえに；

この分野に関する抵触法の問題はそれに値する関心を払われていないがゆえに；

現在がこれらの問題を解決する好機であると思われるがゆえに；

（詳細な注釈を付した）本決議を採択する：

Ⅰ条

本決議によって対象とされる領域は、工業所有権の保護に関するパリ条約の10条におけると同様に、《工業または商業における公正な慣行に反する一切の競業行為》として広く定義される。

具体的に言えば、本決議は、以下の行為を対象とする。

（1）ある人の商品を他人の商品として通用させること

（2）ある競業者の商品が自分自身の製品であるという表示の下でこれらの商品を販売することを含む、ある競業者の成果の不正盗用、並びに、営業上の秘密の不正盗用および開示

（3）不正広告

（4）ある競業者の信用毀損およびその製品の中傷

（5）原価以下で販売すること、価格差別のような不正価格競争

（6）例えば、被用者を退職するよう誘引すること、ある競業者の契約を破棄するよう誘引すること、ある競業者の供給者および顧客関係の妨害によるような競業者の営業の不正な妨害

　これに対して、本決議は商標、特許、著作権の侵害、制限的取引慣行または独占的慣行に関する特別法に基づくいかなる責任も対象としないものとする。

注釈：対象とされる事項および排除される事項のリストは十分にそのままで明白であると思われる。条約によって別段の定めがある場合を除いては、商標、特許、著作権の侵害は、それらの保護を規定する法律が域外的効力を与えられていないため除かれる。これに対して、その意図は、この名称がひとつまたはそれ以上の国で商標として保護される権利を有するか否かに関わりなく、混同の恐れを招く商号によるパッシング・オフを含めることである。決議は、例えば、Ｘ国で登録されているがＹ国では登録されていない商号がＹ法の下では商号として扱われる結果、Ｙ国で自己の商品にその名称を付与した人はＹ法の下でパッシング・オフについて責任を負うことになる場合を対象としようとしている。カルテルおよび独占のような制限的取引慣行は特別な問題を提起するため除かれる。

Ⅱ条

　原則として、

1.　ある行動によって、ある市場における競業者の営業に損害が生じた場合には、そのような行為が市場地国またはその他の複数の国で行なわれているか否かに関わりなく、市場地国の国内法が当事者の権利および義務を決定するために適用されるものとする。

＊＊［本条文は、上記の損害の発生の準備行為が行なわれた国の国内法に基づいて差止救済を利用することを妨げない。］

注釈：上記の規定および以下の規定は原告、被告双方とも、行動および損害が生じた国と異なる法を有する別の国の国民または住民である場合にも適用される。《損害》とは原告の営業に対する被告の行動の直接的影響という意味である。例えば、被告がＹ国で設立されＹ国に主たる営業所を有するある競業者の商品として自己の商品をＸ国において通用させる場合には、Ｙ国よりもむしろＸ国が損害地である。

　『国内法』という表現は、準拠法決定に関する規定を除いて、選択された国の法の

全体、したがって、選択された国の領土で適用される法、および、（もし存在する場合には）ある特別な領域を規律するために制定された域外的効力を有する特別法を含む。

　X国の被告がY国へ商品を送るとか、原告の信用を毀損したり原告の製品を中傷する陳述をY国で公表する準備をする場合が本規定によって対象とされる場合の例である。

　被告の行動が行動地国法によっては禁止されているが原告の営業に損害が生じた国の法によって禁止されていない場合があるであろう。Y国で聞かれ、X国法によって禁止されているがY国法によって禁止されていない一種の広告を含む、X国からのラジオ放送がその一例である。もちろん、この場合には、X国がその刑法に基づいて被告を処罰するのが適当であろう。しかし、Y国における原告の営業に対する損害について被告が原告に対して責任を負うか否かを決定するためにはY国法が適用されるべきであると考えられる。そして、これは、原告がX国の国民または平常の住民である場合にもあてはまる。特に、Y国で損害を受けた人はすべて平等に扱われるべきであるから、これらの場合にはY国法が適用されるべきである。

　影響を受けた市場地の援用が準拠法を決定するのに何らの救いにもならない特殊な場合は、Ⅰ条の（6）で規定されている場合である（以下のⅢ条の1．の注釈を参照せよ）。

＊＊委員会による注釈

　委員会は、この第2項を決議案に含めるべきか、という点については合意できなかった。委員会の一方の見解によれば、決議案に含めれば、1項の最初の部分に表現した市場地法の適用という原則をあまりにも損なうことになり、上記の原則は、その意味の多くを失ってしまうことになる。上記の見解を支持する者は、自国の裁判権に従う者によって行なわれた行為に対して自国の商業倫理の基準を適用することに対する法廷地の国家の利益を承認した。しかし、他方では、不正競業行為の適否は、その行為が影響を及ぼすことを目的としている市場において適用される基準に照らして、上記の市場における他人との競争を歪めないように判断されなければならないという原則に上記の利益は屈服しなければならないと考えた。ある競業者の営業に損害をもたらす準備行為のみが問題となり、いかなる損害もまだ生じていない場合にはなおさらこのことがあてはまる。

　他の委員は、目的の市場がいかなる影響を受けたにせよ、法廷地の国内法に基づいて不正競業として制限される行為をある国家が差止めその他の手段によってチェックすることを決議によって妨げられることを不都合であるとした。さらに、実際、ある国の裁判所がそうするのを控える気になるかどうか疑わしいから、それと逆の決議

は、空振りに終わるであろう。

2. ある行動が異なる国に存在する複数の市場における競業者の営業に損害をもたらした場合には、準拠法は、上記の市場が存在する各々の国の国内法である。

注釈：上記の定式は、例えば、ある国からの被告の放送が多数の国で聞かれるとか、ある国の被告が商品を包装して原告の商品に似せて多数の国へ船積みし、そこの小売市場で販売する場合に適用されるであろう。稀な場合には、損害が発生した各々の国内法を適用することが、損害が発生した国の数が多いため実現できないことがある。このような場合には、Ⅲ条（2）項以下に基づいて、最も重要な関係を有する国の国内法に依ることが正当化される。

Ⅲ条

1. Ⅱ条に述べた規定によって対象とされない場合の不正競業に関する権利および義務は、当事者および事件と最も重要な関係を有する国の法によって決定されるものとする。

注釈：Ⅱ条に述べられている規定は、考えられるすべての場合を対象とするものではない。例えば、損害地が確認することができない稀な場合があることが考えられる。上に挙げたもうひとつの例は、Ⅰ条の（6）に関係する。被用者を退職するよう不当に誘引することは直接市場とは関係しない。上記のような場合には、適用される抵触法的解決はⅡ条には見つけられず、Ⅲ条に依らなければならない。

2. Ⅱ条に掲げられている規定によって適用される国内法の所属国とは異なる国が、当事者および事件と最も重要な関係を有する国である場合には、上記の国の法が不正競業に関する権利および義務を決定するために適用されるものとする。

注釈：この規定が適用される場合は、上に挙げた場合、すなわち、損害があまりにも多数の国で生じたためすべての損害地の国内法を配分的に適用することができない場合である。この国は、被告の行動が原告の営業に最も強い直接的影響を及ぼした国を確認することができるということを前提として、上記の国であるものとする。そのような国を確認することができない場合には、準拠法は、原告の主たる営業所所在地国の国内法であるものとする。被告が、自己の行動によって特定の国における原告の営業に損害を及ぼすことを合理的に予測できなかったことを証明した場合にも、損害地国の国内法を適用することは、原告に対する不正であると考えられる。上記のような場合には、裁判所は、被告の行動が行なわれた国の国内法が当事者および事件と最も重要な関係を有するから、上記の国の国内法が適用されなければならないことを発見するであろう。

IV条

　上に述べた規定によって決定される問題は以下のものを含む：

(1)　責任の基礎および範囲

(2)　責任免除事由：責任の制限または分割

(3)　損害が補償される侵害の種類

(4)　損害の算定、但し、倍額賠償の問題を一切除く

(5)　損害賠償の権利が譲渡または相続されるかどうかという問題

(6)　出訴権に関する法廷地の規定を留保して、損害を主張できる者

(7)　代理人の行為に対する本人の責任または被用者の行為に対する使用者の責任

(8)　証明に関する準拠法上の規定が責任法に属する限りでの証明の負担

(9)　出訴期限および時効期間の開始、並びに、この期間の中断および停止に関する規
　　定を含む時効または出訴期限の規定

　注釈：上記の定式は、多数のハーグ条約にみられる規定、例えば、製造物責任の準
　　　　拠法に関する条約の8条に基づいている。ここで言われていることの大部分
　　　　はそのままで明白であると考えられる。3号は法的保護を受ける資格のある利
　　　　益を指している。例えば、金銭的評価ができない損害に関して損害賠償を取
　　　　得できるか否か。

V条

　Ⅱ条およびⅢ条に掲げられた規定は、上記の規定を適用することが法廷地国の公序
に明白に反する場合には適用される必要はないものとする。

　主要な修正点について見ると次のようである。

　すなわち、

　まず、Ⅰ条については、その2項(6)号においては、『権利』という語が削除
されており、また、『不正な』という語句が挿入されている。3項については『制
限的慣行または独占的慣行に関する特別法から生ずるいかなる責任も』と表現が修
正された。つぎに、Ⅱ条について、行動よりも損害の発生が重視され、不正競業
の準拠法は市場地法であるという基本的考えが導入された。a) 項およびb) 項は
1項に、c) 項は2項にそれぞれまとめられた。なお、1項後段の［　］の部分は、
委員会の意見が一致しなかった点である。さらに、Ⅲ条については、その1項に
おいて注釈が付加された。最後に、Ⅳ条については、その号において、『出訴権に
関する規定を留保して、損害を主張できる者』という表現に修正された。

　第7会期について条文の順に見ていくと、

まず、Ⅰ条については、その1項、2項、3項いずれも承認された。つぎに、Ⅱ条については、その1項において、市場地法の適用が承認された。そして、1項の表現については、《Ⅱ条およびⅢ条は、不正競業行為の準備行為が当該行為の防止のために行動地国法に従って差止命令を求める原因となることを妨げない》と修正を受け採択された。2項については、『市場』の意味を明確にするために注釈を付け加えるべきである[75](von Mehren)、とされた。さらに、Ⅲ条については、その1項の《最も重要な関係》という表現はあいまいである[76](Wengler)ことが指摘されたが、原則として承認された。なお、《国内法》いう表現の使用は、最終的には承認された。また、2項については、《Ⅱ条に述べられている規定により適用される国内法の所属国が当事者および生じた事実と十分に重要な関係をもたない場合には、多数の直接的関係により指定される国家の法が適用されなければならない》という表現で採択された。最後に、Ⅳ条については、その本文において《上記に述べた原則は、次のことを決定する：》という表現[77](議長)が提案され、(6)号については、『救済を求めることができる者』という表現[78](Graveson)が提案された。

上記の第7会期の討議に基づいて、さらに決議案は修正された。

4 第9会期

以下には、第7会期の討議に基づいて修正された決議案を訳出しておこう[79]。

国際法学会は、

1969年のエジンバラ会期中に学会は国際私法における不法行為債務に関する決議を採択し不法行為法の一般的分野を扱ったがゆえに；

学会が不法行為法の分野の特殊な部門を扱う時期が到来したがゆえに；

不正競業がますます重要な法分野となっているがゆえに；

この分野に関する抵触法の問題はそれに値する関心を払われていないがゆえに；

現在がこれらの問題を解決する好機であると思われるがゆえに；

(詳細な注釈を付した)本決議を採択する：

Ⅰ条

本決議によって対象とされる領域は、工業所有権の保護に関するパリ条約の10条におけると同様に、《工業または商業における公正な慣行に反する一切の競業行為》として広く定義される。

具体的に言えば、本決議は、以下の行為を対象とする。

(1) ある人の商品を他人の商品として通用させること

(2) ある競業者の示した成果の不正盗用、特に、ある競業者の商品を自分自身の製造した製品であると主張してこれらの商品を販売すること、並びに、営業上の秘密の不正盗用および開示

(3) 不正広告を行なうこと

(4) ある競業者の製品を中傷すること、または、その営業上の信用を毀損すること

(5) 原価以下で販売すること、価格差別のような不正価格競争

(6) 例えば、被用者を引き抜くことによって、契約を破棄するよう誘引することによって、供給者および顧客関係を妨害することによってある競業者の営業を不正に妨害すること

これに対して、本決議は商標、特許、著作権の侵害、制限的取引慣行、独占的慣行に関する特別法に基づく責任を対象としないものとする。

　注釈：対象とされる事項および排除される事項のリストは十分にそのままで明白であると思われる。条約によって別段の定めがある場合を除いては、商標、特許、著作権の侵害は、それらの保護を規定する法律が域外的効力を与えられていないため除かれる。これに対して、その意図は、この名称がひとつまたはそれ以上の国で商標として保護される権利を有するか否かに関わりなく、混同の恐れを招く商号によるパッシング・オフを含めることである。決議は、例えば、X国で登録されているがY国では登録されていない商号がY国法の下では商号として扱われる結果、Y国で自己の商品にその名称を付与した人はY国法の下でパッシング・オフについて責任を負うことになる場合を対象としようとしている。カルテルおよび独占のような制限的取引慣行は特別な問題を提起するため除かれる。

Ⅱ条

1. 結果を生ぜしめることが合理的に予測できる行動によって、ある市場における競業者の営業に損害が生じた場合には、非難されている行為が市場地国またはその他の複数の国で行なわれているか否かに関わりなく、市場地国の国内法が当事者の権利および義務を決定するために適用されるものとする。

　注釈：《市場》は、本決議においてこの言葉に与えられている意味によれば、一国の領土に限定される。市場地法の適用は、競業者の営業に生じた損害の予測可能性に依存する。この損害が予測できない場合の準拠法はⅣ条において決定される。Ⅱ条の1および2において掲げられている規定は、原告および被告が双方とも損害が生じた国と異なる法を有する別の国の国民または住民である場合にも適用される。《損害》とは原告の営業に対する被告の行動の直接的

影響という意味である。例えば、被告がY国で設立されY国に主たる営業所を有するある競業者の商品として自己の商品をX国において通用させる場合には、Y国よりもむしろX国が損害地である。『国内法』という表現は、準拠法決定に関する規定を除いて、選択された国の法の全体、したがって、選択された国の領土で適用される法、および、(もし存在する場合には)ある特別な領域を規律するために制定された域外的効力を有する特別法を含む。X国の被告がY国へ商品を送るとか、原告の信用を毀損したり原告の製品を中傷する陳述をY国で公表する準備をする場合が本規定によって対象とされる場合の一例として挙げられる。被告の行動が行動地国法によっては禁止されているが原告の営業に損害が生じた国の法によって禁止されていない場合があるであろう。Y国で聞かれ、X国法によって禁止されているがY国法によって禁止されていない一種の広告を含む、X国からのラジオ放送がその一例として考えられる。この場合には、X国がその刑法に基づいて被告を処罰するのが適当であろう。しかし、Y国における原告の営業に対する損害について被告が原告に対して責任を負うか否かを決定するためにはY法が適用されるべきであると考えられる。そして、これは、原告がX国の国民または平常の住民である場合にもあてはまる。特に、Y国で損害を受けた人はすべて平等に扱われるべきであるから、これらの場合にはY国法が適用されるべきである。影響を受けた市場地の援用が準拠法を決定するのに何らの救いにもならない特殊な場合は、I条の(6)で規定されている場合である(以下のIII条の1.の注釈を参照せよ)。

2. ある行動が異なる国に存在する複数の市場における競業者の営業に損害をもたらした場合には、準拠法は、上記の市場が存在する各々の国の国内法である。

注釈：上記の定式は、例えば、ある国からの被告の放送が多数の国で聞かれるとか、ある国の被告が商品を包装して原告の商品に似せて多数の国へ船積みし、そこの小売市場で販売する場合に適用されるであろう。稀な場合には、損害が発生した各々の国内法を適用することが、損害が発生した国の数が多いため実現できないことがある。このような場合には、III条の意味での最も重要な関係を有する国の国内法に依ることが正当化される。

III条

1. II条に掲げられている規定によって適用される国内法の所属国が、当事者、その行動、生じた損害とそれほど重要な関係を有しない例外的な場合には、最も直接的な影響または大部分の直接的な影響によって指定される国の国内法を適用するものとする。

注釈：ある国家が十分に重要な関係を有するか否かを決定する場合には、法廷地の裁判所は、すべての関連ある要素、特に、当事者の国籍および住所、生じた事実のような関係国と当事者との間に存在する関連性、裁判所に提起されている問題を考慮に入れなければならない。この規定が適用される場合は、上に挙げた場合、すなわち、損害があまりにも多数の国で生じたためすべての損害地の国内法を配分的に適用することができない場合である。上記のような場合には、被告の行動が原告の営業に最も強い直接的影響を及ぼした国を確認することができるということを前提として、上記の国の国内法が適用されるべきである。そのような国を確認することができない場合には、通常、原告の主たる営業所所在地国の国内法が準拠法である。

Ⅳ条

Ⅱ条に掲げられた規定によって対象とされない場合には、不正競業に関する権利および義務は、当事者、その行動、生じた損害と最も重要な関係を有する国の国内法によって決定されるものとする。

注釈：Ⅱ条に掲げられている規定は、考えられるすべての場合を対象とするものではない。例えば、損害地が確認することができない稀な場合がある。上に挙げたもうひとつの例は、Ⅰ条の（6）に関係する。被用者の引き抜きは市場とは直接関係しない。この場合には、Ⅱ条に依っては準拠法を決定することはできず、Ⅲ条に依らなければならない。Ⅱ条の文言からすれば、被告が、特定の国における原告の営業に自己の行動が及ぼした損害の結果を合理的に予測できなかったことを証明した場合にも、市場地法の適用は排除される。上記のような場合には、裁判所は非難されている被告の行動が行なわれた国の国内法が適用されると判断することができる。《最も重要な関係を有する》国の決定に関しては、さらに、Ⅲ条の注釈を参照せよ。

Ⅴ条

Ⅱ条、Ⅲ条、Ⅳ条にもかかわらず、不正競業行為の準備行為は、上記の準備行為が行なわれた国の法の適用によって命じられる差止め手段の対象となる。

注釈：準備行為が行なわれた国は他国で不正競業行為となる行為を防止する当然の利益を有する。差止め手段が採るべき手段のうちで適切な形式であるか否かという問題は法廷地の手続法に従って決定されるべきである。適用すべき実体法は、本来は、内国法であるが、これが適切であることを前提として、当該の不正競業行為が行なわれた国の国内法である。

Ⅳ条

上に掲げられた規定は、特に、以下の問題を決定するものとする：

(1) 責任の要件および範囲

(2) 責任の一切の制限および責任の一切の分割のような責任免除事由

(3) 賠償される損害の類型

(4) 賠償の範囲、但し、倍額賠償に関する一切の問題を除く

(5) 損害賠償の権利が譲渡または相続されるかどうかという問題

(6) 出訴権に関する法廷地の規定を留保して、救済を求めることができる者

(7) 受任者の行為に関する委任者の責任または被用者の行為に関する使用者の責任

(8) 証明に関する準拠法上の規定が責任法に属する限りでの証明の負担

(9) 時効に関する規定、並びに、出訴期限の起算点および中断に関する規定を含む、出訴期間の満了に関する規定

注釈：上記の定式は、多数のハーグ条約にみられる規定、例えば、製造物責任の準拠法に関する条約の 8 条に基づいている。本条文において述べられていることの大部分はそのままで明白であると考えられる。3 号は法的保護を受ける資格のある利益を指している。例えば、金銭的評価ができない損害に関して損害賠償を取得できるか否かという問題を含む。6 号は本決議により、不正競業を規律する法によって出訴する権利を有する者に対して法廷地法が出訴権を拒否できる場合を指す。例えば、クラスアクション、消費者団体の行なう訴訟が問題となる。6 号は法廷地の手続法および実体準拠法の累積的適用を可能とすることになる。

Ⅶ条

本決議においてに掲げられた規定は、上記の規定を適用することが法廷地国の公序に明白に反する場合には適用される必要はないものとする。

主な修正点について見ると次のようである。

すなわち、

まず、Ⅱ条については、予測可能性という基準が導入され、Ⅲ条、Ⅳ条、Ⅴ条の各条文は、以前のⅡ条、Ⅲ条から継承され、Ⅵ条については、『救済を求めることができる者』という表現が採用された。

第 9 会期について見ると、まず、序文については、2、3、4 の各段落をまとめた方がよい[80]（Graveson）、という提案、また、第 4 段落の次に、第 2 段落を入れるべきである[81]（議長）、という提案があり、《不法行為法の一般的な領域を扱う》という語句の削除の提案（Gannage）もあった。つぎに、Ⅲ条およびⅣ条については、『当事者、その行動、および、損害』を『事件』と取り替えることが提案され

た[82]（Mann）。さらに、Ⅴ条については、《…法律により命じられる差止命令の対象となり得る…》という表現の提案[83]（議長）がなされた。

上記の第9会期の討議を受けて、決議案（注釈を含む）について賛否を問う投票が行われた。その結果はつぎのようである。

序文：賛成－25名。

Ⅰ条：賛成－27名。

Ⅱ条：賛成－28名、棄権－1名。

Ⅲ条：賛成－25名、棄権－2名。

Ⅳ条：賛成－27名。

Ⅴ条：賛成－25名、棄権－2名。

（Ⅴ条については、《Ⅱ条、Ⅲ条、Ⅳ条にもかかわらず、不正競業行為の準備行為は、上記の準備行為が行われた国の法に従って命令される差止措置の対象となり得る》という表現で採択された）。

Ⅵ条：賛成－27名。

Ⅶ条：賛成－27名。

なお、決議案全体についても投票が行われ、賛成－29名、棄権－1名、という結果であった。

付. 決議

以下には、決議の内容を訳出しておくことにしよう[84]。

　　国際法学会は、

　　　1969年のエジンバラ会期中に学会は国際私法における不法行為債務に関する決議を採択し不法行為法の一般的分野を扱ったがゆえに；

　　　学会が不法行為法の分野の特殊な部門を扱う時期が到来したがゆえに；

　　　不正競業がますます重要な法分野となっているがゆえに；

　　　この分野に関する抵触法の問題はそれに値する関心を払われていないがゆえに；

　　　現在がこれらの問題を解決する好機であると思われるがゆえに；

　　　（詳細な注釈を付した）本決議を採択する：

Ⅰ条

本決議によって対象とされる領域は、工業所有権の保護に関するパリ条約の10条におけると同様に、《工業または商業における公正な慣行に反する一切の競業行為》

として広く定義される。

　具体的に言えば、本決議は、以下の行為を対象とする。

(1) ある人の商品を自分自身の商品として通用させること

(2) ある競業者の示した成果の不正盗用、特に、ある競業者の商品を自分自身の製造した製品であると主張してこれらの商品を販売すること、並びに、営業上の秘密の不正盗用および開示

(3) 不正広告を行なうこと

(4) ある競業者の製品を中傷すること、または、その営業上の信用を毀損すること

(5) 原価以下で販売すること、価格差別のような不正価格競争

(6) 例えば、被用者を引き抜くことによって、契約を破棄するよう誘引することによって、供給者および顧客関係を妨害することによってある競業者の営業を不正に妨害すること

　これに対して、本決議は商標、特許、著作権の侵害、制限的取引慣行、独占的慣行に関する特別法に基づく責任を対象としないものとする。

注釈：対象とされる事項および排除される事項のリストは十分にそのままで明白であると思われる。条約によって別段の定めがある場合を除いては、商標、特許、著作権の侵害は、それらの保護を規定する法律が域外的効力を与えられていないため除かれる。これに対して、その意図は、この名称がひとつまたはそれ以上の国で商標として保護される権利を有するか否かに関わりなく、混同の恐れを招く商号によるパッシング・オフを含めることである。決議は、例えば、X 国で登録されているが Y 国では登録されていない商号が Y 国法の下では商号として扱われる結果、Y 国で自己の商品にその名称を付与した人は Y 国法の下でパッシング・オフについて責任を負うことになる場合を対象としようとしている。カルテルおよび独占のような制限的取引慣行は特別な問題を提起するため除かれる。

Ⅱ条

1. 結果を生ぜしめることが合理的に予測できる行動によって、ある市場における競業者の営業に損害が生じた場合には、非難されている行為が市場地国またはその他の複数の国で行なわれているか否かに関わりなく、市場地国の国内法が当事者の権利および義務を決定するために適用されるものとする。

注釈：《市場》は、本決議においてこの言葉に与えられている意味によれば、一国の領土に限定される。市場地法の適用は、競業者の営業に生じた損害の予測可能性に依存する。この損害が予測できない場合の準拠法はⅣ条において決定される。Ⅱ条の１および２において掲げられている規定は、原告および被告

が双方とも損害が生じた国と異なる法を有する別の国の国民または住民である場合にも適用される。《損害》とは原告の営業に対する被告の行動の直接的影響という意味である。例えば、被告がＹ国で設立されＹ国に主たる営業所を有するある競業者の商品として自己の商品をＸ国において通用させる場合には、Ｙ国よりもむしろＸ国が損害地である。『国内法』という表現は、準拠法決定に関する規定を除いて、選択された国の法の全体、したがって、選択された国の領土で適用される法、および、（もし存在する場合には）ある特別な領域を規律するために制定された域外的効力を有する特別法を含む。Ｘ国の被告がＹ国へ商品を送るとか、原告の信用を毀損したり原告の製品を中傷する陳述をＹ国で公表する準備をする場合が本規定によって対象とされる場合の一例として挙げられる。被告の行動が行動地国法によっては禁止されているが原告の営業に損害が生じた国の法によって禁止されていない場合があるであろう。Ｙ国で聞かれ、Ｘ国法によって禁止されているがＹ国法によって禁止されていない一種の広告を含む、Ｘ国からのラジオ放送がその一例として考えられる。この場合には、Ｘ国がその刑法に基づいて被告を処罰するのが適当であろう。しかし、Ｙ国における原告の営業に対する損害について被告が原告に対して責任を負うか否かを決定するためにはＹ国法が適用されるべきであると考えられる。そして、これは、原告がＸ国の国民また平常の住民である場合にもあてはまる。特に、Ｙ国で損害を受けた人はすべて平等に扱われるべきであるから、これらの場合にはＹ国法が適用されるべきである。影響を受けた市場地の援用が準拠法を決定するのに何らの救いにもならない特殊な場合は、Ⅰ条の (6) で規定されている場合である（以下のⅢ条の 1. の注釈を参照せよ）。

2. ある行動が異なる国に存在する複数の市場における競業者の営業に損害をもたらした場合には、準拠法は、上記の市場が存在する各々の国の国内法である。

注釈：上記の定式は、例えば、ある国からの被告の放送が多数の国で聞かれるとか、ある国の被告が商品を包装して原告の商品に似せて多数の国へ船積みし、そこの小売市場で販売する場合に適用されるであろう。稀な場合には、損害が発生した各々の国内法を適用することが、損害が発生した国の数が多いため実現できないことがある。このような場合には、Ⅲ条の意味での最も重要な関係を有する国の国内法に依ることが正当化される。

Ⅲ条

1. Ⅱ条に掲げられている規定によって適用される国内法の所属国が、当事者、その行動、生じた損害とそれほど重要な関係を有しない例外的な場合には、最も直接的

な影響または大部分の直接的な影響によって指定される国の国内法を適用するものとする。

注釈：ある国家が十分に重要な関係を有するか否かを決定する場合には、法廷地の裁判所は、すべての関連ある要素、特に、当事者の国籍および住所、生じた事実のような関係国と当事者との間に存在する関連性、裁判所に提起されている問題を考慮に入れなければならない。この規定が適用される場合は、上に挙げた場合、すなわち、損害があまりにも多数の国で生じたためすべての損害地の国内法を配分的に適用することができない場合である。上記のような場合には、被告の行動が原告の営業に最も強い直接的影響を及ぼした国を確認することができるということを前提として、上記の国の国内法が適用されるべきである。そのような国を確認することができない場合には、通常、原告の主たる営業所所在地国の国内法が準拠法である。

Ⅳ条

Ⅱ条に掲げられた規定によって対象とされない場合には、不正競業に関する権利および義務は、当事者、その行動、生じた損害と最も重要な関係を有する国の国内法によって決定されるものとする。

注釈：Ⅱ条に掲げられている規定は、考えられるすべての場合を対象とするものではない。例えば、損害地が確認することができない稀な場合がある。上に挙げたもうひとつの例は、Ⅰ条の（6）に関係する。被用者の引き抜きは市場とは直接関係しない。この場合には、Ⅱ条に依っては準拠法を決定することはできず、Ⅲ条に依らなければならない。Ⅱ条の文言からすれば、被告が、特定の国における原告の営業に自己の行動が及ぼした損害の結果を合理的に予測できなかったことを証明した場合にも、市場地法の適用は排除される。上記のような場合には、裁判所は非難されている被告の行動が行なわれた国の国内法が適用されると判断することができる。《最も重要な関係を有する》国の決定に関しては、さらに、Ⅲ条の注釈を参照せよ。

Ⅴ条

Ⅱ条、Ⅲ条、Ⅳ条にもかかわらず、不正競業行為の準備行為は、上記の準備行為が行なわれた国の法の適用によって命じられる差止め手段の対象となる。

注釈：準備行為が行なわれた国は他国で不正競業行為となる行為を防止する当然の利益を有する。差止め手段が採るべき手段のうちで適切な形式であるか否かという問題は法廷地の手続法に従って決定されるべきである。適用すべき実体法は、本来は、内国法であるが、これが適切であることを前提として、当該の不正競業行為が行なわれた国の国内法である。

Ⅳ条

上に掲げられた規定は、特に、以下の問題を決定するものとする：

(1) 責任の要件および範囲

(2) 責任の一切の制限および責任の一切の分割のような責任免除事由

(3) 賠償される損害の類型

(4) 賠償の範囲、但し、倍額賠償に関する一切の問題を除く

(5) 損害賠償の権利が譲渡または相続されるかどうかという問題

(6) 出訴権に関する法廷地の規定を留保して、司法的手段を得るために訴訟を提起できる者

(7) 受任者の行為に関する委任者の責任または被用者の行為に関する使用者の責任

(8) 証明に関する準拠法上の規定が責任法に属する限りでの証明の負担

(9) 時効に関する規定、並びに、出訴期限の起算点および中断に関する規定を含む、出訴期限の満了に関する規定

注釈：上記の条文は、多数のハーグ条約にみられる規定、例えば、製造物責任の準拠法に関する条約の8条に基づいている。本条文において述べられていることの大部分はそのままで明白であると考えられる。3号は法的保護を受ける資格のある利益を指している。例えば、金銭的評価ができない損害に関して損害賠償を取得できるか否かという問題を含む。6号は本決議により、不正競業を規律する法によって出訴する権利を有する者に対して法廷地法が出訴権を拒否できる場合を指す。例えば、クラスアクション、消費者団体の行なう訴訟が問題となる。6号は法廷地の手続法および実体準拠法の累積的適用を可能とすることになる。

Ⅶ条

本決議においてに掲げられた規定は、上記の規定を適用することが法廷地国の公序に明白に反する場合には適用される必要はないものとする。

不正競業においては、市場関連的な連結の思想が貫徹されている（Ⅱ条参照）。コモンローの代表者によって、もちろん2つの例外が導入された。一方では、市場に対する効果が予測可能なものとなっていなければならない。他方では、差止請求について特別規定が適用されなければならない（差止命令、Ⅴ条参照）。さらに、回避条項が注目される（Ⅲ条）国際カルテル法は除かれた。団体訴訟（クラスアクション）については累積的解決（Ⅵ条6号）が展開された[85]。

（注）

（1） Annaire de l'Institut de Droit international [Ann.Inst.Dr.int.], Session de Canbridge, 1983, Vol.60-Ⅰ, p.107.

（2） Ann.Inst.Dr.int., op.cit., pp.109-111.

（3） Ann.Inst.Dr.int., op.cit., pp.111-113.

（4） Ann.Inst.Dr.int., op.cit., pp.113-114.

（5） Ann.Inst.Dr.int., op.cit., p.114.

（6） Ann.Inst.Dr.int., op.cit., p.114.

（7） Ann.Inst.Dr.int., op.cit., pp.114-116.

（8） Ann.Inst.Dr.int., op.cit., p.117.

（9） Ann.Inst.Dr.int., op.cit., pp.117-118.

（10） Ann.Inst.Dr.int., op.cit., pp.118-119.

（11） Ann.Inst.Dr.int., op.cit., p.119.

（12） Ann.Inst.Dr.int., op.cit., p.119.

（13） Ann.Inst.Dr.int., op.cit., pp.119-120.

（14） Ann.Inst.Dr.int., op.cit., pp.120-121.

（15） Ann.Inst.Dr.int., op.cit., pp.121-123.

（16） Ann.Inst.Dr.int., op.cit., p.123.

（17） Ann.Inst.Dr.int., op.cit., p.123.

（18） Ann.Inst.Dr.int., op.cit., pp.123-124.

（19） Ann.Inst.Dr.int., op.cit., pp.124-127.

（20） Ann.Inst.Dr.int., op.cit., pp.127-128.

（21） Ann.Inst.Dr.int., op.cit., pp.128-129.

（22） Ann.Inst.Dr.int., op.cit., pp.129-130.

（23） Ann.Inst.Dr.int., op.cit., pp.130-131.

（24） Ann.Inst.Dr.int., op.cit., pp.131-132.

（25） Ann.Inst.Dr.int., op.cit., p.129.

（26） Ann.Inst.Dr.int., op.cit., pp.133-135.

（27） Ann.Inst.Dr.int., op.cit., pp.136-139.

（28） Ann.Inst.Dr.int., op.cit., pp.140-142.

（29） Ann.Inst.Dr.int., op.cit., pp.142-143.

（30） Ann.Inst.Dr.int., op.cit., p.144.

（31） Ann.Inst.Dr.int., op.cit., pp.145-146.

（32） Ann.Inst.Dr.int., op.cit., pp.146-149.

（33） Ann.Inst.Dr.int., op.cit., p.150.

（34） Ann.Inst.Dr.int., op.cit., pp.151-152..

（35） Ann.Inst.Dr.int., op.cit., pp.153-154.

（36） Ann.Inst.Dr.int., op.cit., p.155.

（37） Ann.Inst.Dr.int., op.cit., pp.155-156.

（38） Ann.Inst.Dr.int., op.cit., pp.156-157.

（39） Ann.Inst.Dr.int., op.cit., p.157.

（40） Ann.Inst.Dr.int., op.cit., p.157.

（41） Ann.Inst.Dr.int., op.cit., pp.157-158.

（42） Ann.Inst.Dr.int., op.cit., pp.159-165.

（43） Ann.Inst.Dr.int., Session de Cambridge, 1984, Vol.60- Ⅱ , pp.155-163.

（44） Ann.Inst.Dr.int., op.cit., p.169.

（45） Ann.Inst.Dr.int., op.cit., p.170.

（46） Ann.Inst.Dr.int., op.cit., p.170.

（47） Ann.Inst.Dr.int., op.cit., p.170.

（48） Ann.Inst.Dr.int., op.cit., p.168.

（49） Ann.Inst.Dr.int., op.cit., p.170.

（50） Ann.Inst.Dr.int., op.cit., p.170.

（51） Ann.Inst.Dr.int., op.cit., p.166.

（52） Ann.Inst.Dr.int., op.cit., p.170.

（53） Ann.Inst.Dr.int., op.cit., p.165.

（54） Ann.Inst.Dr.int., op.cit., p.166.

（55） Ann.Inst.Dr.int., op.cit., p.167.

（56） Ann.Inst.Dr.int., op.cit., p.168.

（57） Ann.Inst.Dr.int., op.cit., p.171.

（58） Ann.Inst.Dr.int., op.cit., p.175.

（59） Ann.Inst.Dr.int., op.cit., p.173.

（60） Ann.Inst.Dr.int., op.cit., p.173.

（61） Ann.Inst.Dr.int., op.cit., p.173.

（62） Ann.Inst.Dr.int., op.cit., p.174.

（63） Ann.Inst.Dr.int., op.cit., p.173.

（64） Ann.Inst.Dr.int., op.cit., p.174.

（65） Ann.Inst.Dr.int., op.cit., pp.173-174.

（66） Ann.Inst.Dr.int., op.cit., p.174.

（67） Ann.Inst.Dr.int., op.cit., p.174.

（68） Ann.Inst.Dr.int., op.cit., p.180.

（69） Ann.Inst.Dr.int., op.cit., pp.176-177.

（70） Ann.Inst.Dr.int., op.cit., p.177.

（71） Ann.Inst.Dr.int., op.cit., pp.175-176.

（72） Ann.Inst.Dr.int., op.cit., p.176.

（73） Ann.Inst.Dr.int., op.cit., p.176.

（74） Ann.Inst.Dr.int., op.cit., pp.182-186.

第 6 章　万国国際法学会の決議　*295*

（75）　Ann.Inst.Dr.int., op.cit., p.189.

（76）　Ann.Inst.Dr.int., op.cit., p.189.

（77）　Ann.Inst.Dr.int., op.cit., p.200.

（78）　Ann.Inst.Dr.int., op.cit., p.200.

（79）　Ann.Inst.Dr.int., op.cit., pp.201-205.

（80）　Ann.Inst.Dr.int., op.cit., p.207.

（81）　Ann.Inst.Dr.int., op.cit., p.207.

（82）　Ann.Inst.Dr.int., op.cit., p.206.

（83）　Ann.Inst.Dr.int., op.cit., p.207.

（84）　決議の訳出にあたっては、Ann.Inst.Dr.int., op.cit., pp.292-303.および Rev.crit., 1983, pp.789-793. を参照した。

（85）　Erik Jayme, 61.Sitzung des Institut de Droit International in Cambridge, IPRax, 1984, 2, S115.

第7章

ハーグ国際私法会議

ハーグ国際私法会議においては、不正競業の準拠法に関する条約はまだ作成されていないが、関連する資料としては、つぎの4つが挙げられる。まず、1987年11月の準備的文書第2号、つぎに、1988年8月の準備的文書第15号、さらに、講演であり、これらは、いずれもハーグ国際私法会議の常設事務局長を務めていたAdair Dyer の手によるものである。また、『不正競業の問題に関する抵触法の覚書』と題される2000年4月の準備的文書第5号、最後に、『会議の総務および政策に関する2000年5月の特別委員会の結論』と題した2000年6月の準備的文書第10号であり、常設事務局によって作成されたものである。以下には、それらの概要を紹介することにしたい。

I　1987年11月の準備的文書第2号

まず、1987年11月の準備的文書第2号であるが、正式には「会議の一般的事務および政策に関する1988年1月の特別委員会の関心を惹起するための1987年11月の準備的文書第2号」と呼ばれる文書である。これは、『不正競業の準拠法に関する探求的研究』と題され、Adair Dyer によって作成されたものである。

目次はつぎのようである。

　　第1章　序説
　　　　　　ハーグ会議内での主題の歴史
　　　　　　『不正競業』の概念の展開
　　　　　　『不正競業の定義』
　　　　　　『模倣』および『剽窃』を含む商標および商号と不正競業との関係
　　第2章　不正競業の請求に関してどのような抵触法問題が生ずるか
　　　　　　法文献と典型的事例
　　　　　　抵触規則の伝統的定式の不適合

　　　　不正競業の準拠法についての独自的規則を定式化する努力
　　　　迅速かつ実効的な差止命令の必要性
　第3章　ハーグ会議によって作成される条約は状況を改善できるか
　　　　抵触規則のための不正競業の定義の統一
　　　　独自的な抵触規則の展開
　結　論

　Dyer によれば、まず、ハーグ会議内での主題の歴史を通じて、『不正競業の準拠法に関する探求的研究』を準備する契機となったのは、1983年に第15会期において行われた将来の作業に関する議論の準備中に、チェコスロヴァキア政府が不正競業の準拠法の問題を将来の検討課題とするよう提案したことである[1]、とされる。つぎに、『不正競業』の概念の展開が検討され、ユニドロァの比較研究によれば、不正競業の実質法の統一は現在の状況の下では、特に概念および救済方法が異なるため不可能であるが、この結論は、不正競業に関する請求権の準拠法の決定規則が統一されるかどうかに関してハーグ会議が行う決定を妨げるどころか、ハーグ会議がそのような努力を行うことが緊急の課題でさえある、[2] と。さらに、『不正競業の定義』が検討され、1943年のスイスの不正競業法、工業所有権に関するパリ条約、1914年のアメリカ合衆国の連邦取引委員会法、日本の「私的独占の禁止および公正取引の確保に関する法律」、1983年の万国国際法学会の「不正競業に関する抵触法規定」に関する決議、1967年の商標、商号および不正競業行為に関する発展途上国のモデル法における不正競業の定義がそれぞれ分析される[3]。最後に、『模倣』および『剽窃』を含む商標および商号と不正競業との関係が論じられ、一方では、不正競業として分類される一定の不法行為と、他方では商標侵害もしくは商号の盗用に関する法令上の請求原因との間の密接な関係が指摘される[4]。

　また、Dyer によれば、不正競業の請求に関してどのような抵触法問題が生ずるかが問題とされる。そして、まず、不正競業の請求権に関して発生する抵触法問題の重要性は、国際機関の決議、この話題が国際条約の主題となるべきであるというハーグ会議の構成国政府の度重なる提案および30年以上の期間にわたってこの話題に関して増加しつつある文献によって証明される、[5] と。つぎに、典型的事例としては、まず販売の場合があり、(1) 単一の生産地国もしくは製造地国から単一の販売地国へ物品が送られる場合、(2) 複数の生産地国もしくは製造地国から単一の販売地国へ物品が送られる場合、(3) 単一の生産地国もしくは製造地国

から複数の販売地国へ物品が送られる場合、(4) 複数の生産地国もしくは製造地国から複数の販売地国へ物品が送られる場合の4つの場合が区別される。これらの事例は、物品が製造地国でも販売地国でもない国を通過することがあるという事実、さらには連続的な販売が生産地国もしくは製造地国を含む様々な国々において行われることがあるという付随的事実を考慮に入れていない。(1) の事例においては、さらに2つの場合が考えられる。①物品がB国への輸出および販売のためにA国で製造かつ包装され、その包装がB国で販売されている競争製品の包装と間違うほど類似しているがA国で販売されている製品とは間違うほど類似していない場合である。A国の裁判所がA国における包装の添付を禁止するよう求められた場合には、B国法を適用して欺罔的であると判断すべきか、それともA国法を適用してその他のいかなる製品の包装とも欺罔的には類似していないと判断すべきか。②ある製品がX国で製造され、X国で販売されていればX国法によれば欺罔的であると判断されるがY国法によれば欺罔的であるとは判断されない製造表示を付けてY国で販売される場合である。その表示が欺罔的であるかどうかに対してはX国法が適用されるべきかY国法が適用されるべきか。これらのいずれかの事例において製造地国の数が増えるか販売地国の数が増えれば、準拠法の決定という潜在的問題が増加する。つぎに、物品がある国で製造され別の国で販売されるように、役務提供がある国で準備され別の国で履行されることがある。さらに、多国間不正競業の問題が発生することがあるもうひとつの場合は、欺罔的広告もしくは比較広告に関するものである。『比較』広告はある国では許され公正な競争であると判断されるが別の国ではそうではない。多くの広告はラジオかテレビで空中放送され、少なくとも送信国以外の国へ到達する。さらに、新聞および雑誌はその配布においてますます国際的になり、それに含まれる広告は多くの国々の潜在的な消費者に到達する。広告者の損害賠償責任もしくは比較広告を禁止する訴訟に対していずれの法が適用されるべきか。最後に、(1) 競争相手の被用者の引き抜き、(2) 不法に取得した情報の利用、(3) 供給者と競争相手の契約に対する干渉のように不正競業として性質決定される行為は、ある国では不法行為を構成するが別の国では不法行為を構成しない。競争相手の対内的営業関係および対外的営業関係に対してそれぞれ不当に干渉するものとして性質決定される多様な経済的不法行為の準拠法の決定をいかなる原則が規律すべきか、[6] と。そして、不法行為地法主義という原則は不正競業の事例においてはその機能に関しては特殊な困難を提起する、[7]

と。そこで、Dyer によれば、不正競業の準拠法についての独自的規則を定式化する努力として、不正競業に対する国際リーグの決議、1983 年の万国国際法学会決議、1978 年 6 月 15 日のオーストリア国際私法、1987 年 9 月 15 日のスイス国際私法が挙げられている。そして、国家的レベルにおいても国際的レベルにおいても過去数十年にわたる傾向は、不正競業に関する独自的な抵触規則を展開する方向であることは明白である。満足のゆく不正競業の定義を作成して反トラスト法や商標法のような隣接分野からそれをうまく区別するという問題は残り、重大な困難を提起することは疑いない。しかし、この分野の分析の展開の段階は十分に進展していると思われるから、ハーグ国際私法会議が準拠法問題に関する条約を準備することを引き受ける場合には、これらの困難を克服することが実質的には可能であろう、[8] と。なお、迅速かつ実効的な差止命令の必要性に関しては、Dyer によれば、不正競業を規律する実質法のために連結点として市場地を使用することは差止命令が準備行為が行われた場所で発せられるかどうかに関する問題を残している。この連結点の使用はそのような予防的な差止命令を妨げないことを明らかにするためには、この規則は法廷地の手続法および実質法に基づいて必要なら差止命令の発布を許すであろう、[9] と。

　最後に、Dyer は、ハーグ会議によって作成される条約は状況を改善できるか、という問題を提起している。そして、抵触規則のための不正競業の定義の統一に関しては、実質法における不正競業の定義の統一は近い将来においては起こりそうもない、[10] と。不正競業についての独自的な抵触規則の展開は不法行為に関する一般的な成文抵触規則によって創造される枠組みを覆さずに現在の状況を改善できよう、[11] と。そして、Dyer によれば、結論はつぎのようである。すなわち、ハーグ国際私法会議の枠組み内で、不正競業の準拠法に関する条約を準備することは、第 1 に、企業組織の予測可能性、第 2 に、不正競業の定義に関するパリ条約の一般的な定式の内容の再検討、第 3 に、不正競業の請求権に関してあいまいかつ時代遅れの不法行為に関する一般的な抵触規則に現在直面している多くの国々の裁判所に対する具体的かつ有用な指示といった目的に役立つ、[12] と。最後に、不正競業に対する効果的な救済方法に目を向けることは、不正競業の行為の実行に対する準備行為に対する差止命令に関する抵触規則を定めることになり、手続的問題に目を向けることは、『団体訴訟』を提起する取引団体もしくは消費者団体の権利のようなその他の側面の再検討をも促すことにもなる、[13] と。

Ⅱ 1988 年 8 月の準備的文書第 15 号

つぎに、1988 年 8 月の準備的文書第 15 号であるが、正式には「第 16 会期の関心を惹起するための 1988 年 8 月の準備的文書第 15 号」と呼ばれる文書である。これは、『不正競業の準拠法の一定の側面のみを取り扱う国際条約を起草する可能性の研究』と題され、Adair Dyer によって作成されたものである。

見出しはつぎのようである。

不正競業を構成する行為のリストの確認
市場地法を適用するという一般原則に対する例外の可能性
差止命令その他の予防的救済に関する特別規則
結　論

まず、Dyer は、不正競業を構成する行為のリストの確認にあたって、1943 年の不正競業に関するスイスの連邦法、1986 年の不正競業に関するスイスの新連邦法、1983 年の万国国際法学会の決議、1982 年 6 月 18 日の日本の公正取引委員会の通達第 15 号、商標、商号および不正競業行為に関する発展途上国のモデル法、パリ条約第 10b 条第 2 項を分析している。そして、1986 年のスイス連邦法に定められている行為のリストが最良かつ最も完全なモデルであると考えられる。しかし、知的所有権の侵害に関する問題ばかりではなく事前の契約関係に対する干渉に関して出現している傾向は、このリストには反映されていないから、考慮に入れるべきであろう、[14] と。

つぎに、Dyer は、市場地法を適用するという一般原則に対する例外の可能性に関してつぎのように論じている。すなわち、競争相手の技術上のノウハウその他の営業上の秘密の違法な取得および開示もしくは盗用を含む競争相手の営業に対する違法な干渉を構成すると主張されるような不正競業行為は競業利益が衝突する市場地法とは異なる法を指定する特別な抵触規則の適用を要求する。同様に、虚偽広告もしくは欺罔的広告、比較広告および営業誹謗もそのような特別な抵触規則の適用を要求する。そのような特別な抵触規則の必要性の根拠は、問題となる不法行為がいかなる特定の市場とも直接的には関係しないという事実であったり、影響を受ける市場の数が多すぎて関係する各市場地法の配分的適用を通じて責任および損害を

評価することができないという事実であったり様々である。他方では、競争相手の商品もしくは営業との混同を生み出す『詐称通用』のような古典的な商業的不法行為のように不正競業の一般的な枠組みに入る不法行為は、競業利益が衝突する市場地法もしくは複数の市場地法に委ねられる。なぜなら、商品もしくは役務の混同の効果は、多国間メディアで実行される広告と数的に同じぐらい多くの市場には及ばないからである。しかし、これらの2つの請求はまれに交叉することがある。なぜなら、競争相手の商品もしくは営業との混同はまさに欺罔的な多国間広告によってもたらされるからである。一般的には、特許権、商標、著作権および意匠の侵害において行われるような不正競業の形態は、通常、知的財産権の保護を付与する国の市場の法に委ねられる。違法行為が行われるか違法行為が影響を有する場所以外の法によるような特別な抵触規則を検討する必要はないであろう。例えば、行動が不法行為地法および法廷地法、すなわちイギリス法の下でも違法であることを要求するイギリスの特別な規則を検討する必要もないし、一定の場合に外国市場において活動する商人に対して共通の本国法を適用するドイツ連邦共和国の特別な規則を考慮する必要もない、[15] と。

　さらに、Dyer によれば、差止命令その他の予防的救済に関する特別規則に関して、不正競業の問題を取り扱う特別な救済方法の重要性が存在するから、そのような救済方法の利用を容易にする一定の類型の規定を準備される国際条約に含めるのが適当である、[16] と。

　最後に、Dyer は結論をつぎのようにまとめている。すなわち、『不正競業』という用語の定義に入らずに、条約においては不正競業の抵触法の一定の側面を別個に取り扱うべきである。これは、この用語の内容が国家の法体系毎に幅広く異なるため明確性に貢献するだけではなくて、工業所有権に関するパリ条約において使用され部分的に定義されている用語との抵触の可能性を回避することにもなるであろう。『詐称通用』という不法行為は、競争相手の商品、役務もしくは営業との混同を惹起するがすべての体系において承認され、商品もしくは役務が提供される市場地法の適用を要求する。同様に、知的所有権法の保護の下に入らないが不正競業の一形態を構成する特許権、商標、著作権および意匠に関する活動は、通常は知的財産権の保護が付与される領土と通常一致する問題となる市場地法に委ねられなければならない。不正競業の一定の形態は特定の市場地法の適用に委ねられない。例えば、契約破棄の誘引は、競争相手の営業に対する違法な干渉という不法行為の一部

を形成するが、被害者の主たる営業所所在地法もしくは破棄された契約の準拠法の適用さえ要求する。競争相手の被用者の引き抜き、営業誹謗、中傷および営業上の秘密の盗用もしくは開示は特定の市場に関係したり、事案の状況によっては別の基準によって指定される準拠法に委ねられるのが適当である。最後に、不正競業を取り扱う際に、商品の差止命令および差押えのような特別な救済方法の重要性は、そのような救済方法の形成を容易にするひとつもしくは複数の特別な規定を含めることを要求する、[17] と。

Ⅲ　講　演

さらに、『国際私法における不正競業』と題されたハーグの国際私法に関する講演であるが、これも Adair Dyer によって行われたものである。
目次はつぎのようである。

第1章　不正競業の概念
第2章　不正競業の定義
第3章　不正競業の準拠法
第4章　不正競業の特別な民事的救済
第5章　不正競業における訴訟共助および管轄
結　論

まず、Dyer は、第1章においては、不正競業の概念に関して、A. 19世紀以後の歴史的発展、B. 財産権理論、C. 競争上の権利の濫用の理論、D. 消費者の保護を含めるための競業者の保護の概念の拡張をそれぞれ論じている。「A. 19世紀以後の歴史的発展」においては、一般的な用語としての不正競業の概念の背景には、商標権、著作権および特許権のような知的財産権を保護する特別立法の必要性があったことが指摘されている [18]。「B. 財産権理論」においては、この理論は商標権、著作権および特許権のような特別な知的財産権の侵害訴訟と密接に関係しているとされる [19]。「C. 競争上の権利の濫用の理論」においては、競争上の権利の濫用の理論は、財産権が侵害されることを強調するものではなくてむしろ競業者の違法行為を強調するものであるとされる [20]。「D. 消費者の保護を含めるための競業者の保護の概念の拡張」においては、ドイツが20世紀初めから不正競業の概念

のうちに競業者の保護および公衆の保護を含めていたことが指摘されている [21]。

つぎに、第 2 章においては、不正競業の定義に関して、A. 一般条項、B.『詐称通用』、C. 営業誹謗もしくは中傷、D. 虚偽広告もしくは欺罔的広告；比較広告、E. 行為の長々としたリスト、F.（1）知的財産権との境界、（2）制限的取引慣行との境界、G. 国際条約、H. 国際機関の決議を取り上げている。「A. 一般条項」においては、一般条項には詳細な行為リストが伴うが、これは限定列挙ではなくて例示的なものにすぎないとされる [22]。「B.『詐称通用』」においては、不正競業の請求権を発生させる古典的な場合であり、販売のために提供される商品の製造地に関して買主の側に混同が存在するとされる [23]。「C. 営業誹謗もしくは中傷」においては、英米法系においては故意の証明が通常要件とされるが、最も重要な点は故意を証明するためにいかなる証明形式が要件とされるかを知ることであることが指摘されている [24]。「D. 虚偽広告もしくは欺罔的広告；比較広告」においては、1943 年のスイスの不正競業法は比較広告に関する特別な条項を含んでいないことを指摘しなければならないとされる [25]。「E. 行為の長々としたリスト」においては、規定される行為のリストがますます長くなるにつれて、不正競業訴訟を合理的にかつ論理的にカテゴリー化する努力がますますなされているが [26]、それは年々困難になりかなりの知的努力を要するとされる [27]。「F.（1）知的財産権との境界、（2）制限的取引慣行との境界」においては、知的財産権のうちのあるものの侵害について法律によって適切な救済が与えられる限り、営業上の不法行為から生ずる訴訟であってもこれらの侵害訴訟を不正競業訴訟と性質決定すべきではないとされる [28]。これに対して、制限取引慣行として分類されるものを不正競業から除外する定義を行う必要はないとされる [29]。「G. 国際条約」においては、特に 1883 年の工業所有権に関するパリ条約 10b 条が不正競業に関する明示的規定を含むことが指摘されている [30]。「H. 国際機関の決議」においては、1983 年の万国国際法学会決議は、一般条項についてはパリ条約と同様の一般条項を採用しているが、細目においてはパリ条約に含まれるものとは異なることが指摘されている [31]。

さらに、第 3 章においては、不正競業の準拠法に関して、A. 不正競業およびその要素の性質決定が論じられ、B. 違法行為によって影響を受ける関係として、1. 顧客もしくは潜在的顧客、2. 供給者もしくは潜在的供給者、3. 共同企業組織（例えば、合同パートナー、ジョイントヴェンチャー）、4. 被用者、5. 政府官庁が挙げられている。そして、C. 不法行為地法主義の態様として、1. 違法行為地、2.

効果地（関係市場）、3．複雑な不法行為に関する柔軟な連結点が挙げられている。
さらに、不法行為地法主義以外の原則として、D．加害者と被害者の共通の国籍も
しくは共通の住所、E．被害者の常居所もしくは主たる営業所所在地、F．最も重
要な関係／不法行為のプロパー・ロー、G．加害者と被害者との間の既存の契約関
係の効果を取り上げ、最後に、H．不正競業の準拠法についての『独自的な規則』
が論じられている。「A．不正競業およびその要素の性質決定」においては、不正
競業は不法行為として性質決定される[32]。「B．違法行為によって影響を受ける
関係」においては、不正競業によって惹起される直接的な侵害は、顧客、供給者、
パートナー、被用者もしくは政府官庁であれ被害者と他の誰かとの関係であるとさ
れる[33]。そして、それぞれについて例を挙げている。「1．顧客もしくは潜在的顧
客」についての例はつぎのようである。シャネルの香水を製造している会社がある
コーナーで店を構え、別の会社がそこより安い価格でシャネルの製品であると思わ
れる香水を販売する店を道路の反対のコーナーに構えている場合、第2の会社は
本当のシャネルの販路から顧客を引き離している。この効果は既存のもしくは従来
の顧客に限定されるのではなくて潜在的な新たな顧客が同調し道路を横切って外
見的には同じ製品であるものを取得することができると考える。したがって、第2
の会社は潜在的顧客だけではなく既存の顧客および従来の顧客とシャネルとの関係
に干渉したことになるとされる[34]。「2．供給者もしくは潜在的供給者」について
の例はつぎのようである。あなたがBrand X Beerのビールを提供するパブをコー
ナーの地下に構えているとしよう。Brand X 会社はビールをそのパブに販売しパ
ブの営業に融資援助をし、パブに顧客を引き付けるのに役立つようにパブの玄関の
大きな看板に『Brand X Beer』という商標を付けている。Brand X Beer が供給し
てきたパブとの契約を破棄し、Brand X Beer だけではなく Brand X Beer の看板
も供給するとともに融資をして最初のパブからこれらの支援を奪うように、道路の
向かい側の競争相手のパブが Brand X Beer を説得するとしよう。第2のパブは、
ビールの供給者たる Brand X 会社と小売の販路であった最初のパブとの間の契約
関係に干渉した。ここでは、最初のパブに一定の法的権利を与えた Brand X 会社
と最初のパブとの間にある種の契約関係が存在するとしよう。もちろん、最初のパ
ブは契約違反を理由に Brand X 会社を訴えることができるが、契約破棄への誘引
の理論に基づいて競争相手のパブを訴えることを選択することができる。もちろ
ん、契約破棄に基づく2つの異なる理論に基づいて同一訴訟において供給者と競

争相手を同時に訴えることもできよう。いずれにせよ、パブとその供給者との間の関係が第2のパブによって干渉されているとされる[35]。「3. 共同企業組織（例えば、合同パートナー、ジョイントヴェンチャー）」についての例はつぎのようである。2つの会社が会社間の合併交渉に参加し合意に達したとしよう。これらは、会社1および会社2と呼ぶことにしよう。現在、第3の会社、会社3は会社1の競争相手であるが、それが登場して、もし会社2が会社1との商談を破棄して会社3と合併すれば会社2に非常に有利な申し込みを行うとしよう。会社2は多額の申し込みを気に入り、会社3の申し込みを取り上げて会社1との商談を破棄したとしよう。会社1は契約破棄の誘引の理論に基づいて会社3を訴える。この事件の争点は会社1と会社2との間の交渉が会社3が干渉した時点において会社1と会社2との間に契約が存在する段階に到達していたかどうかであるとされる[36]。「4. 被用者」については、被用者を使用者から引き抜くことが雇用関係に干渉する唯一の方法ではない。使用者の営業秘密を競争相手に漏洩したり競争相手に不利な使用者の契約を交渉するように買収することは雇用関係に干渉し、使用者に対する忠誠義務に違反するよう被用者を唆すことになるとされる[37]。5.「政府官庁」についての例はつぎのようである。会社Bと競争している会社Aがある営業活動を行う許可をB会社に否定するように腐敗した官吏を買収したとしよう。その場合には、公正かつ公平に申請を処理するという公衆に対する義務に違反するよう官吏を誘引したことを理由に、会社Bが会社Aに対する訴因を有するかどうかに関する問題が発生する。会社Aが問題となる許可を発行する責任を有する官庁と会社Bとの間の関係に干渉したという請求に基づくものとして、この訴訟は性質決定される[38]。「C. 不法行為地法主義」においては、行為地と損害発生地との間の不法行為に関する伝統的な抵触規則における二元論が被った損害が身体の傷害ではなくて経済的な侵害である不正競業のような経済的不法行為に適合するかどうかが検討される。そして、まず、「1. 違法行為地」に関しては、国家の立法、判例法、不法行為準拠法に関する一般規定を含む地域的協定においては、違法行為地法は依然として支持されているとされる[39]。つぎに、「2. 効果地（関係市場）」においては、効果地法を採用する例として、1967年の不正競業を防止する国際的リーグの勧告が挙げられている[40]。「3. 複雑な不法行為に関する柔軟な連結点」においては、違法行為地と効果地との選択的適用が論じられている[41]。「D. 加害者と被害者の共通の国籍もしくは共通の住所」においては、国家法の中には、準拠法

決定の際に行為者と被害者との間の共通の人的特徴に役割を与えるものがあるとされる[42]。「E. 被害者の常居所もしくは主たる営業所所在地」においては、このような連結点を採用するものとして、ケベック国際私法草案31条が挙げられている[43]。「F. 最も重要な関係／不法行為のプロパー・ロー」においては、このような原則を採用するものとして、特に第二次抵触法リステートメントが挙げられている[44]。「G. 加害者と被害者との間の既存の契約関係の効果」においては、このような附従的連結を採用する立法として、スイス国際私法連邦法136条3項が挙げられている[45]。「H. 不正競業の準拠法についての『独自的な規則』」においては、このような規則を採用した立法として、オーストリア国際私法連邦法、スイス国差私法連邦法および万国国際法学会決議を取り上げて、それらの分析から、不正競業の抵触法の将来は関連の市場地法、すなわち利益の衝突もしくは侵害が生じた場所の法の管轄に属する。ただし、不正競業の特殊な形態が特定の場所もしくは特定の市場と連結できない場合または市場地法の指定が明白に不適当である場合には、事件とより重要な関係を有する場所の法を指定することができるとされる[46]。

　また、第4章においては、「不正競業の特別な民事的救済」に関して論じられている。そして、このような救済方法を採用したものとして、1983年の万国国際法学会決議の第Ⅴ条が挙げられている[47]。

　なお、第5章においては、「不正競業における訴訟共助および管轄」に関して論じられている。そして、不正競業の事件を不法行為訴訟として性質決定することが普及しているとすれば、不法行為事件において適用される最も一般的な裁判管轄の規則は、被告をその住所地もしくは常居所地または原告の選択において不法行為地で訴えることができるというものであるとされる[48]。

　最後に、Dyerの結論が提示されている。すなわち、本講演の多くは様々な法域において使用されている『不正競業』の概念を解明し、そのような複雑な経済的不法行為の要素が様々な国々に関係する場合にその準拠法の適切な決定方法に関して思考がいかに進化しかつ進化しつつあるかを説明しようとすることに充てられている。不正競業の準拠法の問題を取り扱うためにこれまで提案された『独自的な』規則のいずれもが完全に構成されたと思われないのに対して、今やこの経済的不法行為の特殊性に関心を向けるという楽観論の余地がある。この法的概念の多様性に応えるためには不法行為の準拠法を求めて伝統的な不法行為地法主義を緩和するだけではもはや不十分であるというコンセンサスがますますできつつある。さらに、多

くの不正競業において不正競業の準拠法の決定のために連結点として関係する市場の支配は、影響を受ける特定の市場が確実に確認できない場合もしくは市場地法の指定が明白に不適当である場合には必然的に回避条項によって緩和されるが、関連する市場の指定に基づいた主たる原則を要求すると思われる。不正競業の多様な現象を取り扱う適切な民事的救済方法の規定を強調することがますます予想される。なぜなら、不正競業の性質自体が、行われた侵害を回復するためには金銭賠償の方法を不適当とするからである。さらに、現実の損害が生じた市場ではなくて準備行為がなされた国においては、仮の救済方法が適用されなければならないから、裁判所が準備行為に対して自国法を適用することができるという柔軟性が効果的な救済方法の利用を確保するために必要である。最後に、管轄（そして、国によっては訴訟共助）は適切な準拠法を決定する方向へ向かうのと同じ要素に依存することがある。分析的な目的のためには、準拠法の問題を取り扱う方がより容易である。しかし、不正競業の請求権に関する事例において裁判管轄の問題に関して将来より詳細な分析を行わなければならない、[49] と。

Ⅳ　2000 年 4 月の準備的文書第 5 号

　最後に、『不正競業の問題に関する抵触法の覚書』と題される文書であり、常設事務局によって作成されたものである。
　目次は次のようである。

　　Ⅰ．序説 ― 研究課題の歴史
　　Ⅱ．不正競業法 ― 総論
　　　　A．序説
　　　　　　1．不正競業法の概念
　　　　　　2．不正競業法の発展
　　　　B．国際的枠組み
　　　　　　1．1883 年のパリ条約
　　　　　　2．世界知的財産権機関の作業
　　　　　　3．競業法の国際連盟
　　Ⅲ．国内法における不正競業保護の構造
　　　　A．特別法に基づく保護

B．民事責任その他の一般法に基づく保護
　Ⅳ．不正競業に関する抵触法 — 比較法的概観
　　　A．連結点
　　　　　1．不法行為地法
　　　　　2．影響を受けた市場地法
　　　　　3．市場および効果の概念
　　　　　4．影響を受けた市場地法への連結の簡潔な分析
　　　B．不正行為の効果の予測可能性の基準
　　　C．複数の市場に効果を有する行為
　　　D．特殊な連結または附従的連結
　Ⅴ．結論
　　　A．要約
　　　B．不正競業の分野における将来の作業体制

　まず、「Ⅰ．序説」においては、研究課題の歴史が辿られている。それによれば、ハーグ国際私法会議の第 15 会期（1984 年 10 月）が当該事項に関する調査研究を引き受けるように常設事務局に勧告し、第一書記であった Adair Dyer が 1987 年に覚書を作成した。第 16 会期は当該テーマを協議事項に含めることを決定したが優先事項ではなかった。その後、Adair Dyer が『不正競業の民事責任およびそれに関する保全措置の覚書』を作成した。1992 年 6 月の特別委員会は、当該テーマを優先事項とはしなかったが、会議の将来の協議事項とすべきことを勧告した。第 17 会期は再びこの勧告を採択した。1995 年 5 月、再び Adair Dyer が『不正競業の民事責任に関する最新情報』を作成した。第 18 会期は当該事項を協議事項とすることを確認した。当面の覚書の目的は常設事務局が行う様々な作業を新たに見直して状況把握をし、特に提起される主要な諸問題を再び述べて過去数年にわたる最も重要な展開を提示することである。
　つぎに、「Ⅱ．不正競業法」においては、まず、不正競業法の概念が論じられ、不正競業防止規定は競争の質的側面の保護を目的とすることによって、市場構造に関係し競争の量的側面の保護を目的とする競争制限禁止規定（反トラスト法）と区別される。また、反トラスト法は貿易障壁および経済力の濫用に対抗することにより競争の自由を維持するのに対して、不正競業法は同一ルールに従いゲームを行うようすべての参加者に要求することにより公正な競争を保障する。しかし、不正競

業行為と競争制限行為とを区別することは必ずしも容易ではなく、その境界線はすべての法において同じとは限らない。作業の現段階では、すべての競争制限行為を不正競業の分野から除くことができる正確な定義を作成することは重要ではない。不正競業と知的財産権の侵害との区別に関しては、不正競業法は工業所有権法を補充するか、工業所有権法が与えることができないような保護を与えなければならない。不正競業法と人格権との間の関係に関しては、経済的名声の侵害は人格の侵害の特殊な場合を構成し不正競業法規定の適用範囲内となる国もある。

つぎに、不正競業法の発展が論じられている。当初は、不正競業の保護はもっぱら経済的な競争者間の関係に関するものであったのに対して、不正競業法はもっと広い役割を演じ経済的な競争者の利益のみならず消費者および公衆一般の利益をも保護しなければならないことが今日では広く承認されている。不正競業法の現代の概念は競争者間の水平的な関係のみならず消費者および顧客を含む垂直的な関係をも包含している。さらに、不正競業法のこの拡大は、直接には競争には参加しないが市場において重要な役割を演じ市場を支配する競争に重要な影響を与えることができるメディアのような第三者の訴権を将来考慮することを可能にするだろう。したがって、不正競業法の現代の概念は、同一の商品または役務を同一の顧客と交換する経済的な登場人物間の競争関係をもはや前提とはしない。この発展は、不正行為の性格の根拠にも影響しないわけではない。従来は行為の不法性は経済的な人格権が侵害されたことに基づくものであったが、今日では、自由競争に対する客観的な権利の侵害および経済的な自由の濫用に基づく。

国際的枠組みとしては、1883年のパリ条約、世界知的財産権機構の作業、競業法の国際連盟の3つが取り上げられている。パリ条約は競争者、消費者および公衆一般（いわゆる不正競業法の三次元的機能）を等しく保護することを目的としているから、今日では競業法の広い概念を反映している。世界知的財産権機関の作業としては、『不正競業からの保護―現在の世界状況の分析』、『不正競業からの保護に関するモデル法』という2つの重要な文書が挙げられる。競業法の国際連盟としては、1994年9月のベルリン会期の決議が挙げられる。

さらに、「Ⅲ．国内法における不正競業保護の構造」においては、特別法に基づく保護と、民事責任その他の一般法に基づく保護に分けて論じられている。

まず、特別法に基づく保護であるが、不正競業に関する特別法を採用している国として、ドイツ、オーストリア、ベルギー、デンマーク、スペイン、フィンラン

ド、日本、ルクセンブルグ、ペルー、韓国、スウェーデン、スイスが挙げられる。これに対して、広義の競争法の中に不正競業に関する特別規定を含む国として、ボリビア、ブラジル、カナダ、コロンビア、ハンガリー、メキシコ、ルーマニア、ベネズエラが挙げられる。いずれの場合においても、規定は禁止行為に関する一般条項を含み、不正行為の限定列挙によって補充されている。また、1984年9月10日の虚偽広告に関するEC指令および1997年10月6日の比較広告に関するEC指令は、一方では、虚偽広告から消費者、競争者および公衆一般を保護することを目的とし、他方では、特別な要件を遵守する限り原則として承認される比較広告を規制することを目的とする。イギリス、アイルランド、スペイン、ポルトガル、フランス、スウェーデン、フィンランドにおいては、比較広告はすでに許されているから、比較広告に関するEC指令は限定的な影響しかもたない。これに対して、比較広告が以前に禁止されていたベルギー、ルクセンブルグにおいては、比較広告に関するEC指令は状況を基本的に変えるであろう。最後に、この指令は、以前に当該事項に関する立法がなされていないオランダ、デンマーク、オーストリア、ドイツ、イタリア、ギリシアにおいては立法の枠組みを与えるであろう。

　民事責任その他の一般法に基づく保護であるが、民事責任に関する一般法によって不正競業からの保護を保障する国もあり、シビルローの伝統を有する国、特にフランス、イタリアおよびオランダである。同様に、イギリスを構成する様々な法域も不正競業からの保護についての別個の法制度を展開せずコモンローおよびエクイティに基づくアプローチを採用した。この法律構成の主たる基礎は、パッシング・オフというコモンロー上の不法行為に基づく訴権によって与えられる。アメリカ合衆国の不正競業法もパッシング・オフというコモンロー上の不法行為に基づく判決から発展してきた。

　また、「Ⅳ. 不正競業に関する抵触法 ― 比較法的概観」においては、まず、連結点として、不法行為地が考えられるが、多数は不正競業に関しては競業行為が行われる場所よりもむしろ損害が明白となる場所を選択する。つぎには、不法行為地法主義を承認すれば、損害発生地を位置づける具体的な基準を決定しなければならない。多くの学者は不正行為によって影響を受ける市場を探求することを選択する（市場効果主義）。その例として、BISCHOFFの見解、1999年10月21日のグルノーブル控訴院の判決が挙げられている。不正競業行為によって影響を受ける市場を探求する解決は、1983年の万国国際法学会（ケンブリッジ会期）の決議（第

第 7 章　ハーグ国際私法会議　*311*

Ⅱ条)、1992 年 10 月の競業法の国際連盟（アムステルダム会期）の決議にみられ、複数の国の立法（双方的抵触規定を採用するオーストリア国際私法 48 条 2 項、スイス国際私法第 136 条、オランダの議案、これに対して、一方的抵触規定を採用する 1991 年 1 月 10 日のスペイン不正競業法の第 4 節、1999 年契約外債務および物権に関するドイツ国際私法の沿革史、契約外債務準拠法に関する EC 条約案）によっても採用されている。したがって、影響を受けた市場地法の適用を選択する傾向が存在することは疑いない。この結論は、不法行為地法主義の具体化の結果としてかこの点に関する特殊な連結として得られる。市場および効果の概念については、まず、市場概念は、一般的な経済的な意味よりも制限的に、すなわち単一の国の領域に限定された市場として理解されなければならない。つぎに、効果に関しては、直接的かつ実質的効果が具体的な形で実現される必要はなく、行動が客観的に競争に有害な効果を及ぼす恐れがあることで足りる。影響を受ける市場地法への連結の主要な論拠は、これが被害者の正当な期待に応えることである。なぜなら、影響を受ける市場地法への連結は被害者の経済的環境を支配する法をもっぱら適用することになるからである。この結論は、被害者は自分に影響を与える不正な行為が行われる場所を知らないからなおさら正当化される。この連結のもうひとつの利点は、同一市場におけるすべての経済的登場人物の間の平等取り扱いを尊重しているという事実である。最後に、行為の効果への連結は国際公法に合致している。不正行為の効果の予測可能性の基準については、第 1 に、予測可能性の条項は予測不可能な法の予期しない適用から企業その他の経済的代理人を保護して経済計画を円滑にし、第 2 に、補充的連結は行動地法または当該会社の所在地法の適用をもたらすから、そのような制度は企業その他の経済的代理人を優遇することになる。さらに、これらの法は不正競業を構成する行為の経済的効果と重要な関係を必ずしももたない。また、補充的連結は特定の市場における経済的登場人物の行動を規制するという実質法の目的を破壊する。複数の市場に効果を有する行為については、特定の市場における損害が実質的な性質のものでなければならないという条件が効果への連結の適用の際にセーフガードとして働く。それが、属地的な分割と結びつく不当な帰結を回避するであろう。これは、インターネットにおいて行われる不正競業行為に関する結論でもある。特殊な連結または附従的連結については、スイス国際私法典 136 条 2 項は不正競業行為が競業者にのみ関係し公衆に影響しない場合において特殊な連結を規定している。これは、特に、競争相手たる企業の被用者の

引き抜き行為、賄賂、産業スパイまたは契約破棄への誘引を対象とする。また、不正競業行為が加害者と被害者との間の既存の法律関係を侵害する場合には、そのような行為に基づく請求はその法律関係の準拠法によって規律され（136条3項）、133条3項の適用が留保される。この附従的連結も第三者の利益が影響を受けないことを前提とする。

最後に、結論としては、不正競業の準拠法に関する条約案は2つの観点から有用である。まず、行動を行う国の実質法か、それとも行為の効果が知覚される国の実質法かを確実に知る手段をもたない営業者に対していずれの法が責任を規律するかが提供されることは明確さを可能にするであろう。第2に、不正競業に関して有効な連結点が確立されることを可能にするには一般的で曖昧な抵触規定に直面している多数の国の裁判所に有用な指示を与えることを条約は可能にするであろう。

要約としては、不正競業に関する抵触法について広い適用範囲を有するべき条約は、不正競業の三次元的または機能的概念を基礎とすべきであり、競業者ばかりではなく消費者の保護および公衆一般の保護をも含めるべきである。したがって、条約は競業者間の関係に影響を与える行動のみならず供給者と顧客との間の関係にも影響を与える行動、特定の市場における競争の適正な行使を撹乱する行動にも適用されるべきである。さらに、条約は不正競業の概念をできるだけ一般的にかつ広く定義することが適切であろう。一般的な定義または記述は以下の3つの要素を含むことが考えられる。申し立てられている行為が経済競争の過程の一部を構成すること、不正の基礎を与える不正な性格を有すること、様々な行為者の利益を侵害することである。問題となる行動が実際非難すべきかどうかを決定するのは準拠法である。最後に、影響を受けた市場地法への連結を選択する一般的な傾向は、条約が地球的な規模でこのアプローチを統一すれば大いな予測可能性をもたらすであろう。したがって、もっぱら特定の競業者の営業上の利益にもっぱら関係する不正競業行為の場合において特殊な連結を規定しなければならないかどうかを検討することが適切であろう。準拠法の適用範囲においては、複数の問題、特に（不正競業の分野において一般的に排除されている）反致の問題、損害をもたらす行為が行われた後に、当事者が準拠法を選択できるかを決定するという問題等々が検討を要するであろう。最後に、裁判所の認める賠償額を法廷地法のもとで定められている賠償額に制限するような規定を条約に挿入することが必要であるかどうかを検討することが適切であろう。

不正競業の分野における将来の作業体制としては、不正競業の準拠法に関する具体的な作業に取り掛かることを会議が決定すれば、常設事務局は他の関係国際組織、特に世界知的財産権機関と協力するためにあらゆる可能性を探りたい。WIPOとの密接な協力は必然的に会議がその組織と確立するコンタクトの枠組みの中でなされるであろう。検討すべき課題の一つは不正競業に関する国際私法および実質法に関する専門家を集めるワーキンググループを立ち上げることである。そのようなワーキンググループの構成は代表的かつバランスの取れたものでなければならないことは言うまでもない。したがって、ワーキンググループがすべての主要な法制度の専門家を集めることが必要であろう。不正競業の準拠法に関する条約その他の文書によって付託されなければならないすべての問題をより詳細に検討する職務がワーキンググループに与えられ、つぎに、ワーキンググループは当該事項に関する会議の将来の作業を導く勧告を採択すべきである。

V　2000年6月の準備的文書第10号

常設事務局は『会議の総務および政策に関する2000年5月の特別委員会の結論』と題した2000年6月の準備的文書第10号において、「不正競業の準拠法」を将来の検討課題とするに当たって次のように述べている。

準備文書第5号は1987年、1992年、1995年に作成された不正競業の問題に関する抵触法に関する覚書を再検討し改訂した。当面の問題は16会期以来優先されずに教義事項に含められていた。常設事務局はコモンロー法制における不正競業の概念を定義するという問題に注意を引いた。常設事務局は準拠法の問題はしばしば影響を受けた市場地法を適用することによって処理されると述べていた。このアプローチは、一定の国々の法令および判例においてのみならず、そのテーマに関する法学文献、万国国際法学会の決議において広く採用されてきた。したがって、現在では、国際的文書を検討し作成する十分に共通な基盤があるように思われた。世界的に適用される条約の必要性はインターネットの発展からしてより緊急性が与えられた。常設事務局はそのテーマは協議事項として維持されるべきでありワーキンググループは当面の様々な問題を考察するために召集されるべきであると暗示して結論を下した。数人の専門家達は不正競業の準拠法を会議の協議事項とすることに賛成し、この分野における可能性を探求するワーキンググループを作ることを支持し

た。しかし、会議の資源、エネルギーおよび基金は乏しいから慎重に利用しなければならないことも指摘された。すでにそれら自体の間で協力している法分野における公共機関の役割の重要性が強調され、公共機関はこのテーマに関する今後の研究に関して考慮しなければならないことが指摘された。結局、当面の事項は優先されずに会議の協議事項とされなければならないことが決定された[50]。

（注）

（1）　Adair Dyer, Exploratory study on the law applicable to unfair competition, Hague Conference on private international law, Prel.Doc.No 2 of November 1987, p.12.

（2）　Dyer, op.cit., p.22.

（3）　Dyer, op.cit., p.22, 24, 26, 28, 30, 32, 34.

（4）　Dyer, op.cit., p.34.

（5）　Dyer, op.cit., p.42.

（6）　Dyer, op.cit., p.42, 44, 46.

（7）　Dyer, op.cit., p.54.

（8）　Dyer, op.cit., p.64.

（9）　Dyer, op.cit., p.68.

（10）　Dyer, op.cit., p.68.

（11）　Dyer, op.cit., p.72.

（12）　Dyer, op.cit., p.74.

（13）　Dyer, op.cit., p.74.

（14）　Adair Dyer, Study of the feasibility of drawing up an international convention dealing only with certain aspect of the law applicable to unfair competition, Hague Conference on private international law, Prel.Doc.No 15 of August 1988, p.8.

（15）　Dyer, op.cit., p.14, 16.

（16）　Dyer, op.cit., p.18.

（17）　Dyer, op.cit., p.18, 20.

（18）　Adair Dyer, Unfair Competition in Private International Law, Académie de Droit International de la Haye, Recueil des cours, 1988, Tome 211, p.381.

（19）　Dyer, op.cit., p.386.

（20）　Dyer, op.cit., p.386.

（21）　Dyer, op.cit., p.388.

（22）　Dyer, op.cit., p.389.

（23）　Dyer, op.cit., p.392.

（24）　Dyer, op.cit., p.397.

（25）　Dyer, op.cit., p.399.

第7章　ハーグ国際私法会議　*315*

（26）　Dyer, op.cit., p.400.
（27）　Dyer, op.cit., p.401.
（28）　Dyer, op.cit., p.402.
（29）　Dyer, op.cit., p.403.
（30）　Dyer, op.cit., p.404.
（31）　Dyer, op.cit., p.406.
（32）　Dyer, op.cit., p.408.
（33）　Dyer, op.cit., p.410.
（34）　Dyer, op.cit., p.410.
（35）　Dyer, op.cit., pp.410-411.
（36）　Dyer, op.cit., p.411.
（37）　Dyer, op.cit., p.412.
（38）　Dyer, op.cit., p.413.
（39）　Dyer, op.cit., p.417.
（40）　Dyer, op.cit., p.418.
（41）　Dyer, op.cit., p.420.
（42）　Dyer, op.cit., p.423.
（43）　Dyer, op.cit., p.425.
（44）　Dyer, op.cit., p.425.
（45）　Dyer, op.cit., p.430.
（46）　Dyer, op.cit., pp.436-437.
（47）　Dyer, op.cit., p.438.
（48）　Dyer, op.cit., p.440.
（49）　Dyer, op.cit., p.443.
（50）　www.hcch.net/e/workprog/genaff.html

第8章

ヨーロッパ国際不正競業法

I EC 裁判所の判例

　EC 条約 30 条は、「数量的輸入制限およびこれと同等の効果を有する全ての措置は、以下の諸規定を害しない限り、加盟諸国間で禁止される」と規定し [1]、域内における自由な商品取引の原則を定めている。そして、EC 裁判所は、まず EC 条約 30 条にいう「これと同等の効果を有する全ての措置」を、「加盟諸国の規定のうち、共同体内の取引を直接的または間接的に、顕在的または潜在的に妨げ得るあらゆる規定」と定義している（いわゆる Dassonvile 定式）[2]。

　つぎに、「加盟諸国間で」とは、当該諸規則の間接的効果として国際商品取引が制限される場合も含まれる（Prantl 判決）[3]。最後に、「禁止される」とは当該諸規定を域内の国際取引に適用することが禁止されるのみであり、加盟国内の取引に対しては依然として適用され得る（GB-INNO-BM 判決）[4]。けれども、この種の規定でも、その分野における共同体の規律がなく EC 条約 36 条に挙げられている正当化事由（公序、人間の健康、工業所有権の保護など）または絶対的要件（例えば、効果的な税制管理、、公衆の健康保護、商取引の公正性確保、消費者保護、文化政策上の理由および環境保護という関心事など）に応じるために正当化される。しかし、その種の規定が許されるのは、共同体内部の商取引をそれほど制限しない措置によっては追求する目的が達成できない場合である。そして、域内における自由な商品取引が許される商品は生産地国において適法に製造および流通されていることを前提とする（製造地国主義）（Cassis de Dijon 原則）[5]。さらに、その種の規定が許されるのは、追求している目的と相当な関係にある場合に限られる（相当性の原則）（Buet 判決）[6]。そして、絶対的要件に基づく正当化事由は一般的法原則、特に基本権に照らして解釈されなければならず、この基本権には人権条約 10 条において保証される見解の自由も含まれる（ERT 判決）[7]。例えば、特定の広告形態および特定の販売促進方法に対する規制は、直接的な輸入規制ではないが、輸入製

品の販売の可能性を侵害するから輸入額の制限となる（Oosthoek 判決 [8]、Buet 判決、GB-INNO-BM 判決、Aragonesa 判決 [9]、Yves Rocher 判決 [10]）。しかし、判例変更がなされ、例えば、商品の名称、形式、容積、重量、構造、包装、ラベルおよび荷造りに関する規制（製品関連的規制）（Produktbezogene Maßnahmen）はすべての製品について区別なく妥当するとしても 30 条により数量的輸入制限と同等の効果を有する措置である。これに対して、特定の販売態様（Bestimmte Verkaufsmodalitäten）に対する規制は、（ⅰ）内国で活動を行う関係するすべての経済参加者について妥当し、（ⅱ）内外製品の販売に等しく関連する場合には、EC 条約 30 条の適用範囲から除外されることになる（Keck 判決 [11]、Hünermund 判決 [12]、Kommission/Griechenland 判決 [13]）。例えば、特定の部門のテレビ広告を禁止する規定は、製品の特定の販売方法の促進方式を禁止する限り販売態様に関係する（Leclerc-Siplec 判決）[14]。そして、EC 裁判所の最近の判例の中には、（1）特定の販売態様に対する規制であって、上記の（ⅰ）および（ⅱ）の要件を満たしているとして 30 条の適用範囲外と判断したもの [15]、もあるが、（2）30 条の適用範囲内とするものが多数である。そして、これらは、①当該規制は 30 条に違反しないとしたもの [16]、②当該規制は 36 条の正当化事由もしくは絶対的要件を審査することなく直ちに 30 条違反であるとしたもの [17]、③当該規制は 30 条違反であるが、36 条の正当化事由もしくは絶対的要件を審査するものに分かれる。そして、これらは、さらに、(a) 36 条に挙げられている正当化事由に該当し、当該規制は例外的に正当化されると判断したもの [18]、(b) 36 条に挙げられている正当化事由に該当せず、当該規制は正当化されないと判断したもの [19]、(c) 絶対的要件に該当し、当該規制は例外的に正当化されると判断したもの [20]、(d) 絶対的要件に該当せず、当該規制は例外的に正当化されないと判断したもの [21]、(e) 36 条に挙げられている正当化事由にも絶対的要件にも該当し、当該規制は例外的に正当化されると判断したもの [22]、(f) 36 条に挙げられている正当化事由にも絶対的要件にも該当せず、当該規制は例外的に正当化されないと判断したもの [23]、に分かれている。

II 学　説

　域内における自由な商品取引が許される商品は生産地国において適法に製造およ
び流通されていることを前提とすると判断した Cassis de Dijon 原則をめぐって、
EC 裁判所の判例が、製造地国法主義を採用したものであるかどうかが学説上争わ
れている。

1　製造地国法主義

　まず、Chrocziel によれば、EC 裁判所の判例は 2 つの領域においてドイツの不
正競業防止法を改革するとし、「まず、EC 裁判所の判例は、ドイツ連邦共和国以
外の EC の領域において不正競業防止法の適用および拡張は将来もはや不可能とな
ることへ導く。GB-Inno-BM 判決によれば、連邦通常裁判所が適用した抵触規則
はもはや維持できない。したがって、EC 構成国たる外国の競業法がドイツ不正競
業防止法ほど厳しくない規定を含んでいる場合には、国際的な事実、そしてまた国
境付近の事実ももはやドイツ不正競業防止法により判断されてはならない。第二
に、EC 裁判所の判例は、ドイツ不正競業防止法はドイツ連邦共和国内においてす
らもはや無制限に適用されてはならないことを意味する」[24] と。そして、「数量的
な輸出制限と同等の効果を有する措置は、強行的要件によって正当化される場合に
は維持されるという共同体条約 36 条所定の制限が残る。EC 裁判所が全く狭い領
域において例外として定義したこの強行的要件は、不正競業防止法の枠内において
はまれな例外的な場合においてのみ存在する」[25] と。したがって、「EC の次元に
おいては、それぞれの EC の本国法（引用者注：製造地国法）によって許される措
置はドイツ連邦共和国においても不正競業防止法によって禁止されないという原則
が適用される。しかし、これはドイツ不正競業防止法は通例ドイツ法が規定してい
る程厳格ではない不正競業禁止に関する外国の規定に適応しなければならないこと
を意味する」[26] と。

　つぎに、Reich は、国際的な欺罔広告の禁止に関する管轄権についての製造地国
主義の意義に関して、つぎのように論じている。すなわち、「いわゆる製造地国主
義は、共同体条約 30 条以下、59 条以下に該当する一切の商品および一切の役務
が自由に流通することができるのは、それらがもっぱら原産地国および共同体の規

定自体に合致している場合である。もちろん、その原則は、例えば、健康、環境および消費者情報のような非経済的な法益の保護が問題となる場合には、この原則は一連の例外を受け入れる。この場合においては、共同体の規則を遵守した場合には自由な商品取引および役務提供取引が原産地国もしくは製造地国の枠組み的条件で保障されることが第二次共同体法によって確保されなければならない。同時に、製造地国主義はひとつの受領地国もしくは複数の受領地国が製造地国の法規定および行政規定を承認することを意味する。したがって、製造地国主義が域内市場における商品および役務提供の市場参加に関する構成国の決定の相互の承認の原則と広範囲に一致するのは、受領地国の市場参加の補充的な要件の法的意義が問題となる場合である」[27]と。そして、具体的に、欺罔的広告に関してつぎのように述べている。すなわち、「欺罔的広告は共同体上禁止されているから、広告を対象とする限り、この禁止に違反している企業はその共同体上の市場参加権を失う。欺罔的に引き合いに出された商品ないし役務提供は原産地国においては適法に市場に出されたものではない。この評価は共同体全体に及ぶ。したがって、ここでは、製造地国主義の第二の側面を指摘することも正当である。それによれば、広告に関して原産地国において違法に市場に出された商品もしくは役務提供は共同体上の市場参加の特権を失い、原産地国はまた —— 古典的な国際行政法および国際私法の限界を超えて —— いわば共同体全体を代表して市場に出された商品ないし役務提供が共同体全体において一応の参加権を有するか否かを決定することができる」[28]と。また、Reich は、共同体における広告行為の適法性についての原因地国（引用者注：原産地国）の本源的責任についてつぎのように論じている。すなわち、「域内市場の完成は、一方では、すべての商品および役務が共同体法および製造地国法の基準に合致し、そのことが受領地国の強行要件に反しない限り、共同体全体において流通して引き合いがなされることを実現する。それらが製造地国において適法に市場に出され、引き合いがなされない限り、それらは一応存在する共同体上の市場参加権を失う。ヨーロッパの裁判所の判例から展開された製造地国主義のこの第二の側面は、適法性の基準の遵守に対する共同体上の共同責任を原産地国に負わせることになる。これは、共同体法が法的調整を行っている場合にのみ妥当することは当然である」[29]と。そして、最後に、Reich は EC に特有な連結の展開についてつぎのようにまとめている。すなわち、「国際私法によって準拠法が決定される限り、原則として原因地法が侵害地法（引用者注：受領地国法）と並んで妥当する。なぜな

ら、ここでは欺罔的広告は域内市場への参加を違法に取得しようとするからである。ここで主張した見解によれば、欺罔的広告の禁止に関しては、侵害地法および原因地法が選択的に適用される。共同体法の現在の発展状態からすれば、いずれかの法を排他的に適用する余地は（まだ）ない。さらに実質法の次元に拡張しなければならない：原因地法の適用は、欺罔的広告行為が準備された国の領域において、消費者、競業者もしくは公衆までも危険にさらされていることに依存しない。共同体内においてこの危険が生じていることで十分である。したがって、共同体において規律されている事実が存在する限り、行政管轄権の共同体に忠実な解釈および競業法上の準拠法に関する EC に特有な連結が基礎づけられる。もちろん、ある構成国においてのみ妥当している規定に違反する広告行為の場合には、例えば、比較広告における欺罔的ではない競業行為、くじや景品の場合には共同体条約 30 条以下、59 条以下を考慮して国際私法ないし国際行政法の一般規則による」(30) と。

さらに、Drasch によれば、EC 国際不正競業法の規則はつぎのようである (31)。

(1) その統治領域において別の構成国に由来するか別の構成国において自由に流通している商品もしくは役務について広告もしくは販売促進行為が行われているか、またはそのような行為が別の国において行われているにもかかわらず効果が及んでいる構成国（仕向地国）は、この行為の競業法上の判断については商品もしくは役務提供の製造地国法を適用すると宣言しなければならない。

　仕向地国法への連結が許されるのは、次の場合のみである。

a) 強行的要件（商品）ないし公益の強行的な理由（役務提供）もしくは共同体条約 36 条ないし 56 条所定の公共の福祉の理由がこれを要求し、相当性の原則が顧慮され問題となる利益の保護がすでに製造地国法の規定によって考慮されていない場合

b) 適用される規定が販売態様を制限もしくは禁止し内国の製品の販売と同様に外国の製品の販売もしくは役務提供を侵害している場合

c) 適用される規定が内国の製品の販売と同様に外国の製品の販売もしくは役務提供を侵害している限りにおいて、広告もしくは販売促進行為がすでに別の場所に輸出した製品の次の取引段階での以後の市場化に関係している場合

d) 広告もしくは販売促進行為が製造地国法によれば違法である場合

(2) 上記の規則が有意義に妥当するのは、次の場合である。

a) なるほど、商品もしくは役務提供が仕向地国において製造されるか仕向地国で輸出が行われた後にさらに市場化されたが、広告もしくは販売促進行為が当該競

業者と法的もしくは経済的に密接な別の構成国に所在する経営者の統一的な市場計画による場合

　b）内国において製造されるか市場化された商品もしくは役務提供について、広告もしくは販売促進が、とくに別の構成国に所在する独立した広告部門の企業によって実行される場合

　最後に、Dethloff によれば、「抵触法的評価および共同体法的評価は、不正競業法については必ずしも互いと調和しない連結を必ずしも示すものではない。一方では、不正競業法における市場地連結は多国間競業の場合には限界にぶつかる。他方では、競業法の領域における EC 条約の優位は、原則として市場地国法を製造地国法に代えることを帰結としない。したがって、抵触法的観点からは、例外なく属地主義に基づく市場地連結が必要なわけでもないし、共同体法的観点からはつねに製造地国法の適用が必要なわけでもない。競業抵触法上、一般的には市場地主義に基づいて統一されるが、ヨーロッパ連合内部において国境を越えて普及するメディアにおける不可分の競業行為の場合には原則として製造市場へ連結されるとすれば、ヨーロッパにおける国際競業について抵触法的連結公理および EC 条約の価値秩序にできるだけ広く合致する連結公理が明らかになる[32]」と。

2　有利性の原則

　Basedow によれば、「不正競業の領域における抵触法政策にとっては、ヨーロッパ連合内における競業関係については有利性の原則（引用者注：製造地国法または仕向地国法のうち提供者にとってより有利な法の適用）を法典化することが妥当である。有利性の原則が、ドイツ市場における競業行為を製造地国法たる外国法に依らしめるということになる場合には、ドイツ広告法の重要な原則は、公序（民法施行法 6 条）の枠内における公共の福祉の強行的要件として貫徹される。これはもちろん、裁判所が判例において形成した訴訟上の限界および実体上の限界においてのみである。それによれば、ドイツの公序の援用は、例えば外国法によれば正当な比較情報広告に対しては不可能である。なぜなら、それは、消費者にとって重要な情報から消費者を遮断することになるからである。これに対して、健康もしくはプライベートな分野の保護に奉仕する競業規則を貫徹することが問題である場合には、公序の援用は成功する見込みが大きい。製造地国法への ── 部分的な ── 連結は、内国市場において法律が内国の競業者に対しては禁止している多くの競業行為

が外国の提供者に対して許されることになる。この内国人差別は取引自由に関する
ヨーロッパの裁判所の判例の必然的な帰結である。それが市場関係者において感知
されるのみならず、内国企業が広い範囲において経済的不利益を被る場合には、そ
れは政策的抵抗を引き起こし、規制緩和、すなわち、製造地国のより緩やかな条件
に内国実質法を適応させることになる；したがって、抵触法は意義を失う。政策的
適応の圧力がそれほど十分でなく EC 構成国の外国人の改善に留まる場合には、よ
り高次の差別禁止の援用も禁止される：共同体条約 6 条も基本法 3 条の同一取り
扱いの命令もここでは一般的にはそれ以上役立たない。限定された競争の歪みは受
忍されなければならない；それは開放市場における非中央集権的な立法の代価であ
り、域内市場を達成しようとする場合に、構成国の主権が共同体に贈らなければな
らない貢物である」[33] と。

3 市場地国法主義

　まず、Bernhard は、GB-INNO-BM 判決を引用しながら、市場地国法主義に賛
成する旨を明らかにするにあたって次のように論じている。すなわち、「国際私法
は（黙示的に製造地国主義を拒否して）国際的競業を市場地法によらしめているこ
とは、特に競業者同一条件の命令から明らかになる：国内市場において競争する競
業者は同一に取り扱われ、法的に同一の条件に従わなければならない。出荷もしく
は製造へのすべての連結は、競業者の共通属人法の形であれ、競業行為の源泉（例
えば送信地）と一致する（広く定義される）行動地への連結の形であれ、原則とし
て競争機会の平等の原則に反している。例えば、ベルギーへ送信された広告放送が
（仮に）厳格な送信地法たるルクセンブルグ法に従う場合には、ルクセンブルグの
放送者にとってはベルギーの競争相手に比べて競争上の不利益を意味する。……市
場参加者の共通の本国への連結だけではなくて、広く理解される行動地、特に製造
地、広告の『送信地』への連結はすべてそのように理解されるヨーロッパ法上の平
等取り扱いの原則に違反する。市場地への連結はヨーロッパ法上確定している」[34]
と。つぎに、Bernhard は、製造地国主義にも有利性の原則にも反対するにあたっ
てつぎのように論じている。すなわち、「競争の平等と国際的な供給の促進とを衡
量して、商品取引の自由を優先目標とした場合には、製造地国への厳格な連結は一
貫していない：製造地国への連結は『より厳格な』法の適用を導くこともあるから
である。有利性の原則は関係国すべての輸出品の平等な優遇をもたらす（A 国の

B国への輸出もB国のA国への輸出も両者の法のうちより緩やかな法に従う）の
に対して、製造地国への厳格な連結は『オアシス国家』の輸出品の明白に一方的な
優遇へ導く。これに対して、有利性の原則は、別の性質の平等の不在を伴う。それ
は、取引を行っていない者として潜在的にも『より有利な』法の恩恵を受けないよ
うな市場参加者：消費者の不利益を意味する」[35]と。そして、最後に、Bernhard
は、結論をつぎのようにまとめている。すなわち、「将来の国際不正競業法におい
て製造地国主義を継承することは必要でもないし得策でもない。いずれにせよ、有
利性の原則の形で国際的な経済取引の促進という目標は実現される。しかし、製造
地国の法秩序の考慮は内国の供給者と外国の供給者の不平等取り扱いによる競争の
歪みをもたらす。決定的な観点が市場地への連結の保持を支持する：より有利な法
への連結はCassis de Dijon判例から各国の国際私法のレベルにおいてその基礎を
奪うことになるであろう。すでに初めから国家の裁判所は国際取引を最も妨害しな
い法を適用しなければならないであろう。『最も低いところ』への川下りが――
EC条約の非常ブレーキ、すなわち消費者保護および公正の保護という強行的要件
なしに始まってしまうであろう。国際私法上の製造地国主義もしくは有利性の原則
を前にして、Cassis de Dijonはまさに公正な競争の防波堤として聳え立つのであ
る」[36]と。

　つぎに、Reeseによれば、製造地国法主義についてつぎのように論じて反対して
いる。すなわち、「最も『ラディカルな』可能性は抵触法上の連結点を競業利益の
衝突地から最終的に市場決断も行われる情報の発信源地に移すことである。しか
し、この方法は納得できない。なぜなら、それは広告が自国の法秩序と完全に合致
するが製造地国の広告法に合致しない場合には、構成国は広告を禁止しなければな
らないからである。そうであれば、構成国は内国の広告と外国の広告を差別して取
り扱わなければならなくなるであろう。これは、差別の禁止を前にしては維持でき
ない結論である」[37]と。つぎに、Reeseは、有利性の原則についてつぎのように
批判している。すなわち、「この立場（引用者注：有利性の原則）は、『GB-INNO』
判決の行過ぎた解釈に基づいていると思われる。なるほど、裁判所は判決において
消費者に特定の情報を留保する国家の規定は消費者保護の強行的要件によって正当
化できないことを確認した。しかし、『特定の情報』という表現によって製造地国
の法秩序によれば許される広告表示の金額を一括して指すものではなくて、ルクセ
ンブルグの規定によって禁止されている価格表示を指している」[38]と。また、「原

産地国において許される広告が共同体法に違反することなく仕向地国において禁止される場合が存在する」[39]と。さらに、Reese によれば、「共同体法の意味は、国家の広告法の内容的形成を新たに熟慮するよう強制するが、その属地的適用範囲の新たな決定を強制するものではない」[40]とされる。最後に、Reese によれば、「今後も市場地法が緩和された形ではあるにしてもヨーロッパ共同体における国際的広告に関する法を規律する」[41]と結論づけられ、市場地国法主義が採用されている。

さらに、Kort によれば、「ヨーロッパ競業法と国家の抵触法との関係は『友好的共存』と特徴づけられる。準拠法に関する国際私法上の決定は、今後は市場地主義によって決定される。この決定は（『与件として』）場合によっては共同体条約 30 条に基づいてヨーロッパ法によって修正されなければならないことは当然である。しかし、ヨーロッパ裁判所の判例は市場地主義から一般的に離れるものではない」[42]と。

また、Sack は、まず製造地国主義についてつぎのように論じている。すなわち、「EC 内部における国際競業行為の場合においては、輸入国の競業法上の実質規範は共同体条約 30 条、36 条による規制に服するのではなくて、抵触法上製造地国法が適用されるとする国際競業法上の抵触規範としての製造地国主義が、いわゆる公正、消費者保護等々の強行要件によって拡張され共同体条約 36 条において明示的に規定されているように、製造地国において支配的な規定よりも厳格な規定を貫徹する権利を輸入国から奪うのは、これらの規定が民法施行法 6 条の意味での基礎的な規範ではない場合である」[43]と。つぎに、Sack は、市場地国主義を採用するにあたってつぎのように述べている。すなわち、「共同体条約 30 条が販売態様に関する競業法規定に適用されるかどうかは抵触法上重要ではない。そのような規定が共同体条約 36 条によっても公正および消費者保護の強行的要件によっても正当化されない共同体条約 30 条の意味での数量的輸入制限と同一の効果を有する措置として評価されるとしても、共同体条約 30 条は製造地国法の適用へ導くものではない。むしろ、市場地の実質法の適用に留まるが、それは共同体条約 30 条によって規定された限界内においてのみ適用される」[44]と。最後に、Sack は、結論をつぎのようにまとめている。すなわち、「1. 共同体条約 30 条、36 条は輸入国法に従い適用される輸入妨害的な規定の統制を目的とする。2. 共同体条約 30 条、36 条は競業抵触法に対して影響を及ぼすものではなくて、競業法上の実質規範に限界を設定するに過ぎない。共同体内部の商品取引においては、製造地国の競業規定お

第8章　ヨーロッパ国際不正競業法　*325*

および広告規定が一般的に輸入国の規定に代わることはないし、輸入国の規定と製造地国の規定から有利性の原則に従い選択されるべきではない。製造地国の規範の属地的適用範囲は共同体条約 30 条、36 条によって輸入国には及ばない。そうでなければ、共同体条約の 36 条の正当化事由および輸入国の数量的輸入制限と同一の効果を有する措置を正当化できるいわゆる強行的要件は広範囲に空文化される。さらに、特に製造地国の適用される規定が輸入国の輸入障害として共同体条約 30 条、36 条と調和するかどうかが審査されなければならないであろう。3. いわゆる販売態様の規定の形式における数量的輸入制限と同一の効果を有する措置においては、製造地国法は輸入国法にとって代わるものではない。これは勧誘された商品が製造地国において適法に頒布された国際的広告の場合においても当てはまる。それは輸入国の競業法および広告法に反している限り、ヨーロッパ裁判所の『Keck 判決』および『Hünermund/Apothkerkammer』判決によれば、輸入国の競業法および広告法はすでにもはや共同体条約 30 条、36 条の統制には服さない。つまり、競業法および広告法上の禁止がすでにこの理由から無制限に適用される。ヨーロッパ裁判所のこれらの判決に従わず、広告制限が以前の『Inno 判決』および『Yves Rocher』判決等々に従い依然として輸入国の数量的輸入制限と同一の効果を有する措置として評価されるとしても、国際的な広告行為が輸入国において適法であるかどうかという問題を決定するのは、製造地国の競業法および広告法ではなくて共同体条約 30 条、36 条によって設定される限界内での輸入国の競業法および広告法である。輸入国の法が共同体条約 36 条もしくはいわゆる強行的要件によって正当化されない限り、国家の制限は消滅し、これに製造地国の法がとって代わることはない。4. 商品に関する規定の形式での輸入国の数量的輸入制限と同一の効果を有する措置が、共同体条約 36 条もしくは強行的要件によって正当化されるため共同体条約 30 条と調和する限り、無制限に輸入国法に留まる。なるほど、正当化されない商品に関する規定は EC 内の国際的な商品取引の領域においては適用されない。しかし、これもまた、輸入国の規定に代えて製造地国の規定が『指定』されるとか製造地国の規定が輸入国の規定に『とって代わる』ということではない。5. ヨーロッパの裁判所は、これまですべての関連する判決において競業法および広告法の規定が共同体条約 30 条、36 条と調和するかどうかを審査しなければならなかったが、黙示的にかつ正当に（抵触法上）輸入国法の適用を前提としていた。これは常に市場地主義により適用される規定であった」[45] と。また、Sack によれば、

欧州司法裁判所の判例によれば、28条、29条および49条以下、すなわちECは、国際競業法の市場地主義から離れることを要求していない[46]、と。

　同様に、Tebbensは、まず、抵触規則の役割についてつぎのように論じている。すなわち、「国家の裁判所が財産および役務の流通を脅かす恐れのある実質法規定を適用すると判断する方法は共同体の自由の保護に対しては無関心である。共同体の統制は準拠法決定の下に位置する。抵触規則は構成国の国家法を指定することによって関与するから、法廷地の裁判官（場合によっては裁判所）が事件の共同体的意義を確認しなければならない。構成国の法が問題である以上、適用されるのが影響を受けた市場地法であるか中傷的広告が頒布された国の法であるか法廷地法であるかは重要ではない。GB-Inno-BM事件、Pall事件およびYves Rocher事件においては、国家の裁判官は法廷地法と一致する影響を受けた市場地法を指定する抵触規則を黙示的に適用した。裁判所の審査が係争の国家の規定、すなわち製品の提供もしくは商業化の一定の態様を行なうことの禁止を直接対象とすることには驚かない。それは条約30条および36条の意味での国家的《措置》であり、抵触規則の役割を示す準備段階は固有な意義を有しない。その場合には、国際私法に照らして共同体の審査を評価するのか。最初の場合は、共同体的着想ではあるが係争の行動の適法性を決定するために製造地国法に管轄を与える全く古典的な性質の抵触規則に裁判所が依拠したと考えることである。裁判所がGB-Inno-BM事件におけるように製造地国法の規定に広告の方式が合致していることをしばしば援用しているとしても、製造地国法は同様に広告方法を扱ったYves Rocher事件のようなその他の事件においては援用されていない。したがって、裁判所は広告活動の適法性に関して製造地国法を体系的に適用していないと思われる。なるほど、本国法はCassis de Dijon判例および技術的規範の相互承認の原則によれば、貿易に関係する財産および役務が従うべき技術的規範に関しては特に重要性を有する。しかし、一方では、技術的規範の分野においても、この判例によって定められた基準が満たされる限りにおいては市場地法もある役割を演じる。他方では、まさに広義の意味の商業広告の事項は、新たなKeck判例によれば一定の条件においては条約30条の適用範囲に入らず流通の自由による審査を免れる商業化の方法の分野に主として属することを思い出さなければならない。すなわち、国際私法による影響を受けた市場地法の指定の少なくとも一部は侵されない。その場合には、裁判所の審査はあるいは製造地国法、あるいは係争の行動によって影響を受ける市場地の法を指定す

る選択的規則を表現するものとして解釈されるのか。このような規則は実質法の次元においては域内市場の指導原則によりよく適合する結論に到達することを目的とする。上で論じた判決に沿って、裁判所は選択的規則に変更して問題となる二つの法律のうち流通の自由に対する最小限の障害となる法律を選択する商業の保護に基づいていることは明白である。そのテーゼは若干魅力的であるが、裁判所が行なった操作の性質を恐らく十分に説明していないだろう。裁判所は係争の行動の適法性に関していずれかの国家の規定の選択を行なったのではない。むしろ、裁判所は国家の裁判所の抵触規則の役割から生じる法的状況を出発点としているが、必要な場合には流通の自由を促進する性質の外国法の要素をそれに付け加えている。裁判所は問題となる国家の利益と共同体の利益の最良の調和、すなわち自己に付託された事件の特徴に合った配分的正義を求めている。問題となる利益は仕向市場地国の利益および製造地国の利益に限定されるものではない。それらは共同体の利益を伴うが、この利益自体は複数ある。実際、存在するのは自由な流通の利益のみではなく、その他の利益、特に、消費者を保護し商取引の公正さを維持する構成国の管轄を尊重する利益も利益として主張される。裁判所は問題となる様々な国家法の長所を比較する権限がないことが選択的規則のテーゼを排除する補充的な理由である。実際、審査は共同体の利益全体と国家的（規定の適用）《措置》の対決を含み、ある共同体の利益は問題となる措置を支持し、ある共同体の利益は問題となる措置に反対する」[47] と。つぎに、Tebbens は、共同体法の実質規定についてつぎのように述べている。すなわち、「このような考えにおいては、裁判所の関与はむしろ共同体法の実質規定の定式化に到達する。その内容は実現される均衡の結果次第である。もし、当該措置が共同体法に反しないと判断されれば、裁判所が定式化した原則は、問題となる措置がその一部を成す国家法（市場地法）を適用する抵触規則を黙示的に承認したに過ぎない。これに対して、この措置が共同体の統制に抵触する場合には、裁判所が述べる実質規定は、非難されている市場地法の規定を共同体内の貿易の観点からより寛容であって法的争点に関して製造地国法の規範に相当する規則に代えるか（例えば、GB-Inno-BM 事件において）、非難されている市場地法の規定を代えずに消滅させる（例えば、Säger 事件および Yves Rocher 事件において）。しかし、最初の場合（市場地法の入れ替え）においては、製造地国法は《適用》されるのではない。むしろ、民事責任のその他の場合において行動の適法性の判断がある場所の法から借用され、その他の責任要素が別の法によって決定される

のと全く同様に、製造地国法規範との行動の合致が市場地法の使用の際に事実上役立つ。共同体の公序の名目で、窮屈な市場地法の規定が製造地国において適法な広告が《輸出》されるように中和される。第二の場合（市場地法の純然たる消滅）の特殊性は他の国の法を特に指定していないことにある。問題となる製品の製造地国法がそれほど制限的でないかより制限的であるかという問題とは別に、貿易を余りにも制限するという規定の性格のみが共同体の審査にとっては決定的である。したがって、構成国の法律すべてが余りにも制限的な同一政策を反映している場合が考えられる：裁判所は国家の立法間に相違がないにもかかわらずその統制を及ぼすことになるのか。裁判所が Cassis de Dijon 判例の承認する強行的要件と流通の自由の均衡を図ることによって条約 30 条の所管であるすべての国家の規定の均衡的性格を審査しようとする限りにおいては、肯定的解答が現実的であると思われる。したがって、結局、共同体的価値の間の均衡を図ることが問題である。このようなわけで、裁判所が構成国に共通な規定を流通の自由に実際に反すると判断するのか、消費者保護もしくは共同体内の貿易を妨げない商取引の公正さのレベルでの調和的措置を採用する職務を共同体の立法者に委ねることを選択するかが問われる。このような措置が採られなければならないとすれば、やはり裁判所は引き出された法が条約に記載された基本的自由に反しないという統制を留保していると述べるのが適当である」[(48)]と。最後に、Tebbebs は、裁判所の審査の性質および範囲についてつぎのように論じている。すなわち、「共同体の自由に照らしての審査は、急激に進路を変更するよう構成国の国際私法を義務づけるのではくて正当な抵触規則の役割を当然なものとして考えているが、必要な場合にはその結論を修正する。なるほど、その修正は重要であるが二つの点で依然として断続的なものである。第一に、この修正が被告を不適法という責任から免れさせない場合には、指定された法がその非難に関して（実質的）条件を決定する。第二に、修正は共同体の次元の事件に制限される。結局裁判所の役割は何か。裁判所の介入が抵触法規則を当然なものとして考える限り、裁判所は問題となる国家法の主張の間の仲裁人の機能を果たしていない。この意味において、裁判所が及ぼす審査は《水平的》ではなく、製造地国法か市場地法かというアプリオリな選択を含むものではない。むしろ、共同体法にのみ起源を有し、国家法の適用の自由な空間を決定する垂直的かつ実質的な審査に直面している。この方法は言うまでもなく憲法秩序の規定および価値群がこの秩序に従属し下位にある規定の適用の際に遵守されるよう注意することを任務とする憲

法裁判所の方法である。当面の事項においては、これは共同体の価値であり、特に必要な場合には抵触法規則によって適用される国内規則によって行なわれる侵害に対して裁判所が画定し防衛する財産および役務の流通の自由という価値である。抵触法規則は共同体法と別個に審査されるのでもないし共同体法によって排除されるのでもない。抵触法規則は国家の規定を特定するのに奉仕するだけであり、国家の規定の適用は与えられた共同体の環境において流通の自由もしくは合理性の原則のような判例によって洗練された道具の援けによって初めて評価される」[(49)] と。

Kreuzer もほぼ同様の趣旨を明らかにしている。すなわち、「妥当な見解によれば、GB-INNO-BM 判決は共同体法上の国際私法を創造するものではない。EC 裁判所は構成国の競業抵触法を審査したり、それに代わるものではなくて、構成国の競業抵触法によって指定される構成国の競業法を共同体法の基準に照らして評価するものである（EC 条約 30 条、36 条）。構成国の実質競業法の共同体法違反を確認した後に、EC 裁判所は EC 条約 30 条、36 条に基づいて準拠実質法を新たに創造するものではなくて、共同体法違反と判断された実質規範の不適用を命じているに過ぎない。したがって、構成国の独自な国際私法は EC 裁判所の GB-INNO-BM 判決によって影響を受けない」[(50)] と。

Hoffmann によっても同様の趣旨が明らかにされている。すなわち、「この判決によって、競業違反の市場地への抵触法上の連結は必ずしも影響を受けない；特に、市場地への連結を堅持すべきである。なるほど、それによって取引の自由は侵害される；しかし、域内市場について実質的に統一された競争基準が創設されていない限り、市場地法の無差別適用は（商取引および消費者保護の公正さのような）特別な公益によって正当化される。……EC 裁判所の GB-INNO-BM 事件においては、構成要件事実は別の EC 構成国において実現されているから市場地で妥当している実質競業法の共同体法による制限が問題となっている：広告がベルギー法によって許されている限り、ルクセンブルグの禁止の適用は域内市場との関連性のために排除される」[(51)] と。

Granpierrre によれば、EC 国際不正競業法の規則はつぎのようである[(52)]。

1) 市場関連的な競業行為はそれが行われた（国の）市場の法により判断される。
市場地国の公益を実現し提供者により有利である EC 構成国が問題である場合には、選択的に製造地国法が適用される。

2）営業関連的な競業行為は侵害された競業者の利益が所在する場所（結果発生地）の法により判断される。

結果発生地国の公益を実現し提供者により有利である EC 構成国の法が問題である場合には、選択的に行動地法が適用される。

Katzenberger によれば、「様々な構成国における競業法上の保護の異なる水準は、ある構成国、すなわち輸出地国もしくは出荷地国において全く適法に通用する商品もしくは役務提供は他の構成国へ輸入されるか仕向地国において国際的に役務提供がなされる場合に競業法上の禁止に遭遇することをもたらすことはいずれにせよ確実である。ヨーロッパ裁判所の判例によれば、そのような禁止は場合によっては EC 条約の自由流通原則に違反し、より高い保護水準を有する構成国の裁判所および当局によって貫徹できないことがある。結論的には、この場合においては、輸出地国法ないし出荷地国法によって当該商品の適法性が規制される。この状況は、EC 条約の自由流通原則に対してそれぞれの輸出地国もしくは出荷地国の競業法を指定する意味での抵触法的内容を与えるよう一連の学者を誘惑した。他方の側はこれに反対した。後者の見解に賛成しなければならない。抵触法的解釈の擁護者は、ヨーロッパの裁判所が問題の場合においてそのつど抵触法上の問題を解決する必要はなく実質法上の問題のみを解決しさえすればよいことを見落としている。この問題は常に、輸入地国ないし仕向地国における厳格な競業法状態が輸出地国ないし出荷地国たる他の EC 構成国においてそこでのより低い競業法上の保護水準に基づいて適法に通用している商品もしくは役務提供の輸入を EC 条約の自由流通原則の観点から妨げる程十分重要な正当な利益を保護するかどうかということである。当該輸出地国法ないし出荷地国法が競業法上の抵触法の観点から通用の判断に対してそこで実際に適用され通用がそこでは実際に適法であるかどうかをヨーロッパの裁判所は決定する必要はない。この問題の解答は、輸入に関しては抵触法上輸入国法が重要であるという前提と同様に国家の裁判所のそのつどの模範的な決定によって裁判所に予め与えられている。ヨーロッパの裁判所は、この前提から出発してそれに基づいて輸入国ないし仕向地国の競業実質法が EC 条約の自由流通規定たる実質法に反するか否かのみを決定すればよい。EC 条約の自由流通規定たる実質法に反する場合には、輸入国ないし仕向地国の競業実質法はより高次の超国家的な内国で適用可能な EC 条約の実質法に譲歩しなければならないが、輸出地国法ないし出荷地国法が基準となるという新たな抵触規則に譲歩する必要はない。従来広範囲に理論

的に残されてきたこの論争の果てに、不正競業に関するヨーロッパ裁判所の判決実務は、EC 構成国の薄弱な根拠を有する厳格な競業法は EC 条約の自由流通原則の妥当範囲においては他の構成国のより緩やかな法秩序と比べて結局内国人差別および内国経済および外国投資家の移動決定に関する立場上の不利益へ導くことがあると主張することが難しいことを教えてくれる。これは、まさに通常の競業法上の最高水準の保護を有するドイツにとっては、それを放棄するか他の EC 構成国における同程度に高い保護水準を主張するのに十分な根拠となる」[53]と。

Fezer および Koos によれば、「第一次共同体法たる抵触法的製造地国主義によって市場地連結を完全に排除することは問題とならない。そのような法律観は法体系的にも法実務的理由からも拒否されなければならない。第一次共同体法たる製造地国法主義によって競業準拠法の決定のために抵触法的市場地主義を止揚することは、共同体内部の事態についてのみ法的効力を示し、ヨーロッパ域内市場に限定される。しかし、域内事態と第三国事態とを抵触法上分断することは実質的には正当化されない。さらに、抵触法的に理解される第一次共同体法たる製造地国主義によって域内市場において市場地連結を完全に排除する結果、EC 条約 30 条において構成国に残された国家的な統制の自由裁量が空虚になり、直ちに民法施行法 6 条の意味での公序に該当するものではないから EC 条約 28 条の公共の福祉の強行要件が無視される」[54]と。

Bodewig によれば、「これまで、競業法に関するヨーロッパ抵触法は存在していないから、広告が特定の構成国においてそこで妥当している競業法に従い判断されるかどうかという問題は、この構成国の抵触法による。その際、多くの構成国は、競業利益の衝突地を基準にしている。すなわち、欺罔広告または不正広告が結局（知覚可能に）効果を及ぼす場所を問題にすることになる。広告が複数の国の市場に到達する場合には、それは結論的には複数の法秩序によって判断される」[55]と。

Vianello によれば、「ヨーロッパ連合の枠内での既存の調和の努力にもかかわらず、競業法の広い部分についてはそれぞれの国の公正法が基準となる。さらに、その適用はそれが所属する各構成国の国際私法によって決定される」[56]と。

Dethloff によれば、「基本的自由が隠れた抵触規範を含むのは、それが、実際、製造地国法の適用を指定する場合のみである。抵触法的指定は構成国の抵触法により指定された規範に代えて製造地国の競業法上の規範が適用されて製造地国の競業法上の規範から要件および法的効果が取り出されることを帰結とするであろう。ド

イツ国際競業法上基準となる市場地の規範がそれより有利な製造地国の規範によって排除されるであろう。それに対しては、共同体法にとっては単に製造地国法により競業行為が適法であることが問題なのであって、より有利な製造地国法の適用が問題なのではないと反論することができる」[57]と。

4 渉外実質法説

まず、Tilmann によれば、「国際私法上の礼譲の命令からは、法的効果に関する不相当性の禁止も取り出されるであろう。手段が不相当である場合には、制裁を断念しなければならない。共同体条約 30 条、36 条に関する裁判所の判例における相当性の原則を思い出されたい。これは、偶然ではない。共同体条約 30 条、36 条に関する判例は構成国についての共同体法上の抵触法の発展として解釈され、これは、もちろん自由な商品取引の基本的事由の原動力によって強化される。したがって、まず第一に、ドイツの広告法に関する国際私法において、共同体条約 30 条以下が体系に忠実に捕捉される」[58]と。そして、Tilmann によれば、結論はつぎのようである。すなわち、「1. 共同体法の商品取引の自由は不正競業防止法に関する国際私法の規則に及ぶ。2. すでに、不正競業防止法に関する国際私法の規則を適用する場合に、ドイツ法の適用および適用されるべき規範の射程についての制限が明らかになる（不相当性の禁止）」[59]と。

つぎに、Gebauer によれば、「製造地国主義も有利性の原則も『不正競業に関する EC 抵触法』の規則としては共同体法上弁護できないから、抵触法は影響を受けずに第一次的共同体法と並存するのかどうかという問題が提起される。法的欠缺の発生を共同体法上限定された実質規範によって受け入れる場合には、この問題を肯定すべきであろう。共同体法上の製造地国主義は、製造地国の決定に固執することによって、実質規範の共同体法上の制限の場合には別のものがそれにとって代わるか『入り込む』ことを前提とすることは明白である。共同体法はこの『入り込み』を前提とするだけであって実行することはできない。ここでは抵触法が関与する。第一次的共同体法が抵触法に優位する限界は、共同体法上限定された実質規範との交際から明らかになる要件によって存在する。共同体法上限定された実質規範の事項的適用範囲についてのみ一種の特別連結が考えられる。しかし、これは、この領域においては法律関係ではなくて規範から思考しなければならないことを意味するであろう。共同体法上の制限によっていわば処理されて、それに代えて別の規範が

探求され、場合によっては別の法秩序への移植のために『指定』される。ここでは、商品取引の自由に関して理解すれば、比較の基準としては有利性が援用される」[(60)]と。

　Hausmann/Obergfellによれば、「文献において幅広く有力な見解が『GB-INNO-BM』判決および第一次法が構成国の公正抵触法に代わる共同体法上の抵触法を創造するものではないことを前提としている。文献において抵触規則を支持して提案された見解は、商品取引の自由およびヨーロッパ共同体条約28条ないし30条の第一次法の概念に関するヨーロッパの裁判所の判例を背景にして結論的には拒否されなければならない。国家の抵触法と共同体の第一次法とは区別されなければならない。基本的自由は抵触規則ではない。むしろ、ヨーロッパ共同体条約28条以下の規制メカニズムは、構成国法の域内市場違反の連結結果の修正に奉仕する。その場合においては、共同体法の第一次法違反は国家の抵触法の適用、したがって公正法の領域においては市場地主義から発生するのではなくて、国家の抵触法の国際私法上の指定に基づいて適用される国の実質法から発生する。これが、それより高次の第一次法によって代えられ、場合によっては商品取引の自由に反するために適用されない。したがって、基本的自由は実質法的次元において作用するのであり、それには抵触法的機能は与えられない」[(61)]と。

　学説においては、不正競業の準拠法は製造地国法であるとする製造地国法主義（Chrocziel, Reich, Drasch, Dethloff）、製造地国法または仕向地国法のうち提供者にとってより有利な法の適用を主張する有利性の原則（Basedow）、不正競業の準拠法は市場地法であるとする市場地国法主義（Bernhard, Reese, Kort, Sack, Tebbens, Kreuzer, Hoffmann, Granpierrre, Katzenberger, FezerおよびKoos, Hennig-Bodewig, Vianello, Dethloff）、不正競業に関する抵触法は影響を受けないとする渉外実質法説（Tilmann, Gebauer, Hausmann/Obergfell）が主張されている。

334

III 契約外債務の準拠法に関する規則

1 契約外債務の準拠法に関するヨーロッパ委員会案

(1) ベニス会期

1996年9月20日から22日までベニスで開催された第6会期において、F.Pocar がワーキンググループ（Droz, Fallon, Giardina, Lando）名で行った報告のうち、特に『― 競争規定違反』の部分を以下に訳出しておこう[62]。

　競争の事項は準拠法の決定を複雑にする一定の特徴を有する。一方では、立法者が競争相手が被った損害を賠償する義務とは別に行動規則を定めているという意味において、問題は幅広く公法に関係する。他方では、賠償訴訟に関する判例がないということは、制限慣行に関する法と厳密な意味での競争法との間の古典的な区別を明確にするのに貢献していない。しかし、ヨーロッパ共同体委員会の最近の態度決定が証明しているように、賠償訴訟の問題はその固有の正当性を有し、その解決は私法に属することによって通常法律関係の準拠法の探求によって行われることは否定できない。最後に、準拠法の決定に対する共同体法の正確な影響は、広告が規定に反して頒布された国の法よりも売主の営業所所在地国法でもある企業の本国法の適用を正当化する1990年3月7日の GB-INNO-BM 判決に特に充てられた委員会の先行研究が示しているようにまだ確実ではない。

　これらの特徴からして、当面の事項を規律する治安に関する法律の適用意思の考慮または影響を受ける市場の連結点に対して与えるべき意味の正確な位置づけを決定することは困難である。

　なるほど、いかなる特定の連結点も明白さを必要とする。行動は複数の市場において現れる企業の活動に影響を及ぼす時だけではなくて、基本的にはそれは法的な影響よりも経済的な効果を有するから、『市場』という概念は具体化の困難へ導く。結局、ヨーロッパ連合における『市場』概念の利用は曖昧であることがある。なぜなら、共同体法は単一の市場を確立しようとしているのに、特定の国の法の指定の必要性のために特定の国の市場を確認しなければならないからである。行為地という基準もヨーロッパ裁判所が共同体の競争規定の適用を決定するために利用している競争制限的行為の『実行』地という基準と同様に具体化の困難を招く。その場合には、1980年6月19日のローマ条約の7条と類似の規定と一般規定とを組み合わせることを覚悟の上で、このような規定の適用の経験によって奨励される双方的規定の今後の定式化を

第 8 章　ヨーロッパ国際不正競業法　*335*

将来期待して、連結の一般規定が不正行為によって引き起こされる損害の賠償訴訟を対象とするのに最も適当であると思われる。一般規定によって定められる連結が十分であるかどうかを決定しなければならない。

　複数の問題がこの点に関して発生する。

　一方では、市場における競争者たる企業間の平等を確保する必要性は訴訟当事者の共通常居所の連結点と調和するのか、この要件を充たさない企業に関する訴訟は異なる法に服するのか。損害発生地の連結点がこれらの平等という命令をより良く確保することができる。

　他方では、第三国の市場において競争するヨーロッパの二つの企業の例が示しているように、損害発生地の決定は微妙である。一方の企業が外国市場において他方の企業に関する中傷的情報を頒布することによって他方の企業に対して不正行為を行い、第二の企業に対して市場を失わせることになった場合には、損害が市場地国たる外国で発生したのか中傷された企業の営業所所在地国で発生しているのかが問題とされる。なるほど、経済的な損害は常居所地国において感知され間接的な性格を有するのに対して、直接的な損害は外国に位置づけられるがこの損害は潜在的なものに過ぎない。国際的な企業が被った損害の発生地が拡散している場合には、この企業の主たる営業所所在地に損害を位置づける推定を立てるべきではない。しかし、このような解決が上記の平等原則と調和するかどうか、言い換えれば民事賠償における平等原則の正確な効果はどうかを確認しなければならない。

(2) ハーグ会期

　1997年9月26日から28日までハーグで開催された第9会期において、ワーキンググループ（Fallon, Giardina, Lagarde, Lando, Morse, Pocar）が準備した文書のうち、特に『不正競業』の規定の部分を以下に訳出しておこう[63]。

　　競争侵害に関しては、多数は影響を受けた市場地法の基準によることが明らかである。この事項において伝統的なこの基準は損害発生地に匹敵し損害発生地より明確である。共同体法の側は民事責任訴訟にこの法を適用することに反対しない。

　　議論の結果、特別な事項に関する規定は以下のようになった[64]。

第1章　不法行為に基づく契約外債務
第3条　連結の一般規定
　1.　不法行為に基づく契約外債務は、それが最も密接な関係を有する国の法によって規律される。

2. 4条を留保して、加害者と被害者が不法行為時点において同一国に常居所を有する場合には、債務はこの国と最も密接な関係を有するものと推定する。

3. 4条を留保して、加害者と被害者が不法行為時点に異なる国に常居所を有する場合には、加害行為と損害が発生するか発生する危険のある国と最も密接な関係を有するものと推定する。

4. 状況全体から債務が別の国と密接な関係を有する場合には、2項および3項の推定は排除される。

5. 最も密接な関係の評価にあたっては、当事者間においてすでに存在する関係または予想される関係を考慮に入れなければならない。

第4条　特殊な推定

3条2項および3項の規定にもかかわらず、並びに3条4項および5項を留保して、契約外債務は次の国と最も密接な関係を有するものと推定する：

a)（省略）

b) 不正競業の場合においては……不法行為によって市場が影響を受けた国

c)（省略）

（3）ルクセンブルグ会期

1998年9月25日から27日までルクセンブルグで第10会期が開催された[65]。最終案は以下のようである[66]。

第2部　不法行為に基づく債務
第3条　準拠法——一般規定

1. 不法行為に基づく契約外債務は、それが最も密接な関係を有する国の法によって規律される。

2. 加害者と被害者が不法行為時点において同一国に常居所を有する場合には、債務はこの国と最も密接な関係を有するものと推定する。

3. 加害者と被害者が不法行為時点に異なる国に常居所を有する場合には、加害行為と損害が発生するか発生する恐れのある国と最も密接な関係を有するものと推定する。

4. 状況全体から債務が別の国と密接な関係を有する場合には、2項および3項の推定は排除される。

5. 最も密接な関係の評価にあたっては、当事者間においてすでに存在する関係または予想される関係を考慮に入れなければならない。

第8章　ヨーロッパ国際不正競業法　*337*

第4条　特殊な推定

　3条2項および3項の規定にもかかわらず、並びに3条4項および5項を留保して、契約外債務は次の国と最も密接な関係を有するものと推定する：

a）（省略）

b）不正競業の場合においては……不法行為によって市場が影響を受けた国

c）（省略）

『不正競業』の規定の部分の【注釈】を以下に訳出しておこう[67]。

　　『不正競業』および『制限取引慣行』という用語は、締約国によっては一部重複することがある。したがって、原文は法的安定性のためにそれらを互いに述べることを選択した。競争に関する規定がしばしば公法の側面を有するという事情は、この事項を条約から除くのに十分であるとは思われない。実際、条約はもっぱら『民事および商事』の事項を対象とし、競争制限的行為によって引き起こされる損害賠償訴訟を規律する資格を有する。公法の規定の適用は10条の特別規定の対象となる。

　「契約外債務の準拠法に関するヨーロッパ委員会案」4条b）は、不正競業は不法行為によって市場が影響を受けた国の法によるとする。

2　契約外債務関係の準拠法に関する理事会規則提案準備草案

　契約外債務の準拠法に関する将来の共同体文書に関する論争を喚起するために関係当事者に対して諮問するワーキングペーパーとして、契約外債務の準拠法に関する理事会規則提案準備草案が起草された。以下には、不正競業の準拠法に関連する部分のみを訳出しておこう。

第6条─不正競業その他の不正取引

　　不正競業その他の不正取引に基づく契約外債務の準拠法は不正競業その他の不正取引が競業関係または消費者の集団的利益に影響を与える国の法であるものとする[68]。

3　契約外債務関係の準拠法に関する理事会規則提案準備草案のフォローアップ

　契約外債務の準拠法に関する理事会規則提案準備草案の審議における「不正競業その他の不正取引（6条）」の要約部分に続いて、大学、政府機関、民間および実務家代表によってなされた約80程の投稿（2002年10月31日現在）の中から、不正競業の準拠法に関連する部分のみを訳出しておこう。

6. 不正競業その他の不正取引（第6条）

業界からの批判にもかかわらず、加盟国の多くの法と軌を一にする規則に関しては大いに一致が存在する。消費者の利益集団のみならず法曹団体も規則案に関するアプローチを歓迎した — 特に、E-Commerce の現在の実務に関して。投稿者の中には、この規則の実際的効果は3条と同様であることを指摘してこの規則の必要性を疑うものもあった。

6条の第二段（集団的利益）に関して疑問が提起された。その規則は非常にあいまいであるから、基準は国際私法においては異常であると論じられた。6条とその他の規定、すなわち第1章3条、7条（人格を侵害する広告）および23条との関係は説明を必要とすると批判するものもあった[69]。

付録　投稿者のリスト

・ABN-AMRO

この条項に関しては2つの重要な批判がある。第1に、『不正競業その他の不正な慣行』が援用される。この用語は EU 法のもとでは定義されておらず、基本的には様々な加盟国において異なる意味を有する。ヨーロッパ委員会はすでにこの問題および EU 消費者保護に関するグリーンペーパー（2002年6月）のフォローアップの今後の諮問の必要性を確認した。第2に、『不正競業その他の不正な慣行が競業関係または消費者の集団的利益を侵害する国の法』の適用は域内市場の自由に関する欧州判例法に含まれている相互承認の原則に反しており、E-Commerce 指令の本国統制主義の原則（3条1項）に反している。

・Advertising Association

「不正競業その他の不正な慣行」はそのように広く対象とされなければならないという事実（6条）はクレーム、マーケッティングおよび広告のような商業通信の部門にとって非常に重要である。仕向地国の統制の適用は企業に対して過重な制限的負担を課すであろう（前のコメントを参照）。Advertising Association もまた、「消費者の集団的利益」という語句によって何を理解するか、そしてこれが委員会の EU 消費者保護プランの展開および差止指令とどのような関係にあるかに関して委員会がさらに明確にするよう求める。

・Amazon.com

契約外債務に関する実質規定が EU 加盟国において異なるのみならず、『不正競業』または『不正慣行』のような契約外領域において使用される概念もまた特定の法的決定に対する影響に関しては重要な解釈レベルに対して開かれていることはもちろんである。現在のローマII規則案もそのような相違を削減するのに役立たないであろう。

・Andrew DICKINSON

　6条は『不正競業その他の不正な慣行から生ずる』契約外債務に関して別個の（柔軟な）準拠法規則を含んでいる。このあいまいな性質決定が拡張され明確にされなければ、かなりの不安定性が生ずるであろう。例えば、契約関係に対する単なる侵害行為は「不正な慣行」であるか。現在、6条は概念を含んでいるが明確な規則を含んでいない。

・Association of German Banks

　競業の領域における抵触法に関して、準備草案の6条は準拠法は不正な慣行によって影響を受ける国の法であると規定している（『市場効果主義』）。しかし、すでに1で述べたように、E-Commerce 指令は本源国法を規定している。EEC 指令 89/552（国境なきテレビ指令）は一般的に本源国主義に基づいている；これは指令の適用範囲によって対象とされる民事的請求にも適用される。そして、2002年6月11日の消費者保護に関するグリーンペーパーのフォローアップ通信において、健康および消費者保護事務局長は公正な商慣行に関して相互承認の原則、そして市場効果主義よりも本源国主義を支持している。ヨーロッパの抵触法規定を展開する場合には、ヨーロッパ委員会はすべての関係者のために一貫した透明な解決を発見することを目的とするべきである。同一の反競争的慣行が同時に複数の加盟国の市場に影響を及ぼす場合には本源国主義が連結点として考えられよう。

・Bayerisches Staatsministerium der Justiz

　6条によって、市場関係者の競業法上の利益が衝突する市場地の競業法上の抵触規範が規定されている。もちろん、『集団的な消費者利益』が何を意味するかは不明確である。競業法は消費者の保護にも奉仕する；したがって、市場地主義の適用は、すでに消費者保護も十分に顧慮されなければならないことを保証しているから、これは明示的に規定される必要はない。この抵触規範の実際的な難点は、今後も調和を目指すとしてもヨーロッパ域内市場における競業法は唯一の国の競業規則に今後は従うことにある。しかし、この実際の状態が存在する限り、ヨーロッパの抵触規範もそれを承認しなければならない。私は別の理由から6条に対して疑問を有する：6条の抵触規範は結局3条の基本的要件事実から引き出される一般的な原則しか含んでいない。むしろ、草案においては要求されていないこの原則の例外および緩和が問題となる。しかし、契約外責任の領域における国際私法の統一のヨーロッパの計画は実際には非常に重要な意味を有するこの中心的な問題を解決できない。例えば、E-Commerce 指令は『オンライン』で提供される活動については6条とは異なり本源国主義を規定している（3条）。もちろん、これが固有な抵触規範か実質法上の原則かが争われている。なるほど、指令の一義的な文言（1条4項）は後者を支持している。しかし、結局両者の解釈は、市場地主義により適用される法の『排除』ないし修正へ導く。従来まだ解明されていないこの極めて複雑な両規定群の共同は、指令により明示的に堅持されている（23条2号）。しかし、契約外債務関係に関する国際私法のヨー

ロッパ統一規則においては、関係抵触規範の統一が行われているだけではなくて、この領域における多数の EU 法制定の調整および単線化も実現される。そのような調整も可能であると思われる。なぜなら、契約外抵触法は条約の枠外ではなくて直接的に EU 第二次法としても創造される。したがって、私は法適用者のために、競業法の領域における別のヨーロッパの抵触規範および準抵触規範の創設を必要かつ有用であると考える。

・BITKOM

　ドイツの不正競業法は従来市場地主義によって形成されている。それによれば、不正競業に基づく請求権は不法行為がその効力を展開する市場地国法による。しかし、商品および役務提供はますます国境を越えてヨーロッパ的にまたはグローバルに市場化される。したがって、広告活動および販売活動はしばしば複数の国に関係する（多国間競業行為）。単一の行為が、原則として国境を越えて拡散するメディアにおける競業行為の場合に当てはまるように同時に複数の国の市場に作用する場合には、すべての市場地法に代えて本源国法が適用されなければならない。競業法においては、実質法上行為規制が中心となる。しかし、市場地法への連結は多国間競業行為の場合には企業にとっては実行可能でもないし予測可能でもないから、市場地法の適用は行為規制的な任務を十分に果たすことができない。国境を越えるメディアにおける競業行為の場合には、市場地を探究する場合に原則として重要な法的不安定性が存在する。指定される法秩序の数が増えれば増えるほど、競業行為の適法性を各市場毎に市場地法により判断することが実行できなくなる。場合によってはかなりの数の競業法秩序を探究することは多国間競業の場合にその行為をこれらの法秩序に従わせなければならない企業にとってかなりの負担になるだけではない。外国法の確認および適用を行わなければならない裁判所もこの任務を実際ほとんど果たすことができないから、しばしば抵触法上指定される市場地法を適用することにはならない。本源国法の適用はここで援助することができる。もちろん、その前提は ― すでに初めに強調したように ― 競業法の自由化および調和の方法で域内市場における平等の保護水準および規制水準が達成される。本源国主義の適用および競業法の調和は共同して初めて有意義に行われる。したがって、BITKOM は連邦法務省のワーキンググループの枠内においてヨーロッパの調和を即時かつ包括的に開始する。本源国主義を適用すれば、唯一の法秩序が多数の市場地法に代わり、そのことが実行可能性および予測可能性を保証する。すべての競業者は本源国法の適用を基準とするから、効果的な行為規制が可能になる。これは消費者および競業者の保護並びに市場という制度にも奉仕する。なるほど、市場参加者、特に被害者は一般的に市場地法による保護に対して利益を有する。しかし、共同体内部において一般的に存在する保護水準においては、市場関係者の効果的な法的保護は通常本源国法主義を適用する場合にも保証される。すでに現在、対象とされる多数の第二次法的な調和の措置は最低限の保護を実現することになる。その限りにおいては、国境を越えて拡

散するメディアにおける競業行為の場合には、市場地法の適用に対する消費者の信頼はその他の競業行為と同様には保護されないことを考慮しなければならない。なぜなら、顧客にとってはこの場合には商品または役務提供が別の加盟国に由来することが通常認識できるからである。

・Britisch Banker's Associations

　我々は、本条の適用範囲は明確にされる必要があり、いずれにせよ、特に 23 条のトーンを前提とすれば（以下参照）、その必要性を疑いたい。消費者保護に関するグリーンペーパーのフォローアップ通信において、委員会は不正な取引慣行に関する提案を展開する際に、指令の骨組みは「相互承認および本源国による統制の原則の適用（域内市場原則）」を実現すべきであると報告した。金融サービスにおける不正な取引慣行は不注意な誤認表示のような不法行為と密接な関係を有するから、私法において異なるアプローチを採用することは不確実性および混乱を生み出すであろう。

・Britisch Copyrigt Council

　6 条は営業上のグッドウイルが所在する国の法を指定していると思われる。

・Bundesministerium der Justiz

　本規定は、競業法の領域においてドイツ法上維持されている市場地主義に合致している限りにおいて歓迎される。

・Bundesrechtsanwaltskammer

　ドイツ連邦弁護士会は 6 条に規定されている不正競業その他の不正な慣行の場合に準拠法の適用を歓迎している。その代わりに広く使用されている本源国主義は特にインターネットの場合には通常最も緩やかな競業法を有する国の法の適用へ導く。準備草案の 6 条に規定されている規則はまさにこれを避けようとしている。

・Bund deutscher Industrie

　本規定は、不正競業その他の不正な慣行の場合には、不法行為が効果を有する国、すなわち侵害行為が実行された場所ではなくて損害を発生した場所の法と関連性が設定されなければならないと規定している。他方では、これは行動地を決定的とする我々の提案に反している。他方では、EU の E-Commerce 指令および EU のテレビ指令において規定されている本源国主義にも反している。我々は一定の手段（電子通信その他の通信）の使用において異なる規定が存在すべきであることは不適当であると考えている。評価の矛盾は排除されなければならない。これとは別に、6 条の現在の表現も不明確であると我々は考えている。例えば、ドイツおよびフランスで活動しているフランスの競業者がドイツおよびフランスにおいて効果を有するドイツの競業者の不正な慣行に対して訴訟と提起したい場合には、いずれの法が適用されるべきか。

・CBI The Voice of Business

　加盟国間の規則は非常に異なり、公正な取引に対する一般的な義務および先取りすべき
ではない EU の共通の定義が存在するかどうかに関する進行中の別個の諮問が存在するか
ら、規則は不正競業および不正な慣行を扱うべきではないことが重要である。加盟国間の
不正競業に関する規則が互いに密接になるまで国際取引に対して会社が遵守することがで
きない複数の異なる矛盾する法を適用する規則を導入することは危険であろう。そのよう
な規則は単一市場の原則を掘り崩すことになるであろう。

・Champagne veuve Clicquot Ponsardin

　その安定化が準備草案の主たる目的のひとつである E-Commerce は本質的に国境を超
えるから、6 条《不正競争および不正な慣行》は実際被害者と同じ数だけの法を指定する
ことになると思われる。これらの状況においては、その不法行為のグローバル性の豊富さ
を考慮するためには、本条は唯一の法、例えば被害者の主たる営業所所在地国法または契
約外債務の違反の原因となるサイトの発信地国法を指定することが妥当ではないかが問わ
れる。

・Dt.Vereinigung f.Gewerblicher Rechtsschutz

　23.　本条は不正競業および不正な慣行に基づく契約外債務関係についての特別規定で
ある。そのような債務関係に対しては、不正競業または不正な慣行が競業関係または集団
的な消費者利益を侵害する国の法が適用される。ドイツにおいては、違法な競業行為は不
法行為に属する；不法行為においては準拠法は原則として不法行為地法である。競業法の
特殊性を考慮して通例競業者の競業利益が衝突する場所が不法行為地とみなされる。

　24.　上ですでに強調したように、不正競業防止法は少なくとも工業粗有権の保護に関
するパリ同盟条約（1883 年）によれば工業所有権の構成要素、したがって広義において
は知的財産権法とみなされる。草案が不正競業法を適用する場合に直接関係する競業者
の利益のみならず―消費者保護事項と同様に―競争の公正さの確保（『競業関係』一般）
に対する集団的利益も要求され、国家の伝統に応じて国家当局またはドイツにおいてそう
であるように団体によっても主張されることを前提としているのは妥当である。同様のこ
とは、原則として、地理的な製造地表示の違法な使用についても指令 2081/92 号による
地理的表示および原産地表示の共同体法上の保護の実施についても当てはまる。消費者保
護に関する委員会の台帳に関する議論および域内市場における販売促進指令草案の暫定的
な成果並びに欺罔的表示および比較広告に関する指令も参照されたい。さらに、消費者利
益の保護に関する差止請求に関する 1998 年 5 月 19 日のヨーロッパ議会および理事会の
98/27/EG 指令 166/51 号およびその理由書（特に 6 号）も注目される。契約外の民事法
上の債務関係は、結局 EC 条約 81 条以下の意味での競業法違反によっても創設される。

　25.　知的財産権の侵害の場合と同様に、ここでも特にインターネットを使用した電子

商取引を背景にして不正競業法違反が複数の国に効果を及ぼす場合にはいずれの法が基準となるかという問題が発生する。ここでも特定の法への統一的な連結に到達するために様々な観点が存在し、ここでも委員会の努力の意味での今後の法的統一が法的安定性を促進するであろう。

・Deutscher Anwaltverein-Büro Büssel

a）まず、なぜ不正競業および不正な慣行が問題となるかが不明確である。不正競業の側面においては競業者の利益が、不正な慣行においてはその他の市場の相手方（必ずしも消費者である必要はない）の利益が問題となるのか。そう考える場合には、細分化が明らかにされなければならない。

b）具体的な市場行為（例えば、特殊な販売活動等々）が問題となる限り、それぞれの地域的な市場への連結に対しては異議を唱えられない。

c）メディアにおける広告手段が問題となる場合には、この連結点は不適当である。なぜなら、メディア（インターネット、衛星放送による世界的な遠隔受信）のグローバル化においては、広告活動者はその手段が世界のすべての法に従い問題ないことを確認しなければならないからである。これは不可能である。損害賠償請求が問題となる場合にのみ、そのような連結の偏在性が耐えられる：賠償されるべき損害の程度はその法によれば手段が不当な国における効果に限定される — そしてこれも明らかに表現されなければならないが、その法に違反しているほとんど関係しない単一の法秩序が、その損害が全世界で不当であるということに基づいて損害を評価しないためである。差止請求が問題となる場合には、そのような制裁の分割は役立たない：メディアのグローバルな普及のために、特定の国について効力を有する手段のみをメディアにおいて差止めることは不可能である。したがって、グローバルなまたは超国家的なメディアにおける広告手段については——いずれにせよ差止請求に関しては — 本源国法、手段が重心として目指している国または同様の理由で特に関係している法が適用されなければならない。

d）最後に、定式化にあたっては、競業関係または集団的な（なぜ集団的なものだけなのか）消費者利益が侵害されるかどうかを基準にすべきではない。この表現は準拠法によって初めて行われる消極的な評価をすでに含んでいる。競業関係または消費者利益が関係しているか影響を受けるかどうかが基準とされなければならない。これは、『影響』という用語を使用する草案の英語の表現に合致している。

・Deutscher Industrie und Handelskammertag

不正競業または不正な慣行に基づく契約外債務関係に対しては、本源国法主義が適用されるべきではなくて競業関係が侵害された国の法が適用されなければならないということは我々によって支持される。これは、消費者保護に関する台帳および販売促進に関する指令との関係において競業法における本源国主義に反対する我々の論拠にも合致する。もち

ろん、本源国主義をできるだけ制限して適用しないようにしなければならない。GD 司法省および内務省の GD 域内市場および GD Sanko に関する同意を我々は切実かつ必要と考える。特に、消費者保護に関する台帳の結果発生する公正な広告および公正な取引慣行に関する枠組み指令においては、多くの様々な特別規定を包括する統一的で包括的な法律をできるだけ本源国主義で作らないという機会が侵害される。

・Deutscher Rat für Internationales Privatrecht

　6 条は不正競業または不正な慣行から生ずる債務関係を競業関係ないし消費者（ないし最終顧客）の集団的利益を侵害する国の法に国の法に依らしめる。核心的には、おそらく市場段階全体を対象とする市場地主義が問題である。『競業』とは競業者および供給者、以前の市場段階および同時期の市場段階を目指し、『消費者（ないし最終顧客）の集団的利益』とはその事後的な市場段階（顧客たる企業および消費者）を意味する。さらに、いずれにせよドイツの観点からは、競業法は確定した判例によれば公衆の保護、上に挙げた人には入らない市場関係者にも奉仕する。現在の表現によれば、6 条は当事者の別段の法選択（11 条）によってのみ排除されるが、客観的な一般的特別連結規則（3 条 2 項および 3 項：共通住所地法、特別関係による附従的連結を含む回避条項）によっては排除されない。6 条は、市場地への連結に関しては原則として 1998 年 10 月 28 日契約外債務関係に関する条約草案 6 条、1998 年 9 月 25 日―27 日ヨーロッパ国際私法委員会の契約外債務準拠法に関するヨーロッパ条約案 4 条 b 項、1982 年、1983 年の契約外債務関係のためのドイツ国際私法改正に関する提案および鑑定 7 条 1 項（Kreuzer）および若干の最近の法典（エストニア：民法 167 条；オーストリア：国際私法典 48 条 2 項；リヒテンシュタイン：国際私法 52 条 2 項；ルーマニア：国際私法典 117 条（但し、118 条により被害者に対する直接的な競業違反の場合には契約準拠法または被害者の住所地法の被害者による選択権）；スイス：国際私法典 136 条 1 項）と一致する。これに対して、民法施行法はドイツ議会が提案した解決は特別規範がなくとも、民法施行法 41 条の修正条項によっても達成できるという理由で特別連結を断念した。これは、なるほど市場関連的な競業行為の市場地への連結に関しては適切であるが、この連結の強行的性質は保証されていない。したがって、ドイツ議会とともに、特別な規則自体が全く擁護されなければならない。しかし、その規定は、1982 年の国際私法に関するドイツ議会の提案およびスイス国際私法典 136 条とは異なり、市場関連的な競業行為ともっぱらまたは全く主として競業者関連的な競業行為を区別していないから、6 条に対しては疑問がある。6 条に規定された市場地への連結は市場関連的な競業違反に限定され強行的に（法選択に関わりなく）形成され共通住所地法に譲歩してはならない。これに対して、その他の（個人間の）競業違反に関しては、不法行為準拠法は 3 条所定の特殊な不法行為類型ではない基本的な連結規範によって決定されなければならない。1982 年、1983 年の契約外債務関係のためのドイツ国際私法

改正に関する提案（Kreuzer 鑑定）においてこの解決のために提起された根拠は、今日でもまだ有効である。この区別的な解決の主たる根拠は、市場関連的な競業行為は主として第三者の利益、特に競争者同一条件および公衆に関係し、直接的な競業者関連的な行為においては主として双方的な訴訟状況が問題である。

　規定案：したがって、6 条は — 法適用命令を明確に表現している定式において一部においては 1998 年 10 月 28 日契約外債務関係に関する条約草案 6 条に帰り — 以下のようである：6 条（不正競業および不正な慣行）『1. 不正な慣行に基づく契約外債務関係に対しては、不正な慣行が企業または消費者の集団的な利益を侵害する国の法が適用されなければならない。2. 不正競業のその他のすべての場合においては、3 条に従い決定される法が適用されなければならない。』と。

　6 条 1 項は 11 条の法選択の自由および共通住所地法並びに特別関係的な附従的連結から除外されなければならない。

　24 条によれば、これに優先する条約は不正競業の領域においては存在しない。

・European Consumer's Organisation

　委員会は不正競業その他の不正な慣行が競業関係または消費者の集団的利益を侵害する国の法が紛争の準拠法でなければならないと提案している。我々はこのアプローチを歓迎する。なぜなら、それは消費者がその馴染みの基準によって保護されることを保証する最善の方法であるから。不法行為地主義は競業法においては十分確立しているから、準拠法の問題はこの規則に従うべきである。

・European Publischers Council

　不正競業および不正な慣行に関して、規則草案は不正競業が競業関係または消費者の集団的利益を侵害する国の法を指定している。……これら両者ともサービスおよびサービス提供者をただひとつの法、すなわち彼自身の法によらしめることを目的とする域内市場原則に反している；居住地国または仕向地国アプローチが営業および消費者に対して平等に利益を与えるよりもむしろ市場の分断を維持したり増やすであろう。

・Fédération Européenne d'editeurs de périodiques

　FAEP は提案草案の 6 条の意味に関心を有している。第一に、『不正競業』または『不正な慣行』が何を意味するかについての EU 的な定義は存在しない。FAEP は様々な異なる委員会の役務が特に不正競業または不正な取引慣行を扱う文書（消費者保護に関する DG SANCO グリーンペーパー、DG 域内市場の様々な域内市場のイニシアチブ）に関して作業していることを混乱していると考える。したがって、我々はこれらの問題を規則に含めようとする別の委員会の役務を現在の時点においては賢明ではないと考える。実際、そのような慣行の定義は、特に消費者保護に関するグリーンペーパーの脈絡において多くの論争並びに EU レベルおよび国家レベルにおける広い諮問の対象である。具体的

には、ローマ II 提案草案に関しては、FAEP は、現在の表現であれば（DG 域内市場において起草中であるように）本源国に基づく商業通信の域内市場を展開する際の進歩が危険にさらされることを指摘したい。何が不正競業または不正な慣行を構成するかについて EU レベルでの定義も指針も存在していないことを考えれば、域内市場原則は一定の慣行が会社所在地国においては適法であるため不公正とは判断されないことを許す。実際、仕向地国における厳しい規則はその加盟国における競争を侵害するが、これは域内市場の当然の結果である。加盟国の中には広告および商業通信を不正競業規則に含める国もある。E-Commerce 指令のもとでは、商業通信は本源国主義によって規律されている。しかし、提案草案の 23 条 2 項のもとでは、6 条はオンラインの商業通信には適用されない。しかし、広告／商業通信に関しては EU レベルで統一された用語が存在しないから、これは草案 6 条のもとでは仕向地国を適用することになる。したがって、特別な EU 立法がなければ、準拠法は仕向地国であり、これは 23 条 2 項によって提供される形式を否定する効果を有するであろう。

・Federation of European Direct Marketing

「不正競業その他の不正な慣行」は、クレーム、マーケッティングおよび広告を対象とするように広く対象とされなければならないという事実は（6 条）、商業通信にとって多いに重要である。仕向地国の規制の適用は、産業に多大な負担を課すことになるであろう。FEDMA は、委員会に対して、『消費者の集団的利益』という語句によって何を理解すべきか、そして、これが委員会の域内の消費者保護プランおよび差止指令とどのように相互に作用するかをさらに明確にするよう求める。

・Government of the United Kingdom

この提案されたカテゴリーはイギリスの法律家には馴染みのないものであり、例えば、規定がパッシングオフに関する請求および契約関係に対する単なる干渉行為である場合をを含むかどうかが不明確である。

・Institut für ausländisches und internationales Privat-und wirtschaftsrecht- Universität Heidelberg

1. 提案された規則は特定の競業者に対する意図的な侵害に関しては納得がいかない。それは恐らくすでに回避条項の適用によって満たされるであろう。しかし、明確さの根拠から、同一の『本国市場』を有する典型的な競業者に関係する特定の競業者の意図的な侵害の場合においては侵害された競業者の所在地法ないし共通本国法の指定が推奨される。

2. 6 条 2 項の提案

加害行為はもっぱら特定の競業者に向けられている場合には、当該営業所の所在する国の法が適用されなければならない。

3. 拡散的な不法行為の特殊性は回避条項の一般的な適用によって対応される。

第 8 章　ヨーロッパ国際不正競業法　347

　4.　指令とともに──不正競業の領域においては──本源国主義の適用を前提とする
E-Commerce 指令に注目しなければならない。指令の構想によれば、なるほど、この原
則は抵触法的にではなくて実質法的に理解されなければならず、したがって国際私法とは
無関係である。しかし、準備草案の 6 条の連結規則にすべての実際的目的のためには今後
は本源国主義が優先する。E-Commerce 指令の本源国主義が国際競業法と調整されていな
いことがこの点において現われていることは全く不満足である。その限りにおいては、準
備草案およびこれに関する議論は E-Commerce 指令の構想が不明確なために抵触法上の
連結的正義の根本原理に反しているため納得がいかないことの証明である。E-Commerce
指令の構想が国際私法の優位の意味で修正されることが最善の解決であろう。指令の本源
国主義の問題は域内市場の自由の適用によって十分満たされる。

・Interactive Advertising Bureau Europe
　IAB Europe は、『不正競業その他の不正な慣行』がクレーム、マーケッティングおよび
広告を対象とするように広く対象とされなければならないという事実に関心を有する。仕
向地国方の適用は産業に制限的な負担を過度に課すことになるであろう。
　IAB Europe は、今後、特に『消費者の集団的利益』の指示に関して、これらの規定の
性質および適用範囲、そしてこれが消費者保護提案に関する現在進行中の作業とどのよう
な関係にあるのかを明らかにするよう委員会に要求する。

・ISBA
　「不正競業その他の不正な慣行」に関する 6 条は EU における商業通信にとって重大な
問題を提起する。それは、ある加盟国の広告者が本国においては適法であるが他の加盟国
においては制限の主題となる価格以下の販売慣行について別の国の機関の法的挑戦を受け
ることを許している。不正競業および不正な慣行の使用は両立しない様々な解釈を受け
る。「消費者の集団的利益」の定義も不明確であり、これらの点においては、委員会の提
案が消費者保護および差止指令のそれと同じ意味を有するべきであることが重要である。

・London Investment Banking Association
　起草されているように、規定はかなりの不確実性をもたらす曖昧な概念を含んでいる。
6 条の「その他の不正な慣行」…はそのような悪しく定義された概念の例を含んでいる。
　さらに、「不正競業」および「不正な慣行」のような概念は消費者保護に関するグリー
ンペーパーに対する委員会のフォローアップ通信に確認されているように、様々な加盟国
において異なって認識されている。6 条は本源国主義に反しているから、これらの相違は
第 23 条の不確実な地位と結びついて法的不確実性を含んでいる。

・Max-Planck- Institut für Ausländisches und Internationales Privatrecht
　第 6 条─不正な慣行および反競争的慣行
　1.　不正競業その他の不正な慣行または競争制限から生ずる契約外債務の準拠法はその

慣行が競業関係または消費者の集団的利益を侵害するか侵害することができる国の法である。

2. 公表の時点において事実関係が EU の一加盟国または複数の加盟国ともっぱら関係する場合および第7条による場合には、不正広告から生ずる契約外債務は広告会社がその主たる営業所所在地を有する加盟国の法によって規律される。

注釈

1. 不正競業および競争制限

ハンブルググループは6条を承認する。6条は多くの加盟国の国際私法および EC 条約81条の適用範囲に関するウッドパルプ判決において欧州司法裁判所が事実上支持した効果主義と規を一にする。競争制限禁止法と不正競業防止法の錯綜は同一の連結点の使用を支持する。これは競争制限から生ずる契約外債務に6条を拡張することを許すであろう。そのような請求に関する切れ味鋭い抵触規則は国家の裁判所による EC 条約81条および82条の私的実行を促進するヨーロッパ委員会の意図からして望ましいと思われる。

文言（『または効果を及ぼす』）の今後の修正は事後の差止めを考慮に入れ、指令44/2201 5 条3号の用語に従う。

2. 共同体内部の広告

しかし、ハンブルググループは共同体内部の広告については例外を考えるよう委員会に勧告する。この分野においては、実質法の調和が特にはるかに進んでいる。これは、テレビ広告およびインターネットを介して配給される商業通信に関して当てはまる。その他の通信手段は使用されているメディアに関わりなく広告に適用される；これは欺罔広告および比較広告に関する規則、人間が使用する医療品の広告および様々な共同体行為において広く拡散するその他の様々な手段に関係する。実質的な調和が実施される限り、本源国主義がすべての実際的な目的のために6条に優先するであろう。これは23条により第一次共同体法から生ずる域内市場の原則が第二次的法の文書において採用される抵触規則に優先する。したがって、6条所定の連結点としての目的市場は多くの共同体内部の広告の事件においては本源国主義を編入する異なる基準によって覆されるであろう。市場地主義が共同体法の基本的自由の影響のもとで広告について事実上その意味を失えば、抵触規則自体が再検討されなければならない。EC 提案草案によって形成され、抵触法段階および共同体法段階から構成される複雑な両輪の過程は、ハンブルグ提案の線に沿った広告に関する特殊な抵触規則を起草することによって大いに単純化される。実質法の調和がはるか遠いということからして、それは消費者および広告企業の競争者にほとんど有害にはならないであろうし、他方では、共同体規模の広告が単一の法制度に基づくことを許すであろう。これは共同体規模で活動する広告産業の成長を促進するであろう。6条の体系的構造から、2項が適用される場合には1項に優先する。但し、人格権を侵害する広告の場合に

は、7条の特別規則が6条2項に優先する[70]。

・Ministère de la Justice Autrichien

　オーストリアの理解によれば、不正競業に基づく契約外債務関係は損害賠償請求と並んで必ずしも損害の発生を必要としない差止請求、排除請求、無効請求および公表請求または相殺請求を含む。したがって、まだ損害が発生していなくとも規定の意味での競業関係が侵害されることを説明において明らかにするか、競業関係または集団的な消費者利益が侵害されるか侵害される恐れがあることで足りることを条文において明らかにしなければならない。

・Professor NOURISSAT

　準備草案は不正競業および不正な慣行に関する契約外債務に関して特別な規則を定めている。カテゴリーの意図的な幅広い見出しは妥当であるとしても、一般条項に照らしての本条の正当性は疑問であると思われる。事項の見出しはスイス国際私法の136条に倣い不正競業のみを対象としていないという点において妥当である。それは、規定された規則が不正競業に近い、したがって全く競業関係が存在しない状況に対して適用されることを可能にしている。これは不正競業に直接由来し、競業関係の存在はもはや必要ないとする寄生行動の理論である。競業と並んで不正な慣行を対象とすることによって、準備草案の起草者はこれらのカテゴリーにこのような行為をまとめている。これに対して、規則の正当性は、規則が3条の一般規則の単なる適用に過ぎないように思われるという意味において疑問である。実際、6条が堅持する影響を受けた市場地法は損害発生地法と一致すると思われる。なぜなら、損害はまさに《不正競業または不正な慣行が競業関係または消費者の集団的な利益を侵害する》場所に位置づけられるからである。したがって、特別な規則を定めることは無用であると思われる。批判は発生すべき損害の特殊性を除けば8条に関しても同じである。国際私法における特別な規定の出現は契約外責任に関して分裂の危険を冒すことになる。名誉毀損におけるように一定の事項の特殊性が独自な規則を必要とする場合には、この危険は正当であると思われる。しかし、一般的な規則からのこの分割は特殊性に応えていない場合には、その正当性は疑問であると思われる。同じこととは、不正な慣行に関して消費者の集団的利益の侵害地法の適用を規定する準備草案の6条最終文に関して反映していると思われる。この命題の挿入は不正な慣行からの消費者の保護がEUの現在の立法傾向において優勢な地位を占めていることにある。そして、消費者の集団的な利益の観念は、指令98/27/CEによって規律される差止請求という特殊な制裁を必要とする。したがって、準備草案は既存の条文を補充し、消費者の集団的利益が侵害される場所の法の適用を定めることによって共同体の法政策の現在の発展に従うことに集中する。しかし、消費者の集団的利益の出現は命題の意義を疑わせる二つの強力な留保を招く。一方では、消費者の保護における共同体の与件はもはや曖昧ではない。他方では、連結基準

は一般規則によって指定される解決とは異なる解決を提示しないと思われる。《ブリュッセルⅠ》は、管轄権の選択を消費者に与えることによって契約により拘束される消費者に一種の特権を留保している。15条によって、原告たる消費者は職業活動地たる住所地の管轄権とそれ自身の住所地の管轄権から選択できる。これに対して、《ブリュッセルⅠ》の規則は、差止請求を規定していないから、消費者団体または集団が提起する団体訴訟のための管轄に関する特別な規則を定めていない。準備草案は消費者のための司法空間の支柱のひとつを構成するこの条文と対照的である。準備草案に先行する条文は消費者個人に対して特別な規則を定めているのに、準備草案においては、消費者の個人的利益は優遇取り扱いの対象とはなっていない。この相違は消費者に対して適用される共同体規範の明確さの欠如を増やす危険を提起する：管轄の抵触に関する規則は消費者の個人的利益のみを念頭に置く；法律の抵触に関する規則は団体が提起する責任における団体訴訟にみを規定する。この区別が維持されるべきであるとすれば、規則の提案は共同体の与件と結合すべきであるから、消費者個人の利益と団体の利益に言及すべきである。《ブリュッセルⅠ》の規則の修正は団体訴訟を考慮するためにも必要となる。さらに、実務は一定の問題が共同体の規範によっては解決されないことを指摘している。不正な広告による宝籤またはフランスその他の加盟国に住所を有する消費者に対してドイツから送付される虚偽広告に関しても同様である。これらの慣行は集団的差止訴訟および個人または団体によって提起される民事責任訴訟によって制裁される。加害者と被害者との間に契約関係がないことは責任のこの後者の基礎を正当化する。差止訴訟とともに、加盟国が認可した団体または集団のみが差止訴訟を提起することができる。これらの団体または集団は一般的には特別に加盟国の消費者保護の対象となっていることがある。例えば、―― 以前に挙げた例を繰り返せば ―― フランス政府が認可した団体は差止訴訟に関してはドイツの国際管轄の規則によって被告の住所地の裁判所に訴えなければならない。濫用的約款の差止訴訟に関しては、その請求はドイツの裁判所によって受理の段階で拒否されることがある。これに対して、この同じ団体が不法行為責任に基づいてその損害賠償を請求する場合には成功する機会をもつことがある。実際、団体は《ブリュッセルⅠ》規則の5条によって与えられる管轄の選択権を有し、準備草案の6条によって請求に対して本国法を適用される。消費者自身は、同じ状況において、不法行為責任に基づいて訴えなければならない。なぜなら、指令98/27/CE は差止訴訟を消費者自身から奪っているからである。消費者自身は5条によって与えられる管轄の選択権を有し、請求は損害発生地法、すなわちフランス法によって規律される。結局、準備草案が考えている集団的利益の観念は一般原則に比べて付け加えられる大きな価値を与えない。なぜなら、これらの問題は、団体が裁判所に訴えることを認められている直接的損害を提起するからである。これらの問題は法廷地法の管轄に属し、調和されない。したがって、第一に団体の差止訴訟の資格および利益の要件に集中し

てその調和を考えること、第二に消費者の個人的権利の実効的保護を担保することがより妥当であると思われる。

・UNICE

不正競業

28．不正競業に関しては、提案の準備草案は損害を引き起こした活動がその効果を発生させた国（主たる『営業所所在地』）の法の適用を定めている。この原則によれば、不正競業から生ずる請求は不正な活動の効果が感じられる市場地国法によるであろう。

29．この規則は国境なきテレビ指令およびE-Commece指令に含まれる『本源国』主義に反する。委員会は提案の準備草案の23条は後者の指令の形成を定めていると信じるというのがUNICEの理解である。これは以下で議論する。

30．UNICEは6条の抵触法規定が極めて柔軟ではなく不適当であることを遺憾とする。例えば、単一の行為が同時に複数の国の市場に効果を及ぼす場合には（多国間行為）、出来事が不法行為を生ぜしめる国（『本源国』）の法の適用が損害が発生した国のすべての様々な法よりも適切である：競業行為を行う人にとっては、本源国法は潜在的に適用される複数の法よりも予測可能である。

31．さらに、UNICEは提案の準備草案の委員会のアプローチは国境を越える競争の場合のlevel-playing fieldの必要性に反している。UNICEは、EC条約81条および82条所定の競争に関する規則の編入に関する規則の提案において委員会が提案しているように、加盟国間の取引に関する限り、ヨーロッパの規則だけが適用されるべきであり国内法は適用されるべきではないと信じている。

不正な慣行

32．『不正な慣行』という概念に関するヨーロッパの定義は現在存在しないというのが我々の理解である。実際、委員会は、現在消費者保護の規則および執行の将来に関する選択肢および問題を考慮中である。特に、指令の枠組みが取引慣行の公正／不公正に関する加盟国の法規定を調和することができると示唆されている。

33．健康および消費者保護担当のByrneコミッショナーは、この問題に関する最初の諮問に従い、『最善のアプローチは指令の骨組みの実体に関する諮問の場に今後取り掛かることである』と述べた。指令の骨組みがどのようなものかを提示する際に、Byrneコミッショナーは、『指令の骨組みは消費者を侵害する不正な取引慣行を禁止する一般条項を含む』と述べている。公正／不公正の定義に関しては、グリーンペーパーのフォローアップ通信は、この概念は今後の諮問を必要とする未解決の問題のひとつであることを承認している。特に、委員会は『多くの加盟国の法制度に共通の公正な／不公正な取引活動の概念／カテゴリー』を確認することを計画している。

34．上記の引用は何が不正な慣行であるかについての共通のヨーロッパの定義が現在

存在していないことを反映している。さらに、委員会は共通の定義が存在するかどうかを現在評価中である。この関係において、消費者保護に関する上記の諮問が終了して指令の骨組みが公式に提案される前に、潜在的に発効するであろう契約外債務の準拠法に関する規則に『不正な慣行』という用語を付け加えることを委員会が提案するのは一貫しないであろう。

35. ローマⅡ規則に『不正な慣行』という用語を含めることは、初めからその概念を国家の裁判官による異なる解釈にさらすことになろう。数年たって初めて欧州司法裁判所はそのような概念の統一的な解釈に関して指針を与えることができるであろう。これは重大な法的不確実性へ導き、その他のイニシアチブに関する諮問を予断することになる。

36. 委員会が上記のコメントに関わりなく、契約外債務準拠法に関する規則を提案することを決定すれば、UNICE は委員会が法的不確実性を創造し、その他の委員会のイニシアチブ（すなわち EU 消費者保護に関するグリーペーパー）に関する諮問の結果を予断する『不正な慣行』のような新規の概念を指示するのをやめることを勧告する。

・Universitat Autonoma/Universitat Pompeu Fabra, Barcelone

準備草案の 6 条の分析は、若干の考察によってこの分野における抵触規定の困難を刻む実質的効果を与えられる。まず、第一に、不法競業または不正競業は加盟国の様々な法秩序において一致して受け入れられているカテゴリーではない。実際、大陸諸国とは異なる英米諸国は、ドイツ、フランス、ベルギー、イタリアまたはスペイン法秩序においてみられるような共通の媒介項のもとで非常に異なる不正行為を包括する効力を有する概念が存在しないから、不正競業に関する規則を有しない。一般的には、これらの国においては、模倣、混同、他人の成果の不当利用、契約破棄への誘引または取引上の秘密の侵害のような行為のうちに一定の概念的関連性が存在する。これらの類型の不正行為は —— それぞれの国の国内法によって相違はあるが —— 『不正競業行為』と呼ばれている。しかし、英米の観点は非常に異なる。実際、英米法系においてはこれらの類型の行為を契約外民事責任に関する一般条項の共通の『媒介項』にまとめることは困難であることが判明することを考慮すれば、この相違は非常に大きい。大陸諸国においても不正競業の領域に関する実定法の規制がない国もある。しかし、これはこの一般条項によって判例が当該事項を構築することを妨げない。フランスの場合はこの意味における典型である。英米法系の特殊性は準備草案の 6 条の適用範囲に含まれる行為の独自の性質決定のための問題をもたらす。準備草案によって英語で使用されている。『不正競業その他の不正な慣行』（スペイン語では『usos』；フランス語では『pratiques』）という同義の表現を取り上げよう。『不正競業』の概念をその内容を超えて拡張することは、オーストリア、スペイン、イタリアのような大陸法系においては知られていない。『usos』、慣行または不正な慣行と言わずに、規定の条文において『不正競業行為』と単に述べるだけで十分である。あるいは、『慣

行』という用語を編入せずに規定の冒頭に『不正競業』と述べるだけで十分である。結局、恐らく、英米法系において理解を容易にするために含められるものは他の法系においては混乱をもたらすことがある。第2に、大陸法系は一定の相違とは無縁ではない。その起源およびアプローチが損害賠償請求権として考えられることを強制するフランス法を、ドイツ法、市場における行為の規制に向けられる特別法と同一視することは慎重ではない。これらの2つの制度の相違は欺罔行為または混同行為と直面して様々な決定を行う判例において刻まれる。しかし、過度の単純化の実行が問題である。これらの2つの法秩序において存在するいくつかの類似性は無視できない。明白であると思われることは、『不正競業』の概念の存在だけでもこの分野における一定の抵触法の統一を容易にするのに貢献する。第3に、共同体法この事項における国内法の接近の課題において真の困難にあうと言わなければならない。アプローチの非常に強力な相違は不正競業の分野において一般的な調和を達成するのに重大な障害となる。このようなわけで、共同体は一定の部門の調和を選択するから注目すべき調和のレベルには到達しない。要するに：この事項において直接的効果を有する欺罔広告および比較広告に関する指令しか存在せず、それはいずれにせよ不正競業に関する問題のみを扱うその他の指令を害さない。共同体は消費者法の発展の恩恵を受けて調和の分野として不正競業法の部門を選択し、──純粋に会社の問題として──競業者間の関係の問題（競業法の分野に入る場合を除いて、条約において規律される問題）を脇へ置いた。この『背景』は準備草案の6条の条文および射程距離においては全く明白である。不正競業の『分割』はこの認識において感じられ、維持されている連結基準において明らかである。準備草案は二つの異なる連結点を使用しているからである：不正競業または不正な慣行が競業者関係を侵害する場所および不正競業または不正な慣行が消費者の集団的利益を侵害する場所である。これらの2つの連結の使用は上で指摘した考察に留意しなければ理解できない。『競業関係』も『消費者の集団的利益』も侵害する不正競業行為が考えられる。これらの2つの連結が同じ法を指定することは確実ではない。使用されている連結の選択的性格は実際には極めて混乱することがある。『競業関係』の侵害地国の連結の正確な効果に関する混同からも一定の不確実性が生ずる。その解釈は準備草案の一般的なアプローチであるもの、すなわち、3条の一般規則、すなわち、直接的な『損害発生地国』法の枠内で行われなければならないからである。したがって、不正競業行為によって侵害される競業関係が展開されている国が問題である。つねに侵害される市場地が問題であるから、準備草案が侵害された市場地国法というより明白な、正確な、合意され幅広く受け入れられている連結を選択しなかったのか分からない。この連結は、6条によって最初に維持されている連結、『競業関係』の連結の解釈によって間接的に市場地国法と異なる国の法を適用させる誤解を防止する価値を有する。さらに、『侵害された市場』の連結はそれ自体で十分であり、消費者の集団的利益が侵害された場所の連結のよう

な選択的連結に支持を見出す必要もない。『侵害された市場』の概念は共同体法上良く知られている。しかし、曖昧さを生み出さないためには、以前に明らかにした共同体の『不正競業法』は存在しないが『競争法』として理解される『競争の防止』法が共同体法秩序に存在することを確認しなければならない。この『共同体化』の欠如は行動の不正さが加盟国において異なって評価されることを意味し、この分野においては一定の市場分割が見られる——Keck-Mithouard 判決がその典型である——。相違が存続し、域内市場の概念は 6 条の特別な規則に『侵害される市場』のような連結を含めることを妨げることもできないし条件づけることもできない。この基準はこれらの考慮に基づいて拒否すべきではない。『侵害される市場』の原則があまり適切ではない不正競業行為（契約破棄への誘引、規範違反または取引上の秘密の侵害）のような競争を構成しない不正競業行為に関しては 3 条の一般的な規則に戻ることを可能にすると考えなければならない。したがって、不正競業行為における同質な法的組織の欠如は抵触法に関する共同体の規則を明白に制約する。カテゴリーを調和することができる共同体の実質規則を考えることが勧められる——非常に正確な実質的統一を主張せずに。消費者保護に関する白書の内容を深める考察は、これを実行する良き機会となる。

・Verband Privater Rundfunk und telekommunikation e.V.

『不正競業が消費者利益を侵害する国の法』という表現は明確さに寄与していない。消費者利益は複数の国において侵害されることがある。ドイツ国際私法は競業違反の場合には原則として市場地、すなわち競業者の競業利益が衝突する場所へ連結する。供給が特定の市場においてのみ限定される場合には、この原則は制限されなければならない。E-Commerce および EG- テレビ指令の場合にはローマⅡ 23 条が優先されなければならない。世界的なメディアとしてのインターネットにおいては、市場地は世界の市場、すなわち至る所である。欺罔広告および比較広告に関する指令は欺罔広告の領域における最低限の保護を含んでいる。この調和にもかかわらず、加盟国における欺罔の禁止に関しては異なる基準が存在する。電子役務の提供者にとっては、現在の 15、今後その他の国が加盟した後は 27 の法秩序または世界に存在するすべての法秩序に従いその給付を審査することはほとんど不可能である。この克服不可能な法的探究の負担を防止し国際的な電子商取引を可能とするためには、この代わりに本源国主義の明確な言明が無条件に必要である。

・Wirtschaftskammer Östereich

説明または理由書を取得できないことは第 6 条の対象となる規定の評価をも困難にする。対象となる規定に関しては、『不正競業に基づく請求権は競争がその効果を及ぼす国の法に従い判断されなければならない』とするオーストリア国際私法典 48 条が規定している市場地連結の原則が明白に基礎になっている。もちろん、これとの関係においては、

『消費者の集団的利益』がどのように役割を演ずるかは不明確である。さらに、対象となる規定と競業法の領域において本源国主義を基礎とする E-Commerce 指令の規定との調和が保証されなければならない。23条等々の規定によって、この側面が考慮されなければならないことは明白である。法的安定性のためには、もちろん明示的な規定が必要である。

・Zentralverband der deutschen Werbewirtschaft

II．第6条：不正競業および不正な慣行

6条は市場地主義 — その適切な定式において理解される競業利益の衝突地 — を適用しようとしていることは明らかである。提案した定式は、『不正競業または不正な慣行に基づく契約外債務関係に対しては』『不正競業または不正な慣行が競業関係または集団的な消費者利益を侵害する場所の法が適用されなければならない』と規定してこれを文字通り表現しようとしている。

1．要件事実の定式化

a）実質法は決定にとって重要か

6条は、それ自体明確な原則は、その長ったらしいために反抗的な記述によって回りくどいと思われる。しかし、上で引用した基本原則に比べて、定式の提案は不要なことを含んでいるだけではない。提案は全く誤解を与えるものでもある。『不正競業または不正な慣行』が特定の利益を『侵害した、ないし侵害する』国の法を指定することを基準とすることによって、不正の判断の特性は、その時々の実質法すなわち規則によって初めて決定される法の適用の結論として決定にとって重要と規定されている。『不正競業または不正な慣行に基づく契約外債務関係に対して』不正競業が法的に保護される特定の利益を侵害したないし侵害する国の法が適用されると規定する6条の前文を考察すれば、概念の混乱が一層明白になる。ここでも、不正競業に基づく契約外債務関係を初めて設定する実質法の規定を適用する規則の意図的な『Output』がすでに規則の要件事実において前提とされている。これは論理的でもないし —— 6条の文言通りの理解においては —— 有意義でもない。なるほど、市場地主義の事実を信頼する者は、準拠法の問題において実質法に解答を求める錯誤にはほとんど陥らない。なぜなら、原告は競業利益の衝突が存在することを主張することだけが重要であるから。しかし、両者の問題の混同の外見およびそれに基づく境界の混乱は回避されなければならない。

b）保護される利益および準拠法

一般的規則 —— 競業利益の衝突地としての市場地に照らして、『不正競業』と『不正な慣行』とを区別することも、特に6条によるこの区別が明白に意義をもたない場合には勧められない。提案の教条的な定式に反して、市場地主義を定式化するためには、販売促進に努める場合に市場の相手方へ不正に作用する場所を基準とすることで我慢できるだろ

う。連邦通常裁判所が適切に説明したように、この場所において『競業法は不正な競業行為を防止し』、『この場所において、競業法によって保護される』——から法的連結において顧慮されるべき——顧客獲得の際の公正な競争に対する利益が関係し、広告および契約締結の際の不正な行為から市場参加者たる潜在的な顧客の利益が保護される。競業法上の保護目的の3組——競業者、公衆および消費者——は共同体内部において承認されている。第二次的共同体法もこれを前提としている。これに対して、個々の加盟国における原則の法技術的な実施の場合の相違は、抵触規則が委員会の計画に従い統一法的効力を有するためその相違が抵触規則に影響するほど重要ではない。公正法における競業者保護および消費者保護のための形式的に分離された別個の法律を定める加盟国においては、『不正行為』または『不正競業』という原告側の主張を基準とする定式は理解される。これとの関連において、6条が『集団的な消費者利益』を問題とする場合には、何を意味するのかという問題も提起される。国際私法の成文法規との関連において従来使用されていないこのメルクマールの目的は何か。このことから、抵触法上または実質法上決定されるべき『知覚可能性の限界』を超えない不正競業は、この事例が域内市場にとって重要性をもたないから、市場地主義から除外されなければならないという反対推論が引き出されるべきか。

c) その他の場所は重要ではない

国際競業法における市場地主義は、——不法行為地法主義の場合とは異なり——行動地および結果発生地は市場関連的な競業行為の場合には競業利益の衝突地で一致するという考えに基づく。したがって、行動地と結果発生地との区別はここでは意義をもたない。この確認が考えられるすべての事例について等しく適切であるかどうかに関わりなく、これによっていずれにせよ、損害発生地または損害の事後的効果地は重要ではないことが表現されている。同じことは準備行為または部分的行為が行われた、市場地とは異なる場所について妥当する。我々の見解によれば、6条において提案された定式はこれを十分明らかには表現していない。少なくとも『集団的な消費者利益』の侵害が基準とされることによって、物質的な損害が発生した場所がこれに含められている。残念ながら、不要で誤ったメルクマールの説明は従来提案からは引き出されていない。しかし、特定の損害発生地または損害効果地を集団的な消費者利益の侵害地として捉える理解は思いもよらないものではない。これが実際意図されているかどうかは現在の時点では最終的に確実には言えない。そのような（補充的な）連結は実務に適合してもいないし市場地主義の基本的思想とも調和しない。これは、市場において出会う競業者を同じ規則に服させて統制政策的に役立つ行為規制を実現するが個々の競業行為の実質的効果および反射効を追求するという考えにもっぱら基づいている。商業通信行為に関しては関連市場地としての広告市場地法と並んで、広告された製品の販売市場地を基準とする連結に対しても同じ異議が妥当する。その

ような規則は実務に困難な限界画定問題を課すであろう：それは実務に適合的ではないであろう。この点においても、当面の提案は明確ではないと思われる。その限りにおいては、冗長な定式が統制政策上望ましくない解釈の突破口になることが憂慮される。行動地と結果発生地が広告市場地で一致することから解放されて、広告効果を超えてすべての以後の効果すべてを含めようとする理解と侵害（『侵害したないし侵害する』）を基準とすることとが結合されるからである。

2．市場地主義の区別なき適用

a）営業関連的競業行為

国際競業法の実務においては、市場地主義の規則を修正することが考慮に値すると思われる事例群が知られている。連結点のある程度柔軟な操作をかたくなに２項、３項によって考慮しようとする３条の規定とは異なり、６条による連結は明らかに排他的なものとして構想されている。これとの関連において、外国市場に効果を及ぼす妨害的競争において、加害者たる企業も被害者たる企業も内国に本拠を有するような場合については市場地主義の例外が肯定されるのではないかという問題が提起される。３条２項によって、一般的な不法行為法の領域の指令は、加害者と被害者が不法行為を行った時点においてその常居所を同一国に有する場合には常居所地法が適用されなければならないというように優先的な双方的指定規則を含んでいる。国際競業法に関しては―いずれにせよ市場関連的な競業行為が問題となる限り―そのような規則は問題であると思われる。なぜなら、その規則の適用は外国市場においてもっぱら抵触法上制約された不必要な競争の混乱へ導くからである。外国の法観念および取引観念をともに考慮することを明白に達成する１３条の一般的な規則の適用もこれを支持するものではない：この規則の単なる考慮は担当裁判官に対してほとんど審査できない広い解釈の余地を与えることになる。さらに、外国の習俗および取引慣行は原則として裁判所に公知の法よりも第二義的なものである。なぜなら、その適用は準拠法がわずかな解釈の余地しか許していない特別規定を含んでいる場合には常に重大な困難をもたらすからである。したがって、上で述べた場合に関しては、草案に同意しなければならない。これに対して、当該企業の消費者または供給者を介さないで直接他の企業に対して実現される純然たる営業関連的な競業行為の場合には、行為地主義の市場地による具体化は必ずしも必要ではない。いずれにせよ、ここでは初めから、結果発生地たる当該企業の本拠地を基準とする連結とともに選択的に営業関連的行為が行われる場所―当該行動地―へ連結することも排除されるべきではない。

b）密接な関係を有する場合

一定の事案の場合においては―明らかに内国で広告されるいわゆる隣国たる外国／国境への『コーヒー旅行』事件においては―市場地主義の無修正の適用は問題である：６条の規則は利益の錯綜というメルクマールによって一応催事地法を指定しているのに対し

て、事件の合理的な評価においては本来の広告施設および販売施設は外国で最初に行われたとしても内国競業法による。6条はこの合理的な規則を排除していないとしても、我々の考えでは、6条はこの合理的な規則を若干の反対に遭遇させる。ここでも、規定が3条3項に匹敵するような、特定の法秩序と事案との本質的に密接な関係へ連結する回避条項を含んでいないことが影響している。擬似『外国の訪問販売』すなわち外国のホテルでの休暇者に故意に企業ないしその代表者が（その母国語で）最初に本国で履行され休暇のためではない物に関する契約を締結するように広告する活動に関しても、以上に述べた理由から内国法への連結が優先すると思われる。

　c）不可分の多国間広告の問題に関して

　提案は、世界的に効果を及ぼす不可分の競業行為の場合に存在する問題——しかし、これは本来抵触法的性質のものではなくて図式的な方向の場合において初めて切実なものとなる——を一定の細分化によって助力しようとする。ここで問題となるのは、特に国際的なラジオ放送および情報社会のサービスの領域における国際的に普及する出版メディアによる広告である。市場地主義の適用は、ここではすべての市場地法がモザイク型に関係することへ導き、その効果は域内市場の観点からは全く疑問であると思われる。さらに、特定の共同体の規則がこの耐えがたい帰結をすでに考慮しようとしていることを考えれば、この実務にとって重要な事例群を指令が細分化して取り扱うことは、統制政策上適切であるだけではなくて共同体の法秩序のためには必要でもある。しかし、23条の当該規定、特に23条2項がこれとの関連において実務にとって重要な場合に応えているかどうかは疑問である。ここでも、私見においてはまだ改良の必要性が存在する。

　aa）商品取引の自由の不当な排除

　23条はすでに第一次法に基礎づけられ数十年にわたる欧州司法裁判所の判例において適用された本源国主義を特定の実務にとって重要な場合について継承した個々の共同体規定を個別に含んでいない。これは指令の必要な展開の開放性から歓迎される。この方針の決定の引き立て役の前では、23条2項——これとの関連において出現する規定——がもっぱらサービスの領域を対象とすることはもちろん納得がいかないと思われる。23条1項に関しては、この制限は適用されない。様々な基本的自由の法的かつ経済的同等性のためには、23条2項の適用範囲を少なくとも商品取引の自由にも及ぼすことが期待されなければならない。なるほど、…条に従い保護国主義が適用される国際的なテレビ送信および…条に従い本源国主義が適用される情報社会のサービスはEG条約49条の意味でのサービス提供である。しかし、それだけに限定される考察においては、同一の広告手段がEG条約49条の保護にのみ関与するのではなくてEG条約28条の保護にも関与することが見落とされるであろう：最初の観点においては、広告製品に関する一定の広告制限による自由な商品取引の妨害を審査する場合に、後者の観点においては、広告自体の妨害のために、

例えば、それと交換に表示、オンライン広告またはテレビ広告が行われる広告主体または
メディアに不利に。23 条 2 項の適用範囲の制限を発言することを支持する実質的根拠は、
私見によれば明らかでもないしまだ提起されてもいない。

bb）拡　散

　6 条により区別なく適用される市場地主義はいわゆる拡散の場合にはさらに制限され
なければならない。例えば、従来地域的に限定された出版物においては何かある形の手本
の販売は内国公正法の適用へ導かない。むしろ、ここではその領域において問題となる競
業行為が競争に対して知覚可能に影響を及ぼすような国の実質法が適用されなければなら
ない。そうでなければ、市場地主義に必要な法適用利益が存在しない。抵触法上の知覚可
能性の限界の決定基準はさらに議論されなければならない。第一段階においては、指令は
承認された思想を適切な定式によって通用させることを可能としなければならない。しか
し、そのような条文の起草は従来明らかになっていない。23 条はここではすでに問題外
である。共同体法のレベルにおいては上に述べた場合に関係する関連規定が存在しないか
らである。6 条に留まる場合には、必要な制限が提案されている規範の条文から引き出さ
れるかどうかという重大な疑問が妥当である。『消費者の集団的利益』の指示はこれとの
関連においては助けにはならない。なぜなら、それは既存の不明確さにもかかわらず実質
法上単に一定の実質的な保護目的を指しているからである。これは抵触法上の知覚可能性
とは直ちには調和されない。したがって、単にドイツにおいて個別に広告されたオースト
リアの雑誌の広告がドイツの競業法に従い異議を唱えられることおよび逆のことを防止す
るためには、提案された定式に留まってはならないであろう。言い換えれば：それは内国
の競業規範の耐えがたい輸出になり、これについては法適用利益は存在しない。これから
生ずる競争の混乱は、もっぱら抵触法上制約されるから望ましくない。上に述べた規則の
基礎づけをどのようにして行うかはここでは、まだ未解決である。しかし、例えば、出版
の自由に基づいて決定的な、規則的なおよび市場参加的に挙げるに値する出版物／広告主
体の普及および認知というメルクマールの形で、抵触法上の知覚可能性の要件事実が過少
評価されてはならない。ドイツ法によれば、雑誌／新聞の広告欄は出版の自由の基本的権
利に関与しているから、頒布地法とこの場合において優先する出版地法との間における出
版ないし表現の自由に対する反射的効果が重要である。

4　契約外債務の準拠法に関する欧州議会および理事会規則提案

　2003 年 7 月 22 日に、委員会は契約外債務の準拠法に関する欧州議会および理
事会規則提案（ローマⅡ）を提案した。以下には、不正競業の準拠法に関連する部
分のみを訳出しておこう。

説明的覚書

第5条 — 不正競業

5条は不正競業行為から生ずる損害賠償請求に関する独自な連結点を規定している。

不正競業防止規定の目的は、同一規則によってゲームを行うようすべての参加者を義務づけることによって公正な競争を保護することである。とりわけ、これらの規定は需要に影響を及ぼすことが予測される行為（欺罔公告、拘束販売等々）、競合する供給を妨害する行為（競争相手による契約破棄、競争相手の従業員の引き抜き、ボイコット）競争相手の価値を利用する行為（パッシングオフ等々）を禁止する。現代の競業法は競業者を保護する（水平的次元）だけではなくて消費者および公衆一般を保護しようとする（垂直的関係）。競業法の3次元の機能は現代の抵触法規定に反映されなければならない。

5条は、市場一般に対する効果、競業者の利益に対する効果および（特定の消費者の個人的利益に対比される）消費者の大雑把でかなり曖昧な利益に対する効果を指定しているため、この3つの目的を反映している。この最後の概念はいくつかの共同体の消費者保護に関する指令、特に1998年5月19日の98／27指令から継承されている。これは、その概念が消費者団体によって提起され訴訟にのみ関係すると言っているのではない。競業法の3つの目的を前提とすれば、潜在的にはいかなる不正競業行為も消費者の集団的利益に関係し、訴訟が教業者によって提起されるか団体によって提起されるかは重要ではない。しかし、5条は消費者団体によって提起される差止請求にも適用される。したがって、提案した規則は、例えば、『商人が私人との契約において不正であると考えられる条件を使用することを妨げるために消費者団体が提起する予防請求は本条約の5条3項の意味における不法行為または準不法行為に関する事項である』と判示するブリュッセル条約に関する欧州司法裁判所の最近の判決とよく調和している。

構成国の国際私法の比較分析は、市場が競業行為によって歪められた国の法を適用するという点において幅広い一致が存在することを示している。この結論は、一般的な不法行為地法主義によっても特別な連結によっても（オーストリア、オランダ、スペインおよびスイス）得られ、学者および公告に関する競争法の国際連盟によっても広く行われている勧告に合致している。しかし、現在の状況は、特に不法行為地法主義が実際にどのように機能すべきかに関して裁判所が判断する機会を有しない国においては不確実な状況である。したがって、ここでは統一的な抵触規則の確立が判決の予測可能性を高める。

5条は『不正競業行為』によって『競業関係または消費者の集団的利益が影響を受

けるか受ける恐れのある』国の法への連結を規定している。これは、競業者が消費者の支持を得ようとする市場である。この解決は被害者の期待に合致する。なぜなら、その規則は一般的に被害者の経済的環境を規律する法を指定するからである。そして、その規則は同一市場におけるすべての活動者の平等取り扱いを保証する。競業法の目的は市場を保護することである。それはマクロ経済的目的を追求する。賠償請求は二次的であり、市場がいかに機能するかという相対的な判断に依存しなければならない。

市場に対する影響の評価に関しては、学者は一般的に不正競業行為の直接的かつ実質的効果のみが考慮されなければならないということを認めている。これは特に国際的状況においては重要である。なぜなら、反競争的行為は通常複数の市場に対する効果を有し、関係する法の配分的適用をもたらすからである。

ここでは、賠償請求を求めることは競業法の適用が依存する反競争的行為に同視され、3条の一般規則と同じ解決へ導くから、特別な規則の必要性が論じられる。二つはよく場所的には一致するが、自動的にそうなるわけではない。例えば、損害発生地の問題は、A国の二つの会社が両方ともB市場で活動している場合には微妙である。さらに、共通常居所という第二次的連結規則および例外条項はこの問題には一般的には適合しない。

2項は、競争相手の従業員の引き抜き、賄賂、産業スパイ、営業秘密の漏洩または契約破棄の誘引の場合のように、不正競業行為が特定の競業者を狙う場合を取り扱う。そのような行為が市場に対して否定的な効果を有するということではなくて、これらは双務的と考えられなければならない状況である。したがって、被害者が共通常居所または一般的な例外条項に関する3条の恩恵を受けない理由はない。この解決は最近の国際私法の展開と調和している。2001年のオランダ法の4条2項およびスイス法の136条2項に類似の規定が存在する。ドイツの裁判所は同じアプローチを採用している[71]。
……

EUの欧州議会および理事会は、……

（11）不正競業に関しては、抵触規則は競業者、消費者および一般公衆を保護しなければならず、市場経済が適切に機能することを保証しなければならない。関係市場地法への連結は、特別な状況においては別の規則が適切であるとしても、一般的にはこれらの目的を充足する[72]。……

故に、本決議を採択した。
……

第2章 ― 統一規則

第1節　不法行為から生ずる契約外債務に適用される規則

第3条 ― 一般規則

1. 契約外債務の準拠法は、損害を惹起する行動が行われた国に関わりなく、また、その行動の間接的な結果が発生した国に関わりなく、損害が発生するか発生する可能性のある国の法であるものとする。
2. 但し、加害者と被害者の双方が損害発生時点において同一国に常居所を有する場合には、契約外債務はその国の法によって規律されるものとする。
3. 第1項および第2項にも関わらず、事件のすべての状況から契約外債務が明らかに別の国とより密接な関係を有することが明白である場合には、その別の国の法が適用される。別の国との明白により密接な関係は、特に、問題となる契約外債務と密接な関係を有する契約のような当事者間の既存の関係に基づくことがある。

……

第5条 ― 不正競業

1. 不正競業行為に基づく契約外債務の準拠法は競業関係または消費者の集団的利益が直接的かつ実質的に影響を受けるか受ける可能性のある国の法であるものとする。
2. 不正競業行為がもっぱら特定の競業者の利益に影響を及ぼす場合には、第3条第2項および第3項が適用されるものとする[73]。

　まず、Benecke は上記の5条の規定について次のように論じている。すなわち、指令提案5条によれば、不正競業に基づく債務関係については、競業関係または消費者の集団的利益が侵害される国の法が妥当する。もっぱら特定の競業者の利益が問題となる場合には指令提案の3条2項および3項が適用される。競業不法行為のそのような市場地への連結は多くのヨーロッパの抵触法および従来の草案においても規定されている、[74]と。

　つぎに、Leible および Engel も5条について同様の趣旨を明らかにしている。すなわち、5条1項によれば、不正競業または不正な慣行に基づく債務関係は、その領域において競業関係または消費者の集団的利益が直接的かつ実質的に侵害されるか侵害される可能性のある国の法による。したがって、5条1項はすでに従来ドイツ法において基準とされてきた市場地主義を規定したものであり、競業法の保護目的を十分に考慮している。『実質的な』侵害という要件は特定の法を適用するためにはそこの市場に対する『知覚可能な』効果を必要とするということを明らかに

している。準備草案とは異なり、5条2項は、（例えば、被用者の引き抜きによっ
て、賄賂、産業スパイ、企業秘密の漏洩、もしくは契約破棄への誘引において）
もっぱら特定の競争相手の利益を侵害する競業違反の行為について特別規定を規定
している。それによれば、3条2項（共通常居所地）、および3条3項（より密接
な関係、特に契約）が適用される。3条1項（結果発生地）がなぜ適用されないの
か不明確である。なぜなら、市場地の妥当性に対する被害者または加害者の特別な
利益が明らかではないからである。結果の発生は、通常、被害者の営業所所在地で
発生する財産的損害となる。したがって、今後の立法手続においては、この場所へ
の特別な連結を考えなければならない、[75] と。

　さらに、von Hein は、5条について次のように論じている。すなわち、ドイツ
国際私法とは異なり、ローマⅡ指令案は不正競業行為に基づく請求権に関する特
別規定を含んでいる（ローマⅡ指令案5条）。実質的には、提案した規則はドイツ
の判例が今まで一般的な不法行為抵触規則に基づいて形成した原則に合致してい
る。原則として、市場地法、すなわち、その領域において競業関係または消費者の
集団的利益が直接的かつ実質的に侵害されるか侵害される可能性のある国の法が
適用される（ローマⅡ指令案5条1項）。ただし、ローマⅡ指令案5条1項によれ
ば、不正競業行為がもっぱら特定の競業者の利益を侵害する場合には、共通の常居
所地（ローマⅡ指令案3条2項）へ連結される。この場合においては、回避条項
（ローマⅡ指令案3条3項）による緩和もまた可能である。共通常居所地への連結
は2002年5月の準備草案にはまだ存在しない。しかし、競争者同一条件の例外の
実質的根拠は疑わしい。いずれにせよ、委員会が挙げた例（被用者の引き抜き、企
業秘密の漏洩）も支持する根拠は純然たる営業関連的な侵害に限定されなければな
らない。さらに、ローマⅡ指令案10条による法選択が一般的にも競業不法行為に
ついても認められることは、第三者の利益が問題となることから疑問である、[76]
と。

　また、Fuchs によれば、5条2項は、市場関連的な競業違反と営業関連的な競業
違反とを区別している。市場関連的な競業違反の市場地への連結に関しては、一般
的な合意が存在する。ここでは、附従的連結が一般的に拒否されるか、その実際的
意義が否定されている。これに反して、営業関連的な侵害における競業違反行為は
直接特定の競業者に向けられる。したがって、5条2項によれば、市場地主義の緩
和が行われなければならない。競業違反違反行為の両形態の間の境界線は、個別事

例においてはしばしば困難をもたらすけれども、この区別は納得される、(77) と。

　Tell によれば、提案の 5 条は、不正競業行為に基づく損害賠償請求権に関して、その領域において《競業関係または消費者の集団的利益が直接的かつ実質的に影響を受けるか受ける可能性のある》国の法への特別連結を規定している。影響を受ける市場とは、競業者が顧客の支持を獲得するために行動する市場である。この規定の適用は、消費者団体によって提起される訴訟だけに限定されるものではなくて、（特定の消費者の個人的利益に反して）消費者の集団的なかつ分散的利益への影響を対象とし、消費者団体によって提起される差止訴訟にも適用される。5 条所定の抵触規則は競業違反に関して大部分の場合において 3 条の一般規則が導く法と同一の法の適用へ導き、賠償請求される損害が影響を受ける市場における反競争的効果と一致する。しかし、競業違反に関する抵触規則の特殊性は、領域に関しては 2 つの間に一致がしばしば存在するが、この一致は必ずしも絶対的なものではないことを認める提案理由の説明書が信じさせてくれるように疑わしい。立法政策の適切な選択が問題である限り、そうは考えられない。さらに、共通常居所地および例外条項（明白により密接な関係を有する法）に関する 3 条 2 項および 3 項の附従的な連結規則は競業違反には不適当である。これに対して、特に競業者を対象とする不正競業行為が問題となる場合には、5 条 2 項は、被害者は 3 条の上記の附従的連結の恩恵を受けることができると規定している、(78) と。

　加えて、Stone によれば、ローマⅡの 5 条は、『不正競業行為から生ずる』不法行為を取り扱っている。5 条 1 項によれば、そのような請求権の準拠法は競業関係または消費者の集団的利益が直接的かつ実質的に影響を受けるか受ける可能性のある国の法である。ついで、5 条 2 項は、不正競業行為がもっぱら特定の競業者の利益に影響を及ぼす場合には例外を設けている。そのような場合には、共通常居所地のために 3 条 2 項が、明白により密接な関係のために 3 項が適用される。第 11 節は、不正競業の事項においては、抵触規則は競業者、消費者および公益を保護し、市場経済が適切に機能することを保障しなければならない。特定の状況においては、他の規則が適切であるとしても、関係している市場の法への連結はこれらの目的を充足する。理由書は、不正競業防止規定の目的は、同一規則によってゲームを行うようすべての参加者を義務づけることによって公正な競争を保護することであると付け加えている。現代の競業法は競業者を保護する（水平的次元）だけではなくて消費者および公衆一般を保護しようとする（垂直的関係）。競業法の 3 次元の

第 8 章 ヨーロッパ国際不正競業法　365

機能は現代の抵触法規定に反映されなければならない。理由書はまた、5 条は（欺罔公告、拘束販売のような）需要に影響を及ぼすことが予測される行為、（競争相手による契約破棄、競争相手の従業員の引き抜き、ボイコットのような）競合する供給を妨害する行為、（パッシング・オフのような）競争相手の価値を利用する行為を禁止する規定を対象とする。さらに、理由書は、5 条 1 項は競業者が消費者の優遇を獲得しようとする市場が所在する国の法を適用する意図を有すると付け加えている。この解決は被害者の規定に合致する。なぜなら、その規則は一般的に被害者の経済的環境を規律する法を指定し、同一市場におけるすべての活動者の平等取り扱いを保障して、市場を保護するという競争法のマクロ経済的な機能を尊重するからである。5 条 1 項は、直接的かつ実質的に影響を受ける市場地法を指定している。この法は、どこか他のところで受けた重大な損害についての責任も規律する。しかし、理由書は 1 つ以上の市場において直接的かつ実質的効果が発生することがあり、関係している法を配分的に適用することになることを承認している。実質的には、5 条 1 項は、一般的な不法行為に対して 3 条 1 項のもとで適用される直接的な侵害の試金石を、不正競業に関する不法行為に一層良く適合すると考えられる市場に対する直接的効果の試金石にとって代えている。さらに、5 条 2 項は、3 条 2 項に規定されている共通常居所の役割または 3 条 3 項に規定されている明白により密接な関係の役割を、不正競業行為がもっぱら特定の競業者の利益に影響を及ぼす場合に限定している。理由書によれば、これは、競争相手の従業員の引き抜き、賄賂、産業スパイ、営業秘密の漏洩または契約破棄の誘引の場合に当てはまる。そのような場合には、その場合双務的の性質が直接的な侵害地の法または効果地の法からの正常な逸脱を正当化するものと考えられる。5 条は知的財産権の侵害には適用されない。なぜなら、この問題は 8 条によって明白に規定されているからである、(79) と。

　なお、Leistner によれば、ローマⅡ提案の 5 条 2 項に規定されている原則は、大部分の大陸の構成国の抵触法規定に従っている。この原則は、競業利益が衝突する国、すなわち、市場が影響を受ける国の法の適用（市場地法主義）を要求している。『競業関係または消費者の集団的利益が直接的かつ実質的に影響を受けるか受ける可能性のある』という表現は、同一市場段階における競業者の利益とそれに対応する市場の消費者サイドおよび公衆一般の利益との衝突を区別している。これは、競業者、消費者および公衆一般の利益を保護するという三重の目的を追求する不正競

業法の分野における EU 連合のアプローチに合致している。したがって、抵触法
規定は、不正競業からの保護という主要な目的を反映している。それは、主とし
て —— 制度として —— 消費者および公衆一般の利益に奉仕する競争条件の意味
で、競業者にとっての『レベルを競う場所』としての公正な競争を保護することで
ある、[80] と。そして、また、彼によれば、公式のローマⅡの提案の 5 条 1 項の現
在の表現は、現在では、『伝統的な』メディアの拡散的な状況における第三国に対
する重要ではない影響の排除を許している。拡散的状況では、不正競業行為は第三
の市場に直接影響を与えるのに（主観的には）向けられていないし、（客観的には）
影響を与える傾向はない、[81] と。さらに、彼によれば、『市場効果主義』の適用
は、市場破壊の反射として競業者を侵害するのではなくてむしろ直接特定の競業者
に向けられ、反射的に市場を破壊しないで特定の競業者ともっぱら関係しているこ
とが認識される不正競業行為に関しては正当化されない。そのような行為の例は、
競争相手を通じての営業上の秘密の侵害、または他の競争相手の被用者の引き抜き
である。これらの場合においては、市場効果は必ずしも全部は排除されないが、侵
害の目標はもはや市場とか公正な競争（競争条件）それ自体ではなくて侵害された
競業者自身である。したがって、影響を受ける市場地法の適用という強行的な抵触
法規定は誤りである。むしろ、競業者は、ローマⅡの 3 条の一般的な規定の恩恵
を受けるべきである。すなわち、競業者の常居所地国（ローマⅡ提案の 3 条 2 項）、
そして例えば、競争相手の被用者の引き抜きの場合に不正競業行為に準拠法、すな
わち、雇用契約の準拠法が適用されることを許す柔軟な開放条項（ローマⅡ提案の
3 条 3 項）である。委員会は今や公式のローマⅡ提案においてこの見解を採択し、
不正競業行為がもっぱら特定の競業者の利益に影響を与える場合には 3 条 2 項お
よび 3 項の適用を定める 5 条 2 項の新たな項を定めた、[82] と。

　Huber および Bach によれば、提案は、不正競業を市場関連的な競業違反と競業
者関連的な競業違反とに区別している。違反がもっぱら特定の競業者の利益を侵
害する場合に、違反は競業者関連的として性質決定されなければならない。これに
は、例えば、産業スパイ、不正な従業員の引き抜き、企業秘密の報酬が該当する。
しかし、第三者の利益も少なからず関係するや否や、市場関連的な競業違反を前提
としなければならない。市場関連的な競業違反の場合には、例外なく市場地法が適
用されるが（5 条 1 項）、競業者関連的な不正競業の場合には 3 条 2 項、3 項の緩
和が適用される（5 条 2 項）。この区別はドイツの判例に合致するが、実際には移

植するのはしばしば困難である、[83]と。

　最後に、Buchnerは、抵触法上の基本原則について次のように論じている。Buchnerによれば、委員会の考えに従えば、委員会指令案5条1項の場合の基準となる連結点は競業者が消費者をめぐって活躍する市場地でなければならない。不正競業行為の直接的かつ重要な効果のみを考慮すればよいとする委員会指令案5条1項の前提に関しても、そのような制限はもっぱら公正法上の特別連結には委ねられない。この制限は、知覚可能性の基準として、すでに従来行為地主義ないし市場地主義の枠内において考慮されている。例えば、一般的な不法行為法の抵触規則の枠内において、行為地ないし市場地が連結点として重要となるのは、非難されている競業行為がこの場所において知覚可能に市場の相手方に作用し顧客の行為に影響を及ぼすのに適している場合だけである。最後に、いわゆる偏在主義 —— 行動地または結果発生地の選択的連結の可能性 —— 国際公正法における行為地主義からの決別を条件づけない。ローマⅡについて、これが妥当するのは、ここでは、一般的な行為地主義は民法施行法40条1項の枠内におけるのとは異なり、もっぱら結果発生地へ連結し行動地および結果発生地のうちからの被害者の選択権が本来問題とならないからである、[84]と。つぎに、Buchnerは、例外については次のように論じている。Buchnerによれば、委員会案は、3条1項を補充して規定された異なる連結規則は国際公正法には適合しないという理由によっても公正法の特別規定の必要性を基礎づけた。具体的には、委員会の理由書は、附従的連結、共通本拠地、および例外条項一般を挙げている。文献においても、市場地とは異なる連結点は適切ではないという見解が支配的である。しかし、個別的には、多くが不明確であり、争われている。例えば、共通常居所地への連結の可能性に関しては、なるほどこれは圧倒的に拒否されている。しかし、これは市場関連的な競業行為についてのみ妥当するのか、それとも、もっぱらかつ意図的に特定の競業者に向けられる競業行為についてのみ妥当するのかが未解決である。法選択の許容性もまた、競業違反の場合には圧倒的に拒否されている。これにとって決定的なのは、特に、市場国の法適用利益およびすべての競業者の法的平等の命令である。しかし、他方では、この根拠に対して、営業所所在地国主義がますます妥当することによってそれらにはわずかな意義しか与えられないと異論を唱えるのは正当である。最後に、明白に別の国とより密接な関係を有する場合にについて一般的な回避条項が市場地主義と並んで固有の役割を有するのかどうか、有するとすればどのような場合におい

てであるのかもまた不明確である。このような背景の下では、欧州議会の法的決定により起草された報告書が公正法はすでに委員会案 3 条 1 項により適切に対象とされていると断言するのは納得がゆかない。指摘した不明確さが、委員会案 3 条 1 項の一般的な抵触規則の妥当性の下で、突然消滅するということはほとんど期待できない。指令の起草者がその点を問題と考えていないし考えようとしていないという点だけからしても。さらに、抵触法的な基本原則に関しても、規範的な明確さがまったく歓迎されなければならない。なるほど、公正法上の市場地主義は一般的な行為地主義の妥当性の下で維持されなければならないが、それによって行為地主義がすべての加盟国の裁判所により実際にもこの意味において解釈されるということはまだ保障されてはいない。したがって、法的明確さを配慮し、ヨーロッパにおける統一抵触法を保障することにその意味および目的を見いだすローマⅡのような指令において、公正法について抵触法上の基本原則を明確かつ一義的に規範化する機会を逸すれば、それは憂慮すべきであろう、[85] と。

　Hausmann/Obergfell によれば、指令案は 5 条において競業法的事実の連結について独自の一般的な抵触規則を含んでいる。それによれば、『不正競業行為に基づいて発生する契約外債務関係に対しては……その領域において競業関係または消費者の集団的利益が直接的かつ本質的に侵害されるか侵害される可能性のある国の法が適用されなければならない』と。なるほど、委員会は、提案の 5 条の理由において、『市場に対する効果』と述べている。しかし、実質的には、この指定は、市場地法すなわち競業利益が衝突する場所の法を適用しなければならないとするドイツ抵触法の基礎にもなっている市場地主義の規範化である。これは文言および草案の理由からも明らかである。一方では、草案の 5 条 1 項の文言は、『効果』という概念、『効力』等々といった類似の概念を放棄している。単に、競業関係または消費者集団の利益の『侵害』と述べられている。それは、最終的には、ドイツの公正抵触法において支配的な見解が基準とする利益の衝突に他ならないことを意味している。この解釈は草案理由にも基づいている。なるほど、委員会は、学説の要求に従い『その市場に対する効果』が詳細に述べられるか制限されなければならないことによって、『直接的かつ本質的に侵害される』という概念の使用を説明している。委員会が注目している市場は —— 草案理由において明らかなように —— 『競業者が消費者を獲得すべく努めている市場』であるということは、ドイツの通説により基準とされる競業利益の衝突地の意味での市場作用行為を再び強く暗示してい

る。理由書がオーストリア法もしくはスペイン法における連結原則に言及しているのもローマⅡ草案の5条の解釈に反しない。なぜなら、例えば、オーストリア法の比較法的考察が示しているように、ここでも —— 外見的には明確な文言にもかかわらず —— ますます『作用主義』ないし『ドイツ法上支配的な利益の抵触の解決』への明確な依拠が優先されているからである。さらに、委員会は、その適用の結論は、不法行為地法主義の基本原則に根ざし、これを具体化する連結の試みを介しても、また、例えば、オーストリア法、スペイン法もしくはオランダ法の当該抵触規範の適用を介しても獲得されるというように、その『ヨーロッパの』市場地主義を自体を説明している。これは、もっぱらそのように解釈されるから、委員会が構成国の規則にみられる『幅広い了解』から一方では離れようとしていないし、他方では、両者の概念からの決定は必要とはみなされない。したがって、ドイツ的観点からは、支配的な利益の衝突の解決の意味でヨーロッパの市場地主義を解釈する余地が明らかになる、[86]と。指令案の5条2項は、市場地法の原則的連結に関して例外を設けている。『不正競業行為がもっぱら特定の競業者の利益を侵害する場合には、3条2項および3項が適用される』指令案の3条2項および3項の指定は共通常居所地法の場合（2項）および『別の国と明白により密接な関係』がある場合には、この国の法が適用されるとする回避条項の場合における一般不法行為準拠法の例外に関係している。その限りにおいては、回避条項（契約債務準拠法条約5条4項）が、国際不法行為法においても、さらには公正法上の連結の領域についても、国際契約法の領域において妥当する原則を破るのを助けることになる、[87]と。

　なお、Drexl によれば、提案は、5条1項において、一般的な不法行為法的連結とは異なる競業法上の抵触規則を含んでいる。この規定は、内容的にはドイツ抵触法上周知の市場地主義に従っているが、競業利益の衝突地へ連結するドイツの判例の定式とはまったく異なる。ローマⅡ指令提案5条1項によれば、『その領域において、競業関係または消費者の集団的利益が直接的かつ実質的に影響を受けるか受ける可能性のある』国の法が適用される。この規定は、用語の改良を除けば、準備草案の6条と一致する。これに対して、もっぱら特定の競業者の利益が影響を受ける場合に、3条2項および3項における一般的な不法行為的連結規則を適用可能と指定するローマⅡ指令提案5条2項は新たな規定である。この場合には、特に、当事者の共通本国法を優先的に適用するローマⅡ指令提案3条2項が重要で

ある、[88]と。

　Junker によれば、5 条は競業法の 3 つの目的 —— 競業者、消費者および公衆
—— を考慮に入れなければならない。特に、個々の被害者（だけ）ではなくて第
三者の利益（をも）侵害する市場関連的な不正競業行為については、特別な連結規
則の必要性が明らかになる。3 条 1 項に従い基準となる損害発生地は一義的には決
定されず、3 条 2 項および 3 項による緩和もまた、競業法的状況に適応させるのは
有意義ではない。5 条は、その構造においては市場関連的な競業違反（1 項）と営
業関連的な競業違反（2 項）との基本的な区別を反映している、[89]と。5 条 1 項
は、市場関連的な不正競業行為について（潜在的な）利益の衝突地法を規定してい
る。検討理由 11 号は、これは市場地を意味していることを明らかにしている。し
たがって、ローマⅡの提案は、構成国において一般的に承認されている競業に特有
な不法行為地の決定に合致している。5 条 1 項は、競業法上の拡散的不法行為の場
合を明示的には規律していない。しかし、その文言からは、不正競業行為が『直接
的かつ本質的に』効果を及ぼす場合にのみ、連結について（国家の）市場が基準と
なる。この基準は、潜在的に適用可能な法秩序の数を減らすのに役立つことがあ
る。営業関連的な競業違反についても市場地への基本的連結が妥当する、[90]と。
当事者の法選択は競業法の領域においても可能である。第三者の権利はこれによっ
て侵されない（10 条 1 項 2 文）。当事者が法選択を行っていない場合には、市場
関連的な競業違反について市場地法が妥当する（5 条 1 項）。3 条 2 項および 3 条
3 項によるこの連結の緩和は、不可能である。これは 5 条 2 項の反対推論において
明らかになる。営業関連的な競業違反は競業に特有な状況に類似していない。した
がって、ここでは、共通常居所地法が優先的に適用される（3 条 2 項を準用する 5
条 2 項）。共通常居所地が存在しない場合には、市場地法が適用される。その他の
法秩序との明白により密接な関係が基本的な連結を排除する（3 条 2 項を準用する
5 条 2 項）、[91]と。

　Wagner によれば、委員会草案の 5 条は、不正競業行為に基づいて発生する契約
外債務関係に対しては、もっぱら『その領域において競業関係または消費者の集団
的利益が直接的かつ本質的に侵害される』国の法が適用されなければならないと規
定している。競業違反がもっぱら特定の競業者の損害を結果とする場合には、累積
的に委員会草案の 3 条 2 項、3 項の回避条項が適用されなければならない。従来の
考えによれば、競業侵害の判断のために市場地法を援用することは正当かつ必要で

あることは明白である。なぜなら、それによって、実質的な競業法の目的 —— 公正な寄与的競争を可能にするための同一競業条件の保障 —— が最も良く達成されるからである。関係している企業（委員会草案の3条2項）の共通本国法を適用したり、委員会草案の3条3項の一般的な回避条項によって市場地連結を相対化することは、このことと原則として矛盾しない。両回避条項の適用は、委員会草案の5条2項において競業者に関係する競業不法行為について再現される。その際には、従業員の引き抜き、賄賂、産業スパイおよび企業秘密の漏洩のような事実が考えられている。この規則はドイツの手本に合致し、例えば、ドイツ企業が中国市場の競争の優位を獲得するために、ドイツの競業者をスパイし、ドイツのソフトウェアを中国語に適応させるために違法にノウハウを取得する場合において例証されるように、実際有意義であると思われる。この場合には、委員会草案の5条2項および3条2項が規定しているようにドイツの不法行為法を当事者の共通本国法として適用する代わりに、関係している企業に市場地法としての中国法を指定するのは実際困難であろう。もちろん、委員会草案の5条2項所定の例外が十分に広いかどうかは問題とされなければならない。オランダ企業が中国市場を視野に入れたドイツの競業者によってスパイされたというように今挙げた例を修正した場合には、委員会草案の3条2項は問題とならない。なぜなら、中国市場の法の適用は不適当であり、オランダ裁判所またはドイツ裁判所による事件の解決は実質的に困難であることに本来変わりはないからである。したがって、委員会草案の5条1項による競業法の特別連結を市場関連的な行為規定違反に制限し、競業者に関する不法行為、特に他人の財産の取得をローマⅡ草案の3条1項の結果発生地連結に委ねることが優先に値すると思われる。したがって、ドイツの競業者がオランダの企業をスパイするという今挙げた例においては、結果発生地を位置づけることが重要である。当然、その例においては、結果発生地がオランダに位置づけられるかドイツに位置づけられるかが争われよう。なぜなら、中国においては結果発生地が存在しないことは確実であるから。競業者に関する不法行為が外国市場における競業関係に実質的な影響を及ぼしたことが個別事例において明らかになった場合には、委員会草案の3条3項（民法施行法41条）の一般的な回避条項を介して、依然として市場地法の適用が達成される、[92]と。

　Ehrich によれば、ローマⅡ提案の5条1項は、ここで提案しドイツの判例によって主張されている競業法の連結に広範囲に一致している。消費者の利益が連結

点として規則に導入され、競業者の利益とともに同格で準拠法を決定することは歓迎されなければならない。広告市場と販売市場が異なる場合には、いずれにせよ欺罔禁止の問題についてはローマⅡ提案の5条1項によっても広告地法が基準とされなければならない。ローマⅡ提案の5条1項は共通本国法の適用を稀な場合に制限している。従来のドイツの判例とは異なり、例外規則の双方的適用が命じられている。拡散的不法行為の場合の準拠法秩序の制限は、『直接的かつ本質的な侵害』というメルクマールによって行われる。この定式は、ここで主張している認識可能な最終的な作用具体化と調和する、(93)と。

5 契約外債務準拠法に関する欧州議会および理事会規則提案（ローマⅡ）に関する欧州経済および社会委員会の意見

5. 3

　不正競業に関する規則の規定（5条）は、この分野において伝統的に適用されている原則、すなわち、準拠法は競争が直接的かつ実質的に影響を受ける国の法であるという原則に基づいている。この原則は、遵守しなければならない規則に関して内国の競業者と外国の競業者との平等取り扱いを含んでいる。しかしながら、同一主題が不正取引慣行に関する指令案の4条1項において、構成国たる営業所所在地国原則に言及して異なって扱われている。これらの二つの文書の理由書は、この相違には言及していないが、共同体の域内市場法の一般原則の適用の分裂は以下のように解決される：規則の5条は、非構成国に関する（指令において対象とされない分野における）共同体外の法を指し、指令の4条1項は、域内市場における構成国間の関係を取り扱う。もし、これが実際の意図であるとすれば、委員会は、これらの二つの文書の理由書においてそのことを明らかにするのが賢明であろう。しかしながら、これは、EUの競業者とEU以外の競業者に対して一定の構成国内において同一の規則が適用され、問題となる競業者が異なるEU構成国に所属する場合には、異なる規則が適用されるという受け入れられない状況を放置することになる（しかしながら、これは指令によってもたらされる実質競業法の調和の程度の問題である）。

　5条1項の一般規定に対する制限は、実際には稀にしか起こりそうもない場合を取り扱うよう意図されている。すなわち、不正競業行為がもっぱら特定の競業者の利益に影響を与える場合である。これは、不法行為に関する一般原則の適用を正当化する。委員会は、規則が競争侵害すべてを包括的に対象とするつもりであることをより明確にするために、この規定の表題を《競争および不正取引慣行》に変更することを

考慮すべきことを提案する[94]。

9. 結　論

委員会は、規則の5条と不正競業に関する指令の4条1項との間の関係を明確にすべきである[95]。

6　契約外債務準拠法に関する欧州議会および理事会規則提案（ローマ II）に関する報告案（Diana Wallis）

1. 契約外債務準拠法に関する欧州議会および理事会規則提案（ローマ II）に関する作業文書（Diana Wallis（2004年1月26日）

不正競業

5条は、欺網広告、強制売買、競業者による供給破壊、競業者の従業員の引き抜きおよびパッシングオフのような事項を対象とする。イギリスでは、これは、パッシングオフ、悪意による欺網、営業上の中傷のような不法行為を対象とする。この規定は、営業者が不正な契約条項を使用することを妨げる消費者団体によって提起される訴訟を対象とする。

この規則は、両輪を有する：準拠法は競業関係または消費者の集団的利益が直接的かつ実質的に影響を受けるか受ける可能性のある国の法か、あるいは不正競業行為がもっぱら特定の競業者の利益に影響を及ぼす場合には、両当事者がその常居所地を有する国の法であるか契約外債務が明白により密接な関係を有する国の法である[96]。

2. 2004年3月9日

改正17
第5条削除
理由
不正競業行為は改正第3条のもとで取り扱われると考えられる[97]。

3. 2004年3月15日

改正18
第5条削除
理由
不正競業行為は改正第3条のもとで取り扱われると考えられる[98]。

4. 2004 年 4 月 5 日

改正 7

（11）不正競業の場合には、抵触規則は消費者および公衆を保護し、市場経済が適切に機能することを保障しなければならない。特定の状況においては、他の規則が適切であるとしても、当該市場地法への連結が一般的にこれらの目的を充足する。

第 11 節削除

理由

改正 3 条 2 項に規定された弾力性によって一般規則は、不正競業に関する場合を完全に賄うことができる [99]。

5. 2004 年 11 月 11 日

改正 21

第 5 条削除

理由

不正競業行為は改正第 3 条のもとで取り扱われると考えられる。さらに、『不正競業行為』によって何が対象とされるべきかに関して明確でない場合には、報告者は、この規定を削除するのが最善であると考える。結局、『不正競業行為』がこの規則において明示的に規定されるべきであると決定されれば、報告者はそのような行為を定義条項において定義すべきであると考える [100]。

6. 2005 年 3 月 29 日

改正 26

第 5 条削除

理由

不正競業行為は改正 3 条のもとで取り扱われると考えられる。さらに、『不正競業行為』によって何が対象とされるべきかに関して明確でない場合には、報告者は、この規定を削除するのが最善であると考える。結局、『不正競業行為』がこの規則において明示的に規定されるべきであると決定されれば、報告者はそのような行為を定義条項において定義すべきであると考える [101]。

7. 2005 年 5 月 2 日

Katalin Lévai による改正

改正 80

第 8 章　ヨーロッパ国際不正競業法　*375*

第 5 条第 1 項

　自由競争を制限する行為を含む不正競業行為から生ずるか生ずる可能性のある契約外債務の準拠法は、競業関係または消費者の集団的利益が直接的かつ実質的に影響を受けるか受ける可能性のある国の法であるものとする。

理由

　この改正は本規則が私法の分野に分類される契約外債務のみを対象とすることを指摘する。

Katalin Lévai による改正

改正 81

第 5 条第 2 項

　不正競業行為がもっぱら特定の競業者の利益に影響を及ぼす場合には、第 3 条が適用されるものとする。

理由

　本条は第 3 条全体を指定する [102]。

8.　2005 年 6 月 21 日

改正 8

　（11）不正競業の場合には、抵触規則は消費者および公衆を保護し、市場経済が適切に機能することを保障しなければならない。特定の状況においては、他の規則が適切であるとしても、当該市場地法への連結が一般的にこれらの目的を充足する。

第 11 節削除

理由

　一般規則は、不正競業に関する場合を完全に賄うことができると考えられる。さらに、まさに『不正競業の事項』によって何が対象とされるべきか不確定である。いずれにせよ『不正競業の事項』に関する特別規則を有することが必要であると考えられるのであれば、定義条項が含められなければならない [103]。

9.　2005 年 7 月 6 日

改正 8

　（11）不正競業の場合には、抵触規則は消費者および公衆を保護し、市場経済が適切に機能することを保障しなければならない。特定の状況においては、他の規則が適切であるとしても、当該市場地法への連結が一般的にこれらの目的を充足する。

第 11 節削除

改正 29

第 5 条第 1 項

　不正競業行為から生ずる契約外債務の準拠法は、競業関係または消費者の集団的利益が直接的かつ実質的に影響を受けるか受ける可能性のある国の法であるものとする。

第 5 条第 2 項

　不正競業行為がもっぱら特定の競業者の利益に影響を及ぼす場合には、第 3 条第 2 項および第 3 項が適用されるものとする[104]。

10. 2006 年 2 月 21 日

　改正 29 は、競争侵害に関する特別な規定を削除することを目的とする。委員会はこの改正を承認することはできない：最初の提案の 5 条は、実体の一般的な規則とは異なる規則を導入するものではなくて、損害発生地を具体化することを目的としているに過ぎない。必ずしもこの事項においては容易ではない具体化ではあるが。改正提案の 7 条の起草は、損害発生地の単なる具体化が問題であることをより明確にするために適式に修正された。さらに、定義に関して欧州議会の要求に応えるために、委員会は改正提案の 7 条において 2005 年 5 月 11 日の 2005/29 指令によって直接奨励されている用語を維持することを選択した。そのことから、反対に、特に、条約の 81 条および 82 条の枠内において、もしくは構成国の同様の規則によって制裁が科される反競争的商慣行から生ずる契約外債務は、7 条によって対象とされない；したがって、これは依然として 5 条の一般的規則による。しかし、その公表が 2005 年 12 月に行われた《共同体の競争法違反に基づく損害賠償請求訴訟》という白書の枠内において、委員会は反競争的商慣行によって引き起こされる損害賠償のための民事訴訟の準拠法の問題を論議に付託しようとした。反応を受け取った結果、委員会は共同決定の手続の枠内において異なる解決を主張する可能性を留保した。

第 7 条— 不正な商慣行

1. 不正な商慣行に基づく契約外債務の準拠法は、第 5 条第 1 項により指定される。損害が発生するか発生する恐れのある国は、その領域において競業関係または消費者の集団的利益が直接的かつ実質的に影響を受ける可能性のある国の法であるものとする。

2. 不正競業行為がもっぱら特定の競業者の利益に影響を及ぼす場合には、第 5 条第 2 項および第 3 項も適用されるものとする[105]。

Wagner によれば、ドイツ不法行為抵触法と一致して、議会草案は競業違反に基づく請求の連結に関する特別な規定を断念した。それによって、問題の判断は何も変わらないことは明白である。特別連結を断念した場合には、市場地連結は行為地主義および共通常居所への連結に反対して一般的な回避条項（議会草案3条3項、民法施行法41条1項）によって貫徹されなければならない。そのような処理方法は、ドイツの実務が明白に示しているように可能である。しかし、特別な規定を直ちに定式化できるのに、なぜ立法者は特別規定の制定を断念したかという問題が提起される。それは別として、民法施行法40条1項、ローマⅡ草案の3条1項のそれぞれの基本的連結から既定の事例群を免れさせるために、民法施行法41条、委員会草案3条3項および議会草案3条2項に含まれているような特別事例について構想された回避条項を利用することは方法的にはつねに危険である。この理由から、競業違反の抵触法に関する特別規定を導入することが擁護されなければならない。委員会は改訂草案において結論的にはこの立場に賛成したが、旧5条（新7条）を市場地連結は結果発生地の単なる具体化と考えられるというように改正した。この処理方法は矛盾している。なぜなら、特別要件事実が自信をもって断念されれば、市場地が結果発生地と同一であるということになるであろうから、[106] と。

7 契約外債務の準拠法に関する欧州議会および理事会規則（ローマⅡ）（2007年7月11日）

欧州議会および欧州連合理事会は、……

（21）6条に規定された特別の規則は、4条1項所定の一般規則に反するものではなくて、それを明確にする。不正競業および自由競争を制限する行為においては、抵触法規則は競業者、消費者および公衆一般を保護し、市場経済の円滑な機能を保証しなければならない。その領域において競業関係または消費者の集団的利益が侵害されるか侵害される恐れのある国の法への連結が一般的にはこの目的を実現することができる。

……を考慮して、本規則を可決した[107]。

……

第4条――一般規則

1. 契約外債務の準拠法は、損害を惹起する行動が行われた国に関わりなく、また、その行動の間接的な結果が発生した国に関わりなく、損害が発生するか発生する可

378

能性のある国の法であるものとする。

2. 但し、加害者と被害者の双方が損害発生時点において同一国に常居所を有する場合には、契約外債務はその国の法によって規律されるものとする。

3. 1項および2項にも関わらず、事件のすべての状況から契約外債務が明らかに別の国とより密接な関係を有することが明白である場合には、その別の国の法が適用される。別の国との明白により密接な関係は、特に、問題となる契約外債務と密接な関係を有する契約のような当事者間の既存の関係に基づくことがある。

……

第6条　不正競業および自由競争を制限する行為

1. 不正競業行為から生ずる契約外債務の準拠法は、その領域において競業関係または消費者の集団的利益が影響を受けるか受ける可能性のある国の法である。

2. 不正競業行為がもっぱら特定の競業者の利益に影響を及ぼす場合には、4条が適用される[108]。

……

IV　電子商取引指令

2000年6月8日の「域内市場における情報社会の役務、特に電子商取引の一定の法的側面に関する指令」（以下では、電子商取引指令と略する）においては、その3条1項が情報社会における役務提供については役務提供者の営業所所在地国法によるとする抵触法規定（営業所所在地国法主義）を規定したものであるかどうかが学説上争われている。

「域内市場における情報社会の役務、特に電子商取引の一定の法的側面に関する指令」（2000年6月8日）

第1条　適用範囲

（1）……

（2）……

（3）……

（4）本指令は国際私法の領域における補充的な規則を定めるものでもないし裁判管轄の問題も扱っていない。

第 8 章　ヨーロッパ国際不正競業法　*379*

第 3 条　域内市場

(1) 各構成国はその領域に営業所を有する役務提供者が行う情報社会の役務がこの構成国において妥当し調整された分野に該当する内国の規定に合致するよう配慮する。

(2) 構成国は調整された分野に該当する理由で他の構成国からの情報社会の役務の自由な提供を制限してはならない。

(3) 1 項および 2 項は附属書に定められた領域に対しては適用されない。

(4) 以下の要件を充たす場合には、構成国は情報社会の特定の役務に関して 2 項と異なる措置をとることができる[109]。

　なお、営業所所在地国法主義と国際私法との関係については、附属書によれば、3 条 3 項に規定されているように、3 条 1 項および 2 項は当事者による契約準拠法選択の自由に対しては適用されないとされ[110]、契約当事者がその契約について適用される法を選択する自由も、営業所所在地国法主義によって影響を受けないことが明らかにされている[111]。また、検討理由の 23 号によれば、「本指令は準拠法に関する国際私法の領域における補充的な規則を定めるものでもないし裁判管轄の問題も扱っていない；国際私法の規定によって決定される準拠法の規定は本指例において規定される情報社会の役務提供の自由を制限してはならない」とされる[112]。

1　営業所所在地国法主義

　まず、Maennel によれば、提案の中心は 3 条の域内市場の原則であり、それによって原則として役務提供者のために営業所所在地国主義が規定されている。したがって、役務提供者は、『受信者国』が別の規定を規定しているとしても、営業所所在地国法に合致していれば共同体で活動することができる、[113] と。

　同様に、Brenn によれば、3 条 3 項によれば、「営業所所在地国主義が『電子契約』という規制領域について妥当するのは、営業所所在地国法がその国の国際私法の規則により適用される場合だけである」[114] と。

　また、Hamann によれば、「基準となるのは、提供の頒布のための技術的な装置（サーバー）の所在地でもなくて受信地でもない。提供者が不確定の期間その経済的な重心をどの場所に有するかだけが基準となる」[115] と。

　つぎに、Leupold/Bräutigam/Pfeiffer によれば、市場地と営業所所在地国（本拠地国）とが分散している場合には、現行のドイツ法との抵触が発生する。例えば、

役務提供者がポルトガルの本拠を有し、ドイツにおいて受信可能なウェッブサイトの広告法上の許容性が問題となる場合には、これは、ヨーロッパ法の適用の優位に基づいてドイツの市場地主義ではなくてむしろ共同体法上の営業所所在地国主義が適用される結果になろう、[116]と。

　同様に、Gierschmann によれば、競業法においては、例えば、原則として競業行為またはその一部が行われた場所の法、いわゆる不法行為地法が決定的であるとする一般的に承認された抵触規則が存在する。ウェッブサイトの提供者がイギリスに居住しそのウェッブサイトにおいてイギリス法によれば許されるがドイツ法によれば許されない広告を提供しているとした場合に、以下の図式が明らかになる。営業所所在地国主義によれば、イギリス法が適用される。しかし、イギリス法が準拠法の問題について行為地主義を前提にして、行動の結果発生地がドイツである場合には（広告がドイツにおいて呼び出し可能である場合がそうである）、イギリス抵触法はより厳格なドイツ法を指定している。まさに、これは営業所所在地国によって回避されなければならない。その国の抵触法の指定の承認は指令の意味および目的に明白に反しており、立法者によって意図されていない。おそらく、これに基づいて、── 立法者の明示的な意思表示に反して ── 3 条は抵触規則として考えなければならない。この矛盾が実務において解消されるのを期待しなければならない、[117]と。

　さらに、Thünken によれば、インターネットの利用者がその常居所地を EU 構成国に有し、役務提供者がその営業所を EU 構成国に有する場合には、役務提供者が営業所を有する国の法が適用されなければならない。役務提供者は、その経済活動を固定的な施設を介して不確定期間において実際に行う場所に営業所を有する。役務提供に必要な技術的手段およびテクノロジーの存在および利用だけでは役務提供者の営業所を創設しない、[118]と。

　また、Mankowski によれば、電子商取引指令の 3 条 1 項は、国際私法上の抵触規範で（も）ある。1 条 4 項の反対の主張は不適切である、[119]と。そして、Mankowski によれば、「情報社会の特定の役務または特定の商業上の通信が許されるかどうかという問題については、ヨーロッパ共同体の構成国が問題となる限り、当該役務または当該通信を行う提供者の営業所が所在する国の法が妥当する」[120]と。

　最後に、Härting によれば、「1 条 4 項からその時々の抵触法を引き出す見解は、

営業所所在地国主義の意味を失わせる結果になる。営業所所在地国の抵触法はしばしば別の国の法、特に結果発生地の法を指定するであろう。したがって、営業所所在地国の抵触法を適用する場合には、役務提供者は個々の事案においては結局自国の法秩序の制限のみならず他国の（競業）法に（も）従うことを計算に入れなければならないであろう。指令が追求する法的安定性の目的はそのような結論にまさしく反対する」[121] と。

　Determann によれば、インターネットはますます法および法律が形成中の規制に服する市場であると考えられなければならない。誘引される人は現実の潜在的な顧客であり、現実の市場が国を超えるバーチャルな市場に変形されるにすぎない。当然、民法施行法 40 条 1 項の行為地主義が適用される。しかし、競業利益の衝突地はどのようにして形成されるのか。民法施行法 40 条 1 項 1 号の意味での行動地は競業にとって重要なシグナルがネットに投入された場所にみられる。結果発生地は関連情報が呼び出される場所に存在する。厳密に考察すれば、行動地と結果発生地は一致する。市場の相手方に対する作用は重要な結果にとって基準となる場所において行われるのではない。この問題は次のように考えられる。すなわち、不正競業の行動はバーチャルな市場に関するネットと同様であり、不法行為の完了は呼び出しによる権利侵害の発生によって行われる、[122] と。Determann によれば、当然、ウェッブサイトの呼出し可能性が市場の相手方へ作用する場所だけが重要である。そのことから、結論としては、投入地は民法施行法 40 条 1 項 1 号の意味での行動地ではなく、市場の相手方へ作用しない場所は民法施行法 40 条 1 項 2 号の意味での結果発生地ではないことが出てくる。したがって、行動地と結果発生地はウェッブサイトが呼び出された場所ではなくて、ウェッブサイトの呼出し可能性が市場の相手方へ作用する場所だけである。しかし、競業利益の衝突の原則は解消されるであろう。なるほど、バーチャルな市場における不正競業の行動地はサーバーの所在地ではなくて提供者の所在地がある国に存在する。不正競業の原因を目指す場合にもここから始めなければならない。市場地主義はむしろ競争の歪みをもたらすであろう、[123] と。

　Lurger/Vallant は当面の問題について次のように論じている。すなわち、「電子商取引指令の 3 条の唯一可能な解釈の対立は、電子商取引指令の 1 条 4 項と 3 条との矛盾は二つの解釈の変数によって除去される：営業所所在地国の国際私法の総括指定として解釈することによってであり、また 3 条は私法に適用されないとい

う拒否すべき見解によってである。なるほど、前者の解釈の変数は法政策的には全く望ましい。なぜなら、抵触法上の営業所所在地国主義および有利性原則並びに『実質法上の』営業所所在地国主義および有利性原則のほとんどすべての短所を回避しているが、私法においては電子商取引指令の３条におけるような監督義務の規範化は全く非現実的であり、私法における国際的な適用状況は公法におけるのとは全く異なることを無視するか無視しようとしている立法者の規範目的および意思に恐らく合致していないからである。電子商取引指令の３条を国家の国際私法に劣後する実質法的審査の操作として解釈することは、結論的には抵触法上の有利性原則として解釈することに合致する。両者の解釈は電子商取引指令の３条１項の抵触法上の適用命令と調和しない。したがって、唯一の解釈の可能性としては、抵触法上の営業所所在地国主義しか残らない。したがって、結論的には、解釈によって、電子商取引指令の１条４項と３条の間の矛盾を解釈ないし編入によって解消することはできないことが確認されなければならない。抵触法上の営業所所在地国主義の部分的な規範化の様々な否定的な帰結のうちに、解釈および編入の余地の使用によっては残念ながら除去できない電子商取引指令のもうひとつの欠陥が発見される」[(124)]と。

Grundmannは、当面の問題に関して次のように論じている。すなわち、「営業所所在地国法の指定がどのように理解されなければならないかに関しては全く解明されていない。しかし、出発点としては、電子商取引においては信頼できる基準に依らなければならないから、指令もまたこのことを行っていることは確かである。偶然的な受信地またはサーバーの所在地ではなくて提供者の営業所所在地が決定する。そうでなければ、営業所所在地の申告義務（指令の５条）もまた広範囲にその重要性を奪われるであろう。しかし、その場合には指定の範囲が問題である。特に、３つの見解が可能である。Spindlerは、指定をまず営業所所在地国の伝統的な抵触法の指定（総括指定または抵触規範指定）として理解する。私自身の経験によれば、総括指定と実質規範指定との区別は、EC委員会においてそれに関わった部局には意識されていない。これは、すでに、この見解の正当性に不利である。さらに、この見解によれば、通常営業所所在地国の指定は反対になるであろう。多くの国の抵触法はその伝統的な抵触法においては当該市場の法としての受入国法を指定している。しかし、これは明らかに意欲されていない。特に、W.-H.Rothは、営業所所在地国主義を有利性の原則の意味で理解している。３条に移せば、これは、

提供者はその営業所所在地国法を援用することができるが、援用する必要はないことを意味するであろう。むしろ、提供者は受入国の規則にも従うことができ、営業所所在地国の規則から抜け出ることができる。営業所所在地国主義が標準的な競争を強化する場合には、競争理論からすれば、多くの者はこの見解またはより広い選択の自由を支持する。しかし、指令の起草者は営業所所在地国の実質法の指定をもっぱら意欲している」[125]と。

　Naskret は当面の問題に関する結論を次のようにまとめている。すなわち、「総括すれば、よりよき論拠は、営業所所在地国主義を実質規範指定の形における（15 ヶ国の）抵触規範として理解することを支持する。したがって、営業所所在地国主義は、調整された領域内において既存の国際私法上の抵触規則を排除する。電子商取引指令に含まれている営業所所在地国主義の教義学的な分類の問題は、その位置からして共同体法と国際私法との間を移動する。電子商取引指令 3 条 1 項、2 項は共同体法的に定式化され、第一次的な営業所所在地国主義とともに共同体法的背景を有するが、結論的には抵触法的言明を行う。さしあたり可能と思われる代替案的解釈は結論的には 2、3 に還元される。実質法的理解は二つのバリエーションにおいて現れる。一方は、電子商取引指令の文言に強く方向づけられている。それは、実質法的次元において抵触法により指定された法の要件を営業所所在地国の要件と比較する。後者がより有利である場合には、後者が本来指定された法に代えて適用されるから、このバリエーションは有利性の原則となる。しかし、この見解は、電子商取引指令の 3 条 1 項に反するだけではなくて、指令の意図したこととは異なり法的不安定性へ導く。別のバリエーションは電子商取引指令の 3 条 1 項の言明を重視し営業所所在地国法を実質法的次元において適用する。したがって、それは少なくとも外見的には電子商取引指令の 4 条 1 項の要求を維持する。しかし、その背後には単なる一瞥が隠れているに過ぎない。なぜなら、結論、すなわち営業所所在地法の適用は、抵触法上の実質規範指定として理解される営業所所在地国主義と一致するからである。提供者、利用者、裁判官その他の者は、まず伝統的な抵触規則に基づいて準拠法を決定せざるを得ないが最終的には営業所所在地法を適用するであろう。抵触法上の営業所所在地国主義の枠内で営業所所在国法を適用するよう指定することは公正であるだけではなくて、特に、すべての関係者にとって単純かつ明瞭である。最後に、抵触法的決定に至った段階において国際私法の指定全体を排除するメタ規則として営業所所在地国を分類することは、結論的には抵

触法的理解を述べることになる。準拠法を法廷地法の抵触規則ではなくて営業所所在地国の抵触規則によって決定する真のメタ抵触規則として営業所所在地国主義が理解されれば、これは結論的には総括指定の形での抵触規範と同一である。これに対して、営業所所在地国が国際私法全体を排除するとすれば、これは、結論的には実質規範指定の形での抵触規範に他ならない。概念的には抵触規範とメタ抵触規範とを区別するとしても、それによって相違は実質的には発生しない」[126] と。

　Hausmann/Obergfell によれば、結論的には、電子商取引指令の 3 条ないしTDG4 条による営業所所在地国の制定は抵触法的に理解されなければならない。指令によって『調整されている領域』においては―― 例外的事実は別として―― 役務提供者の営業所所在地法が適用されなければならない。その限りにおいては、市場地主義は排除される、[127] と。

2　市場地国法主義

　まず、Lehmann によれば、電子商取引については営業所所在地国主義は原則として不適当である。それは、最小の共通分母での法的調和、したがって一種の経済法のダンピングへ導くにすぎない。これに対して、カルテル法および競業法において知っているような修正された効果準拠法が優先するに値すると思われる、[128] と。

　また、Spindler によれば、法適用者は依然としてインターネットの事態についてはそれぞれの国の抵触法の連結原則を形成しなければならず、そのことは一方ではインターネットの遍在性という周知の問題のために、他方では、ドイツ国際不法行為法における不法行為地主義のために単純な課題ではない、[129] と。そして、Spindler によれば、国際私法においては EU 内に本拠を有する提供者と EU 外に本拠を有する提供者との間の望ましくない区別が生じることは認めなければならない。また、EU における提供者は自国の抵触法およびそれに基づく指定のみを遵守すればよいことは決して確実ではない。なぜなら、営業所所在地国主義は EU における法律関係についてのみ妥当性を必要とするからである。したがって、アメリカの公正法の適用は排除されないであろう。ドイツに本拠を有する提供者は、例えば、フランスに市場地が存在する場合には、フランスの国際私法がこれに関してどのような言明を行おうとも、もっぱらフランス法に従うであろうことをもっぱら期待することができる、[130] と。また、Spindler によれば、なるほど、ここで主張した見解に基づいて、まさに国際競業法においては提供者は自国において市場地主

義が妥当している場合にはさらに場合によっては多数の法秩序を考慮しなければならないであろうことを承認しなければならない。しかし、抵触法によって適用すべく指定される法の実質法が優位する場合には、抵触法は結局排除されるから、1条4項の例外はその意味を失う、[131]と。さらに、Spindlerによれば、営業所所在地国主義は国家の抵触法自体によって適用される資格を有する法秩序に対して実質法の次元において行われる修正である。しかし、外国実質法および内国実質法の適用は自由な役務提供取引に対する国家の当該制限自体は基本的自由に基づく審査に耐えるという留保付きである。したがって、抵触法上決定される有利性の比較と同一視すべきではない営業所所在地国主義のヨーロッパ法上刻印された理解が基準となる、[132]と。最後に、Spindlerによれば、電子商取引指令は1条4項によれば抵触法の新たな規則を創造するものではないが、それは情報社会のサービスが制限されない場合にのみである。ドイツの立法者は第一部をほとんど文言通りTeledinestgesetz（TDG）2条4項に継承しているから、国際私法との関係は依然として不明確である。営業所所在地国主義は固有な（補充的な）抵触法原理として性格づけられるからである。まとめれば、抵触法とヨーロッパ法との独自な融合が存在する。営業所所在地国主義は外国の抵触法の適用を導くものではない。そうでなければ、意図的な法的統一が掘り崩されるからである。最も重要な適用分野は市場地主義が営業所所在地国主義によって修正される国際競業法である、[133]と。

　つぎに、Schackによれば、提案の3条は、構成国に対して他のEU諸国に営業所を有する役務提供者を補充的な制限的な規則によらしめることを禁止することによって営業所所在地国主義に従っている。この解決もまた国家の抵触法に影響を及ぼさないが、場合によっては国家の国際私法によって指定された実質法を実質的に修正する、すなわちEUに従った責任の限界に制限することができる、[134]と。

　さらに、Ziemによれば、営業所所在地国主義は、準拠法がまず一般的な抵触法原則により決定されなければならないことを意味する。例えば、広告のように競業法に関係する行為の場合には当該行為の目的に従い決定される市場地法が適用される。第二段階においては、行為が営業所所在地国において許されるかどうかが審査されなければならない。その場合には、営業所所在地国主義は競業法に関係する行為が営業所所在地国において許されていれば市場地においては禁止されてはならないという結論になる。したがって、営業所所在地国主義の例外は営業所所在地国における行為の許容性とは別に行為が市場地法に基づいて判断されることを意味す

る、(135) と。

Tettenborn によれば、結論的には、準拠法が営業所所在地国の基準を超えるや否や、準拠法が後退しなければならない。この解決が最終的に有効であり、実際明確であるかどうかは実務が示すであろう(136)。契約外の領域、特に公正法（例えば、不正競業防止法）においては、── 国際私法に関する検討理由の広い解釈によれば ── 準拠法が情報社会の提供の妨害へ導く場合には、営業所所在地国主義が妥当するであろう(137)。したがって、市場地主義、すなわち、結論的には仕向地国主義がE-Commerce についても継続的に基礎づけられなければならない、(138) と。

また、Fezer および Koos によれば、電子商取引指令の 3 条 1 項は、以下のように理解されなければならない。すなわち、国際民事訴訟法に従い管轄を有する構成国の裁判所は、一般的な抵触法原則に従い適用されるべき実質法上の実質規範のうち共同体法に反すると判断されるものを適用してはならない、と(139)。そして、電子商取引指令の 3 条 1 項の第二次共同体法上の営業所所在地国主義は抵触規範ではなく競業利益の衝突による競業に特有な抵触連結または国家の国際私法による効果主義による抵触連結を排除するものではない、(140) と。

同様に、Ahrens によれば、なるほど、営業所所在地国法は場合によっては民事法の各領域について基準となる国際私法規範によって探求される法秩序と異なることがあるが、妥当している国際私法の連結それ自体が連結標識としての営業所所在地によって排除されるわけではない、(141) と。

Halfmeier によれば、具体的な事案を審査する場合には、電子商取引指令によっても、まず、法廷地法の既存の抵触規則に従い準拠法を探求しなければならない。これは、ドイツにおいては行為地主義または市場地主義に基づいてドイツ法を指定するであろう。その実質規範に従い、問題となる内容の頒布が適法であれば、提供者に対する請求は存在せず、それ以上の審査は不要となる。準拠実質法が問題となる内容の制限 ── 例えば、不正競業行為を防止する差止請求 ── を規定している場合にのみ、さらに、この所定の制限が営業所所在地国法によっても存在するかどうかが審査されなければならない。その場合には、その制限は提供者が保護に値しないため許されるからである。しかし、適用される呼び出し地国法が、営業所所在地国法により規定されていない制裁を規定している場合には、そのような『より厳格な』国家的規制は例外的にのみ電子商取引指令の 3 条 4 項に従い有効である。この例外的事態は、実質的な要件でもあるし、手続的な要件でもある、(142) と。

最後に、Vianello によれば、電子商取引指令の 3 条に規定された営業所所在地国主義が特別な競業抵触法にどの程度優先するかどうかという問題は、国際私法の規則に従い本来適用される法は営業所所在地国の基準を超える場合には後退するというように理解される。したがって、情報社会の役務提供は役務提供者が営業所を有する構成国の法に（のみ）従う場合には、営業所所在地国主義は営業所所在地国法の実質法の指定と同義である、[143] と。

なお、Dethloff によれば、3 条 1 項の営業所所在地国主義が指令の契約法上の規定について妥当するのは、構成国のその時々の抵触法が構成国の実質法を適用するよう指定した場合だけである。これに対して、営業所所在地国主義が妥当するとすれば、情報社会の役務提供は原則として役務提供者が営業所を有する構成国の法に合致しなければならない。したがって、結論的には、民事法上の領域においては、公益のための措置を留保して営業所所在地国の実質法が適用されなければならない。もちろん、1 条 4 項において規定された明示的な留保はそのような抵触法的性質決定と調和しない。したがって、規定の文言からして、域内市場の規定を第一次法的な営業所所在地国主義の第二次法的な規範化とみなすことのみが残る。抵触法によって指定された構成国間の自由な取引を制限するような仕向地国の規定は適用されない。強行的な公益保護のための自由な取引の制限は 3 条 4 項および 5 項の制限的な要件のもとでのみ可能である限りにおいて、域内市場規定は第一次共同体法の優位を宣言的に指定するということを超える、[144] と。

Ohly によれば、営業所所在地国主義は抵触法ではなくて域内市場的に解釈されなければならない。指令をドイツ法に編入した後にも、法廷地の裁判所はドイツ国際私法に従い準拠法を探究するが、自由な商品取引および役務提供取引を妨害するような実質法規範を適用してはならない。この解釈は補充性および相当性という共同体法上の命令を考慮する。営業所所在地国主義は域内市場の機能に不可欠な場合にのみ関与する。さらに、この見解は共同体の提供者の行為と第三国の提供者の行為とを分断して判断することを回避する。抵触法上の判断は並行的に行われ、より緩やかな営業所所在地法の援用が共同体の企業に委ねられるにすぎない。共同体内部に所在する提供者にのみこの共同体法上の特権を与えることが基本的自由の論理である。内国人差別の場合に、営業所所在地国で妥当する法のより厳格な要件が適用されるという異議は、これとの関係においては根拠がない。抵触法が提供者により有利な法を適用する場合には、共同体法の観点からは、その適用に対しては異議

を唱えられない。域内市場の機能はこれによって妨害されないからである、[145]と。

Landfermann によれば、電子商取引指令は、もちろん営業所所在地国法の強力な考慮を規定する法秩序の累積の制度に基づいている。すでに引用した検討理由の23号2文は、国際私法の規定により適用される規定は、情報社会の役務提供の自由を制限してはならないことを要求する。結論的には、これは、指令は広告の許容性については国際私法により指定される市場地法を出発点として存続させるが（1条4項）、市場地法が営業所所在地国法より厳格な要件を定めている場合には、この市場地法は考慮されないことを補充的に定めている、[146]と。

Sack によれば、特別な抵触法的基準からは、市場地法に代えて営業所所在地国法が適用されるという帰結と共に、国際的な不可分の競業行為の場合には営業所所在地国との密接な関係が存在するということは引き出されない、[147]と。

Nickels によれば、電子商取引指令1条4項は、民事法の領域についても役務提供者が営業所を有する国の法が常に適用されるという意味での解釈に反対する。これは、まさに補充的で新たな規則となるであろう[148]。また、指令は国際私法上の与件（1条4項参照）を含むものではないから、共同体法の優位は働かない。したがって、その対象とされる領域が除かれ同一の結論が得られない限り、営業所所在地国法主義の抵触法上の形成は契約準拠法に関する条約のその他の規則と矛盾するであろう[149]。さらに、これは、契約外債務準拠法に関する理事会規則案とも矛盾する、[150]と。

Menzel und Ofner によれば、結論としては、指令の3条において規定された営業所所在地国主義は抵触法的効果を有しないことを前提としなければならない。したがって、まず当該抵触規範に基づいて準拠実質法を探究しなければならない。探究された実質法がサービス提供者にとって営業所所在地法より不利であることが判明した場合には、指令の第3条は営業所所在地法の補充的適用を導く。したがって、抵触法により適用される実質法がヨーロッパ共同体のより高次の法によって修正される、[151]と。

Leistner によれば、電子商取引指令についてのヨーロッパの第二次法たる本源国法主義は域内市場の基本的自由に沿って実質的な意味において解釈されなければならない。それは、ローマⅡ提案の5条の国際私法上の連結を修正することになるが、抵触法規定を定めるものではない、[152]と。

Drexl によれば、2つのことが確認される。(1) 電子商取引指令の営業所所在地

国主義は、抵触法ではなくて実質法と性質決定されなければならない。準拠法の抵触法的探求は営業所所在国主義の適用に先行しなければならない。営業所所在地国主義の移植後は、これは、様々な構成国の実質法のヨーロッパ化された一部を形成する。（2）抵触法的性質決定に反対し実質法的性質決定に賛成するヨーロッパの立法者の決定は、法政策的にも歓迎されなければならない。そうすることによって初めて、基本的自由を基礎とする域内市場政策が適切に第二次的法に移植される。これに対して、抵触法的理解は域内市場の観点から必要ない場合にも営業所所在地国法への連結を行うことになるであろう。言い換えれば、抵触法的解釈は域内市場の目標を超える、⁽¹⁵³⁾ と。

3　メタ抵触法説

　まず、Hoern によれば、3 条は抵触法を規定していないとしても、国際私法の指定がそれ以上のものをもたらす。営業所所在地国主義は営業所所在地国の実質法のみならず抵触法をも指定する。しかし、そうであるとすれば、電子商取引の法律問題については営業所所在地が決定的な連結点とみなされるのではない。むしろ、その場合には、営業所所在地国の国際私法により、各法域について個別的にいずれの法が適用されるかが決定されなければならない。広告法においては、非常にしばしば最終的な市場侵害の原則が適用される。これによれば、営業所所在地は重要ではない。決定的のなのは、市場事象が侵害された場所である。これは、サンマリノからドイツ語で商業ホームページを運営しているプロバイダーの場合にはドイツ、オーストリアおよびスイス、おそらく（南チロルのために）イタリアの諸国の法であろう。したがって、営業所所在地国主義を介して営業所所在地国の国際私法も適用される場合には、営業所所在地は実質法上重要性を失うであろう。非常にしばしば受信地国法が適用されるであろう、⁽¹⁵⁴⁾ と。

　同様に、Appel および Grappenhaus によれば、営業所所在地国法に反しない場合に初めてインターネット事件における衝突地の法が適用される限りにおいては、営業所所在地国主義はメタ原則になる。役務提供者は営業所所在地国の規定のみに従い責任を負えばよい。これは、もちろん、抵触法の変更ではなくて実質的かつ『基本的なヨーロッパの原則』に基づくものである、⁽¹⁵⁵⁾ と。

　2000 年 6 月 8 日の電子商取引の指令においては、その 3 条 1 項が情報社会

における役務提供については役務提供者の営業所所在地国法によるとする抵触法規定（営業所所在地国法主義）を規定したものであるかどうかが学説上争われ、不正競業の準拠法は営業所所在地国法であるとする営業所所在地国法主義（Maennel, Brenn, Hamann, Leupold/Bräutigam/Pfeiffer, Gierschmann, Thünken, Mankowski, Härting, Determann, Lurger/Vallant, Grundmann, Naskret, Hausmann/Obergfell）、不正競業の準拠法は市場地法であるとする市場地国法主義（Lehmann, Spindler, Ziem, Fezerおよび Koos, Tettenborn, Ahrens, Halfmeier, Vianello, Dethloff, Ohly, Landfermann, Sack, Nickels, Menzel und Ofner, Drexl）、営業所所在地国法の指定は営業所所在地国の国際私法をも含むとするメタ抵触法説（Hoern, Appel および Grappenhaus）が主張されている。

（注）
（1）　中村正則「ヨーロッパ国際私法における商品取引規制について（1）―― 判例理論の展開 ―― 」比較法雑誌 31 巻 1 号（1997）50 頁。
（2）　中村・前掲注（1）53 頁。同「ヨーロッパ国際私法における商品取引規制について（2・完）―― 判例理論の展開 ―― 」比較法雑誌 31 巻 2 号（1997）130 頁。また、1974 年 4 月 11 日の判決（Dassonvile）（Sammlung der Rechtsprechung des Gerichthofes der Europäischen Gemeinschaften [Slg.], 1974, 837）参照。なお、Dassonvile 判決については、同・前掲注（1）53-54 頁参照。
（3）　中村・前掲注（1）63 頁。同・前掲注（2）130 頁。また、1984 年 3 月 13 日の判決（Bocksbeutel; Prantl）（Slg.1984, 1299）参照。なお、Prantl 判決については、同・前掲注（1）62-63 頁参照。
（4）　中村・前掲注（2）116 頁、130 頁。また、1990 年 3 月 7 日 の判決（GB-INNO-BM）（Slg.1990 Ⅰ, 667）参照。なお、GB-INNO-BM 判決については、同・前掲注（1）63-67 頁参照。
（5）　中村・前掲注（2）117 頁、130 頁。また、1979 年 2 月 20 日の判決（Cassis de Dijon）（Slg.1979, 649）参照。なお、Cassis de Dijon 判決については、同・前掲注（2）116-120 頁参照。また、詳しくは、同「ヨーロッパ国際私法における商品取引規制について ―― 『カシス・デゥ・ディジョン』判決を手がかりとして ―― 」中央大学大学院研究年報 24 号 89 頁以下を参照。
（6）　1989 年 5 月 16 日の判決（Buet）（Slg.1989, 1235）参照。
（7）　1991 年 6 月 18 日の判決（ERT）（Slg.1991 Ⅰ, 2925）参照。
（8）　1982 年 12 月 15 日の判決（Oosthoek）（Slg.1982, 4575）参照。
（9）　1991 年 7 月 25 日の判決（Aragonesa）（Slg.1991 Ⅰ, 4151）参照。
（10）　1993 年 5 月 18 日の判決（Yve Rocher）（Slg.1993 Ⅰ, 2389）参照。

第 8 章　ヨーロッパ国際不正競業法　*391*

(11)　中村・前掲注（2）121 頁、130 頁。また、1993 年 11 月 24 日の判決（Keck）（Slg.1993 Ⅰ，6097）参照。なお、Keck 判決については、同・前掲注（2）120-129 頁参照。

(12)　1993 年 12 月 15 日の判決（Hünermund/Apothekerkammer）（Slg.1993 Ⅰ，6787）

(13)　1995 年 6 月 29 日の判決（Kommission/Griechenland）（Slg.1995 Ⅰ，1621）参照。

(14)　1995 年 2 月 9 日の判決（Leclerc-Siplec）（Slg.1995 Ⅰ，179）参照。

(15)　1993 年 11 月 24 日の判決（Keck）（Slg.1993 Ⅰ，6097）、1993 年 12 月 15 日の判決（Hünermund/Apothekerkammer）（Slg.1993 Ⅰ，6787）、1995 年 2 月 9 日の判決（Leclerc-Siplec）（Slg.1995 Ⅰ，179）、1995 年 6 月 29 日の判決（Kommission/Griechenland）（Slg.1995 Ⅰ，1621）参照。

(16)　1992 年 1 月 16 日の判決（Nissan）（Slg.1992 Ⅰ，131）参照。

(17)　1991 年 6 月 18 日の判決（Piageme）（Slg.1991 Ⅰ，2971）参照。

(18)　36 条の意味での「健康の保護」に該当すると判断した 1991 年 7 月 25 日の判決（Aragonesa）（Slg.1991 Ⅰ，4151）、36 条の意味での「工業所有権の保護」に該当すると判断した 1992 年 11 月 10 日の判決（Exportur）（Slg.1992 Ⅰ，5529）、36 条の意味での「人間の健康および生命の保護」に該当すると判断した 1994 年 11 月 1 日の判決（LucienOrtscheit GmbH）（Slg.1994 Ⅰ，5243）参照。

(19)　36 条の「工業所有権の保護」に該当しないと判断した 1975 年 2 月 2 日の判決（Sekt Weinbrand）（Slg.1975，181）、36 条の「健康の保護」に該当しないし、「恣意的な差別の手段でもないし公正国間の取引の偽装された制限でもない」という要件を満たしていないと判断した 1980 年 7 月 10 日の判決（Werbung für alkoholische Getränke）（Slg.1980，2299）、36 条の「工業所有権の保護」に該当しないと判断した 1981 年 1 月 22 日の判決（Dansk Supermarked/Imerko）（Slg.1981，181）、なお、国内取引ではあるが、輸入品についてのみ妥当する国家の措置、しかも製品関連的措置に関して、36 条の「工業所有権の保護」に該当しないと判断し 30 条違反を否定した 1997 年 5 月 7 日の判決（Pistre）（GRUR Int.1997，737）参照。

(20)　「消費者保護および商取引の公正」の絶対的要件に該当すると判断した 1982 年 3 月 2 日の判決（Beele）（Slg，1982，707）、同様に「消費者保護および商取引の公正」の絶対的要件に該当すると判断した 1982 年 12 月 15 日の判決（Oosthoek）（Slg.1982，4575）、また、1989 年 5 月 16 日の判決（Buet）（Slg.1989，1235）、さらに「消費者保護および商取引の公正」の絶対的要件に該当すると判断した 1995 年 7 月 6 日の判決（Mars）（Slg.1995 Ⅰ，1923）、メディアの多様性の維持のための保証されている見解の自由は正当化事由に該当すると判断した 1997 年 6 月 26 日の判決（Familliapress）（GRUR Int.1997，829）、同様にメディアの多様性の維持のための保証されている見解の自由は正当化事由に該当すると判断した 1997 年 6 月 26 日の判決（Zeitscriften-Gewinnspiel）（WRP.1997，706）参照。なお、役務提供に関して第 59 条違反が問題となったが投資家保護の公益事由に該当するから第 59 条違反ではないとしたものとして、1995 年 5 月 10 日の判決（Alpine Investments）（Slg.1995 Ⅰ，1141）参照。

(21)　「消費者保護」の絶対的要件に該当しないと判断した 1980 年 12 月 16 日の判決（Fietje）（Slg.1980，3839）、同様に「消費者保護」の絶対的要件に該当しないと判断した 1985 年 4

月 25 日の判決（Origin Making; Ursprungskennzeichnung）（Slg 1985, 1201）。さらに「消費者保護」の絶対的要件に該当しないと判断した 1990 年 3 月 7 日の判決（GB-INNO-BM）（Slg.1990 Ⅰ, 667）、「消費者保護および商取引の公正」の絶対的要件に該当しないと判断した 1990 年 12 月 13 日の判決（Pall/Dahlhausen）（Slg.1990 Ⅰ, 4827）、同様に「消費者保護および商取引の公正」の絶対的要件に該当しないと判断した 1993 年 5 月 18 日の判決（Yve Rocher）（Slg.1993 Ⅰ, 2389）参照。なお、役務提供に関して 59 条違反が問題となったが、役務提供の受領者の保護という絶対的要件に該当しないと判断した 1991 年 7 月 25 日の判決（Stichting Collective Antennevoorziening Gouda）参照。

(22) 1997 年 7 月 9 日の判決（De Agostini）（Slg.1997 Ⅰ, 3843）参照。この判決においては、役務提供に関して第 59 条違反も問題となったが、56 条の正当化事由ならびに「商取引の公正および消費者保護」の公益事由に該当するとされている。なお、36 条の「人間の健康の保護」にも「消費者の保護および商取引の公正」の絶対的要件に該当するが相当性の要件を満たしていないと判断したものとして、1999 年 1 月 28 日の判決（Österreichische Unilever GmbH）参照。

(23) 消費者保護および商取引の公正は 36 条に挙げられた例外に含まれていないから 36 条の正当化事由に該当しないし、係争の措置は差別的性格を有するから絶対的要件にも該当しないと判断した 1981 年 6 月 17 日の判決（Irische Souvenirs）（Slg.1981, 1625）、36 条に挙げられた例外に該当しないし、「消費者保護および商取引の公正」の絶対的要件にも該当しないと判断した 1982 年 6 月 22 日の判決（Silberprägestempel）、36 条に挙げられた「公序」および「工業所有権の保護」という例外事由に該当しないと判断した 1984 年 3 月 13 日の判決（Bocksbeutel; Prantl）（Slg.1984, 1299）、36 条の「公序」の概念は消費者保護を含まないから 36 条に挙げられた例外事由に該当せず、内外製品を差別しないという要件を満たしていないから絶対的要件にも該当しないと判断した 1984 年 11 月 6 日の判決（Kohl/Ringelhan; R&R; Firmensignet）（Slg.1984, 3651）、36 条の「消費者保護」にも該当しないし、「人間の健康保護」の絶対的要件にも該当しないと判断した 1994 年 2 月 2 日の判決（Clinique）（Slg.1994 Ⅰ, 317）参照。

(24) Peter Chrocziel, Die eingeshränkte Geltung des Gesetzes gegen Unlauteren Wettbewerb für EG-Ausländer, Europäisches Wirtschafts-und Steuerrecht [EWS], 1991, S.178.

(25) Chrocziel, a.a.O., S.199.

(26) Chrocziel, a.a.O., S.119.

(27) Norbert Reich, Rechtsprobleme grenzüberschreitender irreführender Werbung im Binnenmarkt-dargestellt am deutschen franzözischen und englischen Recht unter besonderer Berücksichtigung des EG-Rechts-, RabelsZ, 1992, S.491.

(28) Reich, a.a.O., S.493.

(29) Reich, a.a.O., SS.509-510.

(30) Reich, a.a.O., S.513.

(31) Wolfgang Drasch, Das Herkunftslandprinzip im internationalen Privatrecht, 1997, SS.366-367.

第8章 ヨーロッパ国際不正競業法　*393*

（32） Nina Dethloff, Europäisches Kollisionsrecht des unlauteren Wettbewerbs, JZ, 2000, S.185.
Dethloff, European Conflict-of-Law provisions governing unfair competition, Commercial
Communications, 1999, p.11.

（33） Jürgen Basedow, Der Kollisionsrechtliche Gehalt der Produktfreiheiten im europäischen
Binnenmarkt: favor offerentis, RabelsZ, 1995, SS.51-52. なお、EC 条約 30 条の「有利性原則」
による抵触法的再構成を提唱する見解として、中村・前掲注（2）139 頁参照。このような見解
に反対するものとして、長田真里「EU 法における『本源国法原則』とその国際私法上の意義」
阪大法学 55 巻 3・4 号 227 以下参照。

（34） Peter Bernhard, Cassis de Dijon und Kollisionsrecht—am Beispiel des unlauteren
Wettbewerbs, Europäische Zeitschrift für Wirtschaftsrecht [EuZW], 1992, S.441. なお、
Cassis de Dijon 判決に対する Bernhard による評価について詳しくは、中村・前掲注（5）
91-93 頁を参照。

（35） Bernhard, a.a.O., SS.442-443.

（36） Bernhard, a.a.O., S.443.

（37） Urlich Reese, Grenzüberschreitende Werbung in der Europäische Gemeinschaft, 1994,
SS.217-218.

（38） Reese, a.a.O., S.218.

（39） Reese, a.a.O., S.219.

（40） Reese, a.a.O., S.219.

（41） Reese, a.a.O., S.219.

（42） Kort, a.a.O., S.601.

（43） Rolf Sack, Art.30, 36 EG-Vertrag und das internationale Wettbewerbsrecht, WRP, 1994,
S.291.

（44） Sack, a.a.O., S.292.

（45） Sack, a.a.O., S.293.

（46） Rolf Sack, Das internationale Wettbewerbsrecht nach der E-Commerce-Richtlinie (ECRL)
und EGG-/TDG-Entwurf, WRP, 2001, 12, S.1415.

（47） Harry Duintjer Tebbens, Les conflits de lois en matière de publicité déloyale à l'épreuve
du droit communautaire, Rev.crit., 1994, pp.476-478.

（48） Tebbens, op.cit., pp.478-479.

（49） Tebbens, op.cit., pp.479-481.

（50） MünchKom-Kreuzer, a.a.O., S.2108.

（51） Staudinger-Hoffmann, a.a.O., S.503.

（52） Granpierre, a.a.O., S.231.

（53） Paul Katzenberger, Kollisionsrecht des unlauteren Wettbewerbs, Neuordnung des
Wettbewerbsrechts, 1998/1999.SS.227-229.

（54） Karl-Heinz Fezer und Stefan Koos, Das gemeinschaftsrechtliche Herkunftzlandprinzip
und die e-commerce-Richtlinie, IPRax, 2000, Heft5, S.351. ほぼ、同様の趣旨は Ahrens に

よっても明らかにされている。すなわち、Ahrens によれば、「基本的自由は、国家の既存の国際私法およびそれに基づいて指定される契約準拠法または不法行為準拠法において、個々の実質法規範の次元において適用されるべき国の実質法が製造地国法によって、しかもヨーロッパ共同体条約 28 条に関するカシス判例の制限的な基準を適用することによってのみ修正されることだけを配慮する。国際私法自体は影響を受けないから、域内市場の事態と第三国の事態との抵触法の分断が回避される。なるほど、製造地国法のために国家の国際私法を抵触法上無効にすることは、精神的な思考の産物であるが、ヨーロッパ共同体の条約の基本的自由およびヨーロッパ共同体の裁判所が展開した基準、特に域内市場統合の命令およびヨーロッパ法上の相当性の原則によって追及される目的を超える。独自に構成国によって定められた国際私法による連結の補充としての製造地国連結が無制限に妥当し、理論的には役務提供者の自由さえも制限することができることになってしまうであろう」（Hans-Jürgen Ahrens, Das Herkunftslandprinzip in der E-Commerce-Richtlinie, Computer und Recht [CR], 2000, 12, S.838.）と。

(55) Frauke Hennig-Bodewig, E-Commerce und irreführende Werbung, WRP, 2001, 7, S, 773.

(56) Mirko Vianello, Das internationale Privatrecht des unlauteren Wettbewerbs in Deutschland und Italien, 2001, S.111.

(57) Dethloff, Europäisierung des Wettbewerbsrechts, 2001, SS.271-272.

(58) Winfried Tilmann, Irreführunde Werbung in Europa-Möglichkeiten und Grenzen der Rechtsentwicklung, GRUR, 1990, S.89.

(59) Tilmann, a.a.O., S.93.

(60) Martin Bauer, Internationales Privatrecht und Warenverkehrsfreiheit in Europa, IPRax, 1995, S.156.

(61) Hausmann/Obergfell, a.a.O., Rnd.93.

(62) http: //www.drt.ucl.ac.be/gedip/gedip-reunions-6t.html.

(63) http: //www.drt.ucl.ac.be/gedip/gedip-reunions-7t.html.

(64) 仏文については、http: //www.drt.ucl.ac.be/gedip/gedip-documents-7pf.html. 英文については、http: //www.drt.ucl.ac.be/gedip/gedip-documents-7pe.html. 参照。

(65) http: //www.drt.ucl.ac.be/gedip/gedip-reunions-8t.html.

(66) 仏文については、Praxis des Internationalen Privat-und Verfahrensrechts, 1999, SS.286-287.Marc Fallon, Proposition pour une convention européenne sur la loi applicable aux obligationsnon contractuelles, Eoropean Review of Private Law, 1999, 1, pp.53-54. http: //www.drt.ucl.ac.be/gedip/gedip-documents-8pf.html.英文については、Netherlands International Law Review [NILR], 1998, pp.466-467. また、RabelsZ, Bd.65（2001）S.551.参照。さらに、Fallon, op.cit., pp.47-48.最後に、http: //www.drt.ucl.ac.be/gedip/gedip-documents-8pe.html.Thomas Kadner Graziano, Gemeineuropäisches Internationales Privatrecht, 2002, SS.617-618.Europäisches Internationales Deliktsrecht, 2003, SS.153-154. 参照。

(67) Fallon, op.cit., pp.63-64. また、http: //www.drt.ucl.ac.be/gedip/gedip-documents-9cf.html.

第 8 章　ヨーロッパ国際不正競業法　*395*

（68）　http: //europa.eu.int/comm/justice_home/unit/civil/consultation/index_en.htm, 仏文に
ついては、http: //europa.eu.int/comm/justice_home/unit/civil/consultation/index_fr.htm,
Graziano, Europäisches Internationales Deliktsrecht, 2003, S.157.Cyril Nourissat et
Edouard Treppoz, Quelque observations sur l'avant-projet de proposition de règlement du
Conseil sur la loi applicable aux obligations non contractuelles《Rome Ⅱ》, Journal du droit
international [JDI], 130（1）（2003）p.34.Nourissat および Treppoz は、6条について次の
ように述べている。すなわち、「実際、6条が堅持する影響を受けた市場地法は損害発生地法
と一致すると思われる。なぜなら、損害はまさに《不正競業または不正な慣行が競業関係また
は消費者の集団的な利益を侵害する》場所に位置づけられるからである。したがって、特別な
規則を定めることは無用であると思われる」（Nourissat et Treppoz, op.cit., p.30.）と。独文
については、http: //europa.eu.int/comm/justice_home/unit/civil/consultation/index_de.htm,
Graziano, a.a.O., S.327, Fn.458. 参照。また、Graziano は、『損害に関する契約外責任につい
てのヨーロッパに共通の調整法の指導原則』を提案し、その7条において不正競業に関する
規則を置いている。それによれば、「不正競業による侵害は、その領土において競業者の利益
が衝突し、顧客の意思形成が影響を受けた国の法に従い判断されなければならない。法選択
（1条）および附従的連結（4条）は排除される」（Thomas Kadner Graziano, Europäisches
Internationales Deliktsrecht, 2003, S.147.）と。さらに、Ahrens は、6条について次のよう
に述べている。すなわち、「Rom Ⅱ《準備草案の6条は、競業利益の衝突地の連結として理
解される。最終草案に付け加えられている検討理由においては、これが明らかにされなければ
ならない。市場関連的な競業行為の場合の競業利益の衝突地は市場地であることも検討理由
に取り入れられなければならない。個々の競業者に対する個々の妨害行為はそれに含まれて
いない。》」（Hans-Jürgen Ahrens, Auf dem Wege zur IPR-VO der EG für das Deliktsrecht-
Zum Sondeltatbestand des internationalen Wettbewerbsrechts, Festschrift für Tilmann, 2003,
S.752.）と。最後に、ライブレもほぼ同様の趣旨を明らかにしている。ライブレは6条につい
て次のように論じている。すなわち、「不正競争あるいは不公正取引に基づく債務関係は、第6
条によれば、競争もしくは消費者の利益が侵害される国の法によるものとされる。第6条は、
すでにドイツ法上確立している市場地原則を定めるものである。もっとも、この規定が現在の
ところ、特定の競争者だけを相手とする競争行為をも対象としている点は批判すべきである。
このような場合については、市場地原則の例外を認めるのが妥当であると思われる。むしろ適
用すべきであるのは、被害者の営業所が所在する国の法である。ただし、この点は、第3条の
一般ルールに委ねることもできるであろう」と。シュテファン・ライブレ／西谷裕子訳「契約
外債務の準拠法に関する欧州共同体規則［ローマⅡ］の構想」国際商事法務 Vol.34, No.5（2006）
602 頁参照。

（69）　http: //europa.eu.int/comm/justice_home/unit/civil/consultation/contributions_en.htm 参
照。

（70）　Hamburg Group for Private International Law, Comments on the European Commissioner'
s Draft Proposal for a Council Regulation on the Law Applicable to non-Contractual
Obligations, RabelsZ, 2003, SS.19-20.

（71）http://europa.eu.int/comm/justice_home/fsj/civil/applicable_law/wai/fsj_civil_
applicable_law_en.htm, pp.15-16. 日本語訳として、佐野寛「資料：契約外債務の準拠法に関
する欧州議会及び理事会規則（ローマⅡ）案について」岡山大学法学会雑誌54巻2号61-63頁。
なお、簡潔な要約として、高杉直「ヨーロッパ共同体の契約外債務の準拠法に関する規則（ロー
マⅡ）案について――不法行為の準拠法に関する立法論的検討――」国際法外交雑誌103巻
3号11-12頁参照。宗田貴行「不正競争行為及び競争制限行為の準拠法～ローマⅡ規則とわが
国の法の適用に関する通則法の検討～〔上〕」国際商事法務37巻12号1625-1626頁参照。

（72）http://europa.eu.int/comm/justice_home/fsj/civil/applicable_law/wai/fsj_civil_
applicable_law_en.htm, p.31. 佐野・前掲注（71）40頁。宗田・前掲注（71）1625頁。

（73）http://europa.eu.int/comm/justice_home/fsj/civil/applicable_law/wai/fsj_civil_
applicable_law_en.htm, p.34. 佐野・前掲注（71）42-43頁。宗田・前掲注（71）1625頁。

（74）Martiana Benecke, Auf dem Weg zu „Rom Ⅱ "Der Vorschlag für eine Verordnung zur
Angleichung des IPR der außervertraglichen Schuldverhältnisse, RIW, 2003, S.834.

（75）Stefan Leible und Andreas Engel, Der Vorschlag der EG-Kommission für eine Rom Ⅱ
-Verordnung, EuZW, 2004, S.12.

（76）Jan von Hein, Die Kodifikation des europäischen Internationalen Deliksrechts, Zeitschrift
für vergleichende Rechtswissenschaft [ZvglRWiss], 102 (2003), S.555-556.

（77）Angelika Fuchs, Zum Kommissionsvorschlag einer » Rom Ⅱ «-Verordnung, Zeitschrift
für Gemeinschaftsprivatrecht [GPR], 2004, S.103.

（78）Olivier Tell, La proposition de règlement sur la loi obligations non contractuelles (dite «
Rome Ⅱ », Revue européenne de droit de la consommation[R.E.D.C.], 1-2/2004, pp.49-50.

（79）Peter Stone, The Rome Ⅱ Proposal on the Law Applicable to Non-Contractual
Obligations, The European Legal Forum, 2004, pp.225-226.

（80）Matthias Leistner, Comments: The Rome Ⅱ Regulation Proposal and its Relation to the
Euopean Country-of-Origin Principle, Josef Drexl and Annette Kur (editors), International
Property and Private International Law-Heading for the Future, 2005, p.182.

（81）Matthias Leistner, Unfair Competition Law Protection Against Imitations: A Hybrid under
the Future Art.5 Rome Ⅱ Regulation?, Jürgen Basedow, Josef Drexl, Annette Kur & Axel
Metzger, Intellectual Property in the Conflict of Laws, 2005, p.136.

（82）Leistner, op.cit., pp.137-138.

（83）Peter Huber und Ivo Bach, Die Rom Ⅱ -VO, IPRax, 2005, Heft2, S.78.

（84）Benedikt Buchner, Rom Ⅱ und das Internationale Immaterialgüter-und Wettbewerbsrecht,
GRUR Int., 2005, 12, S.1009.

（85）Buchner, a.a.O., S.1009.

（86）Hausmann/Obergfell, a.a.O., Rnd.141.

（87）Hausmann/Obergfell, a.a.O., Rnd.144.

（88）Josef Drexl, Münchener Kommentar zum Bürgerlichen Gesetzbuch, Bd.11, Internationales
Wirtschaftsrecht, 4.Aufl.2006.Rdn.77.

第 8 章　ヨーロッパ国際不正競業法　*397*

（89）　Abbo Junker, Münchener Kommentar zum Bürgerlichen Gesetzbuch, Bd.10, Internationales Privatrecht, 4.Aufl.2006.Rdn.45.

（90）　Junker, a.a.O., Rdn.47.

（91）　Junker, a.a.O., Rdn.48.

（92）　Gerhard Wagner, Internationales Deliktsrecht, die Arbeiten an der Rome Ⅱ -Verordnung und der Europäische Deliktsgerichtsstand, IPRax, 2006, S.380.

（93）　Ehrich, a.a.O., S.199.

（94）　OJ2004/C241/01. http: //europa.eu.int/eur-lex/lex/LexUriServ/LexUriServ. do?uri=CELEX: 52004AE0841: EN: HTML, p.4.

（95）　OJ2004/C241/01. http: //europa.eu.int/eur-lex/lex/LexUriServ/LexUriServ. do?uri=CELEX: 52004AE0841: EN: HTML, p.7.

（96）　Working Document on Rome II [Part 1, Articles 1 to 8].http: //www.dianawallismep.org. uk/resources/sites/82.165.40.25-416d2c46d399e8.07328850/Rome%20II/Working+Docume nt+on+Rome+II+%5BPart+1%2C+Articles+1+to+8%5D.doc, p.6.

（97）　Draft Report on the proposal for a regulation of the European Parliament and of the Council on the law applicable to non-contractual obligations（„Rome Ⅱ ")（2004.3.9）. www.aig.org/r2g/downloads/dw_romeii_draftreport_090304.pdf, p.15.

（98）　Draft Report on the proposal for a regulation of the European Parliament and of the Council on the law applicable to non-contractual obligations（„Rome Ⅱ ")（2004.3.15）. http: //www.europarl.eu.int/meetdocs/committees/juri/20040329/528672en.pdf, p.15.

（99）　Revised Draft Rome II Report - April 2004.http: //www.dianawallismep. org.uk/resources/sites/82.165.40.25-416d2c46d399e8.07328850/Rome%20II/ Revised+Draft+Rome+II+Report+-+April+2004.doc.pp.8-9.

（100）Draft Report on the proposal for a regulation of the European Parliament and of the Council on the law applicable to non-contractual obligations（„Rome Ⅱ ")（2004.11.11）. http: //www.europarl.eu.int/meetdocs/2004_2009/documents/PR/546/546929/546929en.pdf, pp.16-17.

（101）Draft Report on the proposal for a regulation of the European Parliament and of the Council on the law applicable to non-contractual obligations（„Rome Ⅱ ")（2005.3.29）. http: //www.europarl.eu.int/meetdocs/2004_2009/documents/PR/560/560106/560106en.pdf, pp.19-20.

（102）Draft Report on the proposal for a regulation of the European Parliament and of the Council on the law applicable to non-contractual obligations（„Rome Ⅱ ")（2005.5.2）. http: //www.europarl.eu.int/meetdocs/2004_2009/documents/AM/566/566672/566672en. pdf, p.19-20.

（103）Report on the proposal for a regulation of the European Parliament and of the Council on the law applicable to non-contractual obligations ("Rome II") (2005.6.21), http: // www.dianawallismep.org.uk/resources/sites/82.165.40.25-416d2c46d399e8.07328850/

Rome%20II/Rome+II+report+-+Committee+on+Legal+Affairs+.doc, pp.8-9.

(104) European Parliament legislative resolution on the proposal for a regulation of the European Parliament and of the Council on the law applicable to non-contractual obligations ("Rome II"), http: //www.dianawallismep.org.uk/resources/sites/82.165.40.25-416d2c46d399e8.07328850/Rome%20II/Final+report+%28provisional%29+.doc.

(105) Proposition modifiée de RÈGLEMENT DU PARLMENT EUROPÉEN ET DU CONSEIL SUR LA LOI APPLICABLE AUX OBLIGATIONS NON CONTRACTUELLES ("ROME II"), http: //europa.eu.int/eur-lex/lex/LexUriServ/site/fr/com/2006/com2006_0083fr01.pdf

(106) Gerhard Wagner, a.a.O., S.381.

(107) REGULATION (EC) No 864/2007 OF THE EUROPEAN PARLIAMENT AND OF THE COUNCIL OF 11 July 2007 on the law applicable to non-contractual obligations (Rome II), Official Journal of the European Union (2007.7.31), L199/41.

(108) REGULATION (EC) No 864/2007 OF THE EUROPEAN PARLIAMENT AND OF THE COUNCIL OF 11 July 2007 on the law applicable to non-contractual obligations (Rome II), Official Journal of the European Union (2007.7.31), L199/44. また、宗田貴行「不正競争行為及び競争制限行為の準拠法～ローマII規則とわが国の法の適用の通則法の検討～［中］国際商事法務 38 巻 1 号 59 頁参照。

(109) Official Journal of the European Communities, Vol.43, L178.

(110) Official Journal of the European Communities, Vol.43, L178/16.

(111) 駒田泰士「欧州電子 HV 取引指令における本国の原則」コピライト（2000.10）55 頁参照。

(112) Official Journal of the European Communities, Vol.43, L178/4. また、駒田・前掲注（111）55 頁参照。

(113) Frithjof A.Maennel, Elektronischer Geschäftsverkehr ohne Grenzen-der Richtlinienvorschlag der Europäischen Kommission, Multimedia und Recht [MMR], 1999, 4, S.188.

(114) Christoph Brenn, Der elektronische Geschäftsverkehr, Österreichische Juristen-Zeitung [ÖJZ], 1999, 13, S.484.

(115) Andreas Hamann, Der Entwurf einer E-Commerce-Richtlinie unter rundfunkrechtlichen Gesichtspunkten, Zeitschrift für Urheber-und Medienrecht [ZUM], 2000, 4, SS.291-292.

(116) Andreas Leupold/Peter Bräutigam/Markus Pfeiffer, Von der Werbung zur kommerziellen Kommunikation: Die Vermarktung von Waren und Dienstleistungen im Internet, WRP, 2000, 6, S, 583.

(117) Sibylle Gierschmann, Die E-Commerce-Richtlinie, DB, 2000, 26, S.1316.

(118) Alexander Thünken, Die EG-Richtlinie über den elektronischen Geschäftsverkehr und das internationale Privatrecht des unlauteren Wettbewerbs, IPRax, 2001, Heft1, S.22. なお、Thünken は別の論文において次のように述べている。すなわち、「本源国主義（the country-of origin principle）は、抵触規則と考えなければならない。まず、3 条は抵触規則に類似している：3 条 4 項（a）号は特に公序、刑事犯罪の起訴、未成年者の保護等のために 2 項とは異なる

第 8 章　ヨーロッパ国際不正競業法　*399*

措置を取ることを構成国に許している。しかし、3 条 4 項 (b) 号はそのような措置を取るよう本源国たる構成国に求めることを構成国に義務づける；これは、第一に本源国法を尊重しなければならないことを意味する。したがって、3 条 4 項は公序の例外のメカニズムに強く類似している。第二に、抵触規則は法的実効性の利益に奉仕するであろう。裁判官はひとつの法を適用しさえすればよく、EC 条約に含まれる自由の評価にさらされたくないであろう」(Alexander Thünken, Multi-State Advertising over the Internet and the Private International Law of Unfair Competition, International and Comparative Law Quarterly [ICLQ], , Vol.51, 2002, p.940.) と。

(119) Peter Mankowski, Das Herkunftslandprinzip als Internationales Privatrecht der e-commerce-Richtlinie, ZVglRWiss, 2001, 100, S.179.

(120) Mankowski, a.a.O., SS.178-179.

(121) Niko Härting, Umsetzung der E-Commerce-Richtlinie, DB, 2001, 2, SS.80-81.

(122) Lothar Determann, Ursprungslandprinzip nach Art. 3 E-Commerce-Richtlinie und deutsches IPR und UWG, http: //www.usfca.edu/fac-staff/determann/seeburg.doc, SS.21-22.

(123) Determann, a.a.O., SS.22-23.

(124) Lurger/Vallant, Grenzüberschreitender Wettbewerb im Internet, RIW, 2002.S.198.

(125) Stefan Grundmann, Das Internationale Privatrecht der E-commerce-Richtlinie-was ist kategorial anders im Kollisionsrecht des Binnenmarkts und warum?, RabelsZ, 2003, SS.272-273.

(126) Stefanie Naskret, Das Verhältnis zwischen Herkunftslandprinzip und Internationalem Privatrecht in der Richtlinie zum elektronischen Geschäftsverkehr, 2003, SS.129-130.

(127) Hausmann/Obergfell, a.a.O., Rnd.132.

(128) Michael Lehmann, Rechtsgeschäfte und Verantwortlichkeit im Netz-Der Richtlinienvorschlag der EU-Kommission, ZUM, 1999, 3, S.182.

(129) Gerald Spindler, Verantwortlichkeit von Dienstanbietern nach dem Vorschlag einer E-Commerce-Richtlinie, MMR, 1999, 4, S.206.

(130) Gerald Spindler, Der neue Vorschlag einer E-Commerce-Richtlinie, ZUM, 1999, 11, S.786.

(131) Gerald Spindler, E-Commerce in Europa, MMR-Beilage, 2000, 7, S.9.

(132) Gerald Spindler, Internet, Kapitalmarkt und Kollisionsrecht unter besonderer Berücksichtihung der E-Commerce-Richtlinie, Zeitschrift für das gesamte Handelsrecht und Wirtschaftsrecht [ZHR], 2001, 165, SS-34-341.

(133) Gerald Spindler, Das Gesetz zum elektronischen Geschäftsverkehr-Verantwortlichkeit der Diensteanbieter und Herkunftslandprinzip, NJW, 2002, 13, SS.925-926.

(134) Haimo Schack, Internationale Urheber-, Marken-und Wettbewerbsrechtsverletzungen im Internet, MMR, 2000, 2, S.63.

(135) Claudia Spammng Ziem, Zulässigkeit nach § 1 UWG, Fernabzatzrichtlinie und E-Commerce-Richtlinienentwurf, MMR, 2000, 3, S.133.

〔136〕Alexander Tettenborn, E-Commerce-Richtlinie: Politische Einigung in Brüssel erzielt, Kommunikation und Recht [K&R], 2000, 2, S.60.

〔137〕Tettenborn, a.a.O., S.60.

〔138〕Tettenborn, a.a.O., S.60.Tettenborn は、別の論文においても同様の趣旨をあきらかにしている。すなわち、「例えば、連邦共和国において、主として不正競業防止法において規律されている公正法の領域においては、市場地主義が妥当する。したがって、市場関係者の競業利益が衝突する国ないし市場への効果が確認できる国の法が指定される。おそらく、通説によれば、市場地法のこの抵触法的指定は、インターネットにおける違反についても妥当するであろう」（Tettenborn, Rechtsrahmen für den elektronischen Geschäftsverkehr, K&R Beilage 1, 12/2001, S.10）と。また、Tettenborn, Rechtsrahmen für den elektronischen Geschäftsverkehr, BB, 50/2001, S.10.

〔139〕Karl-Heinz Fezer und Stefan Koos, Das gemeinschaftsrechtliche Herkunftzlandprinzip und die e-commerce-Richtlinie, IPRax, 2000, Heft5, S.352.

〔140〕Fezer und Koos, a.a.O., S.354.

〔141〕Hans-Jürgen Ahrens, Das Herkunftslandprinzip in der E-Commerce-Richtlinie, CR, 2000, 12, S.837. なお、本論文については翻訳がある。ハンス・ユルゲン・アーレンス〈訳〉中田邦博「電子商取引（インターネット取引）に関する EC 指令（下）」NBL719 号（2001）65 頁参照。

〔142〕Axel Halfmeier, Vom Cassilikör zur E-Commerce-Richtlinie: Auf dem Weg zu einem europäischen Mediendeliktsrecht, ZEuP, 9/2001, SS.864-865.

〔143〕Mirko Vianello, Das internationale Privatrecht des unlauteren Wettbewerbs in Deutschland und Italien, 2001, S.287.

〔144〕Dethloff, a.a.O., SS.54-55.

〔145〕Ansgar Ohly, Herkunftslandprinzip und Kollisionsrecht, GRUR Int., 2001, 11, S.902.

〔146〕Hans-Georg Landfermann, Internet-Werbung und IPR, Aufbruch nach Europa, 2001, S.512.

〔147〕Rolf Sack, Das internationale Wettbewerbsrecht nach der E-Commerce-Richtlinie (ECRL) und EGG-/TDG-Entwurf, WRP, 2001, Heft12, S.1415.Sack は、別の論文においても次のように述べている。すなわち、「1.TDG および ECRL は、新たな抵触法規定を創造するものではない。TDG2 条 4 項および ECRL1 条 4 項の当該規定の体系的地位および沿革史に基づいて、これらは営業所所在地国主義に優先する。抵触法上指定された競業法規定の射程距離の制限は実質法的に行われなければならない。2. TDG4 条 1 項および ECRL3 条 1 項は、抵触規範を含むものではなく、総括指定でもないし実質規範指定でもない。それらは、いわゆる営業所所在地国すなわち電信役務の提供者がその営業所所在地を有する国に対して実質法の有効な貫徹を義務づける」（Sack, Herkunfslandprinzip und internationale elektronische Werbung nach Novellierung des Teledienstgesetzes (TDG), WRP, 2002, Heft3, S.282.）と。

〔148〕Sven Nickels, Der elektronische Geschäftsverkehr und das Herkunftlandprinzip, DB, 2001, S.1922.

〔149〕Nickels, a.a.O., S.1922.

第8章　ヨーロッパ国際不正競業法　*401*

(150) Nickels, a.a.O., S.1922.

(151) Thomas Menzel und Helmut Ofner, E-Commerce: Neueste Normen für das Internationale Privatrecht?, 当該論文は、http://www.maibox.univie.ac.at/thomas.menzel/pubs/netrecht2001/-menzel-ofner-final.pdf にて入手可能。

(152) Matthias Leistner, Comments: The Rome II Regulation Proposal and its Relation to the Euopean Country-of-Origin Principle, Josef Drexl and Annette Kur (editors), International Property and Private International Law-Heading for the Future, 2005, p.199.

(153) Drexl, a.a.O., Rdn.64.

(154) Thomas Hoern, Vorschlag für eine EU-Richtlinie über E-Commerce, MMR, 1999, 4, S.195.

(155) Jürgen Appel und Tania Grappenhaus, Das Offline-Online-Chaos oder wie die Eoropäische Kommission den grenzüberschreitenden Werbemarkt zu harmonisieren droht, WRP, 1999, Heft12, S, 1252.

第9章

インターネットにおける国際不正競業法

　最近、諸国においては、インターネットにおける不正競業の準拠法の問題が注目を浴びている。そして、この点については、インターネットにおいては市場地国法主義は妥当しないとする見解もあるが、インターネットにおいても市場地国法主義が妥当するとする見解が多数である。その際、前者は、発信地国法の適用を、後者は、受信地国法の適用を主張している。

1　発信地国法説

　「ICC Guidelines on Interactive Marketing Communications」（1996 年 3 月 15 日の最終案）は、「そのような通信の頒布が開始する」国の法が適用されるし、発信地国法主義を明らかにしている ⁽¹⁾。最近の「1998 年 4 月 2 日の「インターネットにおける広告およびマーケティングに関する ICC のガイドライン」（ICC Guidelines on Advertising and Marketing on the Internet）も、1 条において、「すべての広告およびマーケティングは、適法で、礼儀正しく、公正かつ誠実でなければならない。『適法』とは、これらのガイドラインの文脈においては、広告およびマーケティングのメッセージがその発信地国（country of origin）において適法でなければならないということを意味するものと推定される」⁽²⁾ と規定し、発信地国法主義を明らかにしているが、インターネットにおける広告およびマーケティングに対して発信地国法が適用されるか受信地国法が適用されるかどうかに関しては、現在国際的合意は存在しないとしている ⁽³⁾。さらに、ごく最近の 2004 年 10 月の「電子メディアを使用するマーケティングおよび広告に関する ICC のガイドライン」（ICC Guidelines on Marketing and Advertising using Electronic Media）も、2 条において、「電子メディアを使用するマーケティングおよび広告は、発信国あるいは許されれば広告者／市場商人が合意した国における規則および規定に従わなければならない。広告者／市場商人は、準拠法が異なる場合にはその広告またはマーケティングのメッセージを向けている法域の規則および規定を認識しなければ

ならない」と規定し、原則として発信地国法主義を採っている[4]。

まず、Dethloff によれば、結論的には、インターネットにおける競業行為の場合の市場地連結は国際競業法にとって重要な連結公理に応えていない。連結の実用性も予測可能性も保障されない。競業法の比較法的考察をした場合に中心となる行為防止機能がそれによって侵害される。さらに、市場地連結は、結局たいてい最も厳格な法を基準とすることになるから、オンラインマーケティングの場合には疑問にぶつかる[5]。そして、Dethloff によれば、ヨーロッパの領域について考えられる調整はますます発信地国法を考慮する新たな抵触法的方向へ向かうべきである[6]、と。

また、Vianello によれば、市場地主義は多国間競業行為の場合には限界につきあたる。国際的に頒布される印刷メディア、ラジオ放送および特にデジタルネットワークにおける不正競業の場合には、市場地主義は特に実行可能でもないし予測可能でもない。例えば、これらのメディアを介して頒布される広告の場合のように地理的には世界に及ぶ競業行為の場合には、市場地主義は市場の探求の困難さによって多大な法的不安定性を示す。これは、しばしば多数の法秩序の同時的適用をもたらすことにあり、それは広告活動者にも裁判所にも競業行為の準拠法を考慮ないし適用する場合に困難をもたらす。なるほど、知覚可能性（Spürbarkeit）の基準を介して問題となる法秩序の数の一部は削減されるが、この補充的な基準はインターネットにおける広告のように特に不可分の競業行為の場合には広範囲に役立たない[7]、と。

2 受信地国法説

まず、ドイツにおいては、インターネットにおける不正競業に関して、受信地国法を適用した最初の判例として、1998年12月3日のフランクフルト上級地方裁判所の判決が挙げられる。同裁判所は販売機能を有するウェッブサイトが問題となった事案において、次のように判示した。すなわち、「インターネットにおける提供の場合の不法行為地についてはホームページの現実の開設が行われるかサーバーが所在する場所が基準とされるべきではなくて、不法行為地としてはホームページを決定的に受信することができ利益の衝突を引き起こす場所が考慮される。これは、公正法においては競業利益の衝突が発生する場所である」[8]と。また、同様の趣旨を明らかにするものとして、2000年2月17日のブレーメン上級地方裁

判所の判決が挙げられる。同裁判所は、インターネットにおける不当広告が問題となった事案において、次のように判示した。すなわち、「市場における出会いの場所的領域をいかにして確定すべきかは、個別事案の事情に基づいて初めて判断される。インターネットにおける公表によって行われた競業違反については、同業者のインターネットへの参加がどのような受信者の領域に知覚できるほどに向けられているか、特にそこで提供される商品が誰に対して提供されるか、もしくは役務提供が誰に対して行われるかが基準とされなければならない。どのような受信者の領域に呼びかけられているかは、直接的にはまたは —— 明確であれば —— 当該ホームページの内容および構成から間接的に明らかになる。例えば、名宛人の範囲は、例えば商品または役務提供がドイツ内部においてのみ販売され外国においては販売しないという明示的な指示（いわゆる disclaimer）によってドイツに限定され市場地が決定される」[(9)] と。さらに、2001 年 12 月 20 日の区裁判所の決定は、広告者が自己のウェブサイトでいわゆる disclaimer によってドイツにおける顧客に販売しないということを明らかにした事案において、その他の事情から広告が内国の公衆に向けられているという事情が明らかにならない場合には民法施行法 41 条 1 項によりドイツ競業法は適用されないと判示するにあたって次のように述べている。すなわち、「適切な見解によれば、当該ウェブサイトがドイツにおいても呼び出し可能であるというだけでは、インターネット広告においてはドイツ競業法の空間的適用範囲は開かれない。むしろ、客観的基準に従い、広告がドイツ市場における顧客にも向けられているかどうか、ホームページがドイツの顧客によって決定的に呼び出し可能であるかどうかが確認されなければならない」[(10)] と。最後に、2002 年 6 月 5 日のハンブルグ上級地方裁判所の判決は、イギリス企業がドイツにおいて許可されていないインターネット賭博の開帳をドイツ企業がそのウェブサイトで広告した事案において、電子商取引指令および電信サービス法（Teledienstegesetz）4 条 2 項において定められた営業所所在地国主義（Herkunftslandprinzip）ではなくて市場地国主義が適用されることを明らかにするにあたって次のように判示している。すなわち、「ドイツ市場に向けられた E. スポーツ賭博有限会社の賭博の申込みの判断は、『市場地主義（Marktortprinzip）』に従い無制限にドイツ法による」[(11)] と。

　他方、学説においても、活発に議論がなされている。まず、Hoern によれば、その広告についてインターネットを使用する者は、競業利益の衝突地が内国に存在す

る限り、広告をドイツ法に従い判断しなければならない。したがって、Eメールが決定的に受信されるかWWWホームページが決定的に受信可能な国の法が妥当する。なぜなら、そこで、意図的に市場事象への侵害が行われるからである、[12]と。

つぎに、Kotthoffによれば、インターネットにおける広告の方向は単にウェッブサイトの内容自体に基づいてではなくて付随的事情に基づいて決定される。インターネットにおける広告の方向の探求にとって重要なのは、とくに他のメディアにおける付随的広告である。そのホームページを表示して印刷物、ラジオもしくはテレビにおいて内国で広告を行う者は、ウェッブサイトに蓄積した広告表示によって内国市場を対象としていることを明らかにしている、[13]と。

Diselhorstによれば、第1に、インターネットのウェッブサイトを提供するサーバーの所在地はドイツ競業法の適用の問題にとっては重要ではない。決定的なのはもっぱら『競業利益の衝突』地である。これは、ドイツのサーバーが提供するウェッブサイトの場合にももっぱら外国に存在する。第2に、ドイツ法がインターネットウェッブサイトに対して適用されるのは、それぞれのウェッブサイトの提供者がその製品をドイツ市場においても販売している場合である。そうでない場合には、ドイツ競業法によって保護される競業者の利益は、なるほど外国においては侵害されているがドイツにおいては侵害されていない『競業利益の衝突』地はもっぱら外国に存在する。ドイツ競業法はそのようなウェッブサイトに対しては適用されない。インターネットにおいて広告する多くの企業は国際的に活動し、その製品をドイツにおいても提供しているから、インターネットにおいて現れる多くの企業はドイツ競業法の効果が『競業利益の衝突』地に制限することによってはわずかしか援助されない。結論的には、彼らにとっては依然としてウェッブサイトのすべての形式において ―― 少なくとも ―― ドイツ競業法が考慮されなければならないであろう。外国法秩序はその競業秩序を適用する場合にはそれと同様の原則を妥当させているということが承認されれば、これは、国際的に活動する企業はウェッブサイトを作成する場合にはつねに国際的に最も厳しい法、例えば、アルコール広告の場合にはイランイスラム共和国法、タバコ広告の場合には恐らくアメリカ合衆国法、比較広告の場合には恐らくドイツ法に従わなければならないことになる。これは実際には実行不可能であることは明らかである[14]。したがって、どのようにしてオンライン役務においてドイツ競業法の適用を適切に制限することができるかという問題が提起される[15]。競業違反のウェッブサイトのドイツにおけ

る呼び出し可能性だけではまだドイツ競業法を適用することにはならない。むしろ、一方ではウェッブサイトがその客観的な方向からして（少なくともまた）ドイツにも向けられ、他方ではドイツにおける不正広告の効果がある程度重要である場合に、ドイツ競業法が適用される。この方向は個別事案の事情全体を考慮してケースバイケースでしか決定できない。その際には、とくに以下の基準が考慮される。言語すなわちドイツ語のウェッブサイトは通常（少なくともまた）ドイツ市場に向けられるから、たいていドイツ競業法に従う。これに対して、外国語のウェッブサイトは通例それぞれの言語が話される国で広告される。例外が考えられる（例えば、ドイツにおけるトルコまたはユーゴスラビアの少数に対する特別な提供）。英語のウェッブサイトの場合には困難となる。まさに WWW のような国際的なオンライン提供においては、英語の使用者のためにだけ考えられたのではないウェッブサイトにおいても使用されている普遍的言語として、英語は現れる。例えば、ドイツの提供者の多くのウェッブサイトも本来英語で起草されている。したがって、英語のウェッブサイトは内容からしてドイツの名宛人集団にも向けられる。市場の意味：ある企業にとってドイツ市場が重要である場合には、ドイツ市場が企業の営業活動においてわずかな重要性しか演じない場合よりもそのウェッブサイトはドイツ市場に向けられている。すでに見たように、サイトにおいて広告される製品がドイツにおいて入手されない場合には、ドイツはサイトのターゲットではない。広告の方法：さらに、一般的な企業広告と特殊な製品広告とを区別しなければならない。一般的な企業広告は通例不特定の名宛人集団に対する広告に奉仕するから、原則として特定の市場に向けられていない。例外が妥当するのは企業がその収益をまったく主として限定された地域市場において目指している場合である。この場合においては、一般的な企業広告もまた第 1 にこの市場に向けられている。しかし、一般的には以下のことが妥当する。ドイツ以外の企業のウェッブサイトが一般的な企業広告に使用されればされるほど、それは決定的にドイツに向けられず、ドイツ競業法は適用されない。ディスクレーマーすなわち特定の『ディスクレーマー』（例えば、『このウェッブサイトは A、B、C 国についてのみ妥当する』）の提供もウェッブサイトの対象の徴表となる。もちろん、特定の国に制限することも実質的には正当化される（例えば、製品の発注が特定の国からしか承諾されない）。実際にはその客観的な方向からして他の国の使用者にも向けられるウェッブサイトの対象の純粋に表示上の制限は準拠法を制限することにはならない。なるほど、ここでは個別

事案における制限は困難である。しかし、傾向としては、インターネットの世界性からしてインターネットウェッブサイトに対するドイツ法の適用は寛大にというよりはむしろ制限的に操作されなければならない。したがって、競争している2つの自動車製造業者の明示的な例については以下のことが明らかになる。広告は英語で起草されているから、アメリカのコンツェルンBの比較広告に対してはドイツ競業法は適用されない。互いに比較されている2つの自動車は北アメリカにおいてのみ提供されているから、比較はもっぱら北アメリカ市場においてのみ重要である。ドイツの自動車製造業者Aのウェッブサイトについては、それがハンブルグのサーバーから入手可能であるとしても同じことが妥当する。なぜなら、競業利益の衝突地はもっぱら北アメリカに存在するからである、⁽¹⁶⁾と。

　さらに、Bornkammによれば、市場地主義はインターネットにおける広告手段の競業法的判断の場合に適切な結論に到達するのに十分な基礎を提供する。その際には、以下の原則を考慮しなければならない。特定の広告行為をいずれの法に従い判断すべきかという問題について広告を行う企業の本拠地は問題となるホームページがアップロードされた場所と同様に役割を演じない。広告が市場事象に影響を与えた場所のみが基準となる。これがひとつの場所である必要はないことは明白である。したがって、特定の広告行為が複数の法秩序の競業法によることも避けられない。他方では、インターネットを介して頒布される広告手段は広告手段を認識することができるすべての国々の競争秩序に必ずしも合致する必要はない。その際に、小集団についてのみ向けられたホームページは通例インターネット接続から考察できるというインターネットの特殊性を考慮に入れなければならない。したがって、ドイツ法を適用するためには、ドイツ市場に対する意図的な侵害が必要である。特定の広告手段に対してドイツ法が適用されるかどうかという問題の場合には、ドイツの裁判所が言明している禁止が当該企業に広告手段を一般的に思いとどまるように効果を及ぼすことがあることも考慮しなければならない。しかし、特定の広告行為について外国法において規定された裁量の余地は ―― できる限り ―― 維持される。なぜなら、すべての競業者が与えられた裁量を利用するという外国法秩序の正当な利益が一般的に存在するからである。その製品を事実上国際的に市場化する競業者のみが対象とされる、⁽¹⁷⁾と。

　また、Rüßmannによれば、ドイツ実質法の適用にとって決定的なのは、文書がドイツ市場を対象としているかどうかである。具体的な名宛人の範囲が個別事例に

おける実質的な基準に従い公表された文書の解釈によって探求されなければならない。したがって、競業事件においては、上に示した解決においては、多数の国際管轄権と並んで多数の競業法を適用可能にする。この結論の法的効果は多数の競業法の適用、ドイツ市場が対象とされる場合にはドイツ法の累積的適用である。損害賠償請求については、この処理は様々な国々において発生した損害全体がひとつの法秩序により算定されるのではなくて、そこで妥当している法秩序に従いそれぞれの領域に限定される損害算定が行われなければならないことを意味する。このことは、差止請求および除去請求についても当てはまるから、現行の法秩序がそのような請求権を認めている場合にのみそれらを認めなければならない。もちろん、これは不可分の行為については、原告は援用される最も厳しい国の法を基礎とすることができ、結論的には行為全体を禁止することができる、[18]と。

　同様の趣旨を明らかにするものとして、Mankowski の見解が挙げられる。Mankowski によれば、本来の広告活動は宣伝される財貨のための市場において行われる。この市場は仮想世界ではなくて現実世界に存在する。この関係を真面目に考えれば、呼び出し可能国の競業法を適用するためにはその国から受信することができるという単なる可能性では不十分である。むしろ、潜在的な顧客の需要行動が少なくとも影響を受け、宣伝されている商品がその国の販売市場で実際に供給されなければならず、広告が販売行為を惹起することができることが加わらなければならない。注目される販売市場での独自な販売組織はもちろん必要ない。これは、まさにインターネット広告においては重要である。インターネット広告の大きな利点は広告企業が販売組織をもたない国における潜在的な顧客にも呼びかけることにあるからである、[19]と。

　さらに、Sack によれば、インターネットにおける不法行為もまた原則として民法施行法 40 条 1 項の不法行為地主義による。民法施行法 40 条 1 項の意味での行動地は競業法上重要なシグナルがネットに発信された場所に存在する。インターネットにおける不法行為の結果発生地は情報が受信可能な場所すべてに存在する[20]。そして、Sack によれば、市場関連的な競業行為の場合には、民法施行法 40 条 1 項の意味での重要な行動地および結果発生地はもっぱら情報を受信した場合に市場の相手方へ作用した場所である。市場の相手方への作用とは、市場関連的な競業行為の場合には競業法上重要な行動および結果である。したがって、行動地および結果発生地はウェッブサイトが受信可能な場所すべての場所ではなくてウェッブサイトの受

第9章　インターネットにおける国際不正競業法　*409*

信可能性が市場の相手方へ作用することができる場所だけである [21]。さらに、Sack
によれば、広告の受信可能性によって市場の相手方へ作用する国の法の適用は、多
国間不法行為の場合と同様に、市場関連的な競業行為の場合には最終的には市場の
相手方に対する知覚可能な作用が期待されるすべての国の競業秩序が顧慮されなけれ
ばならないことになる。なるほど、インターネットにおける競業行為は競業法に違反
した国においてのみ禁止される。しかし、インターネットにおける競業行為の受信可
能性を特定の受信地国に限定することができない場合には、ただひとつの国の競業法
に基づく差止請求は最終的にはインターネットにおける当該競業行為を世界的に禁
止することになる。したがって、インターネットにおける競業行為が市場の相手方へ
作用するすべての国の競業法に違反しないようにインターネット広告を行うことが望
ましい。したがって、インターネットにおける競業行為はその時々の最も厳格な法に
従わなければならない [22]。インターネットの本質に合致した市場地主義の制限は、
国際競業法においても抵触法的知覚原則から明らかになる。どのような理由からに
せよインターネットによる広告は市場の相手方へ知覚可能な程作用しない国の法は適
用されない。インターネットによる当該広告がインターネットの利用者の売買決定
を惹起するのに知覚可能な程適している場合にのみ知覚可能性が存在する。それは、
広告のために使用されている言語、当該市場において提供されている商品の処分可
能性による。しかし、知覚可能性は提供商品の決定的な頒布地に必ずしも限定され
ない。逆に、インターネットにおける競業行為が決定的に市場の相手方へ作用した
国の競業法がつねに適用される知覚可能性は客観的な基準に基づいて確定されなけれ
ばならない、[23] と。

　Kiethe によれば、インターネットにおいては、民法施行法40条1項1文の意
味での行動地は競業法上重要なシグナルがネットに発信された場所である。インタ
ーネットにおける不法行為の結果発生地は情報が受信可能な場所に確認されなければ
ならない。インターネットにおいては、民法施行法40条1項の意味での行動地も
しくは結果発生地によりその時々の事案についての準拠法の決定を行うことはもち
ろん問題である。その場合には、両者の連結点はインターネットにおいては存在し
ない場所的関連性に準拠しているというのが基本的な考えである。その際には、イ
ンターネットにおける不法行為準拠法を行動地か結果発生地に基づいて決定する欠
点は明白である。行動地が基準となるとすれば、コンテンツのプロバイダーはその
サーバーの所在地に応じてそれぞれ責任規定を免れることができる。もっぱら結果

発生地が基準となるとすれば、コンテンツのプロバイダーはインターネットに接続されている国の法秩序すべてを視野に入れなければならないであろう[24]。なるほど、この市場地主義を適用する場合には、インターネットにおいて受信可能な情報のすでに述べた遍在性に基づいて、インターネットに接続する国すべてが競業利益の錯綜地として考慮される。したがって、市場関連的な競業行為の場合には、すべての国の競業秩序が顧慮されなければならず、ただひとつの国の競業法に違反しただけでも当該インターネット広告を世界的に差し止めることになる。しかし、通説によれば、国際競業法においては、原則として妥当する市場地主義は抵触法上の知覚原則（Spürbarkeitsregel）によってインターネットの本質に適応させられなければならない。この抵触法上の知覚原則によれば、その時々のインターネット広告が競業利益の錯綜を惹起せず競業者の競業利益の衝突が認められない国の法の適用は問題とならない。この解決方法は評価的な観点からは適切であると思われる。なぜなら、広告を行う企業は国際的次元においてインターネットを使用することによって国内次元においてインターネットを使用しないで可能であることよりもはるかに広い顧客の範囲に場合によっては呼びかけることができるからである。したがって、広告を行う企業に対してより大きな責任のリスクを課すことが適切であると思われる。万一の不正競業行為が知覚可能であるかどうかは客観的な基準に基づいて確認されなければならない。したがって、インターネットにおける当該広告がある国のインターネット利用者の購買決定を惹起するのに不適切である場合には、知覚可能性がないことを前提としなければならない。その場合には、特にその時々の広告について使用される言語がある役割を演じる、[25]と。

　さらに、同様に、Leupold/Bräutigam/Pfeiffer によれば、インターネットにおける広告行為については、市場地主義の厳格な適用はドイツ競業法ほとんど無制限に適用される結果になる。なぜなら、全世界の情報はドイツにおいて受信可能であるからである。したがって、市場地主義はオンラインの領域においては一定の制限の必要がある[26]。そして、広告が内国における販売行為を惹起するのに適しておりかつそのために供される場合に、競業利益が主として関係するから、広告の方向が基準となる、[27]と。

　加えて、Städtler によれば、国際的広告の客観的な方向は正当であると判明した抵触法的基準である。もちろん、その基準は広告自体ではなくて広告メディアを手掛かりとする。当該概念はすでに述べた決定的な販路である。判例によれば、この

第9章　インターネットにおける国際不正競業法　*411*

基準は、広告が地上放送によるものであれ、衛星放送によるものであれ、ケーブル放送によるものであれ、雑誌における広告、ラジオ、テレビにおける広告について妥当する。インターネット広告の決定的な販路は全世界である。したがって、インターネット広告の決定的に世界的な販路を選択して製品およびサービスについてそれから生ずる販売機会を利用する者の広告は、原則として販売機会を求める各国の国内法秩序に従い判断されなければならない、[28] と。

　同様に、Thünken によれば、インターネットにおける不法行為の場合の結果発生地は原則として情報が受信可能な場所である。しかし、インターネットにおける多国間競業行為に関する市場地主義は、一部インターネットにおける広告はインターネット利用者の購買決定を惹起するのに知覚可能な程に適していなければならないというように制限される（抵触法的知覚可能性の原則）。したがって、利用者が単にネットワークにアクセスした市場地法は適用されない。例えば、ホームページを有するパリ所在のピザ店はホームページがドイツで受信可能であるというだけでは、ドイツの広告法を遵守する必要はない。また、ホームページが決定的に受信可能であるかどうかを基準とする者もいるが、いつから『決定的な受信』が存在するかが問題となる。結論的には、ホームページの目的を客観的に決定しなければならない。客観的な知覚可能性のそのような基準は、様々な国々の注文の電話番号の表示、様々な通貨、支払方法、ウェッブサイトの体裁、広告されたサービスの性格もしくはウェッブサイトで使用される言語である。しかし、例えば、WWW における英語の使用による客観的な知覚可能性の基準としての言語は極めて問題である。競業行為の目的という基準に目を向けることは、競業法においては行為規制という機能が中心であるという事実と軌を一にする。したがって、市場地法への連結が可能となるのは、供給者たる企業が自らの行動および競業行為に影響を及ぼし、当該ホームページの開設によって市場地への作用を防止できる場合だけである。個別事例は確定の困難をもたらすであろう。知覚可能性の判断に際しては、広告形態も考慮しなければならない、[29] と。

　Köhler によれば、原則として世界中至る所で受信可能なインターネットにおける広告の場合には、市場地としては、市場へ決定的に作用した場所が基準となる。したがって、広告者がいずれの人を対象としているか、どこで市場の相手方への受信が作用したかが決定的に重要である。これは、事案のすべての事情を考慮して決定されなければならない（ウェッブサイトの構成；申し込みの特殊性；社風等々）。

しかし、効果は当該国において当然知覚可能でなければならない、[30]と。

Hefermehl によれば、インターネットのような国際的なコンピューターネットワークにおいて競業違反の広告が行われる場合には、不法行為地は広告が受信可能なすべての場所である。広告が受信されるまで準備されているコンピューターが内国に存在するかどうかは顧慮されない。したがって、ドイツ市場において活動するすべての企業はドイツ競業法に従いインターネット広告を行わなければならない。これは、広告がドイツ語で作成されていないがその意味が知られているわずかな言葉からのみ構成されている場合にも当てはまる。インターネットにおけるウェッブサイトについての広告の場合には、競業利益の衝突地はウェッブサイトが決定的に受信可能な場所すべてに存在する。ドイツ競業法を適用するためには、広告される給付がドイツにおける取引集団にも向けられていなければならない。ドイツに制限されていない世界的な規模のウェッブサイトはドイツにも向けられている、[31]と。

最後に、Löffler によれば、ウェッブサイトが当該国家において受信可能であることでインターネットにおける競業行為の準拠法の解明にとっては十分であり、広告されている製品または役務提供が当該国に所在する当該人物から受領することができることは排除されていない。別の見解とは異なり、国際私法は修正される必要はない。なぜなら、国際私法は一貫してかつ適切にインターネットという事態に反応するからである。従来の頒布の可能性と比較して多数の領土および法秩序に関係する限りにおいて、事態は変更した。しかし、この世界的な普及がインターネットの意味および目的である。メディアの国際性に基づいて多数の市場地もまた発生し、それはそのつどそれ自身の法によって判断されなければならない、[32]と。

なお、Lurger によれば、公正法上の作用主義（Wirkungsprinzip）においては、偶然の個別的な締結は当該市場地法の適用へ導かない。当該国における意識的な方向の実質的な取引活動のみが重要な市場作用を生み出すことができる。市場作用を決定する場合には、—— 消費者保護法とは異なり —— カルテル法上の処理方法（『知覚可能性（Spürbarkeit）』等々）との平行がまったく適切であると思われる。ここでもまた、次のことが妥当する。その提供を特定の国に及ぼさないという企業の単なる宣言は、この市場において注目すべき取引を締結している場合であっても影響しない、[33]と。

Reiche によれば、インターネットにおける広告の特殊性は —— 印刷物と異なり —— それが世界的に呼び出し可能であるという事実にある。この地域的な非拘

第9章　インターネットにおける国際不正競業法　*413*

束性において、国際私法の枠内において多国間不法行為という特殊な場合をどのように
うにして回避するかという問題が提起される。この場合に競業法の原則が妥当する。インターネットの不法行為の場合の結果発生地は原則として情報を呼び出すことができる場所である。もちろん、——インターネットにおける多国間競業行為の場合には——広告は抵触法上の知覚可能性の原則によるというようにして市場地主義を制限しなければならない。これは、広告がインターネット利用者における決定を惹起するのに知覚可能に適していなければならないということを述べている。この原則によって、利用者がデータへアクセスするにすぎず、実際にはその行動に対しては影響を及ぼさない市場地法が適用されることを防止する。そのことから、ホームページの対象が客観的観点から決定されなければならないことが明らかになる。地域に特有な電話番号の表示、通貨の表示、支払情報または申し込まれる給付の性格が客観的な基準であろう。しかし、インターネット広告の言語は客観的に判断される基準としては援用できない。なぜなら、慣行——例えば英語——に基づいて知覚可能性の確認は極めて問題であろう。客観的な区別の標識の適用のために補充的な論拠は競業法上中心となる行為規制の機能である。したがって、当該販売市場に対する効果がインターネットにおける広告の形成によって可能である程に競業行為が影響を及ぼす場合にのみ、市場地法への連結が適用されなければならない。この情報の利用可能性および知識だけでは競業違反にとってまだ不十分である。なぜなら、例えば、申し込まれた製品またはサービスが当該市場において入手していない場合には排除される競業状況が重要であるから。したがって、提供者はその提供の限定によって準拠法をも制限することができる。しかし、他の市場においても競業状況が発生することは提供者が意識しなければならない場合には、単に仕向地国を限定するだけでは不十分である。したがって、提供の客観的な対象と基準としなければならない。競業違反についての市場地主義の無制限かつ直接的な適用は、問題の多様性からしてインターネット広告の場合には問題である。多数の国で競業状況が存在する場合には、結局最も厳格な法が貫徹し、インターネットの世界性がここでも調和を有利に出現させることに注意しなければならない。国際競業法の完全な無限性に対抗するためには、市場地主義はインターネットの領域においては極めて控えめに適用されなければならない。個々の国家の制限的な競業慣行が世界的な妥当性を獲得することは自由かつ世界的なインターネット競業者の利益のためには好ましくない、[34] と。

Kieninger によれば、ウェッブサイトの世界的な呼び出し可能性から引き出される国内市場への原則的な方向は提供者の手段によって制限される。それは客観的に確認できるものでなければならない。支配的な見解によれば、特定の市場への主観的な方向はどうでもよい、[35] と。

Bahr によれば、受信地主義の修正によって、妥当な連結結果を得ることができる。決定的な受信地へ連結されなければならない。決定的な受信地の探求は個別事案の事情を考慮して行われなければならない。その場合には、最初の指示（言語、支払方法、プレゼンテーションの書類および方法、給付の性格、ディスクレーマー）が一定の基準を提供してくれる。複数の法秩序が適用される場合には、行為者が抵触法上の法適用リスクを負担する、[36] と。

また、スイスの Stäheli によれば、インターネットにおける広告の知らせは公正法的観点においては原則として潜在的な顧客および・または競業者が所在するすべての国の法秩序により判断されるべきである。この準拠法秩序の累積は、注目される公正法上の帰結を免れようとすれば、多数の法秩序に従うことが保障されなければならないという結論になる。インターネットは法秩序の許容性の限界を動く攻撃的な広告を行うには危険なメディアであることが分かる。なぜなら、そのリスクは他の法秩序における限界を超えるほど大きいからである、[37] と。

Rosenthal によれば、不法行為についてインターネットが（例えば不正な広告サイトの形で）利用された場合には、市場効果主義に基づいて当該市場の相手方が出現するような場所がすべて抵触法上基準となる市場であるということが明らかになる。これは直接行われなければならず、散発的に行われるものであってはならない。これに対して、効果の予測可能性は（抵触法上）重要ではないし、加害者自身の市場も行動地も重要ではない。市場が複数の国々に関係する場合には、違法性は各市場毎にそれぞれの法秩序に従い審査されなければならない（配分的適用ないし累積的適用）。これは、インターネットの提供者にとっては一般的な不法行為に関して負担するよりもかなり高いリスクを意味する。WWW におけるその情報サイトまたはユーズネットにおける広告が自国市場においては許されるが他の国においてはそこに居住する提供者に対しては偶然的にかつ予想外に不正競業であることがある。これが ―― 国営放送またはテレビ放送の国境近辺の外国における受信の場合に ―― 重要でなく『意図的ではない拡散』とみなされるかどうかは少なくとも問題である。とくに、スイスの公衆に向けられるユーズネットフォーレンにとって

第9章　インターネットにおける国際不正競業法　415

は、この論拠はまだ弁護できる。そのようなフォーレンは稀にしか他国において
ユーズネットサーバーを開設しないだろうし、たいていはスイスに居住する人に
よってのみ呼び出し可能であろう。これに対して、メーリングリストのウェッブサ
イトまたはＥメールは内国の受信者同様外国の受信者にも向けられている。もち
ろん、インターネットは国際的に操作されるネットとして解釈されるが、提供は内
容としては必ずしもそうではない。さらに、提供には特定の顧客にとってのみ考え
られているとする表示が与えられることがある。したがって、いずれの市場に向け
られているかが明らかである。他の市場への効果が無視されたものとみなされ抵触
法上無視されるのに、これで十分である、[38] と。

　同様に、Glöckner によれば、インターネットにおける競業行為の場合には、抵
触法上重要な効果は市場事象が侵害される場所すべてに認められなければならな
い。したがって、ネットへの発信地は重要ではない。市場にとって重要な効果の基
礎づけの出発点は特定のウェッブサイトの受信である。顧客に向けられた要件事実
（例えば、欺罔、不適切な影響）の場合にはは顧客の経済的な決定が影響されたす
べての場所が基準となる。競業者に向けられた要件事実（中傷、盗用）の場合には、
さらに関係者が問題の地理的市場に存在することが必要である、[39] と。

　Hausmann/Obergfell によれば、利益の衝突の解決に基づいても、効果主義に基
づいても、インターネットにおける競業行為の場合においては、市場事象が知覚可
能に侵害された場合に初めて抵触法上重要な市場の相手方への作用ないし効果が認
められる。この知覚可能性の限界は、特定された客観的な徴表に基づいて詳細に決
定されなければならない。利益の衝突の解決によれば、市場の相手方へ作用する場
所は当該ウェッブサイトが決定的に呼び出された場所に定められなければならな
い、[40] と。

　Drexl によれば、目的性の基準は、主観的に理解される限り、公告者が公告を当
該国家に向けようとしていなかったと主張して、個々の競業法の適用を回避するこ
とを可能にする。この異議のためだけではなくて、競業法は広告者の主観的とは別
に不正競業行為を禁止しているから、準拠法秩序の画定は客観的な基準に従い初め
て行うことができる。しかし、この客観的な判断は、『決定的な』頒布を基準とす
る目的性の基準と調和しない。ウェッブサイトの構成に関する目的性の客観化に関
してマンコフスキーに従えば、結局、個別事例の判断を可能にするにすぎない、予
め確定できない客観的な補助基準に頼ることになるであろう。したがって、その客

観的な基本的性質のため個々の法秩序を画するのに適格であると思われる知覚可能性の基準が視界に入ってくる。もちろん、それは純粋に量的な境界であり、その程度は予め確定されていない、[41] と。多国間違反の場合の競業行為の知覚可能性は、国内市場に関しては量的には測定不可能である。むしろ、個別事例において初めて国家法の適用を探求する補助的な基準（徴表）にも準拠される。したがって、なるほど、今日では、一方ではインターネット公告の呼び出し可能性だけでは世界のすべての競業法の適用へは導かないが、個々の法の適用の排除は客観的な事情、特にウェッブサイトも構成に基づいて初めて探求されるという合意が存在する、[42] と。

　Klingerによれば、通説は、ＷＷＷにおける広告の全国問題（Allstate-Problematik）は、信頼できる法的な道具によって適切に解決されるという見解である。実際に関係している競業秩序に対する必要な制限は行える。なぜなら、いずれにせよ、広告がいずれの市場に向けられているかは、ますます確立される客観的な基準のカタログに基づいて一義的に確認できる。さらに、広告者は、例えば地域に特有な企業ウェッブサイトのような広告手段形態によっていずれの名宛人集団を対象としているかを明らかにすることができる。多数の形成の可能性が、彼に対して事後的にかつ禁止処分後も法適用リスクを操作し最小化することを可能にする、[43] と。

　なお、オーストリアのSchönherrによれば、インターネットにおけるウェッブサイトはすべての関係諸国の競業法規定に従うように行われなければならない。したがって、インターネットサイトは競業法が最も厳格な要件を定めている各関係国の法に従わなければならない。『最も緩やかな』法を適用する基盤は存在しない。しかし、いわゆる拡散の場合には市場地主義は制限されなければならない[44]。ドイツ競業法に従うインターネットサイトは他の国の競業法秩序にも違反していない。インターネットにおいて商品またはサービスがドイツのインターネット顧客に提供される場合には、つねにドイツ競業法に従っていなければならない。これは、特に広告がドイツ語で作成されドイツの顧客に向けられドイツ市場において知覚可能である場合に当てはまる。実際には、これは競業違反に基づく請求権が実際にも行使できるという要件のもとでのみ意味を有する。インターネットにおける提供が特定の法秩序との関連性を示す名宛人集団に留保されていない場合には、私見によれば競業によって影響を受けることが予測可能な法秩序全体による『法的チェック』が必要である、[45] と。

インターネットにおいては市場地国法主義は妥当しないとする見解は発信地国法の適用を（1996 年 3 月 15日の「ICC Guidelines on Interactive Marketing Communications」、1998 年 4 月 2日の「ICC Guidelines on Advertising and Marketing on the Internet」の 1 条、2004 年 10月の「ICC Guidelines on Marketing and Advertising using Electronic Media」の 2 条、Dethloff, Vianello）、他方、インターネットにおいても市場地国法主義が妥当するとする見解は、受信地国法の適用（1998 年 12 月 3 日のフランクフルト上級地方裁判所の判決、2000 年 2 月 17日のブレーメン上級地方裁判所の判決、2001 年 12 月 20 日の区裁判所の決定、2002 年 6 月 5 日のハンブルグ上級地方裁判所の判決、Hoern, Kotthoff, Diselhorst, Bornkamm, Rüßmann, Mankowski, Sack, Kiethe, Leupold/ Bräutigam/Pfeiffer, Städtler, Thünken, Köhler, Hefermehl, Löffler, Lurger, Reiche, Kieninger, Bahr, Stäheli, Rosenthal, Glöckner, Hausmann/Obergfell, Drexl, Klinger, Schönherr）を主張している。

付録 競業法に関する国際連盟 ― 電子商取引における公正な競争に関する行動基準
競業法に関する国際連盟の各国報告書 [46]

アンケート 3：電子商取引に関する公正な競争の効果的な遵守をどのようにして確保できるか。

Ⅲ 手続的規則（国際私法／国際手続法）

1 国際私法の問題を解決するためにどのような原則が適用されるべきか。

　インターネットの国際的なグローバルな性格のために、国際私法の問題は多数の問題を生み出している。国際私法は複数の国と関連性を有する事件に適用される実質法を決定する。インターネットに関するコンテンツは典型的に世界的規模で利用されるから、不正競業（と主張される）訴訟に対して潜在的に適用される法の数は非常に増加する。したがって、インターネット上において広告を行う者は、世界のすべての不正競業法を遵守しなければならず、これは、彼の行動が最も厳格な基準によって規律されることを意味するのか。

　a）不正競業に適用される貴国の国際私法（抵触法）の一般規則（例えば不法行為の国際私法）はどのようで、これらの規則は何を規定しているか。

　b）不正競業に関するこれらの規則、例えば市場地法の排他的適用に対する特定の制限または修正は存在するか。

c）もし、存在するとすれば、インターネットを介する国際電子商取引に関して市場地をどのようにして決定するかまたは制限するかに関して何らかの提案が存在するか。

d）内国の競業者のみが外国において広告し競争している場合でも、内国の競業者は内国競業法規定に服するのか。

e）複数の国における不正競業行為の場合においては、（これらの国のすべての競業者を意味する）競業者はひとつの単一の実質法を適用して損害賠償を請求するのか、競業者の請求は異なる実質法の束（モザイク）、例えば、この国において発生した損害に関してそれぞれの市場地法によって規律されるのか。内国の裁判所は請求すべてに関して管轄権を有するのか。

f）国内競争法に対する EC 条約第 30 条の影響に関して貴国に判例法は存在するか。

g）国際電子商取引において適用される競業法を決定するために『本源国主義』に関する議論が存在するか。

h）競業法事件における潜在的な競業者間において法選択は存在するか。

2　国家の規制は他の国において執行されるのか。

f）貴国の裁判所は外国で行われた不正競業行為に関して決定できるのか。貴国の裁判所はこれらの場合において外国法を適用できるのか。

1　オーストリア

1．国際私法はオーストリアにおいてはオーストリア国際私法典によって規律されている（連邦官報 1998/119 によって最終改正された連邦官報 1978/304）。1998 年 12 月 1 日に施行された最近の改正は契約債務準拠法条約『ローマ条約』（1980 年 6 月 19 日ローマ）へのオーストリアの加盟による。それは、国際私法典 36 条ないし 45 条の廃止および消費者契約における濫用約款の理事会指令 93/13/EEC 官報法律 95/29 号の 6 条 2 項を移植した特別な抵触法規定（ローマ条約 5 条による国際私法典 41 条の廃止）を導いた。この特別な規定は国際私法典に編入されていないが、関係特別法（消費者保護法 13a 条、TNG11 条）に編入されている。ローマ条約はオーストリアにおいては直接適用され—特別な変形は必要ないから—国際私法典には編入されていない。競業法の分野については、法律に複数の連結点が存在する：人の氏名権侵害に関する国際私法典 13 条 2 項；国際私法典 34 条 1 項は工業所有権の準拠法を決定し、48 条 2 項は競業法のその他の分野に関する準拠法を決定する。

国際私法典 13 条 2 項

氏名の保護に関しては侵害が行われた国の法が適用される。商人の商号を含める者もいる。最高裁は商号を工業所有権として扱い、従来は国際私法典 34 条 1 項（その領域において保護が要求される国の法を適用するという原則）を適用した。氏名の保護に関しては、国際私法典によって法選択は規定されていない。

第 9 章　インターネットにおける国際不正競業法　*419*

国際私法典 34 条 1 項

　工業所有権の成立、範囲および消滅は保護が要求される国の法によって規律されるか（34 条の議会資料）、言い換えれば、法廷地国とは異なる『その領域について保護が要求される』国の法によって規律される。保護国法に従い、特に工業所有権の侵害および濫用に対する保護だけではなく正当性および行使が決定される。不正競業法 9 条およびその他の工業所有権の保護に関するオーストリアの規定は、オーストリアが保護国である場合にのみ適用される。この分野では法選択は不可能である。法選択は契約債務に関する一般規定に従い工業所有権を規制する契約関係が存在する場合にのみ可能である（ローマ条約 3 条、国際私法典 35 条）。工業所有権の侵害が同時に不正競業を構成する場合には、国際私法典 34 条 1 項および 48 条 2 項が競合する。ここでは、工業所有権の成立は国際私法典 34 条に従い判断される。侵害が同時に不正競業行為を構成するかどうかは、国際私法典 48 条 2 項に従い判断される。工業所有権の侵害はたいてい競争によって影響を受ける市場地と同じ場所で行われるから、その相違は重要ではない。

国際私法典 48 条 2 項

　以下参照

　a）契約外請求権に関するオーストリアの国際私法の一般規定は不法行為法に関する規定である。適用される原則は通常『不法行為地法主義』であろう：1976 年の国際私法典の 48 条 1 項である。作為地および不作為地または結果発生地を区別するために、加害行為地を明らかにしなければならない。この場所は多くの場合において偶然的であるから、別の原則が強調される：行動地法とは別の法と強力な関係が存在する場合には、この法が適用される。この条項は、適用されるのにその他の特別な状況を要求しないから例外的である。それは不法行為地は損害賠償請求に関しては最小限の重要性を有することを考慮している。加害者と被害者との間にこれらのむしろ弱い要素よりも強い関係（例えば、同一国籍または同一住所もしくはその結合）が存在する場合には、強力な関係の表現が考慮され、『不法行為地』との関連性より優先するであろう。

　b）不正競業に関してはこれらの規定の特別な修正が存在する：1976 年の国際私法典の 48 条 2 項は不正競業に基づく損害賠償その他の請求権は競争によってその市場が影響を受けた国の（実質）法によって判断される。（例えば、インターネットのドメインネームの違法な使用によって）オーストリア市場に影響を与えて競業法に違反した場合には、オーストリア法が適用される。国際私法典 48 条 2 項は損害賠償請求のみならず廃棄請求、公表請求、仮処分、差止救済命令、言い換えれば不正競業に基づくすべての請求を対象とする。一般規定のこの修正のもうひとつの理由は経済的な理由である。その目的は、オーストリア人が、外国で取引を行う際に、より厳格なオーストリア法規定の適用によって不利益を受けることを防止することである ── これらの規定が外国の競争相手に対

して適用されない場合には。これは、『転致』が排除され、法選択も許されていないこと
を意味している。国際私法典48条2項の規定は競争によってその市場が影響を受けた国
の法と規定して行動ではなくて市場に対する競争行動の効果を述べている。市場とは販売
市場のみならず広告市場を含む。なぜなら、抵触法規定の目的は両市場を含み競争侵害
は両市場地法に従い重要であるから。Herzigはこれらの市場が同一でない場合には、広
告市場が決定的である。なぜなら、広告市場が競業者の利益が衝突する市場であるから、
Koppensteinerはこの論拠の一体の有効性を承認している。関係競業者が同一国に居住し
ているかどうかは重要ではない。不正競業を防止する規定は競業者のみならず市場におけ
る相手方（特に消費者）、市場自体における競争を保護する。しかし、競業者に加えられ
た損害が市場地ではなくて競業者の営業に関係する場合には（例えば、契約破棄に対する
誘引、被用者の引き抜き、賄賂、産業スパイ）、不正競業として性質決定されるのでなく
て、国際私法典48条1項の不法行為地法主義に従い判断される。しかし、市場地に影響
を及ぼさない場合は、まったく稀である。

　c）商事企業の市場行動（広告および商品販売の申し込み）が消費者契約の準拠法の決
定の文脈において市場地を何らかの方法で制限するかどうかという問題を検討した者がい
る（消費者保護法13a条2項によって1998年12月1日以降改正された国際私法典旧41
条）。消費者保護法13a条2項の適用のためには、企業が消費者の国において契約を締結
する目的で市場行動を実行した場合にのみ、消費者の国の法が適用されると規定している
から、企業が取引上の交渉（『準備』）を始めたことが必要である。そのような活動は申し
込み、販売旅行、訪問販売、個人向けの広告を含み、アナウンス、壁紙広告、放送による
製品のその他の広告はそれが特に消費者の国に向けられた場合だけである。Czernichは、
それは市場行動が偶然または企業の認識および意図により消費者の国に到達するかどうか
に依存すると論じている。インターネットを介して広告を行う（または申し込みを行う）
者は誰でもそれが全世界の国の消費者に少なくとも潜在的に向けられることを認識してい
る。これは企業にとっては利点である。そのようなわけで、消費者が潜在的にどこに所在
するかを企業が認識していない場合であっても、企業と消費者との間の契約は企業の市場
行動が影響を及ぼす国の法によって規律される。そのような行動は、国際私法典41条、
現在では消費者保護法13a条2項の意味の消費者行動である。特定の国の消費者を排除す
るために（すなわち、特定の法の適用を妨げるために）、企業は積極的に広告または申し
込みにおいて特定の国の消費者と通信しなければならない（『この申し込みは以下の国の
人に限定される…』）。企業が市場に影響を及ぼすことを意図していない国における企業行
動を考慮しないことによって、さらに準拠法を制限することが可能である。この意思は例
えば言語の使用または問題となる製品の品質（例えば、中央アフリカの冬のコート、スイ
スの汽車旅行等）から引き出される。Schwimannは、Lagaによって引用されているよう

第9章　インターネットにおける国際不正競業法　*421*

に、そのような行動が特に消費者の国に向けられているのではなくてむしろ大量配布（例えば、雑誌の世界的規模での配布または国境を越えるテレビ番組）によって消費者の国に到達する場合には、国際私法典41条の意味での市場行動は存在しないと論じている。これは、インターネットを介しての市場での販売について当てはまる。なぜなら、ごくわずかなホームページのみが地域的言語および通貨の使用によってホームページの形式を地域化するからである。製品のインターネットプロバイダーの適用可能な市場地を決定するために、反競争的行為から生ずる市場に対する最低限の影響を要件とすることが提案された。さらに、ウェッブサイトの市場に対する影響の量を決定するために、ログプロトコルを研究することによって示唆が引き出された。

　d）1976年の国際私法典48条2項は市場地の実質法のみが適用されるという原則に対する例外を許していない。裁判所は新国際私法が施行された1979年以前には例外を許していた。

　e）複数の国における不正競業行為の場合には、競業者は唯ひとつの実質法に準拠するのではなくて、損害賠償請求は様々な実質法の束、すなわち、その国で発生した損害については各々の市場地法によって規律される。複数の市場地が同一の行動によって影響を受けている場合には、その効果はそれらの各々の法によって別個に判断されなければならない。

　f）不正競業行為の効果がオーストリアの市場地に関係する場合には、オーストリアの管轄は外国の書面または印刷物が訴訟物である場合には妨げられない（管轄法83c条3項）その他の場合においては、内国管轄が存在しオーストリアと事実関係との十分密接な関係が存在しなければならない。この原則はEC条約の適用によって変わらない。EC条約30条は、国際広告の場合に対して受信地国法よりもむしろ発信地国法の適用を導くことがある。これは、当該抵触法規定の修正ではなくてむしろ事件に適用されるべき国の実質法の修正として考えられる。国内競業法に対するEC条約30条の影響は重要である。欧州私法裁判所の判例法に違反する国の競業法規定は適用されない。EC条約30条は特に不正競業法第2条（詐欺的表示―誤認表示）の場合、不正競業法9a条（手数料として提供される景品または賞金その他の特別な商品）の場合、不正競業法1条（法規違反による優位）の類型の場合において渉外事件の異なる取り扱いを導く。

　g）この議論は、隔地的売買に関する指令、1997年12月10日の情報社会における著作権および著作隣接権の法的側面を調和する指令提案だけではなくて電子商取引指令のEU提案の編入の文脈内で行われている。

　h）国際私法典35条1項は国際私法典48条1項の場合において当事者による法選択を許している。これは、オーストリアの学説によれば、一般的な不法行為法の場合、すなわち国際私法典48条1項の場合においてのみ意味を有するものと考えられている。オース

トリアにおいて強力に支配している見解によれば、競業規定の特定の経済的目的により国際私法典 48 条 2 項の場合において当てはまる。すなわち、不正競業の場合において法選択を許すことは誤りであると判断されている。競業法は競業者間の関係を規律するだけではない。その目的は競争それ自体および消費者を保護することでもある。この公法的側面が ― 契約債務の場合すべてにおいて許される ― 法選択がこの分野において排除される理由を説明している。

2. f）オーストリアで行われた行為

不正競業行為に関する紛争についてその企業がオーストリアに所在する者に対して訴訟が提起された場合、またはオーストリアにおける活動に関して訴訟が提起された場合には、裁判所は企業が所在する区域において専属管轄を有する。企業が複数の支店を有する場合には、原告は本店所在地の裁判所か不法行為を行う支店所在地の裁判所に訴えを起こすことができる。1976 年の国際私法典 48 条 2 項は不正競業に基づく損害賠償その他の請求権は競争によって市場が影響を受けた国の（実質）法によって判断されると規定している。したがって、競争によって影響を受けた市場がオーストリア外に所在する場合には、裁判所は外国法を適用するであろう。請求権が外国法によって判断される場合には、請求の基礎となる法規定は裁判所によって証明されなければならないが、当事者に釈明を求めることができる。

オーストリアにおいて行われたとみなされる行為

外国から送付される印刷公表物に関しては、対象が受信、引渡しもしくは配布された場所において侵害が行われたものとみなされる（管轄法 83c 条 1 項）。この規定はかなり制限的に適用される。書物の反競争的レイアウトおよび外部意匠に関する判決は、印刷公表物がオーストリアにおいて偶然にではなくて意図的に市場化（配布）されたことを、オーストリアにおいて行われたものとみなすのに反競争的行為にとって決定的と判断した。外国から送付された商品による商標権の侵害は商品が販売のために提供された場所で行われたものとみなされる。

2　ベルギー

1. a）国際私法上、不正競業（契約外責任）において適用される規則は『不法行為』地国であると考えられている（不法行為地法主義）。困難は、特に広告の分野において、さらにはサイバースペースにおいて『不法行為』の定義にある。実際には、広告を考えた場所、広告が発信された場所、潜在的な名宛人の場所、現実的な名宛人の場所が問題である。したがって、この批判される原則に代えて、係争の事実と『最も密接な関係』を示す国の法、損害発生地国法、さらには効果が知覚される国の法であれ、一定の見解が提唱される。『市場地（競業利益の衝突地）法主義』とも呼ばれるこの後者の方法は、特に国際競争法連盟のアムステルダム決議（1992 年）において推奨されている。『…特に広告に

関しては、この場所は広告が潜在的な買主に到達することによって広告主に対して市場を開く場所に所在する。広告は公衆によって利用可能となり公衆が広告によって対象とされる場合に公衆に到達する。この国に不正競業を規律する法の適用を制限するのが正当である。これは、必要な場合には、係争の広告が複数の国の公衆へ到達する場合には各国毎に複数の法の競合的適用へ導く。…広告が公衆によって受信されるか公衆によって利用可能とされるかこの国の公衆によって公衆に向けられたものと知覚される場合に公衆に到達したと考えるのがよい』と。公衆に到達して市場における競争を弱めたり強化したりする広告の性質自体および各国家の主権はその国の法だけがその領土における市場を規律することを意味するという事実によって正当化されるこのアプローチの意味で判決を下したものも存在する。

　b）以下参照。

　c）以下参照。市場地法主義は特に国際的な電子商取引において適用される。

　d）不正競業に関するベルギーの規定はベルギーにおいてのみ行われる競業行為のみを規律すればよいから、ベルギー国で行われた係争の行為のみがベルギー法に従い判断されなければならないと思われる。したがって、外国で行われた行為を判断するベルギーの裁判官は行為地国法を適用する。

　e）欧州司法裁判所の Fionna Shevill 判決に従い、ベルギーの裁判官は：

　— 被告がベルギーに住所を有する場合または不法行為地がベルギーに存在する場合に（複数の国における）損害賠償請求に関して管轄を有する（ブリュッセル条約2条および5条3号）。裁判官はこの場合においてはベルギーの領土外において生じた損害に関して外国法を適用する。

　— その他の場合においては『ベルギー人の損害賠償請求』に関して管轄を有する。この場合においては、各国の裁判官はその領土において発生した損害に関して判決を下す。

　f）（略）

　g）1998 年 12 月にインターネットに充てられた経済産業省主催のシンポジウム（『Agora 98』）において、この問題に関するベルギーの立場は以下のようであった：

　— 少なくとも消費者の国におけるその他の取引形態の保護と同等の保護が得られなければならず、それは、売主が誰であれ、製品に関しても役務に関しても適用される。

　— 契約成立時点における消費者の住所地国法が適用され、当事者の一方の国において他方の国において下された判決を適用する実効的かつ迅速な方法を研究するのが適当である。1999 年 6 月の選挙後、政府が交代し、問題はこの立場が維持されるかどうかであった。この立場は、供給者、隔地的売主および直接的市場取引者の職業団体によって拒否された。この職業団体は本源国法の適用が法的安定性を確保し（売主はその売買の申込みが向けられる国の法律全体よりも売主の国の法を良いと認識している）、電子商取引を推進

するのに最も良いと考えている（売主はその提供の名宛国の様々な10の法律を遵守できるのか）。

h）不正競業の事項（すなわち、L.P.C.C.の93条および94条）は治安に関する法律ではないと考える者がいる。この場合において、二人の競争者が将来の紛争を（競争の制限的慣行に関する法の適用の規定を除いて）外国法に付託することを妨げるものは何もない。この契約条項が第三者に対抗できないのも当然である。

2. f）ベルギーの裁判官が管轄を有する場合においては（以下参照）、ベルギーの裁判官は外国で行われた不正競業行為に関して判決を下すことができる。この場合においては、ベルギーの裁判官は外国法を適用する。

3　ブラジル

1. a）ブラジルの不正競業法は二つの基本的類型の規則から構成される：刑罰規定と不法行為規定である。詐欺的その他の不正競業行為の多くは刑罰規定に服する。一般原則は、法律に規定された犯罪を構成しないが第三者の評判または営業を侵害したり異なる企業間または異なる製品または役務間に混同を惹起する意図を有する行為は不法行為として扱われる。刑事においては、犯罪地法が犯罪の存在および選択されるべき制裁を決定するために適用される。したがって、不正競業行為がブラジルにおいて完了した場合には、ブラジルの刑法が適用される。抵触法規定が不法行為の分野に関して明示の規定を含んでいない場合には、申し立てられている不法行為が行われた場所の法が適用される。

b）否。

c）否。

d）この分野における抵触法規定を適用する場合のキーポイントは『犯罪地』または『不法行為地』の決定である。ブラジルの刑法によって採用されている基本的な概念は、作為（または不作為）の全部または一部がブラジルで行われているかそのような作為または不作為の結果がブラジルの領土において発生している場合には、犯罪はブラジルにおいて完了したものとみなされるということである。民事訴訟に関する限り、ブラジルの航空法は外国で実行されブラジルで結果を発生させる行為はブラジルで行われたものとみなされ、ブラジルで実行され外国で結果を発生させる行為はブラジル法にも外国法にも服する。したがって、内国の競業者がブラジルにおいて損害賠償訴訟を提起された場合には、ブラジルの裁判所は内国の競業者のみが外国市場において広告を行い競争している場合であっても内国の競業法規定を類推適用することができる。しかし、我々はこの問題に関する先例を知らない。

e）不正競業行為が複数の国において内国競業者によって行われている場合には、ブラジルの裁判所は異なる実質法（すなわち、その国において発生した損害に関しては各市場地法）を適用することによって原告の損害賠償請求権を承認するであろう。しかし、我々

はこの問題に関する先例を知らない。

f）適用されない。

g）我々はこの原則に関する議論を知らない。

h）競業者間の紛争が仲裁可能な問題（すなわち、刑事と対比される不法行為問題）を含み、仲裁によって解決される場合には、当事者は適用されるべき競業法を自由に選択することができるであろう。そうでなければ、裁判所は抵触法規定に従い実質法を適用するであろう。

2．f）ブラジルの裁判所がブラジルに住所を有する被告に関する非刑事的な紛争について管轄を有する場合には、裁判所は外国において行われた不正競業行為に関して決定することができる。その場合においては、外国において行われた行為は外国法に従い証明されるであろう。外国法がブラジルの主権、公序または倫理に反しない限り、外国法がブラジルにおいて適用される。

4　カナダ

5　フランス

1．a）フランス法上、不正競業訴訟は民事上の不法行為責任に基づく（民法1382条および1383条）。契約上の民事責任に関しては、国際的紛争の場合の準拠法は反対の国際的合意がなければ不法行為地国法であり、不法行為地は行動地としても損害発生地としても理解される。例えば、インターネットを介して行われる不正競業行為の場合に関する事件においては、アメリカの科学雑誌のフランスでの配布によって引き起こされる損害賠償を取得するために提起される不正競業訴訟に対してはフランス法が適用される。実際、この場合においては、雑誌の配布によって構成される行動地も損害発生地も雑誌の発行地たる合衆国ではなくてフランスにある（破毀院民事第1部1997年1月14日）。フランス（行動地）においてアクセス可能なウェッブサイトを介して行われ、フランス（損害発生地）の領土において損害を引き起こす不正競業行為の場合においては、不正競業訴訟に対してはフランス法が適用される。

b）c）不正競業訴訟は民事上の不法行為責任の領域で提起される（上記参照）。不正競業訴訟は過失、損害および過失と損害との間の因果関係の存在の証明に基づく。二当事者間の競業関係の存在は、この競争が行われる市場が画定されることを意味するが、不正競業訴訟が受理されるのに必要ない（破毀院商事部1997年10月21日）。例えば、民事訴訟法46条においては、契約事件の場合とは異なり、不法行為事件の管轄を有する裁判所を指定するのに市場地は援用されていない。

d）ここでも、不正競業に対して適用される規則は民事上の不法行為責任の規則であることを明確にしておかなければならない。この規定によれば、不法行為がフランスにおいて行われた場合にのみフランス法が適用される（問題1a）参照）。フランスの判例はフラ

ンスで発生した損害の幅広い概念を有しているから（問題 1a）で挙げた破毀院民事第 1
部 1997 年 1 月 14 日）、フランスの領域内において原因も結果を有しない不正競業行為は
フランスの裁判所の前に提起できないことは確かである。

　e）問題 2a）参照。ブリュッセル条約の規定またはフランス国際私法の規則の適用によっ
てある裁判所が管轄を有するものと指定された場合には（問題 2a）参照）、1997 年 7 月
16 日の破毀院の判例と結合した問題 1a）において挙げた抵触法規定の役割は、被告がフ
ランスに居住している場合には損害が発生した各国毎に複数の外国法を配分的に適用する
か、反対の場合においてはフランス法のみを適用することになる。

　f）不正競業に関して適用される不法行為責任を規律する判例はヨーロッパ共同体内部
の商品流通の自由の制限に関するローマ条約 30 条によって影響を受ける。実際、イン
ターネットは外国産の製品または役務のフランスにおける製品化を許すから、それに対し
て適用されるフランス法は、フランス市場へのアクセスを禁止したり制限したりする効果
を有してはならない。フランスの判例はローマ条約の 30 条の規定に効力を与えて、フラ
ンス法が国内製品と国外製品との間の差別を創設する場合にはフランス法を排除して製品
化された製品が本源国たる構成国の法律に従う場合には不正競業訴訟を受理しないもの
とする。これらの共同体法の規定およびフランスの裁判所によるその適用は Keck および
Mithouard 判決が行った区別を無視するものであってはならない。これらの判例によれ
ば、これらの法律がフランスの製品と構成国たる外国の製品の製品化に対して平等に作用
する場合には、製品の一定の《販売態様》を制限または禁止する国家の行為は共同体の商
業に反しない。例えば、共同体の司法裁判所は、薬局以外で広告を行う薬剤師に対して構
成国が行う禁止は問題となる製品の製造地を区別しないで適用され、国内製品と区別して
他の構成国の製品を製品化することに関係しないから、ローマ条約の 30 条の適用範囲に
入らない、と判断した。同様の分野において、最近の控訴院判決は国家の立法による一定
の販売態様の制限または禁止は、この部門が指令または規則による調和の対象とされてい
る以上、共同体法に照らして適法であり、国家の立法が追及する目的に照らして相当であ
ると判断した。したがって、インターネットに適用すれば、インターネットを介して製品
の製品化を禁止したり制限したりする法律は、差別なくフランスにおいてアクセス可能な
すべてのウェッブサイトに対して適用されその命令は追求している目的に照らして相当で
ある以上ローマ条約の 30 条の命令を遵守している。

　g）フランスにおいては、合衆国において通用していることに倣い、偽造行為、不正競
業、インターネットを介して行われる不正広告の配布に対して適用される法に関する論
争がある。二つの古典的な理論が対立する：発信地説と受信地説である。発信地説によれ
ば、当該事項の準拠法は発信地国法、言い換えれば、提供者の法である。受信地説によれ
ば、準拠法は係争のメッセージの受信地法である。フランスにおいては、大多数のコメン

テーターは、受信地説が処罰しない場所におけるすべての提供者を受け入れる《情報天国》の創設とならない限り受信地説を支持する。この考えはコンセイユ・デタの考えでもあり、1998年7月16日付けの《インターネットと情報網》という報告書において表明されている。最後に、受信地説はフランスの判例がインターネットに関する最初の判決において適用した考えである。実際、フランスの判例は刑事および民事においてフランス法の適用を主張している。しかし、受信地説は度を越すと重大な帰結をもたらすことがある。例えば、もっぱらハンガリーにおいて作成されもっぱらハンガリー国の消費者に向けられたウオッカの広告をインターネットを介して配布するハンガリーのサイトは、インターネットがフランスにおいて受信されるという理由のみでアルコールの広告を制限するフランス法の規定の適用範囲に入る。

h）不正競業を規律する民事上の不法行為責任の規定は、フランスの抵触規則が損害を発生させる行為が行われた場所の法として準拠法を指定している以上、当事者によっては排除できない。

2．f）フランスの裁判官の立場においては、サイトの所有者、サーバー、アクセスまたは受信の提供者が国内に居住している場合には、抵触規則を適用しなければならず、損害発生地を決定して各々の外国法を配分的に適用しなければならない。これに対して、インターネットを介しての頒布という形態での不正競業行為を構成する行為しかフランスの裁判所が認識できない場合には、フランスの裁判所はフランスでの頒布行為によって受けた損害の賠償についてのみ判断する。

6　ドイツ

1．a）ドイツにおいては、不正競業法はカテゴリー的には国際不法行為法の意味での不法行為とみなされている。国際不法行為法は1999年6月1日以来法典化され、現在は民法施行法40条において規定されている。国際不法行為法の一般規定は『不法行為地法主義』の適用である。法典は現在民法施行法40条1項において不法行為法に基づく請求は損害賠償義務者が行動をした場所（『行動地』）の法によって規律される。しかし、被害者は結果地（『結果発生地』）法の適用を要求することができる。民法施行法40条2項は当事者の常居所地法を適用することになる当事者の共通常居所地の例外を含んでいる。会社、社団または法人に関しては、常居所は主たる経営が登記された場所または当該支店が存在する場合には支店の法人住所地とみなされる。もうひとつの例外は民法施行法41条に具体化されている。事件の状況が民法施行法40条に従って適用される法とは異なる法とかなり密接な関係が存在する場合には、かなり密接な関係を有する法が適用される。民法施行法42条によれば、当事者は不法行為準拠法を選択することができる。しかし、この法選択は第三者の利益を侵害してはならない。

b）不正競業法は、不法行為法において特殊な地位を有するが、法典化されていない。

不正競業法は競業者の個人的利益を保護するだけではない。消費者の利益および制度しての競争の保護も主として重要である。国際私法に関しては、上記の利益ばかりではなく競業者の権利の個別的侵害を審査する法を発見することが重要である。したがって、不正競業行為地はすべての利益が衝突する場所、市場地である。

c）広告手段に関しては、市場地は広告が消費者に影響を及ぼす場所である。これは、広告の種類にもよる。WWW における広告手段に関しては、技術的にはすべての広告が世界のすべての国において利用可能であり、消費者に影響を及ぼすであろう。その結果、市場地は全世界であり、すべての競業法が適用されると判断されなければならない。明らかに、市場地のこの定義は制限されなければならない。インターネットを介しての国際的な電子商取引に関する判決は存在しないが、この問題の解決方法に関する明示的な示唆を与えてくれる判決がある。この点において最も有名な判決は、『Tampax』判決である。この判決において、連邦最高裁判所は製品が頒布されるべき印刷製品の市場地を挙げた。インターネットにおける広告に関しては、市場地は提供者が市場に影響を及ぼそうとする場所である。そのような意図を示す最も重要な要素は、広告が書かれた言語、商品および役務の利用可能性、代金の通貨、電話番号および最後に会社がインターネットアドレスを外国または国際的なサーチエンジンに与えているという事実である。商業的内容を有する未承諾 e-mails はつねに名宛人に影響を及ぼす意図を有する。したがって、市場地は e-mails が受信された場所である。

d）連邦最高裁判所は『Stahlexport』判決において市場地主義に対する唯一の例外は競業行為が内国の競業者に損害を与える意図を有する場合であると説明した。そのような行為は直接競業者に向けられるから、加害者は保護されるに値しない：当事者はドイツ法の適用を期待していないが、攻撃的な行為は厳格なドイツ競業法によって判断される。しかし、例外として、その場合は外国市場における公衆の利益が関係する場合には外国法によって規律されなければならない。しかし、新法典に関してはこれらの判決が指針として採用されているかどうかは疑問である。民法施行法 40 条 2 項によれば、二人の内国当事者が関係する限り、厳格なドイツ競業法がすでに適用される。この問題は議論されていないが、従来まったく類似の規定が存在し、それは公共の利益が関係する場合には適用されないと判断されることを考慮して、上記の原則が依然として有効であることが期待されなければならない。

e）複数の国における不正競業の場合においては、競業者の請求は異なる実質法の束によって規律される。各市場地法がその国における損害を決定するために適用される。

f）近年においては、EC 条約第 30 条に関してはごく少数の判決しか存在しない。その一例がフランクフルト地方裁判所の Grand Manier 事件である。原告は被告が現在の意匠で『Grand Manier Cordon Jaune』という製品を頒布することを差止めるよう請求した。

これは、製品に関して UWG3 条、LMBG17 条 1 項 5 号の意味での混同の恐れをもたらす。裁判所は、次のように判断した。すなわち、これは構成国間の取引障害になる。それは正当化されないから、差止命令は UWG 第 3 条に関わりなく EC 条約 30 条に違反する、と。控訴において、連邦通常裁判所はこの点に同意したが、事実認定に誤りを発見した。EC 条約第 30 条に関する別の事件において、連邦通常裁判所は薬品法に関する問題を判断しなければならなかった。EC 条約 30 条の影響下では、AMG21 条に従い薬品の再輸入者に認可手続を任せることは違法であると判断した。彼は情報を必要とするから、必ずしもアクセスできないであろう。

　g）民法施行法 42 条は準拠法を選択する可能性を規定している。しかし、国際不法行為法における国際競業法の特殊な地位を考えれば、この規定はすべての競業事件において適用されない。文字通りに解釈すれば、公共的市場の利益に関係する不正競業手段に関しては、準拠法を選択する可能性はたいてい否定される。しかし、判例はこの問題に関しては明示的には判断していない。

　2.　f）裁判所が国際管轄権を有する場合には、外国において行われる不正競業行為を判断しなければならない。そのような場合の市場地は外国に存在するから、裁判所は、国際私法に従い市場地法たる外国の競業法を適用するであろう。

7　ハンガリー

1/a-b および d-e

　国際私法に関する 1979 年の法律 1 号は、『渉外的要素（人または財産）』を含む法律関係において、民事、身分（家族）および労働事件においていずれの国の実質法または手続法が適用されるかを規定している。法律は国際条約によって規律される事項については適用されない。しかし、そのような場合においては、（例えば、ハンガリーが知的財産問題における構成国であるパリ条約に基づいて ―― 侵害によって一方的に不正競業を構成する行為を含むがそれに限られない）国際条約が国際的法律関係の当事者に関して法的紛争が生じた場合に内国民待遇の適用を要求している場合には、ハンガリーの実質法が最終的には適用されることは排除されない。不正競業の場合においては、そのような行為がハンガリーにおいて行われている場合には、ハンガリー法が適用される。不正競業行為が外国で行われハンガリーの当事者がそのような行為の結果損害を被った場合には、法律（第 32 条）に基づいて、加害行為または過失が発生した国の実質法が適用される ―― デクレが別段のことを規定していない限り。被害者に有利な場合には、損害が発生した国の実質法が適用される。加害者と被害者の住所が同一国である場合には、紛争が発生した場合には、この国の実質法が適用される。損害賠償法の管轄はハンガリー内の市場行動に及び、もっぱら外国で行われた市場行動がハンガリーにおいて『現われる』限りそのような行動に及ぶ。不正競業（すなわち、取引上の中傷、企業秘密の無権限の使用、営業関係の妨害

等々）および消費者の決定への不正な威圧（すなわち商品／役務の価格、品質、容量に関する誤った表示または詐欺的表示等々）を禁止する損害賠償法の規定は、法律の域外的効力から明示的に除かれる。なぜなら、そのような問題は国内レベルに向けられているからである。そして、EU 基準による調和は期待できない。すなわち、域外的効力はカルテル、合併規制および支配的地位の濫用の禁止に及ぶ。ハンガリーの裁判所は賠償法に基づいてハンガリーにおいて行われる不正競業行為に関して管轄権を有する。

1/c

インターネットを介する国際電子商取引に関して市場地を決定したり制限したりするいかなる提案も知られていない。

1/f

EC 競争条約 30 条の影響に関してハンガリーで公表された判例法は知られていない。しかし、ハンガリーの賠償法は上記のように EC 競争規制に従っている。

1/g

国際電子商取引において適用される競業法を特に決定するための『本源国主義』に関するハンガリーの法律の継続中の議論は知られていない。

1/h

国際私法のデクレに基づいて、契約関係の場合においてのみ、当事者は契約準拠法を選択することができる。

2/f

行動がハンガリーにおいて現われる場合には、ハンガリー法が上記の場合においてⅢ回答 1/a-b および d-e に基づいて適用される。

8　イタリア

1. a.　イタリアの法制度は不正競業に関する特別な抵触法規定を有していない。しかし、この事項を不法行為責任の分野に所属させて、この一般的な問題を規律する国際私法の規定が援用されなければならない。1995 年 8 月 31 日まで、イタリア民法典準備規定の 25 条 2 項が適用され、それによれば、契約外債務はそのような債務の原因となる行為が生じた場所の法によって規律されるとされていた。1995 年 9 月 1 日以後は、そのような規定は 1995 年 5 月 31 日の法律第 218 号の 62 条によって無効とされ、それは不法行為責任の問題においては、準拠法は（加害）行為が行われた国の法であるか被害者が明示的に裁判所におけるそのような選択を示した場合には侵害を引き起こす行為が行われた国の法である。伝統的には、イタリアの裁判所は不正競業問題に関しては上記の 25 条 2 項を一方的には解釈しなかった。本質的には、（行動が行われた場所を優先する）いわゆる行動地説または事件の特殊性に関して（結果が発生した場所を優先する）結果発生地説に依拠することによって外国法を適用することを回避する試みがなされた：イタリアの裁判所は競業

法問題においては不法行為地は行動が現実に行われた場所であると通常述べたけれども。例えば、イタリアの最高裁は1994年11月11日の第9410号判決において『不正競業行為がもっぱらでなくともイタリアで行われている場合には、そのような行為は（一部でも行為が行われている場所の法である）イタリア法による』と述べた。

b. 最後に挙げた立場とは異なり、行為が実行される場所とは異なる場所で結果を発生する行為すべてに適用される〈遠隔行為〉説を展開する外国の学者もいる。そのような行為は出版物、ラジオまたはテレビ放送を介して外国で公表されたメールサービス、広告によって実行される。そのような理論によれば、メールまたは放送の受信地および製品を市場へ出した場所が重要となる。なぜなら、それらは一定の不正競業行為の準拠法を決定する基準を提供してくれるからである。『遠隔行為説の採用は不正競業の準拠法は競争が行われる国の法、すなわち市場地国法であるという結論を導く』。さらに、そのような理論によれば、代理人が所在する場所は重要ではない。なぜなら、代理人の所在地はそこで通用している法によって与えられる特殊な優遇から意図的に選択できるからである。法律第218号の62条施行以後のイタリアにおいては、不法行為責任の事項の準拠法の問題の解決は不正競業の場合における市場地法に非常に近い結果発生地法を裁判所が適用しなければならないという事実にある。

c. 『インターネットを介して行われる国際的不法行為は現在不法行為……責任の事項における国際私法および国際手続法の規則、特に上に引用した1995年法律第218号の62条に従うと言われる。その第1条は『不法行為全体が行われた場所』とみなされる結果発生地国法の適用を定めている（いわゆる結果発生地説）。『インターネットによるメッセージの伝達から生ずる状況に対する上述の原則の適用を確認するためには、〈結果発生地〉はメッセージがダウンロードされた場所』、すなわち、有害なメッセージが他のインターネットユーザーによって受信され、読まれ知覚された場所において確認される』。1995年法律第218号の62条1号によれば、『被害者は〈行動地法〉を選択することができ、それはデータが最初にネットに入力（ロード）された（アップロードされた）場所と一致する』と。インターネットにおいて発生する典型的な不法行為事件を考えてみよう：ドイツのプロバイダーのサイトを使用するフランス人がイタリア人著作者の著作物を違法にアップロードし、それからイタリア人著作者の著作物は、様々な国に所在し同一サイトによって関係している様々なユーザー自分自身の機械にコンテンツをダウンロードすることによってコピーされた…。さて、著作者はイタリアにおいて訴訟を提起したとすると、不法行為の準拠法は、…原告の選択で…著作者が損害を被ったと主張している国の法〈ダウンロード地説〉、例えば、著作者がイタリアにおいて経済的な損害を被ったとみなされる場合にはイタリア法もしくは（著作物をアップロードした主体が知られている場合には）フランス法またはドイツ法（プロバイダーの所在地国法）となり、これらの後者の二つの法が不

法行為地国法とみなされる〈アップロード地説〉。

　d．1995 年法律第 218 号の 62 条 2 号によれば、『不法行為が同一国に居住する同一国の国民にのみ関係する場合には、そのような国の法が適用される』。したがって、62 条 1 号所定の基準は、当事者の共通国籍および共通国籍を有する国に居住しているという二重の要件の存在から覆される：そのような場合には、上述の国の法が適用される。この原則はインターネットを介して行われる不法行為にも適用される。したがって、62 条第 2 号によれば、イタリア所在の二つのイタリア企業間で外国において行われる不正競業行為はイタリア法に従う。

　e．これは、多国間不法行為の事例、すなわち、ひとつの行動が様々な法制度において同一種類の複数の有害な効果を生む状況である。不正競業に関しては、これはマスコミ（ラジオ、新聞等）を介して行われる不法行為に関して当てはまる。このような状況においては、行為が行われた国のすべての法制度がそのような行為が違法であるか否かを決定する権限を有する（不正競業法の属地主義）。一方では、原告が損害賠償を請求する場合には、原告は、行われた不法行為の単一の法制度による評価に基づいて様々な法制度において被った損害すべてについて賠償請求する権限を有しない。他方では、そのような原告は賠償全体を取得する権限を有するが、そのためには原告はそのような損害が発生した国の法に従い、それぞれの国において被った損害を評価しなければならないであろう。したがって、原告の請求は様々な実質法の束（モザイク）、すなわち、単一の国において発生した損害についての各市場地の法によって規律される。『請求全体について内国の裁判所が管轄を有するか』という補足的な質問に関しては、Ⅱ．2．g．参照。

　f．EC 条約 30 条によれば、『同等の効果を有する輸入に関する量的制限その他の規定は加盟国間において禁止される』。さらに、36 条は、そのような禁止または制限が加盟国間における取引に対する恣意的な差別または隠れた制限を構成しない限り、工業所有権の保護という公益の要求によって正当化されるような制限のみを認めている。『Cotonelle』事件が当面の問題に答えるのに挙げられなければならない。ミラノ控訴院は、第一審判決を破棄して、トイレットペーパーの『Cotonelle』という商標は、綿の存在を援用して消費者を欺罔するからその詐欺性の故に無効であると判断した。そして、係争の商標の使用はイタリアにおいては禁止され、その他の EC 諸国においては依然として有効である。裁判所の禁止のために Cotonelle 商品を在庫するのを妨げられている卸商人たる Graffione は、販売が合法的であるフランスから輸入された『Cotonelle』商標のもとでイタリアスーパーマーケットは商品を販売していると判断して、シャブリ裁判所に輸入業者たる Fransa を訴えて、Fransa による輸入は不正競業であり輸入は禁止されなければならないと主張した。EC 条約 177 条によりシャブリ裁判所により付託された欧州司法裁判所は、EC 条約 30 条および 36 条は不正競業規定に従いかつ消費者の保護のために、そのような製品が合法的

第9章 インターネットにおける国際不正競業法 *433*

に市場化されたある加盟国の製品の市場化は、この制限が消費者の利益を確保するために必要でありそのような目的のために相当である限り、すべての経済的投資家に対して禁止される。このような趣旨で、消費者を欺罔する恐れが商品の自由な流通という要求よりも優先する程重大であるかどうかを確認しなければならない。もし、そうでない場合には、EC条約の30条および36条は、不正競業を防止する（国家の）保護措置がそのような市場化を停止するために実行されることを妨げるであろう。

　g.　準拠法は市場地法であるという不正競業事件の一般原則には例外がある。例えば、（ⅰ）EC指令89／552号により『送信地』法に従う国際的なテレビ放送の場合、（ⅱ）市場地法の基準から出発して、EC加盟国（ベルギー）から他の加盟国（ルクセンブルグ）に向けられた〈本件はパンフレットを扱う〉という広告は、後者の国の〈不正競業法〉は商品の自由な流通の原則に反しているということから前者の国（すなわち送信地国）の法に従うと判断した。1990年3月7日の欧州司法裁判所の判決である。これは、インターネットによる広告の場合にも当てはまる：プロバイダーは世界の広告法すべてを知りかつそれらに従う必要はない。したがって、サーバーが詐欺的に情報天国にサイトを開設しない限り、サーバーが合法的に外国に送信されイタリアにおいて受信されたすべての広告は送信地国法（すなわちメッセージが送信されたサイトの法）に従う。

　h.　Ⅱ．1．aにおいて述べたように、1995年法律第218号の62条2号によれば、結果発生地法に代わるものとして、被害者は行動地法を選択することができる。しかし、イタリアの学者は、行動地法に有利な選択権を行使するために、あるいは選択権を放棄するために関係当事者間の合意を認めるという問題を提起した。特に、被害者は不法行為の加害者に対してそのような選択権を放棄することを約束したり、逆にそのような選択権を行使したりすることを約束することができる。この点においては、1995年法律第218号もその付属〈公式〉報告書も解答を与えておらず、そのような合意が禁止されていることを示すものも存在しない。しかし、そのような選択権の目的は当事者の一方、〈すなわち被害者〉を保護するという目的であるという事実を見過ごさないことが重要である。したがって、選択権の放棄は仮定的なものとみなされてはならず、当事者が合意をしたということが証明されなければならない。さらに、その他の法制度におけるこの事項に関して存在する傾向を考えれば、そのような合意を規定する合意は不法行為が行われた時点以後に行われた場合にのみ認められる。

　2．f．1．イタリアの裁判所が外国で行われた不正競業事件において管轄を有すると判断するためには、例えば、以下が前提とされなければならない：

　a.　被告（不正競業者）がイタリアに居住するか住所を有するかイタリア裁判所の前に出頭することができる代理人をイタリアに有する（そのような場合には、事件の特性を援用することは不要である）。

b. 被害者たる会社はイタリアにおいて経済的損害を被った：イタリアに登記された事務所を有し外国市場向けの製品を製造し、イタリアにおいて経済的損害を引き起こした不正競業行為を外国において被った会社を考えてみよう〈結果発生地〉（ブリュッセル条約5条3項）。

2. インターネットを介する（有害な）ニュースの拡散の場合においては、1995年法律第218号の62条によれば、準拠法は、被害者が準拠法として情報がアップロードされた場所の法を準拠法として選択する被害者の権利を除いて結果発生地法すなわち情報がダウンロードされた場所であることはⅡ.1.c.で議論された。これらの前提に基づいて、イタリアの裁判所は〈管轄を有することを前提として〉ダウンロード地または選択された場合にはアップロード地がイタリアに存在しなくとも外国法を適用することが要求される。

9 日本

a. 日本は法の適用に関する法（法例）と題された二国間または多国間の私的取引を規律する単一の法典化された法を有する。不法行為は法例11条に規定されている。連結点は原因の発生地に求められ、それは不法行為に関しては不法行為責任に基づく損害発生地たる不法行為責任の結果発生地、不法行為者または被害者の所在地である。

b. そのような特殊な制限または修正は存在しない。しかし、不正競業法と題される別個の法典化された法が存在する。そのような不正競業法に基づく責任の増加は、民法典第5節724条を介しての709条に規定された不法行為責任に関する一般規定に依然として注目させる。

c. その問題は適用可能ではない。

d. 現在、外国市場における広告および競争にまで手を伸ばす日本の一般的または特別な競業法規定は存在しない。この理由は、不正競業法規定が広告の濫用および不正競業から内国の消費者を保護するために主として作成されていることである。しかしながら、典型的には独占禁止法の適用における場合にみられるように、内国法の域外適用の問題が外国市場に進出する内国競業者間の濫用的または不正な競争広告および活動を制限したる処罰したりする限りにおいて優先することがある。

e. この問題は多国間および国際的意味を有する実体法および手続法の問題、すなわち、a）国際手続法、b）国際抵触規定である。要するに、原告たる競業者は不正競業の準拠実質法俄存在し、裁判所が対物管轄および対人管轄を有するいかなる国においても不正競業を根拠に被告を訴えることができる。このように言っても、この解答は別の問題を提起し、その意味において、その問題は同語反復状況に陥る。言い換えれば、もし、裁判所が一般的には不法行為責任、特殊的には不正競業責任の準拠法があらゆる点において、すなわちⅰ）抵触規定、Ⅱ）国際手続法の点において単一の国の法によって対象とされることを許す場合には、事件は単一の裁判所において単一の実質法に従い解決されるであろう。

第9章　インターネットにおける国際不正競業法　*435*

そのような単一の実質法を適用する場合には、連結点は損害発生地、不正競業行為地、被害者の所在地等々に基づく。同様に、裁判管轄は適法な管轄を判断する場合に法廷地の裁判所が調整するために複数の連結点に基づく。市場地国において発生した損害について各市場地法が適用されるか否かという問題も、同様に答えられる。本質的には、実質法の適用の問題は法廷地法の適用の文脈において答えられなければならず、特に、不法行為責任については排除されたり排除されなかったりする『反致』を除く抵触規定はそれぞれの国における公序良俗に関する抵触規定に依存する。例えば、日本の抵触規定のもとでは、『反致』は離婚、婚姻その他の家族関係のような一定の類型の場合においては排除されている。

　f.　いいえ、日本においてはまだそのような事件は存在していない。

　g.　ここでも、問題は別の問題、すなわち、国際的電子商取引の『本源』はどこであるかという問題を提起すると思われる。国際電子商取引においては、最初のメッセージは商業中心国、例えば、日本の東京から発信されるが、商品は別の国から発送される。同様に、マーケットのメッセージが複数の国から単一の国へ発信される。この限りにおいては、『本源国』に関して議論が行われている。議論は学問的な次元においてのみ行われ、現時点では判例の次元にも到達していない。

　h.　不正競業法が契約関係と異なり『不法行為法』の一側面として取り扱われる限り、従来の伝統的な意味での法選択は不正競業取引には適用されない。しかし、すでに説明したように、原告は違法な『法廷地漁り』または『法律回避』にならない限り、『法廷地』および『準拠法』を選択することができる。（典型的には、例えば、職業ギャンブラーはギャンブルがまったく合法的である国の法を選択することはできない。なぜなら、それは法律回避に役立ち、恐らく濫用的な法廷地漁りであるから。日本の公序良俗に反する法選択を禁止する法例第33条参照）。

　2.　f.　その解答はこの意見の他の箇所で以前に実際与えた。抵触規定の法例第11条がこれらの場合に適用される。

10　オランダ

　Ⅲ.　1.　a）オランダにおいては、不正競業法は不法行為法の範囲内にあると判断される。不法行為（不正競業）の分野における準拠法に関する国際私法の成文の（法典化された）国内規定は存在していない。不法行為の国際私法の一般規定は不法行為地法の適用である。1993年に、オランダの最高裁はランドマーク事件において以下のように判示した：『オランダ国際私法の規定によれば、不法行為に基づく請求は、法選択がある場合を除いて、（1）両当事者が不法行為地国と異なる国に居住するか住所を有している場合でなければ、および、（2）不法行為の結果が別の国で発生していない限り、原則として不法行為地法によって規律される』と。文献においては、例外が適用されるには、上の連結点が強行的であることをこれは意味しないと述べられた。契約外債務の国際私法規定は現在法典化

の最中である。1996 年に、国家国際私法委員会（以後『国家委員会』）はこの事項におい
て司法省に通知した。この通知はオランダ最高裁の判例法（特に COVA 判決）に基づい
ている。国家委員会は契約外債務に関する抵触法規定（以後『提案』）の規則提案を行っ
た。その提案は現在司法省によって審査中である。議会に送られる公式の法案は多かれ少
なかれそのような通知に従うであろう。主要な規則、不法行為地法の適用は提案の 1 条 1
項に具体化されている。国家委員会は原則として行動地法ではなくて結果発生地法の適用
を採用した。国家委員会は、行為者はその行為の結果が別の国において発生することを合
理的に予測できないことを意味する『予測不可能の例外』を支持している。この例外は、
『行為が不法行為が行われた国とは異なる国において個人、財産、自然環境に有害な結果
をもたらした場合には、行為者がそのような結果を合理的に予測できなかった場合を除い
て、結果発生地国法が適用される』と規定する 1 条 2 項に含まれている。1 条 3 項は当事
者の共通居住地または住所地の例外を含み、居住地法ないし住所地法を適用することにな
る。提案の説明において、国家委員会は、現在の規定に、例えば、インターネットを介し
て行われる不法行為のような特殊な場合についての特殊な規定を加えることを支持してい
ない。この点においては、オランダにおいては、原告は行動地法と結果発生地法のうちか
ら選択する権限を有しないことが一般的に承認されている。

　b）文献においては、『市場地主義』すなわち関係市場の法の適用は 1960 年代および
1970 年代初め以降擁護されてきた。この問題に関する判例法はほとんど存在しないが、
必ずしも一貫してはいないが市場地主義は 1975 年以降判例法において適用されてきた。
最高裁はこの問題に関してはまだ判断していない。市場地主義は国家委員会による提案に
おいても含められている。提案の 2 条は『1 条の規定とは異なり、不正競業行為に基づく
請求はその領土において競業行為が競業者間の関係に影響を及ぼした国の法によって規律
される』と規定している。提案の説明によれば、国家委員会は市場という連結点の異なる
定義を求めた。国家委員会が市場地主義に対して行った異議は、取引の国際化（グローバ
ル化）の進展により『市場』は位置づけることが難しいということであった。この点におい
て、国家委員会はヨーロッパ連合内においては国家の国境および国内市場は重要ではな
くなるという事実を強調している。

　c）インターネットを介する国際的な電子商取引に関して市場を決定する提案はまだ存
在していない。この点において重要なのは、国際的広告に関する最高裁の判例法である。
外国メディアの広告がオランダの公衆に向けられていることを決定する重要な要素は以下
である。(1) オランダにおけるメディアの利用可能性および知覚可能性、(2) オランダに
おける商品または役務の利用可能性、(3) オランダの国境地域における商品または役務の
利用可能性および評判、(4) 価格の通貨、(5) 使用言語、(6) オランダを想起させるイラ
ストおよび連想、(7)（『オランダでの販売のためではない』というような可能な否認であ

第 9 章　インターネットにおける国際不正競業法　437

る。広告を含むメディアの事実上の配布およびそのようなメディアおよび広告が消費者に
与える印象が重要である。メディアおよび広告がオランダの公衆に向けられ、オランダに
おける配布のための商品または役務の広告を意味するという印象を消費者が抱くという事
実がオランダ法の適用にとって十分な理由となる。

　d）文献において承認され議論されている唯一の例外は攻撃的競争の場合である。その
ような場合においては、被害者の営業地法が適用される。攻撃的競争とは、例えば競争相
手たる人、会社または製品に関する有害な陳述、競争相手からの被用者の引き抜き、競業
者内部の撹乱行為、ボイコット等々である。そのような行為は主として消費者に向けられ
るものではなくて直接競業者自体に向けられるから、目標とされた会社の営業地法を適用
するのがより『自然』と考えられる。この例外は、『前条は競業行為がもっぱら特定の競
業者に向けられる場合には適用されない』と規定する提案の 2 条 2 項に含まれている。

　e）オランダ法のもとでは、複数の市場に対する不正競業行為に基づいて損害を被る競
業者の請求は複数の異なる実質法によって規律される。そのような場合における複数の異
なる法の適用は市場地主義の適用の結果である。国家委員会はこの結果を認識している
が、競業行為が複数の国における競業者間の関係に影響を及ぼす場合には、そのような準
拠法の『分断』は不可避であると述べている。一般的には、オランダの裁判所は請求全体
に関して管轄を有する。しかし、ブリュッセル条約の適用範囲に入る事件においては、状
況は Schevill 事件における ECJ の判決の結果とは異なる。Schevill 判決が不正競業事件
に適用されるかどうかは全く不明確である。しかし、この点において、De Boer が判決の
評釈においてこのことが当てはまると考えていることを強調するのは重要である。もし、
そうであれば、被告がオランダに居住しているか行動地がオランダに存在する場合には、
内国裁判所が請求全体について管轄を有するであろう。もし、そうでなければ、内国の裁
判所は内国においてのみ被った損害に関してのみ管轄を有するであろう。これは、ECJ が
Shevill 判決において主張した規則の適用である。ECJ は Shevill 判決においてある行為が
何時有害とみなされるかという問題はブリュッセル条約によって答えられていないと判断
した。国内の裁判所によって適用される国内の規則を参照しなければならない。これらの
規則の適用が条約の効力を損なわない限り。Shevill 判決はオランダの文献において批判
された。De Boer も Vlas も『条約の効力』を支持する制限を批判した。両者とも当該条
文は初期の判決、すなわち条約と国内手続法との間の関係んい関する判決から再現された
から役立たないと判断されると論じている。さらに、De Boer は、不法行為地の管轄は損
害の証明に依存しないと論じている。De Boer によれば、原告は損害の証明に関する準拠
法の要件に関わりなく、いずれの裁判所が管轄を有するかに関して確実性を有しなければ
ならない。Vlas は、条約の効力が損なわれる場合には実質法（そして恐らく抵触規定）が
排除されるということにこの条文はなることを指摘している。Van Doon は、将来 ECJ は

原告の手続上の利益に関してはより注意深くなければならないと考えているという意味で判決を批判している。Pellis は、ブリュッセル条約の選択的管轄の余りにも広い解釈はブリュッセル条約の 2 条は主要な規則としてのその性格を失うということになることを指摘している。彼は、主要な規則としての 2 条から離れたいという願望は法政策の選択であり条約の改正が条約の 63 条および 67 条に関しては必要となろうと論じている。

　f）EC 条約 30 条に関しては広告法委員会のいくつかの判決が存在する。この点において最も有名な判決は Plenitude 判決である。広告法委員会は、Plenitude に関する Oreal の広告キャンペーンは欺罔的であると判断されるからオランダの広告法の 7 条に違反していると判断した。Oreal は、ヨーロッパ中において同一のキャンペーンを行っているから、広告法委員会の決定は EC 条約 30 条に反していると論じた。広告法委員会、苦情委員会およびアムステルダム地方裁判所は、広告法委員会は政府機関ではないから広告法委員会の決定は EC 条約 30 条の意味での同等の効果を有する措置とは考えられないと述べた。EC 条約 30 条に関する別の判決において、広告法委員会は EU 加盟国内の市場に適法に出された多数言語で包装された製品はオランダ市場に出されることを許されなければならないと判断した。〔原産地を指示する指定に類似する商標の欺罔的で違法な使用に関する事件において、Den Bosch 控訴院は、商標の使用が（それぞれ）フランスにおいて許されていることを考えれば、差し止めは EC 条約 30 条の意味での制限的措置の効果を有するから許されないと判断した。〕

　g）1997 年に情報技術および法律に関する国家的綱領はいくつかのセミナーを開催し、司法省の問題が専門家に付託された。『インターネット規制のための民事法的連携』というセミナーにおいて、『本源国主義』が議論された。Strikwerda は、この規則は国際私法の分野における他のヨーロッパの規制に反しているから奇妙であると述べており、この点においてはすでにいくつかの国際私法の規則が存在することが指摘されなければならない。彼は、消費者契約に関する国際私法規則はこの分野におけるヨーロッパの指令を起草中に見過ごされたという例によってこれを証明した。Polak は、本国主義に反する決定的な論拠は『本源国主義』は容易に操作されるが被害者の住所は容易に操作されないことであると論じた。Hugenholtz は、本源国主義は奇妙にもベルン条約に関して存在すると論じた。1998 年に、Hugenholtz も Polak も『法律およびインターネット』の主題に関するオランダ法律家協会の諮問報告書を執筆した。Polak は、その諮問報告書においてインターネットを介して行われる不法行為の文脈において抵触規定としての本源国法と保護国法を議論している。彼は、インターネット情報が起源を有する場所の法の適用として本源国法主義を定義し、インターネット情報が有害な結果をもたらす場所の法の適用として保護国法を定義している。彼は、不正競業に関しては、不正競業行為を受ける会社は競業者の行為の有害な結果が感じられる国の法によるから、市場地主義は基本的には保護国法主義の

一変種であると述べている。彼は、インターネットによる不正競業は一種の不法行為であり、両法分野に関して保護国法は適当な抵触規定であると述べている。彼は、インターネットを介する不正競業に基づく請求は不正競業行為が被害者の市場的地位に有害な結果をもたらす国の法によって規律されなければならないと結論づけている。Polak によれば、被告の責任は被告の住所地または居住地法に従ってのみ判断されるという意味において、本源国法主義は適用することが容易であるという利点を有する。Polak によれば、コンテンツのプロバイダーはその本国法を考慮に入れさえすればよいから、予測可能性がもうひとつの利点である。しかし、Polak は、特に不法行為法の分野は国毎に非常に異なるから、本源国法主義の適用はあまり現実的ではないと考えている。不法行為の実質法がヨーロッパ連合内において調和されれば、本源国法主義はヨーロッパの次元において適用されよう。Polak によれば、世界的な適用は現実的な選択肢ではない。

　h）上記の COVA 判決において、最高裁は既存の判例法および学説に従い、国際不法行為の分野における法選択を明示的に承認した。国家委員会の提案も４条において法選択の可能性を含んでいる。そのような選択は明示的になされるか別の明確な方法でなされなければならない。提案の説明は『両当事者の現実の合意』と述べている。選択される法制度に関する制限は存在しない。Kokkini および Boele は不正競業の問題における法選択の問題を問題にしている。不正競業が特定の競業者に向けられている場合には、法選択は可能であるが、『市場』に向けれらている場合には法選択は恐らく不可能である。

　2.　f）禁止命令に従う行動が外国で行われているとしても、上記の措置はオランダにおいて実行される。管轄権の根拠が存在する場合には、裁判所は外国で行われる不正競業行為に関して判断する。準拠法の問題は管轄の問題とは別であると考えられる。国内の抵触法規定が命じている場合には、裁判所は外国法を適用するであろう。

11　ノルウェー

　1.　a）我々の解答をノルウェーの国際不法行為法の一般規則の叙述に限定しよう。ノルウェーの国際不法行為法の主要な規則は損害賠償請求がなされる具体的な状況に依存する。多くの通常の場合においては、すなわち、被害者がある国に住所を有し、加害者が別の国に住所を有する場合においては、ノルウェーの国際不法行為法の規則は不法行為地法である。すなわち、損害賠償請求は侵害発生地の実質法の適用によって判断される。この規則はノルウェーの最高裁の複数の規則、すなわち Augusta 事件によって確認された。ノルウェー国際私法においては、ある人または会社の本国がいずれの国であるかを決定する原則は住所地主義であって多くのその他のヨーロッパ諸国のような国籍主義ではない。これは、イギリス人が当分の間ノルウェーに常居所を有する場合には、ノルウェーを本国とするものと判断されることを含んでいる。侵害行為の結果が行動地国とは別の国で体験された場合には、いずれの実質法が適用されるかという問題が発生する：行動地法

か侵害地法かである。ノルウェー国際私法はこの問題に関する立場においては若干曖昧であり、理論も実務も明確な態度を採っていない。同じことはデンマークの国際私法およびスウェーデンの国際私法においても言える。避妊用ピルのドイツの製造者の責任に関する1974年のノルウェー最高裁の規則においては、裁判所は侵害地法（ノルウェー法）を適用し、行動地法（ドイツ法）が適用されるかどうかという問題は言及されなかった。1975年―1976年のノルウェーの環境委員会の最終報告書において、侵害地法がすべての北欧諸国の主要な国際私法規則であると思われると述べられた。しかし、この陳述は後にカテゴリー的であると批判された。さらに、ノルウェー法においては、侵害地は環境損害および製造物責任に関する事件において準拠法として選択された。両当事者が同一国に住所を有し、別の国において侵害され、後者の国が事件に利害関係をもたない場合には、適用される規則は異なる。ノルウェー（およびデンマーク）の裁判所はいわゆる Irma-Mignon 定式を適用するであろう。この規則はイギリスの Tyne 川において衝突した2艘のノルウェー船 Irma と Mignon に関するノルウェー最高裁の規則に由来する。両船舶がノルウェー船でありイギリスの財産も人も侵害されていないことから、裁判所はイギリスよりもノルウェーと事件は強い関係を有すると判断したから、不法行為地法がイギリス法であるにもかかわらず本案に関してノルウェーの不法行為法を適用すると続けた。ノルウェーの次の国際私法規則は、準拠法を決定する場合に、裁判所はその判決の基礎を事件がいずれの国と最も密接な関係を有するかを考慮することに求めることであった。

　b）我々はそれを知らないが、形式的な管轄と実体法の選択との区別を行わなければならない。国内裁判所が抵触において管轄を有するとしても、自動的に、裁判所が国内競業法を適用することにはならない。

　c）そうではなくて、一般的に、ノルウェーの不正競業法はノルウェーの領土内において行われた行為に限定されている。

　d）一般的な規則としては：存在していない。しかし、それは結果次第であり、裁判所が敵対敵意行為をいかに重大であると判断するかによる。例えば、体系的に抽象的な競業者の表示と価格表示に関する規則違反との間にはかなりの相違が存在する。裁判所はより重大な違反を一般的な法的取引基準の明らかな違反として考え、そのために国内規則を適用し、これらの規則は一様であると判断されることを意味する。我々はこれに関する現実的な経験も裁判慣行も有しない。

　e）行為が行われた国に関わりなく内国の裁判籍の法的根拠が存在すれば、内国裁判所は管轄を有する。すなわち、ノルウェーで設立された会社はつねにノルウェーの国の裁判所で訴えられる。しかし、裁判所はその判決の基礎を外国法に求め、この場合には『異なる実質法の束』に求めることができる。

　f）EEA条約の該当条文は12条である。我々の知る限り、本条に関する判例法は存在

第 9 章 インターネットにおける国際不正競業法 *441*

しない。

g）我々の知る限り存在しない。

h）衝突が競業者間の契約に基づき契約が法選択条項を有し、抵触が強行法に従う消費者保護問題を含まない場合だけである。一般的な規則として、ノルウェーの裁判所は裁判所の裁量で準拠法を決定する（民事訴訟法第 191 条）。

2. f）はい、おそらく ― Ⅲ．1．参照 ― 法的な内国裁判籍が存在する限り。

はい、裁判所が外国法が適用されると決定すれば。Ⅲ．1．h）参照。

12　ポーランド

13　イギリス

22　準拠法

22．0　特定の裁判所が特定の紛争に関して管轄を有する場合には、裁判所は準拠法が何であるかを決定する。

22．1　不法行為

（1）不法行為の準拠法を決定する法選択規定は 1995 年国際私法（雑法）（『1995 年法』）第 3 章に含まれている。一般的規則は準拠法は不法行為を構成する事実が発生した国の法である。すでに論じたように、問題はインターネットに関する国際的な電子商取引に目を向ければ決定するのは容易ではない。しかし、すべての状況において、

（1）この一般的な規則のもとで準拠法所属国と不法行為を結合する連結点

（2）別の国と不法行為を連結する連結点の比較から、

実質的に準拠法が別の国の法であることが適用である場合には、一般的な規則は覆され準拠法は別の国の法である。

（2）1995 年法の第Ⅲ章のいかなる規定も公序の原則に反する外国法の規定の適用を許すものではない。

22．2　契約

（1）イギリスの裁判所が管轄を有する場合には、イギリスの裁判所は 1990 年契約（準拠法に関する）法によってイギリスにおいて施行されたローマ条約（『条約』）の規定を適用する。問題となる契約が「渉外的要素」を有する場合だけではあるが。契約とその他の契約との間に関連性が存在しない場合には、法選択の問題は存在しない。さらに、準拠法は実体法の問題においてのみ判断される；手続問題に関しては、イギリスの裁判所は自国の規則を適用するであろう。

（2）条約の 3 条は、契約は当事者の選択した法によって規律されると規定している。当事者が明示的に特定の法を選択しない場合には、4 条の推定が通常問題を決定するであろう。4 条 1 項の一般的規則は、契約は最も密接な関係を有する国の法によって規律されるということである。4 条 2 項は、これは『特徴的な履行行為』を行うべき当事者の法であ

るという一般的な推定が存在すると規定している。例えば、物品売買契約においては、販売しかつ物品を配達する当事者は、支払う当事者よりも特徴的履行行為を行う当事者である。したがって、裁判所は売主の主たる営業所所在地を見るであろう。したがって、インターネット広告の場合には、裁判所が適用しなければならない推定は注意を向ける実在の営業所所在地に目を向けることである。しかし、消費者契約に関する特別な規定が存在する。この場合においては、裁判所は消費者の常居所地国法を適用しなければならない。契約において明示的な法選択が存在するとしても、これはこの国の強行法によって消費者に与えられる保護を消費者から奪うことはできない。

24. 7

　管轄とインターネットを介する国際電子商取引との問題は、『ヨーロッパ議会の提案と域内市場における電子商取引の一定の法的側面に関する理事会指令』の公表によって最近流動状態となった。提案はすでに特に『本国主義』の焦点に関して批判を浴びている。これは、インターネットに関して広告を行う場合には、ウェブサイトの管理者はその営業所所在地国法にのみ関心をもちさえすればよく、消費者がウェブページにアクセスする法域の法に関心をもつ必要はないことを述べている。

（注）

（1）　Thomas Hoern, Werberecht im Internet am Beispiel der ICC Guidelines on Interactive Marketing Communications, in: Internet und Multimediarecht (Cyberlaw), Michael Lehmann (Hrsg.), 1997, S.113.

（2）　http: //www.iccwbo.org/home/statements_rules/rules/1998/internet_guidelines.asp を参照。

（3）　1999 年 5 月 18日の「Code on Internet advertising gathers international support」（http: //www.iccwbo.org/home/news_archives/1999/support_for_internet_advertising.asp）参照。

（4）　http: //www.iccwbo.org/home/statements_rules/rules/2004/Guidelines-on-Marketing-and-Advertising-using-Electronic-Media 参照。

（5）　Nina Dethloff, Marketing im Internet und Internationales Wettbewerbsrecht, NJW, 1998, S.1602.Dethloff, Marketing on the Internet and international competition law, Commercial Communications, 1998, p.16. また、Dethloff によれば、「国際的なデータ網における競業行為の場合の市場地の決定は出版物もしくはラジオ放送における競業行為よりもはるかに多くの問題をもたらす。これは一方ではデータ網における競業行為の多様性による。公衆に向けられた広告および個別化された広告並びに販売行為とともに、すでにネット以外においても抵触法上別個に取り扱われなければならない種類の競業行為も実際見られる。しかし、特にデータ網における競業行為には、外国市場において競争に対して知覚可能に作用するのに競業行為が適格性を有しているかどうかという確認を他のメディアにおいて容易にする頒布のような徴表が存在しない。したがって、これは、具体的な手段の分析によって初めて決定される。

データ網における競業行為の場合には、世界的な受信可能性に基づいて、潜在的に関係する市場の数は通常他のメディアよりもはるかに多い。したがって、特定のオンライン競業行為がこれらの市場のうちのいずれの市場に対して作用するのかはほとんど予測不可能である。データ網における商品および役務提供の提供者およびその他の関係者の競業法上の責任は多数の法秩序によりしばしば判断される」（Dethloff, Europäisierung des Wettbewerbsrechts, 2001, S.120.）と。

（6） Dethloff, a.a.O., S.1603.Dethloff, op.cit., p.16. また、Dethloff によれば、「共同体法上および抵触法上定礎されるヨーロッパ競業抵触法においては、すべての競業法秩序の累積的適用へ導く伝統的な市場地連結は多国間競業行為については修正されなければならない。すべての市場地法の代わりに営業所市場地法が適用されなければならない。ヨーロッパ連合内部における不可分の競業行為の場合における市場地連結から営業所市場への連結の変更は、一般的なヨーロッパ競業抵触規範を補充する多国間競業の場合の特別連結によって第一次的に実現される」（Dethloff, Europäisierung des Wettbewerbsrechts, 2001, S.306.）と。

（7） Vianello, a.a.O., S.307.

（8） IPRspr.1998, Nr.126. 本判決における評釈としては、Mankowski のそれが挙げられる。Mankowski は次のように述べている。すなわち、「フランクフルト上級地方裁判所は十分に熟慮した判決を下しており、完全に同意すべきである。裁判所がインターネット広告についての国際競業法において抵触法的な知覚可能性の端緒を構築したことは正当である。ドイツにおけるウェッブサイトの単なる受信可能性を基準とすることは実際非常に広すぎる。供給がドイツ市場に向けられていない場合には、それは欠けている。したがって、ウェッブサイトの方向が重要である」（Peter Mankowski, OLG Frankfurt/M.EWiR§1UWG 7/99, S.472.）と。すでに、1997 年 4 月 4 日のジュッセルドルフ地方裁判所は、インターネットドメインとして商号を登録する場合に商標権者より先願した第三者が、商標として保護されている商号を『横取りする』行為を不法行為ひいては不正競業として性質決定した後に、その国際裁判管轄権に関して同様の趣旨を明らかにしている。すなわち、「出版物、ラジオ、テレビ、ビデオもしくは Btx であれ、マスメディアにおける競業違反行為については、不法行為地は単に発信地 ― インターネットによる提供については、例えばサーバー所在地 ― ではなくて、単なる偶然ではなくて決定的に第三者にメディアが受信された各々の場所であるという一般原則が妥当する」（GRUR, 1998, S.160.）と。

（9） CR, 2000, 11, S.772. 本判決における評釈としては、Mankowski のそれが挙げられる。Mankowski は次のように述べている。すなわち、「役務提供の広告市場は役務提供が行われるか役務提供の特有な連結点が位置づけられる場所にのみ存在するのではない。むしろ、提供される役務の潜在的な利害関係者／需要者がどこに所在するかが重要である」（Peter Mankowski, Wettbewerbrechtliches Gerichtspflichtigkeits-und Rechtanwendungsrisiko bei Werbung über Websites, CR, 2000, 11, S.769.）と。また、Kotthoff のそれが挙げられる。Kotthoff は次のように述べている。すなわち、「裁判所は、その理由によって、不正な広告を含むホームページが内国において受信可能であるというだけでは競業利益の衝突地は内国に存在しないということを同時に明らかにした。そのようなテーゼは拒否されなければならないで

あろう。なぜなら、そのようなテーゼは実際すべてのインターネット広告をドイツ法に服させ
ることになるであろう。その場合には、広告の場合の競業利益の衝突地はその方向に従い決定
され、それはまた個別的事情に基づいて探求されなければならないことが無視されるであろう」
（Jost Kotthoff, Anwendbares Recht bei Werbung per Internet, K&R, 1999, 3, SS.139-140)
と。

(10) IPRspr.2001, Nr.121.

(11) IPRspr.2002, Nr.123.

(12) Thomas Hoern, Internationale Netze und das Wettbewerbsrecht, in: J.Becker (Hrsg.),
Rechtsproblem internationaler Datennetze, 1996, SS.42-43.Hoern は、別の論文においても
同様の趣旨を明らかにしている。すなわち、「オンラインの領域においては、E メールが決
定的に受信されるか WWW ホームページが決定的に受信可能な国の法が妥当する」（Hoern,
Cybermanners und Wettbewerbsrecht-Einige Überlegungen zum Lauterkeitsrecht im
Internet, WRP, 11/1997, S.998.) と。

(13) Jost Kotthoff, Die Anwendbarkeit des deutschen Wettbewerbsrechts auf Werbemaßnahmen
im Internet, CR, 11/1997, S.682.

(14) Jochen Dieselhorst, Anwendbares Recht bei Internationalen Online-Diensten, http: //www.
freschfields.com/practice/commsmedia/publications/pdfs/onlinediensten.pdf, SS.3-4.

(15) Diselhorst, a.a.O., S.4.

(16) Diselhorst, a.a.O., SS.6-8.

(17) Joachim Bornkamm, Gerichtsstand und anwendwares Recht bei Kennzeichen-und
Wettweberbsverstößen im Internet, Neues Recht für neue Medien, 1998, SS.114-115.

(18) Helmut Rüßmann, Wettbewerbshandlungen im Internet—Internationale Zuständigkeit und
anwendbares Recht, K&R, 10/1998, S.427.

(19) Peter Mankowski, Internet und Internationales Wettbewerbsrecht, GRUR Int., 1999, S.911.

(20) Rolf Sack, Das internationale Wettbewerbs-und Immaterialgüterrecht nach der EGBGB-
Novelle, WRP, 3/2000, S.277.

(21) Sack, a.a.O., S.277.

(22) Sack, a.a.O., SS.277-278.

(23) Sack, a.a.O., S.278.

(24) Kurt Kiethe, Werbung im Internet, WRP, 2000, 6, S.618.

(25) Kiethe, a.a.O., SS.618-619.

(26) Leupold/Bräutigam/Pfeiffer, a.a.O., S.582.

(27) Leupold/Bräutigam/Pfeiffer, a.a.O., S.582.

(28) Wolfgang Schmid/Hans Jörg Städtler, Passivlegitimation bei Wettbewerbsverstößen im
Internet, Jürgen Schwarze (Hrsg.), Rechtsschutz gegen Urheberrechtsverletzungen und
Wettbewerbsverstöße in grenzüberschreitenden Medien, 2000, SS.73-74.

(29) Alexander Thünken, Die EG-Richtlinie über den elektronischen Geschäftsverkehr und das
internationale Privatrecht des unlauteren Wettbewerbs, IPRax, 2001, Heft1, S.16.

第9章　インターネットにおける国際不正競業法　*445*

(30) Köhler/Piper, UWG, 2001, SS.90-91.

(31) Baumbach-Hefermehl, Wettbewerbsrecht, 2001, SS.268-269.

(32) Severin Löffler, Werbung in Cyberspace-Eine Kollisionsrechtliche Betrachtung, WRP, 2001, 4, S.384.

(33) Grigitta Lurger, Internationales Deliktsrecht und Internet-ein Ausgangspunkt für grundlegende Umwälzungen im Internationalen Privatrecht?, Aufbruch nach Europa, 2001, S.491.

(34) Frank Reiche, Werberecht deutscher Rechtsanwälte im Internet, 当該論文は、http://www. frank-reiche de/aufsaetze/werberechtrae.htm にて入手可能。

(35) Eva-Maria Kieninger, Die Lokalisierung von Wettbewerbsverstößen im Internet-Ist das Marktortprinzip zukunftsfähig?, Die Bedeutung des Internationalen Privatrechts im Zeialter der neuen Medien, 2003, S.128.

(36) Martin Bahr, Missbrauch der wettbewerbsrechtlichen Abmahnung im Bereich des Internet, 2003, S.182.

(37) Thomas Stäheli, Kollisionsrecht auf dem Information Highway, in: R.M.Hilty (Hrsg.), Information Highway, 1996, S.SS.602-603.

(38) David Rosenthar, http://www.rvo.ch/docs/ajp1197-ipr-dr.pdf, SS.13-14.

(39) Jochen Glöckner, Wettbewerbsverstöße im Internet-Grenzen einer Kollisionsrechtlichen Problemlösung, ZVglRWiss, 99 (2000), S.285.

(40) Hausmann/Obergfell, a.a.O., Rnd.273.

(41) Josef Drexl, Münchener Kommentar zum Bürgerlichen Gesetzbuch, Bd.11, Internationales Wirtschaftstrecht, 4.Aufl.2006.Rdn.123.

(42) Drexl, a.a.O., Rdn.123.

(43) Markus Klinger, Werbung im Internet und Internationales Wettbewerbsrecht: Rechtsfragen und Rechtstatsachen, 2006, SS.123-124.

(44) Georg Schönherr, Wettbewerbsrechtliche Aspekte des Internet, ÖBl, 1999, S.268.

(45) Schönherr, a.a.O., S.268.

(46) http://www.uni-muenster.de/Jura.itm/lidc/ 参照。

第10章

比較国際私法的考察
—— 総括 ——

　諸国の国際不正競業の法的規制に関しては、2つのアプローチがみられる。

　一方では、不正競業を不法行為として性質決定する見解がみられる。そして、以前は一般の不法行為と同様に行動地法と結果発生地法との択一的適用を認める偏在主義を採用する見解が諸国の判例において採用されていた（ドイツの初期の判例並びに国際私法制定以前のオーストリアおよびスイスの判例）。また、不正競業は一般の不法行為に対して固有性を示すため一般の不法行為とは別の特別な法原則に服するべきであるとする見解（Deutsch）も提唱された。しかし、不法行為として性質決定される以上、諸国において広く採用されている、一般不法行為準拠法の決定原則たる不法行為地法主義に依らなければならないであろう。そこで、近時においては、準拠法たる不法行為地法の決定にあたって不正競業の特殊性を考慮して不正競業に固有な不法行為地を探究する見解（ドイツおよびオーストリアの近時の判例、学説としては、Froriep, Wirner, Weber, Kreuzer の鑑定意見、Immenga, Mook, Wilde, Riegl, Sack, Reuter, Oesterhaus, Bernhard, Meenen, Hefermehl, Kotthoff, Köhler, von Bar, Lindacher, Hoffmann, Granpierre, Schwind, K.Troller が挙げられる。1973 年のフランス国際私法委員会の報告は、競業者が衝突する市場の法を不正競業の準拠法とする。立法としては、1983 年の万国国際法学会の決議は、不正競業は競業者の営業に損害が生じた市場地の法によるとする。また、指令としては、「契約外債務の準拠法に関するヨーロッパ委員会案」の4条b)は、不正競業は不法行為によって市場が影響を受けた国の法、「契約外債務関係の準拠法に関する欧州議会および理事会の規則（ローマⅡ）」の6条は、不正競業から生ずる契約外債務の準拠法は競業関係または消費者の集団的利益が影響を受けるか受ける可能性のある国の法によるとする。）が次第に有力になってきている。

　他方では、一般の不法行為に関するものとは別個に不正競業防止法のための特別な抵触規定を考える見解が主張されている。まず、不正競業防止法の機能変化を理由にサビニィーの国際私法理論はもはや適用できないとし、カリーの政府利

益の理論を適用し不正競業の適用範囲を関係国の法適用利益によって決定する見解（Joerges）がある。このような提案に対しては、不正競業防止法は競業者間の利害調整に関する規則から市場規制法へ完全に機能変化を遂げたわけではなく、依然として競業者間の利害調整に関する規則としての側面を残しており、不正競業防止法の機能変化という前提に問題があろう。さらに、効果主義を採用する見解があるが、同じく効果主義を採用するといっても3つの態様がある。不正競業防止法をカルテル法と同様に市場統制法（強行法規）と捉え『効果主義』を採用し、『特別連結理論』により外国法の適用意思を尊重した上で外国法を適用する見解（Wengler）が主張されている。また、同様に効果主義を採用するものの、一方的抵触規定を提唱する見解（Schricker, Regelmann）と、双方的抵触規定を提唱する見解（マックス・プランク無体財産法研究所の意見表明、Tilmann）の両極端の見解も提唱されている。いずれの見解も競争制限禁止法と不正競業防止法との交錯関係を前提とし、カルテル法における効果主義を適用ないし類推適用するものであるが、両者が交錯するのはボイコットなど狭い領域に限られ、両者を市場規制法として捉えることには無理がある。最後に、不正競業についての特別法たる不正競業防止法の地域的適用範囲を問題とし、カルテル法、無体財産権法の場合と同様に、原則として属地主義が適用されるとし一方的抵触規定を提唱する見解（Sandrock, A.Troller）もある。このような提案は、無体財産権法の属地主義（保護国法主義）を不正競業に類推適用しようとするものであるが、不正競業法においては、無体財産権法におけるように、その効力が保護国の領域内に限定されている排他的権利は問題となっていない。

　さて、前者の方向は、不正競業に固有な不法行為地を探究し双方的抵触規定を採用するものであるが、諸国において多数を占めている。上記の見解によれば、不正競業は、権利または法益侵害をその本質とする一般の不法行為とは異なり、不正な手段を用いてはならないという客観的な行為規範に対する違反にその特色を有する。そのため、不正競業の場合、一般の不法行為とは異なり、行動地または結果発生地の二者択一的決定により不法行為地を決定することはできない。不正競業の不法行為地を決定するに当たっては、不正競業のこの特殊性を考慮に入れなければならない。不正競業行為は不正競業法の様々な保護利益を同時に侵害するから、『市場に関連する不正競業』と『営業に関連する不正競業』との区別は無意味であるとする見解（Imhoff-Scheier）、すべての競業行為は市場関連性を前提とするか

ら、『市場関連的な競業行為』と『営業関連的な競業行為』との区別に反対する見
解（Drexl, Hausmann/Obergfell）もあるが、諸国においては、不正競業は『市場
に関連する不正競業』と『営業に関連する不正競業』とに区別されるべきである
とする見解が多数である（Bernhard のように、『市場関連的不正競業』と『製造関
連的不正競業』とに区別する見解は別として、上記の区別に賛成するものとして、
Wirner, Weber, Kreuzerの鑑定意見、Immenga, Wilde, Sack, Reuter, Schricker,
Meenen, Köhler, von Bar, Hoffmann, Granpierre, Briem, K.Troller, Bär, ドイツの
「契約外債務関係および物についての国際私法のための 1999 年 5 月 21 日法律」の
解釈として、Beater のように、『競業上の個別的利益の侵害』と『競業上の集団的
利益の侵害』とに区別する見解および Bahr のように、『営業に関係する競業行為』
と『消費者保護に関係する競業行為』とに区別する見解は別として、上記の区別
に賛成するものとして、Sack, Vianello, von Hoffmann, Spickhoff, Looschelders,
Köhler が挙げられ、上記の区別を明らかにした立法としては、1978 年のスイス国
際私法専門家委員会草案 134 条、1982 年のスイス国際私法政府草案 132 条、1987
年のスイス国際私法 136 条、上記の区別を前提とするものとして、ドイツおよび
オーストリアの近時の判例、1978 年のオーストリア国際私法 48 条 2 項、1982 年
のドイツの国際私法会議草案 7 条、1984 年のドイツの連邦法務省の参事官草案 40
条 2 項 2 号、1983 年の万国国際法学会の決議、ドイツの「契約外債務関係および
物についての国際私法のための 1999 年 5 月 21 日法律」の立法資料がある）。そし
て、不正競業の不法行為地は、『市場に関連する不正競業』の場合には『市場地』
にもとめられる [1]（『市場に関連する不正競業』の場合の連結点を『市場地』にも
とめたものとして、Wirner, Weber, Kreuzer の鑑定意見、Immenga, Sack, Reuter,
Bernhard, Meenen, Köhler, von Bar, Hoffmann, Granpierre, Briem, K.Troller, ド
イツおよびオーストリアの近時の判例が挙げられる。また、上記の K.Troller の見
解に影響を受けた立法として 1978 年のスイス国際私法専門家委員会草案 134 条 1
項がある。さらに、1982 年のドイツの国際私法会議草案 7 条 1 項、1984 年のド
イツの連邦法務省の参事官草案 40 条 2 項 2 号、ドイツの「契約外債務関係および
物についての国際私法のための 1999 年 5 月 21 日法律」の立法資料、上記の法律
の 40 条を適用し、市場地は行動地および結果発生地でもあるとする見解として、
2003 年 3 月 27 日のミュンヘン上級地方裁判所の判決、2003 年 10 月 13 日のミュ
ンヘン上級地方裁判所の判決、2003 年 12 月 19 日のケルン上級地方裁判所の判

第 10 章　比較国際私法的考察 ── 総括 ──　449

決、Sack, Dethloff, Köhler, Junker, Drexl, 行動地を市場地と理解する見解として、
Heldrich, Spickhoff, Glöckner, Hohloch, Ehrich, 行動地ないし結果発生地ではな
くて市場地を不法行為地と理解する見解として、Klippel, Vianello, 上記の法律の
類推適用として、Mankowski, また、上記の法律の 41 条の適用として、Schaub,
von Hoffmann, Thünken, Nett, Bahr, Looschelders, Kropholler, Wagner がある。
さらに、「契約外債務関係および物についての国際私法のための 1999 年 5 月 21 日
法律」における国際不法行為法の規則とは別個に市場地国法主義を提唱する見解
として、Hefermehl, Schricker および Bodewig, Samson, Hausmann/Obergfell,
Klinger がある。これに対して、双方的抵触規定の形で『効果主義』を採用する
立法として、1978 年のオーストリア国際私法 48 条 2 項、1982 年のスイス国際私
法政府草案 132 条 1 項、1987 年のスイス国際私法 136 条 1 項、ドイツの「契約
外債務関係および物についての国際私法のための 1999 年 5 月 21 日法律」の 41
条 1 項を介して効果主義を適用するものとして、Veelken, Fezer, 上記の法律の規
定の欠缺を肯定して、効果主義を類推適用するものとして、Beater がある。なお、
1983 年の万国国際法学会の決議は、競業者の営業に損害が発生した市場地を基準
とする）。そして、とくに、当該不正競業が販売行為である場合には販売市場地法
が、当該不正競業が広告行為である場合には広告市場地法が適用されるとする見
解（Sack, Hoffmann, Briem, ドイツおよびオーストリアの近時の判例、オースト
リア国際私法典施行以後の判例、「契約外債務関係および物についての国際私法の
ための 1999 年 5 月 21 日法律」の解釈として、Sack, von Hoffmann, Spickhoff,
Hausmann/Obergfell）が有力である。これに対して、市場と関連しない不正競
業、言い換えれば、一般の不法行為に近い『営業に関連する不正競業』について
は、一般の不法行為の準拠法によるとする見解（ドイツの近時の判例、Weber,
Kreuzer の鑑定意見、Sack, Hoffmann, 立法として、1978 年のオーストリア国際
私法 48 条 1 項、1982 年のドイツの国際私法会議草案 7 条 2 項、1984 年のドイ
ツの連邦法務省の参事官草案 40 条 2 項 2 号但書き、ドイツの「契約外債務関係お
よび物についての国際私法のための 1999 年 5 月 21 日法律」の立法資料、上記の
法律の 41 条 2 項 1 号の適用として、Sack, von Hoffmann, Thünken, Spickhoff,
Looschelders, Köhler, Klippel）もあるが、諸国においては、被害を受けた営業所
所在地法によるとされている（Bernhard のように、侵害された製造地で妥当して
いる法を適用する見解は別として、上記のような趣旨を明らかにするものとして、

Wirner, Immenga, Wilde, Reuter, Schricker, Meenen, Köhler, Granpierre, Briem, K.Troller，ドイツの「契約外債務関係および物についての国際私法のための 1999 年 5 月 21 日法律」の解釈として、Vianello, Bahr が挙げられ、立法として、1978 年のスイス国際私法専門家委員会草案 134 条 2 項、1982 年のスイス国際私法政府草案 132 条 2 項、1987 年のスイス国際私法 136 条 2 項がある)。

　なお、一般の不法行為の場合と同様に、当事者双方が属人法を共通にする場合に限り、当事者の共通属人法の適用が問題とされている。そして、肯定説としては、(1) 不正競業一般について、外国における内国人の競業について共通属人法たる内国法の適用を肯定する見解（ドイツおよびオーストリアの初期の判例並びに Granpierre および 1978 年のスイス国際私法専門家委員会草案の解釈として、Beitzke、ドイツの「契約外債務関係および物についての国際私法のための 1999 年 5 月 21 日法律」の 40 条 2 項 2 文により、Bahr)、(2) 不正競業一般について双方的に共通属人法の適用を認める見解（1978 年のスイス国際私法専門家委員会草案最終報告書、1982 年のスイス国際私法政府草案の解釈として 14 条を介して、Imhoff-Scheier、ドイツの「契約外債務関係および物についての国際私法のための 1999 年 5 月 21 日法律」の解釈として、Heldrich, Junker)、(3)『営業に関連する不正競業』において外国における内国人の競業の場合に限り肯定する見解（ドイツおよびオーストリアの近時の判例、Deutsch, Immenga, Hefermehl, Köhler, Hoffmann, 1987 年のスイス国際私法の解釈として 15 条を介して、Vischer, Dutois, Schibli)、さらに、(4)『営業に関連する不正競業』において内国における外国人の競業の場合にも拡張して双方的に認める見解（Kreuzer の鑑定意見、Schricker, Schoofs, Kreuzer, 1982 年のドイツの国際私法会議草案 7 条 2 項、1984 年のドイツの連邦法務省の参事官草案 40 条 2 項 2 号但書き、1976 年のオーストリア国際私法法務省案 51 条但書き、Stagl, 1978 年のスイス国際私法専門家委員会草案の解釈として 14 条を介して Baudenbacher, 1982 年のスイス国際私法政府草案理由書、ドイツの「契約外債務関係および物についての国際私法のための 1999 年 5 月 21 日法律」の 40 条 2 項により Sack, von Hoffmann, Spickhoff, Looschelders, 41 条 2 項 1 号により Hohloch がある) の態様がある。これに対して、競争者同一条件の観点から当事者の共通属人法の適用を否定する見解（Wengler, Burmann, Beitzke, Hoth, Spätgens, Weber, Wilde, Mörelling, Beckmann, Lindacher, Schwander, Bär, Dasser/Drolshammer, Danthe, Dubis,

第 10 章　比較国際私法的考察 —— 総括 ——　　*451*

Schwimann, Wiltschek, Briem, Koppensteiner, ドイツの「契約外債務関係および物についての国際私法のための 1999 年 5 月 21 日法律」の解釈として、Dethloff, Fezer, Glöckner, Kropholler, Wagner, Köhler, Drexl, Hausmann/Obergfell, Mankowski, 1978 年のオーストリア国際私法典の公式説明、オーストリア国際私法典施行以後の判例が挙げられる。また、Bernhard は、当事者の共通本国法の適用を否定した上で、当該行為が地域的取引への参加でないことを要件に関係者の共通出身地法の適用を認める）も主張されている。

　なお、価格割引法の地域的適用範囲は内国に限定され、価格割引広告については、価格割引広告と価格割引行為を区別せずに価格割引法の適用を内国での広告に限定する見解（Gloede, Schricker, Weber, Immenga, Wilde, Reuter, Gamm, Hefermehl, Granpierre）と、価格割引広告と価格割引行為とを区別して外国の価格割引行為の内国での広告にも価格割引法を適用する見解（近時のドイツの判例、Sandrock, Sack, Meenen, Oesterhaus, Hoffmann, Kreuzer）とが対立している（なお、内国での景品提供の外国での景品広告に内国の景品法を適用するものとして、オーストリア国際私法典施行以後の判例、Wiltschek がある）。不正競業防止法 16 条の適用範囲は内国において行われた競業違反に限定されることが明らかにされている（近時のドイツの判例、Wirner, Weber, Kreuzer の鑑定意見、Wilde, Tilmann）。

　また、不正競業の場合においても、一般の不法行為の場合と同様に当事者自治の原則の適用（とくに事後的な法選択の可否）が最近議論されている。この点については、（1）当事者自治の原則を認める見解（1976 年のオーストリア国際私法法務省案 51 条、1978 年のオーストリア国際私法典の公式説明、特に黙示的法選択を認めるものとして、オーストリア国際私法典施行以後の判例、Wiltschek）、（2）不正競業一般について事後的法選択を認める見解（1982 年のスイス国際私法政府草案の解釈として 129 条 4 項を不正競業にも適用して事後的法選択を認めるものとして、Imhoff-Scheier, 1987 年のスイス国際私法 132 条を不正競業にも適用して事後的法選択を認める、Baudenbacher, Müllhaupt, Bär, Vischer, Dasser/Drolshammer, Schibli,「契約外債務関係および物についての国際私法のための 1999 年 5 月 21 日法律」の解釈として、Vianello, Köhler）、（3）『営業に関連する不正競業』についてのみ事後的法選択を認める見解（近時のドイツの判例、Hoffmann, Kreuzer, Danthe, Briem,「契約外債務関係および物についての

国際私法のための 1999 年 5 月 21 日法律」の解釈として、Sack, von Hoffmann, Spickhoff, Looschelders）、（4）当事者以外の第三者（とくに公衆）の利益の保護との関係で問題があるとされ、不正競業について当事者自治の原則を否定する見解（Immenga, Kreuzer の鑑定意見、Sack, Schricker, Schoofs, Köhler, Mänhardt, Reichert-Facilides, Bucher, Dutois, Dubis, Schwimann, Herzig, Koppensteiner, 1982 年のスイス国際私法政府草案の解釈として、事後的法選択を否定するものとして、Bär, ドイツの「契約外債務関係および物についての国際私法のための 1999 年 5 月 21 日法律」の解釈として、Fezer, Bahr, Kropholler, Drexl, Hausmann/ Obergfell, Mankowski）がみられる。

さらに、不正競業の場合においても、一般の不法行為の場合と同様に附従的連結の可否が最近議論されている。この点については、（1）不正競業について附従的連結を認める見解（立法として、1978 年のスイス国際私法専門家委員会草案 131 条 2 文、1982 年のスイス国際私法政府草案 132 条 3 項、1987 年のスイス国際私法 136 条 3 項）、（2）『市場に関連する不正競業』について附従的連結を否定し、『営業に関連する不正競業』について附従的連結を肯定する見解（Kreuzer の鑑定意見、Immenga, Hoffmann, Kreuzer, 1987 年のスイス国際私法 136 条 3 項の解釈として、Bucher, Vischer, Dutois, Danthe, Dubis, Schibli, ドイツの「契約外債務関係および物についての国際私法のための 1999 年 5 月 21 日法律」の 41 条 2 項 1 号の適用として、von Hoffmann, Spickhoff, Looschelders, Vianello, Fezer）、（3）いずれについても法的安定性との関係で問題があるとされ、附従的連結を否定する見解（Schoofs, Hausmann/Obergfell, Mankowski）がみられる。

最後に、当該不正競業が複数の市場と関連する、いわゆる『多国間不正競業』の問題については、配分的適用説（近時のドイツの判例、オーストリア国際私法典施行以後の判例、Wilde, Regelmann, Sasse, Schwander, Vischer, Dasser/ Drolshammer）、累積的適用説（Wengler, Froriep, Beitzke, Inmenga, Sandrock, Kreuzer, Kort, Meenen, Schricker, Herzig, Granpierre, Danthe）、可分の競業行為と不可分の競業行為を区別して、前者については配分的適用、後者については累積的適用を主張する見解（Wirner, Riegl, Sack, Oesterhaus, Hefermehl, Köhler, Lindacher, Hoffmann, Schwimann, Koppensteiner, Stagl, 1978 年のオーストリア国際私法典の公式説明、Baudenbacher,「契約外債務関係および物についての国際私法のための 1999 年 5 月 21 日法律」の解釈として、Sack, Dethloff, von

第 10 章　比較国際私法的考察 —— 総括 ——　　*453*

Hoffmann, Wagner, Köhler, Klippel, Drexl）に分かれる。

　なお、留保条項（公序）の発動については、一般的には認められている（Wirner, Immenga, Mook, Wilde, Sack, Hefermehl, Köhler, Lindacher, Kreuzer, Bucher, Imhoff-Scheier, Dasser/Drolshammer, Dutois, Danthe, Schibli）。外国法によれば許され内国法によれば不正なドイツの競業者に向けられる競業行為の場合に、公序の発動を認める見解（Hefermehl）もあるが、この場合には公序の発動を認めない見解（Wirner, Immenga, Mook, Wilde, Sack, Köhler, Lindacher, Kreuzer）が多数である。特別留保条項については、同条項の全面的適用を主張する見解（Deutsch は競業法の特殊性から 1896 年民法施行法 12 条の適用を外したいとしながらも、結論的には不正競業についても同条の適用を認める。Wirner, Immenga, Sack, Hefermehl, Köhler, Schricker, なお、Wilde は、損害賠償の根拠および金額のみならず、過失の要件および時効期間についても 1896 年民法施行法 12 条は適用されるとする）に対して、競業法の特殊性を理由に同条項（＝ 1986 年改正民法施行法 38 条）の制限解釈を主張する見解（Lindacher）が提唱されている。

　ハーグ国際私法会議においては、不正競業の準拠法に関する条約はまだ作成されていないが、関連する資料としては、つぎの 4 つが挙げられる。まず、1987 年 11 月の準備的文書第 2 号、つぎに、1988 年 8 月の準備的文書第 15 号、さらに、講演であり、これらは、いずれもハーグ国際私法会議の常設事務局長を務めていた Adair Dyer の手になるものである。また、『不正競業の問題に関する抵触法の覚書』と題される 2000 年 4 月の準備的文書第 5 号、最後に、『会議の総務および政策に関する 2000 年 5 月の特別委員会の結論』と題した 2000 年 6 月の準備的文書第 10 号であり、常設事務局によって作成されたものである。

　EC 国際不正競業法としては、域内における自由な商品取引が許される商品は生産地国において適法に製造および流通されていることを前提とすると判断した Cassis de Dijon 原則をめぐって、EC 裁判所の判例が、製造地国法主義を採用したものであるかどうかが学説上争われている。そして、不正競業の準拠法は製造地国法であるとする製造地国法主義（Chrocziel, Reich, Drasch, Dethloff）、製造地国法または仕向地国法のうち提供者にとってより有利な法の適用を主張する有利性の原則（Basedow）、不正競業の準拠法は市場地法であるとする市場地国法主義（Bernhard, Reese, Kort, Sack, Tebbens, Kreuzer, Hoffmann, Granpierrre, Katzenberger, Fezerおよび Koos, Hennig-Bodewig, Vianello, Dethloff）、不正

競業に関する抵触法は影響を受けないとする渉外実質法説（Tilmann, Gebauer, Hausmann/Obergfell）が主張されている。また、契約外債務関係の準拠法に関する理事会規則提案準備草案の6条によれば、不正競業その他の不正取引に基づく契約外債務の準拠法は、不正競業その他の不正取引が競業関係または消費者の集団的利益に影響を与える国の法であるものとされる。さらに、「契約外債務の準拠法に関する欧州議会および理事会規則（ローマⅡ）」の6条によれば、不正競業行為から生ずる契約外債務の準拠法は競業関係または消費者の集団的利益が影響を受けるか受ける可能性のある国の法であるものとされ、不正競業行為がもっぱら特定の競業者の利益に影響を及ぼす場合には、3条2項（共通常居所地法）および3項（附従的連結などの例外条項）が適用されるものとされる。なお、2000年6月8日の電子商取引の指令においては、その3条1項が情報社会における役務提供については役務提供者の営業所所在地国法によるとする抵触法規定（営業所所在地国法主義）を規定したものであるかどうかが学説上争われ、不正競業の準拠法は営業所所在地国法であるとする営業所所在地国法主義（Maennel, Brenn, Hamann, Leupold/Bräutigam/Pfeiffer, Gierschmann, Thünken, Mankowski, Härting, Determann, Lurger/Vallant, Grundmann, Naskret, Hausmann/Obergfell）、不正競業の準拠法は市場地法であるとする市場地国法主義（Lehmann, Spindler, Ziem, Fezerおよび Koos, Tettenborn, Ahrens, Halfmeier, Vianello, Dethloff, Ohly, Landfermann, Sack, Nickels, Menzel und Ofner, Drexl）、営業所所在地国法の指定は営業所所在地国の国際私法をも含むとするメタ抵触法説（Hoern, Appel および Grappenhaus）が主張されている。

　最近、諸国においては、インターネットにおける不正競業の準拠法の問題が注目を浴びている。そして、この点については、インターネットにおいては市場地国法主義は妥当しないとする見解もあるが、インターネットにおいても市場地国法主義が妥当するとする見解が多数である。その際、前者は、発信地国法の適用を（1996年3月15日の「ICC Guidelines on Interactive Marketing Communications」、1998年4月2日の「ICC Guidelines on Advertising and Marketing on the Internet」の1条、2004年10月の「ICC Guidelines on Marketing and Advertising using Electronic Media」の2条、Dethloff, Vianello）、後者は、受信地国法の適用（1998年12月3日のフランクフルト上級地方裁判所の判決、2000年2月17日のブレーメン上級地方裁判所の判決、2001年12月20日の区裁判所の決定、2002年6月

第 10 章 比較国際私法的考察 ── 総括 ── 455

5 日のハンブルグ上級地方裁判所の判決、Hoern, Kotthoff, Bornkamm, Rüßmann, Mankowski, Sack, Kiethe, Leupold/Bräutigam/Pfeiffer, Städtler, Thünken, Köhler, Hefermehl, Löffler, Lurger, Reiche, Kieninger, Bahr, Stäheli, Rosenthal, Glöckner, Hausmann/Obergfell, Drexl, Klinger, Schönherr）を主張している。

(注)

(1) 本文に挙げたほかに、同様の趣旨を明らかにするものとして、International League Against Unfair Competition（International Association for the Study of Competition）（Nice Congress, April 30 to May 4, 1967）が挙げられる。会議（Congress）は、「企業および公益のために二つ以上の州に関係する不正競業の準拠法の決定のためには同一の基準が奉仕することが望ましいと考えて、(1) 二つ以上の州に関係する不正競業行為の民事的側面を規律する場合には、国家の裁判所は不法行為地法を適用して、不法行為地を決定する際には不正競業を防止する規定の特殊性およびそのような規定によって保護される利益を考慮に入れるであろうという願望を表明し、(2) したがって、不法行為地は利益の衝突が生じる場所であると考える」（Motion adopted by the International League Against Unfair Competition at its Nice Congress, 30 April to 4 May 1967, Industrial Property, March 1968, p.79.）と。そして、1992 年 10 月のアムステルダム会期において、競争法の国際連盟は比較広告に関する以下の決議を採択した。「Ⅰ. a 不正競業法に関しニース会期において 1967 年に採択された決議を確認して、広告に関しては準拠法は問題となる広告がその効果を有する国、すなわち公衆に影響を及ぼす国の法である：広告が複数の国において効果を及ぼす場合には各々の関係国のそれぞれの国内法が適用されなければならない。b 広告が受信されるか利用可能とされた国において公衆に影響を及ぼすものと考えられなければならず、広告は、例えばその文言、言語もしくは目的により公衆に到達したものと公衆によって知覚される。c 但し、損害賠償に関しては、被告の行動が広告の受信地国において原告に対して損害を引き起こすことを合理的に予測できないことを証明した場合には、広告の発信地法が適用される。Ⅱ. 準拠法の調和を達成する努力を追求することが望ましい。」（International Review of Competition Law 1992 (No 168), p. 51.）と。この点については、J.J.C.Kabel, Transborder Advertising and Unfair Competiton: Country of Origin vs. Country of Destination-Clarification of the Resolution of the International League of Competiton Law, http: //www.ivir.nl/publications/kabel/clarification.html をも参照。

おわりに
—— わが国における国際不正競業法 ——

I 「法例」下における判例

1 営業関連的不正競業

ところで、わが国においては、ノウハウ侵害（営業秘密の不正取得、不正開示および不正使用行為）の準拠法について、日本企業が他の日本企業と共謀の上アメリカ企業（営業所所在地：オハイオ州）のノウハウを侵害したとされた事案につき、ノウハウの侵害を不法行為として性質決定した上で法例11条に従い、違法行為の重要な部分が日本でなされたことを理由に日本法を準拠法とした判例[1]がある。この判決は、ノウハウ侵害を不法行為として性質決定しながらも、一般の不法行為のような行動地か結果発生地かという不法行為地の決定に関する二者択一的決定を排してノウハウ侵害に固有な不法行為地（取得地＝日本）を探求しているものとみられる。

他方、学説においては、本判決をめぐって議論がなされている。そして、一方においては、不法行為として性質決定する見解がある。まず、国友教授によれば、ノウハウ侵害は不正競業行為に該当しないから、市場地法によるとの不正競業に関する特別の規則に服さず、一般の不法行為についての法例11条によって不法行為地法によることとなる。そして、ノウハウ侵害には一般の不法行為とは異なる特徴があることが認められてはいるが、ノウハウ侵害の不法行為地は、行動地か結果発生地かという二者択一的決定に従い、行為者の予見可能性および取引利益を確保するために行動地（取得地）であるとされる[2]。そして、本件においては、オハイオ州において共謀等の準備行為が行われている点を別として、請求原因たる技術情報の入手およびその利用という法益侵害行為が日本で行われていることを理由に、行動地は日本であるとされる。つぎに、不破氏によれば、ノウハウ侵害は不法行為として性質決定され法例11条によるが、本件のような共謀行為としてのノウハウの違法取得が問題となる事件では、行動地ないし結果発生地を基準として不法行為地

を決定するという従来の方法は通用しないとし、損害賠償請求と差止請求に分けられ、不法行為地の決定にあたっては、前者については、被害を受けた営業所所在地が、後者については、その対象とされる行為が現に行われているか、将来そのなされる可能性のある地が不法行為地とされる[3]。そして、本件においては、前者については、不法行為地は被害を受けた営業所所在地はオハイオ州であり、後者については、ノウハウの利用による生産の差し止めが問題であるから、不法行為地は生産地たる日本であるとされる。さらに、高桑教授によれば、ノウハウ侵害は不法行為として性質決定され法例第11条によるが、技術情報の違法な取得による損害賠償の請求については、技術情報の取得の正当性が問題であるから、取得行為のなされた地をもって不法行為地とされる。そして、本件のような一連の行為の場合にはその重要な部分がなされた地が不法行為地とされる[4]。また、野村教授によれば、ノウハウ侵害は不法行為として性質決定され法例11条によるが、本件における営業秘密の不正取得行為（あるいは使用、開示行為）のように、不法行為が複数の国にまたがる一連の侵害行為からなる類型の場合は、その行為を分断することなく、一連の行為の重要な部分がなされた地をもって不法行為地とされる[5]。最後に、柏木教授によれば、ノウハウ侵害は不法行為として性質決定され法例11条によるが、行動地法、結果発生地法または市場地法を準拠法とすべしというルールをたてることは適当ではないとし、紛争事実関係と最も密接な現実的牽連を有する社会の法を適用すべきであるとする。そして、本件においては、秘密情報を第三者に売却することを目的としていたから、最も不法行為として非難されるべき中心的な行為は営業秘密の不正取得にあるとして、ノウハウの不正取得を行った地の法律を適用する[6]。なお、三井教授によれば、不正競業は不法行為の特殊な類型であるとして、特別法は一般法に優先するという原則により一般不法行為の準拠法は問題にならないとされ、ノウハウ侵害についても市場地法（競業者間の利益が対立する場所の法）が適用される。そして、本件においては市場地法は日本法であるとされる[7]。しかし、不正競業を特殊な不法行為とみて条理によるとすることは、不正競業の準拠法に関する規定が欠缺していることを前提とする。しかし、不正競業の準拠法に関する特別法規定は存在しないが、特殊な類型にせよ不法行為として性質決定する以上、一般の不法行為の準拠法に関する一般法規定たる法例11条が適用されるのではなかろうか。したがって、不正競業の準拠法に関する一般法として法例11条が存在するのであるから、不正競業の準拠法に関する規定は欠缺している

とは言えないのではあるまいか。そこで、「不法行為」として性質決定せずに、「不正競業」という独自の単位法律関係を設定し「不正競業」として性質決定することが考えられる。そのような見解として、まず、中野教授の見解がある。中野教授によれば、「市場に関連する不正競業」と「営業に関連する不正競業」が区別され、ノウハウの侵害は「営業に関連する不正競業」として法例 11 条が適用される。そして、隔地的不法行為の場合、不法行為被害者の保護を図るために結果発生地をもって不法行為地とされる。営業秘密の不正取得行為については、一般論としては述べられていないが、本件のように、一連の侵害行為が複数国にわたって行われた場合には、その重要な部分が行われた地が不法行為地とされる [8]。「不正競業」という独自の類型として性質決定し条理によるとする以上、法規定の欠缺を認めているのであるから「営業に関連する不正競業」たるノウハウ侵害について、一般不法行為に関する法例 11 条を介して不法行為地法を適用するのは一貫しないのではなかろうか。ノウハウ侵害についても「営業に関連する不正競業」、すなわち「不正競業」として性質決定するのであれば、法規定の欠缺を認めているのであるからノウハウ侵害については法例 11 条は適用されてはならないことになろう。そのような法規定の欠缺を認めるのが岡本教授の見解である。しかし、岡本教授によれば、「市場に関連する不正競業」と「営業に関連する不正競業」とが区別されているものの、ノウハウ侵害も特定市場における公正競争の侵害に関連をもつ場合、すなわち「市場に関連する不正競業」として市場地法によるとされる。そして、本件においては市場地法としての日本法が適用される [9]。しかし、岡本教授の見解によっても、ノウハウ侵害は市場との関連性を有しないから「営業に関連する不正競業」とされるべきではなかろうか。

　「営業に関連する不正競業」も不正競業であるから、不正競業を不法行為として性質決定する以上、「営業に関連する不正競業」としてのノウハウ侵害も不法行為として性質決定すべきであろう。不法行為として性質決定する諸学説は、なるほど、不法行為地の決定については、行動地（国友）、損害賠償請求と差止請求に分けて、前者については、被害を受けた営業所所在地、後者についてはその対象とされる行為が現に行われているか将来そのなされる可能性のある地（不破）、取得行為地（高桑）、一連の行為の重要な部分がなされた地（野村）、紛争事実関係と最も密接な関係を有する地（柏木）、市場地（三井）というように一見分かれているようである。しかし、行動地か結果発生地かという二者択一的決定を堅持し行動地を

もって不法行為地とする国友教授にあってもノウハウ侵害の特殊性が認められており、その他の論者においても一般の不法行為に対するノウハウ侵害の特殊性が認められている。したがって、ノウハウの侵害については、一般の不法行為のように行動地ないし結果発生地を基準として不法行為地を決定するという従来の方法は通用しないのではなかろうか。実際、判例やその他の学説も、上記のように行動地か結果発生地かという二者択一的決定を排してノウハウ侵害に固有な不法行為地を探求しているようである。諸国においては、ノウハウ侵害（営業秘密の不正取得、不正開示および不正使用行為）は営業秘密の漏洩として「営業に関連する不正競業」とされている。したがって、わが国においても「営業秘密の不正利用行為」はそれが市場を介さずになされ、しかも、特定の者に対してなされるものであることを理由に「営業に関連する不正競業」とすべきではなかろうか。さらに、ノウハウ侵害については、行為者の予見可能性よりもむしろ被害者の利益を重視すべきであろう。そうであるとすれば、被害者たる競業者の利益を保護するために「被害を受けた営業所所在地」をもって不法行為地とすべきであろうか。

2 市場関連的不正競業

(1) 広告行為

最近、わが国において、平成 15 年 10 月 16 日の東京地裁判決は、競争相手の顧客（取引先）に対する電子メール及び郵便による営業誹謗行為差止請求事件について法例 11 条 1 項により請求権の原因事実発生地法が準拠法となり、原因事実発生地は発信地ないし発送地であるとし発信地法主義を採用した[(10)]。しかし、インターネット（電子メールを含む）による顧客に対する営業誹謗行為の場合には、広告行為として比較国際私法的考察からも明らかなように広告市場地たる受信地をもって不法行為地とすべきであろう。なお、郵便による顧客に対する営業誹謗行為の場合には、広告行為として広告市場地をもって不法行為地とすべきであろう。これに対して、競争相手に対する営業誹謗行為は「営業に関連する不正競業」として被害者たる競業者の利益を保護するという観点からすれば、被害を受けた営業所の所在地が不法行為地とされるべきであろう。また、平成 17 年 12 月 27 日の東京高裁判決は、いずれも日本法人である抗告人（原審債権者）と相手方（原審債務者）との間で平成 2 年 7 月に締結された製品共同開発契約が合意解除（約）された後、抗告人が共同開発された製品を中国内で販売していたことに対し、相手方が抗告人

に対し、前記販売は相手方が中国において有する特許権を侵害する旨の通知をする
等として販売妨害行為を行ったので、相手方による前記販売妨害行為は不正競争
防止法2条1項14号に該当するとして、同法3条に基づき、民事保全法に基づく
仮処分として販売妨害行為の差止めを求めた事案に関して、「抗告人（原審債権者）
の相手方（原審債務者）に対する本件仮処分申請の被保全権利とされているのは、
日本の不正競争防止法3条に基づく差止請求権であり、その前提として抗告人は、
本件差止請求に関しては日本法が適用されるとし、これに対し相手方は、同人がし
たとされる販売妨害行為は中国国内でのものであるから、本件差止請求に関しては
中国法が適用されるとし、原決定も同様の立場に立つ。ところで、抗告人と相手方
のいずれもが、日本法に基づき設立されかつ日本に本店所在地を有する法人である
が、本件差止請求の対象とされた相手方の販売妨害行為の主要部分は中国国内で行
われたというのであるから、その限度で本件は渉外的要素を含み、準拠法を決定す
る必要があることになる。そして、準拠法を決定するための我が国の法規範は法例
（明治31年6月21日法律第10号）であるが、本件のように事業者間の公正な競
争を確保するための差止請求権の準拠法に関しては、法例等に直接の定めがないか
ら、条理により決するのが相当と解する（相手方及び原決定は、法定債権の成立及
び効力に関する法例11条を適用すべきものとするが、本件請求は差止請求であっ
て損害賠償請求でないから、当裁判所はこの見解を採用しない。）が、本件におい
ては、抗告人及び相手方はいずれも日本に本店所在地及び常居所を有すること、本
件差止請求は日本国内で締結された両者間の共同開発契約又はその合意解除（約）
に付随する法律関係であること等の事情に照らすと、日本法が本件差止請求に関し
て最も密接な関係を有する法域の法として、準拠法になると解するのが相当であ
る」[11]と判示した。東京高裁の事案においては、抗告人が販売する商品を委託販
売する代理店およびそれを購入する顧客等に対し、商品を販売及び購入する行為は
相手方の特許権の侵害である旨を、相手方が口頭又は文書により宣伝し陳述するこ
とによって、抗告人が中華人民共和国（中国）、台湾および大韓民国（韓国）の各
国内において商品を販売するのを妨害する行為が問題となった。しかし、東京高裁
判決は、法例11条による東京地裁判決とは異なり、差止請求の準拠法に関しては
法例に規定がないので条理によるとし、当事者双方がいずれも日本に本店所在地お
よび常居所を有すること、本件差止請求が日本国内で締結された両者間の共同開発
契約又はその合意解除（約）に付随する法律関係であること等からして、日本法が

最も密接な関係を有する法域の法であるとし、日本法を準拠法とした。口頭または文書による顧客に対する営業誹謗行為の場合には、広告行為として広告市場地（本件においては、抗告人の取引業者に対する相手方の告知行為が中国国内で行われているから中国）をもって不法行為地とすべきであろう。

(2) 販売行為

完全模倣が問題となった事例について、「不正競業」としてではなくて一般の不法行為として性質決定したものとして、平成16年11月9日の大阪地裁判決[12]が挙げられる。大阪地裁は、当面の問題について次のようには判示した。すなわち、「不法行為に関する準拠法は法例11条1項により規律されているものであって、原因事実の発生地によることとなっている。本件では、国内に所在する被告会社の輸出入行為や海外法人に対する指示行為が主な対象行為となっており、その損害は我が国に住所を置く原告に生じているものというべきであるから、原因事実の発生地は、被告会社の行為地でありかつ原告に損害の発生した地でもある我が国であり、我が国の法が準拠法となるというべきである」[13]と。

Ⅱ 「法例」下における学説

わが国においては、不正競業の準拠法についての諸学説を整理すると、まず、性質決定の次元においては、不法行為と性質決定することが考えられる。まず、法例第11条により不正競業については結果発生地たる販売市場地を不法行為地とする土井教授の見解がある。土井教授によれば、不正競業は不法行為として性質決定されて法例11条が適用され、不正競業については結果発生地たる販売市場地が不法行為地とされる。したがって、一般的には被告の不正競業行為によって原告の商品販売量の減少が生じた場所をもって不法行為地とされる。ただし、外国の不正競業防止法の適用にあたっては、法例11条2項、3項の留保があるほか、不正競業行為の禁止が公法的規制の色彩を帯びることから特殊の考慮を要するとされる[14]。しかし、このような見解によると、法例11条2項が適用され、法廷地法たる日本法上も不法行為となることが要求されるため保護の範囲が狭められ被害者の利益の保護に欠けることになる。そこで、木棚教授は、不正競業行為は法例11条によらない特殊な不法行為として性質決定する見解を提唱される。木棚教授によれば、不正競業行為は、国際私法上不法行為として法例11条によるものとする見解が有力

である。かつまた不法行為の行為地として市場地が挙げられるので、渉外的な不正競業をめぐる問題は市場地法によることになる。しかし、このような見解によると、法例11条2項が適用され、法廷地法たる日本法上も不法行為となることが要求されるため保護の範囲が狭められる。そこで不正競業を法例11条が適用されない特殊な不法行為とみて条理によることも考えられるとされる。そして、より細かな類型化により、市場地法を原則としつつ、市場地が外国であっても、その不正競業行為が、特定の内国の事業者の保護されるべき利益に向けられているときは例外的に内国法によるとされる[15]。また、不正競業については法例11条が適用されないという意味において同様の趣旨を明らかにするものとして、三井教授の見解がある。三井教授によれば、不正競業は不法行為の特殊な類型であるとして、特別法は一般法に優先するという原則により一般不法行為の準拠法は問題にならないとされ市場地法（競業者間の利益が対立する場所の法）が適用される。そして、それによって不法行為で差止を認めることの困難と法廷地法の累積適用（法例11条2項、3項）とを同時に回避することができるとされる[16]。不正競業を特殊な不法行為とみて条理によるとすることは、不正競業の準拠法に関する規定が欠缺していることを前提とする。しかし、不正競業の準拠法に関する特別法規定は存在しないが、特殊な類型にせよ不法行為として性質決定する以上、一般の不法行為の準拠法に関する一般法規定たる法例11条が適用されるのではなかろうか。したがって、不正競業の準拠法に関する一般法として法例11条が存在するのであるから、不正競業の準拠法に関する規定は欠缺しているとは言えないのではあるまいか。そこで、不法行為として性質決定せずに、「不正競業」という独自の単位法律関係を設定し「不正競業」として性質決定することが考えられる。そのような見解として、例えば、不正競業を独自の類型として性質決定する中野教授の見解が挙げられる。中野教授によれば、不正競業は、日本法の重畳的適用を排除しうる点で、独自の類型と法性決定される。しかし、不正競業の多様性に鑑みてそのすべてを市場地法によらしめるべきではなく、「市場に関連する不正競業」と「営業に関連する不正競業」とに区別して、前者については市場地法、後者については11条を介して不法行為地法を適用するのが妥当と思われるとされる[17]。しかし、法廷地法たる日本法の累積的適用を排除するために「不正競業」という独自の類型として性質決定され条理によるとする以上、「営業に関連する不正競業」について、一般不法行為に関する法例11条を介して不法行為地法を適用するのは一貫しないのではなかろうか。「営

業に関連する不正競業」についても「不正競業」として性質決定し、法規定の欠缺を認めて独自な基準を立てるか、「営業に関連する不正競業」については、最初から「不正競業」として性質決定せずに「不法行為」として性質決定し法例 11 条を適用するか、そのいずれかの立場しかないであろう。後者の立場を採用するのが国友教授である。国友教授によれば、不正競業については市場地法によるとの特別の規則が認められるが、市場を介さずに行われた行為については不正競業行為に該当しないとされ、一般の不法行為についての法例 11 条により不法行為地法が適用される (18)。特別の規則の性格については、「市場に関連する不正競業」について法例 11 条の適用を認めていない以上、不正競業の準拠法に関する規定は欠缺していると考えていることになろう。これに対して、前者の立場を採用されるのが岡本教授の見解である。岡本教授によれば、各国の不正競業法の保護目的は競業者の私益保護を念頭に置くのではなく、立法国の市場の公正維持あるいは消費者保護などの公益的考慮を包含する点で法例 11 条が前提としている不法行為とは異質のものである。この意味においては、理由のない無体財産権侵害の警告の場合のように、特定企業のみに向けられた利益侵害の場合においては被害企業の営業所所在地法によるが、特定市場における公正競争の侵害に関連をもつ場合は市場地法が適用される。なお、岡本教授によれば、外国不正競業法の適用に際しては、その外国法は法例 11 条 2 項、3 項によりわが国の不正競争防止法による制限を受けるか否かを考慮する必要はないとする (19)。したがって、岡本教授によれば、「営業に関連する不正競業」についても「不正競業」として性質決定され、法規定の欠缺が認められ「被害企業の営業所所在地法」によるという独自な基準が立てられる。最近、岡本教授の見解をさらに徹底した注目すべき見解として、横溝教授の見解が挙げられる。横溝教授の見解によれば、市場の相手方や消費者保護の機能も有し、競争法との機能的補完性を持った市場法であるという不正競争法の特殊性を抵触法上評価するには、個別法規毎に趣旨・目的を判断し、一般的利益を保護法益とする法規を強行的適用法規と見做し、自国法規は勿論のこと外国の法規もその市場に実質的な影響が及んでいるか否かを中心的な基準としてその適用を行うべきであること、また、その他の具体的利益を保護法益とする法規は不法行為法の特別法を見做し、わが国の準拠法選択規則が不法行為の準拠法として選択した場合に一般の不法行為法と合わせてそれらの法規を適用すべきであること、さらに、不正競争法の特殊性を通常の準拠法選択規則の内部ででではなく強行的適用法規の問題として処理する以

上、不正競争行為が問題となった場合の不法行為の準拠法は、特別の考慮をすることなく一般の不法行為同様に結果発生地を基準に判断すべきであること、以上が検討の結論であるとされる[20]。

　この点に関しては、比較実質法的考察から明らかなように、不正競争防止法が不法行為法における民法的な個人保護から発展したこと、そして比較国際私法的考察から明らかなように、諸国においては、不正競業は国際私法上不法行為として性質決定されていることからして、わが国の国際私法においても、不正競業を不法行為として性質決定すべきであろう。したがって、不正競業の準拠法に関する特別法は存在しないが、一般法（法例 11 条 1 項）が存在するため不正競業の準拠法に関する規定は欠缺していない。そして、不正競業を不法行為として性質決定し法例 11 条を適用する以上、特別留保条項（同条 2 項）も適用されるが、全面的に累積的適用をすれば被害者の利益の保護に欠けることになるから、不正競業の特殊性を理由に同条項の制限解釈を主張すべきであろう。そして、不正競業の不法行為地（「原因事実の発生地」）を決定するに当たり、不正競業の特殊性を考慮に入れ不正競業に固有な不法行為地を探究しなければならない[21]。また、不正競業は依然として競業者間の関係に留まっているものから、さらには公衆の利益に関わるものまで多種多様であり、それに伴い不正競業防止法の性格・機能も一様ではなく法的規制の仕方も多面的である。そうであるとすれば、不正競業の準拠法決定に当たっても、不正競業の多様性、および、それに伴う不正競業防止法の性格の多面性を考慮した上で、不正競業を類型化してそれぞれの類型にふさわしい準拠法を探究すべきではないかとおもわれる。そして、類型化する場合には、諸国の支配的傾向に従い、『市場に関連する不正競業』（たとえば、不正広告、完全模倣）と『営業に関連する不正競業』（たとえば、権利侵害に対する不当な警告、被用者の引き抜き、秘密の漏洩）とに不正競業を区別するのが妥当であろう。『市場に関連する不正競業』は典型的な不正競業であり、公衆の利益を保護するという観点から市場地が不法行為地とされるべきであろう。そして、販売行為と広告行為とを区別して、販売行為（たとえば、完全模倣）の場合には販売市場地が、広告行為（たとえば、不正広告）の場合には広告市場地が不法行為地とされるべきであろう。他方、『営業に関連する不正競業』については、被害者たる競業者の利益を保護するという観点からすれば、被害を受けた営業所の所在地が不法行為地とされるべきであろう。

　なお、『営業に関連する不正競業』の場合には、当事者の共通属人法が内国法で

ある限り、当事者の共通属人法としての内国法の適用が考えられるが[22]、一般の不法行為の場合と同様に、法例の解釈論として主張できるか否かが問題になろう。不正競争防止法の立法趣旨によれば、不正競争防止法の地域的適用範囲は日本国内であることが前提であるとされる[23]。したがって、不正競争防止法の立法趣旨からすれば、外国で行われた内国競業者間の不正競業に対して当事者の共通属人法として内国の不正競争防止法を適用することは否定されることになると思われる。

　また、附従的連結および事後的法選択については、当事者以外の第三者（特に消費者）との関係において問題があろう。

　さらに、当該不正競業が複数の市場と関連する『多国間不正競業（特に多国間広告）』の問題があるが、当該市場毎に分割できる場合には各々の市場地法（特に多国間広告の場合には広告市場地法）を配分的に適用し、これに対して、当該市場毎に分割できない場合に限り各々の市場地法（特に多国間広告の場合には広告市場地法）を累積的に適用して最も厳格な市場地法（特に多国間広告の場合には広告市場地法）を適用すべきであろう。

　最後に、留保条項（公序）（法例33条）の発動については、一般的には認めるべきであろう。そして、外国法によれば許され日本法によれば不正な日本の競業者に向けられる競業行為の場合に、公序の発動を認めることも考えられるが、この場合には公序の発動を認めるべきではないであろう。

Ⅲ　立法提案

1　国際私法立法研究会

　わが国の国際不正競業の法的規制に関しては、立法提案をめぐり議論がなされている。わが国においては、国際私法立法研究会により、「契約、不法行為等の準拠法に関する法律試案」が提示されている。改正試案の11条（競争侵害）は、不正競業または競争制限に関する民事上の責任について特則を設けることを提案する。そして、「市場における競争の自由又は公正を侵害する行為に基づく責任は、その行為の効果が生じた市場地の法律による[24]」と規定し、不正競業と競争制限の双方に関して特則を設け、いずれについても効果が生じた市場地の法によるとする［甲案］[25]と、「不正な競争行為に基づく責任は、その行為の効果が生じた市場地の法律による[26]」と規定し、不正競業のみについて特則を設けることを提案する

［乙案］⁽²⁷⁾とがある。甲案は、①国際的な不正競業または競争制限が現実に問題となることが増加していることから、国際私法上も規律する必要があること、②諸国の実質法上、不正競業防止法や競争制限禁止法・独占禁止法といった特別法が設けられていることから、国際私法上も不正競業または競争制限に関する特別の抵触規則を設けるべきであるとの認識にたっている。そして、不正競業防止法も競争制限禁止法・独占禁止法も、等しく市場における競争秩序の維持ないし発展という観点から一定の競業行為を規律するものであるから、市場における競争秩序が影響を受ける地の法律によって競業行為から生じる責任の問題を規律すべきであると考えるものである⁽²⁸⁾。これに対して、乙案は、不正競争防止法が不法行為法における民法的な個人保護から発展したのに対し、競争制限禁止法・独占禁止法は公共的性格をもった経済政策的な考慮から生じたものであることから、不正競業は国際私法上の規律になじむが、競争制限には公法的規制との関係などなお検討すべき点が多いとして、現時点で競争制限に関する抵触規則の提案を行うことに反対するものである⁽²⁹⁾。乙案の多数意見は効果の発生した市場地を基準とするが、乙案を前提にした上で競業行為の行われた市場地を基準とする少数意見がある⁽³⁰⁾。少数意見は、不正競業においては不法行為の規制に重点があり、行為者の予測可能性を無視しえず、例えば、Ａ国法で責任を問われない行為をＡ国でした者が、その行為の効果がＢ国で生じたという理由でＢ国法により責任を問われるのは妥当でないことを理由にするものである⁽³¹⁾。この点に関しては、比較実質法的考察から明らかなように、不正競業防止法が不法行為法における民法的な個人保護から発展したものであることから（不正競業防止法の市民法的側面）、不正競業は国際私法上の規律になじむとする乙案に分があろう。そして、多数意見は独占禁止法における効果主義を類推適用し、効果発生地たる市場地を基準とする双方的抵触規定を提唱するものである。しかし、このような提案に対しては、不正競業防止法は競業者間の利害調整に関する規則から市場規制法へ完全に機能変化を遂げたわけではなく、依然として競業者間の利害調整に関する規則としての側面を残しており、不正競争防止法の機能変化という前提に問題があろう。また、競争制限禁止法と不正競争防止法との交錯関係を前提とし、独占禁止法における効果主義を類推適用するものであるが、両者が交錯するのはボイコットなど狭い領域に限られ、不正競争防止法を市場規制法として捉えることには無理がある。他方、少数意見は、不正競業の特殊性から競業行為地たる市場地を基準とし、双方的抵触規定を採用するものである。

これに対して、市場と関連しない不正競業、言い換えれば、一般の不法行為に近い『営業に関連する不正競業』、例えば、営業秘密の不正利用行為に関しては、「国際私法立法研究会」の立法提案は、営業秘密の不正利用行為については、一般不法行為の規定によるとする見解と、本条によるとする見解とに分かれている[32]。一般不法行為の規定によるとする見解は、営業秘密の不正利用行為はそれが市場を介さずになされ、しかも、特定の者に対してなされるものであることを理由とするものである[33]。これに対して、本条によるとする見解は、市場を介するとの意味は不明確であり、諸国も実質法上一般にそのような行為も市場秩序の維持・発展の観点から特別な規律に服せしめられているのであって、その他の不正競業行為と区別するのは妥当ではないとするものである[34]。

2 法例研究会

また、法例研究会により、法例 11 条関係の問題点が整理されている。とくに、「不正競争・競争制限行為」については、「不正競争・競争制限行為については、特段の規定を設けないものとする[35]」〔甲案〕[36] と「不正競争・競争制限行為については、その行為の効果が発生した市場地の法律による[37]」とする規定を設ける〔乙案〕[38] とがある。甲案は、不正競争・競争制限について特則を設けず、不法行為の準拠法決定に関する一般的ルールによって処理するという立場であり、メリットとして、不正競争・競争制限という単位法律関係が存在しないことになるので、国際私法ルールが単純化されること、デメリットとして、(a) 不正競争・競争制限についても隔地的不法行為に関するルールが妥当すると、「行動地」および「結果発生地」の確定が容易ではなく、解釈が分かれるおそれがあること、「当事者の同一常居所地法」、「当事者間に法律関係が存在する場合」、「当事者による準拠法選択」の例外的連結方法は不正競争・競争制限については認めるべきでないと考えられるが、仮に「回避条項」が採用され、その援用によって妥当な準拠法の適用を導くことが多発すれば、当事者の予測可能性・法的安定性が害されてしまうこと、などが挙げられる[39]。他方、乙案は、不正競争・競争制限行為について市場地法を準拠法とする規定を置く案であり、メリットとして、(a) 明文規定により、準拠法の決定基準が明確になること、(b) 不正競争・競争制限は、単に当事者間の利害調整ではなく、市場における競争者、販売者、そして消費者の利益を図り、競争者間の公平を保障するための制度であるため、その関係する市場地の法を準拠法とするの

が合理的かつ合目的的であること、(c) 各国の立法例と平仄があうこと、などが
挙げられ、デメリットとしては、不正競争・競争制限によって影響を受ける「市場
地」の確定は、必ずしも容易ではないことである⁽⁴⁰⁾。〔乙案〕に関する留意点と
しては、以下が挙げられている。特定の者を対象とする不正競争（労働者の引き抜
き、産業スパイ、賄賂、企業秘密の漏洩、契約破棄への誘引など）においては、直
接に市場と結びついた行為が問題となるのではなく、当事者間の相互的な関係が問
題となるにすぎないため、乙案の対象とする不正競争行為に特有の性質が備わって
いないが、これらの不正競争が乙案の対象外であることを明記するかどうかは検討
を要するとされる⁽⁴¹⁾。特別留保条項については、外国法が準拠法となった場合に
内国法が認める以上の損害賠償は認めないとする規定を置くかどうかは別途検討の
対象となりうるが、三倍額賠償については、仮にその民事性を認めるとしても、そ
の金額が法外なものである場合には、乙案においては外国法を排除するための特別
留保条項を置かないとされる⁽⁴²⁾。不正競争・競争制限においては、単に当事者間
の利害調整という狭い範囲でのみ問題が生ずるのではなく、市場における広範囲の
利害関係者、すなわち競争者、販売者、消費者に関係して問題が生ずるのであり、
市場秩序の維持が最大の関心事である。その意味では、当事者間での合意やその間
の契約関係等の存在に基づいて、当該当事者間においてだけ市場地法ではない別の
法が適用されるとするのは合理性に欠け、妥当でないとされる⁽⁴³⁾。また、当事者
間に同一常居所が存する場合についても、同じ理由から、その法の適用を認めるべ
きでないとされる⁽⁴⁴⁾。したがって、不正競争・競争制限について乙案を採用する
場合には、他の準拠法決定ルールは適用されず、もっぱら乙案のルールだけによる
ことになるとされる⁽⁴⁵⁾。とくに、「法例研究会」による〔乙案〕は、「国際私法立
法研究会」による［甲案］に近い案である。

　最近、予見可能性・法的確実性のために不正競争の準拠法について明文規定を置
くべきであり、「法例研究会」の〔乙案〕のように競争制限行為をも対象とすべき
であるとした上で、不正競争の規制も競争制限の規制も市場における競争秩序の維
持・発展を目的とすることから、その準拠法はいずれも影響を受ける市場地法とす
る立法案が提示され、当事者自治、同一常居所への連結、附従的連結は市場秩序
維持という規制の目的から原則として認められるべきではないとされる。ただし、
不正競業に関しては、「市場に関する不正競業」と「競業者のみに関する不正競業」
とに分類され、後者については市場への影響というよりも競業者の利益の問題であ

るから、当事者自治、同一常居所地への連結、附従的連結を認めても差し支えない
とされる[46]。

これに対して、本来、公法上の規制である独占禁止法（カルテル法）は、場所的
適用範囲が「効果理論」によって画され、競争制限行為に対する損害賠償も必ずし
も純私法的とはいえないのに対して、不正競争は、市場における競争秩序の維持を
民事規制に委ね、私人間の損害賠償を基礎とする制度であり、その意味では、規定
の対象を不正競争に限定し、諸外国の立法例と同様に、秩序維持が問題となる双方
的抵触規則をおくべきだったのではないかとする提案がなされている[47]。

まず、比較実質法的考察から明らかなように、不正競業防止法が不法行為法にお
ける民法的な個人保護から発展したものであることから（不正競業防止法の市民法
的側面）、不正競業は国際私法上の規律になじむが、競争制限禁止法・独占禁止法
は公共的性格をもった経済政策的な考慮から生じたものであることから、競争制限
には公法的規制との関係などなお検討すべき点が多く、競争制限は国際私法上の規
律になじまないのではなかろうか。また、「国際私法立法研究会」による［甲案］、
「法例研究会」による〔乙案〕は独占禁止法における効果主義を類推適用し、効果
発生地たる市場地を基準とする双方的抵触規定を提唱するものである。しかし、こ
のような提案に対しては、不正競業防止法は競業者間の利害調整に関する規則から
市場規制法へ完全に機能変化を遂げたわけではなく、依然として競業者間の利害調
整に関する規則としての側面を残しており、不正競争防止法の機能変化という前提
に問題があろう。また、競争制限禁止法と不正競争防止法との交錯関係を前提と
し、独占禁止法における効果主義を類推適用する点に関しても、両者が交錯するの
はボイコットなど狭い領域に限られ、不正競争防止法を市場規制法として捉えるこ
とには無理があるのではなかろうか。

IV 「法適用通則法」下における不正競業

まず、法制審議会国際私法（現代化関係）部会（議事録については、http://
www.moj.go.jp/shingi1/shingi_kokusai_shihou_index.html を参照）における議
論のうちから、不正競業の準拠法に関する議論の部分を抜粋して紹介しておきた
い。

470

1 法制審議会国際私法（現代化関係）部会

(1) 第7回会議議事録

9の「不正競争行為又は競争制限行為による不法行為の準拠法について」でございます。

まず、（1）としまして不法行為の個別類型として、このような不正競争行為、競争制限行為による不法行為につき、準拠法の特則を設けるべきかどうかという形で問題提起させていただいております。

これは、（注2）に書かせていただきましたように、回避条項を適用するということによって、事案に応じた妥当な準拠法が適用できるというように考えれば、特則を設けないという考え方もあり得るかというふうに考えられます。ただ、その場合、不正競争行為又は競争制限行為による不法行為ということでございますので、公正な競争による経済秩序の維持という不法行為地の行為規制と関連性が強いということでございまして、不法行為の一般連結のところで御議論いただきましたところの、例えば付従的連結でありますとか当事者の同一常居所、あるいは当事者自治というものが妥当しないのではないかというふうに考えますと、そういったものを逆に今度は適用除外するような規定が必要になるのではないかということも含めて御検討いただきたいと思っております。

仮に特則を設ける場合でございますが、（2）に移らせていただきます。ここでの提案は、不正競争行為又は競争制限行為による不法行為については、その行為が効果を及ぼす市場の所在する地の法律によるということでございます。このような市場地の法を適用すべきということは、多くの国の立法例、裁判例においても採用されているところでございます。ただ、市場地の概念自体が明確なものかどうかという問題がございますし、（注2）のところに書かせていただきましたが、不正競争行為又は競争制限行為に関連する不法行為といいましても、これは不法行為法の特殊類型でございまして、一般不法行為法上の問題として法律構成される場合と、不正競争行為又は競争制限行為による不法行為だということで、その切り分けというのが結構難しくなってくるのではないかと思います。したがって、不正競争行為、競争制限行為による不法行為の連結点を定める場合の単位法律関係の定め方が難しくなるのではないか、そういう問題意識を持っております。

それから（注3）のところでございますが、このような特則が設けられた場合には、やはり不正競争行為、競争制限行為という市場秩序の維持ということを重視いたしまして、不法行為の一般的な連結政策すべてに対して優先させるという適用順序にあるのではないかと考えられます。

おわりに ── わが国における国際不正競業法 ── *471*

　最後に（3）でございますが、これは不正競争行為又は競争制限行為について、日本法が同種の不正競争又は競争制限行為による不法行為の損害賠償請求権として認める範囲・方法に限定するという提案でございます。これは、損害賠償の範囲・方法に関する日本法の累積適用ということでございます。こういった規定を置くことによりまして、懲罰的損害賠償とか三倍賠償といったものを公序則を発動する前に排除できるということでございます。

　なお、ここでは損害賠償の範囲・方法でございますが、そもそもそういった不法行為の成立自体についても日本法を累積適用するという考え方もあり得るかと考えられるところでございます。

● 　本日は、先ほど御紹介いたしましたように競争制限行為を御専門として研究されておられます東京大学〇〇助教授に参考人として御出席をいただいておりますので、まず〇〇参考人の方から論点9につきましてコメントをいただきたいと存じます。

● 　事情によりまして2時10分ごろに失礼いたしますことをお許しいただければと思います。若干のコメントをいたしたいと思います。

　事務局からいただきました問題点について、私の考えたところを部会資料13としてお手元にお配りいただいているところでございます。

　「前置き」ですけれども、独占禁止法の分野で準拠法選択のことを議論することは、正直言ってほとんどない。それは不要なのではなくて、余り問題になることが、少なくともこれまで日本では、あるいは私の知る限りではなかったからということであって、重要でないということではないのですけれども、そうであると。したがいまして、私個人にも国際私法的なセンスはございませんので、独占禁止法の専門の観点からお聞きいただいたことについてお答えするというスタンスでコメントいたしたいと思います。

　その次に、まず第1の点ですけれども、不正競争・競争制限行為としての性質決定というか、単位法律関係としてそうであると決めることができるかどうかという問題ですけれども、結論を申しますと、最初の段落にありますように、そのような性質決定はある程度は可能である、かなりの程度は可能であると思いますけれども、不法行為等の一般民事法上の法律関係と完全に峻別することは難しいので、どちらか分からないという事例も出てくるだろうということです。

　国際私法の議論をするときに、日本法を例にとることがどれほど意味があるか分かりませんけれども、日本法を仮に例にとりますと、俗に独禁法関係の民事訴訟と呼ばれるものの多くは、実は独禁法が適用されるのではなく、民法90条、709条などを始めとした一般法的な条文が適用されるものでございます。独占禁止法の専門書などでそのような切り分けをしている例は余りないのですけれども、しかしそうなのでご

ざいます。そのようなわけで、そこにありますような不当利得返還請求の例なども含めまして、独禁法が説明道具として使われる、あるいは独禁法に関係していることはみんな分かっているのだけれども、判決上は独禁法に触れないといった例があるところでございますので、そのように考えると、不正競争、競争制限行為としての性質決定は難しい場合もあるのではないかということを指摘いたしたいと思います。

次に、「市場地」。仮に市場地というものを重視するとすれば、何が市場地になるかということですけれども、この点についても明確な議論がされることはない、効果理論といったような大ざっぱな議論はされることはあるのですけれども、では結局何が市場なのかという議論がされることは余りないのですが、私が見るに、これは私のあるべき論でもありますが、私の既存の法に対する現状認識でもあるのですが、２ページあたりに入っておりますが、私の目から見ると市場地とは需要者の所在する地であると考えれば、これまでのいろいろな事例、内外の事例が説明できるのではないかと考えております。需要者というのは若干聞きなれない概念ですけれども、独禁法にも不正競争防止法にも出てくる概念でございまして、商品又は役務を買う者、消費者も含まれるでしょうけれども、消費者のみならず企業ももちろん含むわけでございます。それが所在する地を市場地と考えればよいのではないかと思います。

若干いろいろな議論があるということが２ページの真ん中から下あたりにかけて御紹介しておりますけれども、結局のところ、いろいろな議論は先ほど申しました需要者の所在する地ということに収斂してくるのではないかと考えております。

最後に３ページですけれども、どのような事例が国際的な、渉外的な事例として独禁法あるいは不正競争防止法上あるのか、ここに掲げたのは、ほとんど独禁法の事例ばかりになってしまいましたけれども、不正競争防止法の例は必要に応じて後ほど補足することにいたしたいと思います。

独禁法の事例として考えられるものは、上から順に挙げておりますが、一つ目が最も典型的なもので、日本の需要者に向けて外国に所在する企業がカルテルを結んで価格協定などをする。

二番目、これは似たようなものですけれども、価格を協定するのではなくて、市場分割をするという例でございます。

三つ目は、外国供給者が供給する商品役務を日本企業が共同して買い付ける場合で、二番目の天地が入れ替わったものです。

次の例が、これは実際に公取の審決があった例ですけれども、日本の需要者に売ろうとするカナダ企業がベルギー企業を排除したという例がございます。

その次は、日本の需要者に売ろうとする米国企業──これはマイクロソフトですけれども──が他の米国企業を排除した、日本の需要者が問題になっているので日

おわりに —— わが国における国際不正競業法 —— *473*

本の公取の事件となったと。日本の公取は、当然行政機関ですので日本の法律を適用
しております。

その他、いろいろな事件があって、誤解があったかもしれないので補足すべきは、
「米国 Nippon Paper 事件」というのがございます。これは米国の独禁法で、米国の
裁判所で問題となった事件です。つまり、この例と先ほどの三つ目の例は外国に需要
者、あるいは価格競争における供給者が所在する事件でして、最後の合併の問題も、
これはちょっと難しいのですけれども、二つの会社が合併するという 1 件の合併があ
れば、世界中の市場に影響を及ぼすこともある、そうすると需要者の所在する地とい
う観点からは、その影響のあるすべての国において問題になり得るので、すべての国
が市場地になるという例が考えられるということです。

累積適用については、そこにありますように私から申し上げることは差し控えたい
と考えております。

長くなりまして恐縮ですが、以上です。

● それでは、不正競争行為又は競争制限行為による不法行為の準拠法について、御
意見がございましたら承りたいと存じます。

● ○○参考人にお聞きしたいのですけれども、先ほどの市場地の概念を需要者の所
在する地だと解釈しますと、不法行為の一般原則が「侵害結果発生地」という表現を
とる可能性があるのですが、その表現でほぼ一致するのかどうかというのが 1 点。

もし一致するのであれば、特則はその限りでは必要ないのですが、ただし資料 9、
大きな冊子でございますけれども、そこの 8 ページに流れ図があるのですが、連結
点が違うというだけではなくて、先ほどの当事者自治を認めるかどうかという点につ
いて、市場が関係しているのだから当事者間だけの問題ではないだろうと、したがっ
てこのような場合には認めるべきではないのではないかという議論があり得るのです
けれども、もちろん先ほどお聞きになったように当事者自治自体をどうするかまだ決
まっていないものですから何ですが、先ほどおっしゃった点からすると今の 2 点、後
者の方については概念が必要なのではないかと、要するに切り分けがその限りでは必
要なのではないかということなのですが、2 点教えていただければと思います。

● まず第 1 点についてですけれども、侵害発生地と申しますと、独占禁止法の先
ほどカナダ・ベルギーの例などを考えてみますと、侵害発生地というのはベルギー企
業が排除されてカナダ企業の独占になってしまったということで、日本の需要者に影
響があるわけですから、日本に侵害発生があるとも言えるのですけれども、しかしベ
ルギー企業が排除されたのでベルギーに侵害が発生しているということも言えるわけ
ですので、一般論として侵害発生という場合には、日本もベルギーも両方ということ
になるかもしれません。あるいはベルギー企業が原告になれば、ベルギーということ

になるかもしれません。その辺、ちょっと私の専門からだんだん出ていきますけれども。それに対して、独禁法で市場地といえば日本ということになるだろうと思いますので、その意味では違いが出てくるのではないかと思います。

それから、当事者自治の関係ですけれども、この辺は私も正に専門外でよく分からないところもあるのですが、独禁法の法目的を考えますと、やはり需要者保護、先ほどの三つ目の例ですと供給者保護ということになりますが、それはちょっと今省略いたしますが、需要者保護が重要な目的の一つであるというふうに考えますと、その需要者がどのような場合に保護され、どのような場合に侵害されるかということを、各その需要者のいる国の法律で決めるというのがこれまでの独占禁止法の考え方である。これは、独占禁止法が公法的に行政機関により主に適用されてきたという関係があって、私の頭がそのようになってしまっているだけかもしれませんけれども、そのような関係がございますので、当事者自治によって、先ほどの例えば日本の需要者のカナダとベルギーの争いですけれども、たまたまそこでカナダとなっていたというようなことがあったとしても、カナダのルールではなくて、やはり日本の需要者の問題なのだから日本の法律で律すべきだというふうな考え方が出てくる可能性はあるのではないかと思います。それは公法的な法律だからとか、どういう説明になるかは分かりませんけれども、そのような感想を素人として抱きます。

● ほかにございませんでしょうか。

● やはり前提として○○参考人にお伺いしたいのですけれども、お配りいただいたペーパーの１ページ目には、「不正競争・競争制限行為としての性質決定」という部分において、独禁法関係の民事訴訟の多くは、実は民法709条、民法90条を適用法条としているというお話がございますが、しかし他方で、法文としては例えば独禁法25条が損害賠償を認めておりますので、要するに不正競争・競争制限行為という単位法律関係を仮に作るとしますと、これに何が当てはまるかというのが非常に重要になってくるわけですが、その前提として、独禁法25条と民法90条はどういう関係だというふうに整理されているのかについて御説明いただけないでしょうか。

● 独禁法25条と民法709条ですね。

● はい。

● これは、整理というか、一応法律上は独占禁止法25条は公正取引委員会の審決が確定した場合に起こされるもので、手続上特則がございまして、東京高裁が第一審になるなどの特則がございます。それに対して、民法709条の方は、これは当然のことながらだれでも起こせる、公取の審決・確定が訴訟要件にもなっていないものですので、自由に起こせるものでございます。

両者の関係ですけれども、これはどちらでも好きな方を使ってよいということに最

おわりに ── わが国における国際不正競業法 ──　*475*

高裁判例が、これは平成元年12月8日の鶴岡灯油事件の最高裁判決でもありますけれども、どちらでも使ってよいということでして、更に補足して申しますと、公正取引委員会の審決が確定していても民法709条を使うこともある。これは、例えば東京高裁でなくて地元の裁判所でやりたい、正に鶴岡灯油の事件なんかそうですけれども、それ以外にも私の聞くところでは、公正取引委員会が審決で述べた事実関係も使いたいけれども、そうではない事実関係も使って損害賠償を請求したいという場合には、独禁法25条は訴訟要件の関係で使えないので民法709条を使う例もある。今、係属中の事件でそういうものがあるというふうに聞いております。効果の面では同じだと思います。つまり、どっちが1.5倍になるとか、そういうことは別にないということだろうと思います。

● 関連してでございますが、そうしますと独禁法、特に25条の位置づけなんですけれども、要するに一般不法行為というものは、あえて言えば日本の不法行為法、外国の不法行為法等様々な不法行為法を並べて、どれが当該法律関係に密接に関連するかということで適用されるというふうな構成をとるわけですけれども、それは前提として私法的法律関係であるというふうに考えているわけですが、こちらの独禁法25条は、先ほど例えば東京地裁では専属管轄であるとかということがありますように、その性質上、そのような準拠法選択というものがそもそも想定され得るようなものだというふうに理解してよろしいでしょうか。

● お答えになるかどうか分かりませんけれども、独禁法25条についても、私の記憶が間違いでなければ最高裁判決で、これもやはり被害者の損害てん補を目的としたものであると述べておりますので、目的的に申しますと民法709条とかわるものではないだろうと思います。手続上特則はあるけれども、それ以外は全部同じということではないかと考えます。

● それに関連しますけれども、そうすると国際私法の観点からすると、実体と手続の区別で、手続規定で法廷地法によるという、それに当たるのではないかと思うのですが。実体的には、結局709条だろうが、そんなに区別がないということですというような気が、国際私法学者からはいたします。

● いろいろ教えていただくばかりで恐縮なんですが、先ほどの御説明では、需要者が大切なので、原告・被告間で例えば当事者自治のように準拠法を決めるというのはちょっと違和感があるというような御説明があったと思うのですが、他方、今の御説明ですと、損害賠償の問題なんか基本的に私法の問題ではないか、そういうことだったと思うのですね。そうすると、仮に後者の観点を強調していくと、例えば当事者間で和解をするとか、法律関係勝手に処分していいというふうにすると、例えば準拠法選択とかもしていいではないかとか、少なくとも一般の不法行為と同じではないかと

か、あるいは同一常居所地であればそのルールによっていいのではないかというような ルールも入る可能性があるのですが、そういうものも入れていいのではないかという方向の議論も可能なようにも思えるのですが、そのあたりの御感触をもう少しお聞かせいただければと思いますが。

●　鋭い御指摘で何とも言いようがないのですが……。

　まず最初に、性質決定として峻別することは難しいということになると、もうそちらの方に行ってしまうだろうと思います。もし特則を設けて市場地ということであれば、需要者の所在地であろうということで……。

　結局、前半と後半部分で前提にするものが違うので、結局は矛盾しているということになるのかもしれませんけれども。

　つまり、結局不法行為訴訟であれば競争制限行為であっても公的というよりは私的なものだというふうに整理し切ってしまえば、今おっしゃったような御指摘になると思うし、ある程度公法的なものが残るのだ、だから市場地という特則を置く意味があるのだということになれば、後者のような話も出てくるということではないかと。お答えになるかどうか分かりませんが。

●　まだ5分ばかりございますので、御意見ございましたらお願いいたします。

●　これは事務局への御質問なんですけれども、(2)の市場の所在する地というところで、先ほどの○○参考人のお話もありましたけれども、いわゆる侵害地が複数あり得るということであるとすれば、報告書の86ページに「モザイク理論」というのがございますけれども、それぞれの地で複数の市場地に効果が及んでいる場合はそれぞれの市場地ごとにその地の法を適用するというモザイク理論というのが一般的であるというふうにございますけれども、今回の提案はこれを前提にしているという理解でよろしいのでしょうか。

●　市場地が複数あって、その市場地で損害を被ったということで賠償請求がなされた場合には、市場地ごとに考えるという、御指摘のとおりで、モザイク理論を前提にして考えております。

●　ちょっと補足いたします。3ページに例を挙げております上から二つ目の例の国際的市場分割協定などは、正にモザイク理論のようなことが問題になり得る例でして、日本の市場が日本企業の独占になった分については日本法かもしれない、アメリカ市場がアメリカ企業のみになった場合、その問題だけを切り取ったら、その部分はアメリカ法になるかもしれないという具体例になると思います。

●　市場地の関連ですが、御質問ですけれども、市場地というのは国単位、あるいは州単位というその区分けをイメージされておられるということでよろしいでしょうか。

おわりに ―― わが国における国際不正競業法 ―― 477

● 国際私法の分野の話になるかもしれませんけれども、私の場合は全くのドメスティックな事件でも東日本の需要者の事件とか西日本の需要者の事件とか、何県の需要者の事件とかいうことがあり得るものですから、州単位、アメリカの何州の需要者の関係では違法になるけれども、別の州では違法にならないということはあり得るわけで、州法が準拠法になるかもしれないという、議論のレベルではそういう議論もあり得ることだろうと思います。

● 私どもは銀行を代表する者ですけれども、銀行では国際的な融資を行う場合に、シンジケートローンというシンジケート団を組んで世界各国の銀行が幹事行になって、一つの大プロジェクトに対して一つの大がかりな融資を行うという場合があります。その場合に、アレンジャーの立場というのは企業が世界的に公募して、メーンバンクを中心に、日本の銀行であろうがアメリカの銀行であろうが、イギリスであろうが、非常に広く公募して、それで条件が一番いいところを選ぶというような意味では、世界的にといいますか、どこが市場地かといわれた場合に世界規模な形でそういったマーケット的な需要をするケースもあるのですが、そういう今のような事例というのは、ここで言う市場地からも離れてしまうというか、これは想定していないような形になるのでしょうか。

● お答えになるかどうか分かりませんが、シンジケートローンについても十分理解しているかどうか分かりませんけれども、その場合、ここで言っている需要者というのは、お金を借りる人の所在地ということに……。

● お金を世界の人が融資をしていただきたいと、お客さんが一人いて、世界各国の銀行に融資をしていただきたいと。

● それは融資という供給者ですね。

● はい、供給者のマーケットでございます。

● 融資を受ける側が需要者ですので、その人が一人であってあるところに所在しているという前提であれば、そこがその問題の市場地になるということになるのではないかと思います。

● ○○参考人に１点感触をお聞きしたいのですけれども。

従来、米国等の独占禁止法、EU の独占禁止法、いわゆる域外適用ですね、効果理論に基づいて。これに対して、それを適用される側の企業としては、行き過ぎた域外適用であるとか、逆に言うと日本法の域外適用というのは余りやっていないではないかと。それとのバランスで、一方的に外国の独占禁止法、域外適用は行き過ぎであるというような議論をいろいろな形でして、それは法律とか何にもなっていないのですけれども、そういう議論があったのですが、独占禁止法違反、不法行為だ、不法行為の一般原則は結果発生地だというと、論理必然的に域外適用になってしまうのですけ

れども、日本の独占禁止法の域外適用というのをどういうふうに理解したらよろしい
でしょうか。そこのところを教えてください。

● 一般的な非常に難しい問題なのですけれども、域外適用していないかというと、
ここに御紹介しておりますように、カナダ企業に適用した事例、先ほどのマイクロソ
フトは警告というインフォーマルなものですけれども、今手続進行中のトエンティー
スセンチュリーフォックスジャパンというアメリカ企業に対する適用事例、そこに挙
がっております 15 年 10 月 8 日というのがございますので、域外適用は日本でもし
ていると。活発かどうかという評価は人により見解のいろいろな相違があるというこ
とではないか、そういうことだと思います。

● 先ほど、○○幹事、○○幹事がおっしゃったこととちょっと関係することで、も
う少し具体的にお聞きしたいのですが。

日本企業が他の日本企業を廃してカナダ市場で競争上不当な制限をしたと。その場
合に、仮に普通の不法行為だとしますと、さっきおっしゃったように同一常居所地で
すから、当事者間では日本法によるということになるのですね。ところがカナダから
見れば、カナダの市場の問題なので、もしかしたら向こうで別の訴訟が起きて、責任
ありとされるかもしれない。A 企業は B 企業にお金を払えと。ところが、日本法に
照らすとそれは適用しないかもしれない、同じ問題を日本法に照らして判断すると。
そうすると、不当利得という話が出てくるかもしれないのですが。要するに今お聞き
したいのは、そういう事例について日本法を日本で適用することに違和感があるかど
うか、その場合に 25 条を適用するというのはもっと違和感があるのではないかと思
うのですが、その辺はいかがでしょうか。

● 複雑な問題ですが、まず第 1 に前提ですけれども、私のペーパーの 2 ページの
下半分、「なお、公取では」という段落で若干その問題を扱っておりまして、公正取
引委員会ではそれは公取の問題にもなり得るという一般論を掲げて ── 実例はなか
なかないのですけれども ── おりますが、今それはちょっと置いておいて、日本法
の問題ではないと、つまり需要者がカナダなので日本法の問題ではないと仮定しての
お話をさせていただきますが、○○委員の提示された例ですと、カナダでは責任が発
生するかもしれない、日本では責任がない。日本では責任がないというのは、これは
ちょっとうまく表現できないのですが、その問題はやって構わない行為だから責任が
ないというのではなくて、日本法はノータッチであるから責任がないということにな
るのだろうと。日本法で責任がないということになるとすれば、ですけれども。だか
ら、カナダで責任が認められたが日本では認められないから不当利得というのではな
くて、向こうでは責任は認められるけれども、こっちは日本法は関係ないから知らな
いよという世界なので……。

おわりに ── わが国における国際不正競業法 ── 　479

● おっしゃった例で言えば、その問題については日本では日本法が準拠法になると、そういう前提。それで、法の内容が違うので、判断でと。

● これは国際私法の問題かと思いますけれども……。そうか、日本法が準拠法でカナダ法は準拠法になり得ないという判断だということですね。

　これはちょっと難しい問題ですけれども、これは国際私法の問題ではないでしょうか。つまり、違法になり得ない国の法律が準拠法になってしまった場合に起こり得る問題ということだと思いますね。

● 25条を適用するということは、もっと違和感があるような気がするのですが。

● 25条が適用されるには、先ほど申しましたように公取が審決を出すことが前提ですので、それを出すかどうかというお役所的な問題になってくるのではないかと思いますけれども、私としてはここに書きましたように、個人的にはそれが日本法の問題になるのは違和感がございます。

● それでは、また機会がありましたら参考人としてでも来ていただければと存じますので、この議論についてはここまでとさせていただきます。どうもありがとうございました。

　不法行為の個別類型として、不正競争行為につき、準拠法の特則を設けるべきかどうかという問題については、回避条項を適用するということによって、事案に応じた妥当な準拠法が適用できるというように考えれば、特則を設けないという考え方もあり得るが、その場合、不正競争行為による不法行為ということなので、公正な競争による経済秩序の維持という不法行為地の行為規制と関連性が強いということで、不法行為の一般連結のところで議論された、例えば付従的連結でありますとか当事者の同一常居所、あるいは当事者自治というものが妥当しないのではないかというふうに考えると、そういったものを逆に今度は適用除外するような規定が必要になる。

　仮に特則を設ける場合の提案は、不正競争行為による不法行為については、その行為が効果を及ぼす市場の所在する地の法律による。このような市場地の法を適用すべきということは、多くの国の立法例、裁判例においても採用されている。ただ、市場地の概念自体が明確なものかどうかという問題があり、不正競争行為に関連する不法行為といいましても、これは不法行為法の特殊類型でございまして、一般不法行為法上の問題として法律構成される場合と、不正競争行為による不法行為だということで、その切り分けというのが結構難しくなってくる。したがって、不

正競争行為による不法行為の連結点を定める場合の単位法律関係の定め方が難しくなる。このような特則が設けられた場合には、やはり不正競争行為という市場秩序の維持ということを重視いたしまして、不法行為の一般的な連結政策すべてに対して優先させるという適用順序にある。

不正競争行為について、日本法が同種の不正競争行為による不法行為の損害賠償請求権として認める範囲・方法に限定する。これは、損害賠償の範囲・方法に関する日本法の累積適用ということである。こういった規定を置くことにより、懲罰的損害賠償とか三倍賠償といったものを公序則を発動する前に排除できる。

なお、ここでは損害賠償の範囲・方法である、そもそもそういった不法行為の成立自体についても日本法を累積適用するという考え方もあり得る。

その次に、まず第1の点ですけれども、不正競争行為としての性質決定はある程度は可能であるが、不法行為等の一般民事法上の法律関係と完全に峻別することは難しいので、どちらか分からないという事例も出てくる。不正競争行為としての性質決定は難しい場合もあるのではないか。

次に、「市場地」とは需要者の所在する地である。需要者というのは、商品又は役務を買う者、消費者、企業が所在する地を市場地と考えればよい。

①市場地の概念を需要者の所在する地だと解釈すると、不法行為の一般原則が「侵害結果発生地」という表現をとる可能性があるのですが、その表現でほぼ一致するのかどうか違いが出てくる。

②当事者自治を認めるかどうか。

　市場が関係しているのだから当事者間だけの問題ではない。

③不正競争行為という単位法律関係を仮に作ると、これに何が当てはまるか（損害賠償の問題は基本的に私法の問題であるとすると、例えば当事者間で和解をするとか、法律関係勝手に処分していいというふうにすると、例えば準拠法選択とかもしていいではないかとか、少なくとも一般の不法行為と同じではないかとか、あるいは同一常居所地であればそのルールによっていいのではないか）。

まず最初に、性質決定として峻別することは難しいということになると、もうそちらの方に行ってしまう。もし特則を設けて市場地ということであれば、需要者の所在地であろう。つまり、結局不法行為訴訟であれば私的なものだというふうに整理し切ってしまえば、今おっしゃったような御指摘になると思うし、ある程度公法

おわりに ── わが国における国際不正競業法 ── *481*

的なものが残るのだ、だから市場地という特則を置く意味があるのだということになれば、後者のような話も出てくる。

④いわゆる侵害地が複数あり得るということであるとすれば、それぞれの地で複数の市場地に効果が及んでいる場合はそれぞれの市場地ごとにその地の法を適用するというモザイク理論というのが一般的であるが、今回の提案はこれを前提にしているという理解でよろしいのか。

市場地が複数あって、その市場地で損害を被ったということで賠償請求がなされた場合には、市場地ごとに考えるという、モザイク理論を前提にして考えている。

(2) 第17回会議議事録

それでは、(3) の「不正競争又は競争制限に関する準拠法について」、この点についての御審議をお願いいたします。

● まず、競争制限の方について、外国の法律が適用されたという例というのは、ほかの国でも余りないと思うのですね。という意味で、必要ないと思います。

問題は不正競争の方です。これは、需要者の所在地というふうに基本的にお考えになっているのですが、もう一つよく分からないのですが、こういうふうに考えましたので、これ完全に間違っているかもしれないのですがちょっと言わせていただきます。例えば日本のホテル業者 Y が、中国からの旅行者を日本に所在する自分のチェーンホテルに宿泊させるために、他の日本のホテル業者 X を誹謗する宣伝活動を中国で行った場合に、誹謗された X としては、Y を相手取って差止めあるいは損害賠償を日本で求めたという場合に、信用毀損行為が日本の不正競争防止法 2 条 1 項 14 号に当たるわけですけれども、需要者がいるのは、これは中国の旅行代理店ということになりますから、中国法ということにこの規定ではなるのじゃないでしょうか。そうすると、日本の不正競争防止法というのはどうやって適用されるのだろうかということになろうかと思います。

それから、第 2 番目、不正競争防止法の 2 条 1 項 1 号は、需要者の間に広く認識されている商品につき混同を惹起する行為を不正行為として、この不正行為の中には輸出も含まれるというふうになっているのです。大阪地裁の昭和 59 年 6 月 28 日の判決を見てみますと、原告である日本の事業者の製品が中東諸国の需要者、つまり中東の取引業者、輸入業者の間において周知のものである、そこで他の日本の業者が誤認・混同を惹起するような商品をやはり同じエリアに輸出したという場合に、日本の業者が輸出の差止めと損害賠償を請求したという場合に、大阪地方裁判所は認容しているわけです。この事案における需要者というのは中近東の取引業者ということにな

りますね。B 案によると、この事案では中近東のある国の法律が適用されるということになりますけれども、そうすると日本の不正競争防止法の 2 条 1 項 1 号が輸出を不正競争行為としていることと、どう整合させるのだろうかという問題が出てくるだろうと思います。

　もともと基本に戻ると、個別的な事業者間において処分の可能な利益だけじゃなくて、第三者の利益をも考慮しなくてはいけないという場合に、市場地という客観的連結、一般的には不法行為によってカバーする問題として、例えば当事者の準拠法の指定を廃止する、市場地という客観的連結素を求めるというのは、個別的な事業者だけでなくて、事業者の団体とか消費者の団体に差止請求権の原告適格が認められて、そのような形で個別的事業者の利益だけでなく、第三者の利益にも配慮する法制度というのが前提になっていると、このような市場地という客観的な連結素というのがよく理解できるわけです。

　例えば、1998 年 5 月 19 日の EU の消費者保護のための差止訴訟に関する指令によると、不当な表示宣伝など消費者の利益を侵害する行為が国境を越えて行われた場合に、EU のどの国においても消費者団体に差止請求権が認められているわけです。こういった指令と同様の法規が日本と中国や、中近東諸国を仮に拘束するということになりますと、先ほど挙げた二つの例では、中国や中近東の消費者団体が日本においても差止請求ができるのだということになるのだろうと思います。

　ローマⅡの現在の 5 条 1 項の規定が、不正競争行為から発生する契約外債務の準拠法は競業関係又は消費者の集合的利益が直接かつ実質的に影響を受けるか、または受けるおそれのある国の法律によるとしているのも、こういった法律制度を前提として初めて理解できるのじゃないかと。

　ドイツでも、不正競争の場合には市場地というのを連結素とする学説は多いです。でもこのことは、ドイツの不正競争防止法が 1909 年の立法当時から営業利益促進団体に対して、1965 年からは消費者団体に対して訴権を認めてきたことと無関係ではないと思うわけであります。営業利益を侵害されたものとは異なる第三者の利益が、団体訴訟という形で保護されるというような場合には、侵害者と被侵害者の処分になじまない事項が問題になっているのだというべきであって、これはもう客観的連結によるというふうに考えられるわけであります。

　他方で、日本の不正競争防止法も公正な競争秩序の維持ということを置くという意味で公益を保護しようとしているわけでありますけれども、その公益保護と言われるのは基本的には営業上の利益を侵害された個別的な事業者の利益保護を通じて、いわば間接的に行われているにすぎない。日本の不正競争防止法のもとでは、消費者団体とか事業者団体の原告適格は認められていないわけです。そういう意味では、どの国

の不正競争防止法も水平的に競業者を保護するというだけでなく、垂直的に需要者、消費者を保護しようとしているわけですけれども、少なくとも現行の日本の不正競争防止法というのは垂直的な保護という側面は、比較法的に見たら弱いと思います。

このこととはまた別に、日本の不正競争防止法が不正行為の一つとしている営業秘密にかかわる不正行為、産業スパイのようなもの、これは市場地よりも行動地とか、雇用者と被用者の雇用関係の準拠法、ライセンス契約の準拠法の方が強いのじゃないかというふうに思うのです。盗んだ秘密を外国企業に売り渡すというようなことを考えていただいたらよく分かると思います。

こういうふうな日本の実質法の在り方を前提とする限りは、不正競争防止法というのは、これを渉外的な事案に適用するのは二つ方法があると思うのです。一つは、一般的な不法行為の準拠法の決定に従わせるというやり方、もう一つは不正競争防止法はもう独自の、固有の適用範囲を持っているものとして直接適用するといういずれかの方法で、市場地という連結素はあり得ないというふうに思います。

という意味において、A案、特別の規定を設けない。いずれにしても、どちらの解決方法をとるかはともかくとして、市場地という連結素はとり得ないということです。すなわち、一般的な不法行為の準拠法によるか、それとも直接適用、もう不正競争防止法が固有の適用範囲を持つ一方的な抵触規定としてまず構成するというふうに考えるか、このいずれかの方法であって、少なくとも明文の抵触規定を今回置くというのは賛成できないということです。

● ほかに、御意見ございますでしょうか。

● 日本の不正競争防止法というのは、歴史的に管轄官庁が最初余り明らかでなかったようなこともあってそんなに広がらなかったのが、ある時期から通産省が活用し始めて、私も、昔ですけれども営業秘密保護法的なものを作るというときに通産省がいろいろな世界の立法例を調べて、実質的要件はこれでいこうと、法形式としては不正競争防止法の中に入れるということでやろうというあたりの研究したときに、それに関与していたのですけれども、不正競争防止法にそれを入れる必然性はなかったと思うのです。

それで、何が言いたいかというと、今の不正競争防止法の体系というのは、例えば全くの模倣行為とか、そういう不正競争でもあるかもしれないけれども、どちらかというと知財的な条文も入ってしまっているので、○○委員御指摘のとおり、それを何か阻害された市場でというふうに切れるかというと、切れないのじゃないかなと。だから、そちらを連結点として設けて、余り市場に関係なさそうなIP的なものについては例外規定だというのもちょっと立法としてはおかしいので、まず不正競争的なものについてはA案の方がよろしいのではないかというふうに私は思うのです。

競争制限の方も、実は独禁法の中にも市場そのものに対するインパクトの観点からの規制と、もう一つは例えば優越的地位の濫用とか、もうちょっと１対１のものもあって、何かここで言う競争制限というのは独禁法そのものとイコールだというふうにやると、Ｂ案的に書くとちょっとおかしくなる部分がどうしても出てきてしまうと思うのです。それで、いろいろ細かく書き分けるとか、あるいは独禁法とかそういうような書き方ではなくて、競争法とか何かいろいろな言い方があるのかもしれませんが、私はどうも書きづらいので、Ａ案の方がいいかなというふうに思っています。弁護士会の意見も、ここは特段の規定を設けなくていいのじゃないかという意見が圧倒的に多かったですね。

●　ただいま、いずれもＡ案支持ということでございますけれども、Ｂ案について御意見はございますでしょうか。

●　日本の不正競争防止法というもの、非常にいびつな形に今なっているのはだれから見ても明らかですが、それを別に書いているわけではなくて、これは目的的に読まなければいけないので、市場の所在する地の法律によるべきような行為であって、それは当事者の準拠法選択を許さないとか、当事者に特定の関係があってもそのようにはいかないとか、そういう意味があるので、これを削除してしまうと、完全に当事者の問題に、といいますか、普通の二当事者間の不法行為の問題に還元されてしまうので、それは不適当なものもあるのではないかという趣旨だと思うのですが、そこはどうなんでしょうか。

●　独禁法的なものは、私は日本の独禁法は日本の市場に関する限りは絶対的強行規定なのかなと。それで、最近あるのは国際カルテルとかの事例なんですけれども、事件としては各地で摘発をされて、摘発された地で管轄もあるはずだみたいなことで民事訴訟になっていくのかなというふうに思っているのです。

　問題は、例えば国際カルテルで、アメリカでもＥＵでも日本でも摘発された、韓国でも摘発されたというときに、それで被害を受けたという人が、じゃ日本で全部訴訟にするということがあるのかというと、今までまだないと思うのですね。それで、例えば一番の問題は、どこでもいいのですけれども韓国なら韓国の市場に向けたカルテルの部分について、韓国のユーザーが日本のメーカーを韓国じゃなくて日本で訴えたというときに、それを一般規定だと侵害行為とか結果だとかというそっちでいけば、別に韓国じゃないのかなということで、余り不都合はないのかなというふうに思うのですけれども。

●　○○委員が御指摘になったのは、不正競争防止法の方だと思うのですけれども。

●　不正競争防止法の中のＩＰ的じゃない部分ということですね。

●　私も同じところがずっと気になっていたのですが、（注２）にもありますけれど

おわりに ── わが国における国際不正競業法 ──　*485*

も、B案の射程をどう考えるかということですけれども、まずその前提としての（注2）の第2文のところでは、「特定の者に対してのみ損害を与え、市場秩序との関係性が薄く、社会一般の利益への影響が余りないもの」については、不法行為の一般則だということを前提にしていると思われるわけですね、つまり、いわゆる不正競争的なものと言われているとしても、不法行為の特則的なものとして位置づけられるようなものは一般則に位置づけると。

　他方で、先ほどから御指摘があったように、不正競争防止法には知的財産法の亜種みたいなところがございますので、ドメインネームとか商標の特則みたいなものを置いたりとかいろいろしていますから、そういうものはまた除かれる可能性があると。

　そうすると、残るのが多分市場における自由かつ公正な競争の保護という観点を基礎とした、そして直接に市場秩序に影響を与える行為のみを対象としているもので、なおかつ競争制限的なものでないものというものが、例えば具体的にどういうものをイメージしているのかというのが、ちょっと私も分からなくて、ということなのですが。

　それが、もし余り想定できないのであればA案でいいと。私はもともとA案ですけれども、A案でいいのではないかということなのです。

● 先ほど〇〇委員のおっしゃった例が、ちょっと複雑なのがたくさんあってよく分からないところもあるのですが、一番最初におっしゃったのは、中国向けに中国の旅行業者に虚偽の情報を流して契約を誘導するという場合、私はこれは中国法の問題で、日本法の問題ではないのじゃないかなと思うのですが。そういう例が市場をだますといいますか……。で、相手方の競争業者が訴えてきたときには、中国法でいくと。市場によっては許される限度が違うので、それを日本で訴訟になったからといって日本の基準だけでいくのもおかしいのかなと思うのですが。そういう例が市場関連の行為の例なのじゃないでしょうか。

● 今の、特定の業者を相手にしてやっているので、特定の者にのみ損害を与えるという目的でやっているというふうに私は思っていましたので、むしろ私は外れるのかなというふうに認識したのですが。

● それは入るのじゃないですか、分かりませんが。

● 誹謗・中傷によって、本来日本で安くていいホテルに泊まるというところの中国人消費者の利益が害されるということは、必ずしも二当事者の関係には還元されないと。

　この場合、中国でそういった誹謗・中傷行為を流して、結局取引行為というか、ホテルの予約とかという販売行為みたいなものが日本にある場合、どう考えるかというのはドイツにおける判例でも分かれているようでございまして、ここはちょっと何と

も言い難いところがあるのじゃないかと思いますけれども。

　いずれにしても、Ａ案・Ｂ案双方支持があるようでございますが、Ａ案の特段の規定を設けないことにした場合に、先ほどの○○委員の御懸念とも共通するのですが、Ａ案をとる前提として、不法行為的な性質があるというふうに整理する場合、付従連結や同一常居所地といったような特則がかかってもいいのか、かかればやりまずいということであれば、何らかの手当てが要るのか、それも含めて解釈にいくのかという点も、Ａ案をとる場合には問題になるのですが、そのあたりは何か御意見ございますでしょうか。

●　先ほども言いましたように、それは何らかの形で解釈論として解決しなければいけないとは思います。例えば、不正競争の場合でも、個別的需要者の利益保護、いわゆる営業秘密を漏洩するというような場合には、これは例えばさっき述べましたように従業員と会社との間の雇用契約の中にそういうことをやってはいけないという定めがあるわけですから、それの違反ということで付従連結というのは当然考え得るだろうと思うのですね。だけど、ほかのタイプの不正競争に当たるものが、では一般的な不法行為でいけるかと、そこのところはまた考えなければいけないと思うのです。

　難しいのは、現行の不正競争防止法というのは一種独特、○○幹事がおっしゃったような発展を遂げていて、独自の適用範囲観というのを持っていると思うのですね。ここで市場地というふうなことをやると、多分それまでの不正競争防止法を作るときにある程度考えていた適用範囲と相当違うものがここで出てくるので、経済産業省とどういうふうにやっていくかと考えないと、相当困ったことになると。

　個々の規定、いろいろな雑多な規定がありますけれども、一般的には不正競争防止法の２条が列挙している行為については、ちょっとこの法制審議会だけでその適用範囲を決めるというのは、なかなか大変ではないかなと思います。

●　御意見、ほかにございませんでしょうか。

　不正競争の問題が出ておりますけれども、このブラケットの方はいかがいたしますか。仮にＢ案を残すと。

　先ほどの御意見では、少なくとも競争制限については規定は要らないという御意見が強かったかと思うのですが。

●　Ｂ案で、不正競争だけでもこのような特則は、提案は残した方がよろしいのですかね。それとも、Ａ案をとった上で、適用除外を今後どうやって考えていくかというところに絞った方がよろしいのかというところは。

●　その方が生産的だと思うのです。

●　そのような方向でよろしければ……。

●　入れても入れなくても、余り内容は変わらないように思いますけれども。読み方

次第ですが。

● ○○委員に1点御確認させていただきたいのですが。

恐らく、御趣旨は、この市場地という連結点には○○委員はこだわりがあるわけではなく、これはもう侵害結果発生地とそれほど変わらないのではないかという前提で、同一常居所地とか基本関係がある場合についてどうするかを、それらの特則規定をかけてはいけないのではないかということをお考えなのでしょうか。そうではなくて、やはり侵害結果発生地と市場の所在する地というのは別だということを前提にして御発言されていらっしゃるのでしょうか。

● おっしゃるとおりだと思います。

済みません、今ぼうっとしたのですが。括弧書きのことをおっしゃったのかと思ったのです。B案の中の。それは済んでいる。済みませんでした。

● 私は、今の最後の方の御提案、A案を残した上でさっきのような手当てをするかどうかというところでいいと思いますけれども、それについて私の意見を申し上げますけれども、私は基本的にはそのような手当てをする必要はなくて、通常どおり当事者自治や付従連結や同一常居所地があっていいと思っております。

それはなぜかと申しますと、先ほど申し上げましたが、ホテルに宿泊を誘導するという話というのは、見方によれば得るべき利益をお客たちが得られなかったと見えますけれども、他方で、ある特定のホテル業者が得るべき顧客をとれなかったという二当事者に還元できる話で、境界線は非常に危うい問題で、もう一つそういうふうな市場とか公の利益というのを言い出すと、不法行為ってそもそもそういうもので、つまり二当事者間に還元できても、それは例えば不法行為法は特定の地域の交通事故をどうやって抑止するかとか、そういうような秩序とも密接に関連しているわけです。そうであるにもかかわらず、ある一定の法目的から、例えば当事者自治なんて許すという決定をしていく以上は、それは私は不正競争の方も同じ話が妥当するのではないかと思っております。

● 私の感じとしては、今、○○幹事がおっしゃられたように思っていたのですけれども、むしろ実務の委員・幹事の方のお話を伺いたいのですけれども、私の非常に乏しい実務経験からすると、この不正競争防止法なんかの主張をするときは、不正競争防止法上の主張もするし独禁法の主張もするし、そうでないとしても普通の不法行為が成立するというような選択的あるいは予備的に幾つもの法律違反を主張して、とにかくいかがわしい行為が行われたので、それで自分が損害をこうむったのだから損害の賠償を求めるというパターンのものがかなりあるのじゃないかなと思いまして、そうするとそれが市場における公正な競争を阻害、あるいは自由な競争を制限するというカテゴリーに入り得るとしたときに、第1の主張は不正競争で主張している、第

2は独禁法違反で、第3は普通の民法違反だというときに、どの主張を取り上げるかによって準拠法を変えることになるのでしょうか。それとも、主張している中のどれか一つでもそれが入っていれば、もう一般ルールは適用しないということにしてしまうのかという問題があると思うので、そもそも不正競争だって独禁法違反だって、最終的には不法行為の損害賠償請求なり差止めを求めているわけで、当事者間で和解だってできるわけですから、何かそこを分けなければいけないというのがよく分からないのですけれども。

● ○○幹事のおっしゃられたように、当事者間に帰結すると思うのですね、最終的には。だから、あえて国際私法上のそういう連結点を別途設けるということは、逆にかえって混乱するのじゃないかなという感じがしています。

● ただいまの御意見を伺いまして、この問題についてはいろいろな問題点をB案について御指摘いただいたところでございますので、A案でいくということでよろしゅうございますでしょうか。――では、そのようにさせていただきます。

① A案（特則を設けない案）

　個別的な事業者間において処分の可能な利益だけじゃなくて、第三者の利益をも考慮しなくてはいけないという場合に、市場地という客観的連結、一般的には不法行為によってカバーする問題として、例えば当事者の準拠法の指定を廃止する、市場地という客観的連結素を求めるというのは、個別的な事業者だけでなくて、事業者の団体とか消費者の団体に差止請求権の原告適格が認められて、そのような形で個別的事業者の利益だけでなく、第三者の利益にも配慮する法制度というのが前提になっていると、このような市場地という客観的な連結素というのがよく理解できる。日本の不正競争防止法も公正な競争秩序の維持ということを置くという意味で公益を保護しようとしているわけであるが、その公益保護と言われるのは基本的には営業上の利益を侵害された個別的な事業者の利益保護を通じて、いわば間接的に行われているにすぎない。日本の不正競争防止法のもとでは、消費者団体とか事業者団体の原告適格は認められていない。そういう意味では、どの国の不正競争防止法も水平的に競業者を保護するというだけでなく、垂直的に需要者、消費者を保護しようとしているわけですが、少なくとも現行の日本の不正競争防止法というのは垂直的な保護という側面は、比較法的に見たら弱い。このこととはまた別に、日本の不正競争防止法が不正行為の一つとしている営業秘密にかかわる不正行為、産業スパイのようなもの、これは市場地よりも行動地とか、雇用者と被用者の雇用関係

の準拠法、ライセンス契約の準拠法の方が強いのじゃないかというふうに思うのです。盗んだ秘密を外国企業に売り渡すというようなことを考えていただいたらよく分かると思います。こういうふうな日本の実質法の在り方を前提とする限りは、不正競争防止法というのは、これを渉外的な事案に適用するのは2つ方法があると思うのです。1つは、一般的な不法行為の準拠法の決定に従わせるというやり方、もう一つは不正競争防止法はもう独自の、固有の適用範囲を持っているものとして直接適用するといういずれかの方法で、市場地という連結素はあり得ないというふうに思います。という意味において、A案、特別の規定を設けない。いずれにしても、どちらの解決方法をとるかはともかくとして、市場地という連結素はとり得ないという。すなわち、一般的な不法行為の準拠法によるか、それとも直接適用、もう不正競争防止法が固有の適用範囲を持つ一方的な抵触規定としてまず構成するというふうに考えるか、このいずれかの方法であって、少なくとも明文の抵触規定を今回置くというのは賛成できない。

　B案の射程をどう考えるかということですが、まずその前提としての第2文のところでは、「特定の者に対してのみ損害を与え、市場秩序との関係性が薄く、社会一般の利益への影響が余りないもの」については、不法行為の一般則だということを前提にしていると思われる、つまり、いわゆる不正競争的なものと言われているとしても、不法行為の特則的なものとして位置づけられるようなものは一般則に位置づける。他方で、不正競争防止法には知的財産法の亜種みたいなところがございますので、ドメインネームとか商標の特則みたいなものを置いたりとかいろいろしているから、そういうものはまた除かれる可能性がある。そうすると、残るのが多分市場における自由かつ公正な競争の保護という観点を基礎とした、そして直接に市場秩序に影響を与える行為のみを対象としているもので、なおかつ競争制限的なものでないものというものが、例えば具体的にどういうものをイメージしているのかというのが分からない。

　A案の特段の規定を設けないことにした場合に、不法行為的な性質があるというふうに整理する場合、付従連結や同一常居所地といったような特則がかかってもいいのか、かかればやはりまずいということであれば、何らかの手当てが要るのか、それも含めて解釈にいくのかという点も、A案をとる場合には問題になるが、それは何らかの形で解釈論として解決しなければいけない。例えば、不正競争の場合でも、個別的需要者の利益保護、いわゆる営業秘密を漏洩するというような場合

には、これは例えば従業員と会社との間の雇用契約の中にそういうことをやってはいけないという定めがあるから、それの違反ということで付従連結というのは当然考え得る。しかし、ほかのタイプの不正競争に当たるものが、では一般的な不法行為でいけるかと、そこのところはまた考えなければいけない。

A案を残した上でさっきのような手当てをするかどうかというところでいいが、基本的にはそのような手当てをする必要はなくて、通常どおり当事者自治や付従連結や同一常居所地があっていい。ホテルに宿泊を誘導するという話というのは、見方によれば得るべき利益をお客たちが得られなかったと見えますが、他方で、ある特定のホテル業者が得るべき顧客をとれなかったという二当事者に還元できる話で、つまり二当事者間に還元できても、それは例えば不法行為法は特定の地域の交通事故をどうやって抑止するかとか、そういうような秩序とも密接に関連している。そうであるにもかかわらず、ある一定の法目的から、例えば当事者自治なんて許すという決定をしていく以上は、それは不正競争の方も同じ話が妥当するのではないか。

②B案（特則を設ける案）

市場の所在する地の法律によるべきような行為であって、それは当事者の準拠法選択を許さないとか、当事者に特定の関係があってもそのようにはいかないとか、そういう意味があるので、これを削除してしまうと、完全に当事者の問題に、といいますか、普通の二当事者間の不法行為の問題に還元されてしまうので、それは不適当なものもあるのではないか。

中国向けに中国の旅行業者に虚偽の情報を流して契約を誘導するという場合、これは中国法の問題で、日本法の問題ではないのじゃないか。相手方の競争業者が訴えてきたときには、中国法でいく。市場によっては許される限度が違うので、それを日本で訴訟になったからといって日本の基準だけでいくのもおかしいのかなと思う。そういう例が市場関連の行為の例なのじゃないか。誹謗・中傷によって、本来日本で安くていいホテルに泊まるというところの中国人消費者の利益が害されるということは、必ずしも二当事者の関係には還元されない。

(3)「国際私法の現代化に関する要綱中間試案　補足説明」

「国際私法の現代化に関する要綱中間試案　補足説明」（平成17年3月29日法務省民事局参事官室）は、「不正競争又は競争制限に関する準拠法」について以下

のように述べて規定を設けることを見送っている。すなわち、「不正競争又は競争制限に基づく不法行為は、それによって競争が阻害又は制限される市場秩序との関係が密接であり、公序法的色彩が強い点にかんがみ、当事者利益を考慮した連結政策である附従的連結や当事者自治といった準拠法決定の一般原則の適用を排除し、行為によって公正な競争が阻害又は制限された市場の所在する地の法律を準拠法とする旨の特則規定を設けることも考えられる。しかし、審議会においては、競争制限に関する法律は、公法的性質を有するものであり、我が国の裁判所においてその種の外国法の適用が想定されず、国際私法中に外国法の適用を前提とする規定を設けることは問題であり、諸外国においてもそのような立法例はないとの指摘や、不正競争に関する不法行為については、様々な種類の法益が被侵害法益となると考えられ、それらについて一律に「市場の所在する地」を連結点とすることは妥当でないとの指摘がされた。したがって、この点については特段の規定を設けず、解釈にゆだねることとされた」[48]と。

2　法適用通則法

法の適用に関する通則法

（不法行為）

　第十七条　不法行為によって生ずる債権の成立及び効力は、加害行為の結果が発生した地の法による。ただし、その地における結果の発生が通常予見することのできないものであったときは、加害行為が行われた地の法による。

（略）

（明らかにより密接な関係がある地がある場合の例外）

　第二十条　前三条の規定にかかわらず、不法行為によって生ずる債権の成立及び効力は、不法行為の当時において当事者が法を同じくする地に常居所を有していたこと、当事者間の契約に基づく義務に違反して不法行為が行われたことその他の事情に照らして、明らかに前三条の規定により適用すべき法の属する地よりも密接な関係がある他の地があるときは、当該他の地の法による。

（当事者による準拠法の変更）

　第二十一条　不法行為の当事者は、不法行為の後において、不法行為によって生ずる債権の成立及び効力について適用すべき法を変更することができる。ただし、第三者の権利を害することとなるときは、その変更をその第三者に対抗することができない。

（不法行為についての公序による制限）

第二十二条　不法行為について外国法によるべき場合において、当該外国法を適用すべき事実が日本法によれば不法とならないときは、当該外国法に基づく損害賠償その他の処分の請求は、することができない。

2　不法行為について外国法によるべき場合において、当該外国法を適用すべき事実が当該外国法及び日本法により不法となるときであっても、被害者は、日本法により認められる損害賠償その他の処分でなければ請求することができない。

（1）判　例

「法適用通則法」施行以後においては、判例としては、1）平成20年7月4日東京地方裁判所判決、2）平成21年12月15日知的財産高等裁判所第4部決定、3）平成26年3月27日知的財産高等裁判所第3部判決、4）平成27年2月18日東京地方裁判所判決、5）平成27年3月25日知的財産高等裁判所第1部判決が挙げられる。

1）平成20年7月4日東京地方裁判所判決

本件は、被告の販売した被告商品が、原告A社が製造し、原告B社が販売する原告商品の形態を模倣したものであり、被告が、被告商品を原告らに無断で販売、譲渡する行為は、原告A社の著作権を侵害するなどとして、原告らが被告に対し、損害賠償を求めた事案で、被告は、被告商品を購入するに当たり、取引上要求される通常の注意を払ったとしても、原告商品の存在を知り、被告商品が原告商品の形態を模倣した事実を認識することはできなかったものというべきであり、被告は、被告商品の購入時にそれが原告商品の形態を模倣したものであることを知らず、かつ、知らなかったことにつき重大な過失はなかったものと認められるとし、請求を棄却した事例（模造品の販売行為）である。

裁判所は、準拠法について、「本件は、原告ベストエバーが大韓民国において設立された法人であるという点で渉外的要素を含むものであるから、同原告との関係で準拠法を決定する必要がある。不正競争行為及び著作権侵害に基づく損害賠償請求の準拠法に関しては、法の適用に関する通則法等に直接の定めがないため、条理により決するのが相当である。上記法律関係の性質は不法行為であるから、法の適用に関する通則法の施行期日（平成19年1月1日）後の行為については、同法17条により、また、同法の施行期日前の行為については、法例11条1項（法の適用に関する通則法附則3条4項により、なお従前の例によるとして、法例の規

定が適用される。）により、準拠法を決すべきであり、本件の損害賠償請求については、原告らに対する権利侵害という結果が生じたと主張される我が国の法である民法709条が適用される。また、不正競争防止法に基づく謝罪広告の請求に関しても、法の適用に関する通則法等に直接の定めがないため、条理により決するのが相当である。本件では、謝罪広告の請求の対象とされた行為が日本国内で行われ、営業上の利益の侵害も日本国内で生じたというのであるから、我が国の不正競争防止法が最も密接な関係を有する地の法として準拠法になると解される」[49]と判示した。本判決は、不正競業に基づく損害賠償請求については条理により不法行為と性質決定し、通則法17条（従前は法例11条1項）により結果発生地法たる日本法によると判示した。他方、不正競争防止法に基づく謝罪広告の請求については、加害行為地・結果発生地ともに日本であるため最密接関係地が日本であるとして日本法が適用されたものと思われる。本件においては、通則法17条により、模造品の販売行為が問題となっているので、市場関連的不正競業として、販売市場地法たる日本法を適用すべき事案であったと解される。

2）平成21年12月15日知的財産高等裁判所第4部決定

本件は、本件著作物の日本以外の国における本件独占的利用権をAから譲り受けた抗告人が、相手方が、虚偽の事実を告知し、または流布する行為を行ったことを前提に、相手方に対し、本件独占利用権の利用妨害行為の差止請求権を被保全権利として、抗告人が本件著作物について独占利用権を有しない旨の告知または流布の差止めを求めたところ、申立てが却下されたため、抗告人が抗告した事案で、本件契約上、相手方とAとの間において、Aが本件独占的利用権を有しないことを理由とする本件対象行為を行わない旨の合意があったと認めることはできず、本件契約に基づくという請求について、抗告人主張の被保全権利の疎明があるということはできないとし、抗告を棄却した事例（営業上の信用毀損）である。

裁判所は、不正競争防止法に基づく請求の準拠法について、「本件申立ては、いずれも日本法人である抗告人が相手方に対して、国内告知・流布及び国外告知・流布の差止めと、国外裁判ないし国外訴訟などの差止めを求めるものであって、抗告人が主張する被保全債権の有無を検討するには、本件申立てにおいて差止めの対象とされている以上の行為（以下「本件対象行為」という。）が差止めの認められる行為であるのか否かについても、また、外国人であるAが契約当事者となっている本件契約の効力についても、法の適用に関する通則法（以下「通則法」という。）

の規定に基づき、その準拠法が決定される必要がある。

(1) 不正競争防止法に基づく請求の準拠法

抗告人は、相手方の国内の映像事業関係者に対する相手方書面の送付が不正競争防止法2条1項14号所定の「虚偽の事実を告知し、又は流布する行為」に該当することを前提に、相手方に対し、本件対象行為の差止めを求めているが、本件対象行為は、日本国内において行われる国内告知・流布、日本国内から行われる国外告知・流布を除き、日本国外における行為の差止めを求めるものであるから、不正競争防止法の適否の以前の問題として、通則法に基づいて、その差止めの準拠法を定めなければならない。しかるところ、抗告人の主張に係る差止請求権については、通則法に明文の規定がないが、本件対象行為が抗告人に対する関係で違法であることを原因としてその差止めを求めることができるというものであって、通則法17条にいう「不法行為」を原因として法の適用が問題となる場合であると解するのが相当であるから、同条所定の「不法行為によって生ずる債権の成立及び効力」として、「加害行為の結果が発生した地の法」によるべきことになる。そうすると、日本国外における本件対象行為の差止めが認められるか否かについては、「加害行為の結果が発生した地」として、本件対象行為の結果が発生する当該外国となる。しかしながら、抗告人及び相手方とも我が国に本店所在地を有する日本法人であること、日本国外における本件対象行為についても、相手方が日本国内においてその意思決定を行うものと考えられること、国外における本件対象行為によって当該外国において結果が発生したとしても、その結果は日本国内の抗告人に対して影響を及ぼすものであることなどの事情に照らすと、明らかに当該外国よりも我が国が密接な関係がある他の地ということができるから、通則法20条により、その準拠法は日本国法と解するべきものである。したがって、日本国内における本件対象行為については、もとより不正競争防止法が適用されるほか、日本国外における本件対象行為についても同法がその準拠法として適用されることになる。」[50]と判示した。本判決においては、営業上の信用毀損行為については、差止請求権に関しては不法行為として性質決定され通則法17条により結果発生地たる外国法が適用されるが、20条により、当該外国よりも日本が最密接関係地に該当し、日本法が準拠法となるとされた。本件においては、通則法17条により、競争相手との関係で問題となる営業上の信用毀損が問題となっているから、営業関連的不正競業として被害を受けた営業所の営業所所在地法たる日本法を適用すべきであったろう。

おわりに ―― わが国における国際不正競業法 ―― *495*

3) 平成 26 年 3 月 27 日知的財産高等裁判所第 3 部判決

　本件は、被控訴人（原告）が、控訴人（被告）に対し、漫画「子連れ狼」の原作について、平成 24 年 1 月 16 日から平成 26 年 4 月 19 日までの間、その翻案権の一部である実写映画化権を取得したと主張して、被控訴人が、当該期間、同実写映画化権を有することの確認を求めるとともに、控訴人が、上記原作の独占的利用権が控訴人に帰属する旨並びに上記原作を基に実写映画及びこれに派生した実写テレビドラマシリーズを製作する被控訴人の行為が控訴人の独占的利用権を侵害する旨を告知したことが不正競争防止法 2 条 1 項 14 号所定の不正競争行為に当たると主張して、不正競争防止法 3 条 1 項に基づく告知、流布の差止めを求めた事案の控訴審において、被控訴人が、本件原作について、平成 24 年 1 月 16 日から平成 26 年 4 月 19 日までの間、本件実写映画化権を取得したものであり、控訴人に対し、上記期間、本件実写映画化権を有することの確認を求めることができるほか、被控訴人の控訴人に対する不正競争防止法に基づく虚偽事実の告知、流布行為の差止請求も、理由があるとして、控訴を棄却した事例（営業上の信用毀損）である。

　裁判所は、準拠法について、「不正競争防止法に基づく請求については、被控訴人が不正競争行為として主張する行為は法の適用に関する通則法 19 条の行為に該当するが、準拠法を日本法とすることにつき当事者間に争いがないので、同法 21 条本文により日本法が準拠法となる。」[51] と判示した。本判決においては、営業上の信用毀損行為については、通則法 19 条が適用されるが、21 条本文により、準拠法の事後的変更として日本法の適用が合意されているので日本法が準拠法となると判断されたものと思われる。本件においては、通則法 17 条により、競争相手との関係で問題となる営業上の信用毀損が問題となっているから、営業関連的不正競業として、21 条により事後的法選択の規定を適用することなく被害を受けた営業所の営業所所在地法たるニューヨーク州法を適用すべきであったろう。

4) 平成 27 年 2 月 18 日東京地方裁判所判決

　本件は、ブルーレイディスク製品に関する標準必須特許のパテントプールを管理・運営する被告が、原告の取引先である小売店に対し、原告のブルーレイディスク製品の販売は特許権侵害を構成し、特許権者は差止請求権を有する旨の通知書を送付したこと（本件告知）に対し、原告が、不正競争防止法 3 条 1 項または独占禁止法 24 条に基づき、告知・流布行為の差止めを求めるとともに、不正競争防止法 4 条または民法 709 条に基づき、損害賠償を求めた事案において、本件告知は、

FRAND宣言をした被告が、FRAND条件によるライセンスを受ける意思のある原告に差止請求権を行使することが権利の濫用として許されず、原告から原告製品を購入した小売店に差止請求権を行使することも権利の濫用として許されないにもかかわらず、これを行使できるかのように記載した点において虚偽の事実を告知するものであり、不正競争防止法2条1項14号の不正競争に該当するとして、原告の差止請求を一部認容した事例（営業上の信用毀損）である。

裁判所は、準拠法について、「本件は、我が国の小売店に対してされた本件告知が不正競争に当たるとして、同種行為の差止め及び損害賠償を求める訴えであるから、我が国が国際裁判管轄を有する（民事訴訟法3条の3第8号）。結果発生地は原告の本店所在地である日本であるから、日本法が準拠法となる（法の適用に関する通則法17、19、20条）」[52] と判示した。本判決においては、営業上の信用毀損行為については、通則法17条によれば、結果発生地法として、19条によれば、被害者の主たる事業所の所在地法として、20条によれば、最密接関係地法として日本法が適用されると判断されたものと思われる。本件においては、通則法17条により、競争相手との関係で問題となる営業上の信用毀損が問題となっているから、営業関連的不正競業として被害を受けた営業所の営業所所在地法たる日本法を適用すべきであったろう。

5）平成27年3月25日知的財産高等裁判所第1部判決

本件は、被控訴人Y（以下「被控訴人Y」という。）が被控訴人ディアンジェリコ・ギターズ・オブ・アメリカ・エル・エル・シー（以下「被控訴人会社」という。）を教唆し、被控訴人会社が破産者ベスタクス株式会社（以下「ベスタクス」という。）の営業を妨害して、その名誉および信用を毀損したなどと主張して、ベスタクスが、被控訴人らに対し、不法行為（民法709条、719条）による損害賠償請求として、損害額合計2億5,464万2,680円のうち2億円およびこれに対する不法行為の日の後の日である平成21年9月1日から支払済みまで民法所定の年5分の割合による遅延損害金の連帯支払を求めた事例（営業上の信用毀損）である。

裁判所は、準拠法について、「(1) 不法行為1について

ア　不法行為1についての損害賠償請求は、米国企業及び米国を住所とする米国人である被控訴人らが、米国内でした本件行為1を理由とするものであり、渉外的要素を含む法律関係であるから、準拠法を決定する必要がある。

イ　控訴人の主張する不法行為1についての損害賠償請求の内容は、ベスタクス

の代理人である被控訴人会社が、被控訴人Ｙの教唆により、平成17年頃から現在に至るまで、米国内において本件行為１をし、ベスタクスの名誉及び信用並びにブランドイメージを毀損し、無形損害を生じさせたというものであり、法律関係の性質は、不法行為である。

通則法の附則３条４項によれば、同法の施行日である平成19年１月１日前に加害行為の結果が発生した不法行為によって生ずる債権の成立及び効力については、なお従前の例により、法例が適用される。したがって、不法行為１のうち、〔1〕平成19年１月１日前に加害行為の結果が発生した行為については、法例11条１項により、「原因タル事実ノ発生シタル地ノ法律」が適用されることとなり、〔2〕同日以降に加害行為の結果が発生した行為については、名誉又は信用を毀損する不法行為についての特則である通則法19条により、「被害者の常居所地法（被害者が法人その他の社団又は財団である場合にあっては、その主たる事業者の所在地の法）」が適用されることとなる。

ウ（ア）まず、前記イの〔1〕について検討する。控訴人の主張する不法行為１は、要するに、「ベスタクスの代理人である被控訴人会社によって、ベスタクス商品との誤認混同を招く粗悪な被控訴人商品の販売行為が米国内で行われたことにより、全世界におけるベスタクスの名誉及び信用並びにブランドイメージの毀損が生じた」というものである。しかし、販売行為は米国内で行われているものであるし、米国以外の国での名誉、信用又はブランドイメージの毀損は、仮に生じたとしても、米国内でのこれらの毀損の結果の派生的なものにすぎないというべきであるから、権利侵害の結果は米国内で生じているものであり、法例11条１項にいう「原因タル事実ノ発生シタル地」とは、米国内の地と解するのが相当である。

不法行為１については州間取引も含まれていると考えられるから米国の連邦法の適用もされ得ると解されるが（後記４（1）アのとおり）、控訴人はコモン・ローに基づく主張をしているところ、米国においては、コモン・ローの統一法はなく、各州ごとに適用すべき法が異なるから、「原因タル事実ノ発生シタル地」とは、州を単位として決定する必要がある。そして、被控訴人の主張によれば、被控訴人商品の販売は主にインターネットを通じてニュージャージー州内にある被控訴人会社の事務所において行われており、被控訴人商品の発送もすべて同事務所から注文者宛に機械的に行われており、同発送行為をもって米国内での名誉及び信用並びにブランドイメージの毀損の発生とほぼ同視できることからすれば（控訴人も争ってい

ない。）、法例 11 条 1 項にいう「原因タル事実ノ発生シタル地」とは、ニュージャージー州と解するのが相当である。したがって、不法行為 1 のうち、上記イの〔1〕についての準拠法は、ニュージャージー州法となる。

（イ）以上に対し、控訴人は、ベスタクスは日本国内にしか存在しないから、ベスタクスの損害は日本国内で発生しており、結果発生地は日本国内であると主張する。しかし、不法行為 1 においては、控訴人は、「米国内で被控訴人商品の販売が行われたことにより、全世界において、ベスタクスの名誉及び信用並びにブランドイメージの毀損が生じた」との主張をしているものであり、その内容として、ベスタクスの日本国内での名誉、信用又はブランドイメージの低下だけではなく、全世界での名誉、信用又はブランドイメージの低下を主張しているのであるから、ベスタクスの所在地が日本国内にあることを理由として、法益侵害（結果の発生）が日本国内で発生しているということはできず、控訴人の主張は理由がない。

控訴人は、上記のほか、不法行為 1 と不法行為 4 の争点が共通であることから不法行為 4 の準拠法が適用されるべきである、又は、被控訴人らが原審で日本法を適用することについて争っていなかった以上、通則法 21 条が適用されるべきであるなどと主張する。しかし、準拠法の適用は、法の規定に従って行うべきものであるから、他の請求と争点が共通することは、同請求と同一の準拠法を適用すべき根拠とならないし、前記イの〔1〕にはそもそも通則法 21 条が適用されない上、原審で準拠法について明確に争点となっていなかったことのみをもって準拠法の合意が存在したと認定することはできない。控訴人はその他るる主張するが、いずれも理由がなく、採用することができない。

（ウ）被控訴人 Y については、教唆という意思的関与が問題とされているものであるが、同人は、被控訴人会社に本件行為 1 をするよう積極的に教唆をしたというのであるから、被控訴人 Y についても、「原因タル事実ノ発生シタル地」は、行為者である被控訴人会社の実行行為による結果が発生した地と解するのが相当である。したがって、被控訴人 Y についても、被控訴人会社と同一の準拠法であるニュージャージー州法が適用される。

エ　次に、不法行為 1 のうち、前記イの〔2〕については、不法行為 1 の被害者であるベスタクスの主たる事業所の所在地は日本にあるから、通則法 19 条により、被控訴人ら双方ともに準拠法は日本法となる（前記イの〔2〕については、日本法が準拠法となることにつき当事者間に争いがない）。」[53] と判示した。本判決

においては、通則法下においては、営業上の信用毀損については、一般の不法行為に関する 17 条の特則としての 19 条により被害者の主たる事業所の所在地法として日本法が準拠法となるとされたものとみてよい。本件においても、通則法 17 条により、競争相手との関係で問題となる営業上の信用毀損が問題となっているから、営業関連的不正競業として被害を受けた営業所の営業所所在地法たる日本法を適用すべきであったろう。

　したがって、判例によれば、模造品の販売行為のような不正競業に関しては、法適用通則法に明文の規定がないので条理によるとしながらも、一方では、不正競業行為に基づく損害賠償請求については、一般の不法行為の規定である 17 条により結果発生地法が適用され、他方、不正競争防止法に基づく謝罪広告については最密接関係地法（加害行為地法であるとともに結果発生地法でもある）が適用されている〔上記の判例 1)〕。他方、営業上の信用毀損行為のような不正競業に関しては、判例は、① 17 条適用説〔上記の 2）においては差止請求が問題となり、20 条により最密接関係地法が適用されている〕、② 19 条適用説〔上記の 3）においては差止および損害賠償請求が問題となり、21 条により準拠法の事後的変更が肯定され、上記の 5）においては損害賠償請求が問題となっている〕、③ 17 条・19 条・20 条適用説〔上記の 4）においては差止および損害賠償請求が問題となっている〕に分かれている。

(2) 学　説

　「法適用通則法」施行以後においては、学説は、1）17 条適用説、2）17 条の類推適用説、3）条理説に大別される。

1) 17 条適用説

　通則法 17 条を適用するものとして、まず、中西教授の見解が挙げられる。中西教授によれば、「不正競争……については……17 条の一般則が適用され、その際に特定企業のみに向けられた行為か市場一般に関係する行為かを考慮しながら結果発生地を解釈することでの処理が考えられる」[54] とされ、通則法 17 条が適用され、結果発生地の柔軟な解釈が提唱されている。つぎに、野村教授の見解があげられる。野村教授によれば、「競業者の利益保護ではなく、たとえば他人の周知商品等表示の使用の場合など、公正な競争秩序維持という公益に関わるような場合には、そのような公益を侵害した地を結果発生地と解することになろう。ただし、適用通則法 20 条・21 条の例外規定は適用すべきではない」[55] とされ、結果

発生地が柔軟に解釈される。さらに、中川講師によれば、「……模倣商品とされる商品の譲渡について不法行為と法性決定して通則法 17 条を法選択規則とすることについては妥当であると考える。何故ならば、模倣商品の譲渡は、まず、不正競業法的な観点からは、特定の事業者の有する市場先行等の利益を害するものであるから、少なくとも通則法上は同第 17 条所定の単位法律関係である一般不法行為に該当するものと考えられるためである」[56] とされる。さらに、金講師の見解が挙げられる。金講師によれば、「不正競争行為については、独自の単位法律関係の抵触規定をを設ける必要はなく、通常の不法行為の問題として性質決定した上で、不法行為地としての原因事実発生地の解釈を考慮すべきであろう。その際に、法廷地の不正競争防止法上の絶対的強行規定が準拠法と関係なく適用されることになる。通則法の下では、不法行為地は原則として結果発生地となるので、影響を受ける市場地が不法行為地となる可能性は高くなるであろう。また、不法行為と性質決定する以上は、当事者による事後的変更、、両当事者の同一常居所地の適用などの規定も適用されることになろう」[57] とされ、結果発生地は「影響を受ける市場地」と決定される。同様に、通則法 17 条を適用するものとして、嶋教授の見解が挙げられる。嶋教授によれば、「通則法 17 条の規定に沿って、市場に関連する不正競争行為の抵触法上の処理を図るとすれば、侵害結果が生じた市場の所在地への連結が確保されることになる。例えば、被告企業 Y が原告企業 X の製品を不当に模倣して S 国で販売しているような事案において、S 国市場で X の売上げが減少した場合には、通則法 17 条の結果発生地はまさにその市場が所在する S 国ということになるであろう。また、市場に関連しない不正競争行為としては、例えば従業員の不当な引抜き、産業スパイ行為等が観念されるが、これについては一般不法行為として通則法 17 条に拠らしめることで問題はないはずである。従って、少なくとも通則法の解釈論としては、不正競争行為も一般の不法行為と全く同じに扱えばよいのであって、……不正競争行為を一般不法行為の単位法律関係に含めつつも、解釈に当たっては、不正競争行為についてその特殊性を意識して市場地への連結を殊更主張する必然性に乏しいであろう」[58] とされる。したがって、嶋教授によれば、不正競業の特殊性に基づき、不正競業に固有な不法行為地が探求されることはなく、また、不正競業が「営業関連的不正競業」と「市場関連的不正競業」に区別されることもなく、一般の不法行為と同様に通則法 17 条により、原則として結果発生地法が適用されることになる。また、道垣内教授によれば、「不正競争行為とされる行

為についていずれの国の法が適用されるかについては、従来から議論があるところであるが、通則法が制定された際に不正競争行為についての準拠法の特則はおかれなかった以上、17条以下の「不法行為による債権の成立および効力」を単位法律関係とする一連の規定によって準拠法を定めるべきであろう。そうすると、原則として、17条の加害行為の結果発生地法（加害者による通常予見可能性がなければ加害行為地法）によることとなり、20条により、これよりも明らかにより密接に関係する他の地があれば、当該他の地の法によることになる」[59]とされ、原則として結果発生地法によることになるとされる。

　同様に通則法17条の適用を明らかにするものとして、佐野教授の見解が挙げられる。佐野教授によれば、「むしろ、通則法の解釈としては、不正競争行為に基づく不法行為についても、原則として当該行為の結果発生地法によるとしたうえで（17条）、市場地国との結びつきについては、通則法20条の密接関連性の審査により個別的に判断すべきではないかと思われる」[60]と。したがって、佐野教授によれば、不正競業行為についても不法行為と性質決定された上で通則法17条が適用され、原則として結果発生地法により、例外的に20条により市場地国法が適用される場合があるとされる。

2) 17条の類推適用説

　河野教授によれば、「もし通則法20条以下の規定の適用可能性排除が、条理説の主たる目的なのであれば、、市場地というのではなく、通則法17条の準用も一案かもしれない。というのも、第1に、市場地という考え方は通則法の法令用語としては用いられていないが、生産物責任に関しては講学上用いられているところ、そこでいう市場地は生産物責任が問題となるモノの流通市場であり、不正競争でいう市場地より狭い意味で用いられているように思われる。意味の異なる同一用語が法令の基礎なしに用いられることには慎重であるべきであろう。逆に17条準用であれば、影響を受ける市場も、文言上、結果発生地と捉えれば済む。第2に、不正競争の場合、意図しない地での結果発生は想定しづらく、それゆえ同条但書の適用場面は考えられない。かくて、市場地法説をとるのと同じ効果が得られるのではないかと思われる」[61]と。したがって、河野教授によれば、不正競業行為については、法の欠欲があるとして17条の類推適用を行い、結果発生地を影響を受ける市場地国と修正し適用することを提唱しているものと考えられる。

3）条理説

　西谷教授によれば、「通則法の解釈としては、市場型不正競争に関する限り、当事者との密接関連性を中心に準拠法を決定する 17 条および 20 条の適用を認めることなく、端的に条理によって市場地法の適用を導くのが相当であろう。21 条による準拠法の可能性も排除すべきである。……それに対して、個別的不正競争に関する限り、原則として通則法 17 条のみによって準拠法を決定すべきであり、同 20 条・21 条も適用されると解される。ただし、営業誹謗による「信用毀損」については、通則法 19 条が適用されるため、原則として被害者の常居所地法（法人については主たる事業所の所在地法）による。もっとも、信用毀損は多くの場合、取引相手との関係で問題となるため、事案によっては、20 条の例外条項に基づいて実際に営業活動が行われている地の適用を導く場合もあろう」(62)と。したがって、西谷教授によれば、市場型不正競業に関しては、法の欠缺があるとして条理により市場地法によるが、個別的不正競業に関しては、通則法 17 条により、同 20 条・21 条も適用される。同様の趣旨を明らかにするものとして、小野木助教の見解が挙げられる。すなわち、小野木助教によれば、「日本の不正競争防止法が限定列挙する不正競争行為には、不当広告、模造品の販売等といった市場秩序の維持が問題となる類型と、産業スパイ、ノウハウ侵害等といった特定の者に対する行為が問題となる類型とが存在する。このため、すべての不正競争行為について市場地法を適用するのは妥当ではなく、不正競争行為を類型化し、前者のような市場と直接関係する場合は市場地法を、後者のように市場と直接関係しない場合には被害者の営業所所在地法を準拠法とするのが適当であり、……不法行為と性質決定した場合、特定国の市場秩序の維持を目的とする類型においては、当該市場の秩序とは関係のない日本法の重畳適用により、特定の市場秩序の保護範囲が狭まることは望ましくなく、通則法 22 条 1 項を日本法上も当該事実が不法行為となることが要件であると解釈する多数説の見解のもとでは、当該規定の適用を回避できる……説が妥当であろう」(63)とされる。したがって、小野木助教によれば、市場関連的な不正競業と営業関連的な不正競業が区別され、前者については法の欠缺があるとして条理により市場地法によるが、後者については、通則法 17 条により被害者の営業所所在地法が適用されることになろう。

　さらに、出口教授によれば、「わが国において、不正競争の準拠法に関しては、通則法 17 条以下によるべきであるとする説（以下「通則法説」という）と、通則

法その他に規定がないものとして条理により市場地法によるべきであるとする説（以下「条理説」という）がある。……両説のいずれによるかによって、法的構成に違いが生じるものの、結論的には大差ないことになる。なぜなら、不正競争について、結果発生地（通則法17条本文）と市場地（条理）とは同義語と解されるからである……。これに対して、……通則法説には否定的にならざるをえない。たしかに、通則法20条は、……共通属人法を必ず結果発生地法に優先して適用するわけではない。……しかし、通則法には21条と22条があることに注意が必要である。前者は当事者自治を認めるものであり、……後者は、そもそも立法論的には問題の大きい特別留保条款であり、……不正競争に21条と22条の適用を認めないとすれば、おのずと条理説に従うことになる。……かくして、通則法17条本文によっても条理によっても、同一の法（結果発生地法＝市場地法）が準拠法となるべきところ、解釈論としては、条理により市場地法によるという構成が妥当である」[64]と。したがって、出口教授によれば、不正競業の準拠法に関しては条理により市場地法主義によるべきであるとされる。

　この点については、諸国の動向に従い不正競業を不法行為として性質決定すべきであり、通則法の解釈論としては、不法行為として性質決定する以上、一般の不法行為の規定である通則法17条によることになろう。法の欠缺は存在しないのであるから、法の欠缺があるとして17条の類推適用、さらには条理によるべきではないと思われる。したがって、通則法17条によることになるが、その特殊性を踏まえて、不正競業に固有な不法行為地を探求すべきであろう。その際、不正競業の不法行為地を探求するにあたっては、一般の不法行為について妥当するような加害行為地か結果発生地かという区分によることなく、諸国の動向に倣い、市場関連的不正競業と営業関連的不正競業に区別し、特に前者については市場地（広告行為については広告市場地、販売行為については販売市場地）をもって不法行為地とすべきであろう。

　なお、後者の営業関連的不正競業、特に営業上の信用毀損行為に関しては、①17条適用説[65]、②19条適用説[66]、③19条の類推適用説[67]が対立している。また、営業秘密侵害行為については、飯塚氏によれば、「思うに営業秘密は、保有企業の営業力ないし競争力を構成するものと位置づけられるから、その侵害の結果は、当該営業秘密を保有する被害企業自体の所在地（主たる営業所の所在地）において営業力を減殺するという結果をもって発生し、または発生しうるものと考え、

その地をもって結果発生地であると考えるべきであろう」[68]とされ、通則法17条の適用により、被害企業自体の所在地（主たる営業所の所在地）が結果発生地とされる。この点については、通則法17条においては、不法行為地法主義が採用され、隔地的不法行為における不法行為地の決定について結果発生地が原則として不法行為地とされるもので、営業秘密侵害行為をはじめとする営業関連的不正競業については、一般の不法行為において妥当するような、加害行為地か結果発生地かという区分は妥当しないと思われる。したがって、営業関連的不正競業に固有な不法行為地を探求すべきであり、被害を受けた営業所の所在地をもって不法行為地とすべきであろう。

(3) 立法提案

現在、提案されているものとしては、①「早稲田大学グローバルCOE立法提案」と、②「透明化プロジェクト立法提案」の2つの案がある。

①早稲田大学グローバルCOE立法提案

第16条（知的財産権の侵害及び救済方法）

(1) （略）

(2) （略）

(3) （略）

(4) 不正競争行為から生じる契約外債務の準拠法は、その行為によって直接かつ実質的な損害が生じ、または、生じるおそれがある国の法による。

【解説】

不正競争防止法上の保護もパリ条約上は工業所有権に含まれるが、これはその性質上不法行為の特別規定と解される。そこで、4項にこれに関する規定を置くことにした。この規定は、「直接かつ実質的損害」が発生した国としたALI原則やEUの「契約外債務の準拠法に関する欧州議会及び理事会規則」（ローマII）5条に倣った規定とした。たとえば、パブリシティ権に関する問題や著作権法によってカバーされないようなデータベースの保護などは、この規定によるべきものと考える[69]。

②透明化プロジェクト立法提案

第303条（不正競争に関する準拠法）

不正競争に関する訴訟の準拠法は、不正競争の結果が発生したか発生すべき地の法による。

【解説】

　本立法提案では、「不正競争の結果が発生した地の法」を準拠法とする[70]。「営業に関する不正競争」の場合はもとより、「市場に関する不正競争」が問題とする消費者の集合的な利益が害されたとしても、その集合的な利益が害された地の法が準拠法として適用されることになる[71]。「不正競争の結果が発生した地」とは、基本的にはある企業が経済活動を行っているマーケット（市場）を前提に考えることになる。営業上発生する経済的損失、ないしは営業上の信用毀損など、どこの国のマーケットで生じているのかということが基準となる[72]。

　　　　第304条（当事者による事後的な準拠法の変更）

　（1）（略）

　（2）不正競争に関する訴訟の当事者は、不正競争の後において、不正競争によって生じる債権の成立及び効力について適用すべき法を変更することができる。ただし、第三者の権利を害することとなるときは、その変更を第三者に対抗することができない。

【解説】

　一般不法行為の局面では、当事者事者による準拠法の変更は認められている。しかし、ローマⅡ規則においては、当事者による準拠法変更は認められていない[73]。不正競争の場合において事後的変更を認めない根拠は明確でない[74]。そうである限り、当事者が準拠法を変更したいと考える場合において、それをあえて認めないとする帰結を採用することは難しいのではないかと思われる[75]。

　比較実質法的考察から明らかなように、不正競争防止法が不法行為法における民法的な個人保護から発展したこと、さらに比較国際私法的考察から明らかなように、諸国においては、不正競業は国際私法上不法行為として性質決定されていることからして、わが国の改正法たる「法適用通則法」においても、不正競業を不法行為として性質決定すべきであろう。したがって、不正競業の準拠法に関する特別法は存在しないが、一般法（法適用通則法17条）が存在するため不正競業の準拠法に関する規定は欠缺していない。そして、不正競業を不法行為として性質決定し法適用通則法17条を適用する以上、特別留保条項（同法22条1項・2項）も適用されるが、全面的に累積的適用をすれば被害者の利益の保護に欠けることになるから、不正競業の特殊性を理由に同条項の制限解釈を主張すべきであろう。そして、

不正競業の不法行為地を決定するに当たり、不正競業の特殊性を考慮に入れ不正競業に固有な不法行為地を探究しなければならない。また、不正競業は依然として競業者間の関係に留まっているものから、さらには公衆の利益に関わるものまで多種多様であり、それに伴い不正競業防止法の性格・機能も一様ではなく法的規制の仕方も多面的である。そうであるとすれば、不正競業の準拠法決定に当たっても、不正競業の多様性、および、それに伴う不正競業防止法の性格の多面性を考慮した上で、不正競業を類型化してそれぞれの類型にふさわしい準拠法を探究すべきではないかとおもわれる。そして、類型化する場合には、諸国の支配的傾向に従い、『市場に関連する不正競業』（たとえば、不正広告、完全模倣）と『営業に関連する不正競業』（たとえば、権利侵害に対する不当な警告、被用者の引き抜き、秘密の漏洩）とに不正競業を区別するのが妥当であろう。『市場に関連する不正競業』は典型的な不正競業であり、公衆の利益を保護するという観点から市場地が不法行為地とされるべきであろう。そして、販売行為と広告行為とを区別して、販売行為（たとえば、完全模倣）の場合には販売市場地が、広告行為（たとえば、不正広告）の場合には広告市場地が不法行為地とされるべきであろう。他方、『営業に関連する不正競業』については、被害者たる競業者の利益を保護するという観点からすれば、被害を受けた営業所の所在地が不法行為地とされるべきであろう。

なお、『営業に関連する不正競業』の場合には、当事者の共通常居所地法がある限り、当事者の同一常居所地法（法適用通則法 20 条）の適用が考えられるが、競争者の競争同一条件の確保の観点から否定されることになると思われる。

また、附従的連結（法適用通則法 20 条）および準拠法の事後的変更（法適用通則法 21 条）については、当事者以外の第三者（特に消費者）との関係において問題があろう。

さらに、当該不正競業が複数の市場と関連する『多国間不正競業（特に多国間広告）』の問題があるが、当該市場毎に分割できる場合には各々の市場地法（特に多国間広告の場合には広告市場地法）を配分的に適用し、これに対して、当該市場毎に分割できない場合に限り各々の市場地法（特に多国間広告の場合には広告市場地法）を累積的に適用して最も厳格な市場地法（特に多国間広告の場合には広告市場地法）を適用すべきであろう。

最後に、留保条項（公序）（法適用通則法 42 条）の発動については、一般的には認めるべきであろう。そして、外国法によれば許され日本法によれば不正な日本

おわりに ── わが国における国際不正競業法 ── *507*

の競業者に向けられる競業行為の場合に、公序の発動を認めることも考えられるが、この場合には公序の発動を認めるべきではないであろう。

（注）

（1） 判例時報 1429 号 80 頁、判例タイムズ 760 号 280 頁、金融・商事判例 901 号 36 頁。

（2） 国友明彦「判例評釈」平成 3 年度重要判例解説 260 頁参照。

（3） 不破茂「判例評釈」愛媛法学会雑誌 19 巻 2 号 85 頁。同様の趣旨は、外国の学説においてもみうけられる。Gloede は、不正競業の準拠法についてつぎのように述べている。すなわち、「損害賠償請求権および排除請求権に関しては、不法行為地法が援用されなければならない。不法行為地はもっぱら事象の特徴的な部分が生じた場所に承認されなければならない；ドイツの輸出商人の競業行為の場合には通常外国に求められなければならないであろう。これに対して、差止請求権に関しては、（潜在的な）加害者の当該営業所所在地が将来の競業違反が生じた場所として連結のために利用されなければならない」（Gloede, a.a.O., S.473.）と。

（4） 高桑昭「判例評釈」ジュリスト 1006 号 150 頁。

（5） 野村美明「判例評釈」私法判例リマークス 7 号 156 頁。

（6） 柏木昇「判例評釈」渉外判例百選［第 3 版］97 頁。

（7） 三井哲夫「判例評釈」判例時報 1445 号 206 頁参照。

（8） 中野俊一郎『基本法コンメンタール』1994 年 74 頁。

（9） 岡本善八「判例評釈」特許管理 44 号 159 頁参照。

（10） 最近、わが国においても、平成 15 年 10 月 16 日の東京地裁判決は、日本国内から米国の取引先に対して行われた電子メールおよび郵便による営業誹謗行為の差止請求事件について法例 11 条 1 項により請求権の原因事実発生地法が準拠法となり、原因事実発生地は発信地ないし発送地たる日本であるとし発信地法たる日本法を適用して、発信地法主義を採用した。判例タイムズ 1151 号 109 頁以下、判例時報 1874 号 23 頁以下、長谷川俊明「渉外判例教室」国際商事法務 32 巻 9 号 1178 頁、L&T23 号 97 頁以下参照。この判決文は、http://courtdomino2. courts.go.jp/chizai.nsf/Listview01/F4341569E2231E6E49256E2F0024C48E/?OpenDocument にても入手可能。この判決に賛成する評釈として、奥山尚一「日本の裁判所による外国特許権の侵害判断について　サンゴ化石粉体事件」AIPPI49 巻 5 号 372 頁参照。また、安部隆徳「外国特許権侵害事件の国際裁判管轄・準拠法・文言侵害・均等侵害・不正競争防止法違反 ── フェスト最高裁判決を適用した東京地裁判決の意義及び今後の展望 ──」知財管理 54 巻 10 号 1485 頁以下参照。これに対して、判決に反対し、結果発生地法たる米国法を準拠法とするものとして、大野聖二「実務的観点からの検討と課題 ── 米国特許権に基づく差止請求権不存在確認訴訟判決を中心として ──」「国際私法上の知的財産権をめぐる諸問題に関する調査研究報告書」（知的財産研究所）127-128 頁参照。さらに、「不正競争」を独立の法律関係とみて条理により、「不正競争」概念の多様性に鑑みて、「市場に関連する不正競業」と「営業に関連する不正競業」に区別し、それぞれ市場地法、不法行為地法（法例 11 条）を適用する見解がある。樋爪誠「〔判例研究〕外国特許権に基づく差止請求権の不存在確認が争われた事例」L&T24 号

85 頁参照。この見解は、営業誹謗行為を「市場に関連する不正競業」と捉えたのか、それとも「営業に関連する不正競業」と捉えたのか明示していないが、日本法を準拠法と結論づけていることからして、おそらく「営業に関連する不正競業」と捉え、法例 11 条により不法行為地として発信地法たる日本法を適用するとしたものであろう。最後に、不正競業に法例 11 条を適用し、競業行為を、公衆の利益を保護する必要性の高い「市場に関連する不正競業」と競業者の利益を保護する必要性の高い「営業に関連する不正競業」とに分け、前者の不法行為地を市場地、後者の不法行為地を被害者の営業所所在地とする見解がある。この見解によれば、本件の営業誹謗行為は、「営業に対する不正競業」であるから、不法行為地は被害者の営業所所在地、つまり日本であり、日本法が準拠法とされる。藤沢尚江「渉外判例研究」ジュリスト 1287 号 146 頁参照。なお、当事者の同一常居所地法としての日本法を示唆するものとして、熊倉禎男 判例タイムズ 1184 号 171 頁参照。最近の評釈として、出口耕自「判例評釈」私法判例リマークス 32（2006〈上〉）136 頁以下参照。

(11) この判決文は、http: //courtdomino2.courts.go.jp/chizai.nsf/Listview01/B913AB2886A9 ADF9492570F2002DFC64/?OpenDocument. にて取得可能。本判決に関する最近の評釈として、渡辺惺之「判例解説」Lexis 判例速報 2006 年 8 号 86-87 頁は、警告文書を特定の取引相手に送付する行為は、市場における公正な競争秩序という一般社会利益の侵害というより、基本的に対競業者との関係でのビジネス・トーツ（business torts）であり不法行為と考えるべきであるとするが、本件判例は、現行判例の下で、わが国に本拠を有する競業者間での外国における営業妨害を目的としてなされた、外国取引先への警告文書の送付によるビジネス・トーツに関わる差止請求について、不法行為地法（＝中国法）への連結が適切ではないとして、条理により日本法を準拠法とした一事例と評されるべきであるとする。また、樋爪誠「判例評釈」ジュリスト 1332 号（平成 18 年度重要判例解説）2007 年 297 頁は、市場関連の不正競争行為は条理により市場地法により、営業関連については法例 11 条によるのが妥当であるとし、本件は営業関連の不正競争行為として結果発生地法たる日本法が適用されるべきであるとする。

(12) 判例時報 1897 号 103 頁。

(13) 同前 120 頁。本判決に関する評釈として、小出邦夫「35 不法行為（1）―― 不正競争」別冊ジュリスト国際私法判例百選［新法対応補正版］72 頁以下参照。なお、小出氏は、問題となった行為を国際私法独自の観点から通常の不法行為と区別して「不正競争」として性質決定し、解釈によって市場地法によらせる処理も可能であったとする。同前 73 頁参照。

(14) 土井輝生「工業所有権」国際私法講座 3 巻 1964 年 829 頁、同「国際不正競争における法律の抵触」企業法研究 105 号 22 頁以下、同『国際私法』1970 年 171 頁、同「国際不正競争における法律の抵触」『工業所有権・著作権と国際取引』61 頁以下参照。

(15) 丹宗暁信ほか編『国際経済法』1993 年（新版）360 頁以下［木棚照一］参照。

(16) 三井・前掲注（7）206 頁参照。

(17) 中野・前掲注（8）74 頁。

(18) 国友・前掲注（2）260 頁参照。なお、同「判例評釈」平成 17 年度重要判例解説 308 頁参照。

(19) 岡本・前掲注（9）159 頁以下参照。

(20) 横溝大「抵触法における不正競争行為の取扱い―― サンゴ砂事件判決を契機として」知的

おわりに ―― わが国における国際不正競業法 ―― *509*

財産法政策学研究 12 号（2006 年 8 月）236 頁。

(21) 相澤吉晴「設問［29］不正競業」山田鐐一・早田芳郎編『演習国際私法新版』1992 年 134 頁以下参照。同様の趣旨を明らかにするものとして、不破・前掲注（3）85 頁。不破教授によれば、法例 11 条の適用上、「原因事実の発生地」としての不法行為地の類型的把握を進めるべきであるとされ、不正競業法事件における市場地がその顕著な例であるとされる。ほぼ、同様の趣旨を明らかにするものとして、矢野敏樹「海外関連の不正競争行為への対処」寒河江隆孝充編『不正競争の法律相談』2005 年 309 頁は、「原因事実発生地」を「当該不正競争行為が行われた地」とする。また、西谷裕子「新国際私法における不法行為の準拠法決定ルールについて」NBL813 号 46 頁も、法例 11 条 1 項においては「原因事実発生地」の解釈として、市場地法の適用を導くこともできるとする。そして、西谷教授によれば、不正競争は、社会一般の利益保護を目的としているため、明文規定がなくとも、端的に市場地法とすべきであり、当事者が密接関連性を持つ法の適用（当事者の同一常居所地への連結・基本関係の準拠法への附従的連結・当事者自治）によるべきではないとする。ただし、特定の者を対象とする不正競争（労働者の引き抜き、産業スパイ、企業秘密の漏洩など）の場合には、直接に市場と結びついた行為が問題となるのではなく、当事者間の相互的な関係が問題となるにすぎないから市場地法ではなく、通常の不法行為として準拠法が決定されるとする。

(22) なお、木棚教授が『法律学演習室』において挙げられる例について付言しておくことにしよう。その事例は、以下のようなものである。すなわち、「日本会社 A は、著名な幼児用品のメーカーである日本会社 B の哺乳便の模造品を広告の下請業者に製造させ、B 社の製品と類似した表装を使用して甲国で販売している。A 社の行為が日本法上不正競争として禁止されるが、甲国法上はそのような禁止される行為に該当しないと考えられるとすれば、B 社は、A 社に対し、この模造品の製造、販売の差し止めと損害賠償を求めて日本の裁判所に訴えを提起した場合に、B 社の請求は認められるか」（木棚照一「法律学演習室」法学セミナー 1986 年 4 月号 117 頁）と。この事例は哺乳びんの完全模倣の事案であるが、木棚教授によれば、A の行為には原則として甲国法が適用されるが、それがもっぱら B の法益に向けられている場合には、B には日本法による請求が認められると考えることもできるとされる。しかし、A の行為がもっぱら B の法益に向けられるとしても、共通本国法たる日本法が適用されることにはならないと思われる。なぜなら、木棚教授が支持されるドイツの判例理論によっても、問題となっている完全模倣の事例においては販売市場地たる甲国の公衆の利益に関わることになり、共通本国法たる日本法の適用は問題にならず、販売市場地法たる甲国法が適用されるからである。

(23) この点について詳しくは、通商産業省知的財産政策室『逐条解説 ― 不正競争防止法』1994 年 30 頁、小野昌延『不正競争防止法概説』1994 年 111 頁参照。

(24) 国際私法立法研究会「契約、不法行為等の準拠法に関する法律試案（2・完）」民商法雑誌 112 巻 3 号 143 頁。

(25) 同前 144 頁。

(26) 同前 143 頁。

(27) 同前 145 頁。

(28) 同前 144-145 頁。

(29) 同前 145 頁。

(30) 同前 145 頁。

(31) 同前 145 頁。

(32) 同前 145 頁。

(33) 同前 145 頁。

(34) 同前 145 頁。

(35) 『法例の見直しに関する諸問題（2）―― 不法行為・物権等の準拠法について ――』（別冊 NBL No.85）〔11-1-8-5　不正競争・競争制限行為〕〔西谷裕子担当〕86 頁。

(36) 同前 86 頁。

(37) 同前 86 頁。

(38) 同前 86 頁。

(39) 同前 87-88 頁。

(40) 同前 88 頁。

(41) 同前 89 頁。

(42) 同前 89 頁。

(43) 同前 89 頁。

(44) 同前 89 頁。

(45) 同前 89 頁。

(46) 高杉直「ヨーロッパ共同体の契約外債務の準拠法に関する規則（ローマⅡ）案について ―― 不法行為の準拠法に関する立法論的検討 ――」国際法外交雑誌 103 巻 3 号 27 頁参照。

(47) 西谷・前掲注（21）46 頁参照。

(48) NBL 編集部編『法の適用に関する通則法関係資料と解説』（別冊 NBL110 号）2006 年 200-201 頁参照。また、小出邦夫『一問一答　新しい国際私法　法の適用に関する通則法の解説』2006 年 115 頁参照。「国際私法の現代化に関する要綱中間試案　補足説明」（平成 17 年 3 月 29 日法務省民事局参事官室）90 頁。なお、上記の補足説明は、法務省ホームページ〔http: //www.moj.go.jp〕にて入手可能。

(49) TKC 法律情報データベース文献番号 28141650

(50) TKC 法律情報データベース文献番号 25441588

(51) TKC 法律情報データベース文献番号 25446334

(52) TKC 法律情報データベース文献番号 25447102

(53) TKC 法律情報データベース文献番号 25447172

(54) 中西康「法適用通則法における不法行為 ― 解釈論上の若干の問題について ―」『国際私法年報 9 号』2008 年 71 頁。

(55) 野村美明「第 9 章　法定債権（不法行為、生産物責任など）8　不正競争」野村美明編『ケースで学ぶ国際私法』2008 年 185 頁。

(56) 中川淨奈「判例研究　他人の商品形態を模倣した商品を譲渡等する行為につき、我が国の不正競争防止法及び著作権法を準拠法と決定し、被告は模倣商品を善意に取得した者に該当するとともに、原告商品は著作物に該当しないとされた事例」東海法学 45 号 33 頁。

おわりに ── わが国における国際不正競業法 ── *511*

(57) 金彦叔「知的財産権の国際的保護と法の抵触」法学協会雑誌 126 巻 11 号 149 頁。また、同『国際知的財産権保護と法の抵触』2011 年 217-218 頁参照。

(58) 嶋拓哉「国際的な不正競争行為を巡る法の適用関係について ── 抵触法上の通常連結と特別連結を巡って ── 」知的財産法政策学研究 37 号 2012 年 3 月 282-283 頁。

(59) 道垣内正人「判例研究 台湾法人が日本法人に対して、当該日本法人が別の台湾法人にいたして製造した製品を日本に輸入していることについて、その製造は著作権侵害であること、その輸入は不正競争防止法違反であること等を主張したが、その請求は棄却された事例」Law and Technology No.56 (2012/7) 65 頁。

(60) 佐野寛「4　国際取引から生ずる不法行為の準拠法 ── ローマⅡ規則と対比しつつ」日本国際経済法学会編『国際経済法講座Ⅱ ── 取引・財産・手続』2012 年 11 月 79 頁。

(61) 河野俊行「不正競争・著作権侵害を理由とする損害賠償請求の準拠法」ジュリスト 1440 号 316 頁。

(62) 西谷裕子「第 17 条　不法行為」櫻田嘉章・道垣内正人編『注釈国際私法第 1 巻』2011 年 451-452 頁。また、同「Section 7 不法行為の準拠法」須網隆夫・道垣内正人編『国際ビジネスと法』2009 年 174-175 頁参照。

(63) 小野木尚「渉外判例研究」ジュリスト 1461 号 133 頁参照。

(64) 出口耕自「国際不正競争の準拠法」日本国際経済法学会年報第 23 号（日本国際経済法学会編）2014 年 10 月 117 頁参照。

(65) 出口教授は、当事者が競争関係にある営業上の信用毀損については通則法の立法趣旨を理由に通則法 17 条によるとし（出口耕自「第 17 条　名誉または信用の毀損の特例」櫻田嘉章・道垣内正人編『注釈国際私法第 1 巻』2011 年 487 頁）、嶋教授は、その本質が市場占有の不当な奪取にあることを根拠にする（嶋・前掲注 (58) 300 頁）。なお、金講師は、19 条の立法趣旨が複数の法域において結果が発生する不法行為につき、単一の準拠法によるとされることから、19 条の適用を否定する（金彦叔「不正競争防止法に基づく差止請求の準拠法と被保全権利の存否判断」ジュリスト 1408 号 186 頁参照）。最近において、高橋氏も 19 条の適用を否定する。すなわち、「……虚偽の内容を流布する行為は、通則法 19 条における連結政策では捕捉することができない側面を有している。したがって、不正競争にかかる名誉・信用毀損は、特則である通則法 19 条ではなく、不法行為についての一般原則たる通則法 17 条を適用すべきである」（高橋一章「渉外判例研究」ジュリスト 1481 号 105 頁参照）と。

(66) 西谷教授は、通則 19 条は営業上または業務上の信用毀損を指し、不正競争に該当するような信用毀損も含まれるとするが（西谷・前掲注 (62) 449 頁）、取引相手との関係で問題となる場合には、20 条の例外条項に基づいて実際の事業活動地法が適用される場合もあるとする（同前 452 頁参照）。また、道垣内教授は、注 (29) において、競争関係にある他人の営業上の信用を害する虚偽の事実の告知・流布行為については、通則法 19 条により、原則として被害者の常居所地法・主たる事務所の所在地法によるとも考えられるとする（道垣内・前掲注 (59) 64 頁参照）。

(67) 小出氏は、19 条の「信用毀損」は人格権侵害に関するものであり、営業上の信用毀損はこの範疇に含まれないとし、市場地または結果発生地が定まらない場合には同条の類推適用が考え

られるとする（小出邦夫「40　不法行為（2）── 不正競争」『国際私法判例百選［第2版］』別冊ジュリスト210号83頁参照）。

(68)　飯塚卓也「営業秘密の国際的侵害行為に関する適用準拠法」高林龍・三村量一・竹中俊子編『現代知的財産法講座Ⅱ　知的財産法の実務的発展』2012年405頁。

(69)　木棚照一「知的財産権に関する国際私法原則案── 日本グループの準拠法に関する部分の提案──」167頁。この論文は、http; //www.win-cls.sakura.ne.jp/pdf/19/16.pdf にて入手可能。

(70)　小島立「第5部プロジェクト立法提案　第2章準拠法（1）」河野俊行編『知的財産権と渉外民事訴訟』2010年305頁。

(71)　小島・前掲注（66）305頁。

(72)　同前305頁。

(73)　同前308頁。

(74)　同前308頁。

(75)　同前308頁。

文献目録

【邦語文献】

相澤吉晴「設問［29］不正競業」山田鐐一・早田芳郎編『演習国際私法新版』1992 年

赤松美登里「今日におけるフランス不正競争訴訟の分析 —— その法的性質を中心に ——」徳島文理大学　研究紀要 36 号

安部隆徳「外国特許権侵害事件の国際裁判管轄・準拠法・文言侵害・均等侵害・不正競争防止法違反 —— フェスト最高裁判決を適用した東京地裁判決の意義及び今後の展望 ——」知財管理 54 巻 10 号

飯塚卓也「営業秘密の国際的侵害行為に関する適用準拠法」高林龍・三村量一・竹中俊子編『現代知的財産法講座 II　知的財産法の実務的発展』2012 年

石黒一憲「スイス国際私法第二草案（1982 年）について（1）」法学協会雑誌 100 巻 10 号

板倉集一「フランスにおける比較広告規制の展開 —— 不正競業行為との関連において ——」関西大学法学論集 43 巻 3 号

井之上宜信「スイスの国際私法典（1989 年）について（1）（2・完）」法学新報 96 巻 1・2 号、法学新報 96 巻 5 号

NBL 編集部編『法の適用に関する通則法関係資料と解説』（別冊 NBL110 号）2006 年

大野聖二「実務的観点からの検討と課題 —— 米国特許権に基づく差止請求権不存在確認訴訟判決を中心として ——」「国際私法上の知的財産権をめぐる諸問題に関する調査研究報告書」（知的財産研究所）

岡本善八「判例評釈」特許管理 44 号

奥田安弘「1987 年のスイス連邦国際私法（1）」戸籍時報 374 号

奥田安弘「1987 年のスイス連邦国際私法（4）」戸籍時報 377 号

奥山尚一「日本の裁判所による外国特許権の侵害判断について　サンゴ化石粉体事件」AIPPI49 巻 5 号

小野昌延編『新・注解不正競争防止法』2000 年

小野木尚「渉外判例研究」ジュリスト 1461 号

笠原俊宏編『国際私法立法総覧』1989 年

笠原俊宏「ドイツ国際私法における契約外債務および物権の準拠法 —— 1999 年 5 月 21 日法の概要 ——」東洋法学 43 巻 2 号

柏木昇「判例評釈」渉外判例百選［第 3 版］

木棚照一「法律学演習室」法学セミナー 1986 年 4 月号

木棚照一『国際工業所有権法の研究』1989 年

金彦叔「知的財産権の国際的保護と法の抵触」法学協会雑誌 126 巻 11 号

金彦叔「不正競争防止法に基づく差止請求の準拠法と被保全権利の存否判断」ジュリスト 1408 号

国友明彦「契約外債務に関するドイツ国際私法の改正準備（5）」法学雑誌 39 巻 3・4 号

国友明彦「判例評釈」平成 3 年度重要判例解説

国友明彦「判例評釈」平成 17 年度重要判例解説

桑田三郎「強行法規の連結問題」『国際私法研究』1966 年

桑田三郎『工業所有権法における比較法』1984 年

熊倉禎男「判例評釈」判例タイムズ 1184 号

小出邦夫『一問一答　新しい国際私法　法の適用に関する通則法の解説』2006 年

小出邦夫「35 不法行為（1）―― 不正競争」別冊ジュリスト国際私法判例百選［新法対応補正版］

小出邦夫「40 不法行為（2）―― 不正競争」『国際私法判例百選［第 2 版］』別冊ジュリスト 210 号

河野俊行「不正競争・著作権侵害を理由とする損害賠償請求の準拠法」ジュリスト 1440 号

国際私法立法研究会「契約、不法行為等の準拠法に関する法律試案（2・完）」民商法雑誌 112 巻 3 号

「国際私法の現代化に関する要綱中間試案　補足説明」（平成 17 年 3 月 29 日法務省民事局参事官室）

駒田泰土「欧州電子取引指令における本国の原則」コピライト（2000.10）

駒田泰土「著作権と国際私法」著作権研究 22 号

佐野寛「スイス国際私法における不法行為の準拠法（1）―― 製造物責任の準拠法を中心に ―― 」岡山大学法学会雑誌 42 巻 1 号

佐野寛「資料：契約外債務の準拠法に関する欧州議会及び理事会規則（ローマ II）案について」岡山大学法学会雑誌 54 巻 2 号

佐野寛「4　国際取引かた生ずる不法行為の準拠法 ―― ローマ II 規則と対比しつつ」日本国際経済法学会編『国際経済法講座 II ― 取引・財産・手続』2012 年

實川和子「国際私法における著作権の準拠法について ―― フォン・バール教授の見解を中心として ―― 」法学新報 103 巻 1 号

四宮和夫「不正競争と権利保護手段」法律時報 31 巻 2 号

嶋拓哉「国際的な不正競争行為を巡る法の適用関係について ― 抵触法上の通常連結と特別連結を巡って ― 」知的財産法政策学研究 37 号

スクワイヤ外国法共同事業法律事務所『知的財産の保護と国際私法等に関する調査研究』（平成 26 年度　産業財産権制度各国比較調査研究等事業）2015 年 3 月

染野義信「フランスの不正競業法」比較法研究 19 号

高桑昭「判例評釈」ジュリスト 1006 号

高杉直「ヨーロッパ共同体の契約外債務の準拠法に関する規則（ローマ II）案について ―― 不法行為の準拠法に関する立法論的検討 ―― 」国際法外交雑誌 103 巻 3 号

高橋一章「渉外判例研究」ジュリスト 1481 号

田倉整（訳）「不正競争に関する連邦法（1984 年）」AIPPI（1986 年）3 巻 11 号

田村善之「スイスの不正競争防止法の紹介」日本工業所有権法学会年報 16 号

田村善之「スイスの不正競争防止法（訳文）」判例タイムズ 793 号

田村善之「スイスの不正競争に対する連邦法」判例タイムズ 793 号

丹宗暁信ほか編『国際経済法』（新版）1993 年

文献目録　*515*

知的財産研究所『不正競争防止法に関する調査研究（平成 3 年度「知的財産政策に関する調査研究」委託調査結果報告書）』第 3 章「欧米諸国の不正競業法における比較法的考察と検討」第 3 節「請求権者」［高田昌宏］（1992 年 3 月）

著作権法令研究会・通商産業省知的財産制作室編『著作権法不正競争防止法改正解説』1999 年

通商産業省知的財産政策室『営業秘密 ― 逐条解説改正不正競争防止法』1990 年

通商産業省知的財産政策室『逐条解説 ― 不正競争防止法』1994 年

出口耕自「判例評釈」私法判例リマークス 32（2006〈上〉）

出口耕自「§19　名誉毀損または信用毀損の特例」櫻田嘉章・道垣内正人編『注釈国際私法第 1 巻』2011 年

出口耕自「国際不正競争の準拠法」日本国際経済法学会年報第 23 号（日本国際経済法学会編）（2014 年 10 月）

土井輝生「工業所有権」国際私法講座 3 巻

土井輝生「国際不正競争における法律の抵触」企業法研究 105 号

土井輝生『国際私法』1970 年

土井輝生「国際不正競争における法律の抵触」『工業所有権・著作権と国際取引』1967 年

豊崎光衛『工業所有権法（新版・増補）』1980 年

長田真里「EU 法における『本源国法原則』とその国際私法上の意義」阪大法学 55 巻 3・4 号

中西康「法適用通則法における不法行為 ― 解釈論上の若干の問題について ―」『国際私法年報 9 号』

中野俊一郎「渉外的道路交通事故と共通属人法の適用 ―― ドイツ判例理論の展開 ――」神戸法学雑誌 41 巻 1 号

中野俊一郎『基本法コンメンタール』1994 年

中村正則「ヨーロッパ国際私法における商品取引規制について（1）（2・完）―― 判例理論の展開 ――」比較法雑誌 31 巻 1 号、比較法雑誌 31 巻 2 号

中村正則「ヨーロッパ国際私法における商品取引規制について ―― 判例理論の展開 ――」中村正則「ヨーロッパ国際私法における商品取引規制について ―― 『カシス・デゥ・ディジョン』判決を手がかりとして ――」中央大学大学院研究年報 24 号

中山信弘「営業秘密の保護の必要性と問題点」ジュリスト 962 号

中山信弘「不正競争防止法の改正に向けて」ジュリスト 1005 号

西谷裕子「新国際私法における不法行為の準拠法決定ルールについて」NBL813 号

西谷裕子「Section 7 不法行為の準拠法」須網隆夫・道垣内正人編『国際ビジネスと法』2009 年

西谷裕子「§17　不法行為」櫻田嘉章・道垣内正人編『注釈国際私法第 1 巻』2011 年

野村美明「判例評釈」私法判例リマークス 7 号

野村美明「第 9 章　法定債権（不法行為、生産物責任など）8　不正競争」野村美明編『ケースで学ぶ国際私法』2008 年

長谷川俊明「渉外判例教室」国際商事法務 32 巻 9 号

播磨良承『増補国際工業所有権法 ―― パリ条約とその権利保護』1979 年

ハンス・ユルゲン・アーレンス〈訳〉中田邦博「電子商取引（インターネット取引）に関する EC

指令（下）」NBL719 号（2001）

『法例の見直しに関する諸問題（2）―― 不法行為・物権等の準拠法について ――』（別冊 NBL No.85）〔11-1-8-5　不正競争・競争制限行為〕〔西谷裕子担当〕

樋爪誠「〔判例研究〕外国特許権に基づく差止請求権の不存在確認が争われた事例」L&T24 号

樋爪誠「判例評釈」ジュリスト 1332 号（平成 18 年度重要判例解説）

藤沢尚江「渉外判例研究」ジュリスト 1287 号

不破茂「判例評釈」愛媛法学会雑誌 19 巻 2 号

丸岡松雄「カリーの政府利益の理論」「法学会雑誌」23 巻、24 巻

三浦正人「1987 年スイス連邦国際私法仮訳」名城法学 39 巻 1 号

三井哲夫「判例評釈」判例時報 1445 号

宗田貴行「不正競争行為及び競争制限行為の準拠法〜ローマ II 規則とわが国の法の適用の通則法の検討〜［上・中・下］」国際商事法務 37 巻 12 号、38 巻 1 号、38 巻 2 号

安田英且「スイスの不正競争防止法と消費者保護（上・下）」NBL507 号、509 号

矢野敏樹「海外関連の不正競争行為への対処」寒河江隆孝充編『不正競争の法律相談』2005 年

山内惟介「資料：オーストリアの国際私法典について」法学新報 88 巻 5・6 号

山内惟介「翻訳：『国際無体財産法および国際カルテル法間における不正競争抵触法』オットー・ザンドロック・／山内惟介訳」法学新報 90 巻 11・12 号

山田晟『ドイツ法概論 III（第 3 版）』1989 年

山田鐐一『国際私法』1995 年

横溝大「抵触法における不正競争行為の取扱い―― サンゴ砂事件判決を契機として」知的財産法政策学研究 12 号

渡辺惺之「判例解説」Lexis 判例速報 2006 年 8 号

【外国語文献】

〔凡例〕

Annaire de l'Institut de Droit international [Ann.Inst.Dr.int.]

Computer und Recht [CR]

Der Betrieb [DB]

Der Betriebs-Berater [BB]

Die Deutsche Rechtsprechung auf dem Gebiete des Internationalen Privatrechts [IPRspr.]

Drucksachen des Deutschen Bundestags [BT-Drucks.]

Entscheidungen des Bundesgerichthofs in Zivilsachen [BGHZ]

Entscheidungen zum Wirtschaftsrecht [EWiR]

Eoropean Review of Private Law [ERPL]

Europäisches Wirtschafts-und Steuerrecht [EWS]

Europäische Zeitschrift für Wirtschaftsrecht [EuZW]

Gewerblicher Rechtsschutz und Urheberrecht [GRUR]

Gewerblicher Rechtsschutz und Urheberrecht-Internationaler Teil [GRUR Int.]

Handel-Wirtschaft-Recht [HWR]

International and Comparative Law Quarterly [ICLQ]

Journal du droit international [JDI]

Juristen Zeitung [JZ]

Juristische Schulung [JuS]

Juristische Wochenschrift [JW]

Kommunikation und Recht [K&R]

Multimedia und Recht [MMR]

Netherlands International Law Review [NILR]

Österreichische Blätter für Gewerblichen Rechtsschütz und Urheberrecht [ÖBl]

Österreichische Juristen-Zeitung [ÖJZ]

Praxis des internationalen Privat-und Verfahrensrechts [IPRax]

Rabels Zeitscrift für ausländisches und internationales Privatrecht [RabelsZ]

Recht der internationalen Wirtschaft [RIW]

Revue critique de droit international privé [Rev.crit.]

Revue européenne de droit de la consommation[R.E.D.C.]

Revue internationale de droit compare [Rev.int.dr.comp.]

Sammlung der Entscheidungen des österreichischen Gerichtshofes in Zivilzachen [Slg.]

Sammlung der Rechtsprechung des Europäischen Gerichtshofes [EuGH Slg.]

Schweizerisches Immaterialgüter- und Wettbewerbsrecht [SIWR]

Schweizerische Jahrbuch für internationales Recht [SJIR]

Schweizerische Juristen-Zeitung [SJZ]

Travaux du comité français de droit international privé [Trav.Com.fr.d.i.p.]

Wirtschaftsrechtliche Blätter [WBl]

Wettbeweb in Recht und Praxis [WRP]

Zeitschrift für Europäische Privatrecht [ZEuP]

Zeitschrift für das gesamte Handelsrecht und Wirtschaftsrecht [ZHR]

Zeitschrift für Gemeinschaftsprivatrecht [GPR]

Zeitschrift für Immaterialgüter-, Informations-und Wettbewerbsrecht [sic!]

Zeitschrift für Rechtvergleichung, internationales Privatrecht und Europarecht [ZfRV]

Zeitschrift für Urheber-und Medienrecht [ZUM]

Zeitschrift für vergleichende Rechtswissenschaft [ZvglRWiss]

〔著書〕

Andreas Bucher, Internationales Privatrecht, Bundesgezetz und Staatsverträge, Text-Ausgabe, 1988

Andreas Froriep, Die unlautere Wettbewerb im internationalen Privatrecht, 1958

Andreas Granpierre, Herkunftsprinzip kontra Marktortanknüpung, 1999

Andreas Höder, Die kollisionsrechtliche Behandlung unteilbarer Multistate-Verstöße, 2002

Alfred Duchek/Fritz Schwind, Internationales Privatrecht, 1979

Anton K.Schnyder, Wirtschaftskollisionsrecht, 1990

Anton K.Schnyder, Das neue IPR-Gesetz, 1990

Arthur Nussbaum, Deutsches Internationales Privatrecht, 1932

Axel Beater, Unlauterer Wettbewerb, 2002

Baumbach-Hefermehl, Wettbewerbsrecht, 1995

Baumbach-Hefermehl, Wettbewerbsrecht, 2001

Bernard Dutois, Droit international privé suisse, 1997

Botschaft zum Bundesgessetz über das internationale Privatrecht (IPR-Gesetz) vom 10.November 1982 (1983)

Bundesgesetz über das internationale Privatrecht (IPR-Gesetz), Schlussbericht der Expertkommission zum Gesetzesentwurf (1979)

Christof Regelmann, Die internationalprivatrechtlliche Anknüpfung des Gesetzes gegen unlauteren Wettbewerb, 1987

Claus-Peter Samson, Die Marktortregel als allgemeines Prinzip für die kollisionsrechtliche Anknüpfung und die internationale Zuständigkeit in Wettbewerbssachen, 2001

Cornelia Nett, Wettbewerb im e-commerce, 2002

Dieter Dubs, Das Lauterkeitsstatut nach schweizerischem Kollisionsrecht, 2000

Dirk Looschelders, Internationales Privatrecht-Art.3-46 EGBGB, 2004

Emmerrich, Das Recht des unlauteren Wettbewerbs, 1998

Erman, Bürgerliches Gesetzbuch, 2004

Erwin Deutsch, Wettbewerbstatbestände mit Auslandsbeziehung, 1962

Felix Dasser/Jens Drolshammer, in: Honsell/Vogt/Schnyder, Kommentar zum Schweizerischen Privatrecht, Internationales Privatrecht, 1996

François-Jérôme Danthe, Le droit international privé suisse de la concurrence déloyale, 1998

Franz Mänhardt, Die Kodifikation des österreichischen Internationalen Privatrechts, 1978

Friedlich L.Ekey/Diethelm Klippel/Jost Kotthoff/Astrid Meckel/Gunda Plaß, Heidelberger Kommentar zum Wettbewerbsrecht, 2., neu bearbeutete Auflage, 2005

Fritz Feil, Bundesgesetz über das internationalen Privatrecht (IPR-Gesetz) 1978

Fritz Schönherr/Lothar Wiltschek, Geset gegen den unlauteren Wettbewerb, 1994

Fritz Schwind, Handbuch des Österreichischen Internationalen Privatrechts, 1975

Fritz Schwind, Internationales Privatrecht, 1990

Gerhard Schricker, Recht der Werbung in Europa, 1995

Hans-Albrecht Sasse, Grezüberschreitende Werbung, 1994

Hans-Georg Koppensteiner, Österreichisches und europäisches Wettbewerbsrecht, 1997

Hans R.Schibli, Multistate-Werbung im internationalen Lauterkeitsrecht, 2004

Heidel, T./Hüßtege, R./Mansel, H.-P./Noack, U. (Hrsg.), Anwaltkommentar BGB, Bd.1, 2005

Heinz Georg Banberger/Herbert Roth, Kommentar zum Bürgerlichen Gesetzbuch, Bd.3.2003.

文献目録 *519*

Helmut Wirner, Wettbewerbsrecht und internationales Privatrecht, 1960

Henning Oesterhaus, Die Ausnuzung des internationalen Rechtsgefälles und §1 UWG, 1991

Ignace Van Meenen, Lauterkeitsrecht und Verbraucherschutz im IPR, 1995

Jan Kropholler, Internationales Privatrecht einschließlich der Grundbegriffe des Internationalen Zivilverfahrensrechts, 5., neubearbeitete Auflage, 2004

Jost Kotthoff, Werbung ausländischer Unternehmen im Inland, 1995

Kamen Troller, Das internationale Privatrecht des unlauteren Wettbewerbs, 1962

Köhler/Piper, UWG, 2002

Kommentar zum Bundesgesetz über das Internationale Privatrecht (IPRG) vom1.Januar 1989, 1993

Kraus Georg Mook, Internationale Rechtsunterschide und nationaler Wettbewerb, 1986

Lucas David, Schweizerisches Wettbewerbsrecht, 1997

Maria Wellan, Die Auswirkungen der Harmonisierung durch die ˇFernsehrichtlinie ˇauf die Anwendbarkeit des UWG auf grenzüberschreitende, ausländische Fernsehsendungen, 1996

Markus Klinger, Werbung im Internet und Internationales Wettbewerbsrecht: Rechtsfragen und Rechtstatsachen, 2006

Markus Rolf Köler, Rechtfragen des inländischen und grenzüberschreitenden Rundfunkwerberechts, 1992

Michael Schwimann, Grundriß des internationalen Privatrechts, 1982

Mirko Ehrich, Der internationale Anwendungsbereich des deutschen und französischen Rechts gegen irrefüfrende Werbung, 2005

Mirko Vianello, Das internationale Privatrecht des unlauteren Wettbewerbs in Deutschland und Italien, 2001

Münchener Kommentar zum Bürgerlichen Gesetzbuch, Bd.7, Internationales Privatrecht, 3.Aufl.1998.

Münchener Kommentar zum Bürgerlichen Gesetzbuch, Ergänzungsband, Internationales Privatrecht, 4.Aufl.2004

Münchener Kommentar zum Bürgerlichen Gesetzbuch, Bd.11, Internationales Wirtschaftstrecht, 4.Aufl.2006

Nina Dethloff, Europäisierung des Wettbewerbsrechts, 2001

Otto-Friedrich Frhr. von Gamm, Gesetz gegen den unlauteren Wettbewerb, 1993

Palandt, Bürgerliches Gesetzbuch, 2000.

Peter Bernhard, Das Internationale Privatrecht des unlauteren Wettbewerbs in den Mitgliedstaaten der EG, 1994

Pierre Bourel, Les conflits de lois en matière d'obligation extracontractuelle, 1961

Rainer Hausmann/Eva Inés Obergfell, Lauterkeitsrecht Kommentar zum Gesetz gegen den unlauteren Wettbewerb (UWG) (Karl-Heinz Fezer), Band 1, 2005

Rainer Jacobs, Walter F.Lindacher, Otto Teplitzky (Hrsg), UWG: Großkommentar, 1991

Regina Laufkötter, Parteiautonomie im Internationalen Wettbewerbs-und Kartellrecht, 2001

Repertoire de droit international, 1968, Tome I

Rolf Bär, Kartellrecht und Internationales Privatrecht, 1965

Schönherr/Wiltschek, Wettbewerbsrecht, 1987

Staudingers Kommentar zum Bürgerlichen Gesetzbuch: Einfürungsgesetz zum Bürgerlichen Gesetzbuch, 13 Aufllage, 1998.

Staudingers Kommentar zum Bürgerlichen Gesetzbuch: Internationales Wirtschaftsrecht, 2000

Staudinger BGB Kommentar-Neubearbetung, 2001

Stephan Briem, Internationales und Europäisches Wettbewerbsrecht und Kennzeichenrecht, 1995

Stefanie Naskret, Das Verhältnis zwischen Herkunftslandprinzip und Internationalem Privatrecht in der Richtlinie zum elektronischen Geschäftsverkehr, 2003

Thomas Kadner Graziano, Gemeineuropäisches Internationales Privatrecht, 2002

Thomas Kadner Graziano, Europäisches Internationales Deliktsrecht, 2003

Urlich Reese, Grenzüberschreitende Werbung in der Europäische Gemeinschaft, 1994

Verena Trutmann, Das internationale Privatrecht der Deliktsobligationen, 1973

Werner Riegl, Streudelikte im internationalen Privatrecht, 1986

Wilhelm Nordemann, Wettbewerbsrecht, 1993

William Harmens Willms, Das Spannungsverhältnis von internationalem Wettbewerbs-und Vertragsrecht bei Ausnutzung eines Verbraucherschutzgefälles, 1997

Wolfgang Drasch, Das Herkunftslandprinzip im internationalen Privatrecht, 1997

Wolfgang Weber, Die Kollisionsrechtliche Behandlung von Wettbewerbsverletzungen mit Auslandsbezug, 1982

〔論文〕

A.-C.Imhoff-Scheier, La Lois applicable à la publicité internationale en droit international privé s uisse, SJIR, 1985

Adair Dyer, Exploratory study on the law applicable to unfair competition, Hague Conference on private international law, Prel.Doc.No 2 of November 1987

Adair Dyer, Study of the feasibility of drawing up an international convention dealing only with certain aspect of the law applicable to unfair competition, Hague Conference on private international law, Prel.Doc.No 15 of August 1988

Adair Dyer, Unfair Competition in Private International Law, Académie de Droit International de la Haye, Recueil des cours, 1988, Tome 211

Alexander Reuter, Der Ausländer im deutschen Wettbewerbs-und Kennzeichnungsrecht, BB, 1989

Alexander Tettenborn, E-Commerce-Richtlinie: Politische Einigung in Brüssel erzielt, K&R, 2000

Alexander Tettenborn, Rechtsrahmen für den elektronischen Geschäftsverkehr, K&R Beilage1,

文献目録　*521*

2001

Alexander Tettenborn, Rechtsrahmen für den elektronischen Geschäftsverkehr, BB, 2001

Alexander Thünken, Die EG-Richtlinie über den elektronischen Geschäftsverkehr und das internationale Privatrecht des unlauteren Wettbewerbs, IPRax, 2001

Alexander Thünken, Multi-State Advertising over the Internet and the Private International Law of Unfair Competition, ICLQ, Vol.51, 2002

Alois Troller, Unfair Competition, International Encyclopedia of Comparative Law, Vol Ⅲ, 1980, Chap.34

Andreas Bucher, Les actes illicites dans le nouveau droit international privé suisse, Le nouveau droit interntionl privé suisse, 1989

Andreas Hamann, Der Entwurf einer E-Commerce-Richtlinie unter rundfunkrechtlichen Gesichtspunkten, ZUM, 2000

Andreas Leupold/Peter Bräutigam/Markus Pfeiffer, Von der Werbung zur kommerziellen Kommunikation: Die Vermarktung von Waren und Dienstleistungen im Internet, WRP, 2000

Andreas Spickhoff, Die Restkodifikation des InternationalenPrivatrechts: Außervertragliches Schuld-und Sachenrecht, NJW, 1999

Angelika Fuchs, Zum Kommissionsvorschlag einer » Rom Ⅱ «-Verordnung, GPR, 2004

Ann.Inst.Dr.int., Session de Cambridge, 1983, Vol.60- Ⅰ

Ann.Inst.Dr.int., Session de Cambridge, 1984, Vol.60- Ⅱ

Ansgar Ohly, Herkunftslandprinzip und Kollisionsrecht, GRUR Int., 2001

Ansgar Staudinger, Das Gesetz zum Internationalen Privatrecht für außervertraglichen Schuldver hältnisse und für Sachen vom 21.5.1999, DB, 1999

Antoine Pirovano, La concurence déloyale en droit Français, Rev.int.dr.comp., 1974

Axel Halfmeier, Vom Cassilikör zur E-Commerce-Richtlinie: Auf dem Weg zu einem europäischen Mediendeliktsrecht, ZEuP, 2001

Benedikt Buchner, Rom Ⅱ und das Internationale Immaterialgüter-und Wettbewerbsrecht, GRUR Int., 2005

Bernard Dutois, Une convention multilatérale de droit international privé en matière de concurrence déloyale: Mythe ou nécessite ?, E pluribus unum: Liber amicorum Georges A.L.Droz, 1996

Carl Baudenbacher, Schwerpunkt der schweizerischen UWG-Reform, in: Das UWG auf neuer Grundlage, 1988

Carl Baudenbacher, Die wettbewerbsrechtliche Beurteilung grenzüberschreitender Werbe-und Absatztätigkeit nach schweizerischem Recht, GRUR Int., 1988

Christian v.Bar, Wettbewerbsrechtlicher Verbraucherschutz und internationales Lauterkeitsrecht, Internationales Verbraucherschutzrecht, 1995

Christian Joerges, Klassisches IPR und UWG, RabelsZ, Bd.36, 1972

Christoph Beckmann, Werbung mit Auslandsberürungn, WRP, 1990

Christoph Brenn, Der elektronische Geschäftsverkehr, ÖJZ, 1999

Claudia Spammng Ziem, Zulässigkeit nach §1 UWG, Fernabzatzrichtlinie und E-Commerce-Richtlinienentwurf, MMR, 2000

Cyril Nourissat et Edouard Treppoz, Quelque observations sur l'avant-projet de proposition de règlement du Conseil sur la loi applicable aux obligations non contractuelles 《Rome II 》, JDI, 130 (1)(2003)

Dieter Martiny, Die Anknüpfung an den Markt, Festschrift für Urlich Drobnig, 1998

Erik Jayme, 61.Sitzung des Institut de Droit International in Cambridge, IPRax, 1984

Eva-Maria Kieninger, Die Lokalisierung von Wettbewerbsverstößen im Internet-Ist das Marktortprinzip zukunftsfähig?, in: Die Bedeutung des Internationalen Privatrechts im Zeialter der neuen Medien, 2003

François Goré, La concurrence déloyale en droit international privé français, Études de droit contemporain, 1959

Frauke Hennig-Bodewig, E-Commerce und irreführende Werbung, WRP, 2001

Frédéric Leclerc, Concurrence déloyale et droit international privé, La concurrence déloyale: permanence et devenir, 2001

Friedlich-Kahr Beier, Gerhard Scricker, Eugen Ulmer, Stellungnahme des Max-Planck-Instituts für ausländisches und internationales Patent-, Urheber- und Wettbewerbsrecht zum Entwurf eines Gesetzes zur Ergänzung des internationalen Privatrechts (außervertragliche Schludverhältnisse und Sachen), GRUR Int., 1985

Frithjof A.Maennel, Electronischer Geschäftsverkehr ohne Grenzen-der Richtlinienvorschlag der Europäischen Kommission, MMR, 1999

Fritz Reichert-Facilides, Parteiautonomie im Internationalen Privatrecht des unlauteren Wettbewerbs?, Festschrift für G.Hartmann, 1976

Fritz Schwind, La concurrence déloyale en droit international privé, Festschrift für Zajtay, 1983

Fritz Schwind, Zum Problem des unlauteren Wettbewerbs und der einstweiligen Verfügung im österreichischen IPR, Festschrift für Demelius, 1973

Georg Schönherr, Wettbewerbsrechtliche Aspekte des Internet, ÖBl, 1999

Gerald Spindler, Verantwortlichkeit von Dienstanbietern nach dem Vorschlag einer E-Commerce-Richtlinie, MMR, 1999

Gerald Spindler, Der neue Vorschlag einer E-Commerce-Richtlinie, ZUM, 1999

Gerald Spindler, E-Commerce in Europa, MMR-Beilage, 2000

Gerald Spindler, Internet, Kapitalmarkt und Kollisionsrecht unter besonderer Berücksichtihung der E-Commerce-Richtlinie, ZHR, 2001

Gerald Spindler, Das Gesetz zum elektronischen Geschäftsverkehr-Verantwortlichkeit der Diensteanbieter und Herkunftslandprinzip, NJW, 2002

Gerald Spindler, Herkunfslandprinzip und Kollisionsrecht-Binnenmarktintegration ohne Harmonisierung?, RabelsZ, 2002

文献目録　*523*

Gerhard Schricker, Die Durchsezbarkeit deutscher Werberegelungen bei grenzüberschreitender Rundfunkwerbung, GRUR, 1982

Gerhard Schricker, Deutsches Rabattrecht-weltweit?, GRUR, 1997

Gerhard Schricker und Frauke Hennig-Bodewig, Elemente einer Harmonisierung des Rechts des unlauteren Wettbewerbs in der Europäische Union, WRP, 2001

Gerhard Wagner, Internationales Deliktsrecht, die Arbeiten an der Rome II -Verordnung und der Europäische Deliktsgerichtsstand, IPRax, 2006

Grigitta Lurger, Internationales Deliktsrecht und Internet-ein Ausgangspunkt für grundlegende Umwälzungen im Internationalen Privatrecht?, in: Aufbruch nach Europa, 2001

Günther Beitzke, Neues österreichisches Kollisionsrecht, RabelsZ, Bd.43, 1979

Günther Beitzke, Das Deliktsrecht im schweizerischen IPR-Entwurf, SJIR, Bd.35, 1979

Haimo Schack, Internationale Urheber-, Marken-und Wettbewerbsrechtsverletzungen im Internet, MMR, 2000

Hamburg Group for Private International Law, Comments on the European Commissioner's Draft Proposal for a Council Regulation on the Law Applicable to non-Contractual Obligations, RabelsZ, 2003

Hans Fr. Burmann, Werbung und Wettbewerb deutscher Unternehmen im Ausland, DB, 1964

Hans-Georg Landfermann, Internet-Werbung und IPR, in: Aufbruch nach Europa, 2001

Hans Hoyer, Unlauterer Wettbewerb österreichischer Unternehmen auf Ausländsmärkten, ZfRV, 1975

Hans-Jürgen Ahrens, Das Herkunftslandprinzip in der E-Commerce-Richtlinie, CR, 2000

Hans-Jürgen Ahrens, Auf dem Wege zur IPR-VO der EG für das Deliktsrecht-Zum Sondeltatbestand des internationalen Wettbewerbsrechts, Festschrift für Winfried Tilmann, 2003

Harro Wilde, §6 Internationales Wettbewerbsrecht, in: Gloy, Handbuch des Wettbewerbsrechts, 1986.

Harry Duintjer Tebbens, Les conflits de lois en matière de publicité déloyale à l'épreuve du droit communautaire, Rev.crit., 1994.

Helmut Rüßmann, Wettbewerbshandlungen im Internet—Internationale Zuständigkeit und anwendbares Recht, K&R, 1998.

International Review of Competition Law 1992 (No 168)

Ivo Schwander, Das UWG im grenzüberschreitenden Verkehr, Das UWG auf neuer Grundlage, 1989.

Jakob Fortunat Stagl, Multistate-Werbung im Internet, ÖBl, 2004

Jan von Hein, Die Kodifikation des europäischen Internationalen Deliksrechts, ZvglRWiss, 2003

Jean-Marle Bischoff, La concurrence déloyale en droit international privé, Trav.Com.fr.d.i.p., 1972

Joachim Bornkamm, Gerichtsstand und anwendwares Recht bei Kennzeichen-und

Wettweberbsverstößen im Internet, in: Neues Recht für neue Medien, 1998.

Jochen Glöckner, Gesetz gegen den unlauteren Wettbewerb (UWG) (Hans-Jürgen Ahrens), 2004, Einletung C.Anwndbares Recht

Jochen Glöckner, Wettbewerbsverstöße im Internet-Grenzen einer Kollisionsrechtlichen Problemlösung, ZVglRWiss, 2000.

Jost Kotthoff, Die Anwendbarkeit des deutschen Wettbewerbsrechts auf Werbemaßnahmen im Internet, CR, 1997.

Jost Kotthoff, Anwendbares Recht bei Werbung per Internet, K&R, 1999

Jürgen Appel und Tania Grappenhaus, Das Offline-Online-Chaos oder wie die Eoropäische Kommission den grenzüberschreitenden Werbemarkt zu harmonisieren droht, WRP, 1999

Jürgen Basedow, Der Kollisionsrechtliche Gehalt der Produktfreiheiten im europäischen Binnenmarkt: favor offerentis, RabelsZ, 1995

Jürgen Hoth, Ausländische Werbung mit Inlandswirkung, GRUR, 1972.

Jürgen Möllering, Das Recht des unlauteren Wettbewerbs in Europa: Eine neue Dimension, WRP, 1990

Karl-Heinz Fezer und Stefan Koos, Das gemeinschaftsrechtliche Herkunftzlandprinzip und die e-commerce-Richtlinie, IPRax, 2000

Kahr Kreuzer, Wettbewerbsverstöße und Beeinträchtigung geschäftlicher Interessen (einschl. der Verlezung kartellrechtlicher Schutzvorschriften), in: Vorschläge und Gutachten zur Reform des deutschen internationalen Privatrechts der außervertraglichen Schuldververhältnisse, 1983

Karl Kreuzer, Die Vollendung der Kodifikation des deutschen Internationalen Privatrechts durch das Gesetz zum Internationalen Privatrecht der außervertraglichen Schuldverhältnisse und Sachen vom 21.5.1999., RabelsZ, 2001

Klaus Spätgens, Zur Frage der Anwendbarkeit deutschen Wettbewerbsrechts oder des Ortsrechts bei Wettbewerb zwischen Inländern auf Auslandsmaärkten, GRUR, 1980.

Kurt Kiethe, Werbung im Internet, WRP, 2000.

Lothar Wiltschek, Die Beurteilung grenzüberschreitender Werbe-und Absatztätigkeit nach österreichischem Wettbewerbsrecht, GRUR Int., 1988

Lucas David, Reformauswirkungen des neuen UWG aus der Sicht der Praxis, in: Das UWG auf neuer Grundlage, 1988

Lurger/Vallant, Grenzüberschreitender Wettbewerb im Internet, RIW, 2002

Marc Fallon, Proposition pour une convention européenne sur la loi applicable aux obligations-non contractuelles, ERPL, 1999

Martiana Benecke, Auf dem Weg zu „Rom II " Der Vorschlag für eine Verordnung zur Angleichung des IPR der außervertraglichen Schuldverhältnisse, RIW, 2003

Martin Bauer, Internationales Privatrecht und Warenverkehrsfreiheit in Europa, IPRax, 1995.

Matthias Leistner, Comments: The Rome II Regulation Proposal and its Relation to the EuopeanCountry-of-Origin Principle, in: Josef Drexel and Annette Kur (editors), International

文献目録　*525*

Property and Private International Law-Heading for the Future, 2005

Matthias Leistner, Unfair Competition Law Protection Against Imitations: A Hybrid under the Future Art.5 Rome Ⅱ Regulation?, in: Jürgen Basedow, Josef Drexel, Annette Kur & Axel Metzger, Intellectual Property in the Conflict of Laws, 2005

Michael Kort, Zur „multistate"-Problematik grenzüberschreitender Fernsehwerbung, GRUR, 1994

Michael Lehmann, Rechtsgeschäfte und Verantwortlichkeit im Netz-Der Richtlinienvorschlag der EU-Kommission, ZUM, 1999

Motion adopted by the International League Against Unfair Competition at its Nice Congress, 30 April to 4 May 1967, Industrial Property, March 1968

Niko Härting, Umsetzung der E-Commerce-Richtlinie, DB, 2001

Nina Dethloff, Marketing im Internet und Internationales Wettbewerbsrecht, NJW, 1998

Nina Dethloff, Marketing on the Internet and international competition law, Commercial Communications, 1998

Nina Dethloff, European Conflict-of-Law provisions governing unfair competition, Commercial Communications, 1999

Nina Dethloff, Europäisches Kollisionsrecht des unlauteren Wettbewerbs, JZ, 2000

Norbert Reich, Rechtsprobleme grenzüberschreitender irreführender Werbung im Binnenmarkt-dargestellt am deutschen französichen und englischen Recht unter besonderer Berücksichtigung des EG-Rechts-, RabelsZ, 1992

Olivier Tell, La proposition de règlement sur la loi obligations non contractuelles (dite « Rome Ⅱ », R.E.D.C., 1-2/2004

Otto Sandrock, Das Kollisionsrecht des unlauteren Wettbewerbs zwischen dem internationalen Immaterialgüterrecht und dem internationalen Kartellrecht, GRUR Int., 1985

Paul Katzenberger, Kollisionsrecht des unlauteren Wettbewerbs, Neuordnung des Wettbewerbsrechts, 1998/1999

Peter Bernhard, Cassis de Dijon und Kollisionsrecht—am Beispiel des unlauteren Wettbewerbs, EuZW, 1992

Peter Chrocziel, Die eingeshränkte Geltung des Gesetzes gegen Unlauteren Wettbewerb für EG-Ausländer, EWS, 1991

Peter Mankowski, Internet und Internationales Wettbewerbsrecht, GRUR Int., 1999.

Peter Mankowski, Wettbewerbrechtliches Gerichtspflichtigkeits-und Rechtanwendungsrisiko bei Werbung über Websites, CR, 2000

Peter Mankowski, Das Herkunftslandprinzip als Internationales Privatrecht der e-commerce-Richtlinie, ZVglRWiss, 2001

Peter Mankowski, Internationales Wettbewerbs-und Wettbewerbsverfahrensrecht, Internationales Lauterkeitsrecht, 2006

Peter Stone, The Rome Ⅱ Proposal on the Law Applicable to Non-Contractual Obligations, The

European Legal Forum, 2004

Rainer Herzig, Rechtliche Probleme grenzüberschreitender Werbung, WBl, 1988

Renate Schaub, Die Neuregelumg des Internationalen Deliktsrechts in Deutschland und das europäische Gemeinschaftsrecht, RabelsZ, 2002

Rolf Bär, Internationales Kartellrecht und unlauterer Wettbewerb, Festschrift für Rudolf Moser, Beiträge zum neuen IPR des Sachen-, Schuld-und Gesellschaftsrechts, 1987

Rolf Bär, Das Internationale Privatrecht (Kollisionsrecht) des Immaterialgüterrechts und des Wettbewerbsrechts, SIW, 1995

Rolf H.Weber, Internationale Harmonisierungsansätze im Lauterkeitsrecht, sic!, 1998

Rolf Sack, Problem des neuen schweizerischen UWG im Vergleich mit dem deutschen UWG, in: Das UWG auf neuer Grundlage, 1988

Rolf Sack Problem des Inlandswettbewerbs min Auslandsbezug nach deutschem und österreichischem Kollisions-und Wettbewerbsrecht, ÖBl, 1988

Rolf Sack, Die Kollisions-und wettbewerbsrechtliche Beurteilung grenzüberschreitender Werbe-und Absatztätigkeit nach deutschem Recht, GRUR Int., 1988

Rolf Sack, Grenzüberschreitende Zugabe-und Rabattwerbung, IPRax, 1991

Rolf Sack, Art.30, 36 EG-Vertrag und das internationale Wettbewerbsrecht, WRP, 1994

Rolf Sack, Das internationale Wettbewerbs-und Immaterialgüterrecht nach der EGBGB-Novelle, WRP, 2000

Rolf Sack, Das internationale Wettbewerbsrecht nach der E-Commerce-Richtlinie (ECRL) und EGG-/TDG-Entwurf, WRP, 2001

Rolf Sack, Herkunfslandprinzip und internationale elektronische Werbung nach Novellierung des Teledienstgesetzes (TDG), WRP, 2002

Rolf Sack, Zur Zweistufenthorie im internationalen Wettbewerbs-und Immaterialgüterrecht, Kontinuität und Wandel des Versicherungsrechts: Festschrift für Egon Lorenz zum 70.Geburtstag/Herausgeber, Manfred Wandt, 2004

Rolf Wagner, Zum Inkrafttreten des Gesetzes zum Internationalen Privatrecht für außervertraglichen Schuldverhältnisse und für Sachen, IPRax, 1999

Severin Löffler, Werbung in Cyberspace-Eine Kollisionsrechtliche Betrachtung, WRP, 2001

Sibylle Gierschmann, Die E-Commerce-Richtlinie, DB, 2000

Stefan Grundmann, Das Internationale Privatrecht der E-commerce-Richtlinie-was ist kategorial anders im Kollisionsrecht des Binnenmarkts und warum?, RabelsZ, 2003

Stefan Koos, Grundsätze des Lauterkeitskollisionsrechts im Lichte der Schutzzwecke des UWG, WRP, 2006

Stefan Leible und Andreas Engel, Der Vorschlag der EG-Kommission für eine Rom II -Verordnung, EuZW, 2004

Sven Nickels, Der elektronische Geschäftsverkehr und das Herkunftlandprinzip, DB, 2001.

Thomas Christian Paefgen, Unlauterer Wettbewerb durch Rechtsbruch in

文献目録　*527*

internationalprivatrechtlicher Sicht, WRP, 1991

Thomas Christian Paefgen, Unlauterer Wettbewerb im Ausland, GRUR Int., 1994

Thomas Hoern, Internationale Netze und das Wettbewerbsrecht, in: J.Becker (Hrsg.), Rechtsproblem internationaler Datennetze, 1996

Thomas Hoern, Werberecht im Internet am Beispiel der ICC Guidelines on Interactive Marketing Communications, in: Internet und Multimediarecht (Cyberlaw), Michael Lehmann (Hrsg.), 1997

Thomas Hoern, Cybermanners und Wettbewerbsrecht-Einige Überlegungen zum Lauterkeitsrecht im Internet, WRP, 1997

Thomas Hoern, Vorschlag für eine EU-Richtlinie über E-Commerce, MMR, 1999

Thomas Stäheli, Kollisionsrecht auf dem Information Highway, in: R.M.Hilty (Hrsg.), Information Highway, 1996

Vinfried Veelken, Sachnormzwecke im Internationalen Wettbewerbsrecht, in: Aufbruch nach Europa, 2001

Walter F. Lindacher, Zum Internationalen Privatrecht des unlautern Wettbewerbs, WRP, 1996

Walter F. Lindacher, Wettbewerbsrecht und privilegium germanicum Zur Sperrwirkung des deutschen Rechts nach Art.38 EGBGB, Festschrift für Henning Piper, 1996

Wilhelm Gloede, Der deutsche Außenhandel und seine wettbewerbsrechtliche Beurteilung nach deutschem internationalem Privatrecht, GRUR, 1960

Wilhelm Wengler, Die Gesetz über unlauteren Wettbewerb und das internationale Privatrecht, RabelsZ, Bd.36, 1954

Winfried Tilmann, Irreführende Werbung in Europa- Möglichkeiten und Grenzen der Rechtsentwicklung, GRUR, 1990

W.Müllhaupt, Die Erfassung grenz überschreitender Werbung nach schweizerischem Recht, WBl, 1988

Wolfgang Schmid/Hans Jörg Städtler, Passivlegitimation bei Wettbewerbsverstößen im Internet, in: Jürgen Schwarze (Hrsg.), Rechtsschutz gegen Urheberrechtsverletzungen und Wettbewerbsverstöße in grenzüberschreitenden Medien, 2000

Wolfgang Weber, Zum Anwendungsbereich des deutschen UWG beim Auslandswettbewerb zwischen Inländern, GRUR, 1983

■著者紹介

相澤　吉晴（あいざわ・よしはる）

1954 年 2 月　宮城県に生まれる
1978 年 3 月　東北大学法学部卒業
1980 年 3 月　東北大学大学院法学研究科　博士前期課程修了
1982 年 3 月　同博士後期課程中退
1982 年 4 月　富山大学経済学部助手・講師・助教授を経て
1992 年 4 月　広島大学法学部助教授
1994 年 4 月　広島大学法学部教授
2004 年 4 月　広島大学大学院社会科学研究科教授（現在に至る）
著書
『銀行保証状（スタンドバイ信用状）と国際私法』（大学教育出版）
　　（2003 年）
『ヨーロッパ国際保険契約法』（大学教育出版）（2006 年）

国際不正競業法の研究
The Research of Unfair Competition
in Private International Law

2016 年 10 月 30 日　初版第 1 刷発行

■著　　　者──相澤吉晴
■発 行 者──佐藤　守
■発 行 所──株式会社 大学教育出版
　　　　　　　〒 700-0953　岡山市南区西市 855-4
　　　　　　　電話(086)244-1268㈹　FAX(086)246-0294
■印刷製本──モリモト印刷㈱
■Ｄ Ｔ Ｐ──林　雅子

© Yoshiharu Aizawa 2016, Printed in Japan
検印省略　　落丁・乱丁本はお取り替えいたします。
本書のコピー・スキャン・デジタル化等の無断複製は著作権法上での例外を
除き禁じられています。本書を代行業者等の第三者に依頼してスキャンやデ
ジタル化することは、たとえ個人や家庭内での利用でも著作権法違反です。

ISBN978-4-86429-420-1